物权法论

物权法论

王利明／著

（修订二版）

中国政法大学出版社

修订二版序言

　　《中华人民共和国物权法》(以下简称《物权法》)的制定工作自 1993 年启动,历经立法机关八次审议,于 2007 年 3 月 16 日由第十届全国人民代表大会第五次会议高票通过。《物权法》的制定与颁行在我国法治进程中具有里程碑的意义,必将对我国经济、社会的发展和社会主义和谐社会的构建产生深远影响。《物权法》奠定了依法治国、保护人权的基础。它的颁行完善了社会主义市场经济体制的基本法律规则,确立了基本的财产规则和财产法律秩序,对鼓励人民创造财富、促进市场经济的发展具有重要影响。《物权法》也为构建社会主义和谐社会提供了必需的法律保障。

　　《物权法》的颁行,凝聚了数代法律人的心血与贡献,反映了广大人民群众的心声和意愿。我本人作为一名法律工作者,有幸躬逢其盛,亲身参与和见证这一伟大的立法进程,这也是我人生中的一段十分宝贵的经历。我一直以为,能为这一伟大进程贡献我个人的绵薄之力,既是我责无旁贷之义务,也是我作为法律人共同体之一员的莫大荣幸。在参与物权法立法的进程中,我也形成了一些个人的感受、心得和思考,在这里我十分乐意把它们呈现给大家,与大家分享和讨论。

　　本书第一版于 1997 年面世。此后,根据我参与《物权法》制定过程中的一些体会,2003 年我对该书进行了出版后的第一次修订。接着,《物权法》的制定进入了最后的攻坚阶段,正是在这一时期中,学界就《物权法》中最为基本的问题和方面,逐步形成了一些基本的共识,物权法理论也得到了进一步的发展。2007 年 3 月,《物权法》终于顺利出台。由此,《物权法》的解释工作也提上了议事日程。我本人也在宣传、讲解《物权法》的过程中,对《物权法》理论又有了新的认识。我深刻地体认到,《物权法》是一部博大精深的教科书,需要我们长时间地认真学习和深入研究。根据我个人参与《物权法》的制定及学习《物权法》的体会,我对本书进行了再次修订。本书的许多看法,属于我个人的观点和意见,其中的部分观点难免有欠成熟,欢迎读者不吝指正,以共同推动物权法理论研究的繁荣。

王利明

2007 年 12 月 15 日

于明德法学楼

修订版序言

自《物权法论》于 1997 年出版以来，物权立法和理论都有较大的发展，随着《物权法》的制定纳入到立法机关的立法议程，有关物权立法中的重大疑难问题研究得以深入展开，这些都极大地推动了我国物权法理论的发展。2000 年 9 月 29 日最高人民法院颁布了《关于〈中华人民共和国担保法〉若干问题的解释》，有关担保物权的理论研究取得了丰硕的成果。正是基于上述原因，我认为有必要对《物权法论》进行全面修订，尤其考虑到该书当时主要是根据我在讲课中的讲稿整理而成，没有完全考虑到物权法体系的系统性，因此有必要作全面的修订。此次修订参考了我国正在制定中的《物权法》的内容、体系及其理论成果，对原有的内容作出了重大修改。由于物权法理论博大精深，我在该领域中所获得的点滴成果对物权法理论研究而言，也仍然是沧海一粟。特别是因为时间仓促，许多问题的研究尚未充分展开，书中缺点和错误在所难免，我殷切地希望广大读者对此不吝指正。

王利明

2003 年 1 月 25 日

序　言

　　物权法作为调整主体对客体的财产支配关系的法律,是人们从事社会经济活动,取得或让与财产及对财产进行占有、使用、收益和处分的最基本的法律规则。作为与债和合同法、侵权行为法等相对应的法律制度,物权法成为我国民法的重要组成部分。

　　在市场经济社会,物权法通过规范财产的占有和支配关系,为市场的形成和发展奠定了必要的前提和基础。所谓市场,乃是无数交易的总和,而交易的产生,必须以财产所有权的界定为前提;交易的结果,也就是所有权的转手。高斯根据帕累托定律证明"资产的权利界定是市场交易的前提条件"这一所谓的"高斯定律",实际上正是从经济学角度阐述了法律上的所有权制度的功能。物权法对所有权及他物权的设定、取得及保护等方面的规定,为交易的正常进行确立了最基本的行为规则。只有完善物权法制度,才能促进市场经济正常而有序地发展。有人认为,交易的规则就是合同法的规则,交易有序化,关键是要完善合同法律制度。这一看法有一定的道理,但并不全面。事实上,民法上的各项制度都是调整交易关系的,尤其是物权制度,与交易关系更难以分开。物权法确认和保护所有权和他物权的一系列规则,如物权法定、一物一权、物权变动的公示原则、善意取得、交付移转所有权等,不仅在于保护物权,而且在于维护交易的安全。尤其是财产权利归属的确定,对于促进财产及所有权权能的移转,使主体更有效地利用各种资源,具有决定性的意义。可以说,只有物权法与债和合同法及其他法律的相互配合,才能形成对交易关系的周密调整。仅仅只有合同法而缺少物权法,交易法律规则是极不完备的。在欠缺物权法的情况下,合同法亦很难发挥出其在调整交易关系中的应有作用。正是基于这一原理,我认为在制定统一合同法的同时,应当加快制定物权法的步伐,使我国民法的重要内容尽快得到完善。

　　完善物权法的另一重要意义在于通过确认和保护合法的财产,鼓励、刺激人们努力创造财富,从而使社会财富得到迅速增长。我国自经济体制改革以来,在所有制改革方面的一个重大成果,就是摒弃了"一大二公"的"左"的指导思想,打破了单一的公有制经济一统天下的传统格局,初步形成了在公有制占主导地位的条件下多种所有制形式并存和共同发展的结构。这就需要我国物权法律制度及时反映所有制改革的成果,从法律上确认各类主体对其财产所依法享有的占有、使用、收益和处分的权利,保障主体依自身的利益和意志行使所有权,转让其所有权的部分或全部权能,从而进一步促进多种所有制结构的发展和新旧体制的转轨。当前,物权制度在促进市场经济的发展和社会财富的增长方面尚需解决如下问题：

第一，物权法的重要任务之一，是要理顺国家与企业的财产关系，确认企业作为市场主体所应有的财产权利，以及对企业资产进行有效的经营管理，保障企业拥有的国有资产的保值和增值，防止国有财产的流失。

第二，物权法的重心应放在不动产制度的完善上。就社会财富的价值而言，很难说不动产一定比动产重要；但就法律规则来说，不动产制度相对于动产规则，则毫无疑问要复杂得多。尤其是我国自20世纪80年代中期以来逐步开展对房地产制度的改革，推行了土地有偿使用和房屋商品化，房地产市场得到逐步建立和发展，然而有关土地使用权的出让、转让、抵押、租赁以及房屋所有权的移转、取得，大厦公寓内住户的区分所有，土地使用权和房屋所有权的相互关系等规则，都有待进一步完善。不动产登记制度也应当统一。这就需要物权法将不动产制度作为其重要内容加以规定。

第三，物权法应当解决劳动群众集体组织的所有权的主体、内容及权利的行使问题，对其加以合理规范。目前，集体企业产权归属不清的现象是一个值得注意的问题。某些城镇集体企业或者最初是由合伙人出资形成的，企业盈利后强制偿还了本金，使这些企业已不再是合伙人所有的企业；或者最初由政府和国营企业兴办，通过借贷经营方式，依靠免税及税前还贷等优惠条件，积累财产而最终形成集体企业。由于公司制度不健全，因此这些集体企业在所有权归属上很不明确。还有一些集体企业是个人投资入股兴建的，名为集体实为个人；或者企业找不到最终的投资者。由于产权的最终归属不清，并因此引发企业内部对管理者的权力制衡机制不健全（缺乏最终所有者的制衡），在很多企业中，集体所有已蜕变为个人的事实上的"所有"。长此以往，这些企业很难有长期积累和发展的后劲。这种产权模糊现象也必然会成为阻碍我国集体经济发展的一大障碍，物权法对此问题不能回避。

第四，物权法也应当将对个人财产所有权的保护置于相当重要的位置。对个人财产的保障力度，直接关系到民营经济的发展程度，而整个中国经济的发展和繁荣，最终是离不开民营经济的增长的。

第五，物权法应当加强对用益物权的规定。鉴于我国担保法已对几类基本的担保物权作出了规定，所以，在他物权制度方面，物权法应当将重点放在对用益物权的规定上。例如，对国有自然资源使用经营权、承包经营权、采矿权、宅基地使用权、空间利用权等权利的内容及行使等作出规定，从而维护他物权人的利益，促使权利人有效利用社会资源，充分发挥财产的利用效益。

在一个健全的法律制度中，合法的财产权利将使权利人对其财产利益产生合理的期待。如果缺乏完备的物权法，不能形成一整套对财产予以确认和保护的完整规则，那么财产权利的实现和利益的享有都将是不确定的，也就不会形成合理的利益期待，也很难使人们产生投资的信心、置产的愿望和创业的动力。这样，人们创造财富的动力就不会得到充分的释放，社会财富当然也就难以增长。因此我认为，完善物权法与财产的创造息息相关,法律本身虽不能直接创造财产,但是可以通过确认和保护财产来鼓励财富的创造。法律的这一功能,主要就是通过物权法来发挥作用的。

　　多年来,经济学家一直抱怨我国现有的经济体制中存在产权界定不清或所谓"产权模糊"现象。这一现象的产生有其复杂原因,除了体制上的原因外,很大程度上乃是因物权制度不完善而造成的。迄今为止,我国现行立法中尚不承认"物权"的法律概念,一些必要的物权形式也没有得到法律的确认,尤其是缺乏在发生产权纠纷情况下的确认产权、解决纠纷等方面的规则。著名法学家王家福教授曾尖锐地指出:"我国现行的物权法律制度虽然具有旺盛的生命力,但是也有过分原则、不具体,缺乏操作性,很不完备的缺陷,故不能完全适应社会主义市场经济的发展和改革开放新形势的需要。时代和人民呼唤着一部社会主义的、现代的、中国气派的物权法的制定。"[1]完善物权法是改革开放和发展社会主义市场经济的迫切需要。

　　马克思曾经在《剩余价值学说史》中引证孟德斯鸠的"法律的精神就是所有权"的名言,并给予了高度评价。确切地说,物权,包括所有权不仅仅是民法学中的核心问题,而且是整个法学所要研究的重要问题。在当前经济体制改革中,结合我国立法和司法、经济实践来探讨物权制度的完善,乃是法学工作者义不容辞的责任。

　　1982 年至 1984 年,我曾在佟柔教授指导下研究国家所有权和国有企业财产权问题。1984 年底留校任教后,因讲授物权法课程,也从未间断对物权法的研究。1980 年代中期,我曾发表了一些论文,提出通过股份制改造国有企业,使企业享有法人所有权;国家通过对股权的享有和行使,从而使国家所有权得到实现。1989 年,我以"国家所有权研究"作为博士论文题目,于 1990 年初完稿并通过答辩。在这本书里,就企业法人的所有权与国家所有权的关系问题作了专门探讨。尽管 10 多年来我国社会经济状况发生了很大变化,但我认为,通过公司的形式改组全民所有制企业仍然是一条切实可行的思路。因此,此次在整理书稿时,我将原有的涉及国家所有权和企业财产权的部分文章也汇编进来,成为本书内容的一部分。由于本书旨在集中我多年来在物权法研究领域中的点滴想法,并没有完全考虑物权法的严谨的体系问题,不少想法也是很不成熟的,因此,本书中出现缺点和错误在所难免。我殷切地希望广大读者给予批评指正。

王利明

1997 年 8 月 10 日

于人大林园

---

〔1〕　参见王家福教授为孙宪忠著作《德国当代物权法》所写的序言。

目　　录

第一编　物权法总论

第二编　物权的变动

第三编 所有权

第四编　用益物权

第五编　担保物权

第六编　占　有

第一编　物权法总论

第一章　物权概述

第一节　物权的概念和特征

物权法(英文为 the Law of Real Rights,德文为 Sachenrecht,法文为 droits reels)是大陆法系国家民法典的重要组成部分,通常是在民法典物权篇加以规定的。英美法系虽然没有物权法,但是具有和大陆法系物权法相类似的财产法。物权法是未来我国民法典的重要一编,也是我国社会主义法律体系的重要组成部分。《中华人民共和国物权法》(以下简称《物权法》)的起草、制定工作自 1993 年启动,历经 10 多年,最高立法机关先后进行了八次审议,并于 2007 年 3 月 16 日由第十届全国人民代表大会第五次会议审议通过。《物权法》的制定与颁行在我国法治进程中具有里程碑式的意义,必将对我国经济、社会的发展和社会主义和谐社会的构建产生深远影响。

一、物权的概念

物权一词最早起源于罗马法。罗马法曾确认了所有权(*dominium*)、役权(*servitutes*)、永佃权(*emphyteusis*)、地上权(*superficies*)、抵押权(*hypotheca*)、质权(*pignus*)等物权形式,并创设了与对人之诉(*actio in personam*)相对应的对物之诉(*actio in rem*),以对上述权利进行保护。罗马法学家也曾经使用过对物的权利(*lura in re*)[1]以及对物之权(*jus ad res*),[2]但物权(*jus in re*)与他物权(*iura in re aliena*)等概念在罗马法中并未出现。[3]

罗马法中对物之诉与对人之诉的区分主要是从程式诉讼的便利考虑的,目的并不在于区分物权和债权。[4]中世纪注释法学家在解释罗马法时,曾经从对物之诉和对人之诉中,引申出“物权”和“债权”的概念,并将物权的两种形式即完全物权(*plena in re potestas*)和他物权(*iura in re aliena*)用一个概括性的概念即物权(*iura in re*)来概括。

我国《物权法》在立法上明确规定了物权的概念,这本身也是我国民事立法的一大创新。《物权法》第 2 条第 3 款明确规定:“本法所称物权,是指权利人依法对特定的物享有直接支配和排他的权利。”这就在法律上明确了物权的概念,不仅对界定物权的内容和效力、区别物权和债权

---

〔1〕 [意]彼德罗·彭梵得:《罗马法教科书》,黄风译,中国政法大学出版社 1992 年版,第 183 页。

〔2〕 Vinding Kmse,*The Right of Property*,Oxford University Press 1953,p.131.

〔3〕 Gyorgy Diosdi,*Ownership in Ancient and Preclassical Roman Law*,Akodomiai Kiado,Budapast,1970,p.107.

〔4〕 Vinding Kmsc,*The Right of Pmperty*,Oxford University Press 1953,p.131.

具有重要意义,而且对宣传普及物权的观念也十分重要。根据这一定义,物权的特征在于:

(一)物权的主体是特定的权利人

"权利人"概念的特点在于:①具有高度的概括性,可以将各种民事主体纳入其中。权利人包括了各类物权的主体,如国家所有权人、集体所有权人、私人所有权人等。在具体的物权法律关系中,权利人都是指特定的权利人,如所有权人、宅基地使用权人、土地承包权人、建设用地使用权人、担保物权人、抵押权人、留置权人等,这就表明通过"权利人"的概念就可以统一概括各种类型的物权主体。在具体物权形态中,需要结合具体的物权形态和规定内容确定具体的物权主体。②在《物权法》中,权利人包括了自然人和法人,但又不限于这两类主体,因为作为国家所有权主体的国家是不能归属于法人概念范畴的,另外一些集体经济组织,如村民小组也无法以法人的概念加以概括,但采用了权利人的概念就可以将各类民事主体概括进来。在《物权法》中,还有一些组织如业主会议等,既不是自然人也不是法人,但仍然可以享有一些实体权利,也可以作为权利人存在。随着社会经济的发展,也可能会出现一些新的物权人,即使无法被归入自然人或法人的范畴,也可以以权利人来概括。③采取"权利人"的表述,也符合我国公有制为主体多种所有制并存的经济形态。在西方国家,由于其物权法主要是以私有财产为核心来构建物权法的体系,不存在国家所有权与集体所有权主体的界定问题,因而通过自然人、法人的概念基本可以概括物权主体,可以通过适用民法总则关于民事主体的规定解决物权主体的问题。而我国的所有权形态既包括国家所有权、集体所有权,也包括私人所有权,因此单纯依靠民法总则关于民事主体的规定不足以确定各类所有权及他物权的主体。

(二)物权的客体主要是特定的物

物权的客体主要是指特定物,包括以下两个方面:①物权的客体必须是特定物。所谓特定物,就是指具有单独的特征、不能以其他物代替的物,如某辆汽车、某栋房屋。除了法律有特别规定之外,集合物不能作为物权的客体。企业的整体财产之所以可以成为集合物,是因为一个企业的财产在观念上是可以与其他企业的财产相区别的。例如,《物权法》规定浮动担保,实际上就是以整个企业的集合财产作为担保物权的客体。②物权的客体主要是动产和不动产,《物权法》第2条第2款规定:"本法所称物,包括动产和不动产。"动产和不动产都是有体物,因此,从这个意义上说,物权的客体主要是有体物。有体物主要是指具有一定的物质形体,能够为人们所感觉到的物;而无体物主要是指权利。物权的客体仅限于有体物,尤其是就所有权而言,其客体原则上应限于有体物。《物权法》第2条的规定,基本上概括了物权的客体特征。一方面,由于物权是一种支配权,应当具有特定的支配对象,而只有有体物才能够满足这个要求,如果以无体财产作为物权的客体,就难以界定物权的内涵及其效力范围。例如,如果以所有权作为所有权的客体,将会出现所有权之上的所有权,甚至会出现债权的所有权、继承权的所有权。如此,则所有权的概念本身将陷于自相矛盾与模糊不清的状态。另一方面,它确定了物权的特征,物权是以有体物为客体的,因而物权就是有体财产权。这也使得物权与知识产权、债权、人身权等权利得以区分。还要看到,《物权法》围绕动产和不动产的归属、移转而展开,这就明确了《物权法》调整对象的范围,有关无体财产就应当由其他法律来调整,而不属于《物权法》的范畴。

当然,根据《物权法》第2条的规定,物权的客体主要是有体物,法律规定权利作为物权客体的,依照其规定。这就是说,在法律有特别规定的情况下,无体财产也可以作为物权的客体。例如,《物权法》第十七章第二节规定了权利质权,其客体是股权、债权等权利。至于《物权法》第122、123条规定的海域使用权、探矿权、采矿权、取水权、养殖权、捕捞权,这些权利的客体是否为无形财产,在学理上也仍然存在争论,但显然它们不限于有体物。再如,《物权法》还允许建设用地使用权作为抵押权、地役权的客体。在物权法上,以权利作为客体,必须要以法律作出特别规定为前提。应当看到,物的概念确实是一个不断发展的概念,从罗马法时代直至近代,物权的客体主要是有体物。随着市场经济的发展,不仅有体物,而且许多权利也开始进入交易领域,从而成为支配的对象。因此,物权的客体也会不断发展。

(三)物权本质上是一种支配权,是权利人对物的直接支配

所谓"直接支配",一方面,从客观上看,支配是指权利人对物的控制状态,某人意识到某物的存在,但没有对该物进行实际的管领,并不构成支配。从客观上讲,权利人应当对物存在实际的管领和控制,表现为自己或者他人按照权利人的意思对物进行占有、使用、收益、处分,能够将自己的意识体现在对物的控制和权利的行使方面。[1]另一方面,从主观上看,是指物权人对物可以以自己的意志独立进行支配,无须得到他人的同意。在无须他人的意思和行为介入的情况下,物权人就能够依据自己的意志依法直接占有、使用其物或采取其他的支配方式。例如,房屋所有人有权占有、使用其房屋,并有权将房屋出售;建设用地使用权人有权依法使用土地或转让其建设用地使用权。所有人和使用权人在依法行使其权利时,一般不需要取得义务人的同意,也不需要义务人的辅助,就可以实现其权利。任何人非经权利人的同意,不得侵害或加以干涉。物权的义务主体的义务是不作为,只要不妨碍权利人行使权利就是履行了义务。

物权中的支配主要是对特定的动产和不动产的使用价值的支配,也包括对物的交换价值的支配。[2]例如,维护用益物权人对土地和房产的支配,也就保护了用益物权人对不动产的使用价值的支配;保护担保物权人对实物的支配,实际上也就保护了对交换价值的支配。当然,物权人对物的支配范围不仅受物本身的性质和效用等的限制,而且要受到物权本身的内容的限制。[3]

物权人直接支配一定的标的物,必然享有一定的利益。物权所体现的利益一般可分为三种:①所有权人所享有的利益,包括物的最终归属及占有、使用、收益和处分物的利益。可见,所有人所享有的是物的全部的利益。②用益物权人所享有的利益是物的使用价值,如土地使用人基于其对土地的使用权而使用土地从而可获取一定的收益。随着社会经济的发展,物权法正从以抽象所有为中心向具体利用发展,物权的利用权能更为突出,因而获取物的使用价值对物权人更为重要。③担保物权人所享有的利益是依法获取物的交换价值,即债务人届期不清偿时,债权人可以依法变卖担保物,就其价金满足债权受偿的需要。在市场经济条件下,由于信用制度的发达,获取物的交换价值利益也日益重要。

物权的支配性决定了物权所具有的优先性、追及性等特点。物权人对物享有的支配权直接决定了物权的各项效力,物权的优先性等效力均来自于法律将某物归属于某人支配,从而使其对物的利益享有独占的支配和排他的权利。

(四)物权是排他的权利

物权的排他性具有多种含义,主要就是指物权具有对世效力。这就是说,任何人都负有不得侵害物权的义务。物权的效力可以对抗权利人之外的一切不特定的人。任何人都负有不得妨碍

[1] 孙宪忠:《中国物权法总论》,法律出版社2003年版,第41页。
[2] 尹田:《物权法理论评析与思考》,中国人民大学出版社2004年版,第27页。
[3] 温世扬、廖焕国:《物权法通论》,人民法院出版社2005年版,第43~44页。

权利人行使权利的义务,无论何人非法取得所有人的财产,都有义务返还,否则便侵犯了权利人的权利。[1] 物权的排他性是物权最重要的效力,要强化物权意识,很大程度上就是要强调物权的排他性。物权的排他性是由物权的本质所决定的。排他性与支配性密切联系在一起,排他性以支配性为基础,同时又可以有效地保障物权的支配性,因具有排他性,物权可以对抗任何第三人的不法行为,这就有力地维护了物权的支配效力。当然,物权的排他性是有限度的,而不是绝对的、无限的。任何物权都不是绝对地不受限制,任何物权的排他性都要受到法律的限制。另外,某一物权的排他性只是在该物权效力所及的范围内具有排他性。

物权虽然是权利人直接支配特定物和排他的权利,但物权本质上不是人对物的关系,而是人与人之间的法律关系。财产关系的本质并不完全是人与物的关系,而首先是人与人的关系。从民法上看,一方面,物权关系作为一种法律关系,乃是一种人与人之间的社会关系,并且是以一定的权利义务为内容的社会关系。例如,在所有权关系中,所有人有权依法对自己的财产占有、使用、收益和处分,所有人以外的任何人(非所有人)有义务不妨碍所有人行使权利。另一方面,我们也应当看到,物权本身是一个法律范畴。法律在反映和表现现存的财产关系时,只能通过确立主体(权利人)对客体(财产)所享有的权利,来确认和保护主体在财产之上所体现的意志以及实现其利益的法律可能性。

总之,物权是指权利人直接支配特定物和排他的权利,它是民事主体之间因物的归属和利用所形成的财产关系。

二、物权和债权

物权是和债权相对应的一种民事权利,它们共同组成民法中最基本的财产形式。在市场经济条件下,物权和债权作为社会经济生活中最基本的财产权,构成了市场经济社会的最基本的财产权利。物权与债权的联系十分密切,二者都是重要的民事权利,但物权具有如下不同于债权的特点:

(一)物权是绝对权和具有排他性的权利,而债权是对人权和相对权

物权是绝对权,并不意味着物权的内容是绝对不受限制的,而只是指权利人之外任何人都负有不得非法干涉和侵害权利人所享有的物权的义务。这就是说,一切不特定的人都是义务主体。正是因为物权属于对世权,所以物权的设立、移转必要公示,从而使第三人知道,这就决定了任何物权都是一种公开性的权利。正因为物权是绝对权,所以,物权人可以行使物权请求权,并且在物权受到侵害时可以受到侵权法的保护。

债权,是指特定的债权人所享有的要求特定的债务人为一定行为或不为一定行为的权利。债权只能在当事人之间发生效力,换言之,一方享有的债权只能针对另一方特定的债务人才能产生效力,而不能针对与债权人没有任何法律关系的第三人产生效力。在债权受到侵害以后,债权人只能针对债务人主张权利,而不能针对其他第三人主张权利。债权只是发生在特定当事人之间,由于债权只是发生在债权人和债务人之间的关系,所以债权的主体是特定的。债权人的请求权只对特定的债务人发生效力,正是从这个意义上说,债权又被称为对人权。债权通常只具有相对性,因为合同一方当事人原则上只能向与其有合同关系的另一方当事人提出请求,而不能向第三人提出请求。由于债权只是发生在特定的当事人之间,所以,债权具有非公开性,不需要将债权的内容对外予以公示。

---

[1] 刘保玉:《物权法》,上海人民出版社 2003 年版,第 8~9 页。

有一种观点认为,当物权受到侵犯以后,义务主体就由不特定变为特定,权利人可以依法对特定的义务主体即侵权人提出请求或提起诉讼。因此,从义务主体的范围上看,不可能对物权和债权做出区分。笔者认为,当物权受到他人侵害之后,在权利人和侵权行为人之间产生的是一种侵权损害赔偿之债的关系。这种关系中的特定义务主体与物权关系中的义务主体是不同的,如果把二者等同起来,必然要混淆物权关系和侵权关系。

(二)物权是支配权,而债权是请求权

物权是权利人支配特定物的权利,而债权是债权人请求债务人依照债的规定为一定行为或不为一定行为的权利。例如,在买卖合同中规定,出卖人应于某年某月交货,在交货期到来之前,买受人只是享有请求出卖人在履行期到来后,交付货物的权利,而不能实际支配出卖人的货物。也就是说,只享有债权而不享有物权。只有在交货期到来后出卖人实际向买受人交付了财产,买受人占有了财产,方能对该物享有实际的物权。正是因为物权是支配权,因此决定了物权具有独占性和排他性。

(三)物权具有优先性,而债权是平等性的权利

所谓物权具有优先性,是指物权较之于债权而言具有优先性,物权的优先性,主要表现在同一标的物之上同时存在物权和债权时,物权优先。当同一物上多项其他物权并存时,应当根据法律规定和物权设立的时间先后确立优先的效力。例如,抵押权的设定,就采取先来后到的规则,先设定的抵押权要优先于后设定的抵押权。而债权都是平等的权利。所谓平等,是指债权人之间的债权除具有优先受偿权(如法定优先权)以外,同一种类的债权无论发生的时间先后、数额多少,在债权实现时,债权人都有平等受偿的权利。在债务人破产而其财产又不足以清偿全部债务时,应就债务人的财产总额,在数个债权人之间按照各个债权数额的比例分配。

(四)物权具有追及效力,而债权只能在特定当事人之间发生效力

物权都具有追及性。所谓追及的效力,是指物权的标的物不管辗转流入到什么人手中,所有人可以依法向物的占有人索取,请求其返还其物。任何人都负有不得妨碍权利人行使权利的义务,无论何人非法取得所有人的财产,都有义务返还,否则便侵犯了权利人的权利。不仅所有权,而且担保物权的标的物,不论辗转到何人之手,也不影响这些权利的存在。例如,甲将其自行车借给乙用,被丙盗走,甲作为所有人有权要求丙返还。而债权只能在合同当事人之间发生效力。债权通常只具有相对性。因此合同一方当事人原则上只能向与其有合同关系的另一方当事人提出请求,而不能向第三人提出请求。所以,如果甲将其自行车卖给乙,双方订立了一份买卖合同,在自行车没有交付之前,被丙盗走,只能由甲作为所有人要求丙返还自行车。乙作为买卖合同债权人不能要求丙返还财产,因为乙与丙之间没有合同关系,乙对丙不享有债权,他只能要求甲履行合同,当甲无法履行合同时,可要求其承担违约责任。应当指出的是,物权的追及效力并不是绝对的,因为在法律上确立善意取得制度之后,物权应当受到善意取得制度的限制。也就是说,如果标的物由占有人非法转让给第三人,而第三人取得该标的物时是出于善意,则所有人不得请求第三人返还原物,只能请求不法转让人赔偿损失。

(五)物权是公开化的权利,而债权具有非公开性

因为物权是一种对世权,具有强烈的排他性,直接关系到第三人利益,因此物权必须要对外公开,使第三人知道,由此决定了物权设定时必须公示。动产所有权以动产的占有为权利表征,动产质权、留置权亦以占有为权利表征,而不动产所有权则以登记为权利表征,地上权、地役权、抵押权等也要以登记为公示方法。公示常常伴随着物权的存在,一旦公示不存在,物权也将不再

存在。而债权只是在特定的当事人之间存在,它并不具有公示性,设立债权亦不需要公示。因此当事人之间订立合同设立某项物权,如未公示,可能仅产生债权而不产生物权。

(六)物权的设立采法定主义,而债权的设立采合同自由原则

物权的设立采法定主义,即物权的种类和基本内容由法律规定,不允许当事人自由创设物权种类或随意确定物权的内容。然而债权特别是合同债权,主要由当事人自由确定。当事人只要不违反法律的禁止性规定和公共道德,则可以根据其意思设定债权,同时又可以依法自己决定债的内容和具体形式。[1]

(七)物权的客体主要是有体物,而债权主要以行为为客体

物权作为支配权,必须以特定的物作为其支配的客体。按照《物权法》第2条的规定,物权以"特定的物"为客体。作为物权客体的物主要是独立的、特定的,如果某物还尚未形成为特定的物,是不能成为物权的支配对象的。例如,空气、云彩等无法为人力所支配的物,是不能成为物权客体的。物权的客体是特定物,这不仅是由物权的性质决定的,也是物权区别于知识产权和债权的重要标志。如果物不能确定,虽然可以成为债权的客体,但不能成为物权的客体。正如法谚所称:"所有权不得未确定。"如果物不能确定,则物权支配的对象亦不能确定,从而物权也难以存在。所以民法理论认为物权客体的特定主义亦应为物权法的一项规则。但是债权的客体则不同,债权作为一种请求他人为一定行为或不为一定行为的权利,它以行为为其客体,但给付行为本身也可能涉及一定的标的物的给付。例如,买卖期房,要以一定的期房作为标的物。尽管期房还没有特定化,也可以成为债权的标的物。

(八)在保护方法上的区别

物权和债权在保护方法上也存在区别。为保障物权人对其物的支配权,法律赋予物权人具有请求他人返还原物、排除妨碍、恢复原状的权利。在民法上这些请求权通称为物权请求权。它虽然不是物权的权能,却是保障物权人对物的支配权所必需的、不能与物权相分离的权利,因此物权请求权成为物权所特有的效力。债权是债权人请求债务人为一定行为或不为一定行为的权利,而并非对物的支配权,因此,在债权受到侵害时,要使债权人的损失得到补救和恢复,一般只宜采取损害赔偿的方式。

第二节 物权的效力

物权的效力是指物权所特有的功能和作用。物权因其种类不同,各类物权所具有的效力是各不相同的,但是各类物权都具有某些共同的效力,正是这些效力的存在,使物权表现出与其他权利(如债权)所不同的特点。

一、排他的效力

根据我国《物权法》第2条第3款的规定,排他性既是物权的性质,也是物权的效力。其原因在于,一方面,物权在性质上区分于债权的原因之一即是物权具有排他性,而债权则不具有排他性。排他性是物权效力的当然内容。物权的排他效力系由物权的支配性质所生。[2] 在大陆法

---

[1] 常鹏翱:"体系化视角中的物权法定",载《法学研究》2006年第5期。

[2] 尹田:《物权法理论评析与思考》,中国人民大学出版社2004年版,第148页。

系国家,物权在性质上区分于债权的原因之一即是物权具有排他性,由于排他性是指同一物之上不得设立性质相互矛盾的两项物权。对于债权而言,因其不具有排他性,因此同一物之上可以设立多个债权,各个债权之间都具有平等的效力。只要满足物权的成立要件,物权人即使未实际占有和控制某物,也应享有对该物的排他性的权利[1] 如果否认了物权的排他性,则很难了解物权的性质,并且很难与债权相区别。物权的排他效力,主要包括如下几个方面:

1.所有权的排他性。同一物之上不得存在两个所有权,即一物不容二主。如果某人对某物依法取得所有权,即使另一人事实上占有该物,也不能享有法律上的所有权。任何人都负有不得妨害权利人对物的独占支配权的义务。同一物之上也不得设定两个内容相矛盾的物权。例如,将某物设定建设用地使用权之后,不能再为他人设定建设用地使用权。

2.他物权的排他性。同一物之上不得成立两个在内容上相互矛盾的他物权。物权的排他性不仅强调在同一物上不能设定两个所有权,还要求在同一物上不得设定相冲突的他物权,这就提供了设定物权的规则。例如,一些开发商在将某套商品房的一部分出卖给业主之后,又将整个大楼作为一个整体的财产进行登记并将其抵押给他人,形成一物之上多种权利相互冲突的现象。解决这些纠纷,就需要按照物权的排他性规则确定解决权利冲突的规则。尤其应该看到,随着他物权内容以及类型的不断增加,同一物上多种性质相同或相异的权利的冲突情形也会经常发生。因此,他物权的排他性还具有解决同一物上的权利冲突的作用。例如,在设定海域使用权之后,就不能再设定海域养殖权,也就是说不能在同一物上设定两种相互冲突的权利。

3.对世效力。这就是说,物权的效力可以对抗权利人之外的一切不特定的人。在物权关系中,权利人是特定的,而权利人之外的义务人都是不特定的,权利人享有的权利可以对抗权利人之外的一切人,任何义务人都负有不得侵害或妨碍权利人行使权利的义务。例如,在门口挂牌子宣称"私人物业,请勿进入"、"办公用地、闲人免进",其实就是讲物权具有排他性。

4.不可侵害性。应当说,任何权利都具有不可侵害性,但是物权的排他性有其特殊性。物权人行使权利,有权排斥他人的侵害和妨害,在物权受到侵害时,物权人可以针对任何侵害人主张权利,物权人有权行使物权请求权。任何人侵害物权时,物权人可以行使物权请求权,以排除他人的侵害并恢复物权应有的圆满支配状态。

二、优先的效力

物权的优先效力,称为优先权[2] 关于优先效力,学者有不同的观点,笔者认为优先效力应包括如下内容:

1.对外的优先性。即在同一标的物之上同时存在物权和债权时,物权优先。①所有权的优先性。如果一物之上存在所有权和债权,已经登记的买受人取得了所有权,此时,即使债权人的债权发生在先,他也不能就该标的物主张权利。在特殊情况下,对于人民法院的生效判决所确立的新的物权人,即使没有办理登记手续,其仍然可以对抗普通债权人。②用益物权的优先性。当用益物权与债权并存时,用益物权应优先于债权。③担保物权的优先性。当担保物权与债权并存时,担保物权具有优先于债权的效力[3] 例如,享有担保物权的人与普通债权人相比具有在标的物折价后优先受偿的权利。由于担保物权具有优先受偿的效力,因此在破产程序进行中,其

---

〔1〕　屈茂辉:《物权法·总则》,中国法制出版社2005年版,第204页。
〔2〕　郑玉波:《民法物权》,台湾地区作者印行1963年版,第22页。
〔3〕　王泽鉴:《民法物权(通则·所有权)》,台湾三民书局1992年版,第61页。

可以产生出别除权的效力。

如果同一物之上既存在某种具有物权效力的债权又存在不具有物权效力的债权,原则上具有物权效力的债权优先于不具有物权效力的债权。例如,在当事人订立买卖期房合同之后,办理了预告登记,由于期房尚在建设过程中,买受人并不能够因此而取得物权,但因为办理了预告登记,可以使其债权具有某些物权的效力,如果此种权利和其他一般债权并存,已经办理预告登记的债权就优先于未办理登记的一般债权。

2. 对内的优先性。即在同一物上多项他物权并存时,应当根据法律规定和物权设立的时间先后确立优先的效力。对内的优先性,又称为物权的对内效力,它是指物权相互之间的效力。根据大陆法系的民法理论,一物之上不得设立两个或两个以上的所有权,这是所有权排他性原则适用的结果。然而,在某些情况下,当事人可以在同一物上设立性质并不矛盾的多个物权。在多个物权并存的情况下,一般应当根据时间的先后顺序来确定优先顺序。在德国,中世纪法学家就已经确立了"先登记者比后登记者有优先权利(*prior tempore potior iure*)"。[1] 我国《物权法》关于物权的优先顺位原则上采取了"先来后到"的规则,这就是物权法中的"时间在先,权利在先"规则。具体来说:①用益物权的优先性。《物权法》第136条规定:"新设立的建设用地使用权,不得损害已设立的用益物权。"这就是说,在确定物权效力时,应当考虑用益物权设立的先后顺序。例如,在地上设立了建设用地使用权以后,地上已经建造了房屋和其他设施,如果他人要利用地下的空间建造设施,则不得妨害地上的建设用地使用权的行使。②担保物权的优先性。《物权法》第199条规定:"同一财产向两个以上债权人抵押的,拍卖、变卖抵押财产所得的价款依照下列规定清偿:①抵押权已登记的,按照登记的先后顺序清偿;顺序相同的,按照债权比例清偿;②抵押权已登记的先于未登记的受偿;③抵押权未登记的,按照债权比例清偿。"据此,在确定抵押权优先顺序时,如果已经登记的抵押权,就应当按照登记的先后顺序来受偿。物权对内效力扩大适用后,又产生了另一项规则,即后成立的物权不得妨碍先成立的物权,先物权的实现可导致后物权的消灭或自然排除后物权的效果。

需要指出的是,在某些情况下,法律基于社会公共利益等因素的考虑,可以规定某些发生在后的物权有优先于发生在先的某些物权的效力,我国《物权法》第239条规定:"同一动产上已设立抵押权或者质权,该动产又被留置的,留置权人优先受偿。"此种规定可以说是"先来后到"规则的例外。因为物权法考虑到留置权人事实上增加了留置财产的价值,且留置物已经为留置权人占有,所以,即使留置权人留置财产在后,抵押在先,留置权也应当优先于抵押权。再如,海商法上的船舶优先权应优先于船舶抵押权,此时应依据法律的规定确定物权效力。

三、追及的效力

所谓追及的效力,是指物权的标的物不管辗转流入到什么人手中,所有人可以依法向物的占有人索取,请求其返还原物。任何人都负有不得妨碍权利人行使权利的义务,无论何人非法取得所有人的财产,都有义务返还,否则,就是侵犯了权利人的权利。不仅所有权,而且担保物权的标的物,不论辗转到何人之手,都不影响这些权利的存在。[2]

对于物权的追及效力,学者常常称之为追及权。然而,物权是否具有独立的追及的效力,学者有不同见解。赞成者认为,追及的效力是一种独立的效力,与物权请求权是不同的。而反对者

---

〔1〕 江平主编:《中美物权法的现状与发展》,清华大学出版社2003年版,第93页。
〔2〕 王泽鉴:《民法物权(通则·所有权)》,台湾地区作者印行1992年版,第53页。

则认为,追及的效力并不是一种独立的权利,应包括在物权请求权之中,它不过是物权请求权中的返还请求权。如果将追及的效力独立出来,则物权请求权就必然没有独立存在的价值。[1]　我国台湾学者郑玉波则认为,此种效力应当包括在物权的优先效力和物权请求权之中。[2]　笔者认为,追及的效力是物权请求权所不能完全概括的:一方面,物权具有追及的效力是相对于债权而言的,它是在与债权的比较中所确定的独有的效力,债权原则上不具有追及效力,债权的标的物在没有转移所有权之前,由债务人非法转让或第三人非法占有时,债权人不得请求物的占有人返还财产,只能请求债务人履行债务或承担违约责任。另一方面,物权的追及效力需要通过行使物权请求权得以实现,但物权请求权是由物权的追及效力所决定的,追及的效力是物权请求权中返还原物的请求权产生的基础,但并不是说它应当包括在返还原物请求权之中。还应看到,追及权只能由物权人享有,但物权请求权中的返还原物请求权,不仅仅由物权人享有并行使,占有人也可以行使此种权利。所以,笔者认为不应将追及的效力概括在物权请求权之中。

应当指出的是,物权的追及效力并不是绝对的,因为在法律上确立善意取得制度之后,物权的追及效力应当受到善意取得适用的限制。许多学者认为,在现代社会中物权的追及性已不具有重要意义,主要原因在于:①现代民法注重保护的是交易安全而不是对物权人的支配权的维护,而追及性主要是为了维护物权人的支配权,善意取得制度的设立就表明了立法者要侧重保护交易安全,从而在一定程度上牺牲了物权人的支配权。②现代社会都是一种大规模的生产和经营,生产者制造出来的物大都是为了他人而非自己使用,所以通过行使追及权来恢复对物的占有和使用,已经没有太大的现实意义。③随着市场的发展,物质的丰富,权利人在物权受到侵害以后,完全可以从市场上购买到替代物,而不必行使追及权,恢复对物的占有。笔者认为这些观点虽不无道理,但是值得商榷。因为,尽管我国《物权法》第106条规定了善意取得制度,但善意取得制度并不能适用于一切动产和不动产的交易。例如,对于遗失物是否适用善意取得,法律未作出规定。对不适用于善意取得的物,仍然需要保护物权人的支配权。所以,从这一点上说,善意取得制度只是对物权人的支配权的有限限制。

四、物权请求权

法律为保障物权人对物所享有的充分的支配权,赋予物权人以请求他人返还原物、排除妨碍、恢复原状的权利。此种权利在民法上通称为物权请求权。它虽然不是物权的权能,却是保障物权人对物的支配权所必需的,是不能与物权相分离的权利,因此物权请求权成为物权所特有的效力。我国《物权法》第34、35条分别规定了返还原物的请求权、排除妨害请求权以及预防妨害请求权。

第三节　物权的分类

《物权法》第2条第3款规定:"本法所称物权,是指权利人依法对特定的物享有直接支配和排他的权利,包括所有权、用益物权和担保物权。"因此,物权可以分为所有权和他物权,他物权包括用益物权和担保物权。

〔1〕　〔日〕我妻荣:《新订物权法》,岩波书店1995年日文版,第一章第二节。
〔2〕　郑玉波:《民法物权》,台湾地区作者印行1963年版,第22页。

一、所有权和他物权

所有权是指所有人依法享有的对其财产进行占有、使用、收益和处分的权利,它是指所有人在法律规定的范围内,独占性地支配其财产的权利。[1] 所有权制度是物权制度中的核心内容。从形态上说,所有权又可分为国家所有权、集体所有权、私人所有权。所谓他物权,又称为定限物权、有期物权,它是指根据法律规定和当事人的约定,由非所有人在所有人的财产上享有的占有、使用和收益权以及在特殊情况下依法享有的一定的处分权。我国《物权法》将他物权进一步区分为用益物权和担保物权。他物权与所有权一样,都具有直接支配并排斥他人干涉的性质,同样能够产生优先权和追及权的效力。但是他物权与所有权不同,它在法律上具有如下几个特点:

1. 所有权是他物权产生的基础。他物权是由所有权派生出来。这就是说,他物权是由所有权派生出来的权利,它是以所有权的存在为前提的。他物权的取得一般是基于所有人的授权,或是基于所有权人与他物权人订立的合同。总之,他物权的产生要体现所有人的意志和利益。他物权的内容不过是从所有权权能中分离出来的部分权能。在通常情况下,所有权的各项权能与所有人发生分离后,可以产生由非所有人享有的独立的他物权。由于所有权的种类和所有权权能的分离形式不同,由此形成的他物权形式也是不同的。但是无论如何,他物权的内容,不得超出从所有权中分离出来的权能内容。还要看到,他物权的客体,一般也是所有权的客体。换言之,作为与所有权有关的财产权的客体的物,是通过所有人移转占有并由非所有人占有的所有人的财产。

2. 权利主体不同。所有权的权利主体是所有人,义务主体是非所有人,即除所有人以外的公民、法人和其他主体。而他物权的权利主体只能是所有人以外的其他权利人。我国《物权法》不承认所有权人可以为自己设立他物权。他物权因一定的法律事实产生而由所有人享有时,就因所有权与他物权的混同而导致他物权的消灭,此时,所有权即恢复其完整状态。不过,在他物权设定以后,所有人尽管不能实际占有、使用其财产,但仍然享有对其财产的最终处分权,也可以享有对财产的收益权。所以,非所有人享有他物权以后,并不能取代所有人的地位而成为所有人。

不过,为保护所有人和第三人的利益,当代许多国家的物权法允许在他物权由所有人享有时,所有人为自己的利益而继续享有他物权。例如,在德国法上,在需役地与供役地属于同一所有权人所有时,亦允许设定地役权(所谓的所有权人地役权)。[2] 但是根据我国《物权法》的规定,并不承认所有人可以享有他物权。[3]

3. 权利内容不同。所有权人享有占有、使用、收益和处分权,因而称为"完全物权",而他物权的内容是受限制的、不完全的。非所有人享有他物权以后,一般只能对标的物享有占有、使用和收益的权利;没有法律的依据和所有人的授权,不能行使处分权。非所有人行使财产的处分权,既受到法律的限制,也受到所有人意志的限制。非所有人必须依据法律的规定正当行使其权利。如果他物权是通过合同的方式确立的,并且合同对权利的行使设有明确的限制,则非所有人还必须依据合同的规定行使权利。由于他物权在内容上受到法律和所有人意志的限制,因此它又被称为"限制物权"。

---

[1] 王泽鉴:《民法物权(通则·所有权)》,台湾三民书局2001年版,第50页。

[2] [德]鲍尔、施蒂尔纳:《德国物权法》(上),张双根译,法律出版社2004年版,第723页。

[3] 需要指出的是,《担保法司法解释》第77条规定:"同一财产向两个以上债权人抵押的,顺序在先的抵押权与该财产的所有权归属一人时,该财产的所有权人可以以其抵押权对抗顺序在后的抵押权。"这就意味着在例外的情况下,为了保护抵押权人顺位的利益,允许成立所有人抵押。

4. 权利的存续是有期限的。非所有人享有的他物权,如果是通过合同的方式取得的,那么只能在合同的有效期内存在。在合同终止后,这种物权随之消灭。所以,许多他物权在期限上相对于所有权而言是短暂的,因此,这些物权又被称为"有期物权"。

二、用益物权和担保物权

他物权又可以分为用益物权和担保物权。所谓用益物权,是指非所有人对他人之物所享有的占有、使用、收益的排他性权利。《物权法》第 117 条规定:"用益物权人对他人所有的不动产或者动产,依法享有占有、使用和收益的权利"。所谓担保物权,是指为了担保债权的实现,由债务人或第三人提供特定的物或者权利作为标的物而设定的限定物权。担保物权是为了确保债务的履行而对他人提供担保的物或权利的价值所享有的权利。《物权法》第 170 条规定:"担保物权人在债务人不履行到期债务或者发生当事人约定的实现担保物权的情形,依法享有就担保财产优先受偿的权利,但法律另有规定的除外。"

三、动产物权、不动产物权、以权利为客体的物权

从物权客体的不同形态上可以将物权区分为动产物权、不动产物权、以权利为客体的物权。所谓动产物权,是指以动产为客体的物权,如车辆、船舶、机器的所有权等。所谓不动产物权,是指以不动产为客体的物权,如土地所有权、土地使用权等。所谓以权利为客体的物权,主要是指在权利之上设立的物权,如权利质权。这种分类的主要意义在于:①通常在动产之上只能设立所有权和担保物权,甚至在传统的物权法中,动产只能出质而不能设定抵押,动产之上一般不能设立用益物权,而不动产则可以设立用益物权。②物权变动的公示方法上,动产采取交付,不动产采取登记的方式。至于权利质权的设立和变动,也要采取法律规定的相应方式。

第四节　物权的客体

一、物权客体的概念和特征

(一)物权客体的概念

物权作为一种支配权,必须以特定的物作为其支配的客体。因此只有那些能够为权利人所能支配和控制的物,才能成为物权的客体。民法上的物是一个不断发展的概念。从罗马法开始直到近代,物权的客体主要是土地。由于土地在农业社会的重要性以及其具有显而易见性(visibility)、固定性(fixity)、安全性(security),它一直成为物权的重要客体。[1] 然而自工业革命以来,随着大工业的发展和科学的进步,尤其是市场经济的日益繁荣,人们对物的概念的认识也产生了重大变化。对物的占有不仅仅是为了使用某物,而且更重要的是将物投入流通领域,获取增值的价值,而有价证券的出现,使动产较之于不动产具有更重要的价值。现代社会中物权的客体是十分广泛的,因为任何物在法律上都具有自己的归属,即使是无主物,最终也会找到其归属。因此,不管是生产资料,还是消费资料;无论是自然物,还是劳动产物;不管是流通物,还是限制流通物,都可以作为物权的客体。可以说,凡是存在于人身之外,能够为人力所支配和控制、能够满足人们的某种需要的物,都能够成为物权特别是所有权的客体。

传统的物权法主要规范的是因有体物上权利的设定、移转等而发生的法律关系,这是由物权

---

[1]　Andrew Reeve, *Property*, Macmilan Education Ltd. ,1986, p. 82.

主要是对有体物的支配权利性质所决定的。《物权法》第2条第2款规定:"本法所称物,包括不动产和动产。法律规定权利作为物权客体的,依照其规定。"因此,物权以"特定的物"为客体。据此可见,作为物权客体的物,必须是存在于人身之外、能够为人力所支配,并且能满足人类某种需要的物体。如前所述,物权的客体主要是有体物。一般来说,有体物通常也是指已经客观存在的财产,对于尚未实际存在的财产,如未来的收益、正在建造的房屋等就不能认为是有体物。除了主要是有体物这一特征之外,物权客体还具有如下几个具体的特点:

1. 物权的客体首先应当是特定物。在法律上,物有特定物和种类物之分。特定物是指具有单独的特征,不能以其他物代替的物,如某幅图画、某个建筑物等。种类物是指具有共同特征,可以用品种、规格或数量等加以度量的物,如某种标号的水泥、某种牌号的大米等。种类物可以用同类物来代替,但是当种类物已经从同类物中分离出来作为权利客体时,也就有了特定化的性质。物权的客体必须是特定物,因为物权是权利人支配特定物的权利,标的物不特定化权利人也就无从支配。而且物权的移转要采取登记或交付的方式,如果标的物不能特定,则无法登记或交付。对于债权来说,其权利客体主要是行为,即使是以物为给付标的物,大多也是种类物。不过,当这些种类物由债务人交付给债权人以后,则种类物已变成特定物,并成为所有权的客体。只有在作为物权客体的物具有独立性和特定性的情况下,才能明确物权的支配范围,使物权人能够在其客体之上形成物权并排斥其他人的干涉。如果物不能特定化,虽可为债权之标的,但不能作为物权的客体,正如法谚所称:"所有权不得未确定。"如果物不能确定,则物权支配的对象亦不能确定,从而物权也难以存在。所以民法理论认为物权客体的特定主义(*Spezialitätsprinzip*)亦应为物权法的一项规则。

2. 物权的客体原则上应当是单一物。物权的客体原则上应当是单一物。所谓单一物,是指在形态上能够单独地、个别地存在的物,如一幢房屋、一个茶杯等,这些是人为的单一物;而树木、牛马为天然的单一物[1] 单一物是相对于集合物而言的,集合物通常分为两种:①事实上的集合物,又称物件集合,指因为当事人的意思或经济上的目的,多数单一物或合成物集合成一体,如商店内的全部商品、图书馆的全部书籍。②法律上的集合物,又称为权利义务的集合,指多数物和权利在法律上被视为一体,也有人将其称为集合财产,如夫妻共有财产。随着市场经济的发展,各类物和权利都进入了交易领域,而以集合物作为交易的对象,可以减少交易成本,使交易更为简便、迅速。既然集合物在交易观念上可以独立存在,则只要适当改进公示方法,应当可以作为物权的客体存在。从实践来看,许多称为集合财产的财产,如失踪人的财产、企业财产、营业财产等都可以作为一个整体的财产而成为交易或抵押的对象,社会经济的发展要求在其上设立一个物权。因此集合物在特殊情况下可成为物权的客体。

《物权法》第2条第2款规定:"本法所称物,包括不动产和动产。法律规定权利作为物权客体的,依照其规定。"因此,在法律有特别规定的情况下,集合物也可以成为物权的客体。例如,《物权法》规定浮动担保制度,就承认了集合物在例外情况下可以成为物权的客体。

3. 物权的客体必须是独立物。所谓独立物,是指在物理上、观念上、法律上能够与其他的物区别开而独立存在的物。[2] 依据传统的民法观念,物必须具有物理上的独立性,才能成为独立物。物理上的独立性,是指物必须在现实形态上与其他物相区分并为主体所占有和控制。然而,

〔1〕 洪逊欣:《中国民法总则》,台湾地区作者印行1992年版,第133页。
〔2〕 崔建远:"我国物权法应选取的结构原则",载《法制与社会发展》1995年第3期。

随着社会的发展,独立物的概念正在发生变化,一个物具有物理上的独立性,固然可以作为独立物而存在,但即便其不具有物理上的独立性,也可以根据交易上的观念或者以法律规定作为标准来确定某物是否具有独立性。一方面,以交易的观念作为判断标准,是指某物即使在物理上与他物相互连接,但在交易时可以将其划分为若干部分而成为单独的交易对象,也不妨成为独立物,并单独成为物权的客体。例如,一幅土地的某一部分,在物理上与其他部分难以分开。但是在交易时,可以将其划分为不同部分作为交易对象,且在交易前可以通过登记而确定其"四至"范围和坐落的地点,这样分割为各部分的土地也可以成为独立物。另一方面,根据法律的规定作为区分标准,如通过法律规定的登记方法,将分割的数块土地公示于众,则成为法律上的独立物。

二、物权法中的无形财产

(一)无形财产能否作为物权的客体

关于无形财产的调整模式,主要有如下几种观点:①物权法调整说。此种观点认为,应当由物权法调整所有的有体物和无形财产,只要这样物权法才能适应社会财富的发展需要。②特别法主要调整说。此种观点认为,物权法主要调整有形财产,而无形财产主要应当通过特别法加以规定。对于确需要物权法调整的无形财产,可以准用物权法的有关规定。[1] ③专门法调整说。此种观点认为,无形财产应该通过专门的法律来规制,从而形成完整的有关无形财产的立法体系。[2] 笔者赞成第二种观点,即物权法主要应当调整有体物形成的归属和利用关系,而无形财产主要应通过知识产权法、证券法等法律调整。其主要理由在于:

1. 从物权法固有的内容来看,它主要以调整有体物为内容。因为一方面,所有权概念完全是建立在有体物的概念之上的。在法律上不可能存在以无体物为客体的所有权,否则将会出现债权的所有权、知识产权的所有权甚至所有权的所有权,所有权的概念将会变得混乱不堪。另一方面,在他物权中,物权法仅仅只是在例外的情况下以无体物作为权利的内容,如权利质权、权利上的用益物权等。而他物权也基本上是在有体物之上产生的,且主要是在不动产基础上产生的。还要看到,物权法的规则大多是建立在有体物基础上的,如一物一权、动产的交付、善意取得等都是建立在有体物基础上的。从根本上说,无形财产之上是很难产生支配性和排他性的,也很难产生物权的追及效力,所以不能适用物权法的许多规则。

2. 知识产权是典型的无形财产,也是现代社会中最重要的无形财产,但不能因为知识产权的重要性,便认为知识产权就是物权。因为一方面,知识产品作为一种非物质的精神成果,权利人很难对其进行占有和支配,智力成果也不可能像有体物那样发生损耗;另一方面,知识产权已经受到知识产权法的调整,没有必要再置于物权法中,否则,在物权法中包括知识产权法,将会使知识产权法不能够作为独立的法律而存在,这反而不利于对知识成果的保护,也不利于促进知识经济的发展。还要看到,知识产权法的一些基本规则与物权法并不完全相同,如著作权的保护是有期限的,但物权法对所有权的保护则是无期限的。当然,并不是说物权法完全不可能作用于知识产权,如以知识产权设定质权,也应当受物权法的调整。

3. 对股票、债券和票据等的权利,因为已经受到公司法、证券法和票据法的调整,因此物权法不应该再调整这些无形财产。从性质上看,这些财产也不应当受到物权法调整。例如,股权在性质上不仅仅是所有权的凭证,而且也是一种债权的凭证,还体现了股东的一种资格和地位。作为

---

[1] 宁红丽:"私法上'物'的概念的扩张",载《北方法学》2007 年第 3 期。

[2] 马俊驹、梅夏英:"无形财产的理论和立法问题",载《中国法学》2001 年第 2 期。

一种混合型的权利很难受到物权法的调整。对债券的权利主要是债权,也不应受物权法的调整。至于票据等有价证券,也已经分别受票据法等法律的调整。各个单行法律分别对各种无形财产权实行分别的调整和特殊的保护,不仅可以针对各种特殊的无形财产进行专门化的调整,而且也避免了传统民法中对无形财产在法律调整方面所产生的困惑。当然,以这些财产权利设定质权,也应当受到物权法的调整。[1]

4. 无形财产如果都受到物权法调整,则将使物权的客体特征不复存在,同时也将改变物权的概念、特征和基本规则,而且也混淆了物权法与其他财产法的关系。

(二) 物权法中的无形财产

根据《物权法》第 2 条的规定,法律规定权利作为物权客体的,依照其规定。这实际上为物权法调整各种无形财产提供了法律依据。物权法在特殊情况下调整无形财产是必要的,也是符合财产发展趋势的。

1. 我国《物权法》确认了各种权利担保的方式,实际上是承认了大量的无形财产可以成为担保物权的客体。现代担保法出现了动产质押逐渐衰落、权利担保不断增长的趋势。因为现代社会的财富构成已经不同于传统的农业社会,现代社会财富更多的表现为权利而不是有体物,以权利作为融资手段的需要日益增长。现代社会是知识经济的社会、信息爆炸的社会,是以信息、知识、技术等生产分配和使用为主体的时代,知识产权等权利重要性越来越突出,已经逐渐取代有形财产。各种收益作为担保物,就可以广泛地开辟担保的渠道,对于搞活金融、资金的流通、保障债权的实现是非常重要的。因此,我国《物权法》承认了建设用地使用权、"四荒"土地承包经营权等可以抵押,承认了集合物的担保,承认了有价证券、基金份额、股权、知识产权、应收帐款等可以质押。

2. 我国《物权法》确认了空间可以成为物权的客体。空间是一个物理学上的概念,是以一定的长、宽、高来界定的三维空间。作为法律概念的空间是以权利客体的形式存在的。然而,空间权的客体与一般物权的客体是有区别的,因为空间不是有形物,它难以被实际的控制或占有。但它仍然可以作为物权的客体而存在,这是因为它是客观存在的资源,可以为人类所支配和控制,并能够满足人类的需要。[2] 与电、气、磁场等类似,空间也是可以被感知的。在物权法上,空间是指土地上下一定范围的立体上的位置。对空间所享有的支配和利用的权利就是空间权。空间无论在土地之空中或地下,如果具备独立的经济价值及有排他的支配可能性两项要件,即可为物。[3] 根据我国《物权法》第 136 条规定,空间权可以成为一项权利,这实际上就是将空间资源纳入物权客体的范围。

3. 我国《物权法》明确将"无线电频谱"纳入物权法的适用范围,这实际上也是扩大了物权客体的范围。我国司法实践也承认,电、热、声、光等在物理上表现为无形状态的物,作为有体财产的延伸,仍然属于有体物的范畴,从交易观念出发,它可以作为物而对待。[4]

4. 我国《物权法》承认了集合财产在特殊情况下可以成为物权客体。为了促进物尽其用,充分发挥担保物的价值,集合财产作为担保物的现象越来越普遍。尤其是以企业整体财产作担保,

---

[1] 马俊驹、梅夏英:"无形财产的理论和立法问题",载《中国法学》2001 年第 2 期。
[2] 赵怡:"试论物权法中的空间权制度",载《市场周刊》2004 年第 6 期。
[3] 陈华彬:《现代建筑物区分所有权制度研究》,法律出版社 1995 年版,第 58 页。
[4] 《最高人民法院关于审理盗窃案件具体应用法律若干问题的解释》第 1 条第 3 款已经将盗窃电力、煤气、天然气等无形物的行为纳入盗窃罪的处罚范围。

越来越普遍。因为一方面,以企业财产作担保,可以使企业的品牌、信用等无形财产计算到担保财产之中。另一方面,以企业财产担保,就可以以企业财产拍卖,而整体财产拍卖一定比单个财产出售更有价值。整体财产出售,还可以导致整体财产的接管,受让人在买受时,可以对企业进行整治,从而使企业起死回生。但是,如果将企业分拆拍卖,将会导致企业的消灭。由此可见,集合财产担保是很有效率的。正是因为越来越多的集合财产作为担保物,也使物权客体范围扩张。例如,在以集合财产担保和权利质押的情况下,物权客体实际上都突破了有体物的范围,而包括了无形财产。

因此,除法律法规另有规定以外,一些无形财产可以成为物权的客体,适用物权法关于物权的规定。

三、物权客体的分类

(一)有体物和无体物

有体物,是指具有一定的物质形体,能够为人们所感知的物。有体物包括的范围非常广泛,除权利以外的一切物质实体,即物理上的物,它不仅包括占有一定空间的有形物(各种固体、液体和气体),还包括电、热、声、光等自然力或"能"(energies)。[1] 无体物,是指除对有体物的权利以外的其他权利和利益,如对股票、票据、债券等的权利,都可以被称为无形财产,其实质内容是法律所保护权利主体的利益。电、天然气等无形物在交易上是可以作为交易对象的,从交易观念出发,它可以作为物而对待,许多国家民法典明确规定电力等自然力为可以支配的物。

区分有体物和无体物的主要意义在于:①从物权法的调整范围来看,我国《物权法》主要调整因有体物产生的财产归属和利用关系。而因无体物产生的归属和利用关系由知识产权法等法律调整。②从物权客体来看,我国《物权法》确认了物权的客体主要是有体物,在法律明确规定的情况下,客体可以是无体物。例如,物权法规定了权利质押,这就是属于法律有特别规定的情况。当然,在特殊情况下,有形和无形财产可以相互转化。例如,计算机软件因为储存于数据载体中而获得可把握的形式时,可以成为有体物。[2]

(二)动产和不动产

物权的客体是特定的物,所谓特定的物主要指的是动产、不动产。这些物代表了有形财产。

所谓不动产,是指依照其物理性质不能移动或者移动将严重损害其经济价值的有体物。《担保法》第92条规定:"本法所称不动产是指土地以及房屋、林木等地上定着物。本法所称动产是指不动产以外的物。"所谓动产,就是不动产之外的物,是指在性质上能够移动,并且移动不损害其经济价值的物,如电视机、书本等。可将有体物分为动产和不动产。动产和不动产的区别主要表现在:①是否可以移动。动产通常可以移动,而不动产则不能移动。当然在现代社会中,随着科技的发展,房屋也可以移动,但是这毕竟属于例外现象,而且将耗资巨大。②移动是否在经济上合理。房屋等土地附着物也可能是能够移动的,但一旦移动耗资巨大;而动产通常可以移动,即使是沉重的机器设备,也可以移动,且较之于不动产其移动耗资不大。③是否附着于土地。不动产除土地之外,其他财产如房屋、林木等都是附着于土地的,通常在空间上不可移动,若发生移动将影响它的经济价值。而动产通常并不附着于土地。

动产和不动产区分的意义在于:在我国,土地属于国家和集体组织所有,个人不能对土地享

---

〔1〕　李双元主编:《比较民法学》,武汉大学出版社1998年版,第247页。

〔2〕　[德]鲍尔、施蒂尔纳:《德国物权法》(上),张双根译,法律出版社2004年版,第22页。

有所有权。在公示方法上,动产实行交付的公示方法,而不动产采取登记的方法。此外,从权利的取得方式来看,动产取得的一些方式如先占、添附、加工、拾得遗失物、发现埋藏物等,一般不适用于不动产。不过,从物权法的发展趋势来看,动产和不动产呈现出相互渗透甚至是相互转化的状况。因为一方面,由于不动产证券化趋势的发展,不动产具有动产化的趋向。物权的证券化不仅有利于充分实现不动产的交换价值,也为物权人开辟了新的融资渠道。另一方面,某些动产如船舶、航空器等也要在法律上采取登记制度,从而与不动产的规则完全一致。还要看到,在担保物权中,不动产抵押和动产抵押基本上采用相同的规则。正是由于这一原因,有一些学者认为应当使动产和不动产规则统一化。

（三）土地和地上定着物

从广义上讲,土地是指包括土地、森林、水、矿藏以及阳光、空气的一切自然资源。[1] 从狭义上讲,土地作为地球表面的陆地的土地资源,即在气候、水文条件作用下,由地貌、土壤、植被等因素组成的自然综合体。[2] 绵延无垠的土地,在物理上是非独立的物,但依据交易的观念和法律的公示方法,可将其划分为各个部分,这些部分均可以成为独立物。

所谓地上定着物,是指固定且附着于土地之物,[3] 我国台湾地区实务界认为其"系指非土地之构成部分,继续附着于土地,而达一定经济上目的,不易移动其所在之物"。[4] 我国《担保法》也使用了这一概念,该法第 92 条规定:"不动产是指土地以及房屋、林木等地上定着物"。因此,地上定着物包括房屋、林木等。其特征在于它是附着于土地、固定且不易移动的物。所谓房屋,是指利用一定面积的空间,在地上地下所建筑的物。[5] 所谓建筑物,是指附着于土地上或地面以下,具有顶盖、梁柱、墙壁,可供人居住或使用的构造物,如房屋、仓库、地下室、空中走廊、立体停车场、桥梁、水塔、烟囱等。[6] 房屋一般包括土地上的居民住房、工商业用房、办公用房(写字楼)等建筑物及其构建物,如铁路、桥梁等。由于房屋不可能是空中楼阁,必须建造在土地之上,土地是和房屋和构造物相连的、并在空间上紧密结合为一体,因此在法律上通常将两者统称为不动产或房地产。

关于土地和房屋之间的关系,世界范围内有两种不同的立法模式:①吸收主义。在此种模式下,房屋被认为是土地的重要组成部分,或者被认为是地上权的组成部分。②分离主义。在此种模式下,房屋和土地是分别的所有权客体,房屋不是土地的组成部分,也不是地上权的组成部分,而是独立的权利客体。我国《物权法》采用了分离主义,土地和房屋分别成为不同的物权客体,并可以分别登记。但是,对于土地和房屋的权利采取了两个重要的规则:一方面,在交易时,实际上采纳了土地使用权与建筑物所有权相结合的观点,将土地和房屋视为交易的共同客体。房产和地产在交易中,必须共同作为交易标的,而不能分别对待。土地使用权及其地上建筑物所有权均不能单独转移、抵押和出租,必须同时转移、抵押和出租。在处分房屋和土地时,则采取了"地随房走、房随地走"的原则,使得房屋和土地不得分别处分。例如,《物权法》第 146 条和第 147 条采取了此种做法。另一方面,土地和房屋的权利人必须保持一致,避免因为土地使用权人和房屋

〔1〕 王家福、黄明川:《土地法的理论与实践》,人民日报出版社 1991 年版,第 1 页。
〔2〕 崔建远、孙佑海、王宛生:《中国房地产法研究》,中国法制出版社 1995 年版,第 15 页。
〔3〕 王泽鉴:《民法物权(通则·所有权)》,中国政法大学出版社 2001 年版,第 53 页。
〔4〕 我国台湾地区"最高法院"1974 年第六次民庭推总会决议。
〔5〕 史尚宽:《民法总论》,台湾三民书局 1960 年版,第 229 页。
〔6〕 梁慧星、陈华彬:《物权法》,法律出版社 1997 年版,第 36 页。

所有权人分别属于不同主体而产生纠纷。当然,物权法在特殊情况下,为保护公民的财产权,也采取了"地随房走"的原则。根据《物权法》第149条的规定,在住宅建设用地使用权期限届满时,只要房屋存在,则土地使用权就因为房屋的存在而自动延长。但我国《物权法》在确认土地和建筑物转让和设定抵押时应一并转让和抵押的同时,也承认土地和建筑物可以作为相互独立的不动产,并应确认各种分离的权利和利益。例如,建筑物区分所有权就是因为承认建筑物和土地是不同所有权的客体,才得以被认可的。

房屋等建筑物都具有长久地附着于土地、非经毁损或变更形体不能移动其位置的特点,可见建筑物是重要的不动产。一幢建筑物可以作为一项独立的不动产,但建筑物也可以依据纵向分割和横向分割及纵横分割的方法,而划分为各个部分。如果各个部分具有构造上的独立性、使用上的独立性及通过登记与公示表现出来的法律上的独立性,则能够成为独立的不动产。至于在建房屋虽未完工,但如果能够遮风避雨,且具有独立的经济使用目的、经济价值,在交易上具有特定性和独立性时,即可成为物权并且为不动产客体[1]。根据一般的社会观念和交易观念,附属建筑物和主建筑物为一个建筑物时一般不宜分开。房屋如遭到毁损已不能使用,应认为原房屋已经灭失,仅剩余建筑材料。

土地和地上定着物区分的主要意义在于:一方面,土地只能属于国家和集体所有,公民个人不能对其享有所有权,而房屋等地上定着物的所有权可以为个人所有。土地所有权不能买卖,而房屋等地上定着物的所有权是可以买卖的。另一方面,在土地之上可以设定建设用地使用权、承包经营权等用益物权,这些权利都是有期限限制的,而地上定着物所有权是没有期限限制的。此外,在房屋之上一般不能设立用益物权。

(四)主物和从物

主物和从物通常表示的是两个物之间的相互依存关系。所谓从物,就是不作为主物的组成部分,而是为了发挥主物的经济效用,而与主物同属一人的物[2]。可见,从物具有如下特点:①从物并不是主物的组成部分。也就是说,从物并未丧失其独立存在的价值,假如某物已构成他物的组成部分,如房屋的墙壁和门窗等,则不是从物。②从物是为发挥主物的效用而存在的。也就是说,从物的存在是为了辅助主物的存在,为了增加主物的价值,如钟表与表链,若无表链,钟表的价值就会减损。③从物必须与主物同属于一人。这是因为只有在从物与主物同属一人的情况下才能适用从物的所有权随主物的所有权移转的规则,[3]如果二物不属于一人,则从物随主物的移转而移转,将会严重损害第三人的利益。关于主物和从物的关系,各国立法通常认为从物随主物同其法律命运,《物权法》第115条也特别规定:"主物转让的,从物随主物转让,但当事人另有约定的除外。"尽管从物在物质的外观上是独立的,其与主物一样都是独立的物权客体,但由于两者是结合在一起的,这种结合并不是创造了一种独立的物,其结合的方式是主物对从物起支配作用,从物只是起到辅助主物的作用。所以,在当事人没有特别约定的情况下,从物应当随同主物的移转而移转。

当然,从物随主物的移转而移转的规则是一种任意性的规范,由于主物和从物并未独立成为一个物或者构成一个集合物,而事实上可以构成两个不同的权利客体而存在,因此,当事人之间

---

〔1〕　崔建远:"我国物权法应选取的结构原则",载《法制与社会发展》1995年第3期。
〔2〕　洪逊欣:《中国民法总则》,台湾地区作者印行1992年版,第224页。
〔3〕　《德国民法典》第97条、《日本民法典》第87条。

也可以特别约定,在移转主物时从物所有权并不发生移转,或者约定抵押主物,而从物并不相应地作为抵押标的,或者移转主物时只是某一从物发生移转而另外的从物并不发生移转,如果当事人没有特别约定,则原则上从物应随主物的移转而移转。由于当事人可以通过约定改变从物随主物移转而移转的规则,因此不能将从物与主物作为集合物对待。

（五）单一物和集合物

所谓单一物,是指在形态上能够单独地、个别存在的物,如一幢房屋、一个茶杯等,这些是人为的单一物;而树木、牛马为天然的单一物。[1] 但在社会生活中,一物与他物结合是经常发生的。如果一物与他物的结合时各自未丧失其经济上的独立性,即成为一个集合物。从法律上看,所谓集合物,是指各个物并不丧失其独立存在的价值,但它们结合成为具有独立价值的一体而成为集合物。[2] 从法律上来看,集合物不能适用主物、从物关系的规则,其原因在于集合物中各个物的独立性更强,而一个物和另一物的结合并不是为辅助其他物的效用而存在的,所以对各个物完全可能单独地支配,在无特别约定的情况下,不能因为处分某一物而使其他物的所有权也发生移转。

从原则上说,由于集合物中的各个物具有很强的独立性,因此按照一物一权规则,应当将集合物中的各个物作为分别的所有权客体对待。但是当集合物进入到交换领域后,集合物从整体上可以具备某种交换价值,并可以与其他物相区别,这样集合物也就可以成为单独的所有权客体。集合物作为物权的客体不是因为使用上的原因而是因为交换上的原因,当然集合物能够形成总体上的交换价值,是因为集合物具有整体上的经济效用,而只有在其作为交易的对象时,其作为物权客体的价值才能表现出来。在现代市场经济条件下,集合物已经越来越多地作为整体的交换价值出现在交换领域,在此情况下,否认集合物作为物权客体存在是不合理的。现代社会中财团抵押、浮动担保等形式的发展,都促使集合物成为物权的客体。

区分单一物和集合物的意义在于:物权的客体主要是单一物,只有在法律有特别规定的情况下,集合物才可以作为物权的客体。例如,《物权法》第181条规定:"经当事人书面协议,企业、个体工商户、农业生产经营者可以将现有的以及将有的生产设备、原材料、半成品、产品抵押,债务人不履行到期债务或者发生当事人约定的实现抵押权的情形,债权人有权就实现抵押权时的动产优先受偿。"这就是承认以集合物作为担保。

（六）原物和孳息

所谓原物,就是指产生孳息的物。所谓孳息,就是指原物所产生的收益。《物权法》第116条规定:"天然孳息,由所有权人取得;既有所有权人又有用益物权人的,由用益物权人取得。当事人另有约定的,按照约定。法定孳息,当事人有约定的,按照约定取得;没有约定或者约定不明确的,按照交易习惯取得。"有关该问题,笔者将在下文讨论。

第五节 物权的取得和行使

所谓物权的取得,就是指基于法律行为和事实行为而取得所有权或他物权。所谓物权的行

---

〔1〕 洪逊欣:《中国民法总则》,台湾地区作者印行1992年版,第133页。
〔2〕 洪逊欣:《中国民法总则》,台湾地区作者印行1992年版,第213页。

使,就是指物权人依据自己的意志在法律规定的范围内行使物权。物权是基本的财产权,也是关系到国计民生的基本财富形式。对于任何物权的取得,都必须具有合法性。《物权法》第7条规定:"物权的取得和行使,应当遵守法律,尊重社会公德,不得损害公共利益和他人合法权益。"这就是首先确立了物权取得的合法性。物权法的目的在于确认产权、保护物权,但是物权法保护的只是合法取得的物权。对于非法途径取得的财产,如侵占国有财产,物权法不仅不予以保护,而且依法追究其法律责任。物权法所保护的财产只能是合法的财产,而不可能是非法的财产,这也是任何国家的法律都必须坚持的一项原则。需要指出的是,此处所说的法律,不限于物权法,还包括行政法规等规范性文件的规定。

根据《物权法》第7条的规定,物权的行使必须合法。物权人所享有的物权并不是绝对的、不受限制的权利。相反,现代民法对物权的内容及其行使已设置了越来越多的限制,尤其在物权行使方面,不仅物权法,而且有关的特别法尤其是公法(如环境保护法、城市规划法、土地法等),都对物权的行使作出了一系列的限制,旨在维护社会公共利益,维护经济和生活秩序,保护资源和环境。在我国,有关的法律法规对物权的限制较多,但在《物权法》中不可能对这些限制一一列举,而只能作出一些原则性的概括规定。这些原则主要包括:

一、物权的行使必须符合国家法律和社会公共利益的要求

物权的行使首先必须遵守法律,此处所说的法律不仅包括《物权法》,甚至不限于民事法律,还包括各种行政法律、法规。权利意味着在法律规定范围内的主体的意志自由,但这种自由是有一定的限度的。人们必须在法律规定的限度内行使自己的权利,只有在这个限度内,人们才可能依自己的意志从事一定的行为。法律并不允许权利人以任何方式随心所欲地行使自己的权利,物权亦不例外。在物权的行使方面,法律鼓励当事人正当地行使自己的权利,但权利的行使必须要有合理的界限。这个界限就是不得损害国家利益、社会公共利益和他人合法权益。例如,物权人利用自己的房屋从事色情服务,或者将房屋出租给他人从事赌博或其他违法活动,都是违法行使物权的行为。虽然,从事这些行为不一定导致其所有权的丧失,但应当承担相应的法律责任。

物权的行使必须符合社会公共利益的要求,物权人行使物权要注重保护生态环境,不得滥用权利,破坏生态环境。在当代,保护环境、维护生态文明成为了我国的一项基本国策,在今后相当长的时期内,它也是我国未来发展战略和科学发展观的核心内容之一。对于自然资源的利用和养护必须协调处理,既要保证资源的有效利用、防止浪费,又要保证长远的可持续发展,兼顾近期的利用效率和长远利益。例如,建设用地使用权人不得将土地严重抛荒,甚至对土地上的林木滥砍滥伐。海域使用权人也不能毫无限制地利用海域,甚至造成海域的严重污染。

二、物权的行使必须尊重社会公德

社会公共道德也称为善良风俗,它是指由社会全体成员所普遍认许、遵循的道德准则。社会公德是基本的商业道德,也是信用经济的基础。诚实信用原则并非仅仅只是合同法的基本原则,更是我国民法的基本原则。它不仅应当适用于合同关系,而且还适用于物权的设立、变更和行使等各种法律关系。尤其是在物权的行使方面只有严格遵循诚信原则,物权人才能正当地行使物权,从而建立和睦的经济生活秩序,保障财产流转的正常进行。例如,在相邻的不动产所有人和使用人之间,不得在自己的不动产之上存放向对方散发臭气的污物,从而损害邻人的利益;也不得在自己使用的土地上挖洞,影响邻人的房屋安全和通行安全,否则便违反诚信原则,构成滥用物权的行为。

三、物权的行使不得损害他人合法权益

物权人行使物权,不得损害他人的利益,这实际上是指权利人不得滥用权利。罗马法时期曾有法谚云:"任何人不恶用自己的物,乃国家利益之所在"(*expedit enim rei publicae ne quis re sua male utatur*)。19世纪末叶以后各国均以法律或判例的形式确立了"权利滥用禁止"原则。我国《物权法》第7条规定:"物权的取得和行使,应当尊重社会公德,不得损害公共利益和他人的合法权益。"这可以被视为是对禁止权利滥用原则的一个规定。该原则要求权利人在行使其享有的权利的时候,必须以诚信和顾及社会和他人利益的方式,禁止以损害他人利益的方式恶意地行使其权利。这是诚信原则的具体体现和要求。一方面,物权人行使权利,利用他人的财产进行使用收益,应当尽可能像对待自己的财产一样爱护和利用他人的财产,不得以牺牲资源、环境为代价,从事生产开发,侵害所有人和其他人的利益。否则构成权利滥用。[1] 另一方面,物权人在行使权利的过程中,不得超出权利行使的正常范围,恶意地损害他人的利益,为他人的财产带来不必要的负担或者财产损害。

由于物权是基本财产权,因此对物权行使的限制必须慎重。为了充分保证权利人享有和行使物权,保护权利主体的利益,防止行政机关对物权的行使作出不正当、不合理的干预,有必要通过物权法和其他法律对物权作出限制,而不能通过行政规章等规范性文件随意限制。因为公民、法人享有的物权是基本的民事权利,对物权所作出的重大限制,应该有法律依据,而不能由行政机关通过规章甚至是红头文件来对公民、法人享有的财产权任意作出限制,即便是法律、行政法规基于公共利益而对物权的行使设置限制,也必须有明确充分的理由,且不得违反宪法中对财产权保护的基本精神。

---

〔1〕 孙佑海:"物权法与环境保护",载《环境保护》2007年第5期。

第二章　物权法概述

第一节　物权法的概念和调整对象

一、物权法的概念

物权法是大陆法特有的概念,在大陆法的民法体系中,物权法是其中一个重要的法律。一些学者认为,物权法与债权法相分离的观点来源于罗马法。实际上,罗马法中并不存在物权与物权法的概念,直至罗马帝国时期查士丁尼制定《法学总论》,对物和物权的概念都未作严格区分,而是将物与用益物权、所有权、地役权等混淆在一起[1] 1804 年的《法国民法典》也深受罗马法上述规定的影响,仍然没有严格区分物与物权等概念,从而也没有明确提出一个物权概念并在此基础上建立一个完整的物权法。《德国民法典》将物作为权利客体移到总则部分,并将物权、债权和继承权作为三种不同性质的财产权,分别成编加以规定,物权法正是从《德国民法典》开始才真正形成具有自身独立体系的、内容完整的法律,并成为民法中的一项重要制度。英美法本无所谓民法的概念,当然也不存在物权法的概念,有关物权的法律规范在英美法中被称为财产法,它是与合同法、侵权行为法对应的法律。从内容上看,英美法的财产法基本上包括了大陆法的物权法的内容,甚至在大陆法系通常是包括在合同之中的问题如租赁、赠与等,也包含在英美财产法的范围之中。

我国《物权法》第 2 条第 1 款规定:"因物的归属和利用而产生的民事关系,适用本法。"据此可见,我国《物权法》是调整平等主体之间的民事关系、确认和保护物权的法律,是我国民法的重要组成部分。据此可见,物权法的概念包括如下几个层次:

首先,物权法是调整平等主体之间的民事关系的法律。《物权法》第 2 条强调物权法调整民事关系,实际上包含了双重含义:一方面,所谓民事关系,实际上就是平等主体之间的财产关系和人身关系,平等性是民事关系的基本特征;另一方面,我国《民法通则》第 2 条明确规定了民法调整平等主体之间的财产关系和人身关系。由于物权法调整的财产关系实际上是民法调整的社会关系的组成部分,因此《物权法》是我国民法的重要组成部分,故民法总则的规定仍然适用于物权法。例如,《物权法》中规定物权的主体即权利人,其内涵和范围就应当依据民法总则的规定来确定。

其次,物权法是调整财产关系的基本法。一方面,物权法并不调整所有的财产关系,而是调整物的归属和利用的关系。在市场经济社会,物的归属和利用是市场经济体制所需要的基本法律规则,是保障市场经济得以正常运行的基本条件。所以,物权法正是通过调整物的归属和利

---

〔1〕　[古罗马]查士丁尼:《法学总论》,张企泰译,商务印书馆 1989 年版,第 48～58 页。

用,发挥了其作为基本财产法的功能。[1] 另一方面,财产权作为公民的基本人权,也是公民基本生产和生活的物质条件。物权法作为保护财产权的法律,对保护公民基本人权具有重要意义。

最后,物权法是确认和保护物权的法律。物权法对物的归属和利用关系的调整以及其功能的发挥,主要是通过确认和保护物权的作用来实现的。物权法主要解决三个方面的问题,即物是谁的、如何利用、如何保护。换言之,物权法主要具有三个方面的功能,即确认产权、物尽其用和保护物权。所谓确认物权,就是确认各种物权的类型、内容、公示方法和物权的效力,从而明确物的归属以及排他性利用的方式。所谓物尽其用,就是通过明确权利人对物享有的权利和对物的保护,充分发挥物的效用。所谓保护物权,就是指在物权发生争议以及受到侵害的情况下,权利人可以基于物权法的规则来要求确认物权和保护物权。物权法正是通过确认和保护物权,从而发挥了其维护国家基本经济制度、保护社会主义市场经济秩序、明晰产权、定分止争以及物尽其用等功能。

一般认为,大陆法中的物权法概念可以包括广义和狭义两方面。从广义上说,凡是以调整人对物的支配关系为内容的法律规范,都是物权法的范畴,所以,广义的物权法通常也称为实质意义上的物权法。在我国,广义的物权法除《物权法》的规定外,还包括《宪法》中关于所有制、土地及其他自然资源权属的规定等内容,《民法通则》中关于"所有权及与所有权相关的财产权"的规定以及《土地管理法》、《城市房地产管理法》、《担保法》、《草原法》、《森林法》、《矿产资源法》、《水法》、《渔业法》、《文物保护法》等法律、法规中有关物权的规定都属于广义的物权法。从狭义上说,物权法是指《物权法》中对物权制度的规定,狭义的物权法又称为形式意义上的物权法。狭义的物权法是对物权制度全面系统的规定,也是人民法院审理物权纠纷的主要依据。我国《物权法》所说的是形式意义上的物权法,就是以一个成文法典的形式出现的物权法规范的体系。

二、物权法的调整对象

任何法律都不可能调整所有的社会关系,而只能调整一定范围内的社会关系。物权法调整的对象也是特定的,依据《物权法》第2条第1款的规定,物权法调整的是平等主体之间因物的归属和利用而产生的财产关系。

(一)物权法调整平等主体之间的民事关系

物权法的对象是平等主体之间的民事关系。一方面,物权法调整的是平等主体之间的关系。所谓平等主体,就是指当事人参与法律关系地位平等,适用相同的规则并受到平等的保护。任何一方都不得具有凌驾和优越于另一方的法律地位。平等关系是与隶属关系相对应的,在民事关系中,任何一方都不隶属于另一方。在任何一方的权利受到侵害以后,都应平等地受到物权法的保护。物权法调整对象的平等性,使其与调整不平等主体的财产归属与利用关系的公法区分开来。有一种观点认为,平等主体的概念难以概括各类物权的关系。例如,征收征用时,双方当事人并非平等主体之间的关系。国有土地使用权的出让合同中,双方也不是平等主体。笔者认为,尽管征收征用本身不是平等主体之间的关系,但是,征收征用的补偿关系本质上仍然是平等关系。另一方面,物权法调整的是平等主体之间的财产关系。民事关系包含的范围非常宽泛,既包括了财产关系,又包括了人身关系。但物权法主要调整的是财产关系。所谓财产关系,是指人们在产品的生产、分配、交换和消费过程中形成的具有经济内容的关系。财产关系是以社会生产关系为基础的,涉及生产和再生产的各个环节,包括各类性质不同的关系。但物权法并不调整所有

---

〔1〕 孙宪忠:《德国当代物权法》,法律出版社1997年版,第39页。

的财产关系,仅仅调整平等主体之间的财产归属与利用关系。

（二）物权法调整因物的归属产生的关系

物的归属,可以有广义与狭义的理解。从狭义上说,归属就是对所有权等物权主体的确认,而广义上的归属除此之外,还包括对各种所有权与他物权的内容、支配范围等权利本身的确认。确认物权归属就是要界定产权、定分止争,这是保护各类物权人的权利的前提。物权法确认物的归属,才能促进物尽其用,有效率地利用资源,因此,物权法必须通过所有权等法律制度来规范各种归属关系,而调整归属关系也正是为了维护并巩固社会所有制关系及维护社会经济秩序。因物的归属所产生的关系,主要是指三类关系:①因物权的设定而产生的关系,按照物权法定原则,物权的类型、种类等都要由法律规定,当事人应当依据法律规定的各种物权类型设定各类物权。②因物权的转让而产生的关系,物权的转让将导致所有权以及他物权的移转,导致原物权的相对消灭和新物权的产生。因此物权的转让也会发生归属的变化,此种关系也会受到物权法的调整。③因确认和保护物权而发生的关系。物权可能在归属上发生争议,一旦发生争议,物权法就要通过一系列的规则来确认物的归属、定分止争,这也是物权法的基本功能。

（三）物权法调整物的利用关系

物的利用,指的是对动产、不动产的使用价值与交换价值进行支配并享受其利益。因物的利用而形成的各种关系类型很多,包括土地承包经营权的设定、建设用地使用权的设定、地役权的设定等。物权是一种支配关系,但抽象的支配并不能够给权利人带来实际的利益。财产只有在实际的利用或交易中才能形成价值的实现和增值。在现代社会资源相对短缺的情况下,只有合理地利用和分配资源,促使资源配置优化,才能取得最佳的经济效果和利益并满足人类不断增长的物质需求。所以,物权法的一个重要功能就是实现物尽其用,最有效率地利用物的价值。物权的利用关系已经成为物权法调整的重要对象。物的利用产生的关系包括如下几种:①所有权权能的分离和他物权的设定。无论是设定用益物权还是担保物权,都是为了对物的使用价值和交换价值加以利用,从中获得利益。例如,设定农村土地承包经营权、建设用地使用权,所有权人就是为了让使用权人利用土地的使用价值,而设定此种权利。②物权的行使所产生的关系。物权在发生之后的行使过程中,无论是所有权人还是他物权人都会和他人发生一定的关系,如相邻关系、区分所有权中的管理关系等,这些关系也都受物权法调整。③物权在移转、变动过程中产生的各种关系,如所有权人为了有效利用其房屋的价值而将房屋转让,导致原所有权消灭。此种关系也受到物权法调整。

物权法调整的利用关系是从狭义上来理解利用的,这种利用是指排他性的利用,而不包括各种债权性的利用。有观点认为,仅凭利用就界定为物权不一定十分确切,如租赁也是一种利用,但它并没有表现出物权的特点。这种看法有一定的道理。笔者认为,体现在物权法中的利用和债权法上的利用之间是有严格区分的,物权法中的利用主要是指所有权人设立用益物权,主要针对不动产。关于设立担保物权是否属于"利用"是值得探讨的。一般来说,担保物权主要是支配权,而不好认为是"利用"。但从广义上来说,设立担保物权可以理解为对物的交换价值的利用。在利用方面,可以表现为通过债的合同而进行的利用。但是,物权法上的利用主要表现为能够产生物权效力的利用方式。

三、《物权法》的制定过程

早在 20 世纪 90 年代初,全国人大常委会就已经开始着手起草物权法。有关《物权法》的起草过程可以分为如下几个阶段:

1. 起草民法典过程中的物权立法。1998 年,第八届全国人大常委会法工委组成民法典起草小组,制定了起草物权法和民法典其他部分的方案,该小组委托中国社会科学院法学所和中国人民大学法学院牵头,分别提出物权法建议稿。在上述两份建议稿完成之后,法工委着手起草正式的物权法。经过几个月的工作,立法机关形成了物权法的第一稿。经过反复征求意见,与民法典的其他部分一起,在 2002 年底形成民法典第一稿,并于 2002 年 12 月提交第九届全国人大常委会第三十一次会议对民法典草案进行了第一次审议。该民法典草案分为九编,即总则、物权法、合同法、人格权法、婚姻法、收养法、继承法、侵权责任法、涉外民事关系的法律适用法,共 1209 条。第二编就是关于物权法的规定。可以说,此次审议是立法机关的第一次审议,第十届全国人大将《物权法》的制定纳入了重要的议事日程。

2.《物权法》开始独立起草的过程。自 2002 年 12 月开始,立法机关已经决定我国物权立法采取分阶段分步骤的方式进行。《物权法》作为未来民法典的物权编单独起草,制定《物权法》。2004 年 10 月底,在第十届全国人大常委会第十二次会议上,物权法被第二次提请审议。2005 年全国人大常委会又先后对物权法进行了两次审议,并形成了物权法第四稿。

3. 物权法向全社会公开征求意见阶段。2005 年 7 月 10 日,第十届全国人大常委会将物权法草案向社会公布,征求意见。这不仅是因为《物权法》是关系国计民生的重要法律,需要在立法中广泛听取社会各方面的意见,采取这种方式也是为了进一步推行开门立法、民主立法的指导思想,从而保证立法的质量。在征求意见中,社会各界赞成尽快制定《物权法》。针对全国人大常委会组成人员和社会各界关注的问题,立法机关先后召开了许多次座谈会,充分听取各方面的意见;就物权立法中一些专业性较强的问题,特别是针对《物权法》如何体现我国的基本经济制度、强化对国有资产的保护、全面准确地反映现阶段党在农村的基本经济政策、维护最广大人民的根本利益等多个方面的问题征求意见。可以说这部法律草案征求意见范围之广泛、规模之大、历时之长也是我国立法史上少有的。[1] 2006 年 10 月,全国人大常委会又进行了物权法的第六次审议。

4. 全国人大常委会决定将物权法草案提交第十届全国人大第五次会议审议。2006 年 12 月 24 日至 29 日举行的第十届全国人大常委会第二十五次会议上,对物权法草案进行了第七次审议。审议中,常委会组成人员和列席人员一致认为,物权法草案几经修改,已趋于成熟。同时,有些常委会组成人员提出了一些修改意见。全国人大常委会于 2006 年 12 月 29 日以 155 票赞成、1 票弃权的表决结果,高票通过了有关议案,决定将物权法草案提请 2007 年 3 月举行的第十届全国人大第五次会议审议。这是我国《物权法》制定过程中的一个关键性的阶段,标志着中国物权立法进入了一个全新的阶段。

5. 第十届全国人大第五次会议审议物权法草案。这是对物权法草案的第八次审议。在这次会议上,代表高度评价物权法是规范财产关系的民事基本法律,是形成中国特色社会主义法律体系的一部重要法律。对于坚持社会主义基本经济制度,规范社会主义市场经济秩序,维护人民群众切身利益,具有重要作用。2007 年 3 月 16 日由第十届全国人大第五次会议高票通过。《物权法》的制定与颁行在我国法治进程中具有里程碑的意义,必将对我国经济、社会的发展和社会主义和谐社会的构建产生深远影响。

《物权法》是社会主义市场经济的基本法,是关系到国计民生的重要法律,它的颁布奠定了

---

[1] 王兆国:"关于《中华人民共和国物权法(草案)》的说明",新华社 3 月 8 日电。

依法治国、保护人权的基础,有力的维护了我国社会主义的基本经济制度,完善了社会主义市场经济基本法律规则,有利于为社会主义市场经济发展构建良好的社会环境。《物权法》的颁布有利于鼓励人民创造财富、实现民富国强,且为我国民法典的制定以及完善社会主义市场经济法律体系奠定了坚实的基础。

第二节　物权法的性质

如前所述,物权法是调整物的归属关系及主体因对物的占有、利用而发生的财产关系的法律规范。在市场经济条件下,物权法与合同法是调整交易关系的最基本的法律规则。我国《合同法》已经颁行,但合同法只能调整交易关系,对于交易前提的界定和结果的保护,难以发挥其调整作用,这就需要通过物权法确认物的归属规则,确定市场交易关系得以进行的基础和前提,并维护社会所有制关系。要充分发挥物权法的功能,就有必要对物权法的定位有正确的认识,一般认为,物权法具有如下性质:

一、物权法是私法而非公法

尽管对于是否需要作出私法与公法的区分存在各种不同的观点,但在市场经济社会中,区分公法和私法仍然是必要的。一般来说,私法规范的是民事法律关系,而公法规范的是行政法律关系。私法强调对公民、法人的合法民事权利的保护,充分尊重民事主体在法定的范围内所享有的行为自由,尊重民事主体依法对自己的民事权利和利益所作出的处分。[1] 而公法则更注重对民事关系的干预和对社会经济生活的管理。物权法作为民法的一部分,其性质应为私法。尽管现代物权法越来越重视对物权的行使、移转等方面从公法上加以干预,但物权法在本质上仍然属于私法范畴。既然物权法在本质上属于私法的范畴,那么就决定了物权法在规范性质上应当具有一些不同于其他法律的特点:①从调整对象来看,物权法所调整的对象主要是因物的归属和利用而产生的民事关系,这是平等主体之间的财产关系。物权法作为民法的组成部分,要遵循民法的平等原则,对各类物权实行平等保护。②从调整方法来看,尽管物权法贯彻了物权法定原则,大量的规范都具有强行性,但因为物权法仍然属于私法,所以,它必须要在一定程度上体现私法自治的原则。尤其是对于因法律行为而发生的物权变动,必须体现一定程度的私法自治。例如,允许当事人依据自己的意志设定物权、移转物权,并在法律规定的范围内享有并行使物权。③对私权的保护具有自身的特点。物权法确认各类物权,实际上就是赋予这些物权排他性的特点。在这些物权受到侵害的情况下,都要平等地受物权法保护。当然,我们说物权法是私法,绝不是说,物权法只能保护私有财产关系,而对国家所有权和集体所有权不能保护,此种看法显然也是不妥当的。因为我国物权法作为基本财产法,它要平等地确认和保护各类物权。这些权利纳入物权法的调整范围之后,也就成为了一种民事权利。例如,物权法所确认的国家所有权主要应当具有私法上的权利的特点。从实践来看,尽管国家所有权和国家行政管理权常常很难严格分离,国家所有权的行使也往往要借助行政机关行使行政管理权的活动来实现,但在物权法中,对国有财产权应当按照民事权利来构建,而不应当按照公权力来规定。

---

〔1〕　梁慧星:《民法总论》,法律出版社 1995 年版,第 29 页。

二、物权法主要是强行法

强行法是对不能由当事人通过协议加以改变的法律规则的统称。物权法的强行法特点集中地表现在物权类型、物权的公示方法、物权的效力等方面,即这些内容必须要由法律作出规定,当事人不能通过其协议改变,物权法的大多数规则都是强行性的。[1] 我国《物权法》第 5 条规定:"物权的种类和内容,由法律规定。"物权法的强行性同时还表现在不动产物权的行使方面越来越多地受到国家的干预。当然,物权法作为私法,也要贯彻私法自治原则,如确认物权人可以在法律规定的范围内依自身的意志设立、变更以及转移物权;每个物权人可以依法自由行使其权利,他人不得干涉物权人权利的正当行使;物权人有权在法律规定的范围内抛弃、处分其权利,等等。以地役权为例,有关地役权的类型、内容、补偿方法等是完全允许当事人约定的。但总体上说,物权法主要是强行法。物权法的强行性是物权法与合同法的区别之一。合同法多为任意性规范,属于"任意法",绝大多数规范可以由当事人通过协议加以改变。需要指出,明确物权法的强行性绝不意味着将物权法变为管理性的法规。

三、物权法是普通法而非特别法

所谓民事普通法,是指适用于全国领域、规定一般事项并且无适用时间限制的民事法律。所谓民事特别法,是指适用于特定的区域、规定特定的事项或在适用时间上有限制的民事法律。普通法和特别法只有在同一法律部门内部并且法律规定的事项为同类的情况下才能作出区分。物权法是普通法而非特别法,也就是说物权法所规范的是具有相当普遍性或一定程度的稳定性的事项,之所以如此是因为物权法所规范的财产关系大多是社会中较为重要的财产关系。它从维护国家基本经济制度出发,确认各种基本的财产权。因此,物权法是有关财产关系的基本法。从这个意义上,也可以说,它是普通法。而具体规定有关财产关系的单行法律是特别法。《物权法》第 8 条规定:"其他相关法律对物权另有特别规定的,依照其规定。"就是确认了普通法与特别法的关系。

四、物权法具有固有法的特点

所谓固有法,是指保留了较多的国家、民族和历史的传统的法律。各国物权法都从维护其国家经济制度等需要出发,而确立了一些符合其历史传统和现实需要的制度和规则,使物权法具有根植于本国、本民族的特征,因此具有固有法的特点。物权法具有根植于本国、本民族的特征,"各国物权法因国家、民族、历史传统的差异而往往互不相同。此与各国债权法往往大同小异正好形成对照"[2]。例如,法国物权法出于扶养老人的需要,专门规定了人役权制度。但日本在制定物权法时认为,法国法上的人役权制度不符合东方社会的特点,因为东方社会传统上养老是通过家庭解决的,不需要靠人役权制度来承担养老的职能。所以,日本物权法没有规定人役权。我们强调物权的固有性质绝不是指要排斥他国的先进经验,而主要是指物权法除了反映市场经济的共性以外,还要特别注重从本国社会经济生活条件出发,反映本国的历史和民族的习惯、所有制关系的现状以及国家对财产关系管理方面的政策等。由于物权法具有固有法的特点,因此物权法要充分反映我国多种所有制结构的社会现实,反映我国社会生活中的传统习惯,尊重人民群众普遍接受的约定俗成的概念。例如,关于承包经营权的概念已经在我国实行多年,并已经为广大人民群众所接受,甚至已经形成了约定俗成的概念,不能轻易地放弃。

---

[1] 王泽鉴:"物权法上的自由与限制",载孙宪忠主编:《制定科学的民法典》,法律出版社 2003 年版,第 249 页。
[2] 梁慧星、陈华彬:《物权法》,法律出版社 1997 年版,第 3 页。

物权法的固有法特点,并不意味着其规则是固定不变的,相反,物权法也应该适应社会经济条件的变化而不断地发展变化。自 20 世纪以来,追随社会生活的变迁,物权法也呈现出以下的发展趋势:物权的社会化、物权种类的增加、相邻关系的公法与私法的双轨规范体系的形成、建筑物区分所有制度的形成、用益物权的功能的加强和类型的增加、担保物权机能的强化、物权关系上的私法自治、物权法定主义的缓和、物权的证券化及物权与债权的相对化等。[1] 我们应当注重这些发展趋势,借鉴其中一些有益的经验。

第三节 物权法的适用

所谓物权法的适用,就是指物权法在社会生活当中得到广大人民的遵守和司法机关的适用。法的适用,有广义和狭义之分。广义的法的适用,是指运用法律规范调整社会关系。[2] 它包括法的遵守和司法适用。而狭义的法的适用,就是司法适用,即法院和仲裁机构依据法定职权和法定程序行使司法权、运用法律处理具体案件的专门活动。[3] 这里所说的物权法的适用就是采用了广义的法的适用的概念。

由于物权法在适用中涉及与现有的若干法律法规的关系,因而我们要按照民法适用的基本原则来考虑物权法适用过程中应当遵循的基本原则。

一、特别法优先于普通法原则

在法理上,根据法律的适用范围有无限制,可以将法律分为普通法和特别法。所谓民事普通法,是指适用于全国领域、规定一般事项,并且无适用的时间限制的民事法律。所谓民事特别法,是指适用于特定区域、规定特定的事项,或在适用时间上有限制的民事法律。《物权法》第 8 条规定:"其他相关法律对物权另有特别规定的,依照其规定。"本条实际上解决的是物权法作为普通法与其他特别法之间的关系。就物权的内容,事实上我国许多的现行立法都有规定。例如,《土地管理法》、《城市房地产管理法》、《担保法》、《草原法》、《矿产资源法》、《水法》、《海域使用管理法》、《民用航空法》等都有一些规定;有的甚至对某些特定制度作了具体而详尽的规定。这就提出了物权法和单行立法之间的关系。就是说,按照上述《物权法》第 8 条的规定,物权法作为调整物的归属和利用的基本法,它是对物权的一般性和原则性的规定;而有关特定物权的一些特殊制度,如果单行法作出了规定的,应当优先适用这些单行法。例如,关于承包经营权的转让,我国《物权法》只是规定了允许承包经营权转让,但是对承包经营权转让的限制并没有规定,这些限制都是在《农村土地承包法》中加以规定,因此,应当适用《农村土地承包法》的规定。再如,关于宅基地使用权转让的限制,根据《物权法》第 153 条的规定,应当适用《土地管理法》和国务院的有关规定;有关宅基地使用权转让的限制,是在《土地管理法》等规范性文件中规定的,应当适用这些规定。

需要指出的是,其他法律对物权有特别规定,并非都要优先适用。关键要看,这些规定是否与《物权法》的规定存在冲突和矛盾。如果这些规定与《物权法》的规定不一致,应当优先适用

---

〔1〕 刘剑文、杨汉平主编:《私有财产法律保护》,法律出版社 2000 年版,第 159 页。

〔2〕 梁慧星:《民法总论》,法律出版社 1996 年版,第 274 页。

〔3〕 孙国华、朱景文主编:《法理学》,法律出版社 1999 年版,第 315 页。

《物权法》的规定。因为《物权法》是民事基本法，其他特别法的效力低于《物权法》。

二、新法优先于旧法原则

法谚有云："后法优于前法(Lex posterior derogate priori)。"这就是新法优先于旧法的原则，即同一事项已有新法公布施行时，旧法当然废止。[1]《立法法》第83条规定："同一机关制定的法律、行政法规、地方性法规、自治条例和单行条例、规章……新的规定与旧的规定不一致的，适用新的规定。"该原则主要适用于同一位阶的规范之间，也就是说是针对两个具有同等级别的法律时所适用的规则。《物权法》第178条规定："担保法与本法的规定不一致的，适用本法。"根据该条的规定，就《担保法》来说，如果《物权法》与《担保法》规定不一致，应当以《物权法》的规定为准。当然，新法优先于旧法原则不仅仅涉及担保法上的担保物权，也关系到所有权、用益物权等制度，在这些制度中，《物权法》和其他法律的规定也不尽一致。例如，《物权法》第149条第1款规定："住宅建设用地使用权期间届满的，自动续期。"这一规定与《城市房地产管理法》、《土地管理法》的规定都不完全一致。在出现了法律规定不一致的情况下，应当按照"新法优于旧法"的原则，优先适用《物权法》的规定。

三、上位法优先于下位法原则

所谓上位法优先于下位法原则，是指在效力较高的规范性法律文件与效力较低的规范性法律文件相冲突的情况下，应当适用效力较高的规范性法律文件。正如法谚所云："上位法优于下位法(Lex superior derogate legi inferiori)。"物权法是基本法，它的下位法主要是有关物权的一些行政法规、规章和地方性法规。例如，在《物权法》通过以后，应当依据《物权法》的规定，来确定这些下位法的规范，如有关房屋拆迁、不动产登记等制度，各地都颁布了一些地方性法规和规章，在《物权法》颁布以后，就必须依据《物权法》的规定加以清理和修改；所有涉及物权的内容，都必须以《物权法》作为依据。当然，在这方面有一个例外，《物权法》第246条规定："法律、行政法规对不动产统一登记的范围、登记机构和登记办法作出规定前，地方性法规可以依照本法有关规定作出规定。"例如，有的地方性法规规定，房产仍然实行分别登记，在目前法律没有对统一登记作出细化的规定之前，仍然应当适用这些地方性法规。这一规定实际上是上位法优先于下位法原则的适用例外。

四、法不溯及既往原则

这一原则通常被称为法无溯及力原则，也就是说，法律颁布以后，在适用的时间范围上，不回溯性地适用到法律颁布以前的案件。例如，依据《物权法》第74条的规定，车库、车位的归属，应当采用约定的办法。但在《物权法》公布以前，有些地方的做法与这一规定不一致的。例如，有的地方性法规规定，车位、车库归业主共有，所以，在《物权法》生效以后，不能产生溯及既往的效力，仍然可以维持过去的做法。再如，根据《物权法》的规定，当事人无法证明是按份共有还是共同共有的，认定为按份共有。而此前的《最高人民法院关于贯彻执行〈中华人民共和国民法通则〉若干问题的意见》(以下简称《民通意见》)则规定，在此情况下，认定为共同共有。之所以要采纳这一原则，是因为在法律尚未公布之前，人们只能按照旧的法律实施行为，而依据旧的法律所作出的任何行为都是合法的。如果在新的法律颁布以后，新的法律产生溯及既往的效力，并推翻人们依据旧的法律所实施的行为的效力，就会打破人们对依据法律而行为的后果的预期。在法治社会，法的可预期性是法治的重要内容，因为人们确信依据现行的法律去行为便会依法产生

---

〔1〕 郑玉波译解：《法谚(一)》，台湾三民书局1984年版，第8页。

其预期的效果,那么人们就会严格地遵循法律。但如果人们依法行为不能依法产生预期的效果,甚至在未来因为法律溯及既往将使其承担一定的法律责任,那么人们就不会按照现行法律去行为,甚至会故意违反法律,从而对法律秩序的形成造成妨碍。所以,法律不溯及既往的原则,其宗旨在于提醒人们遵守法律,尤其在民事关系领域,如果采取溯及既往的原则,就会使已经形成的社会关系被推翻,也不利于保护公民、法人的合法权利。对物权的确认和保护,更应当适用不溯及既往的原则。

第四节 物权法的功能

所谓物权法的功能,是指物权法在社会生活中所能够发挥的应有作用,或者说物权法所应当具有的作用和应当达到的目标。物权法的功能也体现了物权法的基本价值。毫无疑问,物权法和其他法律一样应当体现法律的秩序、自由、正义和效益等价值目标。但是,物权法具有自己特殊的功能。《物权法》第1条规定:"为了维护国家基本经济制度,维护社会主义市场经济秩序,明确物的归属,发挥物的效用,保护权利人的物权,根据宪法,制定本法。"这就在法律上明确了物权法的基本功能。简单地讲,物权法的主要功能涉及三方面,即物是谁的、怎么利用、在受到侵害以后怎么保护。换言之,是指确认产权、物尽其用、保护物权。物权法通过确认和保护物权,从而维护国家的基本经济制度,规范社会主义市场经济秩序。概括来说,物权法主要具有以下五个方面的功能:

一、确认产权

物权法主要调整因财产的归属与利用而产生的关系,所以物权法的首要功能在于确认产权。确认产权其实就是通过明确物的归属,从而定分止争。定分的含义,就是要定名分,也就是确定归属。止争,就是指只有在定名分之后,才能够防止纷争。我国宪法明确规定我国实行社会主义市场经济,社会主义市场经济体制的构建首先要求产权清晰、权责明确,这样交易关系才有可能顺利进行。这就需要界定产权。一方面,只有清晰地界定产权才能为有效率地利用财产创造前提、奠定基础。法经济学认为,只有在产权界定清晰的基础上,自愿交易才能够得以进行,而只有通过自愿交易的方式,资源才能够得到有效的利用,并实现资源的优化配置。[1] 定分止争实际上就是为有效率地利用资源创造了前提条件。因此也有人说,债法是"关系规范"(Beziehungsnormen),物权是"定分规范"(Zuordnungsnormen)。[2] 反过来讲,在欠缺物权规范、产权不明的情况下,权利保护力度不足,对财产的利用效率也将大打折扣。例如,农村承包经营者对其承包经营的权利、小区业主对建筑物的权利,是否为一种物权以及属于何种类型的物权,学理上一直存在争论,在审判实践中也没有完全采用物权的方法加以保护。上述一些权利(如承包经营权)在司法实践中一直作为合同关系受到保护,这就使得这些权利在受到第三人侵害的情况下很难得到充分的保障。再如,关于小区车库、车位以及绿地等的归属在法律上没有明确界定,在实践中引发诸多争议,这就需要通过界定产权来节省交易成本,保障有关权利人的权利。

物权法确认产权的功能主要表现在:①物权法中物权法定原则、公示原则就是确认产权的基

---

〔1〕 H. C. Beak,*Contract Cases and Matehal*,Second Edition,Butterworths,1990,p. 71.
〔2〕 苏永钦:"物权法定主义松动下的民事财产权体系",载《月旦民商法杂志》2005年第8期。

本规则。物权法就是要确认一整套物权的体系,规定各种物权的类型、内容和公示方法,并且对各种物权之间的关系加以规范。这样,既可以明确相互之间的权利义务关系,又可以防止纠纷。例如,城市的土地属于国家,尽管国务院代表国家享有权利,但是国务院不能进行商业开发,所以,只能将建设用地使用权设定给开发商。在建设用地使用权之上,还可以再设定地役权。此外,为了融资,开发商还可能将土地使用权进行抵押。在开发到一定程度以后,开发商又可以将在建房屋出售,从而使得业主享有一定的权利。物权法通过对这些纷繁复杂的关系进行调整,达到对各类物权的定分止争。②物权法确认国家、集体以及个人所享有的财产权,确认各类主体所享有的他物权,在此基础上,充分保护各类主体所享有的物权。③物权法通过界定产权之诉,保护产权的归属。财产的使用必然发生争议,发生争议之后,必须有一个产权界定的机制。只有清晰地界定产权,才能够保护各类物权。

二、保护物权

物权法的立法宗旨是保护物权。法律本身虽不能直接创造财产,但是可以通过确认和保护财产来鼓励财富的创造。法律的这一功能,主要就是通过物权法来发挥的。古人说,有恒产者有恒心。如果缺乏完备的物权法,不能形成一整套对财产予以确认和保护的完整规则,则人们对财产权利的实现和利益的享有都将是不确定的,就不会形成所谓的恒产,也很难使人们产生投资的信心、置产的愿望和创业的动力。英国学者约翰·洛克有句名言,没有个人物权的地方,就没有公正。保护物权,其实就是奠定法治的基础。首先,物权法保护物权的基本原则是平等保护的原则,即物权法通过一体确认国家、集体以及个人所有权,对各类财产权实行平等保护。物权法不仅强调对公有财产的保护,而且也将对个人财产所有权的保护置于相当重要的地位,对各类财产实行一体确认、平等保护。其次,物权法在保护的方法上,规定了确认物权的规则和物权请求权。在物权受到侵害或者有受到侵害的可能的时候,对物权进行特别保护。

三、维护基本经济制度

物权法通过确认和保护物权,从而有效地巩固基本经济制度,维护社会秩序。任何国家物权法都以维护其基本经济制度为其目的。所有权是反映所有制关系的,所有制在法律上的反映就是所有权和整个物权制度,法律之所以要建立所有权和物权制度,首要的目的是为了维护所有制关系。在西方国家,其基本经济制度是私有制,故而其物权法的基本目的在于维护私有财产。西方国家物权法中的财产权,主要就是私有财产权。因此,其物权法对所有权的保护,本质上是对私有制的保护。我国物权法也应当以维护基本经济制度为首要目的。我国《宪法》确认了以公有制为主体、多种所有制经济共同发展的基本经济制度,同时规定,国家实行社会主义市场经济。这一基本制度必须通过物权法加以贯彻和维护。我国社会主义公有制必须通过物权法的调整,使之成为一种财产法律关系,从而明确权利归属,确定权利义务内容,使公有制的优越性得到充分体现。为了维护国家的基本经济制度,在物权法中设专章规定所有权制度,对国家所有权、集体所有权和私人的财产所有权,设置了比较完备和明确的法律规范。物权法贯彻平等保护原则,对于各类财产所有权进行一体对待、平等保护。为了防止国有资产流失,物权法专门规定了国有财产的保护制度。同时,物权法还完善了集体所有权制度,并进一步强化了对私人财产权的保护。这些都有利于维护国家的基本经济制度。[1]

---

[1] 王兆国:"关于《中华人民共和国〈物权法〉(草案)》的说明",新华社3月8日电。

四、维护市场经济秩序

物权法不仅是确认和保护所有制关系的法律,而且也是规范市场经济的基本法律规则。我国实行社会主义市场经济体制,物权法对于维护市场经济的作用主要在于维护交易安全。交易安全,实际上是一种经济秩序,具体表现为合法的交易应当产生预期的效果,合法交易的信赖应该受到法律的保护等。法律上的安全分为静的安全与动的安全,静的安全又称所有的或享有的安全,是指法律对主体已经享有的既定利益加以保护,使其免受他人任意侵夺;动的安全又称交易安全,是指法律对主体取得利益的行为加以保护,使其合理期待能够得到法律上的实现。交易安全实际上是一种动的安全,交易安全是市场秩序能够正常进行、经济能够有序发展的前提。物权法既要通过保护财产权维护静的安全,又要通过保护交易安全维护动的安全。[1] 物权法对市场经济秩序的维护表现在以下几个方面:①物权法确认了物权法定和公示公信原则。其宗旨就在于,保护交易安全和秩序。②物权法确认物权的归属,为交易的有秩序进行提供前提,诚如学者所言,有赖于巩固财产归属、定分止争,基于信赖的商品交换方能成为现实。[2] 从经济秩序的角度而言,市场秩序包括财产归属秩序和财产流通秩序。没有稳定的财产归属秩序,财产流通秩序也将难以维持。物权法属于财产归属法,以调整财产归属关系为使命,旨在实现财产归属秩序,维护市场经济的秩序。③物权法确立物权变动的规则,规范交易主体如何取得物权、实现其交易目的。交换实际上就是基于交易主体的自由意思而发生的物权移转,或者说交易过程实际上就是物权变动过程。对一个正常的交易而言,它以某一交易主体享有某一物权为起点,至另一交易主体取得该物权而结束。在这一完整的交易过程中,不仅合同法将要发挥作用,而且物权法也要发挥其功能。物权法对交易过程的规范主要是通过确立物权变动的规则来实现的。④物权法确立善意取得制度,优先保护交易安全。第三人利益实际上正是市场经济的交易秩序的化身,社会整体的正常的经济秩序就是由一个个第三人连接起来的,[3]通过善意取得制度,保护第三人可以消除交易中的风险、减少交易中的权利纠纷,从而维护交易的正常秩序。由此可见,物权法并不是置身于交易关系之外的,其诸多制度都是直接服务于交易关系的。物权法通过维护交易安全,保障社会主义市场经济的秩序,可以促进经济健康有序的发展。

五、实现物尽其用

所谓物尽其用,就是通过明确权利人对物享有的权利和对物的保护,充分发挥物的效用。在现代社会,由于资源本身的稀缺性,人口与资源的压力日益突出,因此,强调对于资源最大效率的利用成为各国都面临的共同课题。简言之,就是要物尽其用,尽可能以最有效的方式利用有限的资源。[4] 贯彻物尽其用的原则在我国物权法上得到了充分体现。现代社会出现了从所有到利用的发展的趋势,用益物权比任何时候都显得重要。因为就不动产而言,人们更加注重的是对土地和其他资源的利用并获取收益。只有这样,才能充分鼓励权利人对物进行合理的利用,充分发挥物的使用价值,促进社会经济的发展。发达国家的物权法为了充分贯彻效益原则,确立了一整套有效利用财产的规则,我国物权法也借鉴了国外的先进经验确立了物尽其用的原则。根据《物权法》第 1 条的规定,制定《物权法》的目的之一就是要"发挥物的效用"。这一原则体现在物权

---

〔1〕　谢在全:《民法物权论》(上),台湾地区作者印行 2003 年版,第 4 页。

〔2〕　姚辉:《民法的精神》,法律出版社 1999 年版,第 92 页。

〔3〕　孙宪忠:"物权法基本范畴及主要制度的反思(下)",载《中国法学》1999 年第 6 期。

〔4〕　孙中山亦曾主张实行"地尽其利","以增进财富,充裕民生"。参见刘得宽:《民法诸问题与新展望》,中国政法大学出版社 2002 年版,第 64 页。

法的许多制度之中。例如,《物权法》第 136 条规定:"建设用地使用权可以在土地的地表、地上或者地下分别设立。新设立的建设用地使用权,不得损害已设立的用益物权。"《物权法》极大地扩大了担保物的范围,不仅允许现有的财产抵押,还允许在建工程的抵押。而且,依据《物权法》第 180 条第 1 款第 7 项的规定,只要法律、法规未禁止抵押的财产,都可以设置抵押。这些制度都是为了促进物尽其用。

第三章　物权法的基本原则

物权法的基本原则,是指贯穿于物权法各项制度、各项规范,统领物权法全部内容的基本精神。物权法的基本原则包括如下三项:平等保护、物权法定和公示公信原则。应当看到,这三项原则是有区别的,平等保护是物权法最基本的原则,它是制定我国《物权法》的基本指导思想,也是直接反映我国基本经济制度和社会主义市场经济的原则;而物权法定和公示公信原则则主要是确认物权以及物权变动的规则。它们虽然也反映我国基本经济制度的要求,但是它们不像平等保护原则那样直接反映基本经济制度的要求。

第一节　平等保护原则

一、平等保护原则的概念

所谓物权法上的平等保护原则,是指物权的主体在法律地位上是平等的,依法享有相同的权利,遵守相同的规定。其物权受到侵害以后,应当受到物权法的平等保护。平等保护是物权法的首要原则,也是我国物权法具有中国特色的鲜明体现。在西方国家,物权法以维护私有财产为其主要功能,所以没有必要对所有权按照主体的不同进行类型化,并在此基础上提出平等保护的问题。但是,在我国,由于实行的是以公有制为主体、多种所有制共同发展的基本经济制度,因此在法律中尤其是物权法中确立平等保护原则,对维护社会主义基本经济制度具有重要意义。我国《物权法》突出了平等保护原则。例如,和其他的法律不一样,其他的法律第一章都是一般规定,而《物权法》第一章规定的是基本原则,其中一个重要原因就是要确立平等保护原则。

平等保护原则是我国民法基本原则在物权法中的具体体现。我国民法贯彻民事主体平等原则,确认公民在法律上具有平等的人格,并对各类民事主体实行平等对待。无论个人在客观上是否存在财富多寡、种族差异、性格差别等方面的区别,他们在民法上都属于平等的主体。因而物权的主体也必须体现此种平等性。平等保护原则包括如下几个方面的内容:

（一）法律地位的平等

法律地位平等,就是指所有的市场主体在物权法中都具有平等的地位,这是我国宪法所确认的法律面前人人平等原则的具体体现。法律面前人人平等,其中也包括了财产权的平等。一方面,既然法律面前人人平等包括权利的平等,财产权作为公民基本权利的一种,依据平等原则,应该与公共财产一起受到平等的保护;另一方面,财产权作为主体的基本权利,对于保障其主体资格的实现也具有重要意义。

《物权法》第3条第3款规定:"国家实行社会主义市场经济,保障一切市场主体的平等法律地位和发展权利。"这就是说,一切进入市场的主体,在法律地位上都是平等的,即使是国家所有权也不例外。国有财产虽然在性质上是全民财产,但当国有资产进入市场以后,必须要将国有财产权和其他财产权同等对待,承认其平等的地位。例如,在国有土地使用权基础上,通过出让方式设定建设用地使用权,尽管合同当事人一方为代表国家的国有土地管理部门,另一方为法人或公民,但双方的地位必须是平等的。《物权法》第 3 条是就市场主体的同等地位所作的规定。《物权法》第 4 条规定:"国家、集体、私人的物权和其他权利人的物权受法律保护,任何单位和个人不得侵犯。"这就是说,即使是没有进入交易领域的财产,都要同等地受到法律的确认和保护。在遭受侵害以后,也要受到物权法的平等保护。

(二)适用规则的平等性

除了法律有特别规定的情况外,任何物权主体在取得、设定和移转物权时,都应当遵循共同的规则。例如,所有权的取得都要合法,具有法律依据;物权的设定和移转必须采取法定的方式。在我国现行民事立法尤其是作为民事基本法的《民法通则》中,强调民事主体在民事活动中一律平等,这就意味着只要是从事民事活动,无论民事主体的具体形态是什么,都要平等地遵守相同的规则。否则,其所从事的民事活动就不能称为民事活动,这类主体也没有资格被称为民事主体。除了法律另有规定之外(例如,《物权法》规定,国有自然资源的所有权不需要登记),设定和变动物权都应当遵循《物权法》的规定。即使是在国家所有权的基础上设定担保物权和用益物权,也应当遵循《物权法》的规则。各类物权人在行使物权时(包括国有财产进入交易领域),也应当平等遵循物权行使的规则,如要遵守合法原则,不得损害他人。

(三)保护的平等性

保护的平等性包括两个方面的平等:

1. 在物权发生冲突的情况下,针对各个主体都应当适用平等的规则解决其纠纷。即使是国家与其他主体发生产权纠纷,当事人都有权请求法院明晰产权、确认归属。也就是说,都平等地享有确权请求权,任何一方都不应具有优越于他方的权利。根据过去有关规定,在国有资产与其他财产发生争议时,应由国有资产监督管理部门处理,此种做法显然是不妥当的。因为国有资产监督管理部门代表国家行使国有产权,其自身就是争议一方当事人,在国有财产之上发生产权纠纷时,其无法承担裁判的角色,而必须由争议的当事人平等地向有关司法机关请求确认。

2. 在物权受到侵害之后,各个物权主体都应当受到平等保护。《物权法》第 4 条规定:"国家、集体、私人的物权和其他权利人的物权受法律保护,任何单位和个人不得侵犯。"该条规定包含三方面的内容:①各类所有权都受到物权法的保护。公有财产要予以保护,私人的合法财产也要保护。尤其是对公民个人的财产,不仅仅要受到保护,而且要置于与国家财产同样的地位进行保护。该条首先规定国家、集体和私人的物权要平等保护;同时规定了保护"其他权利人的物权"。所谓"其他权利人的物权",主要是指社会团体所有权。它是国家、集体和私人所有权之外的另一种所有权。对此类所有权也应当和其他所有权一样进行平等保护。②各个物权人在其物权遭受侵害以后,都可以平等地享有物权请求权、损害赔偿请求权以及其他请求权。通过行使此种权利,使自己遭受侵害的财产得到恢复、遭受侵害的权利得到补救、遭受妨害的现状得以排除。③各个权利人无论在保护的范围还是保护的力度上,都应当是一致的。不能说侵害了公有财产就要多赔,而侵害了私人财产就要少赔甚至不赔。如果解决纠纷的办法、承担的责任不一样,就将会背离物权法的精神。[1]

平等保护原则是维护我国社会主义基本经济制度的法律保障,也是社会主义市场经济的基

---

[1] 王兆国:"关于《中华人民共和国〈物权法〉(草案)》的说明",新华社 3 月 8 日电。

本法律规则。它不仅强调要保护人民群众的财产权,而且将人民群众的财产权置于和国有财产平等对待的地位。这对于充分维护广大人民群众的利益、关注民生、构建社会主义和谐社会,都具有极为重要的作用。

二、平等保护原则的适用

(一)平等保护原则在法律中的落实

关于平等保护原则如何在物权法中落实,存在不同的观点,主要有两种途径:一是"抽象所有,一体保护",即不区分各类权利主体,无论国家、集体和个人,统一适用一般的所有权规则;[1]二是"区别所有,平等保护",即根据所有制的类型确认国家所有权、集体所有权和私人所有权,但各类所有权的法律地位一律平等,国有资产不享有特权地位。[2] 这两种模式都有其合理性,就最终的结果而言,都是实现了不同权利人在法律面前的平等。我国《物权法》选择了后一种模式,明确不同所有权的类型但在法律上予以平等保护。这是符合我国国情的,有利于维护社会主义基本经济制度,保障各类权利主体的物权,也为社会主义市场经济的健康发展奠定了基础。

(二)平等保护原则在物权法适用中的解释

平等保护是制定物权法的重要指导思想,也是物权法的目的之一。就物权的有关规则发生争议时,应当可以适用平等保护原则进行解释。例如,依据《物权法》第 28 条的规定,人民政府的征收决定一旦生效,即发生物权变动的效力。但如何理解政府征收令的生效,对此有不同的看法。一种观点认为,只要政府作出了征收的决定,征收令就发生效力,就要导致物权的变动。另一种观点认为,《物权法》第 28 条所规定的"生效",不仅指政府作出了征收的决定,还应当包括对被征收人依法作出了补偿,且征收决定没有成为行政诉讼和行政复议的对象。这两种观点都不无道理,但在具体解释中,就应当根据目的解释,考虑物权法的立法目的就是要贯彻平等保护原则,保护公民的财产权。从这一目的解释出发,第二种观点更有道理。因此,平等保护原则也可以成为解释物权法的重要依据。

(三)违反平等保护原则的后果

平等保护原则主要是立法和司法的指导原则,但它本身并没有为当事人确定具体的权利义务关系。所以,违反平等保护原则,与违反物权法定和公示公信原则不同,它不会对当事人行使物权和享有物权产生具体的影响。但是,在司法实践中,法官的判决和裁定必须要遵循平等保护原则,对法律的解释和适用必须依循平等保护原则,裁判违反平等保护原则的,当事人可以依据法定程序寻求救济。

第二节　物权法定原则

一、物权法定原则的概念

物权法定原则,是指物权的种类、内容应由法律明确规定,而不能由法律之外的其他规范性文件确定,或当事人通过合同任意设定。我国《物权法》第 5 条规定:"物权的种类和内容,由法律规定。"物权法定是大陆法系各国物权法所普遍承认的基本原则。它对于准确地界定物权、定

---

〔1〕　梁慧星:《中国物权法草案建议稿》,社会科学文献出版社 2000 年版。
〔2〕　王利明:《中国物权法草案建议稿及说明》,中国法制出版社 2001 年版。

分止争、确立物权设立和变动规则、建立物权的秩序都具有十分重要的意义。物权法定主要包括以下两个方面的内容:

（一）种类法定

所谓物权的种类法定,是指哪些权利属于物权、哪些不是物权,要由物权法和其他法律规定。物权必须由法律设定不得由当事人随意创设。物权种类法定包含了下述两层含义:一方面,物权的具体的类型必须要由法律明确确认,法律之外的规范性文件(如行政规章、地方性法规)不得创设物权,当事人不得创设法律所不承认的新的类型的物权。此处所说的法律,必须是国家立法机关通过立法程序制定的规范性文件,才能产生普遍适用的效力;只有在这种法律基础上设定的物权类型,才能产生正确引导当事人行为和指导法官处理纠纷的作用。为了保证法律适用的一致性,也为了确保物权法定原则发挥其应有的功能,物权类型法定就不能仅仅具有限制当事人意思自治的作用,还要限制立法机关之外的国家机关通过规范性文件或者司法机关通过个案设定物权类型的情形。另一方面,种类法定既不允许当事人任意创设法定物权之外的新种类物权,也不允许当事人通过约定改变现有的法律规定的物权类型。理论上也将此种情况称为排除形成自由(Gestaltungsfreiheit)。[1] 当事人之间的协议不发生创设物权的效力,这与合同法的规则不同,合同法实行合同自由,因此存在着所谓有名合同和无名合同的区分。除了法律规定的买卖、租赁、承揽等有名合同以外,还有大量的无名合同。这些无名合同只要不违反强行法的规定,都是有效的。但物权法因为实行物权法定原则,当事人不能享有创设无名物权的权利。当事人在其协议中不得明确规定其通过合同设定的权利为物权,也不得设定与法定的物权不相符合的物权。例如,有的商业银行在交易中,已经承认了动产让与担保,由于我国《物权法》没有承认此种物权,因此,当事人之间的这种约定也不符合种类法定的要求。

（二）内容法定

物权的内容法定包括两个方面:一方面,物权的内容必须要由法律规定,当事人不得创设与法定物权内容不符的物权,也不得基于其合意自由决定物权的内容。[2] 例如,依据法律的规定,农村土地承包经营权的内容中的使用权能限于农业生产,则当事人不能通过合同约定更多的权能,如不能在土地上进行建设。对所有权的限制必须由法律作出规定,这也属于内容法定的范畴。另一方面,内容法定就是强调当事人不得作出与物权法关于物权内容的强行性规定不符的约定。例如,《担保法》第 40 条确认当事人在设定抵押权的合同中,不得约定一旦债务人不能履行债务,抵押物的所有权就转归抵押权人所有。这一规定属于强行性规定,当事人不得约定债务人不能清偿债务时,抵押物的所有权就转归抵押权人所有。再如,当事人在设定不动产抵押权时,不能约定不需要办理抵押登记手续,债权人就能够取得抵押权。法律规定了某一物权,如果当事人借助该物权的名义随意将自己约定的内容塞入其中,如此必然导致物权法定原则最终被架空。因为变更物权的内容,实质上就等于创设了新的物权类型。[3]

二、物权法定原则的意义

（一）维护国家的基本经济制度、保护公民的基本权利

物权法中的所有权制度,是直接反映社会基本经济制度的。我国物权法所列举的各种所有

---

〔1〕 [德]曼弗雷德·沃尔夫:《物权法》,吴越、李大雪译,法律出版社 2004 年版,第 14 页。

〔2〕 梁慧星主编:《中国物权法研究》(上),法律出版社 1998 版,第 67 页;孙宪忠:《德国当代物权法》,法律出版社 1997 年版,第 79 页。

〔3〕 [日]三潴信三:《物权法提要》,中国政法大学出版社 2005 年版,第 15 页。

权类型,就是直接反映我国以公有制为主体、多种所有制经济共同发展的经济制度。对于反映所有制关系的基本财产权利,如果允许当事人随意创设,势必会对我国的基本经济制度造成妨害。说到底,之所以要采纳物权法定原则,就是因为物权制度关系到基本经济制度,无论是从制度层面还是从价值层面,法律对该原则的规定显得非常重要。因此,物权的种类必须通过物权法加以确认,从而确认和巩固社会经济关系并维护正常的社会秩序。也就是说,所有制关系经过所有权制度的调整才能成为一种财产法律关系,从而明确产权归属,确定权利义务的内容。

物权是公民个人的基本财产权利,它关系到公民的基本人权,是公民安身立命之本。如果允许某个个人、团体的意志以及政府机关可以通过各种规范性文件随意地规定公民个人的财产权类型,限制公民财产权的内容,那么公民的财产权利就会处于不稳定的状态。不仅公民的正当财产权受到不正当的干预,也会损害法治的基础。还要看到,物权法中关于用益物权、担保物权以及物权变动的规定,也与所有制关系具有密切的联系。这些制度就是对各种财产归属、流转和利用关系在物权法上的具体体现。

(二)确认物权、定分止争

通过强调物权法定,对实际上已经存在的,包括由有关法律、法规、规章、司法解释等规定的各种具有物权性质的财产权进行认真地分析研究和整理,如果确实有必要确认为物权的,就应当在物权法中规定,从而形成完整和谐的物权法体系。物权法确认了一整套物权的体系,明确列举了各种物权的类型、内容和公示方法,并且对各种物权之间的关系加以规范。物权法定既可以明确相互之间的权利义务关系,又可以防止纠纷。例如,在集体土地所有权之上,可以设立承包经营权、地役权。为了解决好承包经营权和地役权之间的冲突,《物权法》第 162 条规定:"土地所有权人享有地役权或者负担地役权的,设立土地承包经营权、宅基地使用权时,该土地承包经营权人、宅基地使用权人继续享有或者负担已设立的地役权。"第 163 条规定:"土地上已设立土地承包经营权、建设用地使用权、宅基地使用权等权利的,未经用益物权人同意,土地所有权人不得设立地役权。"物权法定就是要对这些纷繁复杂的关系进行调整,对各类物权定分止争。

(三)保护交易安全

物权是一种对物直接加以支配的权利,它具有强烈的排他性,直接关系到第三人的利益和交易安全,因此不能允许当事人通过合同自由创设物权。如果允许当事人可以自由地创设物权,漫无限制地增加物权种类,且自由地变更物权的内容,必然会妨碍交易的安全。例如,抵押权作为一种担保物权,其担保的债权具有优先于一般债权而受偿的效力,但按照法律规定,抵押权的设定必须完成法定的公示方法,即办理登记手续,而不能采用由当事人通过合同设定抵押权的方法。如果当事人可以随意通过合同设定抵押权,并能够因此在其债权实现之时享有优先受偿的权利,那么普通债权人的权利就不能得到保护,经济秩序就会出现混乱。

(四)促进物尽其用

物权法定有利于节省谈判成本。因为法律规定了物权的种类和内容,当事人在创设物权时就不需要谈判协商创设某一种物权应当具备什么样的条件以及有关物权的内容应该如何确定。物权法定其实就是要形成一种物权创设的标准化(standardization),这就是说,在物权法定的模式下,法律所规定的物权类型和内容,是法律设计的最优化的财产权标准(optimal standardization),

按照这种标准化来创设物权就可以节省谈判成本。[1] 物权被法定之后,当事人在谈判中只需严格依据法律规定的内容以及类型进行协商,而不必就某一类物权具有什么样的内容、达到什么样的条件才能创设物权以及该物权具有哪些效力等问题大伤脑筋,这样就减少了当事人谈判的成本。而且物权法定也有利于减少当事人因为设定不符合法律要求的物权及其内容,最终不被法律承认而不得不承担的挫折成本(frustration cost)。[2] 也可以减少当事人的搜索成本和解决纠纷的成本。[3]

我国《物权法》虽然强调了物权法定原则,但是并非意味着物权法定是完全封闭的,不能有任何缓和。如果物权体系是完全封闭的,不能因应社会的变化而变化,其必然不能适应社会生活的发展需要,而逐渐脱离社会现实。我国现在正处于一个社会的转型时期,财产关系处于一个急剧的变化之中,还不能期望物权法把各种物权都能够固定下来。人们对物的利用方式在现实生活中总是不断发展变化的,因此物权的类型也不可能是一成不变的。例如,一些新的担保形式,即使它们没有在物权法中得以规定,但是否意味着这些担保形式不能成为物权,尚需要实践来检验。这就应当保持物权法定模式的开放性,适应未来物权发展的需要。物权法并不是绝对采取封闭的物权法定模式,而采取的是开放式的模式。再如,《物权法》第117条规定:"用益物权人对他人所有的不动产或者动产,依法享有占有、使用和收益的权利。"从实践来看,一些重要的动产,如航空器、机动车等,如果采用融资租赁的方式并进行了登记或者订立了分管协议进行利用,未来可以考虑承认其具有物权效力。

三、违反物权法定原则的后果

违反物权法定原则将会导致物权不能有效设定,但并不影响合同效力。物权法解决的是物权的设定、移转问题,而不决定合同的效力。例如,在《物权法》没有颁行之前,我国法律没有承认按揭、浮动担保这些担保形式,但在实践中,许多商业银行已经采用了这些方式,按照物权法定原则,在《物权法》没有规定这些权利是物权的情况下,它们将无法取得物权效力。但对银行来说,完全可以通过合同来安排这些担保方式,并不影响合同对当事人拘束力,如果发生纠纷完全可以依据合同执行担保物。只不过因为不产生物权的效力,不能对第三人产生优先受偿的效力。在我国司法实践中,历来承认典权,事实上,一些民众也采用典权的方式相互提供方便。但考虑到我国《物权法》没有承认典权,所以,当事人设定的典权还不具有物权的效力,但当事人有关出典的合同仍然是有效的。由于违反了物权法定原则将导致物权不能有效的移转与变动,由此表明物权法定仍然是强制性的规范。在《物权法》中,就当事人关于物权设定的约定违反物权法定的后果,应当根据不同的情况来确定。

---

〔1〕 Henry Hansmann and Rinier Kraakman, "The Numerus Clausus Problem and the Divisibility of Rights", 31 J. *Legal Stud.* 373.

〔2〕 Thomas W. Merrill and Henry E. Smith, "Optimal Standardization in the Law of Property: The Numerus Clausus Principle", 110 *Yale L. J.* 1 ~70(2000)。转引自苏永钦:"物权法定主义松动下的民事财产权体系——再探大陆民法典的可能性",载《月旦民商法杂志》2005年第8期。

〔3〕 苏永钦:"物权法定主义松动下的民事财产权体系——再谈大陆民法典的可能性",载《月旦民商法杂志》2005年第8期。

第三节 公示公信原则

一、公示原则

(一)公示原则的概念和意义

所谓公示原则,是指物权的设立、变动必须依据法定的公示方法予以公开,使第三人能够及时了解物权的变动情况。《物权法》第6条规定:"不动产物权的设立、变更、转让和消灭,应当依照法律规定登记。动产物权的设立和转让,应当依照法律规定交付。"这就确立了公示原则。何谓公示?公示就是公诸于世。一方面,公示是将物权设立和变动的事实对外公开,"物权的绝对对世效力不仅要求对物权种类进行界定,同时也要求物权的具体种类具有可识别性(erken-bar)"[1]另一方面,公示不一定是向全社会公开,而应当是向一定范围的人公开,能够使他人知道。由于任何当事人设立、移转物权时,都会涉及第三人的利益,因此,物权的设立、移转必须公开、透明,以利于保护第三人的利益,维护交易的安全和秩序,这就需要建立公示原则,将物权设立、移转的事实通过一定的公示方法向社会公开,从而使第三人知道物权变动的情况。

物权的公示方法必须要由法律明确规定,而不能由当事人随意创设。关于公示方法原则上应当采用不动产登记、动产交付的规则。在依法需要公示的情况下,物权的设立和变动与公示是不可分离的,正是因为这一原因,所以公示是物权的基础,只有建立完备的公示制度,才能使当事人明确哪些物权已经设立。依据公示原则,公示是物权设定和变动的基本要件。凡是法律规定,需要完成公示程序的,则公示的完成是物权设定和变动的必经步骤。例如,在当事人达成设定、转移物权为目的的合同以后,一经登记便可以产生物权设定和移转的效力。如果当事人之间仅仅达成物权设立的合意,而没有完成相应的公示方法,则在当事人之间仅仅产生合同的效力,而不能发生物权效力。物权的登记绝不是一个行政管理的过程,而在于将物上权利设立和变动的信息向社会公开,使第三人了解这些信息,这样不仅能够使权利的移转形成一种公信力,使已经形成的权利成为一种干净的权利,更重要的是使第三人能够通过登记了解权利的状况以及权利上是否存在负担等,为不动产交易的当事人提供一种风险的警示,从而决定是否与登记的权利人从事各种交易。

物权公示规则属于法律的强制性规则,当事人不得通过合同加以变更。公示原则的强行性主要体现在如下几个方面:①法律规定物权的设立和变动必须采用公示方法的,应当依据法律的规定。例如,法律规定房屋买卖必须办理登记的,当事人就有办理登记的义务。再如,动产物权的设定,在物权法并未允许通过占有改定设定质权的情况下,当事人不能约定以占有改定设定动产质权。②公示方法必须由法律规定。根据我国《物权法》第6条的规定,不动产物权的设立和变动应当办理登记;动产物权的设立和转让应当交付。当事人不能通过合同来改变法定的公示方法。例如,法律规定动产质权的设定须移转动产占有,当事人在合同中设定不移转占有的动产质权,自然不应发生物权的效力。[2] ③公示的效力必须法定。例如,登记究竟是物权的成立要件还是对抗要件,必须要由法律规定。需要依法办理登记的,当事人不能在合同中约定不办理登

---

[1] [德]曼弗雷德·沃尔夫:《物权法》,吴越、李大雪译,法律出版社2002年版,第15页。
[2] 王泽鉴:《民法物权(通则·所有权)》,中国政法大学出版社2001年版,第46页。

记即发生移转所有权的效力。④违反公示原则的法律后果必须由法律规定。违反公示原则的后果，一般只是导致物权不能设立的后果，而不影响合同的效力。《物权法》在多处规定，未经登记，不发生物权的效力，这实际上就是明确了违反公示方法所产生的法律效力，对于此种效果，当事人不能通过合同加以变更。

（二）物权公示方法

物权的公示方法必须要由法律明确规定，而不能由当事人随意创设。关于公示方法原则上应当采用两种方式：

1. 不动产登记制度。不动产登记，是指登记申请人对不动产物权的设定、移转在专门的登记机构依据法定的程序进行登记。不动产登记的主要目的在于公示，也就是说，通过登记将不动产物权的设立、移转、变更的情况向公众予以公开，使公众了解某项不动产上所形成的物权状态。登记的实质在于将有关不动产物权设立、移转、变更等情况登录、记载于登记簿上，以备人们查阅。登记是物权设立和变动的公示方法，除了法律另有规定以外，未经登记，即使当事人就不动产的移转已经达成了合意，合同关系已经成立并生效，但并不能导致物权的设立和移转。当然，有一些物权的设立（如承包经营权）并不需要登记，但这只是特殊现象。

2. 动产交付制度。交付，是指一方将动产的占有交付给另一方，通过交付而发生占有的移转。完成交付必须具备两个要件：①将动产交付给另一方，从这个意义上理解的交付是一个动态的过程；②必须是受让人接受占有，完成对标的物的实际控制的移转，即由交付的一方移转给另一方，由另一方实际控制。交付的完成重在结果，而不在过程，即必须完成实际控制的移转。在物权的设定过程中，通过交付而移转占有是动产物权设定的一种公示方法。例如，质权的设定必须以移转占有即交付为要件，只要动产已实际交付便可设立质权。至于交付行为本身是否为第三人知道并不重要。但是在法律有特别规定的情况下，可以不必完成交付的方法。这个特别规定主要是指《物权法》第25～27条规定的情形。

此外，对动产、不动产之外的其他权利，《物权法》也规定了相应的公示方法。例如，《物权法》第228条规定了应收账款质押应当自信贷征信机构办理出质登记时设立。《物权法》第226条还规定："以基金份额、股权出质的，当事人应当订立书面合同。以基金份额、证券登记结算机构登记的股权出质的，质权自证券登记结算机构办理出质登记时设立；以其他股权出质的，质权自工商行政管理部门办理出质登记时设立。"随着社会经济生活的发展，公示的方式也会不断扩大，如互联网出现后，物权公示手段更为快捷、便利。美国、加拿大以及其他一些国家采用互联网的方式对担保物权进行登记和公示。这些经验也是值得我国借鉴的。

（三）公示原则的功能

公示原则具有如下几个方面的功能：

1. 明确物权的功能。登记实际上是通过将物权设定和移转的事实对外公开，从而明确物权的归属，以定分止争。物权的设立和移转应当便于第三人了解，这也是物权本质属性的客观要求。例如，甲有一栋房产，甲将该房产卖给乙，乙交付了房款，但甲没有向乙交付也没有办理登记。甲又将该房产卖给丙，甲向丙交付但没有办理登记过户手续，丙也交付了房款；后来甲又将该栋房子卖给了丁，甲没有向丁交付该栋房屋但为丁办理了登记过户手续。在该案中，发生了一物数卖，几个买受人都交付了房款，究竟应该如何明确物的归属？依据公示原则，简单讲就是不动产以登记为准。在该案中就要看谁办了登记，登记在谁的名下，就应该确定谁有所有权。在当事人之间如果发生了产权的争议，只要是以登记为物权变动条件的，人民法院原则上应当以登记来作为确定归属的依据。如果当事人就物权的内容发生了争执,也要依据登记的内容来确定。民法之所以将财产权利区分为债权和物权,就是要通过一定的公示方法配套而使得对世效力的权利和非对世效力的权利区别开,对各种财产关系加以分别调整,从而维护第三人的利益和交易安全。

2. 维护交易安全的功能。这是公示原则最重要的功能。物权不同于债权的特点就在于该权利具有排他性、优先性等效力,对第三人具有较大的影响,而正是因为物权是对世权,关系到第三人的利益,因此,必须符合法定的公示要件才能设立。任何当事人都不得仅仅通过不公开的协议而创设某项物权,否则,必然会损害第三人的利益,危害交易的安全。例如,某人需要买房,就有必要查询该房屋上是否有抵押。如果在查询时没有发现房屋上设定有抵押,但是在交款后却发现存在抵押,后由于抵押权人要实现抵押权,买房人就可能遭受重大损害。在实践中很多纠纷与公示制度不健全有很大关系。所以公示不仅仅节约了交易成本,而且有利于防止欺诈。再如,抵押权作为一种担保物权,其担保的债权具有优先于普通债权而受偿的效力,但按照法律规定,抵押权的设定必须完成法律规定的公示方法,即办理登记手续,而不能由当事人仅仅通过合同而不完成一定的公示方法设定抵押权。如果当事人可以随意通过合同设定抵押权,并能够享有优先受偿的权利,这样普通债权人的权利就不能得到保护,经济秩序就会出现混乱。

3. 提高物的利用效率。在现代物权法中,公示制度不仅仅发挥了交易安全的功能,而且对发挥物的利用效率也具有重要作用。物权的归属能够在法律上定分止争,首先必须通过相应的公示手段来界定,通过一定的公示方法才能够明确。在一物之上形成多个物权,形成对物的有效利用,都需要通过相应的公示手段,避免出现权利冲突。通过公示方法,就可以设定各种新的物权,并且可以避免各种物权之间的冲突。从今后的发展趋势来看,有效率地利用物权的类型越多,越需要有相应的公示方法配套。

（四）违反公示方法的后果

就不动产物权变动而言,违反法定公示方法的后果要区分登记要件和登记对抗而分别确定。根据登记要件主义,依法需要办理登记的,必须办理登记。如果未办理登记,不能发生物权设立和变动的效果。[1] 根据登记对抗主义,即使未经登记,也可以发生物权的变动。只不过,受让人取得的物权不能对抗第三人。因此,在未经登记的情况下,只要转让人已经将财产交付给受让人,也可以发生物权的变动。就动产物权变动而言,如果依法必须要交付的,必须移转占有才能发生物权设立和变动的后果。但法律另有规定的除外。[2]

需要指出的是,违反公示方法并不意味着不发生任何其他的法律效力,如果满足合同成立和生效的要件,在当事人之间仍然会发生合同效力,一方当事人不履行合同,应当承担违约责任。

二、公信原则

所谓公信原则,就是指对于通过法定的公示方法所公示出来的权利状态,相对人有合理的理由相信其为真实的权利状态,并与登记权利人进行了交易,对这种信赖法律就应当予以保护。例如,甲购买一处房产之后,交给乙管理,乙通过非法手段将该房产变更到自己的名下,后来,乙将房产转卖给了善意的第三人丙。丙的合理信赖应当受到保护。对第三人来说,其只能相信登记而不能相信其他的证明。如果登记制度不能产生公信力,那么不仅使登记制度形同虚设,也不利

---

〔1〕《物权法》第9条。
〔2〕《物权法》第23条。

于交易安全的维护。由此可见,公信原则实际上是赋予了登记所公示的内容具有公信力,公示与公信是密切联系在一起的。物权法要规定公示制度,必然也要规定公信原则。公信主要适用于不动产的交易。

具体来说,公信原则表现为两方面的内容:

(一)登记记载的权利人在法律上推定其为真正的权利人

《物权法》第 16 条第 1 款规定:"不动产登记簿是物权归属和内容的根据。"这一条实际上就是确立了登记的权利推定效力。不动产登记簿是物权归属的依据。在一般情况下,登记权利人与实际权利人都是一致的,但在某些情况下可能会发生登记簿记载内容与产权证书不一致或者发生登记记载的内容与真实的权利状况不一致的情形。在此情况下,当事人之间可能发生产权争议。此时,首先应当以登记簿作为产权确认的依据,而不能直接凭产权证书或者当事人的主张来确定产权。这就是说,如果有人主张登记簿记载错误,应当由其承担相应的举证责任。这就是所谓权利的正确性推定性规则。[1] 也就是说,凡是记载于登记簿的权利人,就在法律上推定其为权利人。具体来说:第一,登记记载的权利人在法律上推定其为真正的权利人。在发生争议时,应当以登记为依据确定产权。在登记没有被注销或者变更以前,就认定其为法律上的权利人。第二,如果当事人想通过合同设定某种依法需要办理登记的物权,但尚未进行登记,也没有完成公示的要求,人们便可以相信此种物权并没有产生。例如,甲在向乙购买房屋时,查阅登记簿发现登记簿的内容中该项产权并没有设定抵押,则甲便可以放心大胆地与乙从事交易,并有理由相信在购买该房屋以后不会因为该房屋曾经设定抵押而受到第三人的追夺。第三,依法需要办理登记的物权,即便已经发生了变动,但没有通过登记予以表彰,人们也没有理由相信此种物权已经发生变动。这就是说,由于没有进行公示,因此不能对抗第三人。凡是信赖登记所记载的权利而与权利人进行交易的人,在没有相反的证据证明其明知或应当知道不动产登记簿上记载的权利人并非真正的权利人时,都应当推定其具有善意。[2] 第四,登记一旦被注销或变更,即使其为真正的权利人,也在法律上认定其权利已经不存在。

不动产登记簿也是物权内容的依据。实践中,也存在登记簿的记载与实际状况或者权属证书记载的内容不一致的情形,在此情况下,首先应当依据登记簿的记载来确定权利的大小、范围。例如,在征收的情况下,如果某人房屋的产权证书记载的面积大于登记簿记载的面积,则应当以登记簿的记载为准来确定权利的内容。

(二)凡是因信赖登记所记载的权利而与权利人进行的交易,在法律上应当受到保护

登记记载的权利和内容,第三人会产生信赖,这种信赖应当受到保护,这就是公信力。严格地说,公信力实际上是在交易过程中因涉及第三人才可能发生的效力。这就是说,一方面,所谓公信力实际上保护的是第三人的信赖利益,在双方当事人之间如果发生产权争议,实际上只是涉及登记的推定效力问题,而不涉及公信力。例如,夫妻双方共同出资购买一套房屋,但为了取得优惠而以丈夫父亲的名义办理了登记,后来夫妻双方与登记权利人之间发生了产权争议。此时,登记虽然可以作为确权的依据,但是只是发生权利正确性推定的问题,当事人完全可以通过举证来推翻这一推定。另一方面,公信力维护的是交易过程中的交易安全。例如,在办理抵押登记之后,抵押登记中对主债权范围的记载为 300 万元。而抵押合同中约定的主债权范围为 500 万元。

---

[1] 孙宪忠:《德国当代物权法》,法律出版社 1997 年版,第 84 页。

[2] 肖厚国:《物权变动研究》,中国社会科学院研究生院博士学位论文,第 6 页。

在此情况下，如果存在在后顺位的抵押权人，则该抵押权担保的主债权范围应当以登记簿记载的300万元为准，而不能以当事人之间抵押合同的约定为准；如果不涉及第三人，则抵押权人有权依据合同约定的500万元为准实现其抵押权。第三人之所以接受重复抵押，就是因为对登记簿记载的在先抵押权担保范围只有300万元存在合理信赖，因此对此种信赖利益应当予以保护，否则交易安全就难以得到保障。但是在两个当事人之间则不存在此种信赖的问题，应当依据其相互之间的合同来确定其权利义务。

《物权法》第16条的规定其实也包含了对信赖登记产生的信赖利益的保护，而最直接保护信赖利益的规则，就是《物权法》第106条关于善意取得的规定。根据该条规定，不管是动产还是不动产，都统一适用善意取得。但是，在具体适用善意取得规则的时候，还是应当将动产权利取得时的善意和不动产权利取得时的善意区别开来。例如，关于善意判断的标准是不同的。在不动产的善意取得中，只要受让人相信了登记就是善意的；而在动产的善意取得中，受让人的善意不能只是通过动产的占有来判断，还要综合考虑动产交易的具体情况来判断受让人在受让财产时是否是善意的。如果登记所记载的权利人与实际的权利人不一致，有关当事人必须依据法定的程序向人民法院请求更正，也可以向登记机构请求更正。受理更正的法院一经作出变更登记的裁定，登记机构必须依此裁定予以变更。在变更登记以前，当事人因为信赖原来登记的内容而从事交易，仍然应当受到保护。

公信制度的设立能够促使人们从事登记行为，从而有利于建立一种真正的信用经济，并使权利的让渡能够顺利、有序地进行。"无论不动产或动产公信原则，均以保护交易的动的安全为其使命，并以此实现交易便捷"[1] 公信制度对于鼓励交易具有极为重要的作用，一方面，由于交易当事人不需要花费更多的时间和精力去调查了解标的物的权利状态，从而可以较为迅速地达成交易。另一方面，交易当事人不必因过多担心处分人非真正的权利人而犹豫不决。公信原则使交易当事人形成了一种对交易的合法性、对受让的标的物的不可剥夺性的信赖与期待，从而为当事人快捷的交易形成了一种激励机制，为交易的安全确立了一种保障机制。

当然，公信制度的适用也有一些例外，即公信制度不适用于恶意的第三人。恶意是相对于善意而言的，它是指相对人在从事交易时知道或应当知道交易的另一方当事人并不是真正的权利人。例如，甲购买一处房产之后，交给乙管理，乙通过非法手段将该房产变更到自己的名下，后来，乙将房产转卖给了第三人丙。但丙因为与乙关系密切，事实上完全了解乙通过非法手段变更产权的情况。因而，丙不是善意的买受人，而是恶意的买受人，也就是说，明知登记有错误而仍然购买。在恶意的情况下，若对恶意的当事人进行保护就失去了公信制度应有的特点。

第四节 物权的保护

一、物权保护概述

（一）物权保护的方法

所谓物权保护，就是指在物权受到妨害的情况下，采用法律规定的各种方法维护物权人的利益、保障权利人不受侵害的各种保护方法。保护物权不受妨害不仅仅是民法的任务，也是我国各

---

[1] 梁慧星主编：《中国物权法研究》（上），法律出版社1998年版，第215页。

个法律部门的共同任务。我国宪法对于各种财产的保护作出了明确的规定。例如,《宪法》第12条规定,社会主义的公共财产神圣不可侵犯,同时规定"公民的合法的私有财产不受侵害"。这些规定要由民法、经济法、行政法和刑法等多个法律部门来体现和维护,因而各个法律部门对物权的保护都作出了规定,并设立了不同的法律责任。《物权法》专设一章(即第三章)规定物权的保护,主要是从物权的效力和物权的特殊规则出发,对权利人提供充分保障。《物权法》关于物权保护的规定,主要有如下几个方面的特点:

1. 在物权受到侵害的情况下,可以通过多种途径获得救济。根据《物权法》第32条的规定,在物权受到侵害时,权利人首先可以采用诉讼外和解的方式,即通过相互协商解决有关物权的争议,也可以通过专门的调解机构或者通过司法机关、仲裁机关具有法律效力的调解来解决其有关物权的争议,还可以通过诉讼解决其纠纷。由于司法机关是最终解决争议的部门,所以在当事人通过其他方式不能解决争议时,应当通过诉讼来解决争议。

2.《物权法》设立了确认物权的请求权,专门用于解决在物权归属不明的情况下所发生的争议。由于此种请求权所解决的纠纷属于平等的民事主体之间的争议,所以此种请求权在性质上属于民事请求权。确认请求权的行使是保护和行使物权的前提,也是我国第一次在民事法律中作出的规定,这对于界定产权、定分止争具有重要的作用。

3.《物权法》设立了专门保护物权的方式,即物权请求权,包括返还原物请求权、排除妨碍、消除危险、恢复原状请求权四种方式,强化了对物权的保护。除此之外,物权人在权利遭受损害时也可以请求损害赔偿。

4.《物权法》规定了占有保护请求权,专门保护占有。占有制度不仅能够保护各种有权占有的情况,而且对于无权占有的情况也能给予某种必要的保护。

5.《物权法》针对侵害物权的情况,不仅仅规定了民事责任,而且规定了违反行政管理的规定的,应当依法承担责任;构成犯罪的,依法承担刑事责任。例如,有学者认为,物的保护可分为立法措施的所有权保护、针对行政措施的所有权保护、针对司法措施的所有权保护等。[1] 这就构成了一个保护物权的完整的责任体系。当然,对于物权人而言,直接确认和保护物权的各种方法还是民事责任。

(二)物权请求权与其他责任的竞合

根据我国《物权法》的规定,物权受到侵害或妨害时,权利人可以主张物权请求权,也可以主张侵权损害赔偿请求权。侵权损害赔偿请求权是一种债权请求权,侵权责任主要包括损害赔偿。例如,某人占有他人所有的财产并造成了该财产的毁损,物权人既可以要求占有人返还原物,也可以要求占有人对物的侵害赔偿损失。物权请求权与侵权损害赔偿请求权在相互关系上可能发生责任聚合,也可能发生责任竞合,具体如何实现其权利,可以由当事人主张。

《物权法》第38条规定:"本章规定的物权保护方式,可以单独适用,也可以根据权利被侵害的情形合并适用。侵害物权,除承担民事责任外,违反行政管理规定的,依法承担行政责任;构成犯罪的,依法追究刑事责任。"本条涉及到某一种行为既可能构成民事侵权,也可能构成犯罪。民事责任的承担,并不意味着刑事责任的承担。问题在于,民事责任和刑事责任是否可以同时承担,对此应当根据具体情况分析。一是民事责任与行政责任,这两种责任可以同时并用,也可以分别适用。例如,《物权法》第57条第1款规定:"履行国有财产管理、监督职责的机构及其工作

---

〔1〕 [德]曼弗雷德·沃尔夫:《物权法》,吴越、李大雪译,法律出版社2002年版,第95~96页。

人员,应当依法加强对国有财产的管理、监督,促进国有财产保值增值,防止国有财产损失;滥用职权,玩忽职守,造成国有财产损失的,应当依法承担法律责任。"该条规定了既可以适用侵权损害赔偿,也应当适用承担违法行为的行政责任。②民事责任和刑事责任。例如,侵占他人遗失物情节严重的,即可能构成犯罪,占有人应承担刑事责任,同时失主也可以主张民法上返还原物的责任。③民事责任与行政责任、刑事责任。例如,侵害国有资产,造成重大损失的,可能触犯刑律,也会构成行政责任,同时也成立民事赔偿责任。此时,三种责任应当可以并用。

二、确认物权的请求权

(一)确认物权的请求权的概念

所谓确认物权的请求权,是指利害关系人在物权归属和内容发生争议时,有权请求确认物权归属、明确权利内容。我国《物权法》第33条对此作出了专门规定:"因物权的归属、内容发生争议的,利害关系人可以请求确认权利。"传统物权法中,物权请求权并不包括确认物权的请求权,因为物权请求权是在权利人已经享有权利、权利界定十分清楚的情况下享有的。但从实践来看,大量的争议并不是在物权归属明确的情况下而需要保护物权,而是就权利本身发生争议,尤其需要通过物权确认请求权来保护。所以,我国《物权法》规定了物权确认请求权,一方面,建立起了完整的保护物权的体系,发挥了物权在定分止争、确认产权中的功能;另一方面,此种请求权对于人民法院解决实践中出现的大量纠纷提供了法律依据。此种请求权是我国《物权法》中保护物权的一项重要内容。

应当指出的是,物权的确认并不是一项独立的请求权,因为一方面,民法上的请求权与某种特定权利的存在是密不可分的。请求权可能是对某种权利遭受侵害后的救济手段(如所有物返还请求权是在所有物被他人侵占之后产生的一种救济手段),也可能是某种民事权利自身蕴涵的内容(如债权的请求权就是债权本身的固有内容)。所以请求权以实体权利的存在为前提,如物权请求权就是以物权的存在为前提的。然而,物权的确认是因为物权这一实体权利本身的归属或内容存在争议而产生的,既然物权的归属和内容都仍存在争议,那么就不能认为请求确认物权的人就当然享有物权。另一方面,确认物权的请求权只能通过公力救济的方式来实现,因为在发生争议的情况下,利害关系人向登记权利人提出请求,要求其更正登记或者返还占有的动产比较困难,常常通过有关登记主管机关或者人民法院来进行确认。所以,一般都采用公力救济的方式。还要看到,确权请求权不能直接针对特定的人行使,这也是它与一般请求权所不同的。

(二)物权的确认的特点

1. 物权的确认是物权保护的前提。《物权法》将物权的确认置于物权的保护一章中,表明它是物权保护的一项重要内容。通常物权请求权的行使都是以物权人享有物权为基础的,也就是说,在物权人享有物权的情况下,才能行使该请求权。但在物权的归属发生争议的时候,当事人不能直接行使物权请求权,而必须首先请求确认物权的归属。也只有这样,才能发挥物权法确认产权、定分止争的功能。

2. 物权的确认包括两方面的内容:

(1)对物权归属的确认。一方面,它是对所有权的确认。它是保护所有权的前提,因为返还所有物、排除妨害等请求权都以所有权的确认为前提。如果所有权的归属不清,则无法适用所有权的保护方法。另一方面,它是对他物权的确认。例如,土地使用权因登记错误发生争议,真正的权利人有权请求法院确认土地使用权的归属。又如,抵押权设定以后,在拍卖时发生争议,即债权人对该项土地之上是否具有抵押权、谁享有抵押权发生了争议,当然应当包括在确权之内。

他物权的设定虽有登记,但登记记载的内容也会发生错误,因此也有必要确认。在这一点上与房屋所有权的确认相同。

（2）对物权内容的确认。所谓物权内容的确认,就是指当事人对物权的内容发生争议以后,请求人民法院对物权的内容加以确认。例如,登记机构将他人的房屋面积登记错误,或者将抵押权所担保的债权数额记载错误,权利人向登记机构提出更正登记遭到拒绝后,可以请求法院确认其物权。

3. 确认物权的归属必须向有关机关或人民法院提出请求。在物权的归属发生争议的情况下,可以向登记机构要求办理更正登记。更正登记虽然是对登记错误的纠正,但实际上也是对登记权利重新确认,因此更正登记本身具有重新确权的功能。当事人除了可以要求更正登记之外,也可以直接向法院提出确权之诉,请求确认物权的归属和内容。确权之诉是确认之诉的一种形态,在性质上是民事诉讼,即由平等主体之间的一方当事人针对另一方就物权的争议提起的诉讼。例如,甲认为登记在乙名下的产权归其所有,因而在法院提起诉讼要求确认该产权归甲所有。[1] 就物权法领域而言,确权之诉具体表现在确认物权归属之诉、确认物权的内容之诉、分割共有财产之诉等。由于物权发生争议以后,只能通过司法裁判才能最终决定权利的归属,并维持或推翻已经形成的财产关系,所以不能由当事人自身凭私力救济来确认物权的归属,而只能向法院提起诉讼请求法院确权。也就是说要提起确认之诉。

确认物权归属之诉仍然属于实体法的范畴。因为一方面,确认物权的归属是以原告享有或者其自认为享有物权为前提的,原告提起确权之诉也是为了行使物权或维护自身的物权或者说使其物权回复到原来的状态。另一方面,在物权的归属发生争议以后,如果不提起确权之诉,权利人便无法完满地支配其物,无法充分地行使权利,而确权之诉的目的就在于通过司法程序确认权利人的物权,以使权利人能回复对物完满支配的状态。可见,确权之诉也是保护物权的重要方法。所以,确权之诉通常都是在物权法中直接规定的。不能因为物权人为了维护物权提起了诉讼,便认为该项权利转化为程序法上的诉权。

4. 确认物权必须由利害关系人提出请求。利害关系人包括真正权利人、对物主张权利的人以及与他们具有债权债务关系的人。在物权确认中,只有利害关系人才能主张权利。如果任何人都可以主张确认权利,就不利于稳定财产秩序。

（三）确认物权的请求权与诉讼时效

笔者认为,尽管确权请求权也是一种请求权,但该请求权原则上不应当适用诉讼时效的规定。其主要理由是:

1. 从确权请求权的性质来看,它不同于普通的请求权,不是民事实体法上的请求权。作为物权请求权,必须以物权的存在为基础,以物权的确定为前提,而确权请求权本身就是为了解决物权的存在与否而产生的,在行使之前权利并未确定。

2. 确权请求权,并不是保护物权的请求权,不是在物权遭受侵害之后寻求救济的手段,并不要求对方当事人作出一定的给付。从确认请求权的行使效果来讲,确认请求权的行使并不使一方当事人为一定行为。它只是请求公法机构确认物权的归属和内容的权利,在权利发生争议的情况下要求公权力介入,对当事人的权利作出最终的判断,在这一点上其与一般意义上的私法上

---

[1] 所谓确认之诉,是指原告请求法院确认其与被告之间是否存在某种法律关系,或确认其是否享有某种民事权利的诉讼。确认之诉适用的范围非常广泛。

的请求权是不同的。因此,确认请求权不能像一般请求权一样适用诉讼时效。

3. 从时效的起算点上来看,即使承认确权请求权应当适用诉讼时效,也很难确定时效期间的起算点。换言之,该诉讼时效是应当从发生权利争议之时起算,还是从法院作出确权判决之日起算,对此很难确定。因为在确权之前,权利还没有确定,不能说某人的权利遭到了损害,只能在法院确定权利归属和内容之后才能开始计算。但是,如果从法院确定权利归属和内容的判决生效时起计算,《物权法》第28条已经解决了这一问题,不会产生时效的问题了。

当然,应当看到,权利人经过很长时间之后仍然行使确权请求权,确实不利于财产关系的稳定,也可能损害第三人的利益,因此将来有必要通过司法解释对取得时效作出相关规定,或者对善意取得制度适用的时间作出具体解释。

二、物权请求权

(一)物权请求权的概念和特征

物权请求权有广义、狭义两种含义。就狭义而言,物权请求权,是指基于物权而产生的请求权,也就是说,当物权人在其物被侵害或有可能遭受侵害时,有权请求恢复物权的圆满状态或防止侵害;就广义而言,物权请求权除了基于物权而产生的请求权以外,还包括占有人的占有保护请求权。[1] 学者一般都是从狭义上理解物权请求权的,它是指权利人为恢复物权的圆满状态或者防止侵害的发生,请求义务人为一定行为或者不为一定行为的权利。物权请求权是依附于物权的独立请求权,只能在物权受到侵害或者有遭受侵害导致物权人不能圆满支配其物权时才会产生,包括返还原物、消除危险、排除妨害、恢复原状。

物权请求权,在物权法上又称物上请求权,笔者认为这两个概念是有区别的。一方面,物权请求权是基于物权产生的请求权,在物权受到侵害或者有遭受侵害的可能时才能行使;而物上请求权,则是基于物产生的请求权,是在物受到侵害或者有遭受侵害的可能时行使的。物权请求权源于物权的绝对性、支配力,是物权权能实现的保障和效力的体现;而物上请求权的概念没有抽象出这种法律特性。另一方面,物权请求权表明它是与债权请求权相对应的,而物上请求权则没有表明此种区别。此外,物上请求权其实比物权请求权的范围要宽。除了包含物权请求权之外,还应当包含基于占有的保护请求权。因此,用更为准确的物权请求权代替物上请求权更为科学。物权的请求权具有如下特点:

1. 物权请求权是物权法保护物权的特有方法。物权请求权是一种基于物权而产生的、保护物权的请求权,也是物权法为保护物权而特别设定的一种方法。物权法尽管对物权的保护采取了各种方法,但就物权法本身所提供的方法而言,物权请求权是物权法确认的请求权。因物权请求权而产生的责任是物权法上特有的责任,不同于其他民事责任,如侵权责任。

物权作为一种对物的直接支配权,权利人享有对物进行占有、使用、处分、获取收益等权能,这些权能可以说是物权的积极权能。为了保障这些权能的实现,就必须要赋予物权人在物权受到侵害的情况下所享有的返还原物、排除妨害等物权请求权。物权请求权并不以直接支配物为其内容,而是以请求另一方当事人为一定行为或者不为一定行为为内容,物权人行使物权请求权的目的是要求侵害人为一定的积极行为,即返还原物、排除妨害。物权人行使物权请求权要求义务人消除这种妨害的可能性,既可能是要求义务人为一定行为,也可能是不为一定行为,它是独立于物权本身的行为请求权。

〔1〕　王泽鉴:《民法物权(通则·所有权)》,台湾地区作者印行1992年版,第53页。

物权请求权来自于物权的支配性。当物权人的支配权受到他人侵害时,为恢复权利人对客体的圆满支配状态,物权人才应行使此项请求权。可见,物权请求权的行使可以使物权恢复圆满状态和支配力,因此它也是物权效力的体现。

2. 物权请求权与物权是不可分离的。物权请求权与物权具有共同的命运,物权请求权随着物权的产生而产生,随着物权的转移而转移,物权消灭时物权的请求权亦不复存在,物权请求权不能单独转让。尽管物权请求权是基于物权产生的且与物权不可分离,但它不同于物权本身。一方面,物权请求权只能发生在特定的当事人之间,是一种相对法律关系,它和作为绝对权的物权是有区别的。对于权利人来说,一般只有在其物权遭受侵害的情况下,才能针对特定的侵害人行使物权的请求权,而不能针对任何其他人行使物权请求权,但物权人行使物权则可以对抗任何第三人。另一方面,物权请求权在性质上仍然是以请求相对人为或不为一定行为为内容的,因此,它也属于请求权的范畴。物权请求权在性质上也不同于作为支配权的物权。

3. 物权请求权主要是为了恢复对物的圆满支配状态。物权请求权之所以不同于侵权损害赔偿请求权,在于其主要目的是为了恢复对物的圆满支配。例如,在物被他人非法占有,返还原物就是恢复权利人对物的圆满支配。一方面,物权请求权行使的前提是物权的支配客体仍然客观存在,物权请求权的行使必须以物仍然存在为前提,如果发生灭失,只能够通过侵权要求损害赔偿的方式进行救济,而无法行使原物的物权请求权。[1] 另一方面,物权请求权通常是与有体物的保护联系在一起的。物权尤其是所有权的客体主要为有体物,因此,物权请求权也是基于对有体物的保护而产生的。返还原物、排除妨害、恢复原状都是在物权人所有或占有的有体物受到他人侵占、妨害或侵害时产生的保护方法,它们主要是针对实物的保护而创设的。对于无体财产的妨害或占有,主要采用债的保护方法。

4. 依据我国《物权法》的规定,物权请求权主要包括四种,即返还原物、排除妨害、消除危险和恢复原状。与传统的物权法不同,我国《物权法》将排除妨害和消除危险分为两种请求权加以规定。此外,按照《物权法》第37条的规定,侵害物权,造成权利人损害的,权利人可以请求损害赔偿,也可以请求承担其他民事责任。该条容易造成一种误解,即认为物权的请求权包括损害赔偿请求权。实际上该条并没有承认损害赔偿请求权是物权请求权的形式。

5. 物权请求权的效力优先于债权请求权。在物权受到侵害的情况下,首先应当采用物权请求权对物权进行保护。这是因为物权请求权具有优先于债权的效力。例如,在破产程序中,所有人对其物享有取回权,此种取回权实际上是由所有物返还请求权而派生的,当然应优先于一般债权而受到保护。

(二)物权请求权的性质

对于物权请求权的性质,历来众说纷纭。归纳起来,主要有如下几种观点:

1. 物权的作用说。此种观点认为,物权请求权是根据物权的作用所产生的权利,它是物权效力的具体体现。物权请求权与物权是不可分离的,如所有物返还请求权与所有权密切结合在一起,返还原物请求权将随着所有权的转让或消失而转让或消失,因此,物权请求权是物权作用的体现,而非独立的权利。

2. 债权说。此种观点认为,物权请求权仍然是发生在特定当事人之间的请求为一定行为或不为一定行为的权利,在性质上属于债权,应适用债法的有关规定。

---

[1] 孙宪忠:《中国物权法总论》,法律出版社2003年版,第317页。

3. 准债权说。此种观点认为,物权请求权并非物权本身,而是一种独立的权利。就其仅能对特定相对人行使及仍以请求他人为或不为一定行为为权利内容而言,极类似于债权,但又非纯粹的债权,因为其产生、移转、消灭等与物权本身密切相关,因此,它是一种非纯粹的债权,在学理上可称为准债权。

笔者认为,上述观点都有一定道理,但都不尽完善。讨论物权请求权的性质,首先应当看到,物权请求权是一种既不同于债权也不同于物权的权利,而是一种特殊的请求权类型。

物权请求权不是债权或准债权。诚然,物权请求权是发生在特定当事人之间的请求关系,但物权请求权具有不同于债权的特殊性质,它表现在:①物权请求权是以物权为基础而产生的权利,其产生根据在于物权是对客体进行支配并排斥他人干涉的权利。当物权人的支配权受到他人侵害时,为恢复权利人对客体的圆满支配状态,物权人才应行使此项请求权。可见物权的请求权行使的根本目的在于维护物权人对其物的圆满支配状态。正是从这个意义上来说,物权请求权可视为物权效力的体现。②物权请求权与物权是不可分离的,也就是说,物权请求权与物权具有共同的命运。当物权消灭时,物权请求权亦不复存在,物权移转时,物权请求权也随之移转,甚至移转返还所有物的请求权也可导致所有权本身的移转。据此,移转返还所有物的请求权也成为一种交付财产的方式。③物权请求权不适用消灭时效,在这一点上,其与债权的请求权是不同的。据此可见,不能将物权请求权等同于债权或准债权。

物权请求权也不同于物权本身。尽管物权请求权是基于物权而产生的,而且与物权不可分离,但它不同于物权本身。一方面,物权请求权只能发生在特定的当事人之间,是一种相对法律关系,它和作为绝对权的物权是有区别的。对于权利人来说,一般只有在其物权遭受侵害的情况下,才能针对特定的侵害人行使物权请求权,而不能针对任何其他人行使物权请求权。而物权人行使物权则可以排斥任何第三人的干涉。另一方面,物权请求权在性质上仍然是以请求相对人为一定的行为或不为一定的行为为内容的,它也属于请求权的范畴。而物权则是支配权,不是请求权,所以物权请求权与物权本身也是有区别的。

总之,物权请求权既具有债权请求权的某些特征,又与物权具有密不可分的联系,它既不同于债权请求权,又不同于物权,因此可以将其视为一类独立的请求权。

物权请求权是与支配权联系在一起的,除物权以外,其他的一些绝对权,如知识产权、人身权也是支配权,是否可以产生并适用物权请求权? 笔者认为,其他的绝对权并不是物权,因而不能产生物权的请求权,从此意义上说,物权请求权仅为物权所独有。但是由于物权请求权是基于支配权而产生的,因此对于以支配为内容的其他权利也可以准用。在我国民法中,对知识产权和人身权的侵害采取了停止侵害、排除妨害等责任形式,这些措施与物权请求权的部分内容是相似的。当然,笔者认为,物权请求权在特殊情况下也可以准用于侵害知识产权和人身权的场合,这主要是指在知识产权法与人身权法对请求权未作出规定的情况下,可以考虑准用物权请求权;但这些法律中的请求权与物权请求权也是有区别的,它们都具有自己的特殊的请求权形式和责任方式,而物权请求权也不能完全准用于知识产权、人身权领域。例如,所有物返还请求权,并不能适用于知识产权和人身权的情况。

(三)物权请求权独立存在的必要性

讨论物权请求权制度设计的价值,首先需要考虑如果不规定物权请求权,而是通过侵权损害赔偿请求权能否达到同样的救济目的。《民法通则》对物权的保护主要采用了债权的保护方法,但是在承担责任的具体形式中,又包含了物权请求权的内容,如返还原物、停止侵害、排除妨害、消除危险、返还财产、恢复原状等。《民法通则》的上述规定建立了我国特有的请求权体系,即在请求权体系中不存在一种独立的物权请求权,传统的物权请求权内容已为侵权损害赔偿请求权所部分包容。我国《物权法》单独设立了物权请求权的方式,对物权的保护既采用了物权请求权的方式,又采用了侵权损害赔偿请求权的方式,这实际上已经突破了《民法通则》的规定,可以说是《民法通则》中对物权保护的一个完善。

为什么物权法在物权请求权之外单独设立侵权损害赔偿请求权? 这是因为,侵权损害赔偿请求权和物权请求权分别具有不可相互代替的独立存在的价值,对物权的保护需要物权请求权,也需要侵权损害赔偿请求权,只存在一方面的保护是不全面的。由于单纯的侵权损害赔偿请求权不能满足物权保护的需要,往往还要在侵权损害赔偿请求权中或者以其他方式同时规定物权请求权的具体内容,这样一来不仅造成了理论体系上的混乱,也会导致适用上的困难,不利于全面、规范地保护物权。物权请求权与侵权请求权的区别具体表现在:

1. 物权请求权与侵权请求权具有不同的功能和目的。由于物权请求权和侵权请求权的目的和功能不同,所以两者对物权保护的侧重点也不同。传统的行使物权请求权的方式主要是请求返还原物、请求侵害排除和请求侵害防止,其目的在于排除物权受侵害的事实或者可能,恢复或者保障物权的圆满状态;在物权保护中,行使侵权请求权就是要求加害人履行损害赔偿之债,其目的是为了填补物权人无法通过行使物权请求权而得以弥补的损失,即以货币方式恢复被损害物的价值状态。

一般而言,当物权受到侵害或者有遭受到侵害的可能时,首先应当适用物权请求权,以尽可能地恢复物权的完满状态,只有在遭受到的损害无法通过行使物权请求权予以恢复原状,而使物遭受到价值贬值时,才可以行使侵权请求权,要求加害人给予损害赔偿。如果物权遭受到侵害但是没有发生价值减损,或者物权仅有遭受侵害的可能性而并未影响物权人的现有利益时,就只能通过行使物权请求权使物权得到保护;如果物权遭受的损害已经发生,而且损害没有必要或没有可能通过恢复原状等物权请求权获得救济,就只有通过损害赔偿的侵权请求权获得价值上的补偿。由此可见,物权请求权和侵权请求权这两种不同的对物权的保护方法,从不同的角度对物权损害予以不同的救济,两者可以独立适用,也可以结合适用。但是只有两者同时并存的立法模式才是对物权最完善的保护机制,缺少任何一个都是不完备的。因此试图以侵权请求权代替物权请求权的立法思路是不可行的,必须确立独立的物权请求权制度。

2. 物权请求权与侵权请求权要求相对人承担责任的要件不同。

首先,两者的归责基础不同。根据我国现行法律的规定,除了法律特别规定的侵权行为以外,一般侵权行为的受害人要行使基于侵权行为的请求权必须适用过错责任原则。也就是说,受害人要主张权利就必须举证证明加害人具有过错,如不能证明加害人具有过错,则加害人不负侵权责任。但是如果适用物权请求权,权利人要求侵害人返还财产、停止侵害、排除妨害和恢复原状,都不需要证明相对人具有过错。换言之,物权人在行使其物权请求权的时候,只需要证明其财产被他人不法占有或遭受了侵害或妨害,而不需要证明他人对该财产的占有、侵害或妨害是否具有过错。如果以侵权请求权替代物权请求权,按照侵权请求权的归责原则要求权利人必须对行为人主观上是否有过错的问题举证,实际上加重了物权人的举证负担,这对于保护物权极为不利。

其次,从危害后果上来看,在物权的保护中,行使侵权请求权的前提是存在损害赔偿之债,没有损害赔偿之债,就失去了行使侵权请求权的基础。损害赔偿之债要求加害人造成了受害人财产的损失才应负赔偿责任,没有损失就没有赔偿。但是物权人行使物权请求权的前提是物权遭受侵害或者有遭受侵害的可能,而不以造成财产损失为前提。也就是说,只要行为人阻碍或者妨害物权人行使其物权,不管是造成现实的损害,还是对将来行使物权造成妨害,也不管此种损害是否可以以货币确定,物权人都有行使物权请求权之可能。另一方面,不法行为人侵害或者妨害物权人的物权,造成了妨害或危险,此种妨害或危险本身并非一种损害,常常难以货币的形式来具体确定或定量,但这并不影响物权人行使物权请求权而对这些妨害或危险予以排除。即使在侵害行为已经发生的情况下,如果侵害的危险还没有消除,物没有恢复占有或者物遭到损害但可以且有必要修复等情况下,不管物权人遭到的价值上的损失如何,都可以行使物权请求权。所以试图以侵权请求权代替物权请求权的做法也加重了受害人的举证负担,不利于全面保护物权。

3.法律对两种请求权保护的期限不同。根据我国《民法通则》第135、136条的规定,侵权请求权适用普通诉讼时效的期间是2年,对于身体受到伤害要求赔偿等侵权案件适用1年的诉讼时效期间。但是对于物权请求权则不能适用上述时效的规定。一方面,对于诸如返还原物的请求权而言适用2年或1年的诉讼时效将不利于保护所有人的利益,或者说不利于保护所有权人的权利。另一方面,对排除妨害、消除危险等物权请求权而言,也很难确定诉讼时效的起算点。因为物权请求权通常适用于各种继续性的侵害行为,侵害和妨害行为通常是持续不断进行的。例如,非法占有他人的财产,只要没有返还,物权就仍然处于遭受侵害的状态;再如,在他人的房屋边挖洞,只要洞存在就会威胁到他人房屋的安全。如果严格适用消灭时效的期间起算办法,即自"受害人知道或者应当知道自己的权利受到侵害之日起"计算物权请求权的消灭时效,则对物权人是不公平的,也不利于保护物权。

4.物权请求权与侵权请求权对物权保护的效力不同。物权请求权来源于物权,是物权效力的内容;侵权请求权其性质为债权,是债权的内容。由于物权请求权的效力优先于债权请求权,因此物权请求权应当优先于侵权请求权。例如,在破产程序中,所有人基于返还原物的请求权而应当对其物享有取回权,因此这种取回权应优先于一般债权而受到保护。如果只允许所有人采用侵权请求权的方法保护自己的物权,就只能以一般破产债权人的身份按比例受偿,显然不如采用物权请求权,行使取回权的方式可以更好地保护物权。由此可见,如果以侵权请求权代替物权请求权,则损害了物权应当具有的优先效力,在理论上与物权的性质不符,在实践中也不利于对物权的保护。

物权请求权的行使还应当受到一些特殊的限制。例如,在相邻的所有人之间行使排除妨害请求权,还要适用相邻关系的规则,受到妨害的一方应当适当忍受来自另一方的轻微妨害。而侵权请求权的行使则不存在上述限制。

总之,当物权人的权利遭受侵害以后,物权人应当首先行使物权请求权,只有当物权请求权不足以保护物权人的权利时,才考虑行使侵权的请求权。

三、各类物权请求权

(一)返还原物请求权

返还原物请求权,是指权利人对无权占有或侵夺其物的人,有权请求其返还占有物。《物权法》第34条规定:"无权占有不动产或者动产的,权利人可以请求返还原物。"该项请求权是由所有权所派生的请求权,并且是所有权效力的直接体现,只要他人无权占有或侵夺权利人的财产,权利人都可以通过行使该项请求权而恢复其所有权的圆满状态。权利人只能针对非法占有人提出返还原物的请求,而不能要求合法占有人返还原物。否则,合法占有人可依据其合法占有权,拒绝所有人的请求。

1. 返还请求权的主体应为失去对物的占有的权利人。申言之,一方面,请求权人必须是物权人,既包括所有权人也包括他物权人,至于所有权人既可以是单独的所有人,也可以是共有人;另一方面,物权人行使该请求权的前提必须是其所有或有权占有的物被他人非法侵占,物权人已丧失了对物的占有。

2. 返还请求权的相对人为无权占有所有物的人。一方面,相对人必须是现在占有标的物并侵害所有人占有的人。所谓现在占有,就是指在提出请求之时,仍然占有标的物的人,所有人只有向现在的占有人提出请求才能使标的物实际返还给所有人。[1] 另一方面,相对人的占有必须构成无权占有。所谓无权占有,指相对人无法律和合同的依据而占有所有人的财产。此处所说的无权占有是相对于所有人的占有而言的,即对于所有人而言构成无权占有。如果相对人从某个非所有人处取得占有具有一定的根据,但对于所有人而言无占有的权利,所有人仍可对其行使所有物返还请求权。当然,如果占有人能够举证证明其占有是合法的,如承租人证明他是基于租赁合同而占有他人财产,则可以形成对所有人的请求的抗辩,并拒绝所有人的返还原物的请求。至于相对人占有该物在主观上是出于故意或过失,并不影响所有人行使请求权。

应当指出,确定占有人的占有为合法或非法的时间点,应当以物权人向占有人提出请求的时间为准。如果占有人曾经是有权占有,但是,现在属于无权占有,则所有人也可以对其行使所有物返还请求权。如果无权占有人占有原物以后,又将该物转让给他人占有,则权利人既可请求无权占有人,也可以请求现在的占有人返还原物。一般来说,所有人的财产被他人非法占有后,所有人有权请求返还,而对于动产质权人和留置权人来说,依法也有权占有他人提供处置的动产和留置的财产,如果该财产被他人非法占有,动产质权人和留置权人也有权请求他人返还。不过,此种请求权应当属于占有保护请求权的范畴,而不属于所有物返还请求权的范畴。[2]

3. 物权人请求返还原物应以原物的存在为前提。因为返还原物请求权就是为了保护物权的圆满状态,如果原物已经灭失,实际上物权因其客体的消灭而消灭,此时物权人只能要求无权占有人承担违约赔偿责任或侵权赔偿责任。如果原物仍然存在,但是遭受了毁损,则一方面,物权人可以请求无权占有人返还,另一方面,物权人可以要求无权占有人承担修理、恢复原状的责任。如果物权人遭受了损失,还可以要求无权占有人承担侵权赔偿责任。此外,围绕着返还原物请求权还包括其他的一些请求权,如要求返还孳息、费用补偿等问题。对此,我国《物权法》在占有一编中作出了详细的规定。

(二)排除妨害请求权

所有权妨害排除请求权,也称为所有物保持请求权,是指当所有权的圆满状态受到占有以外的方式妨害时,所有人对妨害人享有请求其排除妨害、使自己的权利恢复圆满状态的权利。例如,某公司在他人房屋之上违章架设某种广播设备,可能发出某种辐射、给他人造成妨害。《物权法》第35条规定:"妨害物权或者可能妨害物权的,权利人可以请求排除妨害或者消除危险。"妨害,是指实施了某种妨害所有人行使所有权的行为。妨害是现实地造成了对他人的权利行使的阻碍,这是妨害与危险的区别。该项请求权的行使必须符合如下构成要件:

1. 被妨害的标的物仍然存在且由所有人占有。排除妨害请求权行使的主体是所有权内容受

---

[1] 王泽鉴:《民法物权(通则·所有权)》,台湾地区作者印行2001年版,第168页。

[2] 史尚宽:《物权法论》,台湾地区作者印行1957年版,第59页。

到妨害的所有人,但所有人行使该请求权时,必须被妨害的物仍然存在且由所有人占有。行使排除妨害和返还原物请求权的条件是不同的,两者的主要区别在于:在请求排除妨害的情况下,所有人一般没有丧失对所有物的占有;在请求返还原物的情况下,所有人已丧失了对所有物的占有。

2.妨害人以占有以外的方法妨害所有人行使所有权。所谓"妨害",是指以占有以外的方法,侵害所有权或妨碍所有权人行使其所有权。妨害必须是持续进行的,而不是短暂即逝的或已经消失的,否则,尽管妨害行为已经做出,所有人也不能行使请求排除妨害请求权,而只能请求侵害人承担侵权损害赔偿等责任。

3.妨害必须是不正当的。如果行为人实施某种行为具有法律上或合同上的依据,如承租人正当使用房屋、某人因紧急避险而给所有人造成妨害,则虽对所有人构成妨害,所有人也不得请求行为人排除妨害。妨害行为有可能是合法的,如在自己土地上堆放许可排放的污染物,此种行为依据"无害"标准并不禁止,但如果给他人造成不正当的妨害,权利人也可以请求排除。所以只要是不正当的妨害,就应当排除。

所有人应当容忍他人轻微的、正当的妨害。容忍他人轻微的、正当的妨害,是民事主体应当负有的一种义务。因为人作为社会关系的总和,生活在特定的共同体和社会之中,彼此间不可避免地会造成损害或妨害,总会与他人的利益发生各种摩擦。如果人们不能容忍任何轻微的妨害,则社会成员之间根本无法和睦相处,社会就难以形成正常的经济生活秩序。所以,从维护社会生活秩序、构建和谐社会的角度出发,所有人应当容忍轻微的、正当的妨害。在他人实施了轻微的、正当的妨害的情况下,所有人不得请求予以排除。应当使权利人负有忍受轻微妨害的义务。例如,楼上邻人新生婴儿啼哭,影响了周围邻居的正常休息,仍然属于正常的妨碍。但如果楼上邻人违反小区物业规定,播放卡拉 OK,制造各种噪音,这已经超出了合理忍受的范围。

所有人行使排除妨害请求权,并不要求相对人具有故意或过失,换言之,该项请求权的行使不以相对人具有过错为要件。

(三)消除危险的请求权

所谓消除危险,是指行为人的行为可能造成对他人的妨碍,并且构成一定的危险,权利人有权请求消除已经存在的危险。例如,某人的房屋即将倒塌,对周围邻居的房屋形成了危险。《物权法》第 35 条规定:"妨害物权或者可能妨害物权的,权利人可以请求排除妨害或者消除危险。"通过行使消除危险请求权,可以预防在将来发生对物权的现实危害。

在法律上妨害有两种含义,一是指所有人实际面临的现实的妨害,二是指尚未实际发生的但有可能出现的妨害,此种妨害又称为危险。因为这种妨碍,实际上已经构成对物权人的权利侵害。从狭义上所讲的妨害仅指前一种妨害,物权请求权中的排除妨害的请求权也仅指对实际发生的妨害进行排除,而不包括对将来可能出现的危险进行排除。对于未来的妨害的排除,适用消除危险的请求权。所以,物权人在他人的行为或者设施可能造成自己占有物的损害时,可以请求消除危险。

《物权法》第 35 条中的"危险",是指他人的行为或者设施可能造成自己占有物的损害,危险的判断标准为:①危险必须是可以合理预见的,而不是主观臆测的。例如,房屋倒塌必须是按照一般的社会观念或者工程建设领域普通技术人员的认识,其确有可能倒塌。②危险必须是确实存在的且有对他人财产造成损害的可能。例如,邻人的大树有可能倾倒,砸坏自己的房屋。此种损害尚未发生但又确有可能发生,对此种危险所有人也有权请求排除。危险的发生既可能构成未来的危险,也可能构成现实的妨害。例如,在自己的土地上挖洞等,所有人在行使消除危险的请求权时可不考虑行为人主观上是否具有故意或者过失。

危险发生以后,应当由危险的形成人承担消除危险的责任,因此,清除危险的费用应当由危险设施的物权人或危险形成人承担。一般来说,消除危险请求权的行使,不受诉讼时效的限制。因为什么时候发生危险,有可能受到损害的人便有权要求危险的形成人承担消除危险的责任。

如果危险虽然已经形成,但并没有造成实际的损害,则有可能遭受损害的人有权请求危险形成人消除危险,但不能请求其承担侵权损害赔偿责任。例如,在公共场所施工时,没有设置明显标志,可以主张物权请求权,不能主张侵权损害赔偿请求权。但如果在形成危险以后同时又造成了他人的损害,则受害人不仅可以行使物权请求权要求其消除危险,也可以基于侵权行为的请求权请求其承担损害赔偿责任。

(四)恢复原状请求权

恢复原状,是指行为人导致他人财产损害后,应当采取各种措施,使财产恢复原有的状态。《物权法》第36条规定:"造成不动产或者动产毁损的,权利人可以请求修理、重作、更换或者恢复原状。"该条规定实际上确定了恢复原状请求权。恢复原状请求权,主要是指在物遭受侵害之后,如果能够进行恢复原状,应该采用各种方法使得这些物恢复到原有的状态,从而使得权利人恢复对物的圆满支配状态。恢复原状请求权的特点表现为:

1.此种请求权通常是在权利人的动产或者不动产遭受毁损的情况下采用。一般来说,财产遭受毁损之后,在经济上可以利用,并且权利人可以继续利用,行为人应当采取措施以恢复财产的原状。但如果财产已经灭失或者无法恢复原状,或者恢复原状费用过高,而权利人又不愿意修补,权利人只能够采取损害赔偿的方式,而不能采取恢复原状的方法。

2.恢复原状的方式因动产和不动产遭受侵害而有区别:对于造成动产毁损的,主要采取三种方式,即修理、重作、更换。修理是修补物的缺陷,重作就是重新制作一个原物的替代物,而更换则是通过购买等方式提供一个新的替代物。更换通常适用于种类物,而不适用于特定物。上述这些方式,都是为了使权利人恢复对动产的支配。对于不动产则不宜采取上述方式,因为不动产一般不会发生灭失,而土地又很难通过修理的方式来恢复原状,如污染了农田造成损害的,无法进行修理、重作,更难以进行更换,所以,对不动产应当采取上述方式之外的其他方式,如对污染农田采取消除污染、恢复原状的方式。

修理、重作、更换是对动产所有权在遭受侵害之后恢复原状的方式。一些学者认为此种方式主要是违约责任的救济方式,而不应当在物权法中规定。此种观点也不无道理,但是由于物权法规定了恢复原状属于物权请求权,而这些方式是恢复原状的具体形式,在物权法中规定也有一定的道理。

3.恢复原状的目的是要恢复物权人对物权的圆满支配状态。在所有人的物受到他人侵害的情况下要充分保障所有人的利益,仅仅通过损害赔偿的方法并不能满足受害人的利益要求。毕竟金钱赔偿不是万能的,不能完全代替恢复原状的方法,因为对物的侵害既可能造成毁损,也可能造成物的灭失。如果已造成物的灭失,当然只能采取损害赔偿的方法;若仅仅造成物的毁损,则要考虑该物是否为可代替的物,能否在市场上购买到。如果是市场上能够购买到的物,则在这些物受到侵害以后,通过赔偿的办法使所有人在获得一定金钱以后,在市场上购买到替代物,确有利于充分维护所有人利益,而且便于法院的判决执行。如果被毁损的物并不是替代物,而是特定的、在市场上难以购买到的,则采用损害赔偿的方法并不一定对受害人有利。如果允许受害人可以请求恢复原状,则受害人可以基于自身利益的考虑,在请求赔偿损害与请求恢复原状之间作出选择。如果受害人认为恢复原状对其有利,则完全可以采用此种方法;如果仅允许受害人要求赔偿损失,则实际上剥夺了受害人的选择权。

4.恢复原状应当考虑到在经济上是否合理。在动产发生毁损的情况下,虽然可以修理或者重作,但如果在经济上极不合理,修理和重作的费用远远超过了更换新的替代物的经济价值,此时应当考虑到加害人的赔偿成本,允许其以同等质量的替代物履行恢复原状的义务。如果不能够修理和替换,是指修理和替换有可能损害物的价值的,或使物的价值不能得到恢复,或者修复在经济上不合理,或者某物为特定物时无法找到替代品。在此情况下,所有人有权要求行为人赔偿其对物造成的损失。在许多情况下,由于物的效用主要体现在经济价值上,以金钱赔偿物的价值也可能使受害人利益能够得到满足,对加害人也较为便利。如果已经造成物的灭失,当然只能采取损害赔偿的方法。

(五)停止侵害请求权

所谓停止侵害请求权,是指不法行为人的行为及其物件给他人的财产和人身造成了现实的损害,受害人有权请求法院制止正在进行的侵害。例如,行为人施工所引起的剧烈震动,或散发的各种煤烟臭气等严重危害了邻人的财产和人身,受害人有权请求法院制止。对此种请求权,《物权法》没有作出规定,但是《民法通则》第134条第1款规定的承担民事责任的方式中对停止侵害作出了规定。

请求停止侵害,通常是针对那种对物权的侵害正在进行且持续发生的情形。为了防止更大的损害后果发生,为受害人提供有效的保护,受害人可以要求侵害人停止侵害。然而,停止侵害的请求权人必须要证明某种损害已经实际发生,而且正在持续。如果损害发生以后将会立即停止或者已经停止,也没有必要请求停止侵害。因为请求停止侵害就是要求法院制止侵害的进一步扩大,及时排除侵害。权利人请求停止侵害不一定要求证明存在实际的损害后果,因为损害正在进行且不断发生变化,权利人往往是难以或者来不及证明的。

停止侵害与排除妨害请求权的关系十分密切。有一种观点认为,停止侵害不宜作为一种独立的物权请求权,完全可以为排除妨害请求权所涵盖。应当承认,两者在《物权法》上也可能发生竞合。例如,在他人的房屋边上挖洞,既造成对他人财产权行使的妨害,也因使他人地基受损而造成了实际的损害。此时权利人既可以请求停止侵害,也可以请求排除妨害。但停止侵害与排除妨害请求权是不同的。一方面,妨害只是造成对权利行使的障碍,也就是说,只是影响到权利的正当行使,如将他人的楼门打封条、在他人的门前挖洞或堆放杂物阻止他人通行等,均为妨害,但妨害可能并没有造成他人的实际损害,因此在行为人的行为造成他人实际损害的情况下,受害人只能行使停止侵害的请求权。另一方面,妨害可能并没有实际地影响到动产或不动产权利的行使,或者直接造成对人身的侵害,但妨害又必须要达到一定的程度,使受妨害人已不可忍受。而在停止侵害的情况下,侵害必须要实际地影响了动产或不动产的价值或权利的行使,或者造成了受害人人身的损害且这种损害还在继续,因此有必要请求法院予以制止。所以停止侵害和排除妨害所需要证明的内容是各不相同的。

四、物权请求权的适用

侵害物权,造成权利人损害的,权利人可以请求损害赔偿,也可以请求行为人承担其他民事责任。《物权法》第38条第1款规定:"本章规定的物权保护方式,可以单独适用,也可以根据权利被侵害的情形合并适用。"因此,物权请求权在适用中可以产生两种形式:①责任竞合形式。这就是说,在侵害物权的情况下,受害人在物权请求权和侵权损害赔偿请求权之间,只能选择一种请求权行使,而不能同时行使多种请求权。例如,权利人的物权遭受他人的妨害,受害人请求排除妨害、消除危险,一般不能再基于侵权的请求权主张损害赔偿。在一般情况下,由于物权请求权是专门为保护物权而设定的,因此,选择物权请求权对受害人是有利的。②责任聚合形式。它是指同一法律事实基于法律的规定以及损害后果的多重性,而应当使责任人向权利人承担多种法律责任的形态。从权利人的角度来看,责任聚合表现为请求权的聚合,即当事人可以同时主张数种以不同的给付为内容的请求权。[1] 它是指同一法律事实产生了多种民事责任形式,各种责任同时并存的现象。例如,受害人在其物权被他人非法占有之后,可能在请求返还原物的同时,也可以就返还的费用而主张损害赔偿。

《物权法》第 38 条第 2 款还规定:"侵害物权,除承担民事责任外,违反行政管理规定的,依法承担行政责任;构成犯罪的,依法追究刑事责任。"这就是说,某一种侵害物权的行为,可能同时触犯了其他法律的规定,如私分国有资产造成国有财产的损失,不仅构成民法上的侵权行为,而且还导致行政责任的承担,甚至构成犯罪。

五、关于物权请求权是否适用诉讼时效

关于物权请求权是否适用诉讼时效,对此存在不同的看法。笔者认为,首先,必须区分各种物权请求权的形式。一般来说,排除妨害、消除危险请求权,是不适用诉讼时效的。因为侵害行为仍然在持续或者一再发生,无法计算时效的起算点,导致诉讼时效无法适用。所以,能够适用诉讼时效的物权请求权只能是返还原物请求权。其次,即使对于返还原物请求权而言,也必须要区分登记的财产和非登记的财产。对于法律规定应当登记而且已经办理了登记的财产,因为其权属状况明确,如果适用诉讼时效就不利于保护权利人,也不利于维护不动产登记的效力。但是,对于不需要登记或者未登记的财产,则存在适用诉讼时效的可能。最后,考虑到我国《物权法》没有规定取得时效制度,所以,对于不需要登记或者未登记的财产,所有物返还请求权应当适用诉讼时效,以稳定财产秩序。

---

[1] 王泽鉴:《法律思维与民法实例》,台湾地区作者印行 1999 年版,第 199 页。

第二编　物权的变动

第四章　物权变动一般原理

第一节　物权变动的含义

所谓物权的变动,是指物权的设立、变更、转让和消灭。在市场经济社会,最为常见的就是基于双方法律行为即合同而进行的物权变动,因此各种交易都可能涉及物权的变动,有关物权变动的规则是市场经济最基本的法律规则。物权法是对交易规则的反映。在绝大多数交易中,都以物权的归属作为交易的前提,并以物权的变动作为交易的后果,物权变动是市场交易的基本表现形式。所以,许多交易过程就是物权变动过程。物权法关于交易变动的规则,对保障交易的安全、维护当事人的利益,具有十分重要的作用。

在大陆法系国家,关于物权变动,具有如下几种模式:

1. 意思主义。所谓意思主义,是指仅凭当事人的债权意思(如当事人达成合意),就发生物权变动的效力,而不须以登记或交付为其成立或生效要件。[1] 换言之,是指除了当事人的债权意思之外,物权变动无需其他要件的物权变动模式。[2]《法国民法典》采取了此种模式,该法典第711条规定:"财产所有权,因继承、生前赠与、遗赠以及债的效果而取得或移转。"第938条规定:"经正式承诺的赠与依当事人间的合意而即完成;赠与物的所有权因此即移转于受赠人,无须再经过现实交付的手续。"需要指出的是,《法国民法典》实际上采取的是纯粹的意思主义,买卖合同成立之后,即便没有交付标的物,也可以发生物权变动。例如,该法典第1583条规定:"当事人双方就标的物及其价金相互同意时,即使标的物尚未交付,价金尚未支付,买卖即告成立,而标的物的所有权也于此时在法律上由出卖人移转于买受人。"

日本民法受法国民法的影响,也采纳了意思主义。例如,《日本民法典》第176条规定:"物权的设定及移转,只因当事人的意思表示而发生效力。"但日本民法并没有完全继受法国模式,在采纳意思主义的同时,而要求动产物权的变动还应交付,仅仅只是订立了合同不能发生对抗第三人的效果。例如,《日本民法典》第178条规定:"关于动产物权的转让,非有其动产的交付,不得以之对抗第三人。"

2. 形式主义。所谓形式主义,是指除了债权意思以外,当事人还必须履行登记或交付的法定

---

〔1〕 谢哲胜:《财产法专题研究》,台湾三民书局1995年版,第83页。

〔2〕 崔建远主编:《我国物权立法难点问题研究》,清华大学出版社2005年版,第91页。

方式,才能产生物权变动效力。[1] 形式主义又分为物权形式主义和债权形式主义。[2]

所谓物权形式主义,是指物权变动法律效果的发生,除了债权意思以外,还必须有物权变动的意思表示,并履行登记或交付的法定方式。[3] 德国法即采纳了此种模式。按照德国物权法通说,当事人订立了债权合同只能发生债权法上的权利义务关系,还不能产生物权变动的效力,而发生物权变动必须要订立物权合同,以物权合同为基础,并完成登记或交付等行为,最终才能发生物权变动。[4] 例如,《德国民法典》第 873 条第 1 款规定:"为转让一项地产的所有权,为在地产上设立一项物权以及转让该项物权或者在该物权上设立其他权利,如果法律没有另外规定时,必须有权利人和因该权利变更而涉及的其他人的合意,以及权利变更在不动产登记簿上的登记。"但也有学者认为,是否采纳物权合同与形式主义立法没有直接的关系。[5]

所谓债权形式主义,是指物权变动法律效果的发生,除了债权意思以外,还必须履行登记或交付的法定方式,但是并不需要物权变动的意思表示。[6] 这种模式又称为意思主义与登记或交付相结合的物权变动模式。根据此种模式,当事人间除了债权合意外,还必须要履行登记或交付的法定方式。[7] 奥地利民法采取此种方式。《奥地利民法典》第 426 条规定:"原则上动产仅能依实物交付而转让与他人。"第 431 条规定:"不动产所有权仅于取得行为登记于为此项目的而设定公共薄册中时,始生转让之效力。此项登记又称为过户登记。"此种模式也被称为名义加形式取得所有权说。[8]

毫无疑问,各国物权变动的立法模式都是本国长期历史传统、社会生活实践与法学理论研究相互融合的产物,自有其合理之处。我国《物权法》第 9 条第 1 款规定:"不动产物权的设立、变更、转让和消灭,经依法登记,发生效力;未经登记,不发生效力,但法律另有规定的除外。"第 23 条规定:"动产物权的设立和转让,自交付时发生效力,但法律另有规定的除外。"可见,我国关于物权变动模式是合意加公示的模式,实际上确立了一种以债权形式主义为原则,以公示对抗主义为例外的二元物权变动模式。

总之,我国并未承认物权行为的存在,现行立法对交付、登记等物权变动要件的规定,主要是出于公示的要求,不能将其作为物权行为存在的依据。我国民法的规定类似于瑞士法的立法模式,此种模式要求物权之变动,除债权意思表示外,还须以登记或交付为要件。[9] 而此种模式与德国法的模式是完全不同的。从中国的实际情况来看,采取此种模式较之于采取物权行为模式,其优越性明显地表现在:①物权行为独立性和无因性理论在理论上仍然存在较多值得商榷之处。例如,无因性理论虽对买受人和第三人有利,但对出卖人却极为不利。因为出卖人在交付标的物而未获得价金的情况下,因买卖合同被宣告无效或被撤销而只有不当得利返还请求权却不能享有对标的物的所有权,这显然是不公平的。②我国的立法模式切实反映了各种纷纭复杂的动产

---

〔1〕 谢哲胜:《财产法专题研究》,台湾三民书局 1995 年版,第 84 页。
〔2〕 王轶:《物权变动论》,中国人民大学出版社 2001 年版,第 25 页。
〔3〕 谢哲胜:《财产法专题研究》,台湾三民书局 1995 年版,第 84 页。
〔4〕 [德]鲍尔、施蒂尔纳:《德国物权法》(上),张双根译,法律出版社 2004 年版,第 71、86 页。
〔5〕 刘得宽:《民法诸问题与新展望》,中国政法大学出版社 2002 年版,第 527 页。
〔6〕 谢哲胜:《财产法专题研究》,台湾三民书局 1995 年版,第 85 页。
〔7〕 王轶:《物权变动论》,中国人民大学出版社 2001 年版,第 31 页。
〔8〕 江平主编:《中美物权法的现状与发展》,清华大学出版社 2003 年版,第 4 页。
〔9〕 刘得宽:《民法诸问题与新展望》,台湾三民书局 1979 年版,第 466 页。

交易和不动产交易的内在需要,体现了市场活动的一般规律,完全符合我国现实生活常情。可以说,这一模式是本土化的产物,它对于规范我国的交易关系具有其他模式不可替代的作用。而德国的物权行为理论将现实生活中某个简单的交易关系,人为地虚设分解为三个相互独立的关系,使明晰的物权变动过程极端复杂化。这非但不像有的学者所说的"物权行为理论追求的是建立精确、细致、完全、公开的法律体系,它只能为复杂而又层次较高的市场经济服务",[1]相反,它使本身简单明了的现实法律过程徒增混乱,有害于法律的正确适用。[2] ③我国的立法模式能够有效地、平等地保护交易当事人的利益,不管是对出卖人还是对买受人都能够兼顾其利益,并平等地加以保护。而物权行为无因性理论割裂交付、登记与原因行为的关系,虽然强调了对买受人的保护,但忽视了对出卖人的保护。④我国立法模式能够有效地维护交易安全和秩序,同时借助善意取得制度,也可以有效地保护善意第三人。而物权行为无因性理论,主张"源于错误的交付也是有效的",第三人基于恶意也能取得所有权,买受人在买卖合同被确认为无效后仍能转卖标的物等。这些规则不仅不利于维护交易安全,也不能体现法律的公平与正义。

第二节 基于法律行为的物权变动

一、基于法律行为的物权变动的概念

物权的变动可以分为基于法律行为的物权变动和非基于法律行为的物权变动。前者除了要依据法律规定之外,还应当充分尊重当事人之间的私法自治,且必须要采取一定的公示方法。后者一般直接依据法律的规定或者事实行为而发生物权变动,一般不要求公示。在物权法上基于法律行为发生的物权变动是市场交易的法律形式,属于物权法规范的物权变动常态;而非基于法律行为发生的物权变动不是典型的交易形式,物权法将之进行例外规定,在法律特别规定的情况下才能适用。

当事人基于合意或者其他法律行为,并在完成一定的公示方法之后,完成一定的物权变动,称为"基于法律行为的物权变动"。基于法律行为的物权变动与直接依据法律规定而发生的物权变动不同,具体表现为:一方面,尽管当事人在设定物权时,必须符合法律规定的物权类型,但是,这种物权的变动以当事人的意思为基础,而不能直接依据法律的规定而产生。换言之,当事人是否愿意设立和变动某类物权,都要取决于当事人的意思,体现意思自治原则。尽管当事人设立和变动物权时,必须符合物权法定的要求,但这种物权的变动体现了一定的私法自治,在不违反强行法的前提下,对物权法的规定作出适当的补充。另一方面,基于法律行为的物权变动必须要履行法定的公示方法,所以,基于法律行为的物权变动,必须要通过合意加公示来完成。从实践来看,此种物权变动是现实中物权变动的基本类型,或者是物权变动的常态,而依据法律规定而发生的物权变动只是例外情况。本书所讨论的动产交付和不动产登记,都是针对基于法律行为的物权变动而言的。

按照物权法定原则,物权设定必须符合法律规定的物权类型和内容,当事人不能在法律规定之外随意创设物权。在法律规定的物权体系内,当事人可以通过合意并通过完成一定的公示方

〔1〕 孙宪忠:"物权行为理论探源及其意义",载《法学研究》1996 年第 3 期。
〔2〕 梁慧星:《民法学说判例与立法研究》,中国政法大学出版社 1993 年版,第 122 页。

法设定物权,具体来说,可以分为如下两个阶段:

(一)合意

合意是依法律行为变动物权的基础。由于当事人双方就物权的变动达成合意是物权移转的基础,因此在学理上也常常将物权变动的合意称为基础关系。[1] 此处所说的合意,不是指所谓的物权合同,物权行为不过是债权行为意思表示的具体体现和延伸,并没有形成一个独立的意思表示。我国物权立法也从未承认在债权合同之外存在着所谓物权合同。所谓合意,是指当事人就是否设定物权以及物权的内容等方面达成一致的意思表示。在市场经济条件下,一般交易都是通过双方的协议来进行的,自然物权变动也主要以合意或者说合同为基础。当然,在特殊情况下,也可能以单方法律行为作为物权变动的基础。例如,某人将其房产捐赠给某基金会,捐赠性质上为双方法律行为,在捐赠之后,双方办理了登记,也可以发生物权变动的效果。

法律在物权变动方面给予了当事人以较为广泛的意思自治和行为自由,主要表现在如下方面:

1. 对于是否设定物权和设定何种物权,当事人具有广泛的选择余地。各国物权法上都承认了相当数量的物权,允许当事人自由选择加以设立。物权的类型越多就表明当事人可以发挥特定物的使用价值和交换价值的方式越多。

2. 他物权的内容在一定程度上也应由当事人决定。在现代物权法中出现了物权法定的缓和趋势,主要体现在内容方面,法律允许当事人通过其合意确定具体内容。例如,依据我国《物权法》第185条第2款的规定,抵押合同当事人应当就被担保债权的种类和数额、债务人履行债务的期限以及抵押财产的名称、数量、质量、状况、所在地、所有权归属或者使用权归属等问题进行约定。尽管物权法中有关物权的内容的规定绝大多数是强制性的,不允许当事人通过协议加以改变。但是物权法定并不绝对排除当事人的约定,相反,当事人对物权内容的约定,反而可以弥补法律规定的不足。

3. 就公示方法的选择,原则上当事人设定物权时不得选择公示方法。例如,设定抵押必须采取登记的方式,质押必须采取交付和移转占有的方式。然而由于动产担保的发展,当事人在动产担保的公示方法的选择上已经享有广泛的选择自由。我国物权法允许当事人如果以动产担保,既可以通过登记方式设定抵押,也可以通过交付而设定质押。

(二)公示

物权的变动,必须要通过一定的公示方法来完成。公示就是要将物权的变动公诸于世,或者说将物权变动的意思表示向社会公众显示。物权的公示方法包括不动产的登记和动产的交付。只有经过公示才能使物权发生移转。欠缺公示物权不能发生移转的效果。

公示是以合意为前提的,合同规定了物权变动的意思,但这种意思必须通过公示的方法对外披露出来,才能最终完成物权变动的后果。而这种披露又必须以合同所规定的物权变动的内容为依据。在基于法律行为发生的物权变动的公示中,没有合意的公示是不能发生物权移转的效果的。例如,交付只是买卖合同中的一种履行行为,如果当事人一方向另一方交付某种财产,事实上双方之间并不存在着合同关系或债务本身并不存在,这种交付不过是一种错误的交付,不能形成物权移转的效果。所以,在以法律行为发生的物权变动中,当事人的合意不能直接产生物权变动的后果,即使物权变动只是在当事人之间发生的,不涉及第三人,也不能承认单纯的当事人

---

[1] 黄松有主编:《〈中华人民共和国物权法〉条文理解与适用》,人民法院出版社2007年版,第89页。

意思直接产生物权移转的效果。如果当事人之间仅就物权的变动达成合意,而没有完成公示要件,当事人之间在性质上仍然只是一种债的关系,并没有形成物权关系,此时产生的只是债权,不能产生物权变动的效果。正是由于未完成公示要件不产生物权变动的效果,公示直接决定着物权设定和变动效力的发生,当事人的合意不能产生物权变动的后果。当然我国《物权法》也规定在例外情况下,物权(如承包经营权)的设定和移转应采用登记对抗的方式,且规定对国有自然资源的所有权不办理登记。

就不动产的物权变动而言,当事人已经达成了合意且已经交付了财产,但如果没有办理登记手续,应当认为当事人之间只是设定了债权,而没有设立或移转物权。由于财产已经交付,可以认为受让人已经对该财产享有合法的占有权。基于该占有权,其可以对抗出让人。如果第三人侵害其占有,则其可以基于占有之诉请求保护,但不能基于物权的请求权来保护其权益。

基于法律行为的物权变动,原则上应当采取"合意(或法律行为)+公示(登记或交付)"的方式完成。此种物权变动模式是物权变动的常态。所以,原则上在法律没有特别规定的情况下,应当依据此种变动方式的规则来完成。《物权法》第 2 章关于不动产登记和动产交付的规定主要就是对此种物权变动中的公示作出的规定。法律对物权变动的效果的产生,并不仅仅满足于当事人单纯的法律行为上的意思表示,还必须要满足一定的公示要件。

二、基于法律行为的不动产物权变动模式

(一)登记要件模式和登记对抗模式的概念

不动产物权变动模式,是指不动产物权产生、变更、消灭的法定方式。由于不动产物权的外在公示方法是登记,所以就不动产的物权变动而言又主要可以分为两种模式,即登记要件模式和登记对抗模式。所谓登记要件模式,是指登记是不动产物权变动的生效要件,未经登记,不动产物权不发生变动。[1] 德国、瑞士以及我国台湾地区民法采取了此种方式。《物权法》第 9 条第 1 款规定:"不动产物权的设立、变更、转让和消灭,经依法登记,发生效力;未经登记,不发生效力,但法律另有规定的除外。"可见,我国《物权法》明确规定了登记要件应当成为不动产物权变动的基本原则。

所谓登记对抗模式,是指未经登记,物权的变动在法律上也可有效成立,但只能在当事人之间产生效力,不能对抗善意第三人。法国、日本民法采纳了此种观点。我国《物权法》规定,在例外情况下采登记对抗主义。例如,关于船舶采登记对抗主义。如果船舶所有人将其船舶转让给他人,即使没有办理登记,受让人也可以取得该船舶的物权,只不过,此种物权不能对抗善意的第三人。具体来说,登记对抗模式具有如下特点:

1. 登记并不是一种法定的义务。在登记对抗模式下,是否办理登记,可以由当事人作出选择,法律不作强行性的规定。据此可以说,在登记对抗模式下,当事人在变动物权时,并没有义务办理变更登记。当然,即使是适用登记对抗主义,如果当事人通过合同约定,非经登记不发生物权变动的效力,此时,也应当依据合同约定认定当事人有办理登记的义务。

2. 移转物权如果需要交付,必须要实际交付财产。尽管在登记对抗模式下,当事人不负有登记的义务,但是并不意味着不需任何的公示方法,当事人就可以变动物权。当事人移转物权,也必须要实际交付财产。如果仅仅只是订了合同,甚至买受人交付了所有的价款,但是,出卖人没有实际交付财产,在此情况下,没有任何公示方法就难以确定其是否已经发生了物权变动。尤

---

[1] 王泽鉴:《民法物权(通则·所有权)》,中国政法大学出版社 2001 年版,第 107 页。

其是在没有交付物的情况下,当事人之间的关系和债权没有本质差异,无法确定其是否发生了物权变动。当然,在特殊情况下,如动产抵押的设立不需要交付,则可以不交付。

3. 未经登记也能发生物权的变动。在登记对抗模式下,即使没有登记,受让人在交付之后,也可以取得物权。一方面,受让人取得的物权,可以对抗转让人。例如,转让人在转让汽车之后,由于车价上涨,即使其愿意以承担违约责任为代价收回汽车,买受人也可以基于物权予以拒绝。另一方面,受让人取得的物权也可以对抗恶意的第三人。此外,如果在取得物权后,第三人侵占该物或者造成该物毁损灭失,受让人也可以依据物权请求第三人停止侵害、返还原物、排除妨害等。受让人取得的物权可以对抗转让人。

4. 受让人享有的物权非经登记,不得对抗善意的第三人。按照《物权法》的规定,凡是适用登记对抗的情况,未经登记,不得对抗善意第三人。

何为善意?善意就是指不知情,在登记对抗的情况下,所谓善意,是指第三人不知道且不应当知道物权已经发生变动。具体来说,包括两个方面:①第三人不知道此前权利人已经与他人订立了转让或者设定他物权的合同;②不知道权利人此前已经实际交付了财产,从而发生了物权变动。例如,甲将其所有的一艘船舶先卖给了乙并交付了船舶,又将其卖给了丙并办理了登记。由于甲已经将船舶实际交付给了乙,按照登记对抗主义,已经发生了物权的实际变动。乙所享有的权利能否对抗丙,就需要看丙是否是善意的。而判断丙是否善意,不能以其已经办理了登记为准,关键要看丙在办理登记时,是否已经知道甲乙之间已经订立了买卖合同,还要看其是否知悉交付的事实。问题在于,如果受让人仅仅是支付了价款,并没有现实占有船舶,笔者认为,在这种情况下只有债的效力,而不能发生物权变动。因为动产在交付之前,不能发生物权变动。

何为第三人?在登记对抗模式下,受让人既然已经发生了物权变动,其享有的物权可以对抗一般的第三人。首先,受让人享有的物权可以对抗转让人所享有的物权,尽管没有办理登记,登记权利人仍然是转让人,但是一旦转让行为生效且发生了交付行为,则受让人取得的物权可以对抗转让人。其次,受让人享有的物权可以对抗一般的债权,因为受让人虽然未办理登记,但依然发生了物权变动的效果,受让人取得的权利仍然是物权,而非债权。最后,受让人享有的物权可以对抗恶意的享有物权的第三人,也就是说,即使对享有物权的第三人而言,其主观上知道或者应当知道已经发生了转让行为,财产已经交付,其仍然就该财产与出让人发生交易,主观上具有恶意,因此对此种恶意的第三人享有的物权,受让人的物权依然可以加以对抗。但是,转让人享有的物权不能对抗善意的第三人,此种第三人显然是指合法交易中善意的、已经办理了登记的权利人。

(二)登记要件模式和登记对抗模式的区别

两种不动产物权变动模式的主要区别在于以下几点:

1. 登记是否为物权变动的生效要件。根据登记要件主义,只有依法办理登记,物权才能够有效地设立并发生变动,所以对于以法律行为发生的物权变动采取了"合同 + 登记"的模式,即没有办理登记,只是在当事人之间产生合同债权关系,并不发生物权变动效果。而按照登记对抗主义,即使没有办理登记,当事人之间仍然可以发生物权的变动,如果当事人之间订立合同移转不动产,在合同生效之后,买受人仍然可以取得物权,只不过该物权只是在当事人之间发生效力,而不能对抗善意第三人。

2. 登记是否为强制性的要件。在登记要件主义模式下,登记是一种强制性的规范,实际上属于物权法定的一部分内容。如果没有办理登记,将无法产生物权变动的效果,这样就强制要求当事人登记才能够发生物权设立、变更和消灭的后果。在登记对抗主义模式下,当事人没有办理登记,也可以产生物权,是否登记可以由当事人自愿选择。登记并不是一种强制性的要求,只是一种倡导性的要求。当然,当事人如果不办登记,可能要承担不能对抗善意第三人的风险。

3. 是否存在物权的冲突问题。根据登记对抗主义,没有办理登记不能产生物权,所以在不动产的转让中,受让人在没有办理登记的情况下,并不享有物权,即使已经交付不动产,但没有办理登记手续,也应当认为当事人享有一种合法的占有权,但不享有物权。例如,甲将房屋卖与乙,乙已经支付房款并占有了房屋。而后,甲又将该房屋卖与丙,并办理了过户登记。在此情况下,如果按照登记要件主义,则乙并没有取得物权,因而不能针对甲和丙行使物权请求权来保护其权利,而只能基于债权或者占有要求保护。正是因为这一原因,在登记要件的情况下,一般不会产生多个物权的冲突。但是根据登记对抗主义,在此情况下,因为已经发生物权变动,因此乙已经享有物权,而丙因为已经办理了登记过户,也享有物权。这样就在法律上出现了两个物权。登记对抗主义之所以称为对抗,就是因为其存在一个物上出现权利冲突的可能性。根据登记对抗主义,由于未办理登记,受让人也已经取得物权,在其权利受到侵害的情况下,也可以行使物权请求权。

4. 是否需要以交付或登记为要件。在登记对抗的情况下,需要以交付为物权变动的要件。例如,甲将其一艘船舶卖于乙,乙交付了货款但甲没有交付船舶,后甲又将其船舶卖与丙,并交付。在前一种情况下,虽然乙交付了货款,但船舶没有交付,双方之间仍然是一个典型的债的关系;而后一种情况下,由于船舶已经实际交付,即使没有办理移转登记,也仍可以发生物权变动,丙因此取得物权。在登记对抗的情况下,登记可以作为确权的依据,但不能作为唯一的确权依据。因为即使办理了登记,也可能不是善意的。但是在登记要件的情况下,物权的变动以登记为准,即使没有实际的交付,只要办理了登记,也发生物权变动的效果。

5. 是否要考虑第三人的善意问题。在登记要件的模式下,即以登记作为物权变动的要件,一旦发生登记,则登记记载的权利人就是法律上的权利人。登记记载的权利人可以对抗任何第三人,无论其是否是善意。但在登记对抗的模式下,即使没有办理登记,但仍然可以发生物权变动,只不过这种物权不能对抗善意的第三人。因而登记对抗主义的适用要求考虑第三人主观上是否善意,如果第三人是善意的,则受让人享有的物权不能对抗该第三人。

6. 从适用范围来说,由于我国《物权法》采取登记要件为一般原则、登记对抗为例外的做法,所以登记对抗模式只能适用于法律特别规定的情况。例如,依据《物权法》第180条的规定,法律、行政法规未禁止抵押的其他财产可以抵押。对于一些新的抵押财产,法律没有规定相应的公示方法,在此情况下应当适用登记要件主义,而不能适用登记对抗主义。需要指出的是,《物权法》第24条规定:"船舶、航空器和机动车等物权的设立、变更、转让和消灭,未经登记,不得对抗善意第三人。"此处使用了"等"字,是否意味着登记对抗主义是没有限制的,凡是没有规定登记要件的,都一概适用登记对抗。笔者认为,登记对抗只是法律的例外情况,必须以法律的特别规定为前提,使用"等"字只是为未来法律规定登记对抗预留空间。

我国《物权法》实质上是采取登记要件主义作为一般原则,而登记对抗作为特别例外的规定。《物权法》第9条第1款规定:"不动产物权的设立、变更、转让和消灭,经依法登记,发生效力;未经登记,不发生效力,但法律另有规定的除外。"这就明确了登记要件应当成为不动产物权变动的基本原则。该条确定了登记作为一般原则的强制性,虽然条文没有使用"必须登记"的行文,但除了法律有特别规定的以外,所有的不动产物权变动都必须采取登记方式。法律的特别规定主要包括三个方面：①在《物权法》中明确规定的，可以采取登记对抗的情况，如土地承包经营权的移转可以不必登记。②依法属于国家所有的自然资源，所有权可以不登记。[1] 因为我国《宪法》以及其他法律已经明确规定，自然资源属于国有，无须登记也可以确定产权的归属。③《物权法》第 28 条至第 31 条虽然规定，非基于法律行为发生的物权变动，如继承、征收、合法建造房屋等，虽非登记亦发生效力，但是未经登记不得处分该物权。但是在有关各项具体物权的规定中，除了一些法律特别规定之外，《物权法》规定物权变动应当采取登记方式。

第三节　非基于法律行为的物权变动

一、非基于法律行为的物权变动的概念

我国《物权法》第 2 章第 3 节规定了非基于法律行为的物权变动模式。所谓非基于法律行为的物权变动，是指因为法律规定的原因，如继承、法院生效判决、征收等事实导致物权的产生、变更和消灭。由于非基于法律行为的物权变动只是例外的一种现象，因此需要法律作出特别规定。从《物权法》第 2 章第 3 节的规定来看，非基于法律行为的物权变动具有如下几个特点：

（一）必须依据法律的规定

物权变动的公示方法是由物权法规定的，是法律的强制性规定，不允许当事人通过合同自由约定。因而对不适用法定的公示方法的情况，也必须由法律明确规定。非基于法律行为的物权变动通常是直接基于法律规定的原因而发生的，而不取决于当事人的意思。基于事实行为而发生的物权变动与基于法律行为而发生的物权变动的主要区别在于，前者直接基于法律的规定，而后者取决于当事人的意思。法律规定的原因通常包括如下几项：继承、强制执行、公用征收、法院的判决、因公权力取得不动产物权等。只要发生法律规定的事实，就会发生物权的取得和变动。[2] 正是从这个意义上说，非基于法律行为的物权变动是基于法律规定的原因直接产生的。[3]

（二）必须有特定的事实或者事实行为的发生

这些事实或事实行为包括征收、新建建筑物，或者自然灾害导致房屋的灭失等。这些特定的事实行为必须是法律所限定的特殊事实行为，而不包括一般的事实行为。法律之所以确认这些事实行为可以发生物权变动的效果，主要是基于法律政策的考虑。之所以上述特定的事实行为可以发生物权变动的效果，是因为这些行为要么是国家公权力机关依法作出的具有法律效力的决定或者裁定，具有权威性，必须维持此种权威性；要么是为了更好地保护权利人的利益，防止出现权利争议或者权属不明等。

（三）不以登记为物权变动的生效要件

非基于法律行为的物权变动是不需要办理登记，就可以直接依据法律的规定，发生物权效力。[4] 这是因为法律基于政策考虑，需要赋予一些事实行为和事件具有物权变动的效力。当

〔1〕 《物权法》第 9 条第 2 款。
〔2〕 陈华彬：《物权法原理》，国家行政学院出版社 1998 年版，第 155 页。
〔3〕 陈华彬：《物权法原理》，国家行政学院出版社 1998 年版，第 155 页；姚瑞光：《民法物权论》，台湾地区作者印行 2000 年版，第 27 页。
〔4〕 孙宪忠：《论物权法》，法律出版社 2001 年版，第 65 页。

然,在发生物权变动后,如果依据法律规定需要办理登记的,在进行处分时,未经登记不发生物权效力。在许多情况下,因上述行为发生物权变动,并不是说此种物权变动之后不需要办理登记手续。依据《物权法》第 31 条的规定,新的权利人要处分财产,还应当按照公示原则进行登记。例如,依据法院的判决所发生的物权变动,它只是产生了物权变动的依据,最终权利人完整地享有处分权,还有赖于当事人实际办理登记。所以,在因事实行为发生物权变动的情况下,权利人应当尽快登记,以最大限度地维护自己的权利。

非基于法律行为的物权变动,是否已经具有某种程度上的公示? 例如,在继承的情况下,继承人已经占有了被继承的财产;在合资建房的情况下,建房人已经占有了房屋。应当承认,在这些情况下,尽管已经形成一种权利的外观形式,且能够在一定程度上表现物权的归属。但这些公示并不是法定的公示方法。这并不是说它不是这些事实行为不需要登记而发生物权变动的根本原因,而是因为这些特定事实行为的特殊属性导致了可以不经登记而发生物权变动。

(四)此种物权变动只是物权变动的例外现象

我国《物权法》采纳了登记要件主义。这就是说,依据法律行为发生的物权变动是物权变动的常态,而依据事实行为发生的物权变动是物权变动的非常态。[1] 根据法律规定的事实所产生的物权也是受到法律认可和保护的。但如果确实有相反的事实发生,尤其是已经完成了法定的公示方法,也可以推翻基于事实行为所作出的权利推定。尽管从实践来看,有关非基于法律行为的物权变动并不典型,但是,也容易因此而产生纠纷,所以,我国《物权法》对此也作出了明确规定,从而定分止争,确定物权的归属。

总之,之所以在《物权法》上需要确认因事实行为发生物权变动,很大程度上是因为需要及时明确物权的归属,达到定分止争、物尽其用的效果,避免因权属不清而引发新的争议。

二、非基于法律行为的物权变动的几种情况

(一)关于法院、仲裁委员会的生效法律文书对物权变动的影响

《物权法》第 28 条规定:"因人民法院、仲裁委员会的法律文书或者人民政府的征收决定等,导致物权设立、变更、转让或者消灭的,自法律文书或者人民政府的征收决定等生效时发生效力。"根据该条规定,法院、仲裁委员会的生效法律文书导致物权变动,应当符合如下条件:

1.必须是人民法院的生效判决或仲裁委员会的生效裁决。人民法院的生效判决,是指法院通过法定的程序作出物权设立和变动的有效判决和裁定,并且已经生效。例如,甲认为登记记载在乙名下的房产属于甲所有,甲在登记机构要求办理变更登记,登记机构予以拒绝,甲便在法院提起诉讼,请求确认产权。经过二审之后,二审法院判决该房产属于甲所有。从判决生效之日起,在当事人之间就发生了物权变动的效果。这就是说,人民法院的判决和仲裁委员会的裁定一旦生效,就在当事人之间发生物权的效力,而无需其他任何公示。一般来说,生效的判决在日期上应当以送达当事人的时间为准。

所谓仲裁委员会生效的法律文书,是指仲裁委员会依据仲裁程序作出物权设立和变动的有效仲裁裁定。如何理解裁定的生效,它应当是指当事人没有向法院提出撤销裁决的请求或者向法院提出请求以后被法院驳回的,从而已经发生法律效力的裁决。如果不赋予此类仲裁裁决文书的法律效力,就不利于维护这类文书的公信力。

2.必须是针对物权的设立和变动作出的判决和裁定。这就是说,法院的判决和仲裁委员会

──────────
〔1〕 王轶:《物权变动论》,中国人民大学出版社 2001 年版,第 4 页。

的裁定类型很多,但是,《物权法》第28条所涉及的仅仅是指那些直接导致物权变动的判决和裁定。在判决和裁定中,必须明确确定了物权变动和设定的内容,换言之,判决和裁定都涉及确认物权的问题。如果判决和裁定只是确定了支付金钱、提供劳务等,也就不适用该条的规定。

3. 必须是针对特定的动产和不动产而作出的决定。这就是说,法院的判决和裁定可能影响到诉讼当事人的所有财产,也可能只是针对当事人的特定财产。《物权法》第28条所说的判决和裁定必须是针对特定的动产和不动产而作出的。一方面,这些动产和不动产必须是特定的,也就是说针对具体的动产或不动产。因为物权本身是针对动产和不动产所享有的权利,物权的变动必须针对这些特定的财产。如果法院只是针对债务人的一般财产作出判决,则不适用该条的规定。另一方面,它必须是针对动产和不动产作出的。这里的生效的判决和裁定不能是针对无形财产或者货币作出的。即使法院判决被告支付一定的货币,因为货币所有权的确定采用"占有推定为所有"的规则,在债务人没有实际交付之前,不可能发生货币所有权的移转。

依据《物权法》第28条规定,人民法院的判决和仲裁委员会的裁定在生效以后可以发生效力。

第一,人民法院的判决和仲裁委员会的裁定一旦发生效力,就在当事人之间发生了物权变动的效力。也就是说,判决和裁定生效之后,在当事人之间发生了事实上的物权变动,判决和裁定确定的权利人是物权人,作为物权人,新的权利人享有如下权利:①其有权请求原权利人返还财产和交付财产,原权利人不得拒绝;如果原权利人无正当理由予以拒绝,新的权利人可以请求法院强制执行。②依据生效的判决和裁定已经取得物权的人有权基于物权申请办理变更登记或更正登记,登记机构负有义务办理登记。当然,即便权利人依据法院的生效判决和裁定获得了对财产的占有,但如果没有办理变更登记或更正登记,其也不得处分。③由于新的权利人已经享有物权,因此,在原权利人擅自处分财产或者对财产造成损害的情况下,新的权利人有权基于物权请求权要求其返还原物或停止侵害。既然新的权利人已经取得物权,就可以向原权利人提出请求,以保护其物权。④如果原权利人的债权人要求对该财产查封、扣押或要求法院强制执行,新权利人有权对抗。

第二,由于生效的判决和裁定已经发生了物权变动的效力,原权利人尽管在登记簿上被记载为权利人,但实际上已经丧失了其权利。所以,原权利人只有权利的外观,但不享有实际的任何权利。在判决和裁定生效之后,原权利人不能以其为登记记载的权利人而处分财产,也不能继续对财产进行不正当的利用,从而造成对财产的损害。如果原权利人在法院判决生效之后继续处分财产,将构成无权处分。因此给新权利人造成损害的,应当承担损害赔偿责任。

第三,在没有办理登记之前,新的权利人不得处分物权。在判决和裁定生效之后,新的权利人是否可以处分其物权?学者对此存在着两种不同的理解:一种观点认为,在判决和裁定生效之后,新的权利人就享有处分权,可以处分房产,只不过是未经登记,不发生房屋所有权移转的效力而已。因为判决和裁定本身可以替代各种公示方法。另一种观点认为,判决生效后,若未经登记,当事人还不享有处分权,如果未变更登记便处分房产,则与物权法的公示原则是相违背的。

《物权法》第31条的规定:"依照本法第28条至第30条规定享有不动产物权的,处分该物权时,依照法律规定需要办理登记的,未经登记,不发生物权效力。"新的权利人在没有办理登记之前虽然取得物权,但此种物权的效力仍不完整,还不是一种完全的所有权,或者说其权利是受到限制的权利,这种限制主要发生在其处分行为中。首先,新的权利人如果依据《物权法》第28条的规定,享有不动产物权应当办理登记的,还是应当及时办理登记,否则会影响其处分权的实现,使其享有的权利成为一种不完全的所有权。当然,对动产物权而言,并不存在这样的问题。其次,依照法律规定需要办理登记的,未经登记,不发生物权效力。这就是说,一方面,未经登记并不影响合同的效力,并不意味着整个合同都无效。合同是否有效,要视具体情况而定,如果当事人订立合同之后,在约定的期间内补办了登记,则合同有效,并且处分行为也完全有效。但新的权利人在没有办理变更登记前,不能仅仅凭生效的法律文书处分该权利,否则,既不符合公示公信原则,也不利于维护交易安全和秩序。另一方面,新的权利人在判决或裁定生效之后,未经登记,处分财产,不能发生物权变动的效果,法律上不承认受让人因此而取得物权。毕竟按照公示原则,需要登记的物权在发生变动时,必须办理登记,只有在登记的情况下才能够产生公信力,从而保障交易安全。如果在未办理登记之前,就允许新的权利人随意处分自己的物权,将影响到整个交易的秩序,将来可能会因多次转手而导致无穷的产权纠纷。如果需要办理登记而不办理登记就处分产权,就意味着将该判决和裁定等同于产权证书,司法和仲裁机关的职能就取代了登记机构的职能。所以,依法应当办理登记的,在未办理登记之前,不能实际取得处分权,从这一意义上说,权利人的处分权在此时是受限制的。

问题在于,如果判决或者裁定生效后办理变更登记之前,原权利人处分了物权,有可能损害新的权利人利益。在此情况下,新的权利人在未办理登记之前,应当及时到登记机构办理更正登记,也有权提出异议登记,以防止所有权受到侵害。如果新的权利人没有及时办理相关登记手续,主张自己权利,则要承担由此带来的风险和损失。

第四,对登记机构的效力。这就是说,登记机构有义务根据法院和仲裁机构的法律文书来办理产权的变更登记手续,而不能拒绝办理变更登记的手续,所以它对登记机构也产生了一种效力。有人认为,判决和裁定生效以后,登记机构有权力进一步审查判决和裁定是否合理。笔者认为,此种观点是不妥当的,如果允许登记机构进一步审查判决和裁定是否合理,就等于说生效的判决和裁定还没有产生应有的效力。法院和仲裁机构关于物权变动的判决和裁定,之所以能够发生物权变动的效果,就是因为它必须成为登记的依据。当然,如果登记机构在当事人提出申请以后,长期不办理登记,这也会影响物权的变动,所以,也应当规定登记机构办理登记的期限。在登记的期限内,登记机构有义务必须办理完成登记手续。

(二)继承和受遗赠取得物权

《物权法》第29条规定:"因继承或者受遗赠取得物权的,自继承或者受遗赠开始时发生效力。"继承是指被继承人死亡之后,依据法律规定或者遗嘱由继承人继承被继承人的遗产。依据《物权法》的规定,继承开始后,就要发生物权变动的效力。所谓物权变动的效力就是指被继承人已经取得继承财产的所有权和其他物权,成为了新的物权人。关于受遗赠是否直接发生物权变动,《物权法》第29条规定:"因继承或者受遗赠取得物权的,自继承或者受遗赠开始时发生效力。"此处所说的受遗赠有两种不同的理解,一种理解认为受遗赠只限于遗赠协议,另一种理解认为受遗赠还包括遗嘱赠与。笔者认为,此处所说的遗赠包括了遗赠协议和遗嘱赠与这两种情况。

该条所言的继承,不仅包括法定继承,还应当包括遗嘱继承。而遗嘱继承和遗赠都是基于合法的遗嘱而产生的。问题在于,遗嘱属于法律行为,而不属于事实行为,是否应当将其纳入因事实行为所发生的物权变动范围中,在物权立法过程中存在争议。笔者认为,遗嘱本身不是事实行为,而属于一种特定的单方民事行为,但其可以适用非基于法律行为产生的物权变动。尽管此种物权变动在性质上仍然是基于当事人的意思而发生,因为遗嘱和遗赠都是法律行为,都是以当事人的意思表示为基础。但是,在物权变动的规则上,并不适用基于法律行为物权变动的一般规定。它不需要办理登记手续或者交付,就可以发生物权变动的效果。因此《物权法》第29条也规定受遗赠取得物权的,自受遗赠开始时发生效力。这就是说,在被继承人死亡之后,根据遗嘱和遗赠协议,受遗赠人愿意接受遗赠,从而使遗赠发生效力,此时就应该发生物权的变动。

需要指出的是,《继承法》第25条第2款规定:"受遗赠人应当在知道受遗赠后两个月内,作出接受或者放弃遗赠的表示。到期没有表示的,视为放弃受遗赠。"该项规定与前述结论并不矛盾,因为受遗赠人放弃受遗赠,实际上是放弃了其已经取得的财产权利。

（三）合法建造房屋、拆除住房等事实行为

《物权法》第30条规定:"因合法建造、拆除房屋等事实行为设立或者消灭物权的,自事实行为成就时发生效力。"该条实际上是对因事实行为而发生的物权变动所作的规定。所谓事实行为,是指不以行为人的意思表示为要素,但是由于法律的规定,会引起一定民事法律后果的行为。在民法上,行为是指人的有意识的活动,包括法律行为和事实行为两种。法律行为是指行为人旨在确立、变更、终止民事权利义务关系,以意思表示为要素的行为,如合同行为、遗嘱行为等。事实行为是指能够引起法律效力后果,但不受行为人的意思影响的行为。事实行为有合法的,也有不合法的行为。从事智力创造活动,拾得遗失物、漂流物等属于合法的事实行为,而侵害国家、集体的财产或他人的人身、财产则是不合法的事实行为。事实行为与法律行为的根本区别就在于是否作出了意思表示且这种意思表示是否能够产生拘束力。事实行为不受行为人是否具有行为能力以及意思表示的影响,在民事立法上,对某些事实行为采取法定主义的调整方式,直接由法律确定事实行为所引起的法律后果。按照《物权法》第30条的规定,事实行为成就时可以发生法定效果。所谓成就,实际上就是指事实行为的完成,在《物权法》第30条中就是指建造、拆除行为完成。所谓发生效力,就是指发生物权变动的效果,即行为人自动取得所有权或者是自动丧失所有权。当然,并不是所有的事实行为都可以发生物权变动的效果,法律只是基于政策的考虑,赋予某些事实行为的成就具有物权变动的效力。因此,事实行为发生物权的变动,必须符合法律规定的构成要件。

合法建房取得物权的条件是:第一,必须有合法的建房手续。《物权法》第30条所说的合法建房指的是取得了合法手续的建房,违章建筑不能取得物权。按照《物权法》第30条的规定,只有合法建房才能够在建成之后发生物权变动的结果,如果是非法违章建造房屋形成违章建筑,当然不适用本条的规定。所谓合法,主要是强调完成了特定的审批手续,取得了合法的土地权利,符合规划要求。因为物权法保护的是合法的财产,而不应当是非法的财产,尤其是在建造房屋的情况下,因为无须办理登记就可以取得物权,因此,房屋的建造必须合法。否则就意味着鼓励人们擅自突破城市规划、违章建房,从而损害公共利益。违章建筑虽然也体现了一定的财产利益,但因为不是合法建房,总体上不应该受到物权法的保护。合法建房必须具有合法有效的土地使用权和符合房屋建设规划,否则也不能自动取得所有权。第二,必须要已经建成房屋。如果房屋尚处于建设过程中,还没有形成不动产,因不动产物权的客体尚不存在,自然不能取得不动产物权。第三,房屋建成以后应当办理登记,但没有办理产权登记,也可以自动取得物权。如果已经办理了产权登记,基于登记的权利推定功能,应当认为登记的权利人就是真实的权利人,自然就无须适用本条的规定。需要指出的是,基于合法建房而事实上取得的物权,在没有登记之前,还不具有完全的所有权效力。必须经过登记,才能取得完全的所有权。

拆除房屋也可以导致物权变动,此种变动是指所有权的客体灭失,导致房屋所有权丧失,但是宅基地使用权或者建设用地使用权并不随之丧失。至于拆除房屋,当事人能否取得建筑材料等动产的所有权,则是另一个法律问题。如果原灭失房屋没有登记,则在灭失的情况下,原所有权人没有必要办理涂销登记;但是如果原房屋已经在不动产登记机构办理了登记,则原所有权人必须补办涂销登记,防止造成登记错误,影响交易安全。

（四）征收

所谓征收,就是指国家为了公共利益的需要,而利用公权力强制性地将集体或私人所有的财产征归国有,或者对集体或私人财产权施加某种限制。征收既包括农村土地的征收,也包括城市房屋的征收。有关引起物权变动的事实行为中重要的一种就是征收行为。很多国家将因征收行为所导致的物权变动规定在宪法或者其他宪法文件中,而不是在物权法中规定的。这是因为,征收涉及公权力和基本民事权利(即财产权)的冲突,而西方各国宪法中的基本权利首先就是指财产权,所以,将征收所引起的物权变动规定在宪法中也是容易理解的。我国《物权法》对此作出了规定。根据我国《物权法》第28条的规定,一旦有关人民政府作出征收决定,下达征收令,该决定生效之后,就发生物权移转效果。

征收之所以直接导致物权的变动,主要是因为:一方面,征收是行使国家公权力的行为,征收令应当产生物权变动的后果。如果征收令生效之后,不能立刻发生物权变动的后果,此种公权力的决定可能名存实亡,影响到国家机关依据合法权限和合法程序作出的征收决定;在征收以后,如果还要进行物权的公示和办理登记,也会影响到征收的实际效果。例如,在没有办理登记之前,不移转所有权,原权利人可以处分该财产,或者允许原权利人的债权人申请法院对该财产进行查封、扣押,就会影响征收的进行,增加征收成本,更何况,征收行为本身与交易行为不同,不能适用因法律行为发生的物权变动。另一方面,征收本身就是强制性移转所有权的方法,而登记需要原登记权利人的协助,所以,在征收的情况下,也难以将登记的办理作为物权变动的前提条件。此外,任何一个民事权利都不是绝对的,它仍然受到公共利益等法定因素的限制,而政府征收令是对公民财产权的法定限制,在法律上已经具有了明确规定,对任何民事主体都不构成特殊的损害。征收行为是基于公共利益作出的,其受到严格的程序限制,一般要提前发出征收公告,即使没有办理登记就发生物权变动,也不会损害其他人利益。但是,即便是基于征收物权变动,国家在取得物权之后要进行处分,也必须先进行登记。例如,征收公民房产之后,需要重新办理变更登记手续,才能发生房产变更登记的效果。

对征收发生物权变动的效果一般没有争议。但对于征收令从何时开始生效,则存在着不同的看法。一种观点认为,只要政府作出了征收的决定,征收令就发生效力。另一种观点认为,仅仅由政府作出决定,还不能导致征收令的生效。《物权法》第28条所说的生效具有其特定的含义,这就是说,必须在征收补偿完成之后、被征收人对征收决定未提起行政复议或诉讼,或者提起了行政诉讼或复议后原征收决定被维持的,才能认为征收令发生了效力。笔者赞成后一种观点,因为如果政府一旦作出了征收决定,征收令就生效,这对于保护被征收人的利益不利。被征收人可能对征收本身是否基于公共利益提出了异议,也可能对征收补偿是否合法合理、是否到位提出异议。如果在这些争议没有解决之前,就移转被征收人的财产,不利于保护被征收人的利益,也不利于保护广大人民群众的利益。根据体系解释的规则,结合《物权法》第42条的规定,征收必须满足基于公共利益需要、符合法定权限和法定程序、依法作出补偿这三个要件才能产生效力。因此,征收的完成也必须符合这三个条件才能生效。

第五章 不动产登记

第一节 不动产登记的概念和特征

一、登记的概念与特征

不动产登记,是指国家登记机构将不动产物权的设立和变动的事项记载于不动产登记簿并供公众查阅。换言之,不动产登记,是指登记机构根据登记申请人的申请对不动产物权的设立、变更、转让和消灭在专门的登记机构依据法定的程序,记载于不动产登记簿之中并能够供不特定的第三人查阅。所谓物权的公示原则就是指当事人应当将物权设立、移转的事实通过一定的公示方法向社会公开,从而使第三人知道物权存在和变动的情况。不动产登记是不动产物权设立和变动的主要公示方法。在公示方法中,最重要的就是不动产的登记制度,可以说,完备的登记制度不仅是保障财产交易的有序化的重要措施,而且也是整套物权法律制度赖以存在的基础,只有在一个完备的登记制度之上,绝大多数不动产物权才得以设立和有秩序地移转。不动产登记具有如下几个特点:

(一)不动产登记是登记机构将不动产物权的设立和变动的事实记载于登记簿

登记必须要由登记申请人提出申请,由登记机构负责办理登记。登记的本质在于将有关不动产物权设立、移转、变更等情况登录、记载于登记簿上,以备人们查阅。所谓登记簿,是指由登记机构依据当事人的申请或者依职权将物权变动以及相关事项记载于其上并存于登记机构的簿册。在登记制度中,登记簿具有特殊的地位,即登记簿是证明物权设立及变动的重要根据。登记簿应当具有统一性,与不动产物权变动有关的事项都应当在同一个登记簿中予以体现。登记行为本身含有公权力行使的因素,登记簿可以说是国家建立的财产档案。[1]因此,登记簿就具有权威性。登记簿所记载的内容应当是公开的,应当允许他人查阅。在登记机构将登记事项记载于登记簿以后,登记机构将向登记权利人发放权利证书。

实践中,不动产登记包括申请——收件——审核——公告——记载——发证多个环节,因此,关于不动产物权从何时发生效力,一直存在争议。主要有以下三种观点:第一种观点认为,只要登记申请人提出登记申请之后,该申请已经登记机构所接受,就认为完成了登记;第二种观点认为,仅仅只是登记受理并不发生登记的效力,而只有将物权设立及变动记载于登记簿之后才能发生登记的效力;第三种观点认为,将登记的事项记载于登记簿还不能发生效力,而只有将登记的内容向社会公示,第三人能够查阅才产生登记效力。《物权法》第14条规定:"不动产物权的设立、变更、转让和消灭,依照法律规定应当登记的,自记载于不动产登记簿时发生效力。"所以,登记的完成必须以登记事项记载于登记簿为登记生效条件。尽管登记程序较为复杂,但最实质

---

〔1〕 胡康生主编:《中华人民共和国物权法释义》,法律出版社2007年版,第49页。

性的要件是记载于登记簿。因此,一方面,如果登记申请人提出申请以后,登记的申请已经获得有关登记部门的同意但没有完成登录、记载手续,仍然不构成登记。另一方面,在记载于登记簿之后,即使权利人尚未领取产权证,也并不影响登记的完成。

(二)不动产登记是就不动产物权的设立、变更、转让和消灭进行的登记

根据《物权法》第14条的规定,不动产登记的事项主要包括不动产物权的设立、变更、转让和消灭。首先需要明确的是,不动产登记的事项,主要是不动产物权的变动状况,而非不动产本身。虽然不动产本身的状况,如宗地界址、门牌号码、建筑物附图等也是登记内容,但是其只是为不动产物权变动提供基础而已,登记的核心仍然是不动产的物权状态。至于权利质权的登记,也应当由有关的登记机构予以办理,但其不属于不动产登记的范畴。

具体来说,登记的目的就在于向公众公示如下情况:

1. 不动产物权的设立。除了极少数法定物权以外,物权的产生都以公示为条件,公示方法一旦不存在,物权制度也就不存在,即使当事人之间存在协议,但是该协议也只能在当事人之间生效,不能产生物权设立的效果。设立公示是物权产生的重要条件,不动产物权一旦经过了登记,人们就有合理的理由相信哪些物权已经设立。如果当事人通过合同约定设定某种物权,但尚未进行登记,也没有完成公示的要求,人们便可以相信此种物权并没有产生。

在一项不动产之上设立的他物权(如在土地使用权上设立的抵押权等),通常表现为对所有权的限制,即不动产的负担。例如,在某项房产上设立了抵押实际上就是在该房产上设立了负担。这种负担的设立情况应当向公众公示,因为该房产一旦进入交易市场,有负担的不动产和没有负担的不动产在价值上是完全不同的,对买受人而言,购买了具有负担的不动产之后,有可能会受到第三人的追夺。如果登记的信息不能对第三人公开,第三人就可能受到欺诈。由此表明,向公众公开不动产负担的情况,对保护买受人的利益,防止一物数卖及其各种欺诈行为都具有十分重要的作用。

2. 不动产物权的变更。不动产物权的变更主要是指物权内容和客体的变化,狭义的物权变更不包括物权主体的变化。不动产物权内容的变更,如双方在设定抵押权之后,将抵押担保的主债权范围予以变更;双方设定取水地役权之后,将地役权的内容缩小为通行地役权。不动产物权客体的变更,如双方在设定质权之后,将质物的范围加以变更。

3. 不动产物权的转让。所谓不动产物权的转让,是指在物权客体、内容不发生变化的情况下,物权的主体变更的情况。例如,某人将房屋转让给他人,应当办理房屋所有权移转登记。

4. 不动产物权的消灭。不动产物权由于某种原因而消灭时,应当将不动产物权在不动产登记簿上注销,以防止此类物权再进入交易市场。例如,房屋因为火灾被烧毁,就应当在房屋登记机构办理注销登记。拆除房屋以后也应当办理注销登记。

5. 不动产上权利的其他情形。这主要是指其他对不动产物权进行限制的情形,如对不动产物权进行查封、财产保全等。这些措施都旨在限制不动产权利人的处分权,有必要通过登记予以公示。

如果某种物权虽然已经发生了变动,但没有在登记簿上予以记载,并予以公示,则在法律上视为并没有真正完成物权的变动。从法律效果上来看,只要作为公示内容的物权现状没有变动,便可以视为物权变动未曾发生。反之,如果登记记载某项物权已经发生变动,但事实上并没有变动,在法律上也可以认为物权已经发生了变动。例如,甲乙双方在订立了房屋买卖合同后,双方并没有实际交付价款和交付房屋,但已经办理了房屋登记过户手续,对善意第三人来说,可以认

为房屋所有权已经发生移转。否则,即使已经交付了房款或者已经交付了房屋,也不能认为所有权已经发生了移转。[1]

既然不动产登记是一种公示方法,登记的一些内容应能够为人们所查阅。登记的一些内容应当是公开的信息,而登记完成以后也意味着将登记的事实向社会公示公开,如果登录、记载的事实属于不宜向社会公示公开的事实,也不构成登记。

(三)不动产登记的范围仅限于不动产

不动产登记,顾名思义针对的是不动产。不动产登记本身是一套完整的制度,并且要由统一的登记机构办理,至于动产并非不需要登记,如车辆、船舶等也需要登记,但其登记机构和规则等,与不动产登记制度是有差异的。权利质押的登记,必须要依照《物权法》的规定在有关机关办理登记。但此种登记不属于不动产的登记。

《物权法》第9条第2款规定:"依法属于国家所有的自然资源,所有权可以不登记。"依法属于国家所有的自然资源,主要是指矿藏、水流、海域、城市土地、国有的森林、山林、草原、滩涂等自然资源。这些资源的所有权之所以不需要进行登记,主要是因为《物权法》及其他法律已经明确其为国有,且专属于国家所有。这些财产的所有权不得转让,所以,即使不登记也不影响权利的归属和交易安全。此外,考虑到基于国有自然资源产生的他物权,如建设用地使用权等需要登记,所以,所有权不登记并不影响对这些资源有效率地利用。当然,对于一些并非专属于国家所有的自然资源,如土地、森林、草原等,国家也可能会和集体之间发生争议,所以从长远来说还是应当登记。

(四)登记在性质上是一种公示方法

登记是不动产物权变动的公示方法,登记的目的在于将物权变动的事实对外公开。因此登记并非一种行政许可或者行政确认行为。因为当事人办理不动产物权变动登记,并不需要政府的审批和核准,而是将物权变动的事实对外公开。

登记行为的性质究竟是民事行为还是行政行为,在学理上一直存在争议。通说认为,登记应当是一种民事行为。笔者赞同此种观点。不可否认,登记由行政机构实施,具有一定的行政性质,且可以通过行政诉讼对有关权利人进行保护。例如,登记机关没有正当理由拒绝办理登记或者拒绝更正登记,当事人有权主张其行政不作为。但登记行为在法律效果上主要还是发生物权变动的公示效果,是一种民事行为。具体来说:①在发生物权变动时,登记必须以当事人的合意为基础,而此种合意显然是平等主体之间的法律关系。②登记原则上发生物权变动的法律效果。③登记主要是基于当事人的登记请求而发生的。在此情况下,登记机构也只能基于当事人的请求而进行登记。登记请求权是民法上的请求权。而登记本身也可以成为民事义务。④登记虽然由登记机构负责,并由登记机构将登记记载于登记簿上,但登记机构本身并不需要进行审批或核准,只是要将已经发生的物权变动通过登记予以公示。在登记发生错误的情况下,也要通过民事确权程序重新确权。⑤登记错误也会产生相应的民事责任。所以,从这个意义上说,登记在性质上主要是一种民事行为。

二、登记簿与权属证书

(一)登记簿

所谓登记簿,是指由登记机构依据当事人的申请或者依职权将物权变动以及相关事项记载

---

[1] 肖厚国:《物权变动研究》,中国社会科学研究生院博士学位论文,第6页。

于其上并予以保管、公示的特定簿册。将登记的事实记录在登记簿之后,如果是权属登记,登记机构应该向登记权利人发放权属证书。不动产登记簿是有效的表明权利人就不动产所享有的权利及其权利内容的根据[1]。由于登记簿应当对外公开,权利人和利害关系人有权查阅,因此法律赋予登记簿记载的内容以公信力。

关于登记簿的制作,是采取物的编成主义还是人的编成主义,不同国家的选择不同。所谓物的编成主义,是指不动产登记簿的编制以物即不动产为中心,即按照不动产所在的区域、地段、地号来制作登记簿,一宗土地就制作一个登记簿簿页,然后在该登记簿簿页中对所有权、他物权等权利分别加以记载。而人的编成主义是指不动产登记簿以不动产所有人为中心加以制作,按照所有权人来制作登记簿簿页,依次将相应的权利人加以记载。目前,采取物的编成主义的国家和地区较多,如德国、瑞士、日本、我国台湾地区等[2]。而采取人的编成主义的主要是澳大利亚等采取托伦斯登记主义的国家和地区。

从我国登记实践来看,我国无论是对房屋权属登记簿还是对土地登记卡的制作采取的都是物的编成主义,对此我国《土地登记规则》和《城市房屋权属登记管理办法》都有明确的规定。可见,我国的登记制度借鉴了德国的权利登记制,采取物的编成主义[3]。笔者认为,未来我国不动产登记簿的编制仍然应当采取物的编成主义。

(二)权属证书

所谓权属证书,就是指证明物权的凭证。权利证书也可以作为权利存在的证据,但它不是确权的主要依据。即使将权属证书移转给他人占有,如果登记的内容中没有记载物权变动,物权本身也不发生变动。证书的占有人不能以其占有了权属证书来主张某项物权。权属证书必须根据登记内容来制作,其必须与登记内容保持完全一致。

《物权法》第17条规定:“不动产权属证书是权利人享有该不动产物权的证明。不动产权属证书记载的事项,应当与不动产登记簿一致;记载不一致的,除有证据证明不动产登记簿确有错误外,以不动产登记簿为准。”该条具有如下几个方面的含义:

1.不动产权属证书是权利人享有该不动产物权的证明。申请人在办理登记之后,登记机构将依法对其颁发不动产权属证书,权属证书是证明权利申请人享有某种权利的证明。所谓证明,就是说权属证书只是作为表彰不动产权利归属的一项证明文件,在发生产权争议的情况下,权属证书可以作为一种书证来使用。实践中,进行交易时,权利人一般需要出具权属证书来证明自己享有相应的产权。

2.不动产权属证书记载的事项,应当与不动产登记簿一致。由于各方面的原因,权属证书可能与登记记载的内容不一致[4]。从实践来看,错误发放、重复发放权属证书、伪造权属证书的情况时有发生,在权属证书与登记记载的内容不一致的情况下,必须要以登记簿记载的为准。其主要原因在于:①登记以记载于登记簿为生效条件,而不是以发放证书作为条件。权属证书是根据登记簿记载的内容来制作发放的,所以权属证书一般不会与登记簿记载内容相冲突。但是在特殊情况下,由于权属证书发放错误或者伪造等原因,导致权属证书上所表彰的权利与登记簿记载

[1] 黄松有主编:《〈中华人民共和国物权法〉条文理解与适用》,人民法院出版社2007年版,第93页。
[2] 王轶:《物权变动论》,中国人民大学出版社2001年版,第156页。
[3] 温世扬等:《物权法通论》,人民法院出版社2005年版,第148页。
[4] 孙宪忠:《德国当代物权法》,法律出版社1997年版,第84页。

的权利不一致。在此情况下,应当根据登记簿上记载的内容为准以确定权利归属。不动产登记簿是有效地表明权利人权利的证明文件,权属证书只能根据登记簿的内容来制作并发放,如果登记簿发生错误,那么就需要更正登记,重新确认权利。②因为登记簿能够清晰地展现不动产上的权利变动状况,尤其是登记簿是对外公开的,第三人应该查阅登记,通过查阅会对登记簿记载的内容产生信赖,这种信赖利益应该受到法律保护。如果不是以登记簿为准,将会对登记的公信力造成极大的损害,从而危害交易的安全。③依据《物权法》第16条第2款的规定,不动产登记簿由登记机构管理。既然登记簿是由登记机构管理的,对于登记簿的真实性,登记机构是可以控制的。而权属证书是由当事人管理的,所以权属证书发放之后出现伪造、涂改等现象是登记机构难以控制的。尤其是权属证书由权利人持有,权属证书被伪造、变造、涂改的可能性较大,而不动产登记簿则难以进行改动。权属证书由权利人持有,第三人一般难以见到,是否存在错误,第三人也难以了解,从而无法对权属证书的记载提出异议。

3. 确有证据证明不动产登记簿确有错误的除外。《物权法》第17条规定:"不动产权属证书是权利人享有该不动产物权的证明。不动产权属证书记载的事项,应当与不动产登记簿一致;记载不一致的,除有证据证明不动产登记簿确有错误外,以不动产登记簿为准。"如何理解此处所说的"有证据证明不动产登记簿确有错误"? 一种观点认为,只要证明登记簿有错误,可以不通过诉讼程序和登记更正就可以确定应当以权属证书为准。另一种观点认为,如果证明登记簿确有错误,也必须要先更正登记,在更正之后才能确定权属证书的记载是否准确。笔者认为,依据《物权法》第17条的规定,在权属证书与登记簿不一致的情况下,原则上应当以登记簿为准,如果利害关系人提出登记簿本身确实有错误,也需要根据一定的程序首先对登记簿的记载加以更正,而不能直接以权属证书的记载作为依据。

第二节　登记的效力

所谓登记的效力,是指在登记之后产生何种法律上的效果。我国《物权法》第9条第1款明确规定:"不动产物权的设立、变更、转让和消灭,经依法登记,发生效力;未经登记,不发生效力,但法律另有规定的除外。"这就从法律上正式采纳了登记要件作为一般原则,而以登记对抗作为例外。该条确定了登记作为一般原则的强制性,条文虽然没有使用"必须登记"的行文,但除了法律有特别规定的以外,所有的不动产物权变动都必须采取登记方式。

一、不动产登记的效力

凡是依法需要办理登记的,或者可以不办理登记但当事人主动选择办理登记的,其登记的效力包括如下几个方面:

(一)自记载于不动产登记簿之日起,发生物权设立和变动的效力

一般来说,以法律行为发生的物权变动,都是从登记之日起发生物权变动的效果。凡是依法需要办理登记的,其不动产物权的设立和变动,都需要依法办理登记,只有从办理登记时起才发生物权的设立和变动。例如,双方当事人就房屋产权发生争议后向法院提起确认之诉,法院关于重新确权的判决生效之后,取得权利的一方必须办理登记才能转让该房屋。

《物权法》第14条规定:"不动产物权的设立、变更、转让和消灭,依照法律规定应当登记的,自记载于不动产登记簿时发生效力。"这就是说,登记的生效时间应当以记载于不动产登记簿的

时间为准。如何理解"记载"的含义？记载是指将登记的事项记录于不动产登记簿之中。但记载也包含了能够查阅和公示。因为判断不动产事项是否已经记录到登记簿上，不是以登记机构来判断的，而应当由权利人和利害关系人来判断是否已经记载于登记簿。这就意味着登记的一些内容应当对外公示。所谓记载必须是记入登记簿，仅仅只是申请还不能认为构成登记。当然，这种做法对于登记申请人的保护不一定有利，因为在先申请人可能因为记载迟延而被在后申请人先登记，但这种方式对于保护交易安全是十分有利的，因为如果发现没有权利记载的内容，就不能认为完成了登记。

（二）权利推定的效力

这就是说，登记记载的权利人应当推定为法律上的权利人。我国《物权法》第 16 条确认了此种登记的效力。当然，登记可能发生错误，但在错误没有更正之前，只能依据登记作出谁是权利人的推定。需要指出的是，推定只是法律上的假定，并不是最终的认定，如果其他利害关系人具有足够的证据可以证明自己是真正的权利人，可以申请登记机构更正登记，也可以通过诉讼程序请求人民法院重新确权。

（三）善意保护的效力

所谓公信力，是指登记记载的权利人在法律上推定其为真正的权利人，即便以后事实证明登记记载的物权不存在或存有瑕疵，对于信赖该物权的存在并已从事了物权交易的人，法律仍然承认其具有与真实的物权相同的法律效果。在登记申请人办理了登记之后，任何人因为信赖登记，而与登记权利人就登记的财产从事了交易行为，符合善意取得的构成要件，应当受到善意取得制度的保护。也就是说，可以取得该不动产的所有权。对登记簿记载的权利人以及登记的权利内容所产生的信赖，在法律上被称为公信力。《物权法》第 16 条第 1 款规定："不动产登记簿是物权归属和内容的根据。"这实际上确立了从登记中所产生的公信力要受到物权法的善意取得制度的保护。登记记载的内容即使发生错误，但因为信赖公示内容而发生交易的当事人，其信赖应当受到保护。例如，甲向乙借款 100 万元，以其价值 100 万元的房产作抵押。但在登记时，本应记载的向乙银行抵押所担保的债权写为另一个银行丙的债权，但当事人的信赖利益仍然应当受到保护。我国《物权法》第 106 条规定了善意取得，可以以此认为我国《物权法》赋予了登记公信力。

为什么需要维护登记的公信力？其原因就是要通过保护善意第三人，保护交易安全。一方面，保护登记所产生的公信力，实际上就是要保护交易安全。因为登记的事实会使第三人产生信赖，此处所说的信赖，是指交易当事人对登记记载的物权设立、变动等情况所产生的信赖。基于这种信赖所从事的交易使交易当事人形成了一种信赖利益，信赖本身是交易安全的组成部分，保护信赖利益实际上就是保护交易安全。如果登记记载的事实都不值得信赖，或者信赖了登记从事的交易不受保护，那么，人们就不敢从事交易，从而危及经济交往。另一方面，有利于鼓励交易。因为在市场经济条件下，任何人与他人从事不动产的交易或者在不动产之上设定物权，只能相信登记，而不能相信其他的权利证明手段。维护登记的公信力对鼓励交易，提高交易的迅捷具有重要意义。

二、区分登记的效力与合同的效力

《物权法》第 15 条规定："当事人之间订立有关设立、变更、转让和消灭不动产物权的合同，除法律另有规定或者合同另有约定外，自合同成立时生效；未办理物权登记的，不影响合同效力。"该条在民法上称为"区分原则"，即区分合同效力和物权变动的效力。该条主要适用于不动产物权的变动，但对动产物权的变动也具有重要的参照意义，如动产抵押实行登记对抗也必须严格区分合同的效力与登记的效力。

（一）区分原则的含义

1. 必须区分合同的效力与登记的效力。根据《物权法》第15条的规定，除非法律有特别规定或者合同另有约定外，合同一经成立，只要在内容上不违反法律的强行性规定和公序良俗，就可发生效力。合同只是当事人之间的一种合意，并不必然与登记联系在一起。如果当事人之间仅就物权的变动达成合意，而没有办理登记，合同仍然有效。例如，当事人双方订立了房屋买卖合同之后，合同就已经生效，如果没有办理登记手续，房屋所有权不能发生移转，但买受人基于有效合同而享有的占有权仍然受到保护。因为登记是针对民事权利的变动而设定的，它是与物权的变动联系在一起的，是一种物权变动的公示方法。因此除非法律有特别规定，登记的效力仅针对物权的变动而并不针对合同本身，在登记之前，当事人就不动产的移转已经达成了合意，合同关系已经成立并生效。既然合同已经产生了拘束力，当事人任何一方违反合同都应当承担违约责任。当然，我们所说的"区分原则"与德国法上认可的负担行为和处分行为的区分是完全不同的。我国《物权法》并没有承认物权行为理论，所以，不存在德国物权法上的区分原则。

2. 未办理物权登记的，不影响合同效力。正是因为在法律上要区分合同的效力和登记的效力，因此未办理物权登记的，不影响合同效力。《城市房地产管理法》第61条第3款规定："房地产转让或者变更时，应当向县级以上地方人民政府房产管理部门申请房产变更登记。"在实践中不少人认为，如果转让房地产没有办理登记的话，转让合同是无效的。这实际上就是混淆了登记的效力和合同的效力。我国《物权法》为了区分登记效力与合同效力，在多个条文中明确规定不办理登记不发生物权效力。[1] 这就是说，没有办理登记，合同本身仍然应当是有效的，只是不能发生物权变动的效力。如果物权不能变动从而导致出卖人不能履行合同，则只能转化为违约责任来处理。

3. 除法律另有规定或者合同另有约定外，自合同成立时生效。《物权法》第15条规定了"法律另有规定或者合同另有约定"，有人认为据此当事人可以通过合同来改变法律规定的公示方法以及公示效力。这一理解并不妥当。因为公示方法必须法定，当事人不能通过合同来对之加以改变，也不能在合同中约定不经登记就能发生物权变动。事实上，此处所说的法律另有规定或者合同另有约定，是对合同生效时间的规定，而与物权变动时间无关。自罗马法以来，在合同生效问题上，各国普遍承认"同时成立原则"，即对于依法成立的合同，原则上成立同时生效。但是如果法律规定了特别的生效要件或者当事人约定了生效条件或者始期，则应当从条件成就或者期限届满时合同才能生效。例如，对于中外合资经营企业合同，按照有关法律规定其应当自完成审批方能生效，据此，在审批之前，不能发生合同效力。

（二）区分原则的意义

《物权法》第15条的规定是对最高人民法院有关司法解释经验的总结，根据《合同法》第44条的规定："依法成立的合同，自成立时生效。法律、行政法规规定应当办理批准、登记等手续生效的，依照其规定"。《合同法》对登记的效力没有作出规定，而希望留待《物权法》予以解决。最高人民法院《关于适用〈中华人民共和国合同法〉若干问题的解释（一）》第9条第1款规定："依照合同法第44条第2款的规定，法律、行政法规规定合同应当办理批准手续，或者办理批准、登记等手续才生效，在一审法庭辩论终结前当事人仍未办理批准手续的，或者仍未办理批准、登记

---

[1] 《物权法》第20条。

等手续的,人民法院应当认定该合同未生效;法律、行政法规规定合同应当办理登记手续,但未规定登记后生效的,当事人未办理登记手续不影响合同的效力,合同标的物所有权及其他物权不能转移。"这一观点改变了我国司法实践中的一贯做法,即将登记的效力与合同本身的效力混同的观点,而将登记与交易本身区分开来,具有重要的实践意义。《物权法》借鉴了司法实践经验,规定了区分原则,其主要意义在于:

1. 区分了合同的生效条件和发生物权变动法律效果的条件。在没有办理登记之前,物权不能发生移转。在不动产买卖合同成立以后,即使没有办理不动产权利移转的登记手续,但是,因为合同已经生效,所以依据有效合同而交付之后,买受人因此享有的占有权仍然受到保护。即使买受人不享有物权,但是可以享有合法的占有权,针对第三人的侵害不动产的行为,可以提起占有之诉。

2. 有利于贯彻合同严守原则。一方面,如果将登记作为合同生效的条件,没有办理登记就导致合同无效,这就不利于确立违约责任。因为如果一方在合同成立之后没有办理登记或者拒绝履行登记义务,由于合同已经成立并生效,此种拒不履行登记的行为构成违约行为,应当承担相应的违约责任。假如未办理登记导致合同无效,非违约方将无法要求违约方承担违约责任。另一方面,区分原则有利于登记请求权的行使。登记手续的办理,是生效合同中当事人所负担的一项合同义务,不办理登记只能表明当事人存在违约行为。在买卖不动产的情况下,登记已经构成出卖人的一个重要义务,如果一方在合同成立之后没有办理登记或者拒绝履行登记义务,则另一方基于有效的合同可以行使登记请求权。将登记的效力与合同的效力分开,就要允许当事人补办登记。也就是说,当事人虽然没有及时办理登记,也并不是说合同是当然无效的,而应当根据具体情况来决定是否允许当事人补办登记。

在此需要探讨补办登记的问题。在实践中,当事人可能因为各种原因未能及时办理登记手续。从法律上说,既然我们要区分登记与交易本身,因此没有办理登记不能否认合同的效力,因为如果当事人双方已经实际履行了合同或愿意受合同拘束,任何一方不能以没有登记为由而请求确认合同无效。否则,不仅不符合当事人的意愿,而且因为无效后返还财产将会造成财产的损失和浪费,也不利于鼓励交易。如果补办登记不影响第三人的利益,则表明补办登记后赋予合同的内容以对抗第三人的效力,并不损害他人的利益和妨害交易的安全,在此情况下,应当允许当事人补办登记。但补办登记不得损害第三人的利益。如果补办登记将会实际影响到第三人的利益则不应当允许补办。例如,在双重买卖房屋的情况下,后买受人信赖没有登记的事实,而与出卖人订立了合同,并已经交付了房款,则如果先买受人与出卖人愿意补办登记,因这种补办将损害后买受人的利益,也不应当允许其补办登记。补办登记必须尊重当事人意志,如果当事人双方没有提出补办登记的要求,则法院不能强令当事人补办登记。

3. 有利于保护善意一方当事人。例如,当事人之间买卖房屋未经登记的情况错综复杂,如果以登记为合同生效要件,则在因出卖人的原因而未办理登记手续的情况下,在房屋价格上涨之后,出卖人有可能以未办理登记将导致合同无效为理由,要求确认合同无效并返还房屋。再如,《担保法》第41条规定:"当事人以本法第42条规定的财产抵押的,应当办理抵押物登记,抵押合同自登记之日起生效"。据此,在实践中,有一些抵押人在将其房产设置抵押以后,一旦抵押权人向其发放借款,就以未经登记合同不生效为由,拒绝办理抵押登记。对方当事人也无权依据有效的合同要求其承担违约责任。这有可能鼓励一些不法行为人规避法律,甚至利用房屋买卖、抵押欺诈他人,或逃避其应承担的责任,而损害的却是善意的买受人或其他权利人的利益。

4. 有利于充分鼓励交易。市场实际上是由每天发生的无数交易构成的,鼓励交易才能鼓励市场经济的发展。如果当事人之间对物权的设立和移转达成合意,只要这种合意不违反法律法规的强行性规定和公序良俗,即便没有完成登记手续,也应当认为合同已经生效,当事人可以在事后补办登记手续,这就可以促成许多交易。如果将登记与交易混淆,则即使当事人之间达成了合意而没有办理登记手续,合同被宣告无效,从而将使许多不应当被消灭的交易被消灭。例如,当事人之间在买卖房屋以后,虽没有登记,但房屋已经交付使用,买受人对房屋已进行了重大修缮,如果因未登记而返还房屋,确实会妨碍已经形成的财产秩序。

5. 实行登记对抗必须区分合同效力和登记效力。《物权法》规定在例外情况下,如浮动抵押实行登记对抗主义(《物权法》第189条)。在登记对抗的情况下,尽管当事人没有办理登记,但合同仍然有效。假如没有区分原则,我们也无法解释为什么在没有办理登记的情况下合同仍然是有效的。

第三节 登记机构

一、登记机构的性质

登记应当在登记机构办理。登记机构,是指负责在登记机构所管辖的行政区划内依法接受申请人递交的材料办理所有权和他物权的登记的机构。关于登记机构的设定,国外许多国家将法院作为登记机构。例如,在德国,不动产登记统一适用《土地登记法》,登记机构是地方法院的土地登记局。在日本,统一适用《不动产登记法》,登记机构是不动产所在地的司法行政机关法务局、地方法务局或其支局、派出所。在台湾地区,统一适用"土地登记规则",土地登记由土地所在地之市县地政机关办理之。[1] 我国《物权法》并没有对登记机构作出规定。有关登记主管机关、登记程序等问题还有待于未来的不动产登记法加以解决。按照《物权法》第10条第1款的规定:"不动产登记,由不动产所在地的登记机构办理。"所谓不动产所在地,就是指房屋土地所处的地点。确立由不动产所在地的登记机构来办理登记,既有利于确定不动产归属,也有利于方便登记申请人和需要查阅的利害关系人。当然,在不动产所在地办理登记的原则之外,还存在着例外。例如,关于动产抵押的登记机构,原来物权法草案规定应当向动产所在地的工商部门登记,后来考虑到动产流动性大,其所在地可能经常变动,难以确定具体的所在地,因此《物权法》第189条规定,应当在抵押人住所地进行登记。

从现实情况来看,在我国,不动产登记的事务主要由有关行政机关及其设立的事业单位负责,如土地管理机关负责土地的登记,房屋管理机关负责房屋的登记。具体涉及不动产登记事务的部门主要包括:①土地管理部门。我国《土地管理法》第11条第1款规定:"农民集体所有的土地,由县级人民政府登记造册,核发证书,确认所有权。"②房产管理部门。我国《城市房地产管理法》第61条规定:"以出让或者划拨方式取得土地使用权,应当向县级以上地方人民政府土地管理部门申请登记,经县级以上地方人民政府土地管理部门核实,由同级人民政府颁发土地使用权证书。在依法取得的房地产开发用地上建成房屋的,应当凭土地使用权证书向县级以上地方人民政府房产管理部门申请登记,由县级以上地方人民政府房产管理部门核实并颁发房屋所有

---

〔1〕 孙毅:"物权法公示与公信原则研究",载梁慧星主编:《民商法论丛》(第7卷),法律出版社1997年版,第503页。

权证书。房地产转让或者变更时,应当向县级以上地方人民政府房产管理部门申请房产变更登记,并凭变更后的房屋所有权证书向同级人民政府土地管理部门申请土地使用权变更登记,经同级人民政府土地管理部门核实,由同级人民政府更换或者更改土地使用权证书。"③农业主管部门。我国《农村土地承包法》第 23 条第 1 款规定:"县级以上地方人民政府应当向承包方颁发土地承包经营权证或者林权证等证书,并登记造册,确认土地承包经营权。"④林业主管部门。《森林法》第 3 条第 2 款规定:"国家所有的和集体所有的森林、林木和林地,个人所有的林木和使用的林地,由县级以上地方人民政府登记造册,发放证书,确认所有权或者使用权"。⑤海洋主管部门。我国《海域使用管理法》第 19 条规定:"海域使用申请经依法批准后,国务院批准用海的,由国务院海洋行政主管部门登记造册,向海域使用申请人颁发海域使用权证书;地方人民政府批准用海的,由地方人民政府登记造册,向海域使用申请人颁发海域使用权证书。海域使用申请人自领取海域使用权证书之日起,取得海域使用权。"

登记事务由有关行政机关来承担,在一定程度上有其合理性,行政机关可以利用其管理资源进行登记,且因为登记机构具有行政权,体现了登记具有较高的公信力。但问题的关键在于,负责登记的行政机关必须统一且必须专门化,不能实行多头负责。有学者认为应由建设部管理下的房地产部门系统作为登记机构,或者由土地管理部门负责不动产的登记,但显然这些部门只是从事土地的登记,而不能管辖所有的不动产的登记,而且这些部门的登记事项仅限于城镇,而不能管辖到农村。据此,我们建议,在条件成熟的情况下,应当在政府机构内部设立专门的登记机构,可以将其称为不动产登记局,统管不动产登记的有关事宜。一旦登记机构统一以后,登记机构颁发的不动产权利文书也应当统一。

二、建立统一登记制度

长期以来,我们将登记作为行政机关行使行政管理的一种职权,而不是一种公示方法,从而造成了登记机构与行政机关的设置与职能合一的问题。由于多个行政机关负责对不同的不动产加以管理,由此形成了多头登记的现象,如土地由土地管理部门管理,建设用地使用权登记也在土地管理部门进行;林木由林业管理部门管理,有关林木所有权的登记在林业管理部门进行;房屋由城建部门管理,产权登记也在该部门进行。从行政管理职能的充分发挥与便利性来看,登记与行政职能部门的设置和职权的结合是必要的,但如果将登记作为公示方法来对待,则原有的登记体制便显出许多的弊端。为了克服分散的登记制度所造成的弊端,《物权法》第 10 条第 2 款规定:"国家对不动产实行统一登记制度。统一登记的范围、登记机构和登记办法,由法律、行政法规规定。"所谓不动产的统一登记制度,就是指由一个登记机构统一负责有关不动产的登记事务,并在登记范围和登记规则、程序等方面实现统一。实行统一登记制度主要有如下几个理由:

1. 建立一套完整的不动产登记程序和规则的需要。在登记严重分散的情况下,由于各个登记机构分别从事不同的管理活动,负责不同的登记事务,因此,其根据自身的需要建立了不同的登记规则。这就使得登记制度本身严重分散,极不统一,不能形成一套科学有效的登记规则。

2. 为当事人办理登记和查阅登记提供方便。由于现行的登记制度严重分散,造成了 10 多个部门分别负责登记。一方面,因登记机构分散,不利于有关交易当事人查阅登记,很难给交易的当事人提供全面的信息。例如,当事人要查阅某企业财产是否已经实行抵押的情况,需要到土地管理局查阅土地是否抵押,到房屋管理部门查阅房屋是否抵押,到工商部门查阅设备是否抵押,到公安部门查阅车辆是否设定抵押等。这就增加了不必要的交易成本,给当事人查阅登记情况造成了极大的不便。另一方面,分散的登记给有关当事人进行登记造成极大不便。例如,如果某一块土地上有林木,要在两个机关分别登记。还要看到,分散的登记制度也造成厂房、土地分别抵押和房产重复抵押的现象。因此,在实行不动产统一登记之后,将会给当事人办理登记提供很大的方便。

3.维护交易的安全和秩序的需要。在登记制度严重分散的情况下,由于信息不能得到全面的披露,少数不法分子利用登记制度的弊端将房、地分别抵押,甚至分别转让,也有一些当事人将企业财产整体抵押之后,又将部分财产重复担保。例如,甲乙双方订立借款合同,由甲向乙借款1000万,甲以其办公楼、厂房作为抵押,评估为800万,双方在登记部门办理了登记。甲又向丙借款500万,甲又以该办公楼、厂房的占地作抵押,评估为700万元,双方也已经在登记部门办理了登记。后因甲不能清偿到期债务,乙和丙都要实现抵押权,但如何实现抵押权,在执行中发生了纠纷。从实践来看,实行分别登记制度的确容易产生信息不能相互沟通的情况,当抵押人不将抵押的情况告知后一个权利人的时候,不仅容易产生纠纷,而且可能为不法分子实施欺诈行为提供方便。这就使得担保权人在实现担保权时受到极大损失。在建立统一的登记制度之后,通过建立全面的信息披露制度,就可以为交易有秩序的进行奠定良好的基础。

4.提高效率的需要。统一登记制度不仅为交易当事人办理登记提供方便,更重要的是,它对实现物尽其用、提高效率是非常重要的。随着现代担保制度的发展,各国比较流行的一种担保方式就是集合物的担保,如将整个企业的财产用来进行担保。这种担保形式,较之于单个财产的担保是更有效率的。因为在集合物担保的情况下,可以使得企业的品牌、名称等都可以作为担保财产,且企业整体财产的拍卖、变卖,比单个财产的分别拍卖能获得更多的对价。但是,这种担保形式的实现,必须要实行统一的登记制度,使得企业的整体财产能够进行担保和登记,

根据《物权法》第10条第2款的规定,实行统一登记还必须依据有关的法律法规进行。诚然,统一登记制度的设立依赖于政府行政机构的改革,但是,政府行政机构改革将需要经过一定的时间,等到这个改革完成后再建立统一登记制度是不现实的。从实践来看,目前各地的做法并不一致。例如,有的地方鉴于房、地分别由不同的机关登记而造成的弊端,在实践中已经开始逐渐将房、地登记合一。这种做法确实有利于减轻人民群众负担,简化办事程序,降低登记成本,提高登记效率,从而加快房地产市场流通速度,促进房地产市场更快发展。但也有的地方仍然实行房、地分别登记,由不同的部门负责办理。所以,《物权法》第246条规定:"法律、行政法规对不动产统一登记的范围、登记机构和登记办法作出规定前,地方性法规可以依照本法有关规定作出规定。"笔者认为,实行不动产登记制度,首先应当抓紧建立城镇房地产的统一登记制度,从房地产登记的统一开始,再逐步推行整个不动产登记的统一。

要实行统一的登记制度,必须要在观念上对登记的功能进行重新的认识。长期以来,由于我们将登记作为行政机关的职权而不是一种公示方法,从而造成了登记机构与行政机关的设置与职能合一的问题。事实上,登记虽然具有政府管理经济的职能,但它首先是一种物权设立和变动的公示方法,不能简单地将登记视为行政管理的手段。正是因为它主要是一种公示方法,所以,登记的职责并不需要与各个政府机关的管理职责相重合,并不意味着某个政府机关管理某项事务,就必须承担相关的登记职责。从总体上说,有必要将所有的登记事务和机构都统一起来。但从中国的实际情况出发,还不可能很快就实现全面的统一,而只能从不动产登记的统一着手。因此,首先是要做到房地登记制度的统一,然后在房地统一登记的基础上实行登记制度的完全统一。

第四节　登记机构的审查义务

　　所谓审查义务,就是指登记机构在审查有关的登记申请中,承担何种审查职责。从各国物权法规定来看,关于登记机构的审查义务,主要有两种模式:一种是形式审查,另一种是实质审查。所谓形式审查,是指登记机构仅仅对当事人所提交的材料进行形式审查。如果确定这些申请登记的材料符合形式要件,就应当认为是合格的。所谓实质审查,是指登记机构不仅应当对当事人提交的申请材料进行形式要件的审查,而且应当负责审查申请材料内容的真伪,甚至在特殊情况下对法律关系的真实性也要进行审查。二者主要区别在于,是否应当对登记申请人的真实身份、不动产的实际状况、作为物权变动的依据的真实性和合法性进行审查。有人认为,实质审查要对交易的真实性、合法性等进行调查了解,进行全面的审查。例如,在有关不动产登记中,需要审查买卖合同当事人的意思表示是否真实、内容是否合法。笔者认为,此种理解对实质审查的范围理解得过于宽泛。一般来说,登记机构无权审查交易本身的效力,因为有关合同本身的合法性问题应当由司法机关负责审查,如果赋予登记机构享有合同效力的审查权力,则显然超出了登记机构所享有的权力范围,将导致行政机关不正当地干预了民事关系。

　　在物权法起草中,关于登记机构对当事人的登记申请应承担实质审查还是形式审查的义务一直存在争议。主要有两种观点:

　　1. 实质审查说。一些学者主张采取实质审查。其主要理由在于:一方面,我国正处于市场经济发展初期,整个社会面临着从计划经济向市场经济的转型,在这个过程中秩序尚未建立,信用较为低下,欺诈行为时有发生。如果对登记的事项不进行实质审查,极容易造成欺诈现象。由于不动产交易涉及的金额常常巨大,稍有不慎便会给当事人造成巨大的损害,甚至事后很难补救,因此对登记实行实质审查是必要的。另一方面,实质审查也有利于强化登记机构的责任感。登记机构不能仅仅只享有收费的权利,而不对错误登记的后果负任何责任。还要看到,实质审查有利于强化登记的公示和公信力。如果登记内容经常发生错误,交易当事人经常依据一些错误的信息发生交易,过多的登记错误会使人们越来越不愿意去查阅登记簿,相对人被迫自己去进行调查,这样必然给交易造成极大的妨碍。因为真正的权利人的追索使得此种交易无效,已经形成的秩序将被推翻,而且也因为交易的无效造成了交易费用的浪费以及因财产恢复原状而造成损失。登记如果发生过多的错误,登记产生的公信力将会使真正的权利人受到损害,尤其使一切没有过错的无辜的人遭受损害。

　　2. 形式审查说。该说认为,物权法应当对登记机关的义务规定为形式审查。该说认为,实行实质审查效率较低,且对登记机构工作人员的素质要求很高,目前难以达到实质审查的要求;而且因实质审查需要支付较高的费用,且在实行实质审查之后,要对于登记机构确立更严格的责任,等等。这些情况在现有的条件下还很难完全具备,所以《物权法》并没有完全采纳实质审查制度。

　　无论是实质审查,还是形式审查,虽然都不无道理,但仍然难以解决现实问题。《物权法》第12条规定:"登记机构应当履行下列职责:①查验申请人提供的权属证明和其他必要材料;②就有关登记事项询问申请人;③如实、及时登记有关事项;④法律、行政法规规定的其他职责。申请登记的不动产的有关情况需要进一步证明的,登记机构可以要求申请人补充材料,必要时可以实地查看。"该条规定具体列举了登记机构的职责,但该规定并没有具体规定登记机构的职责是实质审查还是形式审查。《物权法》的上述规定,实际上采纳了以形式审查为主,以实质审查为辅的审查制度。具体来说,登记机构的审查职责应当包括如下几个方面:

一、查验申请人提交的必要材料

"查验"顾名思义是指"检查、验收"的意思,查验一般不应当包括对所有登记申请材料必须查验无误,因为要求登记机构对所有材料都查验无误是非常困难的。但查验也不是完全的形式审查。为了防止个别登记申请人伪造登记文书、虚构交易等情况,在特别情况下需要对有关申请人的材料进行查证。在实践中,对有些证件也应当查证属实,如房产证,其真伪应该审查。因为房产证是由登记机构发出,审查房产证的真伪对于登记机构没有什么困难。如果在一个案件中出现了两个房产证,两个房产证持有人都持房产证办理了抵押,致使抵押权无效,给抵押权人造成了重大损失,登记机构确实是有责任的。但有些证件可能难以核实,如对申请人身份的查验,目前第二代身份证推出后,盗用、冒用、伪造的可能性大大减小,但是由于目前与公安部门之间尚无法实现信息共享,各地登记部门仍然难以对申请人身份进行实质性审查。

查验是否包括对法律行为的真实性和合法性的审查?笔者认为,应区分真实性和合法性。对于真实性问题,如果能够审查应当予以审查,从而尽量避免登记的错误。但对于合法性问题,如作为物权变动依据的合同、遗嘱是否有效的问题,本身不应属于登记机构审查的范围,而应当属于人民法院的职权。

二、就有关登记事项询问申请人

所谓询问,是指由登记机构就与登记事项有关的问题,向申请人询问。询问的目的主要在于核对登记申请人提交的材料,以确定其是否真实。一方面,询问的内容是登记事项。登记机构不必要就超出登记以外的事项进行询问,而只要是与登记事项有关的问题,登记机构都有权向登记申请人询问。询问既是一种权力,也是一种义务。作为一种权力,登记机构询问时,申请人就应该如实回答;作为一种义务,如果不询问而发生了错误的登记,登记机构就没有尽到责任。另一方面,询问的对象是申请人而不是申请人以外的第三人。询问的目的也是为了进一步了解真实情况。

三、如实、及时登记有关事项

登记机构应当及时准确地进行登记。如实是指正确性,登记机构在办理登记时,必须要正确无误地进行登记。及时是指迅速性,登记机构在办理登记时要及时,不能无故拖延。例如,在某个案件中,登记机构在登记时因为笔误将本来1000平方米的房产登记成了2000平方米的房产,最后,该房产抵押之后实现抵押权时发生了争议,抵押权人遭受了重大的损害。笔者认为,在这种情况下登记机构因其没有尽到合理谨慎的义务,是有过错的。

四、法律、行政法规规定的其他职责

关于登记机构的其他审查职责,包括的范围比较宽泛,不能一一列举。例如,对房屋面积的登记,登记机关必要时需要亲自核对房屋的面积。对于这些职责,将来还需要相应的法律法规予以细化。

登记机构认为对申请登记的不动产的实际状况需要查看的,申请人以及其他有义务协助的人应当协助。实践中,对于初始登记、在建工程抵押登记,登记部门通常采实质审查,即派员进行实地勘验,并结合工程竣工验收、测绘报告等文件对房屋的实际状况加以确认和发证。《物权法》第12条将是否进行现场查看的权力交由登记机构,由其决定是否进行现场查看。但笔者认

为这也是赋予了登记机构一种义务,即在确实有必要进行现场查看时,登记机构应当进行现场查看。没有尽到此种义务而造成有关利害关系人的损失,登记机构也应当负责。例如,某房屋已经拆迁,而仍然在登记簿上予以记载,并将该房屋设定抵押,就会造成有关利害关系人的损失。

我国《物权法》不仅仅从正面规定了登记机构的职责,而且为了保障登记机构充分履行其义务,也从反面规定了登记机构不得实施的行为。依据《物权法》第13条的规定,其主要有:①登记机构不能对不动产进行评估。因为登记是对物权变动的一种公示,而评估是对价值的确定,其与公示没有关系。登记机构进行的是将权利记载下来并予以公示。在实践中,某些登记机构以要求确定抵押物的价值为理由,强制性地要求由登记机构进行评估,从而多收取费用。这给登记申请人增加了沉重的负担。②不能以年检的名义进行重复登记。登记是一种公示,如果没有发生物权变动的话,就没有必要进行重新登记,有些物权有期限,如抵押权,期限届满权利消灭,需要新设立物权的话,要进行新的登记,而不是重新登记。③不得超出登记职责的范围进行登记。例如,登记机构不得要求申请人提交与登记无关的材料,更不能随意披露登记申请人的隐私。④不得违反规定进行收费。《物权法》第22条对收费标准进行了规定:"不动产登记费按件收取,不得按照不动产的面积、体积或者价款的比例收取。具体收费标准由国务院有关部门会同价格主管部门规定。"例如,有的地方的登记机构规定,在办理抵押时,必须要按照抵押房产价值的一定比例收取,如1%。再如,有的地方规定要根据房屋的面积大小确定收费比例。这些规定给登记申请人造成了极大的负担,导致不少登记申请人因为害怕支付巨额的费用而不敢登记,从而不利于确认产权和维护交易秩序。所以,《物权法》明确规定,登记机构必须按照该收费标准进行收费,这也是登记机构所应当承担的重要义务。

总之,《物权法》实际上既没有采取完全的实质审查,也没有采取完全的形式审查,而采取了一种较为折中的、兼有两种审查特点的方法。兼顾形式审查和实质审查的一种折中模式是最优的选择。

第五节 登记的查询

登记作为一种公示方法,应当将不动产登记簿记载的事项对外公开,使第三人能够查阅。《物权法》第18条规定:"权利人、利害关系人可以申请查询、复制登记资料,登记机构应当提供。"该条规定明确了权利人和利害关系人查阅不动产登记簿的权利。物权之所以需要公示,是为了方便第三人查阅和了解登记的内容。如果在登记之后,第三人非常难以查阅甚至根本无法查阅,登记的公示和公信力就无从谈起,因此,第三人是否可以较为便捷地查阅登记内容是实现登记公示公信的重要表现。《物权法》第18条的规定包括如下几个方面的内容:

一、有权查阅、复制登记资料的人是权利人和利害关系人

从公示原则出发,对某项不动产或者动产上是否设立了物权或者存在某种负担,应当公诸于世,使第三人可以对之了解。但是对于有关登记的详细资料,则并不能向全社会公开。这就是说,应当对查询主体作出必要的限制。笔者认为,查阅登记资料的权利人范围,确实应当与公示原则相一致。但是,公示不一定意味着要将物权设立和移转的事实向全社会公开。登记的内容不一定向每一个人公开。探讨这一问题应当从公示制度设立的目的出发。公示的目的是要将物权设立和移转的事实向社会公开,从而维护交易安全,保护交易当事人的利益。对毫无交易意愿的人,登记机构就没有必要向其提供查阅登记资料的义务。因为这些资料可能涉及登记权利人的隐私或者商业秘密,一旦泄漏可能对登记权利人产生重大不利。因此,如果某人根本没有参与交易的意图,而只是想了解与交易毫无关系的涉及登记权利人的情况,在此情况下就没有查询的正当理由。正是因为这一原因,《物权法》对登记资料的查询主体作出了限制。依据《物权法》第18条的规定,只有权利人和利害关系人才有权要求查阅、复制登记资料。

所谓权利人,就是指与登记的财产有关的人。例如,设定抵押之后,抵押权人可以查阅,财产在租赁之前承租人可以查阅出租人的有关情况。所谓利害关系人,是指交易的当事人或者潜在的交易当事人。我们所说的潜在的交易当事人,是指一切可能从事交易的人或者有交易意向的人,其需要了解不动产之上的权属状态,从而决定是否与权利人从事交易,如买卖、设定担保等。对于非潜在的交易当事人,虽然可以查阅一些必要的公共信息,如土地的面积和权属状况、房屋上是否设定了抵押等,但没有必要了解详细的登记资料,如有关登记权利人的家庭住址、电话号码等。潜在的交易当事人之所以要了解这些信息,是为了避免出现欺诈。但是,其无法了解、也没有必要了解登记簿上所有权利人的信息以及此前的交易记录。

二、查询、复制的对象是登记资料

对于"权利人和利害关系人有权查询、复制登记资料",可以分为两类:①应当向全社会公开、允许任何人查询的资料,这主要是不动产上的权利负担情况,如是否设定了抵押权、是否有分管协议、是否已被查封、是否已经设定了地役权。对此种信息,登记机构有义务向所有的社会成员提供查阅、复制登记资料的便利。②除上述资料之外的其他登记资料。对于这部分登记资料,因为涉及个人隐私,因此不宜完全作为公开信息。例如,不动产权属情况,登记权利人姓名、住址、电话号码等。对此种信息,只限于权利人和利害关系人查询,其他人如无正当理由要求查询,登记机构应予以拒绝。但是,一旦登记权利人要进入到交易中,如委托房屋中介机构出售房屋或者某人张贴了房屋的招租公告,那么也意味着其也希望与他人进行交易。对于愿意与其进行交易的当事人,登记权利人应当授权查阅权属状况等登记资料。公示制度作为维护交易安全的基本规则,正是因为其目的在于维护交易安全,它应当是直接服务于交易的,所以对于登记资料,应当是面对交易当事人和潜在的交易当事人,而并非是要向全社会公开。

笔者认为,对于利害关系人能够申请查阅的登记资料,应当作出必要的限制,建议有必要作出如下限制:①在没有经过登记权利人同意的情况下,不能对权利人的姓名加以查询;而只能查询不动产上的权利负担。②即便经过权利人同意,作出适当的限制也是有必要的。例如,有关登记权利人的家庭住址、家庭成员、联系方式等就没有必要公开。这就要求登记资料在详细记载的同时,应当加以分类,涉及权利负担、物权变动的内容可以记载于登记簿并予以公开,与交易或者物权变动无关的内容,不宜在登记簿上记载,也不能允许所有的人都去查阅。

三、登记机构有义务依法提供查阅、复制登记资料的便利

这就是说,登记机构作为专门负责登记的机构,不仅享有审查登记资料等权力,同时也承担公示的义务,此种义务就是向有权查阅的权利人和利害关系人提供查阅、复制登记资料的便利,从而促进不动产的交易和安全。如果登记机关无正当理由拒绝权利人和利害关系人的查询,由此造成他人损害,应当承担责任。在得到登记权利人授权的情况下,登记机关也有义务向他人公开涉及登记权利人财产隐私的资料。

需要指出的是,登记机构有义务对权利人的个人隐私保守秘密。应当看到,登记的信息确有一部分要转化为公开信息,但是,并非所有登记的信息公开以后都应当转化为公开信息。有一种观点认为,公示以后,所有信息都应当成为公开的信息,不再受隐私的保护。这种理解是不妥当的。因为一方面,登记资料类型多样,记载的内容也较多,有些适于公开,有些涉及个人隐私或者商业秘密的,不宜公开。另一方面,即使是财产归属,也不都是公开的信息,因为财产登记并不意味着财产申报,没有必要把权利人的情况都向社会公开。凡是涉及权利人姓名、名称、住址等情况,都属于隐私权的范围,没有足够的理由无法要求当事人必须公开此种个人资料信息。对于这部分资料,不是任何人都可以查阅、复制的。我们要坚持公示原则,促进交易,但同时也要保护商业秘密和个人隐私。公示本身只是出于交易的需要而作出的制度上的安排,它只是给需要交易的人提供物权的真实情形,只需使那些需要交易的利害关系人知道权利的归属等情况即可,而并不一定需要使利害关系人了解权利人的一些个人隐私。因此,在建立公示原则的同时,既要保护利害关系人的知情权,又要维护登记申请人的隐私权。尤其是对登记机关来说,不能将产权人的资料向中介机构和企业等擅自披露,从中牟取利益。

第六节 更正登记和异议登记

一、更正登记

所谓更正登记,是指权利人、利害关系人认为不动产登记簿记载的事项有错误时,经其申请,经过权利人书面同意更正或者有证据证明登记确有错误的,登记机构对错误事项进行更正的登记。例如,房屋登记的面积、界址发生错误,经权利人申请,登记机构对相关记载加以更正。《物权法》第19条第1款规定:"权利人、利害关系人认为不动产登记簿记载的事项错误的,可以申请更正登记。不动产登记簿记载的权利人书面同意更正或者有证据证明登记确有错误的,登记机构应当予以更正。"更正登记的适用条件主要有:

1. 权利人、利害关系人认为不动产登记簿记载的事项有错误,并提出申请。权利人是指登记记载的权利人,利害关系人是指登记记载错误会对自己造成不利影响的当事人。尽管登记是由行政机关作出的,但登记确定的是不动产物权变动的事项,涉及的是民事权益问题。在登记发生错误的情况下,应当按照私法自治的原则,由当事人提出请求。所以登记机构不宜主动依职权进行更改,即便是发生了登记错误,而真正权利人发现错误之后也不愿意更正,表明其已经自愿放弃了其权益。例如,夫妻双方购买的房产登记申请时,申请登记记载于夫妻双方名下,但登记机关将房产记载在夫妻一方名下,后另一方发现错误而没有提出异议,这表明这一方已经放弃了自己的权益。在这种情况下,登记机关没有必要主动更改。问题在于,如果登记机构确实发现自己的行为存在错误,如存在笔误,将登记面积记载错误,能否主动更改? 笔者认为,此时登记机构仍然应当通知登记申请人,由其提出更改。所以,申请人的申请,是更正登记的基本条件。

2. 经过权利人书面同意更正或者有证据证明登记确有错误。

(1)经过权利人书面同意,登记机构应当为其办理更正登记。这就是说,在办理更正登记的情况下,如果权利人以书面形式同意更正申请,即便申请人尚未提出足够的证据证明登记确有错误,登记机构也应当办理更正登记。例如,甲向登记机构提出申请,要求将登记在乙名下的房屋更正到自己名下。乙向登记机构提交了书面同意的材料,登记机构就应当办理更正登记。因为毕竟权利归属是当事人之间的事宜,国家不宜对此作出干预。如果登记权利人都认可了更正要求,登记机构没有权力对此加以阻挠。需要指出的是,为了防止当事人事后发生争议,也为了督促权利人认真谨慎地作出决定,法律要求登记权利人向登记机构提出书面的同意,而且其内容必须明确表示愿意办理更正登记。如果已经办理了更正登记,登记权利人事后反悔,登记机构不能直接撤销已经完成的更正登记。当然,如果登记权利人主动提出不动产属于他人,则只要该第三人同意,也可以办理更正登记,直接将权利办到该第三人名下。需要指出的是,即便权利人作出了书面同意,登记机构也仍然负有审核义务,以确定更正登记是否可能涉及他人的权利问题,或者虽然并不直接牵涉他人的权利,但是权利人并未放弃自己的权利。所以,在提出申请之后,还需要登记机构进行审查,以确定是否发生了登记错误。

(2)登记更正人有证据证明登记确有错误。这就是说,如果不动产登记簿记载的权利人拒绝办理更正登记,则必须由申请人提供足够的证据证明登记确有错误,否则登记机构不能为其办理更正登记。一般来说,所谓有证据证明应当是指有足够的证据证明,因为毕竟更正登记要改变权利归属,所以登记机构在办理更正登记时必须要审查证据是否确凿。申请人有证据证明登记确有错误的,登记机构也应当进行审核,如果确定确有错误,应当予以更正。

3. 由登记机构更正。更正登记是登记机构的职权,最终办理更正登记应当由登记机构完成,所以更正登记在登记程序中就可完成,而不需要通过诉讼程序来完成。当然,如果利害关系人有足够的证据证明登记存在错误,而登记机构拒绝更正,利害关系人必须通过诉讼程序要求重新确权。诉讼的完结以法院作出生效的裁判文书为标志,一旦判决、裁定生效,则登记机构有义务更正登记。如果符合更正登记的条件,而登记机构拒不办理更正登记的,权利人或利害关系人有权以行政不作为为由向人民法院提起诉讼。

更正登记与通过诉讼确权之间具有一定的联系。更正登记可以根据法院关于确权的判决和裁定为依据,但登记机关在申请人提供的证据明显证明登记错误或者登记权利人书面同意更正的情况下,也可以不通过法院判决和裁定直接通过更正程序予以更正。通过更正登记程序更正一方面节约了当事人的诉讼成本,另一方面也使登记错误的纠正更加便捷。当然,如果不能通过更正程序纠正登记错误,仍然需要通过诉讼程序解决。

更正登记与移转登记有一定的联系。例如,法院判决产权归属之后办理登记,此种情况尽管也在广义上属于更正登记,但是它也是依照司法判决发生的产权移转,也可以归入到移转登记之中。

二、异议登记

(一)异议登记的概念和条件

所谓异议登记,就是指利害关系人对不动产登记簿记载的物权归属等事项有异议的,可以通过异议登记以保护其权利。《物权法》第 19 条第 2 款规定:"不动产登记簿记载的权利人不同意更正的,利害关系人可以申请异议登记。登记机构予以异议登记的,申请人在异议登记之日起15 日内不起诉,异议登记失效。异议登记不当,造成权利人损害的,权利人可以向申请人请求损害赔偿。"

异议登记的特点是:异议登记不是对物权变动状态本身所进行的登记。当事人申请异议登记,主要目的在于打破登记的公信力,避免存在产权争议的不动产为第三人善意取得,从而为其通过民事诉讼进行权利确认或者为直接办理更正登记收集更多的证据,提供一种临时的保障。例如,甲认为登记记载在乙名下的房屋其实是甲自己的,并要求将该房屋所有权更正到自己名下。但是乙并不同意,而且甲也暂时无法举出充分的证据,从而导致登记机构拒绝了甲办理更正登记的请求。为了防止在收集证据期间,乙擅自将该房屋处分,甲就可以先申请异议登记,以阻止乙将房屋出卖并为第三人善意取得。异议登记实际上是对权利人移转物权的一种限制,也构成对公信力的限制。这就是说,在发生异议登记的情况下,表明有人对登记权利的归属或者内容产生了争议,但是由于利害关系人没有提出足够的证据或者登记权利人拒绝更正,因而不能通过更正程序及时解决争议。为了防止登记权利人处分财产,有必要通过异议登记使第三人了解登记权利归属和内容可能存在瑕疵。因为,在存在异议登记的情况下,第三人如果与权利人就发生争议的房屋进行物权变动,就要承担因为将来房屋的权利有瑕疵可能形成的风险,因此对权利人移转物权产生了相应的限制。

(二)异议登记的功能

1. 保护真实的权利人。异议登记主要是对物权归属等产生异议的情况下,允许主张自己对不动产享有物权的人向登记机构申请在不动产登记簿上注明该物权存在异议,防止登记记载的权利人出卖财产或者将财产设置抵押等。在不动产登记簿存在错误或者遗漏的情况下,本来可以由当事人通过更正登记加以解决,但由于更正登记的程序要求十分严格且时间较长,真正权利人一时不能收集到足够的证据,请求登记机构进行更正。这样就有必要通过异议登记阻碍登记记载的权利人进行转让或抵押等,让真正权利人有更多的时间收集证据。这对于保护真正权利人是非常必要的。在异议登记之后,登记权利人仍然可以处分其财产,但是一旦异议登记成立,对异议登记申请人可以提供保护。

2. 警示功能。在登记簿的记载存在错误或者遗漏的情况下,如果登记记载的权利人继续处分财产或者将财产设定抵押等,第三人基于对登记簿的信赖,可能就不动产的转让、抵押等发生交易,而如果在登记簿上存在异议登记,那么,第三人就会发现该登记的产权存在异议,从而就不会与登记记载的权利人从事交易。这样对于相对人来说,也是一种保护。因为异议登记的存在实际上向第三人提示了可能存在的风险,异议登记可以有效地暂时阻止登记簿公信力的发生,从而避免给第三人的利益造成损害。

3. 有利于发挥物的效用。在异议登记之后,并不是说登记记载的权利人就不能利用该财产,相反登记权利人仍然可以利用该财产获得收益,甚至他还可以处分财产,因为他仍然是登记记载的权利人,仍然可以处分财产。但是,因为异议登记的存在,对与其从事交易的人提出了警示,其应当知道该权利之上存在争议。如果其不考虑任何产权争执的风险,坚持购买该房产,愿意承担风险,在法律上也未尝不可以。所以异议登记有利于继续发挥物的效用。

(三)异议登记的程序

1. 利害关系人认为不动产登记簿的记载存在错误。一般来说,异议登记的申请人都是利害关系人。因为登记权利人一般不可能对自己的权利提出异议,否则直接可以通过更正程序予以更改。异议登记通常也很难得到登记权利人的同意。从实践来看,当利害关系人私下要求权利人为其办理异议登记,如果权利人同意,这就意味着权利人对其权利的合法性自己也存在怀疑,从而允许他人对自己的权利加以限制。如果权利人对登记申请人出具书面同意其办理异议登记,就意味着他否认自己对登记财产享有权利。异议登记对于登记记载的权利人非常不利,一旦异议登记之后,实际上就是在登记记载的权利之上施加了法律上的权利限制,事实上限制了登记权利人的处分权能。因而,登记权利人通常不可能主动同意他人实行异议登记。异议登记一般是在登记权利人不同意更正登记的情况下,或者是在登记机构认为证据不足、不予办理更正登记的情况下,由利害关系人提出的。

2. 异议登记以不能办理更正登记为前提。在办理异议登记之前,利害关系人必须首先提出更正登记,只有在权利人不同意或者登记机关拒绝更正的情况下,更正登记申请人才可以提出异议登记。这就是说,如果利害关系人确实发现了登记存在错误,其首先应当通过更正登记程序来解决登记的错误问题,而不必要通过异议登记来提出异议。只要利害关系人有证据证明登记有错误,都应当主动提出办理更正登记。异议登记只是在无法进行更正登记的情况下才能提出,因为异议登记的目的最终还是为了办理更正登记。如果能够直接办理更正登记,自然就没有必要申请异议登记。因此,为了节约登记资源,有必要要求以不能办理更正登记为前提。

3. 在提出异议登记之后,即使登记申请人没有提出足够的证据,登记机构也应当为其办理异议登记。一般来说,利害关系人采用异议登记,是因为其没有足够的证据证明登记确有错误,如果其已经掌握了足够的证据,他就可以直接要求登记机构办理更正登记。正是因为没有收集到足够的证据,利害关系人才需要为了维护自己的权益办理异议登记。在办理异议登记的情况下,利害关系人不需要获得法院的裁定,而只要向登记机构提交了申请,登记机构即使认为异议登记证据不足,也应当为申请人办理异议登记。

4. 在办理异议登记之后,申请人应当在 15 天内向法院起诉。一方面,异议登记本来是保护利害关系人的临时措施,所以在提出异议登记之后,应当尽快在法院起诉,否则将会对登记权利人产生重大不利,使其物权一直存在负担,不利于财产的交易。法律给予异议登记时间不能太长,否则将会极不合理地限制权利人的权利,因此,《物权法》有必要对异议登记的期限作出明确的规定。通常在一段合理期限过去之后,如果异议登记人不能提供充分的证据,则其必须向法院提起诉讼,通过诉讼程序最终解决争议。如果当事人在异议登记之后的特定期间内不向法院起诉、当事人和解等均会导致异议登记失效。所以,《物权法》规定,如果不在 15 天内提起诉讼,异议登记就失效。另一方面,异议登记只是将对权利归属的异议在登记簿上加以记载,其本身并不能解决权利归属的问题。物权的确认只能由人民法院来进行。如果异议登记申请人没有及时起诉,就意味着其并不真正想重新确认权利,而只是给权利人设置障碍,这显然是《物权法》无法支持的。所以,《物权法》规定必须在 15 天内起诉,否则异议登记自动失效。这就是说,如果申请人没有在法定期限内起诉,即便异议登记尚未从登记簿上涂销,也应当自动失效,不能发生阻却登记公信力的效力。

如果申请人在法定期限内起诉,就意味着对权属的争议已经处于司法裁判阶段。在这一过程中,即便没有申请法院财产保全、查封、扣押,但异议登记仍然有效。因为从不动产登记角度来看,财产保全、查封、扣押与异议登记一样,都是对登记权利的限制,属于限制登记的范畴,它们的功能也都是基本相同的。因此,在已经存在异议登记的情况下,没有必要再申请财产保全、查封、扣押。

在提出异议登记 15 天后,如果申请人仍然不能够搜集到足够证据,从而根据更正程序更正登记,那么申请人为了维护自己的权利就只能够通过诉讼程序并采取诉讼保全措施来防止登记权利人处分财产。需要指出的是,在发生产权登记的情况下,当事人确实可以通过诉讼保全的方式维护自己的利益。但诉讼保全毕竟不能替代异议登记制度,其理由在于:①条件不同。依据我国《民事诉讼法》的规定,无论是诉前财产保全还是诉讼财产保全都有较为严格的条件要求。例如,申请诉前财产保全,法律要求"情况紧急,不立即申请财产保全将使其合法权益受到难以弥补的损害"。相对来说,异议登记的程序则较为简单易行,而且异议登记只需向登记机构提出申请,而不必像财产保全那样向法院申请、由法院再向登记机构发布保全的命令。②措施不同。财产保全采用查封、扣押、冻结或者法律规定的其他方法。而在异议登记的情况下,只需要由登记机构注明异议登记,而不需要采取其他的措施。③由于财产已经被查封、扣压或者冻结,很可能被保全人无法继续使用并处分被保全物。而在异议登记的情况下,只是妨碍了原权利人的处分。但并没有对原权利人的使用和利用的权利作出限制,甚至可以说,对原权利人的处分权并没有作出实质性的限制,无非其交易存在相当的困难而已。所以,较之于财产保全而言,异议登记对于不动产所作的限制要小得多,至少登记记载的权利人还可以利用其物。④在异议登记情况下,如果证据充足,可以更正登记,但诉讼保全并不涉及到登记问题,如果要变更登记,必须依据相关登记程序办理。⑤诉讼保全建立在案件纠纷基础上,但异议登记并不必然形成纠纷。如果申请人提出异议之后,该异议并不成立,因不当异议可能发生损害赔偿责任,但不必在法院提起诉讼。

关于异议登记是否必须要由法院作出裁定,在《物权法》制定过程中确实存在争议,笔者认为异议登记实际上是一种登记程序而不是一种诉讼程序,所以,申请人办理异议登记,完全不需要提起诉讼,而直接在登记机构办理登记就可以解决。毕竟在法院提起诉讼费时费力。而异议登记的优点就在于,能高效便捷地暂时切断登记簿的公信力,以维护权利人和第三人的利益。如果要求异议登记必须经过法院的裁定,在裁决下达之前,登记权利人已经处分了财产,就必然会使得异议申请人的利益难以得到保护。所以,根据《物权法》的规定,没有必要由法院作出同意异议登记的裁定。只要有关利害关系人认为登记簿记载的事项确有错误,在提出更正登记的申请后,权利人不同意的,如果利害关系人提供了一定的证据,初步证明登记簿存在错误,登记机构就应当作出异议登记的决定。换言之,只要有异议登记申请人具有一定的证据,经过审查,登记机构可以允许其办理异议登记。

(四)异议登记不当的责任

异议登记不当造成权利人损害的,申请人应当承担赔偿责任。异议登记确实对权利人处分财产造成了一定的妨害,尤其是因为不动产价值巨大,在某个时期内可能会发生极剧的变动。而在存在异议登记的情况下,虽然权利本身没有发生变更,但是权利可能难以转让,从而会给权利人造成损害。在此情况下,如果异议登记确实不成立,登记权利人有权请求申请人承担赔偿责任。赔偿机制是一种比较有效地防止出现滥用异议登记的方法。

第七节 预告登记

一、预告登记的概念

关于预告登记,是德国中世纪民法创立的制度,我国过去对此的翻译并不一致,有暂先登记、预登记、预先登记等,日本民法称其为假登记。[1] 我国台湾地区"土地法"第79条使用了预告登记的概念。我国《物权法》第20条第1款规定:"当事人签订买卖房屋或者其他不动产物权的协议,为保障将来实现物权,按照约定可以向登记机构申请预告登记。预告登记后,未经预告登记的权利人同意,处分该不动产的,不发生物权效力。"这就在法律上第一次确认了预告登记的概念。

所谓预告登记,是与本登记相对应的概念,它是为确保债权的实现、保障将来实现物权等目的,按照约定向登记机构申请办理的预先登记。例如,当事人签订了期房买卖合同,虽然房屋尚

---

〔1〕 孙宪忠:《争议与思考》,中国人民大学出版社2006年版,第115页。

未建成,买受人尚未取得物权,但为了保障期房买卖债权的实现,而向登记机构办理商品房预售登记。由于此种债权请求权的实现能够引起物权变动法律效果的发生,所以也有学者将其称为以将来发生不动产物权变动为目的的请求权的登记。[1] 本登记就是指对已经实际发生的物权变动进行的登记。通常所说的登记都是指本登记。而预告登记和本登记的区别表现在:

1. 登记权利的客体不同。预告登记并不是对已经存在的物权的变动进行的登记。在物权法中,登记制度是不动产物权变动的公示方法,所以登记都是针对已经存在的物权发生实际变动所进行的。但是预告登记不同,它不是对已经存在的物权的变动进行登记,在预告登记时,物权的客体尚未形成,因此物权尚不存在;或者当事人已经达成了约定,将来要发生物权变动,或者是对优先权进行设定,而优先权本身还不是真正的物权。在这些情况下,当事人为了自己未来物权的实现或者使现在已经享有的债权或者某种优先权得到充分保障,而进行预告登记,向不特定人作出公示。可见,这种公示方法不是对现存的物权变动的登记,而是登记常态的例外。

2. 登记申请材料不同。在预告登记的情况下,当事人并不需要证明自己实际享有某种物权,只要符合法律规定的可以办理预告登记的条件,就可以直接办理登记。而在本登记中,当事人必须要提供权属证明以及不动产界址、面积等材料。

3. 登记的法律效力不同。预告登记的法律效果是限制登记权利人的处分行为,以保障债权请求权的实现。因为债权请求权人期待未来所发生的物权对自己具有重要意义,因而需要办理预告登记,以保障自己将来取得物权。预告登记作出后,并不导致不动产物权的设立或变动,而只是使登记申请人取得一种请求将来发生物权变动的权利。纳入预告登记的请求权,对后来发生与该项请求权内容相同的不动产物权的处分行为,具有排他的效力,以确保将来只发生该请求权所期待的法律结果。[2] 而一般的不动产登记都是因为要发生不动产物权的实际变动而进行的登记。

二、预告登记的类型和作用

我国《物权法》第 20 条没有严格限定预告登记的范围。《物权法》第 20 条第 1 款规定:"当事人签订买卖房屋或者其他不动产物权的协议,为保障将来实现物权,按照约定可以向登记机构申请预告登记。"该条规定实际上包括了两类情况:①当事人签订买卖房屋的合同,可以进行预告登记,此种情况实际上指的是商品房预售登记。这是最典型的预告登记形式;②当事人签订其他不动产物权的协议的,可以进行预告登记。所谓其他不动产物权的协议,主要包括如下几类:①抵押权的顺位登记。我国《物权法》改变了《担保法》的规定,允许某一抵押物可以在价值上进行分割,设置多个抵押,这样有必要进行预告登记。②在建工程的预告登记。在建工程在预告登记之后,可以有效地解决与抵押权的冲突问题。如果在建工程数额可以预告登记,也可以解决将来在建工程清算可能产生的纠纷。③正在建造的建筑物、船舶、飞行器在没有正式建成之前,不能办理权属登记,但是为了充分实现物尽其用,可以将其予以抵押,通过办理预告登记后取得某种权利。预告登记主要起到以下五方面的作用:

1. 保障将来实现物权。所谓将来实现物权,就是指将来能够取得物权或者发生物权变动。例如,在办理商品房预售登记之后,即使房屋建成后开发商依据建造行为取得了所有权,并将其另行出售,现房登记与期房登记不一致的,也应当以期房登记为准来确认物权。这就保障了期房

---

〔1〕 孙宪忠:《争议与思考》,中国人民大学出版社 2006 年版,第 114 页。
〔2〕 王轶:《物权变动论》,中国人民大学出版社 2001 年版,第 164 页。

买受人在将来可以取得物权。

2. 保障债权请求权的效力。此种情况主要针对优先权以及一些具有物权效力的债权。在进行预告登记之后，登记权利人享有的债权就具有了对世效力，可以阻止登记权利人针对同一标的从事各种处分行为。由于合同债权没有对抗第三人的效力，因此通过预告登记的方式使债权通过登记的方式记载下来并予以公示，这样任何违反预告登记的不动产变动都不能发生物权变动的效力，从而使债权的请求权的实现得到保障。

3. 顺位保证的作用。这主要体现在以转让某项权利为请求权的标的，那么这项权利的日期就按照预告登记的日期来确定。[1] 例如，在设定在建工程抵押预告登记之后，如果工程建成后抵押人又对其设定了重复抵押，则在建工程抵押应当优先于其后的抵押权。再如，买受人在房屋尚未建成时，办理了期房登记，如果房屋建成后，开发商又在房屋上设立抵押。此时，应当优先保护买房人的利益。这就是说为了防止未来可能发生的因同一物之上多项物权并存和竞合的矛盾，通过预告登记的方法，将各项权利按照时间的先后顺序预先予以排列，并按照该顺序为每一个物权确定一个实现的顺序。需要指出的是，由于我国在抵押登记等方面采取的并不是顺位固定主义，而是根据登记的时间先后确立的顺序先后主义以及顺位升进主义，因此，在《物权法》规定预告登记之后，是否可以采取顺位固定主义，对此还有待进一步探讨。

4. 破产保护的作用。在办理预告登记之后，预告登记的请求权可以对抗不动产的所有权人和他物权人，从而保障请求权人取得不动产物权。这就意味着经过预告登记的请求权具有一种优先效力，可以在不动产的物权人陷于破产时对抗其他债权人，从而使保全请求权得到实现。例如，进行商品房预售登记之后，即便在房屋建成以后，开发商陷入破产，商品房买受人取得的房屋也不能列入破产财产。

5. 对第三人的效力。这就是说，基于预告登记，能够使普通债权产生一种对抗第三人的效力。例如，在办理商品房预售登记之前，当事人之间还是一种合同债权关系。在预告登记之后，合同债权应该产生一定的物权效力，买受人的合同债权具有对抗第三人的效力。如果开发商将该房屋另行出售，其行为不发生物权效力。当然，另行出售的买卖合同仍然是有效的。

三、商品房预售登记

所谓商品房预售登记，就是指在商品房期房买卖过程中，买受人为了保障自己能够依据合同完整地获得该房产的所有权，通过在实际交付之前的提前登记，使得自己的债权具有对抗其他权利人的效力。我国《物权法》第 20 条规定的预告登记，首先是针对商品房预售登记而作出的规定。通过确认商品房的预售登记，使买受人享有的债权取得了一种物权的效力，并能保障其将来取得物权，这对于保护小业主的利益、维护民众切身利益、维护房地产市场正常的交易秩序，具有十分重要的作用。

按照《物权法》第 20 条的规定，双方只有在签订商品预售房合同之后，按照约定达成协议才能申请预售登记。这就是说，是否办理预售登记，应当在合同中加以约定。如果房屋买卖合同中没有约定，当事人也可以签订补充协议进行预售登记。尽管《物权法》没有规定预售登记为强制登记，但从保护买受人的利益出发，笔者认为，开发商有义务在商品房预售之后办理预告登记，开发商无正当理由拒绝办理商品房预售登记的，应当承担相应的责任。但是，办理预告登记，必须要求买受人支付一定的阶款，如果仅仅只是签订了预售合同，而买受人没有支付任何价款，出卖

---

〔1〕 王轶：《物权变动论》，中国人民大学出版社 2001 年版，第 169 页。

人也没有义务为买受人办理预售登记。当然,出卖人自愿为买受人办理登记的,自无不可。

《物权法》第20条第1款规定:"当事人签订买卖房屋或者其他不动产物权的协议,为保障将来实现物权,按照约定可以向登记机构申请预告登记"。从该条规定来看,预告登记实际上产生"保障将来实现物权"的效力,这就是说,在预告登记时,还没有实际取得物权。预告登记不是对物权设定的登记,也不能因预告登记而产生物权,因为在房屋尚未建成的情况下,期房本身并不是有体物,不具有确定的支配对象,它和现房登记是不同的。在预售时房屋还没有建成,也没有实际交付,当事人并没有取得所有权。所以,不能认为预告登记取得物权的效力。

预告登记不仅仅产生一种普通债权的效力。因为办理预告登记仅仅产生普通债权效力的话,办理预告登记就没有什么意义。如果在预售登记以后买受人仍然只是享有合同债权而不具有性质与预售合同不同的权利,那么预售登记就没有必要了。因为预售登记作为一种公示方法,已经将预售预购商品房的权利对第三人作出了公示,第三人在购买商品房时已经知道了该项权利的存在,所以对某套或某层楼的期房买卖而言,如果买受人先前购买时已经进行了预售登记,那么买受人就应当查阅预售登记,不应再行购买该套房屋。所以,笔者认为,对于买受人的权利可以分为两个阶段:在预售登记之前,仅能基于买卖合同享有债权;在预售登记之后则是具有物权效力的债权,在学理上常常将它称为准物权。尽管此种准物权不以有体物为支配对象,但经过登记后,可成为一种具有物权效力的权利。

预告登记不产生优先购买的效力,因为法律上的优先购买权是指同等条件下优先购买的权利,如果不是同等条件,优先购买权就不能适用。而在办理预售登记的情况下,无论后买受人是否提出了更高的条件,都不能购买。所以,预售登记并不是使买受人取得了优先购买权。当然,在预售登记之后,出卖人并非不再享有任何处分权。如果买受人愿意放弃其优先顺位,甚至解除合同,则出卖人在后的处分仍然是有效的。

如何理解将来实现物权呢? 具体来说,这种效力,具体表现在如下方面:

1. 在房屋尚未建成以前,商品房预售登记主要产生的是一种具有一定物权效力的债权。这就是说,通过预先登记,买受人取得了优先于其他人而购买特定的商品房的权利,从而使其依据房屋买卖合同享有的债权得以实现。这种优先不是通常所说的优先购买权,而是指权利应当优先实现。一方面,通过登记的方法预先予以公告,从而将物权的公示手段用于对债权的保护,使买受人享有的债权具有了对抗第三人的效力。如果出卖人与第三人违反商品房预售的登记,而将一物数卖,预告登记的权利人有权主张以后的买卖合同不发生物权的效力,换言之,这些买卖合同在法律上是不能履行的。由于进行了预告登记,也可以使第三人知道某商品房已经预售,从而避免因出卖人的一物数卖而遭受损失。另一方面,在办理了预告登记之后,将限制出卖人的合同自由。也就是说,在办理了预售登记以后,出卖人不得随意对期房进行处分。实践中,由于市场价格的上涨,开发商可能将一物数卖,如果没有进行预售登记,即使以违约为由对开发商进行诉讼,那么因履行不能买受人也无法要求实际履行,这样将对买受人极为不利,因为房屋价格的上涨使开发商即使承担了违约责任仍然可以从中获利,也就是说,因市场价格波动而产生的利益归属于开发商了,而该利益本应属于预售登记的买受人享有。所以,通过预售登记就能够充分维护买受人的债权。当然,办理期房登记之后,如果买受人抛弃了这一权利,则出卖人可以处分该期房。

2. 在房屋建成以后,由于物权的客体已经形成,不动产所有权因事实行为的完成而发生,而当事人之间已经就房屋所有权的移转达成了合意并且办理了商品房预售登记,因此在房屋建成之后,受让人有权依据预售登记直接请求办理所有权登记。如果出卖人已经为其他买受人办理了现房登记,预告登记的权利人有权请求更正登记。既然买受人已经享有了一种准物权,那么房屋一旦合法建成、房屋所有权依法发生,那么买受人就应当直接申请办理初始登记,将房屋所有权登记到自己名下。即使在房屋建成之后,由于开发商将房屋一物数卖,并且为现房的买受人办理了所有权移转登记,商品房预告登记也应当优先于该现房登记。

3. 在办理了预告登记之后,如果开发商将整个建筑物进行抵押,抵押权无法对抗预售登记的权利人所享有的权利。因为在办理预告登记之后,抵押权人有义务查询是否存在预告登记。如果其没有查询,应当承担相应的风险。

为了进一步明确"保障将来实现物权"的效力,《物权法》第 20 条第 1 款规定:"预告登记后,未经预告登记的权利人同意,处分该不动产的,不发生物权效力"。一方面,此处所说的"不动产"是指已经建成的房屋。这就是说,在房屋建成以后,如果出卖人未经权利人同意而处分了该不动产,则即使为其他买受人办理了现房登记,也不能发生物权变动的效力。处分不动产包括将该不动产抵押、转让等。如何理解此处规定的"不发生物权的效力"? 这就是说,一方面,未经预告登记的权利人同意,处分该不动产的,合同仍然有效。依据《物权法》第 15 条的规定,登记并不直接决定合同的效力,没有办理登记,合同仍然是有效的。即使在出卖人一屋数卖的情况下,出卖人在房屋建成以后,将房屋转让给预告登记权利人以外的人,并为其办理了现房登记,该现房登记应当被更正。但这并不影响合同的效力,买卖合同仍然有效,只不过是因为履行不能,而将使出卖人承担违约责任。另一方面,出卖人将不动产进行了处分,即便办理了登记手续,预告登记权利人也有权要求更正登记。当然,如果登记权利人同意出卖人将该房产卖给其他人,则视为登记权利人放弃了其权利,出卖人的处分行为是有效的。

4. 如果开发商资不抵债,要执行其财产,则买受人的期房登记可以对抗开发商的债权人。尤其是在开发商破产的情况下,如果房屋已经建成,已经办理了期房登记的买受人可以优先受到保护。笔者认为,在此情况下,可以允许将预告登记转变为现实的登记。此外,在实践中,有的开发商在房屋预售后收取了买受人的房款,但由于开发商对外经营不善,负债累累,债权人要求开发商清偿债务,最终造成期房甚或已经建成的房屋被法院查封或强制执行,此时如果不赋予预售登记的买受人享有准物权并能对抗第三人,买受人的利益就根本不能得到有效的保障。

在房地产开发过程中,由于许多开发商在出售期房以后,又以所谓在建工程的形式将期房进行抵押,甚至将整个建成的房屋在出售以后再行抵押给他人,开发商因为房屋建成后没有及时向承包人支付工程款,承包人依据《合同法》第 286 条的规定而享有优先权。如果买受人在预售登记后不享有准物权而仅仅享有债权,根本就无法对抗其他的权利人。这样买受人在支付房屋款后可能会两手空空。目前我国房地产市场中存在的较大风险,其中一个原因就是没有确立买受人的物权人地位,法律保障机制不充分,所以在《物权法》设定预告登记之后,就能够对买受人的利益加以充分的保护。

四、预告登记的办理

我国《物权法》第 20 条第 1 款规定:"当事人签订买卖房屋或者其他不动产物权的协议,为保障将来实现物权,按照约定可以向登记机构申请预告登记。"据此,有不少学者认为,此处提及按照约定来办理预告登记,因此预告登记的申请应当以当事人的特别约定为前提。只有当事人约定了办理预告登记,才能办理;如果没有这种约定,当事人不能单方申请办理预告登记。

此种观点不无道理。笔者认为,所谓"按照约定可以向登记机构申请预告登记",这里强调的约定实际上是指对哪些内容要办理预告登记进行约定,如抵押权的顺位是否办理预告登记、工程款是否需要办理预告登记,这些权利担保的主债权数额是多少,需要按照当事人的约定来办理预告登记。但这并不是说所有的预告登记都要在当事人达成协议的情况下才能办理。对此要区分两种情况:其一,对商品房预售登记,其预告登记的内容没有必要特别约定,尤其是《城市房地产管理法》等都规定了商品房预售登记实际上是房地产开发企业应当负有的义务,[1] 从保护买受人的利益,尤其是保护买受人将来取得物权,必须强制性地要求开发商办理预告登记。其二,其他类型的预告登记,对此种类型的登记,可以由双方通过约定来确定。

五、预告登记的失效

《物权法》第 20 条第 2 款规定:"预告登记后,债权消灭或者自能够进行不动产登记之日起 3 个月内未申请登记的,预告登记失效。"因此,预告登记在出现两种情况时,将自动失效:其一,债权消灭。由于在预告登记情况下,房屋尚未建成,权利人享有的只是一种债权,如果债权因为某种原因消灭,则预告登记自动失效。例如,买受人在购买期房之后,拒不支付房款,构成严重违约,出卖人根据合同解除权而解除合同。在合同被解除后,预告登记因失去了基础关系而失效。当事人也应该办理预告登记的注销手续。其二,自能够进行不动产登记之日起 3 个月内未申请登记,即能够办理现房登记而在一定期限内未办理登记的,预告登记失效。预告登记设立的目的是为了保护权利人将来取得物权,在可以办理现房登记的情况下,买受人应该及时去办理现房登记。如果在一定期限内不办理,就表明预告登记的权利就不应当受到保护,这里所说的能够办理是指权利人能够办理现房登记,在权利人不能办理现房登记的情况下,预告登记仍然有效。

第八节　登记机构的责任

如前所述,登记的内容正确与否不仅影响到交易当事人的利益,而且也影响到交易的安全和秩序。但登记发生错误也可能会给真正权利人和交易当事人造成损失。一方面,如果对登记审查不严,某人因故意或过失将他人的财产登记在自己名下,就会使真正的权利人蒙受损失;另一方面,如果对登记审查不严而发生登记错误,使善意相对人与登记权利人发生了交易,以后因登记内容的更正也会造成善意相对人的损失。在因登记错误而使真正权利人和善意相对人发生损失时,有关登记申请人和登记机构依法有义务作出赔偿。

一、当事人提供虚假材料申请登记的责任

《物权法》第 21 条规定:"当事人提供虚假材料申请登记,给他人造成损害的,应当承担赔偿责任。因登记错误,给他人造成损害的,登记机构应当承担赔偿责任。登记机构赔偿后,可以向造成登记错误的人追偿。"该条首先确定了当事人提供虚假的权属证书等证明材料申请登记,给他人造成损害的责任。所谓申请人提供虚假材料造成损害要承担责任,就是指登记申请人在申请登记的时候,以故意伪造、篡改等方式提供虚假材料,如伪造他人的身份证和产权证、授权委托书等材料,将他人的财产设定抵押并进行登记,或者非法处分他人的财产等。这些弄虚作假的行为都可能造成真正权利人的损害,如设定抵押之后因为抵押权的执行,使得真正权利人的财产所有权丧失。当事人提供虚假的权属证书等证明材料申请登记,给他人造成的损害可能是重大的,

---

[1] 《城市房地产管理法》第 45 条。

只要造成了损害,无论登记机构是否存在审查过错,真正权利人都有权请求登记申请人承担责任。然而,这并不是说,当事人提供虚假材料申请登记,给他人造成损害的,完全都由当事人负责,而登记机构就不承担任何责任。登记机构如果没有尽到审查义务,也要承担责任。

二、登记机构的责任

(一)登记机构的责任性质

所谓登记机构的责任,是指登记机构没有尽到法律规定的职责,造成登记错误,给权利人造成损害时所应承担的责任。此种责任在性质上具有如下特点:

1.登记机构的责任在性质上是一种民事责任,而不是行政责任。《物权法》第21条规定登记机构的责任是一种赔偿责任,表明了这是对受害人承担的一种责任。因为在登记错误的情况下,给受害人造成了损害,仅仅承担行政责任不能有效弥补受害人的损害,因此有必要通过承担民事责任来尽量弥补受害人的损害。但是这种责任究竟是国家赔偿责任还是民事赔偿责任,《物权法》没有对此作出明确规定。笔者认为,此种赔偿既不是国家赔偿责任,也不完全是民事赔偿责任,因为完全采用国家赔偿对受害人的赔偿是不充分的。当然,如果完全采用民事赔偿,行政机关也难以承担巨额的赔偿费用。但将来要通过建立赔偿机制逐渐过渡到民事赔偿,如建立赔偿基金。从目前情况来看,还很难承担民事责任。这是因为目前登记机构主要还是行政机关,完全由行政费用来承担赔偿责任是很困难的,加上《物权法》对登记的收费标准也作出了限制,因而行政机关目前财政能力还不足以承担侵权的民事赔偿责任。但从将来的趋势来看,通过登记机构的统一、赔偿基金的建立,应当逐步过渡到完全的民事赔偿。从国外的经验来看,德国对此设有专门的赔偿基金,以弥补公信力制度可能造成的对真实权利人利益损害的缺陷。笔者认为这些经验是值得借鉴的。

2.登记机构的责任既可能是过错责任,也可能是严格责任。登记机构因各种原因造成登记错误,给当事人造成重大损失的,登记机构应当依法承担赔偿责任。因为,一方面,登记机构不能仅仅只享有收费的权利,而不对错误登记的后果负任何责任。必须要使登记机构在享受一定利益的同时承担一定的责任。现在许多登记机构注重收取登记费用,有的登记机构甚至不断提高登记费用,但很少注意到其应尽的职责,这就没有体现权责对等的原则。另一方面,登记机构对登记内容不承担任何责任,不利于加强登记机构的职责,促使其认真审查登记的内容,力求使登记的内容真实可靠。尤其是如果实行登记的实质审查制度,也必须要使登记机构承担一定的义务和责任,否则负责登记的机构很难有压力和动力来履行实质审查的义务[1]。还要看到,如果因为登记机构的工作人员的严重过错甚至与他人相互勾结、恶意串通,造成交易当事人损害,而登记机构和有关工作人员不承担任何责任,对受害人也是极不公平的。根据我国台湾地区"土地法"的规定,因登记错误遗漏或虚伪致受损害者,由该地政机关负损害赔偿责任。但该地政机关证明其原因应归责于受害人时,不在此限。笔者认为这一经验是值得借鉴的。

根据《物权法》第21条的规定,可以认为登记机构的责任在性质上分为两类:一类是第21条第1款所规定的过错责任,即当事人提供虚假申请材料,如果发生登记错误,登记申请人首先应当承担责任,同时并不免除登记机构的责任。但登记机构的责任只限于其未能按照《物权法》第12条等规定依法履行审查义务,造成登记错误,才应当承担责任。所以,此种责任严格地讲是过错责任。第二类是严格责任。这就是说,只要出现了《物权法》第21条第1款以外的情况,造成

〔1〕 许中缘、杨代雄:"物权变动中未登记的受让人利益的保护",载《法学杂志》2006年第1期。

登记错误,并给他人造成损害,登记机构都应当承担责任。《物权法》第21条所说的"登记错误"是一个范围比较宽泛的概念,它首先是指登记的状况与实际状况不一致、不符合,但造成这种现象的原因很多,除了登记申请人弄虚作假、登记机构没有尽到审查职责以外,对其他原因造成的各种登记错误,登记机关都要负责。例如,因为登记机构的工作人员严重失职或者与登记申请人相互勾结,造成登记错误等,给有关利害关系人造成了损害,侵害了真正权利人的权利,这些情况都属于登记错误的范围。但由于这些情况比较复杂,不容易全部列举,故使用了登记错误一词。对此种登记错误,登记机构所承担的责任是严格责任,而不是过错责任。

3. 登记机构的责任不是补充责任而是单独责任。所谓补充责任,是指先由造成登记错误的人承担责任,再由登记机构承担责任。所谓单独责任,是指由登记机构直接对因登记错误而遭受损害的当事人负责。笔者认为登记机构的责任不是补充责任,因为对受害人而言,没有一个先后顺序的要求,即其可以直接起诉登记机构。《物权法》第21条第2款规定了登记机构赔偿后,可以向造成登记错误的人追偿,由此表明登记机关的责任,不是在提供虚假材料申请人赔偿损失之后承担补充责任,而是要依据受害人的请求承担单独赔偿责任。

4. 登记机构的责任,以发生实际损害为前提。发生登记错误必须要造成实际损害,如房屋因登记错误而被抵押或者转让,造成真正权利人丧失权利或者承受负担的实际损害后果。如果没有造成实际损害后果,登记机关应该履行更正登记的义务,但不应当承担赔偿责任。

(二)登记机构的责任的类型

关于登记机构的责任,主要包括如下几个方面:

1. 当事人提供虚假的权属证书等证明材料申请登记,给他人造成损害,登记机构没有尽到审查职责。这就是说,如果登记申请人提供虚假材料在登记机构办理登记,登记机构能够审查但并未尽到审查职责的,应该拒绝登记但作出了登记决定,从而导致损害的发生,对此,登记机构应当承担赔偿责任。按照《物权法》第12条第1款的规定,登记机构有义务"查验申请人提供的权属证明和其他必要材料",登记机构没有尽此种查验义务,对造成的损害应当承担责任。当然,在此应该区分两种情况:一是因为登记申请人自己弄虚作假而登记机构已经尽到了自己的职责;二是登记机构具有过错。例如,某人将单位委托其保管的房产,登记在自己的名下,其提供的有关文件残缺不全,但登记机构未予审查,便为其办理了登记手续,并将该项产权记载在该人的名下。如果登记机构已尽到审查责任,登记机构不应承担责任,而应由弄虚作假的申请人承担责任。

2. 因为登记机构的其他行为造成真正权利人损害的,登记机构应当承担责任。

(1)因登记机构的应当实地查看而未查看造成登记错误的。例如,某栋房屋已经因为市区重新规划而拆除,但是登记申请人仍然申请了权属登记,并进行了抵押。此时,登记机构本来应该进行实地查看而未查看,并办理了抵押登记,由此造成抵押权人损失的,登记机构应该承担赔偿责任。

(2)无正当理由拖延登记时间。例如,本应及时给某个登记申请人办理登记手续,而因登记机构无正当理由拖延办理致使某项物权被他人登记,造成该登记申请人的损害。

(3)登记机构的工作人员故意与他人相互勾结、恶意串通,造成交易当事人损害,工作人员应当承担行政责任,严重的甚至要追究其刑事责任。在此情况下,登记机构仍然应当承担相应的民事责任。

(4)应当办理登记而无正当理由拒绝办理登记,给有关利害关系人造成损害。例如,某银行要求到登记机构办理抵押权登记,登记机构以该房产没有经过登记机构评估为由,拒绝办理登记,致使该抵押权未能设立,给该银行造成重大损失。

(5)登记簿与权属证书不一致,登记机构对权属证书拒不更正,由此给他人造成损失。例如,登记机构发放的权属证书有误,使得权利人不能凭该权利证书办理抵押,从而给权利人造成损害。

(6)在办理了异议登记之后,登记权利人将其不动产转让给他人,而登记机构仍然为其办理过户登记。

(7)无故拒绝有关当事人的正当的查询登记的请求。例如,相对人在与某人从事交易的过程中要求查询某项不动产之上是否设定了担保或其他负担,而登记机构无正当理由拒绝查询,致使交易当事人蒙受损害。

《物权法》第21条第2款规定:"因登记错误,给他人造成损害的,登记机构应当承担赔偿责任。"这就是说,除了因为登记申请人自己弄虚作假而登记机构已经尽到了自己的职责,登记机构不承担责任之外,对因其他原因引发的登记错误,登记机构都应当承担责任。登记机构的责任在性质上应当是民事侵权责任。在登记发生错误的情况下,如果登记机构造成了利害关系人损失,登记机构和利害关系人之间并不存在合同关系,所以,登记机构不承担合同责任。而在因为登记机构的过错,给利害关系人造成损失的情况下,已经构成了侵权,登记机构应当承担侵权损害赔偿责任。

(三)登记机构的追偿权利

《物权法》第21条第2款规定:"登记机构赔偿后,可以向造成登记错误的人追偿。"这就是说,受害人可以就登记错误对其造成的损害,直接请求登记机构承担责任,而登记机构也有义务承担责任。登记机构赔偿后,可以向造成登记错误的人追偿。

对该条的规定有两种认识:一种理解认为登记机构先予赔偿的情形应当限于申请人提交虚假材料之外的其他情形。换言之,如果申请人提交虚假材料造成登记错误,则受害人不能直接请求登记机构承担责任,自然也就不存在登记机构追偿的问题。因此,这里所言的造成登记错误的人,应当是登记机构从事登记工作因其过错造成登记错误的工作人员。另一种理解认为,只要存在错误,登记机构都应当先行承担赔偿责任。即便是申请人提交虚假材料造成登记错误,受害人也有权请求登记机构承担责任,因此,这里所言的造成登记错误的人,就是指提交虚假材料的申请人。而登记机构作为国家机关,按照我国侵权责任的有关规定,通常是不能对其工作人员进行追偿的。笔者认为,从保护受害人利益的需要出发,也为了督促登记机构提高工作水平,只要造成《物权法》第21条第2款所说的登记错误,不管是什么原因造成的,如果受害人请求登记机构赔偿,登记机构都应当赔偿。但登记机构赔偿之后,有权享有向造成登记错误的人进行追偿的权利。如何理解"造成登记错误的人"? 笔者认为,此处所言的造成登记错误的人包括的范围很广,包括中介机构(如测绘机构提供了错误的测绘报告导致面积登记错误)、登记机构有过错的工作人员、提交虚假材料的登记申请人等。当然,登记机构追偿权的范围究竟有多大,应当根据对造成损害有过错的各方各自的过错大小和原因力比例来确定。

最后,应当指出,登记的方式也应当有所改进。现代社会网络非常发达,许多信息都可以在网络上非常方便快捷的获取,因此从方便当事人尤其是外地当事人查阅登记簿以及节省费用的角度看,应将各地登记机构的各种登记簿上网,以便当事人可以通过因特网进行查阅。否则就会给当事人无形中增加大量的交易成本。

第六章 动产交付

第一节 关于财产交付的概念和效力问题

《物权法》第23条规定:"动产物权的设立和转让,自交付时发生效力,但法律另有规定的除外。"从这一规定可见有关动产物权的变动应当适用交付并移转占有的规则。具体来说,有关《物权法》第23条的规定可以从如下几个方面理解:

1.动产物权的设立和转让的公示方法是交付。任何动产物权的变动,除了法律有特别规定以外,都要遵循法定的公示方法作出交付。即使是采用登记对抗主义,要发生物权变动也必须交付,否则不发生物权变动的效果。何谓交付? 交付是指权利人将自己占有的物移转其他人占有的行为。简言之,交付意味着占有的移转。动产的交付自动产移转给受让人占有时完成。

需要指出的是,尽管《合同法》中也规定了出卖人的交付义务,[1]但《物权法》中的交付不同于《合同法》中的交付。其主要区别表现在:①从交付的目的来看,合同中的交付只是合同履行的一部分,完成交付就是履行合同。而《物权法》中,交付只是作为一种公示方法,形成一种权利外观,发生物权变动的效果。②《合同法》注重交付过程,在《合同法》中交付可以采取各种方式,但无论采用何种形式都必须要遵循合同的规定。如果在交付过程中存在瑕疵,都可能构成违约。而《物权法》注重的是交付的结果,一般不考虑交付的过程,换言之,要考虑是否实际发生了占有的移转。所以在《物权法》中,交付作为一种公示方法,是与占有联系在一起的。即使先前交付了,而后来没有占有,也不能发生物权变动。即使交付过程存在着瑕疵,已经交付也可以发生物权的变动。③在《合同法》中,交付可以采取多种方式。例如,如果合同约定由转让人送货的,转让人在交货地点将标的物交给受领人点收完毕,可以视为交付。如果合同中约定,由转让人代办托运或邮寄的,转让人将标的物交给第一承运人或邮局,可视为交付。但是在《物权法》上,这些交付可能不能成为一种公示方法。当然,承运人、邮局等接受交付,如果可以视为受让人的受领辅助人,也可以认为完成交付。④《合同法》上的交付可以是实物交付,也可以是拟制交付,但《物权法》上的交付通常是实物交付。交付最初是指对物的实际控制,如出卖人将物直接交付给买受人。可见,直接占有的移转仅限于实物的交换。随着商品交换的发展,特别是财产证券化的形成,实物的交换显然不能概括全部的交换现象,因而法律逐渐承认了拟制的交付方式。所谓拟制的交付,是指移转所有权的一方将标的物的所有权凭证如仓单、提单等交给受让人,以代替物的现实交付。拟制交付方式的发展进一步加速了财产的流转。所以,《合同法》既承认实物交付,也承认拟制交付,但《物权法》上的交付只能是实物交付。

在《物权法》上,交付是指将自己占有的物移转给他人占有的行为。完成现实交付必须具备

---

[1] 《合同法》第133、135~136、138~141条。

两个要件:①对标的物的实际控制发生移转,即由交付的一方移转给另一方,由另一方实际控制,交付的完成重在结果,而不在过程,即必须完成实际控制的移转,只要完成这种实际控制的移转,即使没有交付的过程也应构成交付(如简易交付)。②必须是受让人接受占有,如交付一方将标的物置放于受让人控制的范围内,但未作通知,受让人未接受交付,主观上也无占有的意思,因此不能构成交付。当然,在特殊情况下,根据交易习惯只要一方置于另一方控制范围内也构成交付,如将信件投置于受信人的邮筒。除了现实交付之外,还存在观念交付,主要是指在法律规定的情况下,即使不实际移转占有,也可以完成交付行为。我国《物权法》第 25 条 ~ 27 条就对此种情况进行了特别规定。

2. 交付是法定的义务。依据《物权法》第 23 条的规定,在《物权法》上交付是动产物权变动法定的公示方法,因此,当事人要完成物权变动,必须要依法履行交付的义务,否则,即使合同有效,动产物权也不能设立或发生变动。交付不是一种约定的义务,而是一种法定的义务,在发生物权变动时,当事人不能通过合同随意免除交付的义务,也不能擅自约定交付的方式和交付的效力。例如,当事人不能在合同中约定,在设定质押时,可将某物交付给质押合同当事人以外的任何人,视为交付。

当然,交付不一定由物权设定人和转让人亲自进行,其也可以由占有辅助人基于权利人的授权而完成交付。所谓占有辅助人,就是指基于占有人的意思,实际占有标的物的人,如公司的出纳、商店的销售人员。占有辅助人进行的交付行为一旦完成,也应当发生交付的法律效果。

3. 交付完成将发生动产物权的变动。交付完成就是指转让人已经将动产交付给了受让人,或者权利设定人将动产交付给了权利人。判断交付是否完成,关键看是否发生占有的移转。如果只是提出交付,而没有实际交付,不能认为动产物权发生变动。在交付完成之后,对物权变动的作用主要表现在以下两个方面:

(1)物权的设定。在物权的设定过程中,交付也可以成为动产物权设定的一种公示方法,这主要表现在质权的设定方面,必须以移转占有即交付为要件,只要动产已完成实际交付便可设立质权。占有始终伴随着质权的存在,如果占有中断了,质权也将不复存在。至于交付行为本身是否为第三人知道并不重要。换言之,关键在于是否通过交付使占有发生了移转,而不必要求必须"公诸于世"。由于财产的交换本身的复杂性,在不同的情况下,交付的形式是不同的。

(2)物权的转让。动产所有权的移转,必须交付才能生效。既然交付意味着占有的移转,为什么这种占有的移转会导致所有权的移转呢?而在所有权权能移转时,因所有物与所有人的分离也会发生占有的移转,为什么所有权并不发生移转?其原因为:在因交付导致所有权移转的方式中,交付之前当事人之间已存在着移转所有权的协议,由于该协议的存在,财产一经交付便发生移转所有权的效果。可见,占有的移转与所有权的移转是既相联系又相区别的概念,没有所有权移转的合意,单纯的占有移转并不是发生所有权移转为效果的财产交付。交付作为移转财产合同的组成部分,它是移转财产一方当事人的基本义务。例如,买卖合同中交付标的物是出卖人的主要义务。当事人按照合同约定的地点、时间及方式交付标的物时,也要按照合同约定的质量、数量等完成交付义务,总之,交付就是要履行合同所约定的义务。如果在买卖合同中出卖人未按合同约定的期限履行而提前交付或迟延交付,或交付的标的物有瑕疵,或交付标的物的数量不足,显然不符合合同的约定,也不构成真正的交付。因而将交付行为与买卖合同割裂开来,无法判断物权的转让,但仅有合同而没有完成交付,也不发生物权变动的效果。

4. 法律有规定的除外。物权作为一种对世权,具有公信力,如果任由合同排斥适用动产物权的公示方法,就可能发生各种纠纷。所以,依据《物权法》第23条的规定,法律另有规定可以不适用交付的规则。所谓法律另有规定,主要是指两种情况:①《物权法》第25~27条的规定;②动产担保中有关登记的规定。依据《物权法》第189条的规定,在动产抵押时,应当依法办理登记,而不采用交付的方法。这就是说,从交付时起,动产物权的设立和转让才发生效力,但法律对动产物权的设立有特别规定的,适用法律规定。

第二节 有关交付的特殊规则

交付分为现实的交付和观念的交付两种情况。所谓现实的交付,是指动产物权的出让人将动产的占有实际地移转给受让人,由受让人直接占有该动产。简单地说,现实交付就是将物从一个人的控制转移到另一个人的控制之下,从而发生动产占有的实际移转,这是交付的一般情况。在采用现实交付之前,标的物通常处于出让人占有之下,出让人按照约定将标的物移转至受让人占有之下,视为交付。当然,直接交付行为并不一定完全由出让人亲自进行,出让人也可以委托其履行辅助人完成交付行为。

所谓观念交付,是指在特殊情况下,法律允许当事人通过特别的约定,并不现实地交付动产,而采用一种变通的交付办法,来代替实际交付。允许观念交付可以充分尊重当事人的意志,减少因实际交付所付出的交易费用,使交易更为便捷。我国《物权法》第25条~27条规定了三种观念交付的形式。需要指出的是,《物权法》对观念交付的规定与《合同法》的规定不同。[1]《合同法》主要规定的是买卖合同中移转所有权的交付,而《物权法》规定的则是动产物权设立、转让中的交付,因此较之于《合同法》对交付的规定,其适用范围更为宽泛。所谓动产物权设立过程中的交付,主要是指动产质权的设立过程中的交付;所谓动产物权移转中的交付,主要是指动产所有权的移转过程中涉及的交付,如双方通过买卖合同来转移动产所有权。

一、简易交付

所谓简易交付,是指动产物权设立和转让前,如果权利人已经依法占有了该动产,就无需再行实际交付,从法律行为发生效力时起直接发生物权变动的效力。例如,出让人在转让动产物权之前,受让人已通过委托、租赁、使用、借贷等方式而实际占有了该动产,则从移转标的物所有权的合同生效之时起,视为交付。也就是说,双方当事人以动产物权转让的合意来代替对动产的现实的交付,此种交付又称为无形的交付。我国《合同法》第140条规定:"标的物在订立合同之前已为买受人占有的,合同生效的时间为交付时间。"这是从买卖合同角度规定的简易交付,而《物权法》第25条则进一步从物权的角度进行了规定:"动产物权设立和转让前,权利人已经依法占有该动产的,物权自法律行为生效时发生效力。"构成简易交付的要件有:

1. 动产物权设立和转让前,权利人已经依法占有了该动产。在简易交付中,所谓权利人,是指受让人或者质权人等合法占有人。例如,甲欲将其所有的汽车转让给乙,而转让前乙已经实际占有该汽车。至于受让人占有的原因可以不予考虑,但根据《物权法》第25条的规定,要求权利人的占有必须合法。因为权利人如果非法占有财产,就应当返还财产,不能发生简易交付的效力。

---

[1]《合同法》第140条。

2. 双方实施了某种法律行为,且已经生效。此处所说的法律行为主要是指物权转让、设立的合同。例如,银行与贷款人在办理质押合同前已经占有了汽车,双方订立了质押合同,则质押合同生效时,质押权即时生效。

3. 物权自法律行为生效时发生效力。在简易交付的情况下,由于双方已经达成了移转所有权的合意,同时标的物已经发生了占有的移转,因此没有必要再继续完成交付行为。在这种情况下,合同生效时,物权变动发生法律效力。

在简易交付之前,尽管新的权利人先前已经占有了负有交付义务的人的财产,但这种占有只是一种他主占有,即不是以所有人的意思而进行的占有。对负有交付义务的人来说,先前尽管没有实际占有其物,但仍然构成自主占有,即以所有人的意思所进行的占有。在简易交付时,负有交付义务的人仅将自主占有的意思授予新的权利人,使其从他主占有变为自主占有,以代替现实的交付行为。因此,许多学者认为简易交付是一种纯粹观念的交付。[1]

二、指示交付

所谓指示交付,是指当事人在动产物权设立和转让时,如果该动产已经由第三人占有,负有交付义务的人可以将其对第三人的返还请求权转让给新的权利人,以代替物的实际支付。此处所言的负有交付义务的人主要是指出卖人、出质人等。我国《物权法》第26条对此作出了规定。在学理上,指示交付又称为让与返还请求权或返还请求权的代位。指示交付的目的是为了保障第三人对标的物占有的延长,从而进一步发挥物的使用效益。构成指示交付必须具备如下条件:

1. 必须要在物权设立和转让前第三人依法占有该动产。通常,当事人设立和转让物权不仅仅要求出让人享有物权,而且要求出让人实际占有物权的标的。但指示交付的情况不同。一方面,负有交付义务的人并没有实际占有该动产,而由第三人占有该动产。例如,某辆汽车在设定质押前,已经由质押人借给了第三人使用,并由第三人占有。另一方面,第三人的占有必须是合法占有。如果是非法占有,第三人本来应当返还其占有的财产,因而不能适用指示交付。根据《物权法》第26条的规定,动产物权设立和转让前,第三人依法占有该动产的,负有交付义务的人可以通过转让请求第三人返还原物的权利代替交付。因此第三人的占有必须是合法占有。但笔者认为,第三人不管是合法占有还是非法占有,都可以使转让人享有请求权并请求转让,非法占有也可以产生指示交付。只要受让人愿意接受这种权利,就意味着受让人愿意承担将来权利可能不能完全实现的风险。

2. 转让人应对第三人享有返还原物请求权。通常转让人要享有本权,才能享有返还原物请求权。如果转让人的财产被第三人占有以后,转让人不知道占有其动产的人是何人,因而不能对特定的占有人提出请求,也不能实行指示交付。如果转让人先前仅仅是基于占有而享有返还占有请求权,并不能基于物权享有对该物的返还原物请求权,也不能转让返还请求权,并发生物权变动的效果。

3. 双方当事人达成了转让返还原物请求权的协议。这就是说,本应由负有交付义务的人将该物从第三人处取回,再行交付,但由于该物由第三人占有,为了减少交付的费用,法律规定允许转让人将要求第三人返还原物的请求权转让给取得和受让物权的人,从而代替交付。但满足该要件,首先,必须要由双方约定,转让向第三人请求返还原物的权利。第三人是指合同当事人以外的实际占有物的人,或者是负有向转让人交付标的物义务的人,如标的物的保管人。其次,必

---

〔1〕 王轶:《物权变动论》,中国人民大学出版社2001年版,第149页。

须由负有交付义务的人向实际占有物的第三人作出指示。在指示交付中,转让人转让的返还请求权应当是对特定的第三人的返还请求权,这就必须要由负有交付义务的人向实际占有财产的第三人作出指示,表明该物的返还请求权已经转移给了权利人。因而权利人享有向第三人直接请求的权利。只有在指示到达第三人的情况下,其才负有向新的权利人返还的义务。新的权利人不能在第三人接到指示之前直接向第三人提出请求。

4. 从双方约定生效时,请求权发生转让并代替交付。在指示交付的情况下,请求权发生转让才能代替交付,这种交付不以标的物的实际转让为要件。只要双方约定生效,请求权发生转让,则物权发生变动。问题在于,在双方约定生效以后,如果转让人对第三人的返还原物请求权不能行使或行使遇到障碍,是否可以发生物权变动的效果,值得探讨。例如,转让人与第三人之间存在着保管关系,因转让人未支付保管费用,第三人因此享有留置权,第三人留置该物拒绝返还,在此情况下,是否能够在转让人和受让人之间发生物权变动的效果呢? 笔者认为,如果转让人不能实际行使返还原物的请求权,也就不能通过指示交付发生物权的变动。在转让人自己不能够行使物权时,自然不能将这种有瑕疵的权利转让给受让人。因为请求权转让之后才能替代交付,请求权有瑕疵就无法转让,物权也不能发生变动。

三、占有改定

(一)占有改定的概念

所谓占有改定,也称为继续占有,是指在动产物权转让时,如果转让人希望继续占有该动产,当事人双方可以订立合同,特别约定由转让人继续占有该动产,而受让人因此取得对标的物的间接占有以代替标的物的实际交付。《物权法》第 27 条规定:"动产物权转让时,双方又约定由出让人继续占有该动产的,物权自该约定生效时发生效力。"例如,甲将其房屋出卖给乙以后,乙并没有占有该房屋,双方又达成租赁合同,约定由甲继续承租并使用该房屋,此种情况就属于占有改定。占有改定的目的是要使转让人继续占有标的物,从而既符合转让人的要求又继续发挥物的效用。通过占有改定,不仅简化了交付的程序、降低了交易费用,而且有利于鼓励交易。

由于占有改定并没有实质上移转占有,受让人并没有现实的占有转让人转让的财产,所以占有改定并未形成物权法上所言的物权变动的外观,因为这一原因,占有改定是否能够作为公示方法,在《物权法》起草过程中是存在争议的。笔者认为,占有改定主要是合同法上的一种交付方法,当事人之间如何约定、产生何种关系,完全可以通过当事人的意思自治来解决;另外,合同法上关于交付的规定是任意性规范,当事人可以在合同中自由的约定。所以,当事人完全可以在合同中约定通过占有改定的方式进行交付。《物权法》规定占有改定,也有一定的道理,因为它有助于判断物权变动的时点。这就是说,自占有改定生效之日起,物权就已经发生了变动。另一方面,即便仅在当事人之间发生的占有改定,受让人也仍然有权对抗转让人。

正是由于占有改定没有发生实际占有的移转,而第三人很难知道当事人之间发生了占有改定关系,因此,如果转让人将财产转让给某一受让人之后,又将该财产转让给第三人,第三人有可能会善意取得该财产。例如,甲将其财产出让给乙以后,甲乙之间约定由甲继续使用该财产,甲将该财产再转让给丙。按照许多学者的观点,尽管甲和丙之间的买卖合同已经成立,但因为发生了占有改定的行为,甲已经不再是该财产的所有人。其处分该财产的行为构成无权处分,因此转让该财产的合同应当被宣告无效。笔者认为这一观点是值得商榷的。由于甲在转让财产以后继续占有该财产,丙基于对甲占有的信赖,而与甲完成了转让行为,丙主观上是善意无过失的,因此,应当基于善意取得制度即时取得所有权。

(二)占有改定的构成要件

占有改定的构成要件是：

1. 必须是在占有改定之前,转让人已经占有并且希望继续占有标的物。这就是说,在双方达成占有改定的协议之前,必须要由转让人实际占有动产。而转让人希望继续占有该动产,这样才有必要实行占有改定。

2. 必须双方达成物权变动的合意。因为双方在通过协议设置占有改定之前,双方必须要有设定和移转物权的合意,这样才能够通过占有改定而导致物权变动。例如,双方要约定移转所有权,才能为占有改定提供基础,没有合法有效的移转协议,就不可能发生占有改定。换言之,双方必须要约定所有权已经发生移转,如果仅仅只是发生占有的移转,而没有发生所有权的移转,则在性质上称为"抽象的改定",不能发生所有权的移转效果。如果双方没有明确约定所有权的移转,但双方实际达成了租赁合同、保管合同或借用合同等,并依据这些合同的规定,使原所有人继续占有该财产,可以认为双方形成了债的关系,但不能认为双方已经可以通过占有改定发生物权的变动。在移转协议订立的同时,双方通过约定由出让人继续占有该动产,此种约定便称为占有改定。

3. 必须要通过约定由转让人继续占有标的物。在占有改定的情况下,必须要双方当事人明确约定:即使通过买卖等方式移转了所有权等物权之后,仍然由原所有权人继续占有该物。双方明确约定占有改定,可以采取多种方式,如可以单独设立占有改定的合同条款,也可以通过单独订立买卖、租赁等合同使转让人继续占有标的物。在占有改定生效之后,转让人将取得对标的物的直接占有,对受让人来说,只是取得间接占有。在占有改定的情况下,受让人本来应当直接占有标的物,但因为占有改定而将使其本应取得的直接占有转化为间接占有。所谓间接占有,是指自己不直接占有某物,而基于一定的法律关系对直接占有其物的人享有返还请求权,因此对物有间接管领力。[1] 例如,一辆汽车转让之后,转让人从受让人处租用该汽车,可以继续占有该汽车,但是并不享有该汽车的所有权。在发生侵害占有的情况下,直接占有人和间接占有人都可以通过侵害占有之诉来获得保护。

4. 占有改定自转让合同生效时就发生效力。由于占有改定不发生标的物的实际交付,所以在占有改定的约定,如租赁、保管等方式的约定,自合同生效时就发生效力。此处所说的发生效力应该包括两个方面的效力:一是占有改定的效力,出让人和受让人之间通过租赁、保管等发生占有改定。在所有权移转之前,可以通过占有改定来代替实际交付。二是物权的移转发生效力,占有改定生效之后,标的物的所有权已经从转让人移转到受让人。

需要指出的是,我国《物权法》第 27 条规定占有改定仅仅只适用于动产物权的转让,而不适用于动产物权的设定。例如,当事人在设定动产质权时,不能通过占有改定的方式来完成公示,从而设定动产质权。这是因为在占有改定的情况下,仍然由转让人继续占有动产,如果允许占有改定也可以设定质权,那就根本无法取得物权设定的公示效果。相反,只能使第三人误以为该财产并不存在质权负担,因为第三人根本无从知悉出质人和质权人之间的内部协议。

---

[1] 王泽鉴:《民法物权(占有)》,台湾地区作者印行 1959 年版,第 43 页。

第三节　船舶、航空器和机动车等物权的变动

《物权法》第 24 条规定:"船舶、航空器和机动车等物权的设立、变更、转让和消灭,未经登记,不得对抗善意第三人。"这就是说,有关船舶、航空器和机动车等物权的设立、变更、转让和消灭,可以不经登记而发生物权变动,有关船舶、航空器和机动车等物权的变动适用登记对抗原则。这就是说,当事人可以办理也可以不办理登记。一般来说,通过登记的方式,可以有效地确认物权的归属,也有助于解决产权纠纷。但对船舶、航空器和机动车等物权,法律不实行强制登记,允许当事人就公示方法自由选择。对船舶、航空器和机动车等物权的设立采取登记对抗主义,这主要是因为,一方面,由于船舶、航空器、机动车在现实生活中始终不停地发生空间上的移动,在很多情况下实行强制登记对当事人从事交易会造成很多不便。例如,在异地要进行船舶抵押或者其他担保,如果采取登记要件主义,则必须回到此类财产的原始财产登记地,才能办理抵押登记,这对当事人非常不利。例如,某船旗国下的船舶因远洋航行至其他国家,而在该国又发生抵押情况,如果必须回到船旗国办理抵押登记,则会极大地增加当事人的交易费用,而且无法满足当事人的及时需求。另一方面,船舶、航空器和机动车等属于动产,权利人通常可以实施有效的占有,不予登记通常也不会发生很大的权属混乱,但如果办理登记,可能因这些财产时刻处在流动过程中,甚至在国际范围内运行,强制登记也不一定能够有效地确认这些产权的归属。此外,从绝大多数国家的立法规定来看,对船舶、航空器、机动车等都是采取登记对抗主义。我国《海商法》第 9 条第 1 款规定:"船舶所有权的取得、转让和消灭,应当向船舶登记机关登记;未经登记的,不得对抗第三人。"《物权法》正是在总结我国立法经验、借鉴外国立法经验的基础上,对船舶、航空器和机动车等物权的设立和变动采取登记对抗主义。

对船舶、航空器和机动车等物权的设立和变动采取登记对抗主义,这就是说,当事人双方就船舶、航空器和机动车等物权的设立、变更、转让和消灭达成协议的,即使没有办理登记手续,在当事人之间仍然可以发生物权变动的效果。如果涉及物权的转让,则受让人可以依法取得物权,只是此种物权不能对抗善意的第三人。关于船舶、航空器和机动车等物权的设立和变动采取登记对抗主义,应当注意如下几点:

1. 必须要实际发生了交付行为。尽管在登记对抗模式中不需要办理登记,但仍然需要交付。因为如果没有实际交付动产,即使受让人交付了价款,双方之间也只是形成了债的关系,不能认为双方之间形成了物权的关系。之所以如此理解,是因为我国《物权法》第 6、23 条都强调,动产物权的设立和转让自交付时发生效力,单纯的合同一般不能发生物权变动。第 23 条所言的法律另有规定的情况,主要是指动产抵押等无需交付的动产物权的设定。

2. 在登记对抗的情况下,并非完全不考虑登记。如果已经办理了登记,登记也可以成为确权的重要依据,只不过,登记不能成为确权的唯一依据。如果登记权利人在办理登记之前,就已经知道该财产已经转让,且已经交付,并为受让人占有,则登记权利人是恶意的,其不能依据登记取得物权。如果已经支付了房款,但在没有办理登记也没有实际交付的情况下,就不发生物权的变动,自然不适用登记对抗规则。

3. 未经登记不得对抗善意第三人。在通常情况下,善意的第三人是指对交付不知情、支付了合理对价并办理了登记的第三人。如何理解未经登记不得对抗第三人?如果已经登记并实际交

付,即使双方之间还存在着价款没有支付完毕等情况,也可以认为双方已经完成了物权的变动。但未经登记、已经交付之后,可以对抗恶意第三人。恶意第三人主要是指在发生物权变动之后,知道或者应当知道物权变动的事实的第三人。如果不能够对抗恶意第三人,则受让人取得的权利就不具有物权的效力,即不具有对世性。

关于未经登记不得对抗第三人的规则,第三人的范围如何界定,历来是学理上一个争议很大的问题,这个问题在实务中也不无意义。例如,甲乙双方就一艘船舶的转让达成协议,并已经交付,但未办理过户手续。在此期间,原所有权人将该船舶转让给他人或者设定抵押,先前的买受人因合法的转让取得物权,但是这种物权的对抗效力如何?在法律上值得研究。笔者认为,如果甲乙双方就一艘船舶的转让达成协议,并已经交付,即使没有办理登记手续,在当事人之间已经发生物权移转的效力。但是问题在于,该买受人享有的物权能否对抗以后的买受人或者抵押权人?笔者认为,首先,此种未登记的物权可以对抗一般的债权人,但是,不能对抗经过登记取得物权的善意的权利人。例如,后手的买受人只是一般的债权人,只依法取得了请求原所有权人履行交付义务的合同上的请求权。因而先前的买受人可以对抗后手的买受人。但是,对于抵押权人而言,因为其已经通过登记获得了抵押权,所以,未经过登记而取得物权的买受人,不能对抗已经登记的抵押权。当然,抵押权人在办理登记时,也必须是善意的,即不知道有物权已经转让的事实。由于抵押权登记在先,抵押权人不可能知道以后的转让情况。其次,此种未登记的物权不能对抗善意的第三人,而可以对抗恶意的第三人。例如,如果抵押权在转让时已经存在,抵押权人就是善意的第三人,他并不了解原所有权人又将船舶转让,受让人反而应当调查船舶上的权利负担。但是,如果抵押权设定在后,抵押权人明知船舶已经转让而仍然接受原出让人在该船舶上设定的抵押权,他就是恶意的第三人,即使抵押权已经登记,受让人也可以对抗抵押权人。这和民法上"不保护恶意"的诚信原则也是相符合的。

第三编 所有权

第七章 所有权的一般原理

第一节 所有权的概念

一般认为,大陆法的所有权概念来源于罗马法的"*dominium*"一词,根据西方罗马法学者的看法,"*dominium*"一词是在罗马共和国晚期出现的。[1] 在罗马法中,所有权表述为*dominium*,原有统治、管辖、控制、支配之意义,在法律上即是"对物完全的权利"。

《法国民法典》完全采纳了《法学阶梯》的体系,在第二编"财产及对于所有权的各种限制"中,虽未严格区分财产权利和权利客体,但该法典第516条将财产的范围规定为动产和不动产,从法典对财产的范围规定来看,财产不仅可包括所有权,还包括了其他权利。而第544条则将所有权定义为"对于物有绝对无限制地使用、收益及处分的权利,但法令所禁止的使用不在此限"。这是一种具体列举式的定义,即通过具体列举所有权的各项权能而给所有权下定义,这种方式易于使所有权为人们所了解。但不足之处在于,这种方式并没有,也很难概括出所有权的全部权能和作用。因为所有权的权能是不断发展的,法律上很难列举穷尽。例如,有关大楼的命名权、桥梁的名称权、街道的经营权、排污权等,很难在具体列举的模式中将这些权利概括在内。

《德国民法典》严格区分了权利客体与权利,将物作为权利客体移至总则部分,并将物权、债权和继承权作为三种不同性质的财产权,分别成编加以规定。根据《德国民法典》第90条的规定,作为权利客体的物仅仅指有体物。所有权是对有体物的支配权。《德国民法典》第903条认为,所有权是指"物之所有人,在不违反法律或第三人权利之范围内,得自由处分其物,并得排除他人对物之一切干涉"。可见,其不具体列举所有权的各项权能,而只是通过规定出所有权的抽象作用而给所有权下定义。在此种概括方式中,所有权被视为"一般的支配权,为他物权之泉源"。[2] 抽象概括式在逻辑上是十分严谨的,且能够解释各种从所有权中派生出来的新的权利。但其缺点在于,不能明确地表述出所有权的内容,对于确定权利人实际享有的权利并不十分有利。

根据我国《物权法》第39条给所有权下的定义:"所有权人对自己的不动产或者动产,依法享有占有、使用、收益和处分的权利"。可见,我国《物权法》采纳了具体列举的方式。根据《物权

---

[1] Gyorgy Diosdi, *Ownership in Ancient and Preclassical Roman Law*, pp.132,133.

[2] 史尚宽:《物权法论》,台湾地区作者印行1957年版,第55页。

法》上述规定,所有权具有如下几个特点:

1. 所有权是所有人依法享有的权利。《民法通则》虽然采取了列举式的方式,但摒弃了罗马法以及法国民法将所有权视为"绝对无限制"的权利的观点,而规定所有权是所有人依法享有的权利。换言之,所有权的取得必须合法。所有权的权能是由法律规定或赋予的,必须受到法律的限制。所有人行使所有权必须遵守法律的规定,不得滥用权利。

2. 所有权的主体为所有人。从法律关系的角度来看,所有权关系的主体则为所有人及除所有人以外的义务人。任何在民法上具有民事权利能力的主体均可取得所有权,不管这些主体在行政法关系、劳动法关系等关系中处于何种地位,他们都可以平等地依法取得所有权,从而成为所有权的主体。但是,对某些财产,法律规定只能由特定的主体所有。例如,在我国,土地只能由国家和农村集体组织所有,其他任何单位和个人都不能成为土地的所有人。所有权的义务主体是除所有人以外的一切不特定的人,他们都负有不得侵犯所有人的所有权的义务。我国《物权法》从所有制性质出发,规定了国家、集体、私人三种所有权类型。除此之外,《物权法》第69条也规定了社会团体的所有权。在我国现阶段,实行以社会主义公有制为主体的多种所有制形式,表现在法律上存在着国家所有权、集体所有权、私人所有权三种基本类型,因而从主体上看,表现为国家、集体组织和私人。

有一种观点认为,所有权主体应当与民事主体结构形态相一致,我国法律确认公民、法人是两类基本的民事主体,同时也确认了国家在特殊情况下也可成为民事主体,这样,所有权的主体结构应是国家、法人和私人。这种看法有一定道理,但是法人所有权的提法并没有被广泛采纳,尤其是全民所有制企业对其占有的财产是否享有法人所有权,在理论上存在很大的争论,现行立法对此也没有加以确认,因此法人所有权的提法尚不成熟。至于集体所有权,与法人所有权并不完全等同。我国《物权法》规定国家、集体、私人三种所有权类型,不仅符合我国国情,而且对于维护我国基本经济制度、保障社会主义市场经济发展,具有重要意义。

3. 所有权是独占的支配权。首先,所有权是一种支配权。所有权人在实际行使所有权过程中,常常将其所有权的权能依据法律规定和当事人之间的约定分离出去,正是通过这种权能分离使所有权人的意志和利益得以实现。所有权的权能可以依据所有人的意志和利益与所有权发生分离,但这并不导致所有人丧失所有权,因为所有人可以通过行使支配权而控制和实现其所有权。此时,所有人的所有权仍然存在的根据在于所有人享有法律所赋予的支配权。支配权是在同一物之上独立支配其物的排他的权利。其次,所有权是一种独占的支配权,即法律赋予所有人具有排他的支配力,因此产生了所有权的排他性原则,即一物不容二主,同一物之上只能有一个所有权,而不可能出现两个或多个所有权。一物一权乃是所有人对其物享有完全的、独占的支配权的必然引申,由此也导致了所有权与他物权的区别。具体体现在:其一,全面的支配与一面的支配,"对物之全面的支配与其一面的支配"是所有权与他物权的"质的差异"[1] 其二,恒久的支配与暂时的支配,所有权的存在没有预定的存续期间,当事人之间订立永远禁止对所有物进行处分的协定是无效的,[2] 而他物权都具有明确的存续期间,因而是暂时对物的支配。由于支配权是永久的,从而决定了所有权与诸种权能的分离不论经过多长时间,都只是暂时的分离,这些权能最终要并入所有权中,使所有权恢复其圆满状态,这即是罗马法所确认的所有权的"弹力

---

〔1〕 李宜琛:《日耳曼法概说》,商务印书馆1944年版,第49页。
〔2〕 史尚宽:《物权法论》,台湾地区作者印行1957年版,第56页。

性"或"伸缩性"原则。

4. 所有权是无期限限制的权利,这就是说,所有权在存续的期限上,是不存在着限制的。① 当事人不得创设有期限的所有权,如果物权一旦存有明确的期限,那么它就转变成为他物权。② 法律本身不能为所有权设定存续期限,不存在"暂时性"的所有权。③所有权不得因为不行使而 告消灭,这是所有权与其他权利尤其是债权的一个本质性区别。④只要物持续存在,所有权就一 直存在。⑤所有权的无期限与"时效取得"并不存在矛盾。时效取得制度是他人在平和、持续地 占有物达到一定期限以后,可以取得物的所有权。这里,原所有人丧失所有权并非是其不行使所 有权所致,而是基于他方的占有行为。[1]

5. 所有权是完全物权,它包含了四项权能。根据我国《物权法》第 39 条的规定,所有权人对 自己的不动产或者动产,依法享有占有、使用、收益和处分的权利。可见,所有人享有的四项权能 组成了法定的所有权的内在结构。由于所有权包含了四项权能,因此,所有权权能是完整的。相 对于他物权来说,所有权是"完全物权"。当然,应当看到,随着社会经济生活的发展,所有权的 权能也在不断变化,四项权能也不一定能够完全概括所有权的各项权能。

综上所述,我们可以对所有权下这样一个定义,所有权作为一种民事权利,是民事主体依法 对其物实行占有、使用、收益和处分并独立支配的权利。

第二节　所有权权能的分离

一、所有权人有权在自己的财产之上依法设定他物权

《物权法》第 40 条规定所有权人有权在自己的不动产或者动产上设立用益物权和担保物权, 这实际上是确认了所有权可以根据所有人的意志发生分离,从而设立用益物权和担保物权。权 能分离通常表现为限制物权的设定。这种分离是现代市场经济条件下所有权发展的必然趋势, 也是实现所有人意志和利益的最佳途径。在罗马法中,因实行自然经济,生产规模相对较小,对 物的使用和效能相对低下,所有权权能常常集中于所有人手中,权能分离的现象并不十分复杂和 普遍。但在当代市场经济条件下,所有权权能分离现象越来越普遍。所有权的每一项权能都可 以与所有权发生分离,并在此基础上形成由非所有人享有的各种权利,而各项权能也可以作为交 易的对象由非所有人享有。当代物权法中不断增多的物权形式,也证明了权能分离的多样性。 例如,在一块土地之上,可以通过登记公示确立出多种物权,包括土地所有权、建设用地使用权、 地上和地下空间权、地役权、土地的抵押权、资源开采权等。

因此,所有权在实际的运行过程中,其权能往往是不完整的。所有权的权能依据所有人的意 志和利益与所有权发生分离,但这并不导致所有人丧失所有权,这是因为所有人可以通过行使支 配权而实现其所有权。他物权的存在不仅是符合所有权人的意志的,而且有利于所有权的充分 实现。例如,在同一物之上设定数个担保物权。基于所有权而设立他物权,是对财富的有效利用 形式,这些形式越多,表明对财富的利用方式越丰富。

二、他物权的设定并不导致所有权的消灭

尽管所有人在其财产之上设定了各种他物权,但这并不意味着,在他物权设定之后,所有权

---

[1] François Terré, Philippe Simler, *Droit civil*, *Les biens*,7e éd., 2006, para. 137.

就因此而消灭。相反,他物权的设定,可以更好的实现所有权人的意志和利益。

三、他物权的行使不得损害所有权人的利益

所有权人设定他物权之后,出现了一物之上的多种物权的现象。他物权人依据法律或者约定享有他物权,但他物权的行使不得损害所有人的利益。例如,国家对矿产资源享有所有权,在该所有权基础上设定了采矿权,而采矿权人行使采矿权时,不能滥采,必须依照法律和合同的规定开采,并按规定向国家交纳资源税和资源补偿费。采矿权人还必须要保护环境,维护生态的平衡。因此,《物权法》第40条规定:"用益物权人、担保物权人行使权利,不得损害所有权人的权益。"

他物权在设定以后,他物权人因行使权利而损害所有人利益,可能承担三种责任:①侵权责任。例如,他物权人在占有所有人财产之后非法侵害其使用的财产,从而构成侵权。②违约责任。例如,需役地人违反地役权设定合同而利用供役地人的不动产,造成供役地人的损失,应承担合同责任。③不当得利返还责任。例如,他物权人非法转让所有人的财产,由此获得的利益没有法律根据,应当返还给所有人。

第三节　所有权的取得

《物权法》第7条明确规定:"物权的取得和行使,应当遵守法律,尊重社会公德,不得损害公共利益和他人合法权益。"财产所有权的取得方式,是指民事主体获得财产所有权的方式和根据。根据《物权法》的规定,财产所有权的取得必须是合法的,否则,不受法律的承认与保护。财产所有权的合法取得方式可分为原始取得与继受取得两种。所谓原始取得,是指根据法律规定,最初取得财产的所有权或不依赖于原所有人的意志而取得财产的所有权。原始取得的根据主要包括:劳动生产、天然孳息和法定孳息、善意取得、没收、无主财产收归国有等。所谓继受取得,又称传来取得,是指通过某种法律行为从原所有人那里取得对某项财产的所有权。这种方式是以原所有人对该项财产的所有权作为取得的前提条件的。继受取得的根据主要包括:买卖、赠与、继承遗产、接受遗赠、互易等形式。本节主要讨论《物权法》所规定的善意取得、拾得遗失物、漂流物、埋藏物的权利归属和孳息等几种所有权取得方式。

一、善意取得

(一)善意取得制度的概念

善意取得,又称为即时取得,是指无处分权人将其动产或不动产转让给受让人,受让人取得该动产时出于善意,则受让人将依法取得对该动产的所有权或其他物权。可见,善意取得包括了财产所有权的取得与其他物权的取得两方面的内容。作为适应现代商品经济发展需要而产生的一项法律规则,该制度旨在保护交易安全、维护市场交易的正常秩序。《物权法》第106条规定:"无处分权人将不动产或者动产转让给受让人的,所有权人有权追回;除法律另有规定外,符合下列情形的,受让人取得该不动产或者动产的所有权:①受让人受让该不动产或者动产时是善意的;②以合理的价格转让;③转让的不动产或者动产依照法律规定应当登记的已经登记,不需要登记的已经交付给受让人。受让人依照前款规定取得不动产或者动产的所有权的,原所有权人有权向无处分权人请求赔偿损失。当事人善意取得其他物权的,参照前两款规定。"这是我国法律首次对善意取得制度作出明确规定。我国《物权法》上的善意取得制度具有如下特点:

1.统一适用于动产和不动产。各国物权法关于善意取得制度适用的范围不一致,大部分国家规定善意取得制度只适用于动产,一般不适用于不动产,所以善意取得又称为动产的善意取得制度,而不动产适用公信原则。另一种立法模式并不区分动产和不动产,对二者统一适用善意取得制度。我国《物权法》采纳了另一种模式,善意取得制度统一适用于动产和不动产。实际上是将比较法上的动产善意取得制度和不动产的公信原则合并在一起加以规定的。

2.统一规定了动产和不动产善意取得的要件。我国《物权法》第106条将动产的善意取得和不动产的善意取得合并在一起作出规定,从而简化了善意取得的构成要件。但是考虑到动产和不动产的善意取得存在一些区别,在该制度的适用中,应该对动产和不动产作出严格的区分。善意取得不仅适用于动产和不动产的所有权,还适用于其他物权。

3.《物权法》从反面规定了不适用善意取得的情况。按照《物权法》第107条的规定,所有权人或者其他权利人有权追回遗失物。这也就是说,遗失物丢失之后,第三人不能基于善意取得制度取得所有权。《物权法》第114条规定:“拾得漂流物、发现埋藏物或者隐藏物的,参照拾得遗失物的有关规定。文物保护法等法律另有规定的,依照其规定。”关于赃物是否适用善意取得制度,我国《物权法》对此并没有作出明确的规定,需要通过相关司法解释对此作出进一步规定。

4.对善意取得制度的适用条件作出了比较严格的规定。例如,要求受让人必须以合理的价格转让而不是仅仅要求交易具有有偿性。但总体上来说,我国《物权法》规定的善意取得制度的适用对象是比较宽泛的,但是适用条件又是比较严格的。

(二)善意取得制度的基本功能

第三人善意取得动产所有权的基本功能是什么,国外学者对此有不同的看法。主要有四种观点:①即时时效说。这种观点认为在善意取得的情况下,适用即时时效或瞬间时效。②权利外象说。这一观点认为善意取得的概念在于对权利外象的保护。③法律赋权说。这一观点认为,在善意取得权利的情况下,是法律赋予占有人以处分他人所有权的权能。④占有保护说。这一观点认为,根据公示主义,占有人应被推定为法律上的所有人。笔者认为,法律规定善意取得制度,主要是为了维护交易安全。因为,在市场经济社会,保护交易当事人的信赖利益实际上是保护交易安全的重要组成部分。在广泛的市场交易活动中,从事交易的当事人往往并不知道对方是否有权处分财产,也很难对其在市场上出售的商品逐一调查。如果从商品交换当时的环境来看,受让人不知或不应该知道转让人无权转让该动产,则在交易完成后,由于无权处分行为致使交易无效,并使受让人返还财产,则不仅要推翻已经形成的财产关系,而且使当事人在从事交换活动时,随时会担心现在买到的商品,今后有可能要退还,从而造成当事人在交换时的不安全感,不利于商品交换秩序的稳定。善意取得制度虽然削弱了对原动产所有人的所有权的保护,但是,这对于整个社会经济秩序的稳定是有利的。毕竟所有人的利益是单个的所有者的利益,而善意买受人的利益是一种信赖利益,体现的是交易安全。由于交易安全作为一种整体利益,高于真正权利人的个别利益,因而要予以保护。[1] 可以说,善意取得制度不仅仅涉及第三人个人信赖利益的保护,而且涉及对整个交易秩序的维护,相对于整个交易秩序,原所有权人的个人利益无法对抗对交易秩序的保护。[2]

(三)善意取得的适用范围

根据《物权法》第106条和第108条的规定,善意取得制度适用于以下几个方面:

---

〔1〕 尹田:《物权法理论评析与思考》,中国人民大学出版社2004年版,第311页。

〔2〕 Vd. Westemann,Sachenrecht,Band I,*Grundlagen und Recht der beweglichen Sachen*,1990,S.330.

1. 动产所有权。传统上，善意取得制度主要适用动产所有权，所以善意取得制度又称为动产的善意取得。除了法律禁止流转的动产和法律有特别规定的动产之外，原则上各类动产都可以适用善意取得制度。

2. 不动产所有权。《物权法》没有区分动产的善意取得和不动产的公信制度。统一规定了两种所有权都可以适用善意取得制度。例如，甲购买了一套房产交给乙管理，乙通过非法手段擅自将该房产的所有权变更在自己的名下，后将该房产转让给丙。丙在购买时查阅了登记，发现该房产确实属于乙所有，与乙发生交易并办理了登记过户手续。对丙来说，可以适用善意取得制度。

3. 其他物权。这主要是指动产和不动产所有权之外的权利质权。例如，各国法律大都承认质权的善意取得，[1]我国《物权法》第106条第3款规定："当事人善意取得其他物权的，参照前两款规定。"这实际上承认了其他物权也可以适用，只是法律没有明确规定特别的要件。司法实践也确认善意取得可适用于其他物权。例如，《担保法解释》第84条规定："出质人以其不具有所有权但合法占有的动产出质的，不知出质人无处分权的质权人行使质权后，因此给动产所有人造成损失的，由出质人承担赔偿责任。"该规定尽管没有表明质权人在符合善意取得的情况下是否可以即时取得质权，但从该规定内容来看并没有否认在质权人无权处分的情况下所设定的质权的效力。从该规定来看，只要质权人是善意的，不知出质人无处分权，则质权的设定是有效的，所有人不能要求质权人返还财产，但可要求出质人赔偿损失。这就表明，对于质权也是可以善意取得的。

善意取得制度原则上不适用于遗失物。依照我国《物权法》第107条"所有权人或者其他权利人有权追回遗失物"的规定，有关遗失物的善意取得，只是在例外的情况下才能够适用。关于赃物是否适用善意取得的问题，有几种观点：①按照举轻以明重的解释规定，遗失物尚且不能适用于善意取得，赃物就更不应适用善意取得制度。②赃物可以直接适用善意取得制度，通常只有在法律有特别规定的情况下，才不适用善意取得的规定，《物权法》并没有对赃物作出规定，因而赃物可以适用善意取得制度。③认为法律既然没有规定赃物是否可以适用善意取得，则属于明知的法律漏洞，需要在以后加以完善，而不能由此推出赃物可以适用善意取得。我国刑法和司法实践历来对赃物实行"一追到底"的做法，实际上采纳的是善意取得不适用赃物的观点。实践证明这种做法对保护所有人的利益、维护社会的正常秩序是十分必要的，但在坚持实行"一追到底"的前提下，也应当有所例外。

第一，要区分诈骗与盗窃、抢劫所获得的赃物，区分标准是看是否完全违反所有人的意志。在诈骗的情况下，物脱离受害人之手，虽然也不完全符合所有人的意志，但是原所有人应该预测到将物交付给欺诈行为人以后，该物可能被转让，因而其应当承担因转让所产生的风险。然而在盗窃、抢劫所获赃物的情况下，此时原所有人是根本不可能对此有所预测的。从比较法上，如德国法对盗赃物不适用善意取得，但是诈骗还是可以适用善意取得的，我国台湾地区"民法"也有类似的规定，这些经验是值得借鉴的。

第二，要考虑追赃是否会严重影响交易安全和秩序。例如，该赃物是通过公开市场购买的，或者在拍卖行通过严格的拍卖程序获得的，其支付了合理对价、办理了合法手续，如果实行"一追到底"就可能严重妨害交易秩序。否则，善意取得制度就无法实现，登记公信力也会遭到严重

---

〔1〕　参见《德国民法典》第1207条、《瑞士民法典》第884条。

破坏。

第三,要考虑客观上能不能追及或者进行追及在经济上是否合理。追及是以原物仍然存在并能够返还为前提的。如果原物已经灭失或者因原有形态发生重大改变而无法返还,则就没有追及的必要了。

（四）善意取得的构成要件

由于善意取得制度要发生原所有人的所有权相对消灭,而受让人（第三人）取得所有权的结果,因此,各国法律都规定了严格的条件。从我国现实来看,适用善意取得制度应具备以下条件:

1. 无处分权人处分他人财产。所谓无权处分,是指没有处分权而处分他人的财产。换言之,即权利人无处分权而从事了法律上的处分行为。所谓处分,从最广义上来理解,包括事实上的处分与法律上的处分。[1] 无权处分中的"处分"是指法律上的处分,即通过买卖、赠与、抵押等使所有权发生转让或权能发生分离的情形。在实践中,无权处分行为主要包括四种情况:①无所有权而处分财产的情形,如承租人、保管人对承租或保管的财产并不享有所有权,而将该财产出让给他人;②所有权受到限制而处分财产的情形,如抵押人将财产抵押以后,未经抵押权人的同意而擅自处分抵押的财产;③虽有所有权但无处分权,却处分了财产的情形,如在附条件买卖中,当事人约定在价金未完全清偿前,出卖人仍然保留所有权,买受人只享有期待权,在合同有效期间,出卖人不能就同一标的的所有权向他人转让,而买受人则可以处分其所享有的期待权;④行纪人、代理人擅自处分被代理人的财产。[2] 上述四种情况都发生无权处分的后果。

从法律关系的角度来看,无权处分涉及无权处分人、第三人和真实权利人三方主体,无权处分人与真正的权利人之间可以是侵权、违约或者不当得利等关系。其中,涉及有关合同效力的问题应由合同法解决,涉及损害赔偿或者不当得利的问题主要由侵权法或不当得利制度解决。物权法则主要通过善意取得制度来确定被处分财产的物权归属的问题。

尽管无权处分涉及三方主体,但由于无权处分人故意处分他人财产的行为在法律上已无保护的必要,故法律上所需要保护的就是真正的权利人和第三人,但这两者的利益可能会发生冲突,需要平衡和保护真实权利人和第三人的利益。通过使善意第三人取得所有权,从而对第三人利益予以保护,虽然在一定程度上牺牲了真正权利人的利益,但有利于对交易迅捷和安全的保护。因此,无权处分与善意取得的关系表现在:一方面,无权处分是善意取得的前提要件,假如在无权处分情况下,法律将其单纯作为合同问题,仅仅只是简单地宣告无权处分无效,通过使合同无效而发生恢复原状的后果,使原所有人重新取回其所有权,虽然保护了原所有人的权利,但不可能发生善意取得,就不能保护善意第三人利益和交易的安全;另一方面,在无权处分的情况下,如果赋予原所有权人无限制的追及效力,将使其享有是否追认交易效力的权利,导致因无权处分发生的交易行为不能产生效力,也不能取得物权。因此在善意取得的情况下,无权处分也能产生物权移转的效果。正如有学者所指出的一样,善意取得制度是通过无权处分行为完成的,而善意取得是静态的一方面,即法律对作为无权处分行为的结果的财产,如何确定其权利归属。[3]

2. 受让人取得财产时出于善意。根据善意取得制度,取得财产的第三人在取得财产时应为善意;如果让与人为善意,而受让人为恶意,则不适用这一制度。善意是相对于恶意而言的。善

〔1〕 王泽鉴:《民法学说与判例研究》（第4册）,中国政法大学出版社1998年版,第136页。

〔2〕 参见梅夏英、高圣平:《物权法教程》,中国人民大学出版社2007年版,第168页。

〔3〕 孔样俊:《合同法教程》,中国人民公安大学出版社1999年版,第207页。

意是指不知情,即不知或不应知道让与人转让财产时没有处分该项财产的权限。

在判断第三人是否为善意时,首先对受让人善意的认定,应当采取推定善意的方法,即推定受让人为善意,而由主张其为恶意的原权利人提出证明,这就是说原权利人对受让人的恶意或重大过失负举证责任。在原权利人举证以后,法官应当根据原权利人的举证以及各种客观、外部的情况进行综合判断,以确定第三人是否在交易时具有善意。[1]

关于不动产交易中的受让人的善意判断,应当以受让人在购买不动产时是否信赖了登记为准。只要相信了登记而与出卖人发生了交易,就应当认为是善意的。如果买受人在购买之前,就已经知道登记是错误的,则其不是善意的。例如,受让人在购买转让人转让的不动产之时,就已经知道转让人是通过非法途径将他人财产登记在自己的名下,那么受让人就是恶意的。再如,如果在存在异议登记的情况下,第三人仍然与登记权利人进行物权变动,就不能认定其是善意之人,他就要为自己的不审慎行为所造成的不利益负责。不动产善意取得中的善意判断相对比较简单,在通常情形下,只要受让人信赖了登记,就是善意的,除非其明知登记错误,无需再考虑交易的环境等因素。[2]

关于动产的善意取得,相对不动产而言,善意的判断更为复杂,这主要是因为占有作为一种公示方式,其公信力比较低,仅仅通过占有往往很难判断转让人是否对该动产有处分权。所以,还必须结合其他要素综合考虑受让人是否是善意的。[3] 一般来说,确定其是否为善意时要考虑如下因素:①第三人在交易时是否已知道转让人为无权处分人。如果第三人以前曾与转让人进行过系列交易或与转让人非常熟悉,同样表明其知道或应当知道转让人对交易的财产不具有处分权,因此在转让时不能认为其有善意。②要考虑转让的价格。如果受让人受让物品的价格,与同类物品的当地市场价相比较明显过低,一个合理的交易当事人不可能以同样价格出售该财产,那么这样的转让人有可能是无权处分人。③要考虑交易的场所和环境。如果受让人是在公开市场上购买的商品,且出具了发票或办理了相应的手续,可以认为第三人是善意的。但如果是在非公开市场,尤其是在"黑市"购买的二手货,则表明第三人可能是非善意的。④要考虑转让人在交易时是否形迹可疑。如果是形迹可疑的,则往往表明其是非善意的。⑤要考虑转让人与受让人之间的关系。如果两者之间具有亲属关系,则受让人可能是非善意的。

除此之外,法官还可以根据自己的生活经验,从其他角度来判断第三人是否为善意。例如,如果受让人与转让人之间有恶意串通的可能等,则不能认为受让人具有善意。如果受让人是由他人代理其从事法律行为,则代理人的善意即为受让人的善意,代理人为恶意的,应认定受让人为恶意。

受让人在取得财产时,必须以相应的财产或金钱支付给出让人。无偿取得财产时,不适用善意取得。

受让人一旦善意取得财产,所有权原则上已经发生移转。因此,受让人再转让财产时,不管

〔1〕 Vgl. H. Hubner, *Der RechLsverlust im Mobilianaehenreeht*, 1955, S. 56 ff.

〔2〕 *Vgl. Schwab-prUtting*, *Sachenreeht*, 27. Aufl, 1997, S. 93.

〔3〕 在德国法中,判断受让人是否存在恶意,主要依据如下几个方面:①取得行为的方式和内容;②转让标的物时的情况;③市场中通常的交易情况;④如果受让人能够单方面决定取得标的物,受让人的个人情况以及社会地位,如银行、商人应当具有更高的交易经验;⑤对转让人是否有权转让的一般看法;⑥无权处分时,转让人的具体表述以及其是否出具了相关的证明文书;⑦转让人的具体财产状况;⑧交易当时,受让人可以知晓的转让人的个人其他情况。参见 MuenehKomm—Quack Aufl. 2, 932 Rd – nr. 32 ff.

接受财产的第三人是否出于恶意,都不妨碍其已根据善意取得制度所享有的所有权。

在举证责任分配方面,应当由主张受让人有恶意的人(通常是原权利人)来举证。如果其不能举出足够的证据,证明受让人为恶意,则推定受让人为善意。这就是说原权利人对受让人的恶意或重大过失负举证责任。

3. 以合理的价格有偿转让。根据《物权法》第 106 条的规定,善意取得制度的另一个构成要件是财产必须以合理的价格转让。这就是说,无权处分人将他人财产转让给受让人之后,受让人必须支付合理的对价才能够适用善意取得制度。首先,必须已经支付了对价,如果没有支付价款,则无法适用善意取得。[1] 其次,必须支付了合理的价格。所谓合理,应当根据市场价格来判断,大体上是符合市场价格的。支付对价要体现一定的有偿性,但是否一定要支付合理的对价呢?笔者认为,还是应当区别动产和不动产而分别考虑。对于动产善意取得而言,动产的转让应当以合理的价格进行,否则应当认为受让人取得财产时不构成善意取得。但是,对不动产而言,要求交易有偿是必要的,但不一定要求价格是合理的。这是因为动产的外在公示手段是占有,但占有的公示方法非常薄弱,发生占有的基础很多,在交易中,如果出让人以很低的市场价格转让动产,通常将使得一个正常的交易人就其是否享有处分权发生怀疑。因此有必要要求以合理的价格转让。而不动产善意取得不存在这样的限制,因为不动产物权变动的方式是登记,与动产占有不一样,登记具有很强的公信力,在不动产登记之后,交易当事人完全有理由信赖登记所记载的权利人具有处分权利,即使不动产转让的价格偏低,也不能影响登记公信力,只要受让人信赖登记并支付了一定的价款就足以构成善意。尤其是因为出让人信赖了登记而支付了价款,且办理了登记过户手续,如果原权利人以转让价格偏低为由否认善意取得效果,也不利于维护登记的公信力。

支付合理的价款,原则上必须以实际支付为要件,如果仅仅只是达成了协议,不能认为已经符合了善意取得的构成要件。这是因为,一方面,如果没有支付价款,原权利人可以以没有完成交易为由否认善意取得的成立,这就很有可能会引发很多纠纷。另一方面,这也可以为善意的判断提供明确的标准。假如没有支付合理价款,导致很多实质上无偿、形式上有偿的转让将为法律所保护,这就有违善意取得制度的宗旨。例如,双方约定一辆宝马车以 100 元转让,但是对交付期限没有限制,也没有实际交付。那么,这种转让形式上是有偿的,但实际上可能是虚构的。假如这种低价转让可以导致善意取得的话,就容易造成转让人和受让人之间的恶意串通,最终产生损害真实权利人的后果。

4. 完成了法定的公示方法。根据《物权法》第 106 条第 1 款的规定,完成公示是善意取得的要件之一,即"转让的不动产或者动产依照法律规定应当登记的已经登记,不需要登记的已经交付给受让人"。这就意味着善意取得的构成必须以公示方法的完成为要件。

(1)动产善意取得中的公示。适用动产善意取得制度,必须发生占有的移转,亦即转让人向受让人实际交付了财产,受让人实际占有了该财产。一方面,只有通过交付,才能发生所有权的移转。如果双方仅仅只是达成了合意,而并没有发生标的物占有的移转,则不能发生善意取得的效果,双方当事人仍然只是一种债的关系。因为,在动产的买卖中,财产通常在交付之后才发生物权的变动,从而可能脱离债的领域,进入到物权法调整的范围。[2] 一旦发生交付,不仅导致物

---

〔1〕　See J. Pomeroy, *A Treatise on Equity Jurisprudence*, 5th ed., 1941, p.745.

〔2〕　[日]田山辉明:《物权法》,陆庆胜译,法律出版社 2001 年版,第 106 页。

权的移转,而且也使受让人取得对物的占有以及基于占有对物的使用和利用,这些都属于物权法调整的对象。在出卖人交付标的物之前,即便买受人交付了全部的价款,也只能依据合同来请求出卖人履行债务,因为在此情形下,买受人享有的还是债权,就没有必要通过物权法对之加以保护。而且,在此种情况下,通过违约责任就已经足以保护买受人的利益了。另一方面,对善意受让人来说,一旦发生交付,其占有了出让人的财产,从而形成了享有物权的外观,也可能将引发社会公众对他的信赖。特别是在他占有该财产之后,他可以基于对物享有所有权的信心,来对其进行实际的利用、加工和改良,从而提高对物的使用效率,增加它的价值。如果在对物进行重大修缮之后,再进行返还,也可能不利于物尽其用,造成对物的损失浪费。所以,即使买受人主观上是善意的,但如果没有通过交付实际占有财产,还不能说他就形成了完整的权利外观,因而也不能使他取得所有权〔1〕

需要指出的是,此处所称的交付,原则上是指实际交付,即转让人将动产交付给受让人;除实际交付之外,指示交付、简易交付也应当可以用作善意取得。

(2)不动产善意取得的公示。根据《物权法》第106条的规定,对不动产善意买受人必须要自办理登记之日起才能进行保护,仅仅发生交付,并不能够产生不动产物权变动的后果。例如,甲将他人的房屋通过各种违法手段办理了登记过户记载在自己名下,然后将该房屋转让给他人,受让人因为相信登记而与之完成了这一交易,支付了价款并办理完毕了登记过户手续。在此情况下,就可适用善意取得制度。如果仅仅只是支付了价款甚至已经交付了房屋,但没有办理完登记,仍然不能适用善意取得制度〔2〕 需要指出的是,如果未交付价款,但办理了登记过户手续,是否可以适用善意取得?笔者认为,即使未交付全部价款,只要支付了一部分价款,且已经办理了登记也应当可以适用。如果完全没有支付价款,则有可能是双方虚构合同关系,且根据《物权法》第106条必须要支付合理的价格,因而不能适用善意取得。

之所以要以办理完毕登记过户作为不动产善意取得的构成要件,一方面,是因为只有在完成物权登记手续之后,买受人才能够真正取得完整的物权,这与我国《物权法》原则上采纳的登记要件主义完全吻合。依据不动产登记要件主义,不动产物权以登记为公示要件,必须办理了登记之后,才能发生所有权的移转,而交付不是不动产物权的公示要件。我们如果承认发生所有权变动,让买受人能够以其占有来过抗真正权利人,实际上就在理论上混淆了物权和债权的区别,把仅仅具有债的效力的法律关系变成了物权法律关系。另一方面,如果以办理登记为不动产物权善意取得的时间点,则在转让人办理登记将不动产记载于自己的名下之后,真正权利人完全可以通过异议登记来及时阻碍转让人的无权处分行为。因为受让人必须办理登记才能受到善意取得制度的保护,而在存在异议登记的情况下,受让人就很难认为是善意的,并据此取得不动产所有权。而如果以交付为不动产善意取得的条件,则受让人完全可以主张自己在受让之前没有查阅登记簿的义务,从而主张自己的善意,这就将真正权利人可以通过异议登记或其他制度主张自己权利的机会全部抹杀了。在没有办理登记的情况下,所有人将房产一物数卖,买受人占有房屋之后,如果能够即时取得所有权,也可能与其他买受人发生冲突,因为后者已经交付了全部价款但没有取得占有。例如,出卖人将房产交付给了善意的第三人,但也可能又将该房产卖给其他人,并办理了登记,如果第一个受让人因交付而取得所有权,并由此对抗在后的登记权利人,就会与

---

〔1〕 王轶:《物权变动论》,中国人民大学出版社2001年版,第48～75页。

〔2〕 常鹏翱:《物权程序的建构与效应》,中国人民大学出版社2005年版,第304～320页。

公示原则发生矛盾。实践中,大量的不动产交易没有办理登记,如果以交付来作为移转所有权的根据,就会使得大量的不动产一旦占有就可以对抗在先的权利,如果不需要办理登记就可以取得产权,就可能引发产权关系的混乱。还要看到,如果以登记为准,则在办理了登记以后,还要允许所有人追回,那么,公示和公信原则就丧失了存在的意义。如果当事人不需要在登记机构办理登记,就不利于督促当事人及时办理登记,从而明晰产权归属、提高财产利用效率。

在不动产善意取得中,完成登记的同时是否还要求以交付为要件,笔者认为,《物权法》第106条所言的以交付为要件主要是指动产,对于不动产只要办理了登记,即使没有交付也同样可以构成善意取得。当然,我们说的必须登记才能保护善意受让人,指的是依法需要办理登记才能发生物权变动的情形。对那些不需要办理登记就可以发生物权变动的财产,就没有必要以登记作为适用善意取得的条件了。所以,《物权法》第106条区分了要求登记和不要求登记的情况,分别适用登记和交付作为善意取得的条件,这是非常必要的。

此外,在善意取得的情况下,转让人和受让人之间的合同应当是有效的。如果该合同因为违反法律或行政法规的强制性规定,或违反公序良俗而被宣告无效,则根本无法发生善意取得的法律效果。因为善意取得制度本身就是为了保护交易安全而产生的一种法律制度。这种"交易"自然只能是指一种合法的交易,违法的交易,其安全自然也不可能受到法律的特别保护。如果合同无效,则表明该交易本身具有不法性,不应受到法律的保护,当事人之间应当产生恢复原状的后果。因此,善意取得必须以转让人与受让人之间的转让合同合法有效为基本前提。如果转让人与受让人之间所从事的买卖、互易、赠与等为行是无效的或可撤销的行为,则不能产生善意取得的效果。在这种情况下,应按照法律关于无效和可撤销的规定,由双方或一方返还财产,恢复财产关系的原状。如果原所有人与转让人(占有人)之间的法律关系无效,则不应影响第三人(受让人)对所转让的财产的善意取得。例如,某甲从某乙处借得一台录音机,因为某乙为无行为能力人,因此该借用合同无效。但是某甲将该录音机转卖给某丙,某丙取得财产时出于善意,则某丙将取得该录音机的所有权。在此情况下,某乙只能请求某甲赔偿损失。但在受让人尚未予以返还其受让的财产时,处分人主张其返还,有处分权人也主张受让人返还的,为保护真正权利人的利益,应承认有处分权人优先受返还的权利。一旦受让人在明知财产真实归属的情况下,仍向转让人返还的,应就因此给有处分权人造成的损失,与转让人承担连带赔偿责任,其请求权基础系侵权责任。

(五)善意取得的效力

1. 物权的变动。善意取得是原始取得,一旦因善意取得而导致标的物之上的所有权和其他物权消灭,取得人完全取得一个新的物权。这就是说,只要符合善意取得的构成要件,原权利人与受让人之间将发生一种物权的变动,即因为受让人出于善意将即时取得标的物的所有权,而原权利人的所有权将因此发生消灭。原权利人不得向善意的受让人主张返还原物,而只能要求转让人赔偿损失或者承担其他法律责任。

2. 动产上的原有权利消灭。《物权法》第108条规定:"善意受让人取得动产后,该动产上的原有权利消灭,但善意受让人在受让时知道或者应当知道该权利的除外。"据此,要具备以下三个条件,才能导致动产上原有权利的消灭:①能够因善意取得而导致物上其他权利消灭的,只能是动产,而不是不动产。因为不动产上的权利都要经过登记,对外予以公示,所以,受让人在受让不动产时就知道或者应当知道不动产上的物权负担。如果不动产上的物权负担已经登记,而受让人仍然受让该不动产,其就应当承受此种物权负担。如果物上的负担已经登记,权利人没有查阅,其也要承担因没有查阅可能形成的风险。所以,只有在动产上才可能发生其他权利的消灭现象。②具备善意取得构成要件。即使对动产而言,也必须是在转让时符合善意取得的构成要件,如果不具备善意取得的条件,也不能导致动产上原有权利的消灭。③必须是善意受让人在受让时不知道或者不应当知道动产上存在着该权利。这就是说,即使是因为善意取得而导致动产上其他权利消灭,也必须要求受让人是善意的。所谓善意,是针对动产上存在的其他权利而言,受让人是不知情的。如果受让人知道或者应当知道该权利的存在,就表明其不是善意的,因此,即便受让人善意取得了所有权,也应当承受动产上的其他权利负担。例如,甲在动产上设定了抵押,未办理登记,然后将该动产转让,而受让人乙在受让动产时,如果事先知道在动产之上设定了抵押,那么就是恶意的,所以,即使构成了善意取得的条件,可以发生善意取得的效果,但因为其对动产抵押权的设立是知情的,因而当抵押权人追及该动产时,基于善意取得的所有权不能对抗抵押权。但如果受让人在受让该动产时,确实不知道其上有抵押权,其在取得动产以后,该动产之上的抵押权消灭。

3. 无权转让人的法律责任。由于原权利人因善意取得使其标的物的所有权发生消灭,而又不能请求受让人返还财产,法律上对原权利人提供了一种债权上的救济,即权利人可以基于债权上的请求权要求转让人承担合同责任、侵权责任或不当得利的返还责任,但不能向受让人和其他权利人追及。具体来说,主要有:①合同责任。如果原权利人与转让人之间事先存在着租赁、保管等合同关系,而转让人擅自处分原权利人的财产,则原权利人可以以违约为由,请求其承担违约责任。②侵权责任。转让人对原权利人的标的物不享有处分权,而仍然将该标的物转让给他人,在此情况下,将构成对原权利人财产所有权的侵害,应当承担侵权责任。如果转让人和原权利人之间事先存在着合同关系,在此情况下,转让人的行为将发生责任的竞合,即其无权处分行为既构成其与原权利人之间合同的违反,又构成侵权行为。原权利人可以选择一种对其最为有利的请求权提出主张或提起诉讼。③不当得利返还责任。如果转让人与第三人之间发生的是一种有偿的合同关系,转让人作出的是一种有偿的处分行为,并因此而获得一定的利益,则原权利人有权请求转让人返还不当得利。但这种不当得利的请求权与侵权责任、违约责任的请求权也可能发生一种竞合现象,原权利人可以选择一种对其最为有利的请求权提出主张或提起诉讼。例如,甲将从乙处借来的收音机卖给丙,丙不知道甲无处分权即为善意,可即时取得所有权。此时,乙可以向甲请求返还不当得利,并可以基于侵权行为要求赔偿损失,从而发生了不当得利的返还和侵权行为责任的竞合。在此情况下,原权利人可选择最为有利的一种责任提出请求或提起诉讼。当然,并非无权处分在任何情况下都会发生两种责任竞合的情况。因为许多无权处分行为只是使原权利人遭受了损害,而转让人并未从中获得利益,或者即便获得了利益但原权利人难以举证证明。因此,原权利人只能根据自己遭受损害的情况而基于侵权行为要求转让人承担侵权损害赔偿责任。

二、拾得遗失物

(一)遗失物的概念

遗失物,是指他人丢失的动产。换言之,遗失物并不是无主物,也不是所有人抛弃的或因他人的侵害而丢失的物,而是因所有人、占有人不慎所丢失的动产。遗失物属于"占有脱离物"。所谓占有脱离物,是指非基于真正权利人的意思而丧失占有的物,一般认为包括赃物和遗失物。[1] 遗失物必须具备以下几个条件：

1. 必须是占有人不慎丧失占有的动产。遗失物为他人不慎丢失的动产,不动产的物理属性决定了它是不可能遗失的,所以遗失物只能限于动产。遗失物与抛弃物的根本区别就在于,遗失物并不是他人抛弃的动产,而是他人不慎丢失的财产,权利人并没有抛弃其所有权的意思。如果所有人故意放弃占有,其所有权因抛弃而消灭,该物则应当作为无主物处理。在法律上,凡未为所有人明确抛弃的动产,均可以推定为遗失物。但从实践来看,如何界定所有人具有抛弃的意思,要依具体情况而定。例如,某人将其一辆破旧的、未上锁的自行车置于离家较远的道路边。认定该自行车是否已经为物主抛弃,就要依据社会一般观念、考虑物的价值、所有人是否有抛弃的意图等来决定。从一般社会观念来看,如果某人将一辆破旧的、价值不大的自行车扔在离家较远的道路边,且没有上锁,可以认定其具有抛弃的意思。但如果放在自己的家门口,或者虽然置于离家较远的道路边,但已经上锁,就表明他不具有抛弃的意思。

2. 必须是无人占有的动产。此处所说的占有,必须从主观和客观两个方面来考虑。从主观上来看,必须有占有的意图。例如,某人脚下踩到了他人丢失的物品,但是,并没有意识到它的存在,这就不能认为构成占有。从客观上来看,必须要实际上对物进行管领和控制。如果某人占有某物以后,又丢失了该物,则不能认为其占有了遗失物,只能认为遗失物为实际的占有人所占有。如果从他人手中盗取某物,只能认定为占有赃物,不能认定为占有遗失物。

3. 必须是拾得人拾得的动产。遗失物是为所有人丢失的动产。这就是说,它并非抛弃物,也不是无主物,而是在法律上具有明确的归属。如果是抛弃的垃圾等无主物,则应当根据先占原则来确定归属。对于遗失物,在拾得之后,将发生拾得人返还遗失物的义务。所谓拾得,包括发现和占有两个要素。所谓发现,就是指已经知道或确定遗失物及其地点;所谓占有,是指已经基于占有的意思而占有。仅仅只是发现而没有占有,不构成拾得。但事实上,占有某物而并未发现,也不构成拾得。

任何人拾得遗失物便成为拾得人。拾得行为是一种事实行为,此种行为是指拾得人取得遗失物并予以占有的行为。一旦成为拾得人,在法律上就负有归还的义务。任何人采用非法手段占有他人财产并不构成拾得行为。某人拾得他人的财产,他人以暴力行为予以抢夺,获得对遗失物的占有,也不构成拾得行为,而构成侵权行为。

遗失物并非无主财产,它在法律上具有明确的归属。根据我国《物权法》的规定,遗失物的所有权归于失主。《物权法》第109条的规定:"拾得遗失物,应当返还权利人。拾得人应当及时通知权利人领取,或者送交公安等有关部门。"第110条规定:"有关部门收到遗失物,知道权利人的,应当及时通知其领取;不知道的,应当及时发布招领公告。"根据《民法通则》第79条的规定,拾得遗失物、漂流物或者失散的饲养动物,应当归还失主。这些都表明,尽管遗失物脱离了所有人的控制和实际支配,但并没有因此而发生所有权的移转。我国法律明确规定遗失物的所有权归于失主(原所有人或占有人),拾得人有义务将遗失物返还失主,返还遗失物,并不是道德上的义务也不是任意性的义务,而是法律规定的必须履行的强制性义务。否则,视为对他人所有权的侵犯,所有人也有权请求拾得人返还原物。

依据《物权法》第107条的规定,遗失物原则上不适用善意取得。这就是说,某人在拾得他人的遗失物以后,将该物非法转让给第三人,受让人即使在受让该财产时是善意的、无过失的,也不

---

[1] 梁慧星:《中国物权法草案建议稿》,社会科学文献出版社2000年版,第369页。

能善意取得该遗失物的所有权。失主可以继续主张所有权,并请求所有物的返还。

(二)拾得人的义务

根据《物权法》第109条规定:"拾得遗失物,应当返还权利人。拾得人应当及时通知权利人领取,或者送交公安等有关部门。"拾得人在拾得遗失物以后,应当负有返还遗失物的义务。该义务又包括如下几个方面:

1. 及时通知义务。拾得人在拾得遗失物之后,首先应当及时通知权利人领取。所谓权利人,包括两类:①所有人。拾得人如果知道所有人的,依据诚信原则,应当返还给所有人。②所有人以外的其他权利人,包括借用人、管理人等。拾得人如果不知道权利人的,应当将遗失物交给有关部门,例如,在图书馆拾得某物,应当将遗失物交给图书馆;如果在学校拾得某物,应当将遗失物交给学校。拾得人也可以将遗失物交给公安机关。有关部门收到遗失物,知道所有权人、遗失人等权利人的,应当及时通知其领取;不知道的,应当及时发布招领公告。我国《物权法》第110条规定:"有关部门收到遗失物,知道权利人的,应当及时通知其领取;不知道的,应当及时发布招领公告。"因此,该条没有规定,拾得人是否负有发布招领公告的义务,而是规定由有关部门来发布招领公告。

2. 妥善保管遗失物的义务。拾得人在拾得遗失物以后,应该妥善保管遗失物。在保管期间,拾得人对遗失物的占有是有权占有。根据《物权法》第111条的规定:"拾得人在遗失物送交有关部门前,有关部门在遗失物被领取前,应当妥善保管遗失物。因故意或者重大过失致使遗失物毁损、灭失的,应当承担民事责任。"这就是说,不仅仅是拾得人,而且包括接受遗失物的有关部门都负有妥善管理好遗失物的义务。如果在拾得人占有遗失物期间内或者有关部门管理遗失物的期间,因故意或者重大过失致使遗失物毁损、灭失的,应当承担损害赔偿责任。之所以在拾得人存在故意或者重大过失的情况下才承担责任,学理上的解释理由是:一是无因管理说。因为拾得人与遗失物权利人之间形成无因管理关系。拾得人作为管理人当然应当负有妥善保管的义务,并就故意或者重大过失负赔偿责任。[1] 二是非自己财产说。拾得人并非保管自己的财产,而是保管他人的财产。因而只要尽到善良管理人的注意义务即可。根据《物权法》的上述规定,拾得人在拾得遗失物之后,首先应当负有妥善保管的义务。笔者认为,拾得人负有的妥善保管遗失物的义务并非形成无因管理,因为拾得人依据法律规定的原因而保管遗失物,并不是无法律依据而管理他人的财产。只不过其所保管的财产是他人的财产,从管理中没有获得利益,因此拾得人只要尽到一般的注意义务即可,只要不是基于故意或者重大过失造成遗失物的毁损灭失,他就不需要承担损害赔偿责任。如果拾得人因其故意或者重大过失致遗失物毁损灭失,应当承担赔偿责任。所谓故意包括直接故意和间接故意。例如,将拾得的物品置于室外,风吹雨打造成重大损害,也构成故意。所谓重大过失,就是指拾得人未能尽到一般人的注意义务,致使遗失物毁损灭失。例如,对于拾得的自行车,既不上锁也不看管扔在室外,结果被他人盗走,此种情况构成重大过失。

3. 返还遗失物的义务。拾得人负有的返还义务是一种法定义务,拾得人的返还义务并不是道德上的义务,也不是任意性的义务,而是法律规定的必须履行的强制性义务。任何人拾得遗失物便成为拾得人,并负有返还遗失物的义务。对遗失物的返还,要区分两种情况:①拾得人知道权利人的,应当及时通知权利人,或者将遗失物交还给权利人。我国《物权法》虽然没有规定通

〔1〕　梁慧星:《中国物权法草案建议稿》,社会科学文献出版社2000年版,第384页。

知或者交还的期限,但依据诚信原则,拾得人在拾得遗失物后,应当及时通知权利人,不能经过很长时间以后才作出通知。②拾得人在他人的住宅、公共汽车内或者机关、学校、图书馆等公共场所拾得遗失物,也可以将遗失物交给住户或者有关的管理人,或者送交公安机关。有关部门在收到遗失物以后,知道权利人的,应当及时通知权利人领取;不知道权利人的,应当及时发布招领公告。按照《物权法》第109条的规定,此种通知义务,应当及时履行。

（三）拾得人侵占遗失物的责任

所谓侵占遗失物,是指拾得人以占有遗失物为目的而拒绝返还遗失物,如失主请求拾得人返还而拒不返还,拾得人明知失主却隐匿遗失物拒不返还等。从法律上说侵占就是指无权占有,如果拾得人是依法拒绝返还遗失物,则不构成侵占。例如,依据《物权法》的规定,拾得人有权要求失主支付其保管遗失物等支出的必要费用,而失主拒绝支付,此时拾得人依据《物权法》的规定享有留置权,其拒绝返还遗失物就不构成侵占。依据《物权法》第112条第3款的规定,拾得人侵占遗失物的,无权请求保管遗失物等支出的费用,也无权请求权利人按照承诺履行义务。这就是说,一方面,拾得人在保管期间内为遗失物的保管支付了各种费用,如果权利人依法向拾得人支付了这些费用,而拾得人仍不返还,那么就构成了侵占遗失物,此后拾得人再无权利请求保管遗失物等支出的费用。另一方面,如果权利人已经通过悬赏广告承诺在返还遗失物后要向拾得人支付一定的费用,而拾得人仍然拒绝返还遗失物,那么如果权利人此后通过诉讼的方式重新获得了遗失物,因拾得人已经构成了对遗失物的侵占,因此拾得人再无权利要求权利人按照承诺履行义务。

还需要指出,侵占遗失物不仅会发生《物权法》第112条第3款的法律效果,还可能构成侵权行为,拾得人将因此而承担侵权责任。根据我国有关司法解释,拾得人在拾得遗失物后,将遗失物据为己有,应当承担相应的责任。[1] 所谓据为己有,是指通过一定的意思表示及实施一定行为,公开宣称遗失物属于自己所有,如第三人明确表示遗失物是自己的财产,或在失主发现遗失物以后要求返还时,拾得人拒不返还。在司法实践中,对于将遗失物据为己有的行为性质存在着下述两种截然不同的观点:①不当得利说。所谓不当得利,是指无合法根据取得利益而造成他人损害。就拾得人拒不返还遗失物的行为来说,应可以认定其构成不当得利。②侵权行为说。此种观点认为,拾得人拒不返还遗失物,应按侵权行为处理。根据《民通意见》第94条的规定:"……拾得人将遗失物据为己有,拒不返还而引起诉讼的,按照侵权之诉处理。"笔者认为,拾得人拒不返还遗失物,既可以构成不当得利,亦可以构成侵权行为,从而产生了一种不当得利与侵权行为的竞合现象。如果按不当得利处理,失主一般只需证明拾得人占有失主财产,这种占有是无法律根据的。拾得人只要将其占有的财产返还给失主,就足以保护失主的利益。尤其在许多情况下,失主因丢失某物将使其遭受严重的损失,而拾得人并未因拾得该物而获得较多的利益(如遗失物对其无太多的价值等),损害与获利之间并无对应的关系,因而只能以获利为准要求获利人返还不当得利,而不能以损害为依据要求获利人赔偿其完全不能预见的损害。如果按侵权处理,一旦失主证明自己遭受了较多的损失,此种损失就要由拾得人赔偿,这对拾得人未免太不公平。更何况,在拒不返还遗失物的情况下,主要是一个确定返还责任的问题,而通过损害赔偿方式,并不能很好地保护失主的利益,所以在一般情况下,按不当得利要求拾得人返还遗失物,是比较妥当的。但是下列情况,则不应按不当得利,而应按侵权行为处理:①拾得人在失主要求

---

[1] 参见最高人民法院《关于贯彻执行〈中华人民共和国民法通则〉若干问题的意见(试行)》第94条。

返还遗失物后,不仅未及时返还,而且因其过错,造成遗失物的毁损灭失。对此,拾得人应依侵权责任规定,负损害赔偿责任。②拾得人在失主要求返还以后,故意将遗失物转让或抛弃,应当作为侵权行为处理,要求其承担侵权责任。

（四）拾得人的权利

拾得人虽然负有返还和保管遗失物的义务,但并非不享有任何权利。拾得人的权利主要包括如下几个方面:

1.请求支付保管费用。所有权人、占有权人等权利人领取遗失物时,应当向拾得人或者有关部门支付保管遗失物等支出的费用。拾得人和有关部门在保管遗失物期间,也可能支付一定的费用,这些费用不能由拾得人或有关部门来承担,而只能由领取遗失物的权利人支付。但拾得人侵占遗失物的,无权请求保管遗失物等支出的费用和报酬。需要指出的是,请求支付保管费用的权利是基于无因管理还是基于法律的特别规定,对此有不同的看法。许多学者主张应当基于无因管理的规则来请求费用的返还。[1] 笔者认为,既然不是一种无因管理关系,也就不产生所谓基于无因管理的规则请求费用的返还。在此情况下,只能作为法律特别规定的债的关系而请求返还保管费用。

2.请求失主按照承诺履行义务。关于拾得人在返还遗失物后是否有权请求报酬,各国立法大都有规定允许报酬请求权。当然关于请求报酬的比例和数额都不一样。有的规定应当区别遗失物的价值、种类而请求报酬,[2]也有的规定不分遗失物的价值、种类而仅按照一定的比例来支付报酬。[3] 在《物权法》制定过程中,关于拾得人是否有权要求失主支付报酬的问题,对此理论上存在着两种截然不同的观点。我国《物权法》并没有规定拾得人可以享有报酬请求权,而只是规定,如果"权利人悬赏寻找遗失物的,领取遗失物时应当按照承诺履行义务"。[4] 据此,首先,确认了拾金不昧的优良传统。拾金不昧确实为我国数千年所流传下来的传统美德,它在新的历史时期也应不断发扬光大。《民法通则》和《物权法》之所以未规定拾得人的报酬请求权,旨在鼓励拾金不昧的行为,保持我国优秀的道德传统。其次,拾得人并非绝对不能请求报酬的支付,如果权利人悬赏寻找遗失物的,拾得人就有权要求权利人按照承诺履行义务。根据《物权法》第112条的规定,拾得人有权请求失主按照承诺履行义务,这是法律规定的可以请求报酬支付的情况。此种情况主要是指悬赏广告所发生的报酬支付。允许拾得人基于失主的承诺而请求支付报酬,这实际上是尊重了当事人的自主自愿,体现了私法自治的精神。

所谓悬赏广告,是指"广告人以广告形式声明对完成悬赏广告中规定的特定行为的任何人,给付广告中约定报酬的意思表示行为"。[5] 例如,刊登的各种寻人、寻物启事中提出如帮助寻找到某人或完成了某事,将支付若干报酬。失主公开张贴广告许诺如果有人拾得遗失物并返还给失主后,失主应当支付一定的报酬。我国学术界大多认为,悬赏广告在发布之后形成一种要约,而拾得人一旦按照悬赏广告的要求返还了拾得人,则构成承诺,双方之间形成合同关系,因此失

---

〔1〕　梁慧星主编:《中国物权法草案建议稿》,社会科学文献出版社2000年版,第387页。

〔2〕　例如,《德国民法典》第971条规定,遗失物价值在10 130马克以下者,其报酬为5%,超过此数部分,依价值3%,关于动物,依价值的3%。

〔3〕　例如,《日本遗失物法》第4条规定,受物品返还的人,应向拾得人给付不少于物品价格5%,不多于物品价格20%的酬劳金。但国库或其他公法人不得请求酬劳金。

〔4〕　《物权法》第112条第2款。

〔5〕　王家福主编:《民法债权》,法律出版社1990年版,第285页。

主有义务依据悬赏广告的约定向拾得人支付约定报酬。根据《物权法》第112条的规定,所有权人、遗失人等权利人悬赏寻找遗失物的,领取遗失物时应当按照承诺向拾得人履行义务。

(五)招领公告期过后遗失物的归属

关于招领公告期过后遗失物的归属问题,许多国家立法规定,经过招领期限之后,拾得人有权取得遗失物的所有权。[1] 在我国《物权法》起草过程中,对此也存在着不同的看法。一种观点认为,超过一定期限无人领取的遗失物,应当归拾得人所有。作为拾得者的奖励,以形成拾金不昧的良好社会风气。国家权利不得侵害私人的利益,东西是失主的,只要失主没有主动宣布不要,所有权就应当属于失主所有。[2] 另一种观点认为,将所有超过招领期限的遗失物都归国家所有也并不一定妥当。对此,还是应当区分大额的遗失物和小额的遗失物,对于一定数额以上的遗失物归国家所有是必要的,但是一些小额的遗失物归国家所有,既不利于鼓励拾得人积极履行返还义务,而可能会使有关机关支付不必要的保管费用。因为有关机关在占有遗失物后,如果上缴国家,也没有什么价值。因此对此应当根据不同情况而分别考虑。《物权法》第113条规定:"遗失物自发布招领公告之日起六个月内无人认领的,归国家所有。"这就是说,一方面,《物权法》并不允许遗失物超过招领期限后归拾得人所有,另一方面,《物权法》规定遗失物自发布招领公告之日起半年内无人认领的,归国家所有。作出这种规定的主要理由在于,返还遗失物是拾得人的法定义务。如果没有找到权利人,拾得人应当交给有关部门。有关部门也无权将遗失物归为自己所有,在超过招领期限后遗失物归国家所有。尤其需要指出,如果允许遗失物归拾得人所有,就会使得拾得人借机不返还遗失物。特别是对一些价值比较高的遗失物,如果不归国家所有,也可能会引发一些社会问题。

三、漂流物的拾得、埋藏物和隐藏物的发现

所谓漂流物,是指在水上漂流的动产。所谓埋藏物,通常是指埋藏于地下,而所有权人不明的动产。[3] 关于埋藏物是否必须埋藏年代久远才构成,各国立法规定并不一致。《法国民法典》第716条规定:"一切埋藏或隐匿的物件,任何人又不能证明其所有权且其发现又纯为偶然者,为埋藏物。"可见并不要求埋藏时间久远。而德国民法认为,埋藏物须为长期埋藏的物。我国学者大多认为,埋藏物不一定埋藏在地下年代久远,只要是藏于地下、归属不明的动产,就可以构成埋藏物。[4] 例如,在自己的房屋下,发现了清代的银元。该银元就属于埋藏物。一般来说,埋葬时间比较短暂,且将物埋藏于自己的不动产之下,则埋藏人和隐藏人可能仍然继续占有埋藏物和隐藏物,其可能有证据证明其仍然对该物享有所有权。但如果埋葬日久,且将物埋藏于他人的不动产之下,很难确定该物仍然归属于埋藏人和隐藏人。所谓隐藏物,就是指隐匿于他物之中的物。只要从表面上不能发现的物,且归属不明,都应当纳入隐藏物的范畴。严格地说,埋藏和隐藏是有区别的,通常埋藏是指将物埋葬于他人的土地之中,而隐藏是指将物藏于他物之中。如果某物不是埋葬于他物之中,具有显而易见性,则属于遗失物或抛弃物,拾得人拾得该物后,应当按照遗失物的归属或先占规则处理。在发现埋藏物和隐藏物以后,就需要确定所有权的归属。

《物权法》第114条规定:"拾得漂流物、发现埋藏物或者隐藏物的,参照拾得遗失物的有关

---

〔1〕 参见《德国民法典》第973条、《日本遗失物法》第14条。

〔2〕 朱雨晨等:"中国走近物权时代",载《法制早报》2005年7月4日版。

〔3〕 陈华彬:《物权法》,法律出版社2004年版,第362页。

〔4〕 陈华彬:《物权法》,法律出版社2004年版,第362页。

规定。文物保护法等法律另有规定的,依照其规定。"漂流物是显而易见的,埋藏物和隐藏物是埋葬和隐藏于他物之中的,不具有显而易见性。但这些物都属于动产,且在拾得和发现时,所有权归属不明,因此,有必要在法律上确定其归属。

漂流物、埋藏物和隐藏物可以区分为两种情况:①有所有人或者可以查明所有人的,应当作为遗失物,而为所有人所有的物,适用关于遗失物返还的规则。例如,水上漂流的某件家具,上面注明了主人的姓名。拾得人在拾得之后,应该将该物交还给失主。②所有人不明的物。如果漂流物、埋藏物和隐藏物没有明确的所有人,或者无法确定所有人,在此情况下,应当归国家所有。《民法通则》第 79 条规定:"所有人不明的埋藏物、隐藏物,归国家所有。"法律禁止任何单位和个人将这些物据为己有,否则,视为不法占有,应依法追究不法占有人的民事责任。当然,如果埋藏物、隐藏物所有权归属是明确的,有关当事人能够证明某项财产归他人所有,则不应当归国家所有。

因此,关于漂流物、埋藏物和隐藏物的归属,首先必须确定任何人拾得漂流物、发现埋藏物和隐藏物的,如果这些物归属不明,并不意味着拾得人、发现人便享有对被埋藏和隐藏的物的合法所有权。当然也不是说,一旦拾得漂流物、发现埋藏物或者隐藏物的,就应当将这些财产当然地归国家所有。在法律上,需要认定这些财产是否属于所有人不明的财产或者无法确定所有人的财产。《民通意见》第 93 条规定:"公民、法人对于挖掘、发现的埋藏物、隐藏物,如果能够证明属其所有,而且根据现行的法律、政策又可以归其所有的,应当予以保护。"如果对于埋藏物和隐藏物在发现时所有人不明,以后发现所有人时,所有人可以请求国家予以返还。因为这种推定一旦有相反的事实出现,是可以撤销的。

应当指出,在漂流物、埋藏物和隐藏物中,有些是具有历史、艺术和科学价值的文物,这些物依法应归国家所有。根据《文物保护法》第 5 条的规定,中华人民共和国境内地下、内水和领海中遗存的一切文物,属于国家所有。古文化遗址、古墓葬、石窟寺属于国家所有。对于地下埋葬的文物,任何单位和个人都不得私自挖掘或将发现的文物隐藏不报,不上缴国家,否则应承担相应的法律责任。

根据《民法通则》第 79 条的规定,对于所有人不明的埋藏物、隐藏物在上缴国家以后,接收单位应当对上缴的单位或者个人给予表扬或者物质奖励。这就是说,发现埋藏物和隐藏物,对于发现人不应当支付任何报酬,而只能给予奖励。但发现人在发现过程中确实支付了一定的费用的,应当允许发现人请求返还发现所支付的费用。

四、孳息

孳息,是指民事主体通过合法途径而取得的物质利益,包括天然孳息和法定孳息。孳息是与原物相对应的概念。所谓原物,是指孳息所从出之物。孳息是指财产上产生的收益。孳息分为天然孳息和法定孳息两种。《物权法》第 116 条规定:"天然孳息,由所有权人取得;既有所有权人又有用益物权人的,由用益物权人取得。当事人另有约定的,按照约定。法定孳息,当事人有约定的,按照约定取得;没有约定或者约定不明确的,按照交易习惯取得。"分别对其归属作出了规定。

(一)天然孳息

天然孳息,是指原物因自然规律而产生的,或者按物的用法而收获的物,如母鸡生蛋、树上结果。天然孳息可以是自然的,也可以是人工的(如从羊身上剪下的羊毛等)。但是人工产生的物必须是没有对出产物进行改造加工,如将牛乳制成乳酪,就不是天然孳息。一般认为,天然孳息如果实、桑叶等在未与原物分离之前，与原物密切结合在一起，应为非独立物，不能单独成为物权的客体。依据《物权法》第116条的规定，关于天然孳息的归属，应当依据如下规则确定：

1. 天然孳息由所有人取得。天然孳息在没有与原物分离之前，属于原物的成分，只能由原物所有人所有。在孳息（天然的、法定的）产生以后，如果法律或合同没有特别规定，则应由原物所有人所有。

2. 既有所有权人又有用益物权人的，应当由用益物权人取得。根据《物权法》第116条的规定，应当由用益物权人取得天然孳息，这是由用益物权的设定目的所决定的。因为用益物权主要是依据法律行为而设定的，当事人在合同中已经明确规定了由用益物权人占有不动产，所以，除了法律另有规定和当事人另有约定的情况外，不动产上产生的天然孳息只能由用益物权人取得。当然，在此要考虑到用益物权设定的目的，如地役权人通常是不可能取得天然孳息的。因为地役权设定的目的，只是确定了不动产之上的负担，它不可能使权利人取得天然孳息。

3. 当事人另有约定的，按照约定。有关天然孳息归属的确定，毕竟属于一种民事权益，不涉及公共利益，应当允许当事人自主约定。如果当事人在合同中特别规定，也可以特别确定孳息的归属。例如，在地役权合同中就可以约定，地役权人不取得天然孳息。

原物所有权移转以后，对孳息的取得权也随之移转，物的原所有人无权请求新所有人返还物的孳息。任何占有人在占有他人财产之后，都有义务向权利人返还原物，在返还原物的时候也应当将原物产生的孳息一并返还。

（二）法定孳息

法定孳息，是指根据法律的规定，由法律关系所产生的收益，如出租房屋的租金、借贷的利息。法定孳息是由他人使用原物而产生的。但是，自己利用财产所得到的收益以及劳务报酬等，不是法定孳息。依据我国《物权法》的规定，关于法定孳息的归属的确定，应当采取如下方式：①当事人有约定的，按照约定取得。法定孳息通常都是基于法律关系而产生的，所以，在设定法律关系之时，就已经明确规定了法定孳息的归属。因此，法定孳息应当首先由当事人在合同中确定其归属。法律原则上不作干预。②没有约定或者约定不明确的，按照交易习惯取得。所谓交易习惯，是指在当时、当地或者某一行业、某一类交易关系中为人们所普遍采纳的且不违反公序良俗的习惯做法。由于法定孳息是从交易中产生的，所以，当事人的合同没有约定时，应当依据交易习惯来确定。当然，交易习惯的存在，应当由主张其存在的一方来证明。

第四节　所有权的限制

一、对所有权进行限制的原因

所有权的限制，就是指依据法律规定对所有权权能的内容和所有权的行使进行的限制。在我国，《物权法》实行平等保护原则，对各类财产实行平等保护。《物权法》强调要尊重和保护各类物权，但这并不意味着，各种物权都是绝对不受限制的。在加强对各类物权进行保护的同时，也有必要从公共利益等原因出发对所有权进行限制。限制的原因主要在于：

1. 维护社会主义基本经济制度。从维护国家基本经济制度出发，我国《物权法》确立了国有财产的专属性原则。按照这一原则，专属于国家的自然资源、国防资产等，不能由其他人所有。正因为这一原则，这些财产的所有权不能进行交易，国家也不能对其进行处分。从这一点上说，也可以说是对国家所有权的限制,而作出这些限制就是为了保障国家对这些财产的专有权,维护国家的基本经济制度。

2. 实现公共利益。从世界各国法律规定来看,即使是在对私有财产的保护非常全面和完备的国家,也认为私有财产权并不是绝对不受限制的权利。国家出于公共利益的需要,可以对私有财产进行征收。所以,征收制度是各国法律普遍认可的制度。各国法律都规定基于法律规定、正当程序和公共利益的需要,可以对私人财产予以征收、征用。鉴于征收是对个人财产权的重大限制,征收行为的实施对个人财产利益关系巨大,其将导致个人财产权被限制,甚至剥夺。所以,为了强化对个人财产权的保护,各国法律大多是在宪法和物权法中对征收制度作出规定的。我国《物权法》基于维护公共利益和保护个人财产权的需要,采用多个条文规定了征收的条件、补偿标准,从而完善了征收、征用制度。而这一制度设立的目的,就是为了实现社会公共利益。

3. 保护耕地,保障生态环境和资源的合理利用。我国的基本国情是人口多、耕地少,现在全国耕地保有量只有 18.3 亿亩,人均耕地只有 1.4 亿亩。我们是以仅占世界平均水平的 1/3 的耕地,养活了占世界近 1/4 的人口。[1] 耕地资源的不可再生性与我国工业化市场化发展的需求形成了尖锐的矛盾。保护耕地、维护生态环境、实现可持续发展,是我国的基本国策。因此,《物权法》第 43 条明确规定了国家对耕地实行特殊保护,严格限制农用地转为建设用地,控制建设用地总量。据此,就需要对集体土地所有权作出限制,禁止集体经济组织将其农用地擅自转为建设用地并出让、出租。

4. 维护人与人之间的和睦关系,构建和谐社会,人们在社会生活中,行使权利时应当考虑邻人的利益。因此,相邻一方在他人有利用自己土地和房屋的必要时,应当为其提供通风、采光等方面的便利。只要他人确实存在这种需要,相邻一方就有必要提供这种便利。可见,法律对于相邻关系的规定,实际上也就是法律对所有权以及使用权进行的限制,而作出这种限制的目的,在很大程度上就是要维护人与人之间的和睦关系,构建和谐社会。

二、征用制度

征用是对单位和个人财产所有权进行限制的一种方式。《物权法》第 44 条规定:"因抢险、救灾等紧急需要,依照法律规定的权限和程序可以征用单位、个人的不动产或者动产。被征用的不动产或者动产使用后,应当返还被征用人。单位、个人的不动产或者动产被征用或者征用后毁损、灭失的,应当给予补偿。"所谓征用,是指国家因抢险、救灾等紧急需要而通过行使征用权,临时使用单位或者个人的财产。征用的特征在于:

1. 征用必须是出于抢险、救灾等紧急需要。所谓紧急需要,是指在战争、抢险、救灾等情况紧迫,必须要紧急使用单位和个人的财产。一方面,这些紧急需要属于公共利益的范畴,可以说是公共利益的具体类型和特殊表现,正是因为出于公共利益的表现,征用制度才具有正当性和合法性。另一方面,征用必须在紧急情况下采用,即政府无法通过正常的市场购买行为来完成,此时只能通过征用的方式。

2. 国家必须依法行使征用权。我国《物权法》第 44 条没有规定征用权所行使的主体,据此有人认为,征用权不限于政府享有,也可以由法人或者个人享有。例如,为了紧急救人、打捞沉船,可以未经权利人的同意而强行使用他人的渔船或者其他交通工具。如果仅仅规定政府作为征用权的主体,不利于单位和个人为了公共利益在紧急情况下进行及时处理。但是,笔者认为,征用

---

[1] 王兆国:"关于《中华人民共和国物权法(草案)》的说明",新华社 3 月 8 日电。

权应当是专属于政府的公权力,任何单位和个人不得享有。《物权法》规范征用制度,也是为了防止政府权力不当侵害公民、法人的财产权。因为如果单位和个人也享有征用权,在实践中容易导致随意侵害他人财产的后果。至于在特别紧急情况下,单位或者个人的确需要利用他人的财产来保障其个人或者他人甚至是公共利益,可以通过紧急避险制度来加以规范。

3. 不移转所有权。征用对个人和单位财产的临时使用,不发生所有权变动后果。一般来说,征收要强制移转所有权,而且导致所有权永久性的移转,所以征收是国家对私人所有权所采取的具体而特别的干预。[1]但征用的目的旨在获得使用权。在征用的情况下,只是临时使用标的物,因为所有权没有移转,如果标的物没有毁损灭失,就应当返还原物。值得探讨的是,如果在使用公民的财产过程中导致财产灭失,是否可以认为从征用转为征收?有一种观点认为,既然因为政府使用他人财产过程中导致财产灭失,导致所有权丧失,性质上不再是征用,而是征收。笔者认为,此种情况还是征用,因为我国《物权法》第 42 条规定的征收对象是不动产,而在征用过程中造成他人财产灭失的情况下,政府也没有获得该财产的所有权,还是应当依据征用来处理。当然,在补偿时,应当考虑到该财产的价值,适当作出补偿。

4. 既适用于动产,也适用于不动产。根据《物权法》第 44 条的规定,征用适用于"单位、个人的不动产或者动产"。对绝大多数动产而言,都具有可替代性,可以在市场上购买到。因而即便国家需要,大多也可以通过在市场上购买的方式获得,而不必启用征用制度,只是在特殊情况下,因紧急需要才有必要利用公民的动产,如因抢险救灾而需要利用公民家中的木板。所以实践中,征用的对象大多也是不动产。例如,在紧急情况下征用他人的土地,用于堆放救灾器材,或在非典时期征用他人房屋以隔离病人。

三、征收制度

(一)征收与征用概念及其区别

所谓征收,就是指国家为了公共利益的需要,而利用公权力强制性地将集体或私人所有的财产征归国有,或者对集体或私人财产权施加某种限制。征收的主体是国家,只有国家才能利用公共权力对集体或私人财产进行干预,甚至将其强制性地移转给国家。除国家之外,任何组织和个人都不享有公共权力,因而也不享有征收权。另一方面,征收的对象是集体或私有财产。被征收财产的范围,除《物权法》上规定的动产、不动产之外,还包括《物权法》没有规定的其他财产。《物权法》第 42 条第 1 款规定:"为了公共利益的需要,依照法律规定的权限和程序可以征收集体所有的土地和单位、个人的房屋及其他不动产。"这就明确了征收的概念和条件。

征收、征用都是国家通过行使行政权,基于公共利益对集体和私人所有权进行限制的方法。一方面,征收、征用都是为了公共利益的需要,正是因为公共利益的存在,通过征收、征用而限制单位和个人的财产权,不需要与被征收、征用人协商。另一方面,征收、征用都应当依法对被征收、征用人给予一定的补偿。只有在作出补偿的情况下,征收、征用才具有正当性。但《物权法》区分了征收和征用的概念,将其分为两个条款分别规定。它们在是否移转所有权、补偿的标准等方面都存在着明显的区别。

1. 是否移转所有权。在国外,征收(taken)的概念范围比较宽泛,不仅包括移转所有权的征

---

〔1〕 〔德〕鲍尔、施蒂尔纳:《德国物权法》(上),张双根译,法律出版社 2004 年版,第 254 页。

收,还包括非移转所有权的征收,即所谓对财产利益的征收。[1] 但在我国,《物权法》中所确认的征收都要移转所有权。我国《物权法》第 42 条所确认的征收的两种形式,即征收集体土地和城市房屋拆迁,都要移转所有权。征收就是指国家为了公共利益的需要,而利用公权力强制性地将集体或私人所有的财产征归国有。在征收的情况下,由于征收要发生所有权的移转,所以征收的程序比征用更为严格,且在征收以后,不存在返还的问题。征用属于政府强制使用公民或者单位个人的财产,不发生所有权移转的后果。[2]

2. 是否为了因抢险、救灾等紧急需要。征用在紧急需要的情况下才能使用,征收不一定在紧急状态,它是在和平环境下基于公共利益的需要而采取的措施。而征收则不以紧急需要的存在为其适用的前提,即使不存在紧急状态,出于公共利益的需要也可以征收。

3. 对象不同。征收主要适用于不动产,依据《物权法》第 42 条的规定,征收针对的对象是"集体所有的土地和单位、个人的房屋及其他不动产"。在我国,征收主要包括对农村土地的征收和对城市房屋的征收。依据《物权法》第 44 条的规定,征用适用于"单位、个人的不动产或者动产",所以征用既包括动产,也包括不动产。

4. 补偿标准不同。由于征收要移转所有权,所以对被征收人造成的损失更大,对其作出的补偿也相应地更高一些。尽管征收在性质上不同于买卖,且征收也不以完全补偿为前提,但由于征收要移转所有权,征收后作出补偿时应当考虑市场价格。由于征用只是临时使用,如果没有造成物的毁损灭失,可以返还被征用物并作出适当的补偿。政府对征用通常不需要按照市场价格作出补偿。在征收的情况下,不存在将征收的财产返还给被征收人的问题。

征用是对所有权限制的一种方式,征收也是一种限制所有权的方式,但严格地说,征收不仅仅是对所有权的限制,而且是所有权的强制性移转,是国家取得所有权的一种方式。

(二)征收的条件

1. 征收必须是为了公共利益的需要。《物权法》第 42 条第 1 款规定:"为了公共利益的需要,依照法律规定的权限和程序可以征收集体所有的土地和单位、个人的房屋及其他不动产。"据此,政府从事征收行为,必须是为了满足公共利益的需要,而且要以实现公共利益最大化为目的,只有公共利益才是限制私有财产的重要理由。因此,"为了公共利益的需要"是从事征收行为的首要条件。

《物权法》对公共利益的内涵并没有作出明确的界定,在《物权法》起草过程中,对《物权法》中是否应当对"公共利益"的内容作出明确界定,一直存在争议。不少人建议,为了限制有的地方政府滥用征收权力侵害群众利益,应在《物权法》中明确界定公共利益的范围。虽然从学理上看,公共利益就是社会全体成员的共同利益,或者说是不特定人的利益,是不特定人的经济、文化、教育等方面的利益。如此抽象的界定固然简单,但并不具有太强的可操作性;若采用列举的方式,一一列举哪些利益属于公共利益,则虽然具有一定的可操作性,但难免挂一漏万。可见,试图通过一个定义而一劳永逸地解决因"公共利益"的内涵问题而发生的纠纷是不太现实的,也是十分困难的。因为从本质上说,"公共利益"是一个类似于诚实信用、公序良俗等弹性条款的概念,一个难以在法律上对其内容加以明确界定的概念,各国法律大都授权法官根据个案来界定这

---

[1] Frank I. Michelman, "Property, Utility, and Fairness: Comments on the Ethical Foundations of 'Just Compensation' Law", 80 *Harv. L. Rev.* 1165 (1967), Joseph L. Sax, "Takings and the Police Power", 74 *Yale L. J.* 36 (1964).

[2] [德]M. 沃尔夫:《物权法》,吴越、李大雪译,法律出版社 2004 年版,第 43 页。

一概念。因而《物权法》最终没有对"公共利益"这一概念作出具体界定是必要的。笔者认为,公共利益的特点主要是:

(1)公共利益范围的宽泛性。公共利益所包括的范围是非常宽泛的,如国防、交通事业、水利事业、公共卫生、教育、政府机关及慈善事业等,它既可能是经济利益,也可能是指社会的福祉,还可能包括教育、卫生、环境等各个方面的利益。其范围究竟有多宽,很难界定。就征收土地而言,公共利益的范围非常宽泛,如包括国家国防用地,国家机关用地,能源交通设施用地(如煤矿、道路、机场等),国家重点工程用地,学校、医院等公益福利事业用地,水利、环境保护用地以及其他给予公共利益或者公共需要的用地。[1] 公共利益和纯商业利益之间存在一定程度上的交叉。例如,在一个小区进行房地产开发,如果其中建设了学校、医院,即使其主要是服务于小区,但其也使不特定的人分享了教育、卫生等方面的利益,因而在一定程度上也体现了社会公共利益。[2]

(2)公共利益内容的变动性。公共利益本身是一个开放的概念,具有不可穷尽性,也就是说其类型繁多,且随着社会的发展而不断发展。因不同社会的发展阶段、各国的具体国情、经济发展水平等,它会具有不同的内涵。而且它与国家政策和不同时期的社会需要具有非常密切的联系。社会的不同时期的治国方略、采用的政策等,都会在一定程度上影响到公共利益的内涵和实现。在特殊情况下,某些特定人受益的利益也可能向公共利益转化。从各国立法发展的情况来看,过去公共利益的内涵比较狭小,商业开发是不包含在公共利益之中的。但是现在从许多案件反映出来的情况看,公共利益的内涵在不断扩大,甚至包含了商业利益。例如,在美国"凯洛诉新伦敦市案(Susette Kelo, et al. v. City of New London)"中,联邦最高法院认为,建造一个制药厂可以增加当地的就业和税收,因而也体现了公共利益。

(3)公共利益内容的不确定性。公共利益内容本身是一个价值判断的对象,具有一定的主观性,不同的人对公共利益的看法可能是不同的。例如,要拆除某个地方的居民小区建造一个制药厂,一些人会认为此种行为是符合公共利益的,但另一些人会认为,保留原来居民区的特征,维持原有的风貌,从而保护城区的历史,可能也体现了一定程度的公共利益。[3] 对于公共利益理解的不同,是因为人们是从不同的角度来作出评价和判断的。另一方面,公共利益的目的性可能也是变化的。例如,因为某个时期的军事工业的目的而征地,但在该特定军事目的已经完成以后,公共目的性可能不复存在,也就不需要基于公共利益而征地。[4]

(4)公共利益层次的复杂性。公共利益本身也具有不同的层次,这决定了在法律上对其类型化是十分困难的。例如,公共利益中包含了社会全体成员的共同利益(如国家安全利益等),不特定人关于经济、教育、文化等方面的利益,消费者利益、城市基础设施建设、交易安全等。这些利益本身有不同的层次,如国家安全利益和市政建设的利益是不同层次的公共利益,从而保护的力度也不同。如果各种不同的公共利益之间发生冲突,法律上需要解决的是,如何使公共利益最大化。这就需要分析公共利益的层次,优先保护更高层次的公共利益。但层次问题只是在争议发生之后,需要界定"公共利益"时才是被考虑的因素,而很难在立法对公共利益进行界定时就对其层次进行区分。

[1] 胡信彪:《土地征收与房屋拆迁》,中国民主与法制出版社 2006 年版,第 7 页。
[2] *Kelo v. New London* (04-108) 268 Conn. 1, 843 A. 2d 500
[3] *Kelo v. New London* (04-108) 268 Conn. 1, 843 A. 2d 500
[4] 胡信彪:《土地征收与房屋拆迁》,中国民主与法制出版社 2006 年版,第 7 页。

因为公共利益本身在法律上是一个弹性条款,具有一定程度上的开放性和变动性,在不同领域内、不同情形下,公共利益的内涵并不相同,情况相当复杂,即使是商业开发,在某些情况下可能会涉及税收、就业、城市环境等问题,从而间接地涉及社会公共利益。因此,《物权法》难以对公共利益作出统一的具体的界定,还是分别由《土地管理法》、《城市房地产管理法》等单行法律作出具体规定较为切合实际。在公共利益发生争议的情况下,我们建议通过司法程序由法院对此作出裁判。所以,《物权法》中维持宪法关于公共利益的抽象的表述,没有采用正面界定和反面排除的方法规定公共利益的内涵。但《物权法》中也对公共利益及基于公共利益的征收做了一些必要的规定,如针对实践中建设用地总量增长过快,低成本工业用地过度扩张,违法违规用地、滥占耕地现象屡禁不止等现象,《物权法》第43条作出了针对性的规定:"国家对耕地实行特殊保护,严格限制农用地转为建设用地,控制建设用地总量。不得违反法律规定的权限和程序征收集体所有的土地。"这实际上就是通过维护粮食安全这一公共利益,对征收进行了一定的限制。

2. 征收必须符合法律规定的权限和程序。根据《物权法》第42条第1款的规定,征收必须依照法律规定的权限和程序进行。之所以要将依照法律规定的权限和程序作为征收的条件,主要是因为:一方面,出于充分保护公民的财产权的需要。征收是永久性地剥夺公民的财产权利,后果非常严重,为了防止一些地方政府及其工作人员以公共利益为名,滥用征收权力,损害被征收人的利益和权益,因此必须强调要遵循法定的程序。另一方面,在征收中要严格强调依据法定的权限和程序进行,有利于政府机关依法行政,弥补因公共利益的概念过于抽象而产生的缺陷。如前所述,对于公共利益概念定义的困难,也需要通过在法律上明确征收、征用的条件和程序以弥补公共利益模糊的缺陷。还要看到,将依照法律规定的权限和程序作为征收的条件,也是为了减少不必要的纠纷,保障征收工作的顺利进行。由于我国征收制度尚不完善,各地征收补偿制度也很不统一,这在一定程度上也影响了征收工作的顺利进行。

所谓依照法律规定的权限和程序,就是说有关征收的权限和程序必须法定化,而不能由各地方、各部门自行授予权力和确定程序。依照法律规定的权限和程序,首先要求征收权限必须合法。征收的主体只能是国家,但并不是任何人都能代表国家来进行征收。国家行使征收权只能通过有关政府机关来行使,有关政府机关行使征收权也只能在法律规定的权限范围内行使。例如,就征收集体土地而言,征收决定只能由县级以上的地方人民政府作出,《土地管理法》第45条第1、2款规定:"征收下列土地的,由国务院批准:①基本农田;②基本农田以外的耕地超过35公顷的;③其他土地超过70公顷的。征收前款规定以外的土地的,由省、自治区、直辖市人民政府批准,并报国务院备案。"超出该权限范围的征地行为,就是违法的征收行为。

征收必须严格遵守法定的程序才能进行。依法行政的重要内容就是行政行为必须符合法定程序。征收权作为国家的专有权力,其对公民的财产利益关系重大,更应当受到正当程序的限制。从我国的情况来看,法律对集体土地的征收规定了一定的程序,但关于城市房屋的拆迁程序并没有做出明确规定。2007年8月30日第十届全国人大常委会决定对《中华人民共和国城市房地产管理法》作如下修改:在第一章"总则"中增加一条,作为第6条:"为了公共利益的需要,国家可以征收国有土地上单位和个人的房屋,并依法给予拆迁补偿,维护被征收人的合法权益;征收个人住宅的,还应当保障被征收人的居住条件。具体办法由国务院规定。"这实际上是授权国务院可以依据《物权法》的规定制定有关房屋征收程序。未来由国务院制定的有关房屋拆迁的程序虽然属于行政法规,但因为上述授权的存在,也可以成为《物权法》第42条所规定的法定程序的组成部分。

3. 征收后必须依法作出补偿。《物权法》为了更好地保护被征收人的合法权益,区分了农村土地的征收和城市房屋的拆迁,并分别规定了不同的补偿标准。《物权法》第 42 条第 2 款和第 3 款分别就补偿原则和补偿内容做了明确规定:

(1)征收集体所有的土地的补偿。《物权法》第 42 条第 2 款规定:"征收集体所有的土地,应当依法足额支付土地补偿费、安置补助费、地上附着物和青苗的补偿费等费用,安排被征地农民的社会保障费用,保障被征地农民的生活,维护被征地农民的合法权益。"同条第 3 款规定:"征收单位、个人的房屋及其他不动产,应当依法给予拆迁补偿,维护被征收人的合法权益;征收个人住宅的,还应当保障被征收人的居住条件。"第 132 条规定:"承包地被征收的,土地承包经营权人有权依照本法第 42 条第 2 款的规定获得相应补偿。"根据该规定,征收集体所有的土地的补偿应该注意如下问题:

第一,应当足额支付征地后的补偿。根据《物权法》第 42 条的规定,征地后的补偿必须要足额支付,禁止截留征地款,损害被征收人的利益。这种补偿必须足额支付。从实践来看,确实存在个别地方在征收集体土地用于兴建高速公路、机场等过程中,截留征地款、严重损害农民利益的情形。因此,《物权法》强调必须足额发放补偿费用,十分必要。笔者认为,这里的足额发放,既包括足额发放给集体组织,也包括足额发放给农民个人。征地款发放给集体组织之后,集体组织也不得截留。

第二,对于承包经营权应予以补偿的规则。对于征地后的补偿,既包括对集体土地的补偿,也包括对被征收的土地承包经营权作出补偿。《物权法》第 121、132 条的规定就是要强调在承包经营权物权化之后,对承包经营权被征收后应该给予补偿。过去有关立法在土地征收中提到了"被征收人",其实被征收人并不包括农民。但是,在承包经营权物权化以后,作为物权人的农民也应当成为被征收人,也应该享有相应的权利,并获得补偿。也就是说,征收集体所有的土地,不仅要对土地的所有者即集体经济组织给予补偿,也要对失地农民给予补偿。《物权法》第 42 条规定,征收集体所有的土地,应当依法足额支付土地补偿费、安置补助费、地上附着物和青苗的补偿费等费用,其中既包括了对集体土地所有权的补偿,也包括了对土地承包经营权人的补偿。

第三,应当安排被征地农民的社会保障费用。从长远来看,为农村居民提供社会保障是维护农民群众基本人权,实现城市反哺农村、工业反哺农业,建设社会主义新农村的重要内容,也是构建和谐社会的必要条件。但是,由于我国地乡二元结构的存在,特别是长期以来历史欠账较多,还不可能由国家财政为广大农村居民提供普遍的社会保障,因此在我国现阶段,农村土地承包经营权仍然具有一定社会保障功能。换言之,对于尚有土地的农民,即便暂时还没有社会保障,其也可以通过土地获得一定的保障。但是被征地之后,被征地的农民就成为了所谓的"三无农民"(无岗可上、无地可耕、无低保可享受),这就会导致比较严重的社会问题。因此,对于被征地农民,就必须为其提供社会保障,否则其生存权就要面临现实的威胁。即使是农民举家迁入城市,现在各地实行社会保障制度还不能够满足农民工子弟上学、家中老人医疗等方面的需要。所以,需要给失地农民发放足够的社会保障金。根据《物权法》第 42 条的规定,在征收农民土地之后,要对其社会保障费用加以足额安排。

(2)征收单位、个人的住宅及其他不动产的补偿。《物权法》第 42 条第 3 款规定:"征收单位、个人的房屋及其他不动产,应当依法给予拆迁补偿,维护被征收人的合法权益;征收个人住宅的,还应当保障被征收人的居住条件。"城市房屋的征收与农村土地的征收不同,因为房屋所占用的土地本身就属于国家所有,不存在着征收土地并移转土地所有权的问题。所谓城市房屋拆迁,实际上主要限于房屋征收,因而对于房屋的征收一般不考虑地价如何补偿的问题,关键是如何解决好居民的居住问题。另一方面,由于农村尚未建立社会保障制度,因此,土地征收之后,还要考虑农民的社会保障问题。而城市中已经建立了低保制度,所以,拆迁补偿不必考虑居民的社会保障问题。依据《物权法》第42条的规定,拆迁补偿的内容包括两个方面:①依法给予拆迁补偿。只要对不动产进行征收,无论其所有权人是单位还是个人,都应当予以拆迁补偿。通常拆迁补偿都是支付一笔金钱。②保障居住条件。在被征收的房屋所有权人是个人且房屋是住宅的情况下,在拆迁补偿之外,还应当对被征收人的居住条件加以保障。所谓保障被征收人的居住条件,包括两个方面的内容:一方面,在拆迁之后、回迁或者安置之前,政府应当为被征收人提供廉租房,满足其居住需求。在被征收人的居住条件没有得到落实之前,不得对其房屋进行强制拆迁,不能因为拆迁而使被拆迁人流离失所。另一方面,在回迁的时候,应当保障被拆迁人的居住条件。《物权法》第42条强调保障被征收人的居住条件,如何才能保障其居住条件,还需要有关配套的法律法规予以具体解释。笔者认为,保障居住条件,应当是保障合理的居住需求,并不一定要求必须回迁到原来的地方;有关安置房的区位、面积等条件,应当在拆迁补偿中一并考虑。

从实践来看,截留、挪用、私分农民征地款的现象在个别地区相当严重,甚至引发了群体性事件,影响了社会稳定。为了将征收补偿落实到位,充分保护被征收人的合法权益,《物权法》第42条第4款规定:"任何单位和个人不得贪污、挪用、私分、截留、拖欠征收补偿费等费用。"对于贪污、挪用、私分、截留和拖欠征收补偿费的,必须严肃查处,依法追究有关行为人的法律责任。对征收补偿费也必须加强监管,全面落实专账核算、专户管理、专项审计和财务公开等制度,从而充分保护被征收人的利益。

第八章　国家、集体和私人所有权

第一节　国家所有权

一、国家所有权的概念

在我国,社会主义国家不仅是国家政权的承担者,而且是国有财产的所有者。社会主义国家所有权作为社会主义条件下的一种所有权形式,是国家对国有财产的占有、使用、收益和处分的权利,国家所有权本质上是社会主义全民所有制在法律上的表现。《物权法》第45条第1款规定,法律规定属于国家所有的财产,属于国家所有即全民所有。所谓国家所有权,是指国家对国有财产的占有、使用、收益和处分的权利,它是全民所有制在法律上的表现。[1]

全民所有制是社会全体成员共同占有社会生产资料的一种所有制形式。由于现阶段不可能由社会全体成员直接占有社会生产资料,单个社会成员也不可能代表全体社会成员支配生产资料,因此,必须通过一个社会中心来实现对全民的生产资料的支配。在国家依然存在的情况下,这个社会中心只能是国家。公有制的建立使社会主义国家能够按照全体人民的共同利益,对全民所有制领域的经济活动进行统一领导和必要的管理,因此,社会主义全民所有制在法律上表现为国家所有权,有其客观的必然性。《物权法》作为维护国家基本经济制度的法律,必然要求在法律上确认国家所有权,并规定有关国家机关、企事业单位对其支配的国有财产所享有的权利,从而巩固社会主义公有制,促进社会主义市场经济的发展。国家所有权在《物权法》上的特点表现在:

1. 主体的特殊性。国家既是主权的享有者、政权的承担者,也是国有财产的归属者。所以,国家所有权的主体本身具有多重性,但国家作为财产权的主体存在时,与其作为主权者的身份是应当相分离的。国家作为政权的主体和作为财产权的主体身份,是可以而且必须严格分开的,国家对国有财产享有排他的支配权,任何个人和组织都不能以国有财产在经济上属于全民所有为根据,而在法律上主张对国家财产的所有权。由于我国国家所有权是全民所有制的法律表现,所以,国家是代表全体人民行使所有权的。当然,国家作为一个抽象的实体,它本身并没有特殊利益,其享有并行使所有权所获得的利益,最终是为了满足广大人民的物质和文化生活需要,实现全体社会成员的利益需要。国家在行使所有权的过程中,也应当充分反映全体人民的意志和利益。在我国现行体制下,国家所有权是通过国务院代表国家来行使的。

2. 客体的特殊性。国家所有权的客体的特殊性表现在:一方面,国家所有权的客体具有广泛性。我国的国家所有权客体范围相当广泛,既包括了土地及其他自然资源的所有权,也包括了各类动产和不动产。依据《物权法》第41条的规定,依照法律规定专属于国家所有的不动产和动

---

[1]　佟柔主编:《中国民法》,法律出版社1994年版,第249页。

产,任何单位和个人都不能取得所有权。这就是说,一些财产只能在法律上归属于国家所有,而不能由其他主体享有所有权。根据我国宪法和民法的规定,城市的土地、矿藏、水流、森林、山岭、草原、荒地、滩涂等自然资源属于国家专有,禁止侵占或以买卖及其他方式非法转让。这种国有资源的国家独占和垄断是由国家主权产生的。按照国际法的主权原则,各国可以基于其主权对资源进行垄断,对外可以排除其他国家获得,对内不允许任何公民和法人享有所有权。因此,当国家专有的土地及其他自然资源被不法行为人非法处分,在法律上现存的占有人是不可能根据善意取得制度和时效取得规则而取得所有权的。我国《物权法》第41条在所有权的一般规定中,宣示了专属性规则,明确了这些财产的独占性,排除任何单位和个人可以拥有这些财产。这对于保护国家所有权、保障国家的经济命脉和维护资源和环境,都具有十分重要的意义。另一方面,国家所有权通常是与国有财产的概念等同的,在国有财产中既包括了有形财产也包括了无形财产,它们共同成为国家所有权的客体。但对私人所有权而言,通常其所有权的客体限于特定的动产和不动产,而不包括集合物。

3. 取得方式的特殊性。由于国家本身是主权的享有者和政权的承担者,国家可以凭借其公共权力通过征收、国有化、没收等方式强制性地将公民个人或集体的财产收归国有。国家也可以依据行政权,而强制性地无偿地征收税金,从而取得国有财产。当然,国家采用上述方式强制性地移转所有权必须要受到法律的严格限制,且必须遵循法定的程序。只有这样才能保障公民、法人的合法权益,维护社会正常的经济秩序。除此之外,国家还可以通过特殊的方式取得所有权。例如,我国《物权法》第113条规定:"遗失物自发布招领公告之日起6个月内无人认领的,归国家所有。"第114条规定:"拾得漂流物、发现埋藏物或者隐藏物的,参照拾得遗失物的有关规定。文物保护法等法律另有规定的,依照其规定。"我国《继承法》规定,公民死亡之后,无人继承又无人受遗赠的财产归国家所有。这些都表明,国家所有权在取得方式上具有特殊性。

4. 行使方式的特殊性。国家所有权在行使方式上具有不同于私人所有权的特点。因为国家作为一个抽象的实体,它难以直接行使所有权,必须通过法律法规授权的国家机关、企事业单位以及国家投资的企业,在法律规定的范围内行使。国家投资设立的企业,由中央人民政府即国务院和地方人民政府依照法律、行政法规规定分别代表国家行使所有权,享有所有人的权益。

二、《物权法》规定国家所有权制度的意义

确认和保护国家所有权,保障国有财产的保值增值,防止国有财产流失,是我国《物权法》制定的重要目的,也是我国《物权法》维护社会主义基本经济制度的具体体现。除确认和维护国家基本经济制度以外,《物权法》规定国家所有权制度的意义还在于:

1. 确认国家所有权的排他性。《物权法》规定国家所有权,就是要确立国有财产权的排他性。国家所有权在性质上是全民所有,但全民所有并不意味着人人有份,也不意味着每个人可以支配国有财产,更不能私分、非法占有国有财产。所以,国有财产在法律上对每个个人仍然具有排他性。全民所有制在法律上的表现就是,国家作为民事主体享有所有权,同其他所有权形态一样,国家所有权也具有物权的排他性。国家所有权虽然和主权不可分割,但也应当将其纳入私权的体系,因为国家所有权或者国有财产的使用权,有相当一部分需要通过市场进行资源配置、通过市场实现流转;而且国家所有权在遭受侵害的情况下,也需要受到民法的保护。《物权法》规定了国有财产的范围、管理国有资产的主体的权限等,这就有利于树立国有财产权的观念,保护国有资产不受非法侵占、流失。

2. 建立保护国有财产的基本规则,防止国有资产流失。我国《物权法》制定的背景之一,就是国有资产在实践中流失相当严重。多年来,由于我国物权制度的不完善,造成公有财产中所有者虚化、财产无人负责、产权界限不清等问题,使公有制的优越性未能得到充分发挥。在国企改制中,有的企业的负责人和管理者非法侵占国有财产,并导致了国有资产的严重流失。这就客观上需要建立一套完整的保护国有财产的规则,在国有资产法尚未出台的情况下,需要通过《物权法》建立保护国有财产的基本规则,《物权法》关于物权保护的规定,实际上是对国有财产保护的最有效的方式。例如,从物权保护来看,《物权法》规定了确认产权的方式,一旦有人取得的财产有可能损害国有资产,国有资产管理部门就可以提起确认产权之诉,要求法院重新确认产权。国有财产受到侵犯后,《物权法》赋予国有财产的管理机关和企事业单位请求不法行为人停止侵害、排除妨碍、消除危险、返还原物、恢复原状、赔偿损失的权利,从而保护国家所有权。

3. 完善市场经济的基本规则。国家所有权作为一种民事权利,它要和其他财产之间发生各种交往,国家投资的企业,也要以国家投资的财产为基础与其他主体从事广泛的交易和竞争活动。在财产发生争议后,必须要按照平等保护原则来确认产权、保护各类主体的权益。尽管国有财产在财产的管理、监督以及国有财产的行使等方面都具有一定的行政特点,但当国有财产权作为一种财产权利表现的时候,它只能以民事权利的形式表现出来。进入交易领域的国有财产和其他财产之间都处于平等的法律地位,不存在着任何优劣之分。《物权法》在确认国有财产权的时候,必须要将国有财产权和其他财产权同等对待,承认其平等的地位。在此基础上,才可能建立一套适应市场经济需要的产权规则。

4. 建立处理产权争议的规则。在实践中,国有财产也会和其他财产之间发生产权的争议。作为调整归属和利用关系的《物权法》,就是专门确立解决产权之诉和各种争议的规则的法律。所以,当不进入交易的国有财产与其他财产之间发生归属的争议,只能适用《物权法》关于确认产权的规则来解决。另一方面,在发生争议之后,应当由司法机关居中裁判,而不能由国有资产管理部门来决定。[1] 因为当国有财产的产权发生争议的时候,国有资产监督管理机构作为国有资产的管理者,本身属于国家所有权一方的机构,其与争议的相对方是平等的,国有资产监督管理机构不能作为裁判者负责产权的界定,而应当将此种争议交由司法程序来解决。

三、国家所有权的主体

(一)国家所有权的主体

《物权法》第 45 条第 2 款规定:"国有财产由国务院代表国家行使所有权;法律另有规定的,依照其规定。"国家所有权就是指全民所有。国家所有权的行使,应当由国务院代表国家在法律授权的范围内行使对国有财产的权利。

应当看到,我国的国家所有权在性质上是对全民所有制关系的反映。国家所有就是全民所有,对此,《物权法》已作出了明确规定。国家所有作为一种伴随着国家的产生就已经出现的财产形态,在任何社会都是存在的。即使在现代西方国家,国有财产也是一种重要的财产形式。但是,我国的国家财产与西方国家的国家财产存在重大差异,它是全民所有制的法律表现,最终要服务于全体人民的根本利益。所以,《物权法》规定国家所有即全民所有,已经表明了我国国家所有权的性质。但这并不意味着,国家所有权就只能由最高国家权力机关来实际行使管理权,而

---

〔1〕 例如,2003 年《企业国有资产监督管理暂行条例》第 30 条第 1 款规定:"国有资产监督管理机构依照国家有关规定,负责企业国有资产的产权界定、产权登记、资产评估监督、清产核资、资产统计、综合评价等基础管理工作。"此处规定国有资产监督管理机构,它可以负责企业产权界定工作,这显然是有问题的。

不能由国务院来代表国家行使。依据法律的授权,国家所有权可以由国务院代表国家行使。其理由在于:

1. 最高国家权力机关很难直接行使对国家财产的管理权。我国全国人民代表大会是国家的最高权力机关,对国家的一切重大事务享有最高的决定权。我国人民代表大会制采取的是由全国人大统一行使国家主权的体制。但全国人民代表大会毕竟是国家最高权力机关、立法机关和法律监督机关,它本身不是直接的具体管理各项财产的机构。对国有财产的管理,只能通过法律的授权,由最高国家权力机关的执行机关(即国务院)来行使。也就是说,要由国务院在法律授权的范围内来代表国家行使所有权。国务院是我国中央人民政府,它是最高国家权力机关的执行机关,其职能决定了它完全可以在法律规定的权限范围内代表人民来行使所有权。

2. 由国务院在法律授权的范围内代表国家行使所有权,有利于建立一套完整的管理机构,确立管理机构的职责,从而有利于加强国有资产的管理。国有财产总量庞大,类型复杂,它需要众多的管理机构具体分工负责进行管理。在我国目前的体制下,国务院、地方人民政府都可以出资设立国有企业,因此,国有财产的管理更为复杂。尤其是我们要建立在法律授权的范围内由国务院、地方人民政府依法分别代表国家履行出资人的职责,享有出资人的权益的体制,这也必须要由国务院代表国家行使所有权。

3. 如果由国家最高权力机关来管理如此复杂的国有资产的事务,不仅是难以操作的,而且要在行政机构之外再设立复杂的管理机构,这也是没有必要的。事实上,我国现行的管理体制就是国务院代表国家行使国有财产所有权,地方政府出资的企业,地方政府也享有出资人的权益。现行的《土地管理法》、《矿产资源法》、《草原法》、《海域使用管理法》等法律都明确规定,由国务院代表国家行使国有财产所有权,事实上只是维持了现行体制和做法。

国务院代表国家行使所有权,国务院必须在法律授权范围内行使所有权,且必须对最高国家权力机关负责,并受最高国家权力机关的监督。我国法律授权国务院代表国家享有所有权,也可以认为是最高国家权力机关授权国务院来行使所有权。由国务院代表国家行使所有权,也有利于全国人大对其进行监督。

(二) 国家所有权的行使

国家所有权在性质上属于全民所有,但不可能将国有财产量化给每个个人,也不可能由每个个人都来占有国有财产、行使国家所有权。国有财产作为全民所有的财产,其行使有特殊性。根据我国《物权法》和有关法律的规定,主要有:

1. 国有财产只能由国务院代表国家来统一行使国家所有权。地方政府投资兴办的企业,地方政府也应当享有所有者权益、履行出资人的职责。按照党的十六大报告,"国家要制定法律法规,建立中央政府和地方政府分别代表国家履行出资人职责,享有所有者权益,权利、义务和责任相统一,管资产和管人、管事相结合的国有资产管理体制"。对国家出资的企业,应当坚持政府公共管理职能和国有资产出资人职能分开的原则。因此一方面,应当维护企业作为市场主体的地位及依法享有的各项权利。国有资产管理部门不能随意干预企业的日常经营活动。另一方面,国有资产管理机构对授权监管的国有资本依法履行出资人职责,维护所有者权益,同时要督促企业实现国有资产保值增值,防止国有资产流失。

2. 国家要授权国家机关、事业单位对其直接支配的财产在法律、行政法规规定的范围内,享有一定支配权利。这种支配权利是由法律、国务院的有关规定所界定的。例如,《物权法》规定事业单位可以享有收益权,而国家机关不能享有收益权。未经许可并依照法定的程序,国家机关和事业单位都不能擅自处分国有财产。

3.国家投资的企业,对其占有的国有财产,依法享有占有、使用、收益和处分的权利。但国家也应当依据法律、章程等的规定,对企业支配的财产享有权利。国家所有权的行使方式与经济体制有着密切的联系。我国长期以来,受"左"的思想影响,把国家所有等同于国家机构直接经营,政府机构包揽了企业应享有的权利,从而在经济体制上形成了一种同社会生产力发展要求不相适应的僵化模式,压抑了企业和广大职工的积极性、主动性和创造性,阻碍了经济的发展。因此,我国经济体制改革的一个重要内容,就是要改变原有的国家所有权的行使方式,实行国家所有权和企业经营权的适当分离,从而搞活企业,建立社会主义市场经济运行体制。对国家出资设立的企业,既要按照市场经济的要求,保障其作为市场主体应有的权限,但同时也要加强对国有资产的管理、防止国有资产的流失。

为了保护国有财产,保障国家所有权的实现,国家要通过其创设的国家机关颁布法律和规范性文件,对于国有资产的管理进行必要的监督和控制,但国家的财产进入民事领域以后,与其他的财产一样都处于平等的法律地位,并且要遵循同样的法律规则,承担相同的责任。

4.国家可以直接以国库的财产为基础,以特殊的民事主体的身份,而发行国债、国库券。国家也可以设立专门的机构对国家的外汇储备进行管理和投资。国家可以将其财产转移给集体组织、公民和外国投资者使用,如将国有土地使用权转移给他人使用,从而获取一定的经济利益并充分发挥物的效用。

四、国家所有权的客体

(一)国家所有权客体的概念和特征

国家所有权的客体,实际上就涉及国有财产的范围问题。为了确认和保护国家所有权,作为民事基本法的《物权法》必须具体确定国家所有权的范围。我国《物权法》关于国家所有权客体的表述,具有如下几个特点:

1.《物权法》采取抽象概括的方式,全面地确认了国家所有权的客体范围。由于国家所有权范围十分宽泛,在法律上不可能一一列举穷尽,为了避免遗漏,所以,《物权法》第45条第1款规定:"法律规定属于国家所有的财产,属于国家所有即全民所有。"这就采取了抽象概括式的条款确认了国家所有权的客体。将凡是法律规定为国家所有的财产,都纳入到国家所有权的客体范围。这样,凡是《物权法》中没有明确列举的,都可以在制定或者修改有关法律时作出具体规定。例如,集体所有的山岭之下的地下溶洞,究竟应当属于国家所有还是集体所有,现行法律对此没有作出规定。如果确实从保护资源环境、防止对地下溶洞的过度利用、开发的角度出发,有必要将其规定为国家所有,也必须要通过特别立法加以确认。需要指出的是,《物权法》第45条规定强调的是"法律规定属于国家所有的财产",并不意味着,任何财产都可以属于国家所有。有人认为,应当确认国家财产所有权的客体在范围上不受限制的规则。这种看法显然也是不妥当的。因为国家取得任何财产都必须有法律依据,不能认为国家可以依据其特殊地位强制性地将集体和个人财产收归国有。所以,对国有财产的范围,也需要在法律上作出明确的界定。

2.《物权法》具体列举了各类国有财产的类型,包括矿藏、水流、海域、城市的土地、森林、山岭、草原、无线电频谱资源、野生动物资源、文物等。《物权法》关于国有财产的列举是较为详尽的,不仅规定了专属于国家所有的财产,而且规定了非专属于国家所有的财产;不仅规定了国家机关支配的国有财产所有权,而且规定了企事业单位支配的国有财产的所有权。有一种观点认为,《物权法》可以规定国家所有权的客体,但是,这只是就动产和不动产作出规定。至于自然资源,因为究竟属于动产还是不动产,在法律上尚不确定,《物权法》不需要对其作出规定,可以交给特别法来调整。这种观点有一定道理,但《物权法》为了全面地保护国有财产,也对国有的自然资源进行了具体列举。这不仅仅有利于确认这些自然资源的归属,而且有利于区分国家财产和集体财产。因为有些自然资源只能专属于国家所有,而有些自然资源,如森林、草原等,既可以属于国家所有,也可以属于集体所有,在《物权法》中也应当予以界定。此外,考虑到《物权法》第9条规定国有的自然资源,不需要登记,因此,在《物权法》中规定自然资源的归属也十分必要。

3.《物权法》确认了国有财产的专属性原则。《物权法》第41条规定:"法律规定专属于国家所有的不动产和动产,任何单位和个人不能取得所有权。"这就确立了专属性的原则。所谓专属,顾名思义,就是指只能属于特定主体所有,而排斥其他主体享有所有权。专属性的客体主要包括国有的自然资源以及只能为国家所有的一些重要的财产。确认了国有财产的专属性原则,主要是因为国家所有权的客体具有专属性的特点,有些财产只能归属于国家,而不能归其他主体所有。宣告客体的专属性的意义在于,一方面,是为了维护宪法规定的基本经济制度的落实。例如,我国《宪法》规定,由于国有土地、自然资源等是基于国家主权所产生的,因此具有专属于国家所有的特点,不能由其他主体所享有,如矿藏、海域等就只能由国家所专有,而不能为其他主体所有。另一方面,也有利于保障国家所有权的实现,防止国有资产的流失。国家的一般财产依法进入流通领域后,它必须遵循市场交易的一般规则,享有与其他形式的所有权相同的地位,而不应该有任何的特殊性可言。

(二)专属于国家所有的自然资源

1.国家对矿藏、水流、海域、城市的土地的所有权。《物权法》第46条规定:"矿藏、水流、海域属于国家所有。"第47条规定:"城市的土地,属于国家所有。法律规定属于国家所有的农村和城市郊区的土地,属于国家所有。"第48条规定:"森林、山岭、草原、荒地、滩涂等自然资源,属于国家所有,但法律规定属于集体所有的除外。"这些都是对国家所有的土地等自然资源的规定。所谓自然资源,包括土地资源、水资源、矿产资源、生物资源、气候资源、海洋资源等[1]。国家所有权的客体的专属性首先表现在,对矿藏、水流、海域、城市的土地只能专属于国家所有。

专属于国家所有的自然资源,是由国家主权所派生的,也是关系到国家经济命脉的最重要的资源。国家对重要资源实行专属所有的原因在于:一方面,因为这一类财产专属于国家所有,进一步宣示了国家主权,充分保障我国的社会主义性质,也有利于保障我国的经济安全,实现国家的宏观调控。另一方面,自然资源专属于国家所有,对于合理有序地利用自然资源、保护环境、维护生态平衡都具有十分重要的意义。保护环境,实现可持续发展已经成为我国的一项基本国策。通过对自然资源的国家所有,从法律上确立了对自然资源的合理开发和利用制度,有助于贯彻和落实科学发展观。根据《物权法》第9条的规定,对依法属于国家所有的自然资源,不需要登记。

2.法律规定属于国家所有的野生动植物资源。《物权法》第49条规定:"法律规定属于国家所有的野生动植物资源,属于国家所有。"该条实际上包括两个方面的内容:

(1)法律规定属于国家所有的野生动物资源归国家所有。所谓野生动物,主要是指野生的非饲养的各种动物。根据我国现行《野生动物保护法》第3条的规定,野生动物资源归国家所有。将野生动物确认为国家所有对于维护生物的多样性,保护自然环境,都具有十分重要的意义,但是,《野生动物保护法》只是笼统规定了野生动物资源归国家所有,没有对其进行具体分类。据

---

[1] 全国人大常委会法制工作委员会民法室:《中华人民共和国物权法》,中国法制出版社2007年版,第75页。

此,有人认为,野生动物行踪不定,无法满足物权客体确定性的要求,应当属于无主物,通过先占制度来确定其所有权。如果规定为国家所有,那么,一些野生动物致人损害或者传播了疫情,都要国家负赔偿责任,这也不尽合理。但是,宣告野生动物归国家所有是必要的,因为从保护野生动物、维护生态环境等需要出发,禁止对野生动物通过先占规则滥捕滥猎,是十分必要的。但是在法律上也不可能将所有的野生动物资源都确定为归国家所有,毕竟不是所有的野生动物都需要保护,也不是对所有的野生动物国家都能进行管理和保护。因为这一原因,所以《物权法》第49条规定:"法律规定属于国家所有的野生动植物资源,属于国家所有。"因此,《物权法》实际上限定了野生动物资源属于国有的范围。

(2)法律规定属于国家所有的野生植物资源归国家所有。所谓野生植物,包括野生的菌类、虫草等各类非人工种植的植物。《物权法》第49条规定野生植物资源归国家所有,这是在法律上第一次宣告野生植物资源的归属。在《物权法》起草中,关于野生植物是否属于国家所有,存在不同看法。一种观点认为,野生植物也应当归属于国家所有。此种观点认为,野生的水稻、基因品种对科学研究具有重要价值,还有一些野生的植物,如野生的兰花、兰草、珍稀的中药材都具有重要的经济价值,应当确认为国家所有。另一种观点认为,野生植物包含的类型很多,如野生的虫草就有很多类型。一些农民要依赖这些虫草生活。如果将野生植物全部收归国家所有,那就意味着路边的野花都不能采摘,山上的野蘑菇也不能采摘,这是无法操作的,且对所有的野生植物都规定为国家所有,国家也无法进行管理。笔者认为,《物权法》第49条确认野生植物资源归国家所有,这的确对维护生物的多样性、保障野生植物的合理利用、防止滥采滥挖具有重要意义。但野生植物种类繁多,不可能都收归国家所有,因此《物权法》规定为"法律规定属于国家所有的野生动植物资源,属于国家所有"。法律规定属于国家所有,通常是指列入国家保护范围的野生动植物资源,将来要由野生动植物资源的目录来确定国家所有的范围。

3. 无线电频谱资源。《物权法》第50条规定:"无线电频谱资源属于国家所有。"频谱是一种有限的自然资源,它包括红外线、可见光、X射线等。无线电频谱(radio spectrum)一般指9KHz ~ 3000GHz频率范围内发射无线电波的无线电频率的总称。无线电频率是自然界存在的一种电磁波,是一种物质,是一种各国可均等获得的看不见、摸不着的自然资源;无线电频谱资源又不同于矿产、森林等资源,它是可以被人类利用,无线电波是按照一定规律传播,是不受行政地域的限制,是无国界的。[1] 无线电频谱之所以在法律上确认为国家所有主要是基于以下考虑:首先,无线电频谱对于保障国防安全和社会公共利益都具有十分重要的作用,通过归国家所有,便利实现国家对无线电频谱的管理,从而维护国家安全。其次,无线电频谱资源具有无形性、非排他性的特点,因此如果不归国家所有,不能由国家依据法律的规定授权单位或个人使用,不仅会造成资源的浪费,而且会出现各种资源相互干扰的情形。正因如此,《无线电管理条例》第4条明确规定:"无线电频谱资源属国家所有。"《物权法》第50条明确规定:"无线电频谱资源属于国家所有。"该规定实际上承认无线电频谱资源属于国家专属的财产,而不可能由集体和个人分享所有权。对无线电频谱资源,要由国家的有关部门管理,这样才能有效利用无线电频谱,从而为我国国防建设和经济建设服务。

专属于国家所有的自然资源主要是指那些不能通过市场进行交易的资源。因为所有权不能转让,所以任何主体不可能通过交易取得所有权。例如,矿产所有权不能买卖,其他主体就不能

---

[1] 无线电频谱管理:电波空间"红绿灯",载 http://www.0net.cn/wireless.

享有矿产所有权。专属于国家所有的财产,也不适用善意取得制度。因为善意取得制度只适用于可以交易的财产,专属于国家所有的财产既然不能交易,显然不能构成善意取得。而且对于专属于国家所有的财产,相对人也不可能构成善意。但这并不是说这些资源的使用权不能转让。事实上,为了有效利用国有自然资源,国家可以将这些自然资源的使用权移转给其他主体享有,尤其利用国有自然资源产生一定的效益。除了上述自然资源之外,也有某些国有财产具有专属性,如某些重要国防设施,尤其是涉及国家重大安全的武器不可能通过市场转让。

4. 国家专有的国防资产。《物权法》第 52 条规定:"国防资产属于国家所有。"所谓国防资产,主要是指国家出资设立的、用于国防目的的军事设施、军事基地等。这些财产都是为了保障国防安全而设立的,也是国家出资建造的,在法律上属于国家所有。由于国防资产类型很多,有些重要国防资产,如飞机、导弹等只能专属于国家所有,但也有一些国防资产,如军队的房屋是可以通过市场交易将其产权转让给私人或者集体享有的。《国防法》第 37 条规定:"国家为武装力量建设、国防科研生产和其他国防建设直接投入的资金、划拨使用的土地等资源,以及由此形成的用于国防目的的武器装备和设备设施、物资器材、技术成果等属于国防资产。""国防资产归国家所有。"笔者认为,这里的设备设施、物资器材、技术成果等应当是直接用于国防目的。

国防资产可以分为两大类:①由国家专有的财产。例如,"两弹一星"等直接关系国家战略利益和国防安全的财产。此类财产只能由国家所有,而不能通过交易由其他主体获得所有权。直接用于国防目的的重要武器、技术成果等必须由国家支配和控制,以维护国家安全。国防资产中国家专有财产,属于禁止流通物,不得转让、抵押其所有权。②非由国家专有的财产,如军队房屋、被服等财产。这些财产也可以军民两用,或者转让给民间使用。《国防法》第 38 条第 1 款规定:"国家根据国防建设和经济建设的需要,确定国防资产的规模、结构和布局,调整和处分国防资产。"这就是说,国家可以通过调整国防资产的规模、结构和布局,将相关资产从国防资产中调整出去,使其不再直接用于国防目的,然后再对其加以处分。这也说明国防资产并不完全属于国家专有财产。

(三)非专属于国家所有的自然资源和其他财产

1. 非专属于国家所有的自然资源。所谓非专属于国家所有的自然资源,是指可以由集体所有的森林、山岭、草原、荒地、滩涂等自然资源,但不能归属于私人所有。尽管这些自然资源可以由集体所有,但因为这些自然资源仍然具有不可再生性和可耗竭性,需要合理利用,且这些自然资源也关系到国家的经济命脉和基本的经济安全,因而有必要在《物权法》中确认归属。另一方面,这些自然资源与土地密不可分,土地所有权不能为私人所有,这些资源也当然不能为私人所有。《物权法》第 48 条规定:"森林、山岭、草原、荒地、滩涂等自然资源,属于国家所有,但法律规定属于集体所有的除外。"可见,《物权法》确认森林、山岭、草原、荒地、滩涂等自然资源属于非专属于国家所有的自然资源,对于这些资源的有效管理利用也十分必要。

2. 非专属于国家所有的其他财产。《物权法》第 51 条规定:"法律规定属于国家所有的文物,属于国家所有。"我国历史悠久,文物资源丰富,保存在地上和地下的文物都是我国民族文化遗产的重要组成部分。依据我国《文物保护法》的规定,我国境内地下、内水和领海中遗存的一切文物都属于国家所有。此外,不可移动的文物也归国家所有。除此之外的文物,可以依法归单位或个人所有。

《物权法》第 52 条第 2 款规定:"铁路、公路、电力设施、电信设施和油气管道等基础设施,依照法律规定为国家所有的,属于国家所有。"在计划经济时期,我国的铁路、公路、电力设施等基础设施都是由国家投资兴建的,因此所有权当然归国家。但是,在我国建设社会主义市场经济体制的今天,铁路、公路等基础设施投资领域已经逐渐开放,允许民营资本和私人资本进行,因此这些设施中只有国家投资兴建的,才能归国家所有。

(四)国家机关支配的国有财产

我国《物权法》第53条规定:"国家机关对其直接支配的不动产和动产,享有占有、使用以及依照法律和国务院的有关规定处分的权利。"国家机关,是指各级国家权力机关、政府机关、审判机关、检察机关等。国家机关所支配的国有财产,虽然是非经营性财产,但也是重要的国有资产,是国家机关正常开展工作所必备的条件。依据《物权法》的上述规定,国家机关对其直接支配的不动产和动产,享有占有、使用以及按照法律和国务院的有关规定处分的权利。这就是说,一方面,凡是国家机关支配的财产,都应当是国有财产。国家机关对其支配的国有财产享有的权利,必须由法律和国务院的相关规定确定,不得超出上述规定的范围来享有并行使权利。换言之,国家机关所具体享有的对国有财产的权利,也只能由法律和国务院的有关规定来确定。另一方面,国家机关对其支配的国有财产,不得享有收益权,因此,国家机关不能将国有的财产出租或者从事其他的交易行为从中获取利益。问题在于,如果有的国家机关已经将其房屋、车辆出租给他人使用,在《物权法》实施之后,这些合同是否都被宣告无效?有一种观点认为,如果在出租之后实行"收支两条线",可以视为国家享受收益而不是国家机关在享有收益,因而应当认定合同是有效的。此种观点也不无道理。

(五)国家举办的事业单位

《物权法》第54条规定:"国家举办的事业单位对其直接支配的不动产和动产,享有占有、使用以及依照法律和国务院的有关规定收益、处分的权利。"所谓国家举办的事业单位,是指国家出资兴办的、服务于教科文卫体等公益性事业的事业单位法人。长期以来,我国事业单位基本上都是国家举办的,通常所称的事业单位法人都是国有事业单位法人。随着改革开放的深入进行,我国逐渐放开了公益、公用事业领域私有资本进入的限制,各种混合所有制类型的事业单位也先后出现。为明确其支配的财产的国有财产属性,《物权法》第54条强调该条所称的事业单位为"国家举办的事业单位"。

1.《物权法》推定国家举办的事业单位支配的财产,属于国有财产。《物权法》将国家举办的事业单位所支配的财产,置于各种具体的国家所有权的类型加以规定,表明《物权法》第54条实际上推定这些财产都属于国家所有。通常来说,这些财产属于非经营性的国有财产。长期以来,对于此类非经营性国有财产在法律上缺乏明确的规定,尽管我国颁布了很多关于国有财产管理的规定,但是大多都是针对经营性国有财产作出的规定。在法律上,确有必要针对非经营性国有财产的管理作出规定。尤其是事业单位类型非常复杂,所以确有必要在《物权法》上首先确定其归属。根据《物权法》第54条的规定,所谓国家举办的事业单位,就是指国家投资兴办的事业单位。所以,对国家举办的事业单位来说,无论是其属于财政全额拨款、差额拨款、自收自支还是实行其他的方式,其资产都应当推定为国家所有。但是,事业单位的投资来源也可能是多样化的,如果确有证据证明其由集体或者社会团体出资,则应当由主张产权的人举证,证明其对事业单位的财产享有产权,并通过法定程序对其产权归属加以确认。

2.关于收益权。事业单位类型非常复杂,在规定的范围内,应当享有一定的收益权。在这一点上,它和国家机关享有的权利是不同的。国家举办的事业单位对其占用的财产要根据事业单位的类型、财产的特殊性对其收益和处分的权利作出不同规定。不同的事业单位,其享有的收益权的范围应当存在一定差异。例如,实行企业化经营的事业单位,其收益权应当比财政全额拨款的事业单位享有的收益权范围要大一些。当然,各种事业单位具体享有多大的收益权,应当通过法律和行政法规等规范性文件进一步具体化。

3. 对于处分权,都必须要有严格的限制。事业单位支配的是非经营性的国有财产。这部分财产的管理规则,是不同于经营性财产的管理规则的。这尤其表现在财产的处分权上,经营性财产必须保值增值,但是,非经营性财产就无法要求保值增值,对于经营性财产,企事业单位应当享有一定的处分权,甚至可以以财产进行担保。但是,对非经营性财产,是不能够随意处分的。例如,一些国家举办的事业单位对其占用的财产无处分权利,如博物院对其占用的某些财产,不能擅自处分,更不能将收藏品擅自处分。当然,也有一些国家举办的事业单位应当享有比国家机关更大的处分权,对其占用的财产经过法定的程序审批,应享有一定的处分权利。

《物权法》第54条规定:"国家举办的事业单位对其直接支配的不动产和动产,享有占有、使用以及依照法律和国务院的有关规定收益、处分的权利。"因此,对事业单位享有的权利,只能通过法律和国务院的有关规定来确定,行政规章和地方性法规不能直接对此作出规定。根据《物权法》第45条的规定,国务院代表国家行使国有财产的所有权。因此,国务院当然有权对国家机关和国家举办的事业单位所享有的对国有财产的权利作出界定,国务院可以以自己的名义发布各种行政法规和其他规范性文件以界定国有财产权。但是《物权法》并未授权国务院各部门以及地方政府通过颁布有关的规范性文件来具体界定上述单位所享有的对国有财产的权利。

（六）国家出资的法人财产

对于国家出资的法人财产,可以分为两种类型,即由中央政府出资设立的企业和由地方政府出资设立的企业。《物权法》第55条规定:"国家出资的企业,由国务院、地方人民政府依照法律、行政法规规定分别代表国家履行出资人职责,享有出资人权益。"据此,其包括如下几层含义:①国家出资的企业既包括国家单独投资兴建的企业,也包括国家出资参股、控股的企业。②国家出资包括中央政府的出资,也包括各级地方政府的出资。在我国,由于幅员辽阔,政府投资需求较大,不可能都由中央政府投资。而且我国财政实行分灶吃饭,为了鼓励地方投资,也为了强化政府对企业的管理,所以有必要对国有企业资产实行分级管理。因此,国家出资应当包括中央和地方各级政府的出资。在所有权行使上,也应当由国务院、地方人民政府依照法律、行政法规的规定,分别代表国家行使出资人权益。③我国《物权法》第55条确立了由国务院和地方人民政府分别代表国家履行出资人职责、享有出资人权益的体制。这就是说,一方面,中央和地方人民政府都要履行出资人的职责。也就是说,在设立企业时,中央政府和地方政府都要依照法律、法规、章程、协议等的规定,履行其应有的出资义务。例如,《企业国有资产监督管理暂行条例》第5条第1款:"国务院代表国家对关系国民经济命脉和国家安全的大型国有及国有控股、国有参股企业,重要基础设施和重要自然资源等领域的国有及国有控股、国有参股企业,履行出资人职责。国务院履行出资人职责的企业,由国务院确定、公布。"另一方面,地方政府对其出资形成的企业资产,不能在法律上享有所有权。如果存在地方政府所有权,国家所有权就形同虚设了。但是,对于地方政府的出资,又不能不承认其享有出资人的权益。否则,就不存在对这些企业进行管理的法律依据。

国家出资的财产可以分为国家出资给企业所形成的企业法人财产和国家出资给非企业而形成的非企业法人财产。国家投资设立的企业还可以分为两种情况:一是国家单独出资设立的企业;二是国家与其他主体共同出资设立的企业,包括国家控股、参股的企业。在国家与其他主体共同出资的情况下,投资主体已经多元化,而非仅由国家出资,所以,国家出资的企业,实际上就是投资兴办的企业以及国家在各类企业中的出资。无论是哪一类企业,国家出资以后,都应当享有出资人的权益。

（七）企业法人财产权

《物权法》第 68 条第 1 款规定:"企业法人对其不动产和动产依照法律、行政法规以及章程享有占有、使用、收益和处分的权利。"企业法人既包括了国家出资的企业,也包括了国家、集体、私人等分别出资或者联合出资的企业。各类企业法人作为独立的民事主体,都应当享有独立的财产权。根据《民法通则》第 37 条的规定,企业法人应当是依法成立的,有必要的财产或者经费,有自己的名称、组织机构和场所,能够独立承担民事责任的社会组织。根据《物权法》第 68 条的规定,企业法人应依法享有独立的财产权。其特点在于:

1. 企业法人享有独立的财产权。《物权法》第 68 条第 1 款规定:"企业法人对其不动产和动产依照法律、行政法规以及章程享有占有、使用、收益和处分的权利。"既然其享有占有、使用、收益和处分的权利,因此可以认为其享有的财产权利是较为完备的。企业法人的财产权也可以称为独立的财产,它是企业作为独立的市场主体从事民事活动的基础,也是其独立承担民事责任的物质条件。没有独立的财产,企业就不可能作为市场主体发挥其主动性和能动性。而要促进市场经济的发展,就必须要保障企业作为市场主体所依法享有的财产权。我国《公司法》等法律虽然规定了公司所享有的财产权利,但是《物权法》作为基本的财产法,也有必要对企业的财产权进行确认和保护。

2. 企业法人只能在法律、行政法规和章程规定的范围内独立享有财产权利。企业法人类型很多,不同类型的企业法人因法律、行政法规和章程对其限制不同,所以其享有的财产权利也并不相同。对企业法人的财产权,可以区分为两种情况:一是没有改制为公司的企业法人所享有的财产权。例如,许多大型的国有企业,完全是由国家出资,按照全民所有制工业企业设立,尚未改制成为公司。对这类企业法人也应当承认企业独立的主体地位以及作为独立的市场主体所享有的财产权利。对于此类企业法人来说,即使是完全由国家出资的企业,企业也应当依法享有独立的财产权。但是由于此类企业法人并未改制成公司,投资者以及所有者来源单一,因此其财产权的行使更多受到投资者或所有者的制约。而且,其往往没有章程,从而财产权也不受章程的限制。二是已经改制成公司的企业。《物权法》第 67 条就是对所谓混合型的企业财产权的规定。例如,国有企业在改制成为公司以后,已经形成国家控股和参股的企业。推动国有资本、集体资本与非公有资本的参股融合,推动国有和集体企业通过多种形式和渠道吸纳个体私营资本和外国资本的进入,是发展社会主义市场经济的重要举措。实行控股和参股,国家对企业所享有的所有者权益和控制力是不同的。

3. 企业法人享有的财产权是受限制的财产权。根据《物权法》第 68 条的规定,尽管其承认企业法人对其不动产和动产依照法律、行政法规以及章程享有占有、使用、收益和处分的权利,但并没有承认企业法人对其财产享有所有权。这主要是因为其财产权要受到严格的限制,还不是一种完整的所有权,或者说是受到严格限制的所有权。因为,《物权法》第 39 条规定:"所有权人对自己的不动产或者动产,依法享有占有、使用、收益和处分的权利。"此处对所有权内容的规定,只是提到"依法"限制;此处的"法"只限于法律。但企业法人财产权在内容上要受到法律、行政法规和章程规定的限制。从法律限制来说,企业应依法上缴利润和税收。

五、关于国家所有权的保护

(一)《物权法》对国家所有权保护的方法

国家所有是我国全民所有制的法律形式,保护国家所有权是维护国家基本经济制度的要求。尤其是在我国公有制仍然占主体地位的情况下,国家所有权直接关系到国家的经济安全和经济命脉,决定了国家宏观调控的基础和能力。所以,保护国家所有权对于保护我国社会主义市场经济的健康有序发展十分必要。据统计,截至 2005 年底,我国国有资产总量已达 14.2 万亿,实现利润 9682.8 亿元。全国国有或者国家投资的企业上缴税金占 57%。

我国《物权法》对国有财产的具体保护包括确认国家所有权行使的主体、明确规定国家所有权客体的范围、宣示部分国有财产的专属性原则以保护国有财产。《物权法》确立了对国家出资的企业的管理体制,即分别由国务院和地方人民政府依法代表国家履行出资人职责,享有出资人权益。《物权法》确立了国家机关和国家举办的事业单位对其支配的国有财产的权利。这些都对保护国有资产具有重要作用。《物权法》确认了保护物权的各种方法,都可以适用于国家所有权的保护。例如,在非法占有国有财产的情况下,国有财产管理机构和直接支配国有财产的机关和事业单位,有权请求确认产权和返还财产。如果造成对国有财产的妨害,可以请求排除妨害。我国《物权法》第 38 条也明确规定,侵害物权除承担民事责任外,违反行政管理规定的,依法承担行政责任;构成犯罪的,依法追究刑事责任。所以,对那些非法侵害国有财产的行为人,如果违反行政管理的规定,应当追究行为人的行政责任;如果已经构成犯罪的,应当追究其刑事责任。为了防止国有资产的流失,《物权法》第 57 条专门规定了违反国有财产管理规定,造成国有财产损失的,应依法承担法律责任。

我国《物权法》第 56 条规定:"国家所有的财产受法律保护,禁止任何单位和个人侵占、哄抢、私分、截留、破坏。"所谓侵占,是指非经国家的授权或者是国家机关的同意,而占有国有财产。例如,未经批准使用国有土地和自然资源、抢占国有房屋和其他财产、挪用公款、化公为私或以权谋私、侵吞国家财产等。所谓哄抢,是指故意以非法手段抢占国家财产,如乘国有企业关停并转之机而哄抢财物。所谓私分,是指未经批准而将国有财产分配给个人或组织所有,如巧立名目、滥发奖金和实物等。所谓截留,是指将应上交给国家的利税以各种手段不交或少交。所谓破坏,是指以非法手段直接损害国有财产,如滥挖矿床、滥伐林木、捕杀珍稀动物、盗掘古墓、毁损古迹等。上列各种违法行为,都侵犯了国家财产所有权,应依法追究行为人的民事、行政甚至刑事责任。对国有财产的保护,还应注重对动态利益的保护,要重视保护国有资产的利益、保障国家所有权在经济上的实现。

(二)防止国有资产流失的特别规定

为了防止国有资产流失,《物权法》第 57 条第 1 款规定:"履行国有财产管理、监督职责的机构及其工作人员,应当依法加强对国有财产的管理、监督,促进国有财产保值增值,防止国有财产损失;滥用职权,玩忽职守,造成国有财产损失的,应当依法承担法律责任。"这就专门规定了国有资产管理监督机构及其工作人员在保护国有资产方面的义务和责任,这是十分必要的。

根据该条规定,未履行国有资产管理职责和监督职责的条件包括:①责任主体具有特殊性。必须是履行国有财产管理、监督职责的机构及其工作人员,才能承担此种责任。②必须是因为滥用职权,玩忽职守,造成国有财产损失的,才能承担责任。所谓滥用职权,通常是指行为人故意超越职权范围行使权力;所谓玩忽职守,是指行为人未尽合理的注意义务,应当预见损害的发生而没有预见,从而导致损害。③必须是因为未尽职责已经实际造成了国有资产的损失。也就是说,应当有损害后果的发生。④应当承担相应的责任,此种责任主要是行政和刑事责任,国家机关及其工作人员因为未尽到职责而造成国有财产损失的,应当根据行政法和刑法的规定,承担行政和刑事责任,但也不应当免除责任人的民事责任。因为由《物权法》规定的未履行国有资产管理职责和监督职责的责任,应当包括民事责任在内,如果是单纯的行政责任和刑事责任,那么由《物权法》规定的意义就不大了。

《物权法》还规定了国有资产经营者、管理者以及其他工作人员因造成国有资产在经营中流失的责任。从实践来看,国有资产流失大都是经营中的流失,而对于经营中的流失,如果没有发现相关人员的犯罪行为,往往不了了之。经营中的流失,相关人员只要不构成犯罪,也难以承担相应的责任。为了强化对国有资产的保护,《物权法》第 57 条第 2 款规定:"违反国有财产管理规定,在企业改制、合并分立、关联交易等过程中,低价转让、合谋私分、擅自担保或者以其他方式造成国有财产损失的,应当依法承担法律责任。"该条是对经营管理者以及其他工作人员在经营中因造成国有资产流失所应负的责任。构成此种责任的条件是:①在企业改制等过程中所发生的经营责任。《物权法》针对现实中国有资产流失大量是因为在企业改制等过程中经营者没有履行必要的义务,甚至违法经营造成国有财产的流失,因此,特别规定了其应当承担的责任。②必须从事了低价转让、合谋私分、擅自担保等侵害国有财产的行为。所谓低价转让,即以明显低于市场价格的价格转让国有财产,尤其是在存在着竞价者的情况下,将国有财产不卖给高价购买者,而卖给低价购买者。所谓合谋私分,就是指企业经营管理者与他人恶意串通,违反规定私分国有财产。所谓擅自担保,就是指未经同意以国有资产为他人作担保,因担保权人实现担保权从而造成国有资产流失。所谓其他方式,是指从事了上述方式以外的其他行为,如在交易中允许他人占有非法财产。这些责任主要还是行政责任,但如果涉及第三人的时候,也会产生民事责任。另外,按照这一规定,造成国有资产流失的,可以追回流失的国有财产。但究竟如何追回,是否要宣告合同无效或撤销,还有待于将来进一步探讨。例如,低价转让是否构成显失公平、合谋私分是否构成恶意串通、在何种情况下可以宣告合同无效或者可以撤销,还有待于法律、行政法规、司法解释进一步明确。

第二节 集体所有权

一、集体所有权的概念和特征

我国《宪法》规定,中华人民共和国的经济制度是生产资料的社会主义公有制,即全民所有制和劳动群众集体所有制,集体所有制经济是我国公有制经济的重要组成部分。我国《民法通则》第 74 条规定:"劳动群众集体组织的财产属于劳动群众集体所有。"在我国,集体所有权,是指集体组织以及集体组织全体成员对集体财产享有的占有、使用、收益和处分的权利,它是劳动群众集体所有制在法律上的表现。集体所有权的特征可以从以下三个方面来看:

(一)集体所有权的主体

集体所有权的主体首先包括一些集体组织。例如,我国《物权法》第 61 条规定:"城镇集体所有的不动产和动产,依照法律、行政法规的规定由本集体享有占有、使用、收益和处分的权利。"劳动群众集体组织所有权没有全国性的统一的主体,各个劳动群众集体组织都是独立的集体所有权的主体。集体所有权的主体还包括集体的全体成员。例如,《物权法》第 59 条第 1 款规定:

"农民集体所有的不动产和动产,属于本集体成员集体所有。"在法律上,集体所有的财产和集体组织成员的个人财产是分开的。集体组织的某个成员或某部分成员都不能成为劳动群众集体组织所有权的主体。可见,集体的概念在民法上有特定的含义:一方面,集体既可能是指组织,也可能是指集体成员。作为集体组织,并不包括各种不具有法人资格的团体(如合伙等)。合伙财产在性质上不属于集体财产,合伙财产本质上是一种共有财产,而集体财产性质上是公有财产,它是与个人财产相分离的。另一方面,集体所有权也不同于社会团体的所有权。社会团体类型复杂,但是,社会团体的所有权是法人的所有权,许多社会团体的所有权从所有制的角度来看,并不是公有性质的,如私人设立的基金会等。而集体所有权在性质上属于公有。集体组织具体表现为各类农村集体经济组织、城镇集体企业等。在我国并没有全国统一的集体组织,而只是存在各种具体的组织。

（二）集体所有权的客体

依法归劳动群众集体所有的土地,是集体所有权的重要客体,在我国实行土地全民所有和集体所有两种形式。我国《宪法》第 10 条第 1、2 款规定:"城市的土地属于国家所有。农村和城市郊区的土地,除由法律规定属于国家所有的以外,属于集体所有;宅基地和自留地、自留山,也属于集体所有。"我国《物权法》对集体所有权的客体作了专门规定。就集体所有权的客体而言,它虽然不享有专属于国家所有的自然资源等专属性的财产,但相对于个人所有的财产而言,集体所有的财产范围也是非常宽泛的。例如,法律规定,属于集体所有的土地和森林、山岭、草原、荒地、滩涂可以成为集体所有权的客体,但不能成为私人所有权的客体。除土地之外,集体的财产还包括集体所有的企业商店、农场、林场、牧场、渔场、建筑物、水库、农田、水利设施、文化教育设施等各类动产和不动产。除了依法应属于国家专有的财产以外,一般的生产资料和生活资料都可以成为集体所有权的客体。

（三）集体所有权的内容

集体所有权的内容,是指集体对它所有的财产享有占有、使用、收益和处分的权利。集体所有权的内容在法律上的一个重要特点就是必须由集体组织的成员进行民主管理,并且依照法定的程序行使权利。集体所有权的内容包括了所有权的各项权能,但是在对某些财产,如对土地所有权的处分权又是受限制的,也就是说,集体的土地不能直接进入市场进行转让。另一方面,集体所有虽是成员的共有,但又不同于一般的共有。集体所有权的行使必须要依法实行民主管理,对于一些重大的事务的决定必须由集体的成员依法民主作出决定。集体组织的负责人只是代表集体组织来行使权利,且必须对集体成员负责,并接受他们的监督。一般来说,劳动群众集体组织所有权的各项权能都是由集体组织自己行使的,但是根据生产和经营活动的需要,某个集体组织也可以将其所有权的权能转移给个人行使。

二、集体所有权的行使

我国《宪法》第 17 条第 1 款规定:"集体经济组织在遵守有关法律的前提下,有独立进行经济活动的自主权。"集体经济组织是自负盈亏的生产经营组织,它依法对其财产享有所有权,并依照法律和章程的规定,通过民主管理方式行使权利。

一方面,如果法律规定了集体所有权的行使方式,应当依据法律规定。例如,根据《物权法》第 7 条的规定,物权的行使应当合法。如果集体财产仅仅是由某些个人决定其使用和支配,那么它就不再是集体所有权了。集体组织作为一个经济主体,依照法律的规定,有权因地制宜地从事生产经营活动,决定其生产经营方式,独立自主地参与各种民事流转活动,对其在生产经营活动中取得的收益,在照章纳税以后,有权就盈余部分独立进行支配。对于农村集体所有的宅基地、自留山、自留地,集体组织的管理机构有权进行统一规划或根据实际情况合理调整。集体组织在行使其财产所有权时,必须遵守法律,在生产和分配活动中要兼顾国家、集体和个人三方面的利益,不得超出法定的限制而行使权利。例如,不得非法将土地出让、转让。集体组织行使所有权也应当维护环境、保护资源,不得损害社会公共利益。

另一方面,就内部关系来说,集体财产所有权在性质上属于劳动群众集体所有权,只有由集体成员通过民主程序来行使所有权,才能体现集体财产的公有性。集体所有本质上应当是劳动者在共同占有生产资料的基础上实行民主管理,走向共同富裕的财产形式,只有落实集体组织内部的民主管理,才能使劳动者真正对企业产生认同感,使劳动者发挥其积极性和创造作用,促使集体经济稳步发展。如果集体财产仅仅是由某个人决定其使用和支配,那么它就不再是集体所有权了。所以,集体组织有关所有权行使的重大问题,原则上都要依法实行民主管理,对一些重大问题的决策,必须要经过集体组织共同决定。

三、农村集体所有权

(一)农村集体所有权的概念和性质

农村集体所有权,就是指农村集体经济组织成员对于本集体所有的动产和不动产所享有的所有权。《物权法》第59条第1款规定:“农民集体所有的不动产和动产,属于本集体成员集体所有。”关于农村集体所有权的表述,有几种不同的观点:一是集体组织说。这种观点认为,农村集体所有权就是指由农村集体经济组织所有。例如,农村集体经济组织可以分为村集体经济组织、村民委员会、村民小组等,因而,也应当由其相应的享有农村集体所有权,并由其行使该权利。二是集体成员所有说。此种观点认为,农村集体所有权在性质上应当属于本集体成员所有。《物权法》采纳了第二种观点,因而农村集体所有权,就是指农村集体经济组织成员对于本集体的财产所享有的权利。其特点在于:

1. 主体是本集体经济组织的成员。所谓本集体经济组织成员所有,是指本集体成员集体所有,而并不意味着集体所有就是集体成员共有。因为成员集体所有是一种公有,它和共有在法律上有极大差别。之所以要强调是集体组织成员公有,一方面是为了强调集体成员对集体财产享有共同的支配权、平等的民主管理权和共同的收益权。集体的财产只有在法律上确认为成员集体所有,才能密切集体成员和财产之间的关系,防止集体组织的负责人滥用集体的名义侵吞集体财产或者损害集体成员的利益。涉及成员重大利益的事项,必须要经过成员集体决定。长期以来,由于强调集体财产由集体组织所有,对集体组织的负责人又缺乏必要的管理,导致了个别集体组织的负责人滥用集体名义,损害集体组织和集体成员的利益。为了防止集体经济组织的负责人以集体的名义滥用职权,侵占集体财产或者造成集体财产流失,因此《物权法》强调涉及集体成员重大利益的事项,必须要经过成员集体决定。另一方面,《物权法》明确农村集体财产属于成员集体所有,有助于明确成员的权利。由于在实践中,集体财产的收益分配、征地款的分配等,都涉及成员资格的认定问题,因此,必须明确集体财产属于成员集体所有,才能在此基础上确定成员资格和成员权。还应当看到,随着我国农村改革的发展,集体经济组织本身也在改革,名称、组织机构都有一定发展、变化。所以,如果仍然强调集体组织所有,就可能与实践中的发展不相符合。

2. 集体所有权的客体包括了集体所有的各项动产、不动产。在我国广大农村,集体的土地、建筑物、生产设施、农田水利设施等财产大量地属于集体所有。集体所有的财产依法应当属于本集体成员集体所有。

3.集体所有权的行使,要依据法律、法规和有关规约的规定进行。有关集体所有权的行使,在我国《土地管理法》、《农村土地承包法》、《村民委员会组织法》,尤其是《物权法》中,都进行了比较明确的规定。有关行政法规、地方性法规也在法律规定的基础上进行了进一步的具体规定。集体所有权应当依照这些规定来行使。此外,集体成员通过民主程序依法制定的各种规约,也可能涉及集体所有权的行使,集体也应当依据这些规约来行使所有权。

需要指出的是,集体所有权是由集体成员集体所有,它和一般的共有不同。《物权法》第59条强调成员集体所有,就是要使集体所有与共有相区别。因为共有,无论是按份共有还是共同共有,都与特定的共有人是不可分离的,并且共有没有脱离个人而存在。共有人不仅可以直接占有共有财产,而且有权请求分割共有财产。集体财产尽管为其成员所有,但其属于集体所有,集体财产与其成员是相互分离的。尤其是任何成员都无权请求分割集体财产,从而将集体财产变成私人所有。所以集体财产都是公有财产,而共有财产可能是公有的,也可能是私有的。

（二）集体土地所有权

我国《宪法》第10条第2款规定:"农村和城市郊区的土地,除由法律规定属于国家所有的以外,属于集体所有;宅基地和自留地、自留山,也属于集体所有。"该条规定尽管确认了农村的土地属于集体所有,但并没有明确规定农村土地的具体所有者,也就是说没有规定农村土地究竟归哪一个经济组织所有,因此留下了一个法律上需要解决的问题。1986年的《民法通则》为了解决这一问题,在第74条中明确规定:"集体所有的土地依照法律属于村农民集体所有,由村农业生产合作社等农业集体经济组织或者村民委员会经营、管理。已经属于乡(镇)农民集体经济组织所有的,可以属于乡(镇)农民集体所有。"同年颁布的《土地管理法》进一步补充规定:"村农民集体所有的土地已经分别属于村内两个以上农业集体经济组织所有的,可以属于各该农业集体经济组织的农民集体所有。"据此,农村集体土地所有权的主体在法律上有三类:①村民集体所有,由村农业生产合作社农民集体经济组织或者村民委员会经营、管理;②已经属于乡(镇)农民集体经济组织所有的,可以属于乡(镇)农民集体所有;③如果村农民集体所有的土地已经分别属于村内两个以上农业集体经济组织所有的,可以属于各该农业集体经济组织的农民集体所有。上述规定反映了80年代以来农村改革的现实需要,对改革的经验也作出了总结,同时由于上述规定主要是对现有的土地权属关系的确认,也就是说,是考虑到几十年土地的占有、所有的情况而作出的较为灵活的规定,因此在实践中是可行的。

我国《物权法》依据我国《宪法》的规定并总结了长期以来的立法经验,对农村集体土地所有权进一步作了明确规定,《物权法》第59条第1款规定:"农民集体所有的不动产和动产,属于本集体成员集体所有。"该条实际上是明确了集体成员集体所有。《物权法》第60条在此基础上进一步规定:"对于集体所有的土地和森林、山岭、草原、荒地、滩涂等,依照下列规定行使所有权:①属于村农民集体所有的,由村集体经济组织或者村民委员会代表集体行使所有权;②分别属于村内两个以上农民集体所有的,由村内各该集体经济组织或者村民小组代表集体行使所有权;③属于乡镇农民集体所有的,由乡镇集体经济组织代表集体行使所有权。"与原有的规定相比,《物权法》的规定有如下变化:①其客体不仅仅限于土地,而且进一步确认了森林、山岭、草原、荒地、滩涂等自然资源的所有权,这也解决了就这些自然资源的权属纠纷而发生的一些争议。②《物权法》确认了土地的集体所有权由集体成员集体所有,各类集体经济组织只是代表集体行使所有权。与原有的规定不同的是,《物权法》在确认集体成员集体享有土地所有权的前提下,规定了各类集体组织可以代表集体行使所有权。这实际上进一步强化了集体成员的民主管理权利。③《物权法》考虑到了农村的集体经济组织的变化,因此对《民法通则》关于合作社等集体经济组织代表集体享有的集体所有权作了修改。例如,在村内现在已经不限于村民小组,而出现了各种经济组织,如经济合作社等,因而《物权法》规定分别属于村内两个以上农民集体所有的,由村内务集体经济组织或者村民小组代表集体行使所有权。

(三)农村集体组织成员的民主管理权

为了充分地保障农村集体经济组织的成员的权利,促进集体经济稳定的发展,《物权法》规定了农村集体组织成员的民主管理权。《物权法》第59条第2款规定:"下列事项应当依照法定程序经本集体成员决定:①土地承包方案以及将土地发包给本集体以外的单位或者个人承包;②个别土地承包经营权人之间承包地的调整;③土地补偿费等费用的使用、分配办法;④集体出资的企业的所有权变动等事项;⑤法律规定的其他事项。"根据《物权法》的这一规定,对于涉及集体成员的重大利益的事项,经过集体经济组织成员依据法定的程序共同决定。主要包括如下几个方面:

1. 土地承包方案以及将土地发包给本集体以外的单位或者个人承包。农村承包经营权是农民所享有的基本财产权利,农民获得土地承包经营权不仅是一种经营行为,而且具有一定的福利和社会保障性质,对于大部分地区的农民来说,获得承包地是其主要收入来源,因而承包地的获得与集体组织的成员的身份关系密切。如果将土地发包给集体以外的人承包,有可能会损害奉集体的农民的利益。[1] 所以,《物权法》规定,农村集体组织成员有权决定土地承包方案以及将土地发包给本集体以外的单位或者个人承包。上述事项由成员通过一定的民主程序集体决定,将有助于保护承包方案的公平、公正以及承包关系的稳定。

2. 个别农户之间承包地的调整。在土地承包经营权物权化以后,承包经营关系应该保持稳定,不能随意变动。但是在特殊情况下,需要对承包经营权进行调整。例如,有的地方因集体组织成员的生死嫁娶而引起的土地调整需求,有些地方按照"生不增,死不减"的原则办理,在特殊情况下,若不调整则不公平。《物权法》规定,经由集体经济组织成员依据法定程序共同决定,可以对个别承包土地进行调整。《农村土地承包经营法》第27条第1款规定:"承包期内,发包方不得调整承包地。"如果要对个别农户的承包地进行调整,必须经本集体经济组织成员的村民会议2/3以上成员或者2/3以上村民代表的同意,并报经乡镇人民政府和县级人民政府农业等行政主管部门批准。《物权法》第59条是否适用上述规定的程序,值得研究。笔者认为,经本集体经济组织成员的村民会议2/3以上成员或者2/3以上村民代表的同意,是比较合理的,但不一定需要报经乡镇人民政府和县级人民政府农业等行政主管部门批准。集体作为所有权的主体,应当有权依法定程序决定个别承包地的调整,而不必要经过政府的审批。

3. 土地补偿费等费用的使用、分配办法。在实践中,农村土地被征用、征收后所获得的土地补偿金如何分配,经常发生纠纷。而补偿金的分配直接关系到农民的切身利益,所以《物权法》强调农村集体经济组织的成员有权决定土地补偿费等费用的使用、分配办法,作为农村集体组织的成员,有权依照法律或章程的规定,分享集体财产所产生的收益。笔者认为,这种获取收益的权利依法可以继承,但由于管理权具有人身性质,所以原则上不能随意转让。集体组织成员对于集体组织出让或出租的财产,在同等条件下享有优先受让权和优先承租权。

---

[1] 钱梅玲、孙欣:"关于规范农村土地承包经营权问题的统计分析",载《人民司法》2007年第3期。

4. 集体企业的所有权变动等事项。所谓集体企业的所有权变动，是指集体组织将其所有的企业的所有权转让给他人或者设定抵押。集体企业的所有权属于集体经济组织，它也是集体所有制的重要组成部分。因而，对这些财产的处分必须要经过集体经济组织成员依循法律规定的程序，共同加以决定。

5. 法律规定的其他事项。法律规定的其他事项所涉及的情况很多，如分配宅基地建造房屋。在农村，集体组织成员基于对土地的共有所有关系，有权根据法律的规定取得宅基地使用权，但关于宅基地的分配应是属于重大事项。宅基地使用权也可能发生变动，也可能因为房屋在本村内的买卖而发生转移或者宅基地长期闲置等。这样就需要对宅基地实行变动。对于宅基地的变动，也需要由集体经济组织的成员来决定，而不能由村委会几个人决定。再如，是否允许某个企业在本集体的土地上设置地役权，也关系到集体成员的重大利益。有关这些事务法律上不一一列举。

上述规定从表面上看，是对集体就重大事务进行决策的程序进行的规定。但实际上明确了集体成员所享有的民主管理权。对于集体经济组织以及有关负责人违反上述法定程序作出的决定，损害了集体组织和集体成员的利益，集体成员有权通过司法程序获得保护。因为"无救济就无权利"，集体成员的民主管理权受到侵害，有权获得司法救济。

《物权法》第62条规定："集体经济组织或者村民委员会、村民小组应当依照法律、行政法规以及章程、村规民约向本集体成员公布集体财产的状况。"这实际上是确认了村务公开的原则，以进一步保护农民的知情权。只有充分保障了村民的知情权，才能实行有效的民主管理。

（四）集体成员的撤销权

所谓撤销权，是指集体经济组织及其负责人作出的决定侵害了集体成员的合法权益，受侵害的集体成员可以请求法院予以撤销。《物权法》第63条第2款规定："集体经济组织、村民委员会或者其负责人作出的决定侵害集体成员合法权益的，受侵害的集体成员可以请求人民法院予以撤销。"因而撤销权的行使，必须要具备如下几个条件：

1. 撤销权的主体。依据《物权法》第63条的规定，撤销权的主体必须是受侵害的集体成员。这就是说，一方面，只有集体经济组织的成员才有资格提出撤销，如果是集体组织雇请的人员，没有成为集体组织的成员，就不能撤销。另一方面，必须是由遭受损害的集体经济组织成员提出主张，也就是说，并不是任何集体经济组织成员都可以享有撤销权，有权提出撤销的只能是实际遭受损害的成员。由此可见，请求撤销的权利人不能够以维护集体利益的名义提出撤销，而只能以维护自身的利益为由而请求撤销。

2. 撤销权的客体。撤销权的客体，只是集体经济组织、村民委员会或者负责人作出的决定。也就是说，不是所有的决定都能够被撤销，此处所说的撤销的对象，必须是针对集体经济组织、村民委员会或者其负责人作出的决定，才能提出撤销。所谓"决定"，包括两种情况：一种是具体组织的负责人个人作出的决定，另一种是以集体名义作出的决定。这两种决定只要侵害了成员的合法权益，都可以请求撤销。集体成员提出撤销，必须是该决定侵害了集体成员的合法权益。这就是说，判断某一决定是否违法，主要从结果上对是否侵害了成员的合法权益加以判断。例如，某个负责人决定将征地款只在部分人之间发放，从而导致另一部分成员的合法权益遭受损害。再如，决定将承包地进行调整，导致被调整的人的权益受到侵害。

3. 撤销权人必须证明自己遭受了损害。撤销权人应当证明，集体经济组织、村民委员会或者负责人作出的决定使其遭受了损害，在其遭受的损害和决定之间存在因果联系。如果上述决定并没有损害主张撤销的人的权利,而只是损害了其他人的利益或者损害了集体的利益,就不能主张撤销权。

撤销权与《物权法》第 59 条规定的民主管理权不同。撤销权人主张撤销,并不需要证明集体经济组织、村民委员会或者负责人作出的决定是否违反了法定的程序,而只是要证明这些决定造成了自身的损害,即使决定的作出符合法定程序,但是造成了集体成员的损害,受害人也有权请求撤销。

四、城镇集体所有权

《物权法》第 61 条规定:"城镇集体所有的不动产和动产,依照法律、行政法规的规定由本集体享有占有、使用、收益和处分的权利。"《物权法》对城镇集体所有权作出规定是必要的。一方面,城镇集体所有企业是集体所有权的一项重要内容,尽管城镇集体企业的改革正在不断深化,但作为一种财产类型,仍然应当由《物权法》加以确认和保护。另一方面,《物权法》正是通过对城镇集体企业作出规定,来明确产权。应当看到,目前,由于一些城镇集体企业的产权的最终归属不清,并因此引发企业内部对管理者的权利制衡机制不健全(缺乏最终所有者的制衡),因此在一些企业中,集体所有已经蜕变成个人的事实上的"所有"。长此以往,这些企业很难有长期积累和发展的后劲。《物权法》规定了城镇集体企业财产的所有权,实际上从基本法的角度规定了这一类财产形态,不仅对财产发生争议后,为法院解决纠纷提供了可供适用的法律依据,同时也为有关法律法规具体界定城镇集体企业的财产归属确定了基本规则。

关于城镇集体所有权的主体,对此也存在不同的看法。第一种观点认为,城镇集体企业的主体应当是集体本身。第二种观点认为,城镇集体企业的主体应当是集体经济组织的全体成员。第三种观点认为,我国城镇集体企业是由国家兴办的,应当由国家所有。《物权法》第 61 条对城镇集体财产从物权的角度作出原则规定:"城镇集体所有的不动产和动产,依照法律、行政法规的规定由本集体享有占有、使用、收益和处分的权利。"《物权法》对城镇集体企业的主体并没进行明确的界定,而只是笼统的规定由本集体享有所有权,而本集体的概念可以作多种解释,它既可以是集体经济组织的所有成员,也可以是以整个集体存在的企业,具体指何种含义,应当根据企业的具体情况而加以确定。这样规定,符合当前实际情况,也为今后深化改革留下空间。《物权法》之所以作出这种规定的主要原因在于:

1. 城镇集体所有权情况非常复杂,不宜按谁投资谁享有产权的规则来界定产权。我国的城镇集体企业主要产生于 20 世纪 50 年代,产生的原因和资金来源很不一样,其发展和现状又很复杂。例如,有的企业最初是以个人的现金入股或者实物入股的,或者是由合伙人出资形成的企业。企业盈利以后,被强制性的退还本金或者对原始股已经退还,这些企业已经不再是原有合伙人所有。也有一些城镇集体企业最初由政府和国营企业兴办,通过借贷经营的方式,依靠免税及税前还贷等优惠条件,积累财产而最终形成集体企业。由于企业制度不健全,因此这些集体企业在所有权归属上很不明确。还有一些集体企业是国有企业为安排职工子女就业、知识青年回城设立的,其投资主要来源于国有企业,只是使用了集体企业的名义。有一些集体企业的最终的投资者已经很难进行明确。集体企业经过几十年的发展,产权的来源非常复杂。简单地以最初的出资来界定产权是不妥当的,甚至在很多情况下,要追索集体企业的最初出资者是不可能的,所以,不能够简单地按照谁投资谁享有权益的办法确定城镇集体企业的产权。

2. 城镇集体企业财产权也不能简单地界定为集体成员所有,在这一点上,它不同于农村的集体财产。一方面,农村的集体财产相对比较固定,不像城镇集体企业财产那样,作为经营资产变动比较大;另一方面,农村集体组织成员相对比较稳定,而城镇集体企业人员的变动性也比较大,成员也不是相对固定的,所以不能简单地以最初出资来界定企业归谁所有。

3.城镇集体企业财产权,也不能认定为国家所有。尽管有些城镇集体企业的财产来自于国有企业或者政府的支持,但毕竟城镇集体企业不是国家直接投资兴办的企业,不能简单地将其划归国有。在界定产权的过程中,既要保护国有资产,防止国有资产的流失,也不能将集体财产随意界定为国有资产。

还需要指出,城镇集体企业正在不断改制之中,一些企业将按照公司制的形式进行改组,一些改制的措施也在逐步探索之中,所以《物权法》不宜对城镇集体企业的财产简单地作出规定,而应当为集体企业财产的发展留有空间。因此,《物权法》第61条规定,城镇集体企业的财产属于本集体所有。

五、集体组织所有权的保护

集体所有的财产,是我国社会主义公共财产的重要组成部分,受国家法律的保护。我国《宪法》规定,社会主义公共财产神圣不可侵犯,其中包括集体所有的财产。根据《宪法》规定的原则,我国《物权法》第63条第1款明确规定:"集体所有的财产受法律保护,禁止任何单位和个人侵占、哄抢、私分、破坏。"所谓侵占,就是指通过各种手段将集体财产非法占有。所谓哄抢,是指组织或者参与由多人在一起所从事的强行抢夺集体财产的行为。所谓私分,是指违反有关规定擅自将集体财产分给某几个或者某一些人。所谓破坏,是指非法毁损集体的财产,造成集体财产的损害。[1] 任何单位和个人不得非法干预集体组织的内部事务,不得以任何借口平调、挪用、侵吞或私分集体所有制企业的资金、利润、厂房、设备、原材料、产品等一切资产,不得无偿调动集体所有制企业的劳动力。对于侵犯集体所有制企业的合法权益的行为,企业有权予以抵制或依法提起诉讼。我国民法保护所有权的确认产权、返还原物、恢复原状、排除妨害、赔偿损失等方法,也是保护集体所有权的重要措施。除民事制裁外,必要时还应根据侵犯集体财产的不同程度和细节,另行追究不法行为人的行政责任或刑事责任。对集体财产的保护特别要注重对集体土地所有权的保护,禁止有关地方政府以所谓兴办开发区、工业园的名义圈占集体土地,造成耕地的流失,也不能在征地之后,不给予充分的补偿或者截留补偿款等。为了维护集体所有权、保障农民的合法权益,《物权法》规定了集体组织成员享有的民主管理权、知情权以及撤销权,从而在集体利益或者成员的利益受到侵害的情况下,集体成员有权提起诉讼,获得司法救济。

第三节　私人所有权

一、私人所有权的概念

所谓私人所有权,就是指公民个人依法对其所有的动产或者不动产享有的权利,以及私人投资者投资到各类企业中所依法享有的出资人的权益。私人所有权包括两个方面的内容:一是公民个人依法对其动产和不动产所享有的权利;二是指私人投资者就其投资、收益所享有的各种权利。私人所有权是私人所有制在法律上的反映。我国《物权法》从三种所有制形态的分类出发,分别确定国家、集体和私人所有权。第64条规定:"私人对其合法的收入、房屋、生活用品、生产

---

〔1〕　全国人大常委会法制工作委员会民法室:《中华人民共和国物权法》,中国法制出版社2007年版,第98页。

工具、原材料等不动产和动产享有所有权。"

私人所有权的含义,较之于个人所有权的概念是有区别的,其外延大于个人所有权。个人所有权实际上指自然人对其动产和不动产享有的所有权,其主体限于自然人;而私人所有权不仅包括个人对其动产和不动产所享有的所有权,而且也包括个人出资给企业的财产所依法享有的权利。但这些法人的财产在性质上不属于公有财产。笔者认为,采用私人所有权的概念更为合理。一方面,私是与公相对应的概念,私人所有权的概念是从所有制的角度着眼的,它所对应的是国家所有与集体所有。私人所有权也是与国家、集体所享有的所有权相对应的。私人所有权比个人所有权指称的范围更广。它包括了个体工商户、合伙、各类企业法人、三资企业中投资者的权益等。所以,在法律上确认了私人所有权的概念,就有助于将私人财产和公有财产分开。另一方面,因为私人财产和公共财产在法律调整上存在较大差异,这不仅在民法上而且在行政法上具有重大意义。从今后的发展趋势来看,私人财产有着广阔的发展空间,私人投资的企业所占有的比重会越来越大。确认私人所有权就可以对这些类型的财产所有权进行有效的调整。

私人所有权具有如下几个特点:

1. 私人所有权的主体主要是自然人。如前所述,私人所有权的范围不限于自然人,还包括私人对企业出资的财产所享有的权利。依据《物权法》第 67 条的规定,国家、集体和私人所有的不动产或者动产,投到企业的,由出资人按照约定或者出资比例享有资产收益、重大决策以及选择经营管理者等权利。私人可以投资兴办各类企业,如私人可以独立的兴办各类私营企业、三资企业,也可以投入到各类公司中,在这些公司中,私人既可以控股,也可以参股;私人可以投资股份有限公司,也可以兴办有限责任公司。但无论投资何种公司,私人对其投资依据法律和章程的规定享有出资人的权益,而这些权益都应当受到法律保护。所以,私人所有权实际上就是与公共财产相对应的私人财产。

2. 私人所有权的客体范围是非常宽泛的。我国《物权法》确定私人所有权的概念,较之于个人所有权,在客体上更为宽泛。因为个人所有权的客体主要是生活资料,如房屋、电视机等,而私人所有权的客体不仅包括生活资料,也包括生产资料,不仅包括有形财产,还包括各种投资及其收益。我国《物权法》对私人所有权的客体采取了具体列举和抽象概括相结合的方式。从具体列举的角度来看,《物权法》列举了私人对其合法的收入、房屋、生活用品、生产工具、储蓄、投资等各类财产所享有的权利。依据《物权法》第 66 条的规定,私人的合法财产受法律保护,这实际上是一个概括性条款,也就是说,任何私人取得的合法财产都是其所有权的客体,并受到法律保护。不管是否在法律明确列举的范围之内,只要属于合法财产,无论其用于生产还是消费,都应当受到法律的切实保护。

3. 私人所有权的取得方式是多样的。私人所有权的取得方式既可以是合法的劳动,也可以通过投资以及继承、赠与而获得财产。我国法律不禁止通过任何方式取得财产,但要求财产的取得合法。我国《物权法》在基本原则中明确规定,物权的取得和行使,应当遵守法律,尊重社会公德。需要指出的是,这种合法与非法的标准必须依法确定,任何机关都不能随意确定评价标准,并对私人的财产随意地剥夺与没收。根据占有的推定规则,任何人占有某项财产推定其对占有的财产享有合法的权益,除非通过相反的证明除外。对私人财产的剥夺必须要通过司法程序,对私人财产的征收、征用要符合法定的条件与程序。

4. 私人所有权的内容广泛。私人所有权的内容包括私人对其动产与不动产所享有的占有、使用、收益和处分的权利。在合法的范围内,私人对其财产可以随意的处理,但是个人行使其所有权不得滥用权利,损害他人的利益。任何人不得以违反公序良俗的方式行使私人所有权。

二、私人所有权的客体

我国《物权法》虽然规定了所有私人的合法财产受法律保护,但同时又列举了各类私人所有权的具体客体。依据我国《物权法》的规定,主要包括如下几种:

(一)合法收入

根据《物权法》第64条的规定,私人对其合法的收入享有所有权。公民通过自己的劳动所取得工资收入、报酬等,任何个人从事合法职业以及依据自己的劳动所合法取得的收入,在照章纳税之后,都应当是合法收入。

(二)房屋

根据《物权法》第64条的规定,私人对其合法的房屋享有所有权。这里的房屋是指公民的私有房产,包括公民购买的独门独院的房屋以及建筑物区分所有权。房屋是公民的重要财产,也是其基本的生活资料,所以,保护公民房屋所有权也是保护公民的基本人权。我国《物权法》第64条明确规定了对公民房屋所有权的保护。

(三)生活用品、生产工具、原材料等不动产和动产

根据《物权法》第64条的规定,私人对其合法的生活用品、生产工具、原材料等不动产和动产享有所有权。这些财产既包括了公民的生活资料,也包括了公民的生产资料。例如,机动车就是公民重要的生活资料。

(四)合法储蓄

根据《物权法》第65条第1款的规定,私人合法的储蓄受法律保护。储蓄主要是指公民在银行的各项存款。根据中国人民银行的统计,截至2006年12月底,我国居民储蓄余额已经突破16万亿元,人均储蓄超过1万元,可见,储蓄已经成为重要的私有财产。对于公民的储蓄,商业银行应当遵循"存款自愿、取款自由、存有有息、为存款人保密"的原则。对个人储蓄存款,商业银行有权拒绝任何单位或者个人查询、冻结、扣划,但法律另有规定的除外。[1]

(五)投资及其收益

根据《物权法》第65条第1款的规定,私人合法的投资及其收益受法律保护。公民在法律规定的范围内可以兴办各类企业,也可以在各类企业中投资,公民对其投资及其收益的权利受法律保护。例如,公民购买股票所享有的各种收益,就是公民的重要财产。在《物权法》制定中,关于是否应当规定投资及其收益的问题上存在不同看法。有人认为,这一问题应该属于公司法规制的范畴,不应在《物权法》里规定。但《物权法》为了全面地保护公民的私人所有权,在第65条明确规定,私人合法的投资及其收益受法律保护。根据第67条的规定,私人投到企业的财产,应由出资人按照约定或者出资比例享有相应的权利,并履行义务。由此可见,虽然投资和收益本身并不是动产和不动产,但是,《物权法》为全面保护私有财产,将投资及其收益纳入到物权的范畴予以调整。一方面,这进一步强化了对私人财产权的保护,因为投资及其收益是私人重要的财产,保护投资及其收益,是维护市场经济正常秩序,鼓励人民创造财富,促进社会财富增长的法律保障。另一方面,《宪法》已经明确规定了保护合法的私人财产,通过在《物权法》中保护投资及其收益,可以将宪法规范转化为可操作的民事规范。从实践来看,公民的很多财产并不是体现在有体物上,常常表现在存款、股票等各类有价证券中,所以在《物权法》上规定私人所有权的客体包

---

〔1〕《商业银行法》第29条。

括投资和收益是非常必要的。

（六）继承的财产和其他合法权益

根据我国《物权法》第65条第2款的规定，国家依照法律规定保护私人的继承权。通过继承取得财产，这是公民合法取得财产的途径。保护继承权，既是保护财产权的重要内容，也是鼓励人们创造财富的必要措施。除继承的财产之外，公民的其他合法权益都应当受到法律保护。实际上，各种财产权益都属于个人私有财产的范围，并应当受到保护。即使对一些尚未形成为权利的财产，只要占有人的占有是合法的，也应该得到法律的保护，如尚未登记的在建房屋、已经交付但没有登记的房产等，都应该属于公民的合法财产，可以获得《物权法》的保护。即使对于非法财产也不是说任何人都可以侵害，而必须由国家有关机关通过法定的程序予以剥夺。

三、对私人所有权的保护

我国《宪法》规定："公民的合法的私有财产不受侵犯。"《物权法》按照宪法的规定，根据宪法扩大私有财产保护范围的精神，进一步强化了对公民私有财产的保护。《物权法》采纳私人所有权的概念，不仅强化了对公民个人所有权的保护，而且也强化了对私人投资者投资到公司、合伙企业、个人独资企业中财产的保护。《物权法》对私人所有权的保护，主要表现在如下几个方面：

1.《物权法》第一次以基本法的形式确立了平等保护原则，这是宪法确立的基本经济制度的具体体现。平等保护原则，实际上是将私人的财产置于和国家财产同等保护的位置，这不仅有助于端正人们对私有财产权的观念，而且有助于强化物权的观念。平等保护原则也为依法行政确立了依据。我们政府和人民的利益是完全一致的，政府的根本任务是保障广大人民的切身利益。但行政机关在执行公务时，要体现行政行为的合法性。判断行政行为的合法性的标准之一，就是要看是否尊重了《物权法》所确立的公民所享有的基本财产权。《物权法》规定的财产权是依法行政的基础，财产权与生命权、自由权一起被并称为公民的三大基本权利，保护合法的财产权，就是保护公民的基本人权，就是保护公民通过诚实合法的劳动创造的财富，保护公民基本的生产和生活条件。

2.《物权法》中对私有财产的保护范围非常宽泛。《物权法》不仅规定了私人对其合法收入、房屋、生活用品、生产工具、原材料等不动产和动产享有所有权，而且规定私人的储蓄、投资及其收益受法律保护。由此可见，对于私有财产的保护，不仅仅是保护有形财产，还扩大到无形财产的保护。《物权法》通过确立私人所享有的各项物权类型，实际上也是对私人财产的强有力保护。

3.《物权法》关于城市居民的房产权的规定，有力地维护了广大人民群众的切身利益，《物权法》对城市居民的房产权作了充分的确认和保护，主要体现在：①《物权法》第149条第1款规定："住宅建设用地使用权期间届满的，自动续期。"该规定使城市居民的房产权得到了较为充分的保障。②《物权法》第6章规定了城市居民对其购买的商品房所享有的各项财产权利，确定了小区内的车库车位和公众设施、绿地道路等的归属，规定了业主对于物业服务企业的聘任权、更换权、监督权等，从而有利于保护广大业主的基本权利。《物权法》第20条规定了商品房预告登记制度，保障期房的买受人将来实现其物权，从而切实保护了广大购房人的利益。

4.《物权法》完善了征收补偿制度，从而强化了对公民财产权的保护。征收、征用制度是对私人所有权的重大限制，所以在任何国家，它都是直接关系到公民的基本财产权利的重要法律制度，我国《物权法》通过多个条文完善了征收、征用制度。《物权法》首先区分了征收、征用的概念，明确了征收、征用的条件和程序，尤其是着重规定了对被征收人的补偿。这些规定都切实保护了私人财产权,也有助于强化政府的依法行政意识。在我国,对公民财产权的保护就更有必要强调政府的依法行政。当前,公权力对私有财产权的侵害,突出表现在征收、征用方面。随着城市化进程的深入,土地征收、房屋征收和失地安置问题的严重性则日益突出,实践中,在进行房屋拆迁时,确实存在着个别政府机关借所谓"公共利益"之名,侵犯拆迁户利益的情形。因此,必须按照《物权法》的规定,非依法律规定的程序,不得征收、征用公民的个人所有的财产。

5.《物权法》完善了私有财产的保护方法。《物权法》规定了对物权保护的各种方法,包括物权请求权和债权请求权的保护方法,它们都可以适用于物权遭受侵害的情形,对权利人提供救济。《物权法》第 66 条规定:"私人的合法财产受法律保护,禁止任何单位和个人侵占、哄抢、破坏。"公民在法律规定的范围内行使其生产资料所有权,从事正当的生产经营活动,或利用其生活资料满足个人的需要,都受法律的保护。任何单位和个人都不得以任何方式无偿平调公民的财产。对于各种非法摊派和收费,公民有权予以拒绝。公民在其所有权受到侵犯时,有权要求侵权行为人停止侵害、返还财产、排除妨害、恢复原状、赔偿损失,或依法向人民法院提起诉讼。

需要指出的是,私人所有权并非是绝对和不受限制的权利,受到《物权法》保护的私有财产必须是合法的财产,非法财产是不受保护的,如贪污受贿、盗窃、抢劫的财产当然不受法律的保护。公民利用其财产从事生产经营和投资活动,必须遵守国家的法律和政策,依法纳税,服从有关国家机关的监督管理,不得通过非法手段获取财产。保护公民个人财产,要明确合法与非法的界限,并严格禁止采用非法手段获取个人财产,从而有助于堵塞用不正当手段谋取个人财产的途径,引导人们凭合法手段取得财产。应当看到,在实践中有的个体经营者从事偷税漏税、非法经营、掺杂使假、短尺少秤、偷工减料等行为,从中谋取非法所得,并直接损害了国家和社会利益。对非法获取的财产,法律不仅不予保护,而且应严加禁止,对违法犯罪者应绳之以法,这样方能鼓励人们凭合法手段特别是通过自己的劳动获取劳动成果和收入,从而形成良好的经济秩序和社会风尚。

第四节 社会团体所有权

一、社会团体所有权的概念

所谓社会团体所有权,是指各类社会团体依法对其所有的不动产和动产所享有的权利。我国《民法通则》第 77 条规定:"社会团体包括宗教团体的合法财产受法律保护。"我国《物权法》第 69 条规定:"社会团体依法所有的不动产和动产,受法律保护。"在我国,社会团体种类很多,包括人民群众团体、社会公益团体、文艺团体、学术研究团体、宗教团体等。任何组织和个人都不得随意侵占、破坏社会团体的合法财产。一些社会团体,有的是国家出资的,也有许多是民间投资兴办的,经过一定时间的发展,其财产很难按照所有制而被归属到哪一类之中,因此有必要对社会团体所有权单独作出规定。社会团体所有权的法律特征在于:

1.它不能按照所有制归属于任何一类所有权。我国社会团体的范围相当广泛,包括各类社会组织,其中既有传统民法上所谓的社团法人,也有所谓的财团法人,还包括各类非法人团体。我国《物权法》从确认和维护基本经济制度出发,将所有权区分为国家、集体和私人所有权。而社会团体很难归入到其中任何一类,它既不是国家财产,也不是集体和个人的财产。例如,寺庙的财产、基金会的财产的归属就需要在法律上对其进行界定。所以,社会团体所有权,实际上是国家、集体和私人所有权以外的一类所有权。例如,国家举办的事业单位所支配的财产,应当推定为国有财产。但如果事业单位确实有证据证明其财产并不属于国家出资的财产,而应当归属于社会团体法人的财产,那么,经过合法的程序确认,也可以依据《物权法》第 69 条的规定,确定为社会团体所有。

2. 它是一种特殊的法人财产。社会团体是一种法人,其享有的财产所有权也是一种特殊的法人所有权。我国《物权法》在所有权的分类上没有采用公民、法人的分类方法,也没有规定一个抽象的法人所有权制度。这是因为法人的种类繁多,不同的法人所支配的财产性质是不同的,有些法人支配的是国有财产,有些支配的是集体或私人的财产,应当将其分别归入到不同类型的所有权之中。但在国家、集体、私人所有权之外,还存在着一种特殊的法人财产,即社会团体财产。它不属于国家和集体的财产,但是,也不能作为个人财产对待。这种财产和个人财产是相分离的。有关这些财产的使用,应该依据法律和法人的章程、合同等的规定来确定。

3. 社会团体所有权的主体是社会团体。任何组织所支配的财产,如果在性质上属于社会团体的财产,原则上应当证明该组织属于社会团体,当然,如果在某些事业单位中,就财产的性质发生了争议,依照法定的程序确认属于社会团体的财产除外。

我国《物权法》在国家、集体和私人所有权之外,专门规定社会团体所有权,其意义在于:这不仅有利于确认各种财产的归属,解决产权的争议,而且,有利于促进我国文化、教育、宗教等事业的发展。社会团体的财产大多都是涉及文化、教育、宗教等事业。宗教团体作为社会团体的一种,依法享有财产所有权。根据有关法律的规定,各类社会团体的财产所有权受到法律保护,对于切实贯彻党和国家的各项政策包括宗教政策、发展我国的科学文化教育事业、促进国家的安定团结、发展国际间的交往等,都是十分必要的。

社会团体在行使所有权时,必须遵循国家的法律和政策,不得超越登记批准的业务范围及活动地区进行活动。

二、几类典型的社会团体财产

(一)宗教财产

宗教财产,是指宗教团体对其动产和不动产所享有的所有权。宗教团体的房屋和其他财产属于宗教团体所有,教会人员、僧尼、道士等一般只有使用权,而无权出卖、抵押或相互赠送。宗教财产主要是由个人、团体的捐助以及政府的资助等形成的。这些财产一旦在捐赠之后,都与捐赠主体的财产相分离,已经不再是捐赠主体的财产,应当成为宗教团体法人的财产。这些财产与寺庙中的僧人的个人的财产也是分离的。所以,我国《民法通则》第 77 条规定:"社会团体包括宗教团体的合法财产受法律保护。"

(二)基金会的财产

基金会系指经中国人民银行批准设立,对国内外社会团体、其他组织以及个人自愿捐赠资金进行管理的民间非营利组织。目前我国出现了各种基金会组织,如中国残疾人福利基金会、茅盾文学奖基金会等,基金会主要从事非营利性的公益事业。基金会是财产的集合体,是以财产的集合为基础的法人,应该属于财团法人。基金会中的财产,大多来源于国内外企事业单位、社会团体和其他组织以及个人自愿的捐赠。这些自愿捐赠的资金脱离了捐助人之后,具有了独立性,所有权也从原捐助人转移至基金会法人,为该基金会法人所享有。[1] 从捐助者的角度来说,基金

---

〔1〕 佟柔主编:《中国民法》,法律出版社 1990 年版,第 128 页。

会法人一旦成立,便与捐助者脱离关系,捐助者不再对捐助对象享有支配权。基金会法人中的有关人员也应当按照捐助章程来管理运作财产,这和社团法人也是有区别的。

（三）信托财产

所谓信托财产,是指委托人委托受托人为了受益人利益而管理、处分的财产。信托财产是由委托人委托受托人而管理,但是它又与委托人个人的财产相独立,一旦信托关系成立,它就由受托人独立进行运作和处分。信托财产的所有权是一种典型的法人财产,它并不是基于所有制划分而形成的财产分类形态。在信托财产中,有一些是为了公益目的而设立的信托机构,属于社会团体法人,因而其财产也属于社会团体法人的所有权。

（四）工会财产

工会是社团,其拥有的财产应该属于工会所有。其财产来源是多方面的,包括企业缴纳的职工工资总额一定比率的经费、会员缴纳的会费、工会兴办的企事业的收入、社会捐赠和国家拨款等。

第九章　业主的建筑物区分所有权

第一节　建筑物区分所有权的概念和特征

一、建筑物区分所有权的概念

业主的建筑物区分所有权,简称为区分所有权,是由专有部分所有权、共有权、共同管理权相结合而组成的一种"复合物权"。区分所有是随着现代住宅商品化,一幢大楼内部的所有权结构向多元化方向发展而形成的。随着工商业的发展和经济的繁荣,城市人口急剧增加,继衣食之后的居住问题日趋突出。建筑面积的增长需求和土地面积的有限性之间的矛盾,都促使建筑物不断向多层高空发展。而一栋住宅高楼常常不可能为一人所有或数人共有,只能分割为不同部分而为众多的住户所有,正是因为多个所有人共同拥有一栋高层建筑物,从而产生了区分所有。[1]

我国《物权法》为了强化对公民的私有财产的保护,专门在第二编所有权中设置一章(第6章)规定了业主的建筑物区分所有权。《物权法》第70条对区分所有权进行了定义:"业主对建筑物内的住宅、经营性用房等专有部分享有所有权,对专有部分以外的共有部分享有共有和共同管理的权利。"这是我国法律第一次对建筑物区分所有权的概念作出规定。区分所有权就是在对建筑物进行纵向和横向区分的基础上,由业主所享有的专有部分的所有权、共有权和管理权三项权利所组成的一种复合的权利。例如,业主购买了一套商品房,其对套内面积所享有的权利,就是其专有部分的所有权;依据此种所有权,业主享有对电梯、走廊以及小区绿地、道路等的共有权;并且享有对小区共有财产和共同事务的管理权。这三项权利结合在一起,就成为区分所有权。我国《物权法》采取业主的建筑物区分所有的概念,比较妥当。该概念已经成为通用的术语,为广大学者和实务界人士所接受,采用该概念也有利于法律的实施。

二、建筑物区分所有权的特征

（一）区分所有权是在对建筑物进行区分的基础上产生的

建筑物区分所有权不同于传统的独门独院、一家一户的传统所有权,就在于它是在对建筑物进行区分的基础上形成的产权。所谓区分,是指因为对建筑物进行纵向和横向的区分,而形成了一层或者一套房屋的产权,从而在此基础上产生了专有部分的所有权、共有权以及业主的管理权,这些权利的集合就是建筑物区分所有权。独门独院是不需要对建筑物进行区分的,而区分所有需要通过对建筑物进行区分以确定不同业主的产权。一般来说,对建筑物内部的分割可采取三种不同方式:①纵的区分,从而产生纵的区分所有权,即将一栋建筑物从纵的角度划分为数户。②横的区分,从而产生横的区分所有权,即将一栋建筑物以横的水平分割,而将各层分属于区分所有权人的建筑物。例如,一栋二层建筑物,一层为甲所有,二层为乙所有。③纵横的区分,从而

---

〔1〕　段启武:"建筑物区分所有权之研究",载《民商法论丛》(第1卷),法律出版社1994年版,第289页。

产生纵横混合的区分所有权,即通过上下横切、左右纵横分割成独立成套的建筑物。区分所有不同于独门独户的单独所有权,它的典型特点在于,在一个建筑物之内形成了众多的所有权,并且这些单独部分的所有权基础上又产生了共有权和管理权。这就使它与单独所有权相比在权利状态上复杂得多。即使就共有权而言,建筑物的区分所有既不同于按份共有,也不同于共同共有,尤其是区分所有中还存在着管理权的问题,是单独所有和共有中所不能涵盖的内容。[1] 正是因为建筑物区分所有权具有复杂性,所以应当在《物权法》中专门作出规定。

(二)区分所有权的客体主要是建筑物,但也不限于建筑物

独门独院的产权客体局限于建筑物,而建筑物区分所有权的客体首先是建筑物,包括所有可能发生建筑物区分所有的类型,如公寓、普通住宅以及连体别墅,但又不限于建筑物,因为尽管我国《物权法》使用的是建筑物区分所有权的概念,但是业主的区分所有权的范围已经扩大。在我国由于商品房开发都是以小区为单位进行规划和建设的,所以,业主的区分所有权的范围已经从建筑物拓展到整个小区。例如,小区规划范围内的绿地、道路,按照《物权法》的规定,属于全体业主共同所有。小区中的其他公共场所和公共设施也属于业主共有。

(三)区分所有权的权利主体是业主

所谓业主,通常是指买房置业的主人或者说不动产的所有人,在区分所有的情况下,业主即建筑物区分所有权人。《物业管理条例》第6条第1款规定:“房屋的所有权人为业主”。在建筑物区分所有权中,获得专有部分所有权并因此取得共有部分的人,都能成为业主。问题在于,订立了买卖合同以后,是否就能够成为业主。笔者认为,如果仅仅只是订立了合同,而没有实际交付房屋,没有取得对房屋实际占有之前,则买受人只是取得了债权,而并没有取得所有权,只有在实际交付之后,其已经取得了占有。此时其就应当取得业主权,可以作为业主有权参与共同事务的管理。即使没有办理完毕产权登记过户手续,也应当获得所有的业主权利。

业主因为取得了对专有部分的所有权,才能享有对建筑物及其小区附属共有财产的共有权以及管理权。只购买了车库而没有购买房屋的人是否能够成为业主,值得探讨。笔者认为,也应认可其业主地位,但是其表决权是受到限制的,只能参与有关车库的保管、维护事务的表决,而不能对整个小区的物业管理事务进行表决。当然,如果当事人有特别约定的,应当从其约定。一般来说,业主不应当包括物业的承租人。承租人可以是共有财产的承租人,也可以是业主专有财产的承租人;租赁既可以是长期的,也可以是短期的。无论采取何种形式承租,承租人都不是财产的所有人,因而不是业主。当然,如果经业主的授权,承租人可以作为业主的代理人参加表决。除承租人之外,房屋借用人、管理人等在学理上也被称为“专有部分占有人”,而专有部分占有人并不是所有权人,因此不能被称为“业主”。[2]

(四)区分所有权的内容是由三项权利构成的

独门独院的产权是单一的,即只存在专有部分的使用权和所有权,而不存在共同共有和共有管理权的问题,但区分所有权是由专有权、共有权和管理权构成的。关于区分所有权的内容,究竟由哪些权利构成?对此,在学理上一直有不同的看法。狭义的区分所有权概念认为,区分所有

---

[1] 陈亚平:“建筑物区分所有权制度中若干基本问题之研究”,载《华侨大学学报》1998年第1期,第13页。

[2] 陈华彬:“业主的建筑物区分所有”,载《中外法学》2006年第1期。陈华彬认为,应对《物权法》草案使用“业主的建筑物区分所有权”一语给予否定性评价,建议取法日本的立法名称,将《物权法》草案中“业主的”三个字删去,而直接称为“建筑物区分所有权”。

权专指由区分所有建筑物专有部分所构成的所有权,其中不包括共有部分。[1] 广义的区分所有权概念认为,区分所有权是由专有部分所有权与共有部分所有权共同组合而成为一种"复合物权"。[2] 最广义的区分所有权概念认为,区分所有权应由专有部分所有权、共有部分的权利以及因共同关系所产生的成员的权利等三要素所构成。[3] 根据《物权法》第70条的规定,建筑物区分所有权的内容包括三个方面,即专有部分的所有权、共有权和管理权。可见《物权法》采纳的是三要素说,即专有权、共有权和管理权。

建筑物区分所有权具有集合性。为什么说区分所有权是一种复合物权? 原因在于:①因为它是一种新型的物权,此种物权既不同于一般的所有权,也不同于共有权。②权利的内容具有集合性。如上所述,建筑物区分所有权是由建筑物区分所有人对专有部分的所有权、建筑物区分所有人对共有部分的共有权以及建筑物区分所有人的管理权等三种权利组成的。③它不同于普通的物权,如所有权、抵押权或国有土地使用权,这些权利具有单一性,也就是说这些权利不是由许多不同的权利组合而成的,而只是权利主体对不动产享有占有、使用、收益和处分的权利。而区分所有权是由各种不同的权利集合在一起形成的权利,因此,对建筑物区分所有权进行研究就不仅意味着对其中的各个构成单位分别加以研究,还必须就各个权利相互之间的互动关系进行观察。建筑物区分所有权是一个权利的集合体,三种权利是紧密结合成为一个整体的且不可分割,权利人不能对建筑物区分所有权中的不同权利进行分割行使、转让、抵押、继承或抛弃。

我国《物权法》设立专章具体规定了业主的建筑物区分所有权,这对于保护公民的基本财产权、维护公民的基本人权、构建法治国家和谐社会具有重要意义。这也是为了保护公民的居住权以保障人们安居乐业。《物权法》的规定是我国现行法对区分所有权第一次作出规定。《物权法》第一次在法律上确认业主享有的各项权能,进一步扩大了业主的意思自治,特别是对小区公共事务的管理,确认了业主自治的权利。这对减少政府的干预、培养公民的自治能力和增强民主意识都具有重要意义。

第二节 专有权

一、专有权的概念

所谓专有部分所有权,简称为专有权,是指区分所有人对其建筑物内的住宅、经营性用房等专有部分所享有的单独所有权。所谓专有部分,是指具有构造上及使用上的独立性,并能够成为分别所有权客体的部分。[4] 专有部分通常是在将建筑物分割为各个不同部分的基础上形成的,专有部分是各个区分所有人所单独享有的所有权客体,此项单独所有权与一般的单独所有权并无本质区分,所以,权利人可以行使完全的占有、使用、收益与处分权。《物权法》第71条规定:"业主对其建筑物专有部分享有占有、使用、收益和处分的权利。业主行使权利不得危及建筑物

---

〔1〕 崔建远等:《中国房地产法研究》,中国法制出版社1995年版,第174页。

〔2〕 我国台湾地区学者王泽鉴先生指出:"区分所有之建筑,由专有部分及共有部分构成之。区分所有人在其专有部分行使所有权,对共有部分的使用、收益、管理时,相互间必会发生各种权利义务关系,有待规范。"参见王泽鉴:《民法物权(通则·所有权)》,台湾地区作者印行1992年版,第194页。

〔3〕 陈华彬:《现代建筑物区分所有制度研究》,法律出版社1995年版,第74页。

〔4〕 王泽鉴:《民法物权(通则·所有权)》,台湾地区作者印行1992年版,第197页。

的安全,不得损害其他业主的合法权益。"专有部分所有权的特点在于:

(一)专有部分所有权具有所有权的效力

专有权人对其专有部分的所有权享有如同一般所有权一样的权能,包括占有、使用、收益和处分的权利,从这个意义上说,专有部分的所有权本质上仍然属于所有权。占有就是指所有人对其房屋有权控制,如对其住宅商品房进行自主占有,也可以由他人占有。使用就是指对其专有部分可以自己使用,也可以授权他人使用;可以用于住宅,也可以用于经营性用房。当然这种使用只能在法律、法规和管理规约规定的范围内使用,必须按照特定用途来使用。处分就是指所有人有权将房屋转让、出租以及设置抵押等。专有部分的所有人对其专有部分享有完全的占有、使用、收益和处分权,某一专有权人在出售其专有部分时,其他权利人不享有优先购买权。

(二)专有权的客体具有特殊性

一般所有权的客体是特定的动产或不动产。而区分所有权的专有权的客体,不可能是独立的不动产,而只能是建筑物经分割后形成的具有一定独立性和可公示性的"专有部分"。所以,像路边的某个摊位虽然具有构造使用上的独立性,但无法单独登记,所以不能称为专有部分。关于专有部分所有的客体是否是空间,在学理上存在不同的争议。有学者认为,专有部分仅限于空间,也有学者认为,还包括墙壁。笔者认为,专有部分的所有权作为不动产权利,支配的对象不是空间,而是财产,只是因为财产而形成了空间。

(三)专有部分所有权在行使上具有特殊性

专有部分所有权的行使必须要受共同生活规则的制约。这是因为建筑物区分所有人与他人已经形成共同生活关系,这种关系要求区分所有权的权利行使不能损害他人。专有权人在享有和使用专有部分的时候应受到共同生活规则的限制:①不得危及建筑物的安全。例如,房屋装修不得擅自拆除承重墙,或者改变房屋结构,损害建筑物的安全。②不得损害其他业主的合法权益。例如,擅自将住宅改变为歌厅、餐厅等商业用房,或者将共有部分改变用途的,应当经全体建筑物区分所有权人的同意。除了共同生活规则的限制之外,还应受相邻关系与共有关系的限制,如几户共用的阳台通常只能由相应的业主使用。由于各个专有部分所有人已经形成了一定的共同利益,任何专有部分所有权人行使权利时,都要考虑到全体区分所有权人的共同利益,不得滥用其专有部分所有权,损害其他所有人的利益。例如,业主随意变更建筑物专有部分的使用用途,从事带有噪音、震动或其他影响他人生活或者休息的行为,给其他业主造成生活上的不便,属于滥用权利的行为,受害的业主可要求其承担停止侵害、排除妨碍、恢复原状、赔偿损失等民事责任。

关于民宅商用的问题,《物权法》第77条规定:"业主不得违反法律、法规以及管理规约,将住宅改变为经营性用房。业主将住宅改变为经营性用房的,除遵守法律、法规以及管理规约外,应当经有利害关系的业主同意。"这就是说,《物权法》并不禁止住宅改为经营性用房。因为一个小区内可能居住成千上万的业主,而各个业主又有不同的需求,如果绝对禁止任何住宅都不能商用,既不利于满足小区业主的需要,也不利于发挥住宅的有效利用。但是《物权法》对民宅改为商用作出了两个限制:①要符合法律、法规以及管理规约的规定。所谓管理规约,是指业主大会集体通过的管理规约。如果其中对住宅改为经营性用房有禁止性的规定,那么必需按照管理规约的规定,不得将住宅改为经营性用房。如果业主制定的管理规约不允许住宅商用,当然是不能更改的。②要经过有利害关系的业主同意。所谓有利害关系的业主,要根据具体情况来决定。例如,某人要将自己的住宅改变成一个小卖部,可能会影响到周围的几家住户,这就必需要取得这几家住户的同意。如果要将自己的住宅改为歌厅,那么要影响到整个建筑物全体业主的利益,因而可能需要取得全体业主的同意。

(四)专有部分的所有权居于主导地位

尽管业主享有的建筑物区分所有权,是由多种权利构成的,但在各项权利中,专有部分的所有权居于主导地位,其他权利都是由专有部分的所有权决定的。基于专有部分的所有权,才决定了共有部分的持有份比例,决定共有权中的使用和收益范围,决定了在行使共同管理权时的管理权的大小,等等。所以,专有部分的所有权应当在各项区分所有权中居于核心地位。

二、专有部分所有权的客体

专有权的客体是建筑物内的住宅、经营性用房等专有部分。在区分所有情况下,专有部分要成为区分所有权的客体,必须要具备如下几个条件:

(一)必须具有构造上的独立性

构造上的独立性又称为"物理上的独立性",这就是说,各个部分在建筑物的构造上可以被区分开,可与建筑物其他部分完全隔离,也只有这样才能客观地划分为不同部分并为各个所有人独立支配。[1] 例如,一排房屋以墙壁间隔成户,即能够被各个住户独立地支配。问题在于,构造上的独立性如何具体确定,事实上的区分达到何种程度才形成构造上的独立性? 有一些国家的判例学说(如日本)认为,区分所有权客体必须四壁有确定的遮闭性,一幢建筑物内部若无墙壁间隔不能成为区分所有权的客体。确定构造上的独立性,首先,应当具有固定性,而不是一种临时性的建构。至于间隔,无论是木材、砖块、涂板等都可以,但屏风、桌椅等不行,因为它们不具有固定性、确定性。所以,未以墙壁间隔的零售市场、摊位等,不得成为区分所有权的客体。[2] 其次,通过间隔能够独立地形成一定的空间。根据瑞士法律规定,区分所有权的客体必须是供居住用的一定空间,即形成为一定的居住单位。而该居住单位必须要有独立的出入门户,所以一套住宅中的某个房间,就不能作为区分所有权的客体。[3] 在法律上要求构成上的独立性的原因在于:一方面,由于区分所有要将建筑物分割为不同部分而为不同所有者单独所有,而单独所有权的支配权效力所及的客体范围必须明确,要明确划分范围就必须以墙壁、楼地板、大门等作间隔和区分标志。另一方面,只有在客体范围十分明确的情况下,才能确定权利范围,同时准确地判断他人的行为是否构成对某一专有权的损害,如果各个权利的客体都不能区分开,也就很难判定某人的权利是否受到侵害。

(二)必须具有使用上的独立性

这就是说,建筑物被区分为各个部分以后,每一部分都可以被独立地使用或具有独立的经济效用。此种独立性在学说上又被称为"机能上之独立性"或"利用上之独立性"。[4] 一方面,所谓独立的使用,就是不需借助其他部分辅助即可利用,如区分的部分可以用来住人、用作店铺、办公室、仓库、停车场等。通常,判断区分部分能否单独使用,要以该区分部分有无独立的出入门户为判断要素。[5] 假如区分为各个房间以后,该房间并无独立的出入门户,必须利用相邻的出入

---

〔1〕 谢在全:《民法物权论》(上),台湾地区作者印行 1997 年版,第 236 页。

〔2〕 日本昭和 39 年 3 月 12 日东京高等裁判所判决,载《下级裁判所民事裁判例集》第 15 卷第 2 号,第 529 页。

〔3〕 黄越钦:"住宅分层所有权之比较法研究",载郑玉波主编:《民法物权论文选辑》(上),台湾五南图书出版公司 1984 年版,第 437 页。

〔4〕 温丰文:《建筑物区分所有权之研究》,台湾三民书局 1992 年版,第 19 页。

〔5〕 温丰文:《建筑物区分所有权之研究》,台湾三民书局 1992 年版,第 19 页。

单位门户才能出入,则该房间并不具有使用上的独立性,从而不能成为区分所有权的客体。另一方面,所谓独立的经济效用,是指各个专有部分要具有与一般建筑物同样的独立经济效用,如以住家为目的的专有部分,其内部应有居住空间、厨房等;以作为仓库、店铺等用途的专有部分,应有一定的空间等。

(三)通过登记予以公示并表现出法律上的独立性

此种独立性在学说上也被称为"形式的独立性"。构造上和使用上的独立性,乃是经济上的独立性。只有通过登记才能表现为法律上的独立性。也就是说,通过登记使被分割的各个部分在法律上成为各个所有权的客体。如果被分割的各个部分登记为各个主体所有,则建筑物作为整体不能再作为一个独立物存在。当然,如果各个区分所有权已经归属于一个人时,而该所有人愿意将各部分登记为一个建筑物所有权时,基于物权的排他性原则可以导致其他区分所有权消灭。应当指出的是,通过登记表现出来的法律上的独立性,是以构造上和使用上的独立为基础的,如果构造上或使用上的独立性不复存在,则法律上的独立性也难以存在。例如,原被区分所有的两部分同属于一人,间隔除去后,两部分合为一体,则各部分失去其构造上的独立性或使用上的独立性,应解释为一个所有权;如果不属于一人而除去间隔,则应推定其为共有。所以,区分所有是以事实上建筑物能够被区分为基础的,如果具有构造上和使用上的独立性未登记(如一个建筑物已被分割为各个部分,具有独立的门牌号码但并未分别登记),在此情况下应当综合考虑占有和使用房屋的根据、使用情况、未经登记的原因等因素而决定是否应承认使用人的单独所有权。同时,区分所有的登记还要以当事人具有区分所有的意思为前提。[1]

三、专有部分范围的确定

关于专有部分范围的确定,在实践中,一般都是指售房合同中确定的套内面积。有关套内面积的确定,在合同中都应当有规定。但是,在确定专有部分范围的时候,也应当确定共有墙壁的归属问题。共用墙壁具有双重性,既具有共有财产的性质,又具有专有财产的性质。需要指出,有关建筑物的外墙面必须由业主共有,而不属于哪个业主所有。任何单个业主都不能擅自利用外墙面从事广告等活动。在确定专有部分的范围时,还应当看到,专有部分除建筑物的结构部分以外,还可能包括建筑物的某些附属物(如专用设备)或附属建筑物(如车库、仓库等)。[2]

关于专有部分所有权与整个建筑物所有权的关系,是一个在法律上值得探讨的问题。一种观点认为,专有部分所有权与整个建筑物的所有权是同时并存的。这就是说,即使存在专有部分所有权,也不影响整个建筑物所有权的独立存在。因为整个建筑物具有门牌号,也可以独立登记。各个建筑物各自有其门牌号,可以成为一个独立的所有权客体,而且从管理上考虑,也有必要作为独立的所有权对待。另一种观点认为,专有部分所有权与建筑物的所有权不能同时并存。一旦建筑物确定为区分所有之后,整个建筑物的所有权就不复存在。我们赞成第二种观点。如果专有部分所有权和建筑物整体的所有权同时存在,将违反一物一权原则。一旦某个建筑物为多个业主所有,该建筑物在形成区分所有权以后,此时如果继续承认建筑物的所有权,则构成双重所有权。在国外,有学者认为,共有的情况是物权客体特定原则的例外。例如,葡萄牙学界 Henrique 等人则认为,按份共有的情况是多个主体共同拥有一个物权。[3] 笔者认为,一个建筑

〔1〕 温丰文:《建筑物区分所有权之研究》,台湾三民书局1992年版,第22页。
〔2〕 温丰文:"区分所有权与所有权建筑物之专有部分",载《法令月刊》第42卷第7期,第35页。
〔3〕 蔡耀忠主编:《物权法报告》,中信出版社2005年版,第76页。

物在独门独户的情况下,当然是一个单独的所有权。但是在建筑物区分所有的情况下,如果房屋已经分别卖给了各个业主,事实上各个业主经过登记已经取得了各套房屋的所有权,这就意味着,整个建筑物的所有权分割成为了各个分别的所有权。通常,开发商在建造房屋过程中、出卖商品房之前,需要先行办理整个建筑物的初始登记,此后再通过出售行为及过户登记手续,使业主取得建筑物区分所有权。一旦实际交付,即便业主购买了其中一套房屋,整个建筑物已经形成了区分所有,换言之,该房屋就由业主以及开发商区分所有,开发商对整栋建筑物的单一所有权不复存在。因而,此时建筑物本身就不能再作为单一的所有权客体。当然,业主对建筑物的共有部分仍然享有共有权。在开发商交房以后,即使还没有为各个业主办理过户登记,也应当认为建筑物的所有权形态已经从单一的所有权转化为建筑物区分所有。

第三节　共有权

一、共有权的概念和特点

所谓建筑物区分所有人对共有部分的共有权,是指区分所有人依据法律、合同以及区分所有人之间的规约,对建筑物的共用部分、基地使用权、小区的公共场所和公共设施等所共同享有的财产权利。例如,区分所有人对小区的绿地、道路所享有的共有权。建筑物区分所有人的共有权具有如下特点:

(一)共有权的主体人数众多

与一般财产共有相比,在建筑物区分所有中,共有人是众多的。随着现代建筑物向高层、高空发展,一栋建筑物的住户越来越多,一个小区内可能有成千上万的业主,他们都构成了小区内共有财产的主体。正是因为人数众多,所以不可能由每一个人都参与共有财产的管理,通常需要由业主通过业主委员会或其委托的物业管理机构来实际行使管理权。

(二)共有部分附随于专有部分

在建筑物区分所有的状态下,区分所有人所享有的共有权与其对专有部分所享有的单独所有权是密切联系在一起的,共有权是由专有部分所决定的,并从属于专有部分的所有权。在区分所有的条件下,共有部分不能独立存在,也不能单独的转让和继承。只有在取得了专有部分的所有权之后才能相应的取得共有权。一般来说,专有部分的面积越大,共有部分的份额越大。转让专有部分所有权,共有部分也相应的转让。专有权的大小也常常要决定其承担修缮共有财产的义务范围,任何买受人购买房产,一旦取得专有部分的所有权,则自然取得共有部分所有权。在区分所有的成立登记上,一般只登记专有部分所有权,而对共有部分所有权并不单独登记。[1]正是由于共有部分附随于专有部分,因此区分所有权中的共有,既不同于按份共有,也不同于共同共有,可以将其看作一种特殊的共有形态。

(三)共有权的客体范围是较为广泛的

一般来说,专有部分的所有权限于建筑物内。但对于共有权而言,则不限于建筑物内,还可能延伸到小区。共有部分的范围主要包括如下方面:①建筑物的基本构造部分,如支柱、屋顶、外

---

[1]　陈华彬:《现代建筑物区分所有制度研究》,法律出版社 1995 年版,第 91 页。

墙或地下室等。②建筑物的共有部分及附属物,如楼梯、消防设备、走廊、水塔、自来水管道等,[1]以及仅为部分区分所有人所共有的部分。例如,各层楼之间的楼板,仅属于相邻部分的所有人所共有。[2]③建筑物所占有的地基的使用权,在法律上归属于全体建筑物区分所有人共同所有。④住宅小区的绿地、道路、物业管理用房。⑤公共场所和公共设施,如小区大门建筑、艺术装饰物等地上或地下共有物和水电、照明、消防、保安等公用配套设施,除依法归属于国家或有关法人所有外,应当归属于全体住宅小区的业主所共有。⑥小区内的空地。

共有权在类型上具有多样性。在区分所有中,共有的类型比较复杂。一是可以根据共有产生的原因,将共有分为法定共有和约定共有;二是根据共有的客体是财产还是权利,可以将共有分为一般共有和准共有;三是根据共有人的范围,可以将共有分为小区内全体业主的共有、某一栋建筑物内全体业主的共有、特定单元或者特定几个业主的共有。对不同类型的共有的确定需要根据不同的财产情况来考虑。

（四）共有人应既享受权利,又承担义务

《物权法》第72条第1款规定:"业主对建筑物专有部分以外的共有部分,享有权利,承担义务;不得以放弃权利不履行义务。"业主对小区共有的财产在享有共有权,即享有共同管理和共同收益的权利的同时,也要对建筑物共有部分的维护、维修等工作承担义务,分担有关物业管理、维护维修的义务。如果因为小区的共有部分造成损失,也应当分担损失。《物权法》之所以强调业主对共有部分既享有权利,又要承担义务,原因在于,业主往往注重对自己专有部分权利的行使和义务的履行,但易于忽视对共有部分的义务承担。例如,在实践中有的业主拖欠共同维修费用,使建筑物共有部分长期得不到维护。所以《物权法》规定业主在享有共有权的同时,应当履行共有人的义务。

（五）共有权行使方式的特殊性

一是要依据法律的规定和管理规约来行使共有权,如依法定程序决定维修资金的使用。二是在建筑物区分所有的情况下,共有人行使权利,常常采用持有份的方式。依据我国《物权法》第80条的规定,建筑物共有部分及其附属部分的费用分摊、收益分配等事项,有约定的,按照约定;没有约定或者约定不明确的,按照业主专有部分占建筑物总面积的比例确定。这实际上是确定了共有人在没有约定的情况下,应采取持有份的方式享有权利并承担义务。

二、共有权的性质

我国《物权法》第93条规定了共有,包括按份共有和共同共有。所谓"包括",就是指共有可以包括按份共有和共同共有,但是不限于这两种类型。建筑物区分所有中的共有权是否属于这两种共有的类型,对此一直存在争议。笔者认为,建筑物区分所有中的共有权在性质上既不是按份共有,也不是共同共有,应当说是一种特殊的共有。

1. 区分所有的共有权不同于共同共有。其理由是:与共同共有相比,其具有明确的份额划分,在没有约定或约定不明时,对小区物业相关费用,如绿地维护、建筑物修缮等要依据持有份分摊;在区分所有人之间也不存在赖以存在的共同关系,如合伙关系、夫妻关系等。[3]共有人居住在一起并非形成一种特殊共同关系,共有财产也不是基于共同关系产生的,而是从专属所有权中

---

[1] 王泽鉴:《民法物权（通则·所有权）》,台湾地区作者印行1992年版,第198页。

[2] 谢在全:《民法物权论》（上）,台湾地区作者印行1997年版,第240页。

[3] 耿焰:"建筑物区分所有权与一般所有权之比较研究",载《青岛海洋大学学报》2006年第2期。

派生出来的。由于不存在共同关系,任何一人的退出,不影响共有关系的存在,也不导致共有财产的分割。通常,任何单个的业主都不得请求分割共有财产。

2. 区分所有的共有权也不同于按份共有。表现在:一方面,区分所有人分别对自己的房屋享有所有权,对建筑物形成一种复合的权利结构,不是按照份额对一个建筑物享有所有权。[1] 另一方面,与按份共有相比,在区分所有的情况下,并没有形成应有份额。尽管对有关修缮的费用以及其他费用要按照一定的比例确定,但这和按份共有中的份额存在本质区别。共有人不能单独转让、抛弃其持有份,也不能在该比例上单独设定负担。持有份依附于专属所有权,具有从属性。转让专属所有权,持有份也一并转让。此外,共有人不能请求分割共有财产,只享有共有财产的利益。持有份与管理权具有密切关系,这也是不能单独转让持有份的另外一个重要原因。所以,此种共有与按份共有也是不同的。

3. 此种共有不仅与专有部分不可分割,且常常采取法定共有的方式,也有学者将其称为“强制共有”。[2] 《物权法》第72条第1款规定:“业主对建筑物专有部分以外的共有部分,享有权利,承担义务;不得以放弃权利不履行义务。”例如,业主对外墙面、小区内的管道等共有财产享有权利,同时也要承担维修的义务,共有人不得抛弃对外墙面的共有权而拒绝承担维修义务。

4. 根据持有份行使权利。《物权法》第80条规定:“建筑物及其附属设施的费用分摊、收益分配等事项,有约定的,按照约定;没有约定或者约定不明确的,按照业主专有部分占建筑物总面积的比例确定。”可见,在没有约定或者约定不明确的情况下,区分所有权中的共有权可以根据持有份来行使。

三、持有份

所谓持有份,是指区分所有中业主根据专有部分的面积占整个建筑物总面积的比例所确定的份额。在区分所有的情况下,通常可以根据两种方法来确定持有份额:一是根据面积来确定,即依据各共有人的专有部分占整个建筑物总面积的比例所确定的份额。二是根据购房价款来确定,即根据购房款在整栋房屋价款中的比例来确定持有份。例如,根据《瑞士民法典》第721条的规定,各楼层的应有份以不动产价值或建筑权价值的百分数和千分数来计算。这两种方法各有利弊。如果完全按照面积来确定,在面积差距过大时可能在某些方面对小业主有利但不利于大业主,如物业费的分摊。而依据购房款的比例确定,又会出现如下问题,即不同业主购买房屋的价格不同,形成不同的比例。但事实上,不同时期购买的房屋的价值本身就是不同的。所以,根据此种方式来确定持有份也不一定妥当。

《物权法》第80条规定:“建筑物及其附属设施的费用分摊、收益分配等事项,有约定的,按照约定;没有约定或者约定不明确的,按照业主专有部分占建筑物总面积的比例确定。”可见,该条是根据面积来确定持有份的。此处所说的专有部分,包括套内使用面积加上公摊部分,实际上指的是售房合同中的建筑面积。此处所说的总面积,应当区分两种情况:一是一栋建筑物内的建筑物总面积,二是整个小区的总面积。如果要确定建筑物内的共有部分的持有份,应当以一栋建筑物内的建筑物总面积作为确立持有份的标准。如果要确定小区内共有部分的持有份,应当以小区内的建筑物总面积作为确立持有份的标准。持有份是确定业主对共有财产享有权利和承担义务的依据。

---

〔1〕 耿焰:“建筑物区分所有权与一般所有权之比较研究”,载《青岛海洋大学学报》2006年第2期。

〔2〕 耿焰:“建筑物区分所有权与一般所有权之比较研究”,载《青岛海洋大学学报》2006年第2期。

持有份是区分所有中特有的概念,它不同于按份共有中的应有份,表现在:①应有份具有所有权的效力,它可以转让、抵押、抛弃,甚至还产生优先购买权,但是持有份并不具有这些效力。②应有份是对整个共有财产的应有份额,是一种比例关系。而持有份的核心是业主对自己专有财产在总面积中的比例。③应有份的核心仍然是所有权,它体现为一种权利,但持有份常常是与区分所有中的管理权联系在一起的,它不仅仅确立业主的管理权,还要确定义务的分担。④应有份是按份共有人行使权利的依据。而持有份只是在业主没有约定或约定不明时才能发挥作用。

具体来说,区分所有中的持有份的确定主要有如下几方面的意义:

1. 建设用地使用权的享有。建筑物占用范围内的建设用地使用权,业主可以按照特定的持有份享有准共有的权利。各区分所有人所拥有的专有部分的面积是各不相同的,有人可能购买一个楼层的面积,有人则可能只购买一套房间。由于要根据区分所有人所拥有的专有部分的价值在整个建筑物中所占的比例来决定各区分所有人对基地所享有的权利份额,因而业主将专有部分出售给他人的面积越大,其所转让出去的对基地权利的比例也越大,则买受人所获得的对基地的权利的比例也越大;反之亦然。只有这样才能确定新的区分所有人对基地享有的权利。

2. 管理权的行使。管理权在一定程度上也要由专有部分所有权所决定。因为建筑物区分所有权人对于共有财产的管理,在一定程度上也是对于财产权的管理,这样就不得不考虑到每个业主所购买房产的面积。根据我国《物权法》第76条的规定,在行使管理权的时候,也应当按照建筑面积所占总面积的比例来确定,这实际上就是按照持有份来行使权利。

3. 费用分担。共有财产在管理过程中也会产生许多维护维修的费用,以及因为共有财产造成他人损害的赔偿费用,业主不能仅享有对共有财产的权利,而不承担义务。这些费用的分摊,有约定的,按照约定处理;没有约定的,也应当由业主根据一定的比例分担。关于具体的费用分摊状况,可以根据费用的发生的不同情况来分别考虑:小区的费用的分摊,应该根据业主的专有部分的面积占规划小区的面积来分摊;如果是建筑物的费用,则应该根据建筑物内住户的持有份占建筑物的面积来分摊。

4. 收益分配。对于基于共有财产所取得的收益的分配,如果没有约定或约定不明,可以按照持有份来决定。例如,物业服务机构将小区的空地作为停车场,并出租给他人,获取了一定的收益,或者将屋顶平台出租设立广告牌而获取的收益。这些收益可以根据持有份在业主之间进行分配。

四、基地的使用权

在我国,土地属于国家或集体所有,任何通过建造、购买等方式取得建筑物所有权的主体,不能自然取得对土地的所有权。所以,在建筑物区分所有的情况下,一般不存在区分所有人共同享有对基地的所有权的现象,由于我国现行立法并未承认地上权,因此也就不存在各区分所有人区分地上权的问题。依据《物权法》的规定,业主对基地的建设用地使用权享有共有权,就是说应将基地的建设用地使用权作为一项财产而由全体区分所有者享有共有权。如果我们承认各业主对基地享有共有权,那么这种共有究竟是按份共有还是共同共有? 笔者认为,这种共有在性质上应为准共有,也就是对建设用地使用权的共有。但是,在各个业主购买了自己的专有部分所有权之后,基地的建设用地使用权将按照一定的比例分别计入到其房屋所有权之中,并在产权证上予以记载。

第四节　共有部分的范围

一、法定共有

法定共有，是指依照法律规定由全体业主对共有部分享有的共有权。例如，规划范围内道路、绿地等归业主共有。法定共有的特点在于，该规定属于强行法，一旦法律规定之后，当事人不得在购房合同中通过约定变更归属。法定共有也是附随于专有权的，一旦业主取得了房屋的专有权，同时也取得共有权。法定共有的类型主要有如下几种：

（一）绿地

《物权法》第73条规定："建筑区划内的道路，属于业主共有，但属于城镇公共道路的除外。建筑区划内的绿地，属于业主共有，但属于城镇公共绿地或者明示属于个人的除外。建筑区划内的其他公共场所、公用设施和物业服务用房，属于业主共有。"根据该条规定，除属于城镇公共绿地或者明示属于个人的以外，业主对小区内的绿地享有共有权。绿地应当作为共有财产属于全体业主共有，不能由开发商保留所有权。《物权法》作出此种规定的原因在于：一方面，这对维护业主的利益是十分必要的，因为业主在购房的时候，十分看重绿地的面积，甚至将绿地的有无以及面积的大小作为决定自己是否购买房屋的条件。这就是说，绿地的有无和大小，直接决定了业主是否订立房屋买卖合同或者直接影响到买卖的价格。在此情况下，绿地已经成了房屋买卖合同中的主要条款。如果开发商改变了绿地的用途，将可能导致业主订立合同的目的不能实现。另一方面，如果由开发商保留绿地所有权的话，那么在开发商基于自己利益的考虑可能会改变绿地用途。在此情况下，业主们将很难通过法律的途径来对此种行为加以制约。实践中，开发商对绿地的用途改变已引发诸多纠纷，这个问题确实就与绿地的归属不清楚是有关系的。所以在《物权法》中规定绿地归业主共有，也有利于解决各种纠纷。此外，如果允许开发商保留绿地的所有权，开发商就有可能想办法改变规划。例如，将绿地更改为车位，从而更改绿地的使用目的，这就会严重破坏环境。毕竟绿地与整个城市的环境是联系在一起的。如果更改绿地的使用目的，那么不仅会使业主的利益受到损害，也会使环境受到破坏。

《物权法》只是整体地推定绿地属于业主共有，但绿地中可能确有属于城镇公共绿地和明示属于个人所有的情况。所以，《物权法》第73条特别规定了"属于城镇公共绿地或者明示属于个人的除外"。这就是说，一方面，如果有证据证明，特定的绿地属于城镇公共绿地，就属于公有物，应当属于国家所有。另一方面，如果明示属于个人所有，如在规划的时候就确定属于某个业主所有的，就应当归个人所有。关于明示归个人所有的绿地，如房屋买卖合同中约定的附赠的花园，究竟应当归属于业主共有还是由业主单独所有。对此存在不同看法。笔者认为，既然这些绿地根据规划、合同已归个人所有，且其为此支付了对价，应当将其作为《物权法》第73条所规定的"明示属于个人"的绿地。尤其是这些绿地往往是个别业主专用的，如果归业主共有，还要由全体业主为其承担维护的义务，这也极不合理。因此，这些绿地应当按照约定归业主个人所有。所以，笔者认为，所谓"明示属于个人"所有，既包括规划确定为个人所有，也包括合同确定为个人所有。但规划确定为业主共有的，不能根据合同确定为某个人所有。

（二）道路

道路是指小区内没有经过市政规划的用于通行的道路。依据《物权法》第73条的规定，建筑区划内的道路,属于业主共有,但属于城镇公共道路的除外。这就是说,如果是规划确定的公共道路,就应当属于公有物,属于国家所有。在实践中,有些小区面积很大,小区内的一些道路是市政道路,有的是业主共有的道路,因此在规划的时候应明确加以区分。凡是规划确定的市政道路,任何人都有权使用,业主不得妨害他人的通行。城镇公共道路之外的道路,则必须由业主共有。

我国《物权法》确认道路必须要归业主共有,理由在于:一方面,道路是各业主进入自己所在建筑物和专有部分的必由之路,是所有业主实现其专有部分所有权所必需的。业主购买房屋,必须取得对道路的权利,否则还需要通过相邻关系或者地役权来设定通行权,这显然对业主极为不利。所以,通行是业主最基本的生产生活的保障,开发商不能在售房以后保留对道路的产权。另一方面,如果允许开发商和业主在售房合同中保留权利,就会引发许多产权的纠纷,开发商就有权禁止业主通行或者设卡收费,甚至改变用途或者设定专用权,这就必然会引发各种纠纷。[1]此外,若开发商改变道路等的用途,如在道路上随意私划车位,也会对业主造成损害。

虽然道路、绿地必须归业主共有,但业主也不能随意改变这些道路、绿地的规划,不能私盖建筑等。如果其他小区的业主有必要通行,则应当按照相邻关系的有关规定处理。

（三）物业服务用房

物业服务用房,是指物业管理公司为管理整个小区内的物业而使用的房屋。对于物业服务用房,应当规定全体业主共有。根据《物权法》第73条的规定,物业服务用房应当归全体业主共有。其理由在于:一方面,物业服务用房是向小区提供物业服务所必须的,基于业主实现其区分所有权的必要性,开发商在兴建小区时应当一并建造物业服务用房。在向业主转让专有部分所有权时,应当将物业服务用房的所有权一并转移。开发商不可能在开发成本之外单独出资建造物业服务用房,也不能将其单独转让或者保留所有权。另一方面,物业管理公司都是由业主聘请的,所以,业主也应当为其提供服务用房。如果服务用房不属于业主共有,业主聘请物业管理公司,就要支付大笔租金,也会影响小区的物业管理。

（四）维修资金

所谓维修资金,就是指由业主支付的专门用于住宅共用部分、共用设施设备维修的资金,如电梯、水箱等共有部分的维修费用。维修资金是由业主出资形成的,因此在法律上应当属于业主共有。1998年建设部、财政部发布的《住宅共用部位共用设施设备维修基金管理办法》第4条规定:"凡商品住房和公有住房出售后都应当建立住宅共用部分、共用设施设备维修基金。"《物权法》第79条规定:"建筑物及其附属设施的维修资金,属于业主共有。经业主共同决定,可以用于电梯、水箱等共有部分的维修。维修资金的筹集、使用情况应当公布。"这就是说:①维修资金在归属上必须属于业主共有,因为维修资金是业主缴付的,通常是业主在购房之时按照一定的比例（按购房款2%～3%的比例）支付的。即使是开发商代为收取的,也不应该由开发商所有。对维修资金的使用,政府有管理的权限,但政府只能监督维修资金用于共有部分和共有设施,政府本身不能支配维修资金。②维修资金必须要用于特定的目的。根据我国《物权法》第79条的规定,维修资金应当用于电梯、水箱等共有部分的维修。关于维修资金的用途,只能够用于共有部分的维修或者其他重大修缮,尤其是建筑物本身的修缮活动。有学者认为,维修资金应当专项用于公

---

[1]　黎淑慧:《公寓法与社区发展》,新文京开发出版股份有限公司2004年版,第125页。

用部分、公用设施设备保修期满后的大修、更新、改造。[1] 但在实践中,在保修期未满之前,维修资金也可能用于建筑物公用部分和公用设施的维修,这部分费用仍然应由维修资金承担。维修资金具有特定的用途,实行专款专用,不能将维修资金挪用作其他用途,原则上不能作为业主委员会承担责任的财产。因为如果将维修资金作为责任财产用于承担责任,则一旦建筑物及其附属设施需要作重大修缮,则可能没有资金用于修缮。如果业主又不愿交纳,则会严重影响业主的正常居住和生活。③维修资金的使用必须经过全体业主通过法定的程序决定,这主要是考虑到维修资金的使用关系到全体业主的共同利益,一旦使用不当,就会对全体业主造成损失。因此,维修资金应当由全体业主通过业主大会来决定,而不能由业主委员会决定。根据《物权法》第76条第5款的规定,维修资金的使用必须要业主共同决定,且应当经专有部分占建筑物总面积2/3以上的业主且占总人数2/3以上的业主同意。④维修资金的筹集、使用情况应当公布。也就是说,对维修资金的使用,全体业主享有知情权。无论是业主大会、业主委员会还是物业公司,都有义务将维修资金的使用情况向全体业主公布。业主也有权对维修资金的使用情况进行查询、监督。

(五)建筑区划内的其他公共场所和公用设施

根据《物权法》第73条的规定,建筑区划内的其他公共场所、公用设施和物业服务用房,属于业主共有。公共场所、公用设施包含的范围是十分宽泛的,需要在法律上准确界定。具体来说,包括两方面:一是其他公共场所。除绿地、道路等以外的,为全体业主所共同使用的地方,公共场所包括广场、园林、走廊、门庭、大堂等。二是公用设施。小区内的公用设施较多,如各种健身设施、消防设施、围墙、大门、自行车车棚、外墙、配电箱、各种供电、热、水、气管线等。界定公共场所和公用设施,首先,应当强调其公用性,就是说要区别于仅仅供特定人使用的场所和设施,换言之,专有部分以及合同约定由某个业主专门使用的部分,如附赠的、供业主单独使用的阳台,不能认为是公共场所。其次,要强调其公益性,它是为了满足小区业主共同利益的场所和设施,从而区别于完全用于营利性的活动的场所和设施,公共就意味着没有专门用于营利。所以,会所、商铺等营利性设施并非公共设施。

据此,不应将小区内所有公用设施都纳入业主共有的范围,如小区的学校、幼儿园、商店、超市,其产权归属比较复杂,有些是相关单位购买经营性用房后专门用于经营的,在这种情况下,显然其属于业主专有部分;但也有一些学校、幼儿园等是由开发商投资作为小区配套建设的,对此也不宜简单将其都作为业主共有的财产。因为如果业主共有,也未必对业主当然有利。一方面,维持这些设施的运转需要支付高额的费用,而这些费用按照开发商的允诺都应当由其来支付;另一方面,这些设施也不是每一个业主都需要的。因此,如果强制要求其归业主共有,实际上增加了业主的负担。

由于小区内的公共场所和公用设施很多,哪些属于业主共有,还有待相关的法律法规和司法解释具体明确,下列几项财产是否属于业主共有,值得探讨:

1.关于屋顶平台的权利。屋顶平台的情况比较复杂,有的是开发商在售房时附赠给业主的,而且,只能由某个业主使用,其他人不能进入,此种情况,应该可以看作业主专有部分所有权的客体。还有一些屋顶平台是由业主共同使用的,对此种情况,可以认为属于《物权法》第73条所规定的公共场所,应当认为是属于全体业主共有,而不能由开发商保留所有权。如果开发商保留屋

---

[1] 肖海军:《物业管理与业主权利》,中国民主与法制出版社2006年版,第139页。

顶平台的所有权,禁止他人特别是业主上屋顶平台,甚至改变设计用途,在屋顶平台上加盖房屋,就会损害业主的权利。所以不能允许开发商保留对这些屋顶平台的权利,在法律上应当确认此种类型的屋顶平台属于全体业主共有。

2. 外墙面。外墙面是房屋的组成部分,与房屋的专有部分不可分割。外墙面不可能由开发商所有,因为出售专有部分的时候已经计算了外墙面的面积,不可能由开发商为业主支付单独的成本,对外墙面保留所有权并享有收益。因此,外墙面应该由业主共同所有,开发商也不能在售房合同中,对外墙面作出不合理的限制。对外墙面的使用必须由业主共同作出决定。例如,将外墙面用于广告以及对收益如何分配,应当由全体业主共同决定。

3. 对建筑物的命名权。在建筑物区分所有场合下,对建筑物的命名权是否可作保留,值得探讨。一种观点认为,命名权属于全体业主,开发商在出售之前不能作保留,只能在将来与业主委员会定约时要求使用。另一种观点认为,在实践操作过程中,必须由开发商先行指定建筑物的名称,因此建筑物的命名权只能为开发商所有。笔者认为,既然建筑物属于全体业主,因此命名权也应当属于全体业主,开发商不能对此保留所有权。因为根本没法确定名称是否已计入成本,开发商在卖掉房屋之后,已不再对大厦享有权利,因此此也不应对建筑物享有命名权。

4. 接入小区的水、电、气、暖等设施设备。对于配电箱,各种供电、热、水、气管线等公用设施,除按规定已经确定为归供水、电、气、暖公司所有的之外,也应当归业主共有。需要指出的是,即使归业主共有,也不能免除有关公司和物业服务机构的维护责任。因为这些设施铺设、运营的技术性很强,业主本身是无法运营和维护的,即使由业主承担有关维护费用,也并没有排除相关公司的义务。因为一方面,根据相关合同,有关公司也负有相关义务。例如,电话不通,通讯公司显然要进行维修。另一方面,如果这些设施造成损害,也不能认为都是业主的责任。例如,配电箱漏电造成损害,固然业主应当依据《民法通则》第123条的规定承担责任,而供电公司在未尽义务的情况下也要负责。

5. 人防工程。根据《人民防空法》第18条的规定,人民防空工程,是指为保障战时人员与物资掩蔽、人民防空指挥、医疗救护等而单独修建的地下防护建筑,以及结合地面建筑修建的战时可用于防空的地下室。在我国,对人防工程实行多元投资,即不仅仅由国家兴建,而且在城市商品房开发当中也要求开发商为了国防利益和国家安全应修建一定的地下防空工事。因此,随着城市商品房的发展,我国的人防工程建设发展迅速,人防工程投资来源已经多元化,并非单一由国家投资,因此在这种情况下不能简单地认为凡是地下人防工程都属于国家所有。应当依据具体情况,判断人防工程的产权归属。不能在法律上简单地认为都属于国家所有,但也不宜简单认定归开发商所有或业主所有。例如,在人防工程建造过程中,有的地方在土地出让时政府已经进行了地价减免;也有些政府给予其他的优惠,但也有不少地方政府并未给予任何优惠,完全是由业主和开发商投资兴建的。因此,情况比较复杂,不宜简单认定归哪一个主体所有。

(六)小区内未纳入建筑区划的其他场地

根据《物权法》第74条第3款的规定,占用业主共有的道路或者其他场地用于停放汽车的车位,属于业主共有。此处实际上规定了其他场地应当归业主共有。那么如何理解其他场地?结合第73~74条的规定,可以认为此处所说的其他场地,是指未纳入建筑区划内的其他场地,主要是指未纳入建筑区划的空地。

这些空地究竟应该归属于谁,在实践中经常发生争议。有的开发商将空地用作停车收费,甚至利用空地建设会所或者如歌厅舞厅之类的娱乐场所,由此引发了一些纠纷。笔者认为,根据

《物权法》第74条的规定,尽管空地没有纳入到规划的范围内,也应当作为其他场地,归业主共有。《物权法》第74条之所以如此规定,主要是因为,一方面,在房地产开发过程中,建设用地使用权的出让是按照宗地进行的,开发商拿到一宗土地进行开发建设,再将土地上下的建筑物分别转让给业主。完成转让之后,业主在获得专有部分的所有权、建筑物共有部分共有权的同时,除城镇公共道路和绿地应当为国有、明示归个人的绿地则按照约定处理之外,原则上各业主也应当共同取得对该宗土地的建设用地使用权,这其中就包含了建筑区划外的其他场地。另一方面,对于规划中并未进行建设的空地,开发商也不能擅自改变整体规划用途进行开发。因为空地未纳入规划,只是指空地没有纳入规划建设的范围,但显然将某块土地留作空地,是符合整体规划要求的。为了避免开发商擅自改变规划,也有必要要求空地归业主共有。既然空地归业主共有,如果在空地上设置健身设施、体育锻炼场所,也应该归业主共有,由业主决定如何使用。

二、约定共有

(一) 车库、车位

所谓车库,是指隶属于整个小区,具有独立的空间、以存放车辆为目的附属建筑物。车库又常常被称为地下车库,但不仅仅限于地下车库,因为在有些建筑物内,地上一层或者二层也可能兴建车库,这也涉及其归属问题。车库本身四周是封闭的,其可以通过登记表彰权利的范围。所谓车位,是指车库中的停车位以及规划用于停车的具体地点。车库不同于车位,一方面,车库本身是建筑物,具有建筑物的一般特点,车库一般具有四至的封闭空间,其不同于一般的停车场的车位。一般来说,车位很难通过登记表彰其四至范围,所以无法成为单独的所有权的客体。尽管车位具有一定的价值,但是在地表上的车位不能独立于土地? 一般很难成为独立所有权的客体。另一方面,与小区在路边、空地设置的露天停车位不同,车库不是利用土地使用权的地表而兴建的。车库大都是利用地下空间而建造的,而地上车位大都是利用地表划定的。在建筑物区分所有中,车位、车库都是与区分所有权不可分割的组成部分。随着人们生活水平的提高,随着城市化的快速发展,私家车的保有量也越来越多,作为业主的代步工具的存放地点,车库的辅助功能也越来越重要。车库和停车位与居住环境、生活条件越来越密切,成为现代城市人们生活质量提高不可或缺的重要部分。因此,《物权法》第74条专门规定了车位、车库的归属问题。根据《物权法》第74条的规定,确定车位、车库的归属,应当坚持如下原则:

1. 车位、车库首先应当满足业主的需要。根据《物权法》第74条的规定,开发商在修建了车位、车库之后,首先应当满足业主的需要。在《物权法》起草中,有一些学者建议,车位、车库只能满足业主的需要,而不能作其他用途。但《物权法》没有采纳这一意见,仍然规定首先满足业主的需要。这是因为,一方面,根据规划要求,开发商修建的车位、车库可能不是仅限于满足本小区业主的需要;另一方面,开发商修建的车库在满足业主需要之后,可能仍有大量空余的车位,而周边的许多业主又没有车位。在此情况下,完全不允许开发商将车位、车库卖给或者租给业主以外的人,既不利于满足他人的需要,也不利于发挥物的效用,将造成资源的浪费。

《物权法》第74条规定,车位、车库首先应当满足业主的需要,其原因在于:一方面,因为车库、车位本身是业主共同生活的重要辅助设施,性质上属于小区的配套设施。因此,其功能应当首先满足小区居民的生活需要。因为现代社会汽车已经成为人们的代步工具,是人们日常生活的一部分,车位、车库虽然不是区分所有权专有部分,但专有部分离开了它难以发挥其功能,车位、车库也因为区分所有的存在获得自己存在的价值。因此,车位、车库首先应当满足业主的需要。另一方面,满足业主的需要,也是符合规划的要求的。在规划中,一般要对车位、车库作出规定,其至一些地方已经强制性要求配套车位、车库的比例。而这些配套车位、车库,显然主要是为了满足业主的需要。强调满足业主的需要,也有利于充分发挥物的效益。因为如果不能满足业主的需要,业主需要到小区之外寻找车位、车库,从而可能支付高昂的对价以及花费大量的时间成本。还要看到,车库、车位首先用于保障业主的需要,对于保障小区业主的财产和人身安全也是十分重要的。在实践中,有的开发商将车位、车库高价出售给小区以外的人,或者在业主还没有地方停车的情况下,将车位、车库高价出租给业主以外的人,如果开发商将小区的车位随意地转让或出租给小区之外的第三人,第三人作为产权人必然可以随意出入小区,这不仅对于小区的管理带来不便,也会影响业主生活的安全。

如何理解首先满足业主的需要?笔者认为,满足业主需要,就是指开发商在修建了车位、车库之后应当首先将其出租、出售给业主,而不能高价卖给第三人。如果业主有能力购买,则应当予以出售;如果业主没有能力购买,则应当予以出租。满足需要并不是说,要赋予业主优先购买权。所谓优先购买权,就是指权利人享有的在同等条件下优先购买特定客体的权利。优先购买权有两个条件:一是同等条件;二是遵循市场规则。这对业主不利,如果业主以外的其他人愿意支付更高的价格,那么开发商将车位、车库卖给其他人并不侵害业主的优先购买权。但是根据《物权法》第74条的规定,车位、车库首先应当满足业主的需要,不管其他人是否提出了比业主更高的条件,都不能首先卖给其他人。

如何理解满足业主需要,这是一个争议比较大的问题。一种观点认为,满足业主的需要是没有限制地满足业主的需要,业主愿意买多少就买多少。有些业主一时没有买车,但并不意味着以后也不买车。以后如果买车后需要车位,也应当满足其需要。另一种观点认为,满足业主的需要只是满足业主相对的需要,也就是说,只能是业主在特定时间内的需要。而且,对于车位购买的数量也应当有限制,如一户只能购买二个车位。笔者认为,满足业主需要只能是合理的需要,合理需要就是说,只要满足业主基本的停车需要,就认为已经满足。问题在于,如果没有满足需要,开发商将车位、车库高价转让给业主以外的其他人,业主可否请求确认出卖车位的合同无效?笔者认为,在没有满足业主合理需要的情况下,就损害了业主依法应当享有的权益,如果业主不能主张合同无效,相应的立法目的就无法实现。所以,笔者认为,《物权法》第74条的规定,在性质上属于强制性规定,违反了该规定而订立的合同,都应当被宣告无效。

2. 关于车库、车位归属的确定。就车库的归属问题,迄今在法律上没有明确地界定,需要《物权法》对此作出明确的规定。在《物权法》起草过程中,关于车库的归属,存在着较为激烈的争论。主要存在两种看法:

(1)业主共有说。此种观点认为,《物权法》应当规定,车库、车位归业主共有。其理由主要在于:一方面,因为车库、车位已经计入了所有购房者的成本,因此应当由业主共有。[1] 另一方面,车库、车位应当是共同使用,车位、车库和电梯、楼道等一样,是为了发挥专有部分的效用,必须作为配套的设施。车库、车位是专有部分的配套设施,它和专有部分是不可分割的,应当作为共有部分的客体。如果由开发商保留所有权,开发商将车库全部出售或者出租,这样就会使得部分业主不能获得车位,从而达不到共同使用的目的,也不符合规划的要求。因为规划确定的目的是全体业主都能够共同使用车库、车位。假如一栋建筑物内有100个住户,而只有50个车位,如

---

〔1〕 在《物权法》征求意见的过程中,许多学者都持此种观点。参见邓光达:"论物权法草案对绿地和车库权利归属制度安排的缺陷",载 http://www.biyelunwen.cn/show.asp? ID=125228c paGe = -1.

果将这些车位卖给了一些住户,那么,其他人将永远无法获得本小区内的车位了,这对他们也是不公平的。允许开发商保留所有权,也可能刺激了车位价格的上涨,损害了业主的利益。

笔者认为,这种观点有一定的道理,但也值得商榷。车库、车位毕竟不同于电梯、楼道等公共设施,它虽然是配套设施,但并非每个业主都需要,尤其是对这些配套设施的建设要进行一定的配套投资。简单规定为业主共有,可能不利于开发商的投资。还要看到,车位、车库虽然是业主共同使用的,但保障业主对车位、车库的使用,可以通过《物权法》第74条所确定的车位、车库首先应当满足业主需要的规则来解决。不一定必须通过在法律上规定为业主共有才能解决。因为即便不是业主共有,而开发商保留所有权,开发商也可以通过承租等方式实现业主对车位、车库的使用。

对车库的归属也不能根据公摊面积来确定。因为公摊的前提是确定了共有部分,而车库的产权归属本身待定,不能依据行政规章简单地划入到公摊面积之中。如果房屋销售合同中没有将车库纳入到公摊面积,也并不意味着开发商就保留了车库的所有权,开发商也可能将车库赠与给某些业主进行促销,也不排除将车库纳入到销售的房屋的售价之中。所以,不能简单地从公摊面积的情况来确定车库的归属。

(2)约定说。此种观点认为,对车库的归属应当通过约定来确定。车位、车库毕竟不同于道路、电梯等共有财产。这些财产也可以由业主共有共用,而车位、车库都是由业主专有和专用的。从实践来看,大多都是由开发商和业主在购房合同中确定的。约定的方式是多样化的,可以采取出租、出售或附赠的方式。通过约定来解决车库归属问题,这种做法也是公平合理的。

《物权法》第74条第2款规定:"建筑区划内,规划用于停放汽车的车位、车库的归属,由当事人通过出售、附赠或者出租等方式约定。"可见《物权法》采纳了这种观点。要求当事人在合同中约定车库的归属是必要的,笔者认为,《物权法》要求通过约定来解决归属具有以下几个方面的必要性:

第一,根据约定来确定归属,是对实践经验的总结。因为从实践来看,绝大多数业主都是通过买卖或者租赁、赠与合同来获得对车位、车库的所有权和使用权的。尤其是一些地方性法规也规定车位、车库采用约定确定归属,实践证明也是行之有效的。《物权法》总结了这一实践中的做法,有利于维护法律关系的稳定。

第二,有利于鼓励开发商修建更多的车位、车库。多年来,我国城市建设忽略了车位的建设,造成了目前城市车位紧张的状况,停车难的问题非常突出,当然,这也与我们汽车市场发展太快有关系。我国已经成为世界第二大汽车消费国家,将来还会进一步发展。这就需要鼓励开发商尽可能开发更多的车位,来缓解目前这种紧张的局面。车库具有独立的使用价值与交换价值,是一种独立的财产,可以进行转让。在停车难的问题越来越突出的情况下,车库的价值也会增长。正如美国学者 Henry Hansmann 认为的一样,如果某些财产成为共有物,需要采取一种对开发商形成强有力的刺激的机制,使其提供高质量的房屋产品。[1] 这就有必要刺激投资,使开发商从利益驱动考虑为业主提供必要的、合理的车位。但如果将车库、车位规定为业主的共有财产,那么,开发商就没有足够的动力来投资建筑车位、车库。如果车位、车库修建得少,停车越来越难,损害最大的还是业主。

---

〔1〕 Heary Hansmann, "Condominium and Cooperative Housing: Transactional Efficiency, Tax Subsidiee, and Tenure Choice", *Journal of Legal Studies*, Vol. XX(January, 1997), p. 25.

第三,有利于对地下空间的利用和社会财富的创造。从创造社会价值财富来看,鼓励开发商多修建车位,实际上就是鼓励开发商创造更多的财富。因为开发商是利用地下的空间来修建车库,并没有占用更多的土地。这实际上有利于缓和土地资源的紧张局面,提高土地的利用效率,有利于社会财富的创造。

第四,符合市场经济的内在要求。通过约定解决归属,实质上是通过市场机制解决纠纷。在实践中,车位、车库的归属如何约定,车位、车库的价值如何确定,很大程度上是由房屋买卖市场决定的。如果房屋处于卖方市场,车位、车库价值就会升高,即使将车库作为共有财产,也不一定可以降低业主使用车库、车位的成本,因为开发商有可能将车库纳入房屋的价格。如果房屋处于买方市场,开发商开发的房屋根本卖不出去,他根本不可能把车位的价格抬得过高,为了促销的方便,其可能会把车位进行搭售,也就是赠送。在此情况下,车位、车库的价值就会下降。在市场经济条件下,房屋价格与其他商品价格一样,总是处于不断的波动之中。不能依据一时的市场供求关系来设定法律规则,过分干预市场行为。

第五,有利于对车库有效利用和管理。车库是一个整体,如果再区分各个车位,简单地归业主所有,也无法找到一个合适的标准,将各个车位公平地划分给每个业主。在实践中,车库的位置、大小不同,相应的价值也不同。有的人有车,有的人没有车;有的人车大,有的人车小。有的人不要车位,有的人要车位;有的人车多,有的人车少。如果要归业主共同管理,怎么协调是一个大问题。在业主人数众多的情况下,即使通过业主委员会来分配,在使用管理方面的效率也会大大降低。这势必也会引发诸多纠纷。

所以,笔者认为,关于车库的归属问题,还是应当由开发商和业主在买卖房屋时协商确定,可以说,此种方式是解决车库归属的最佳方案。根据《物权法》第74条的规定,所谓出售,就是指将车位卖给业主;所谓附赠,指将车位赠给业主;所谓出租,指将车位租给业主。各种形式都可以满足业主的需要。需要指出的是,《物权法》第74条没有规定,如果没有约定或者约定不明,车位、车库的归属如何确定。笔者认为,通过对《物权法》第74条进行文义解释,可以看出,如果没有约定或者约定不明,车位、车库应当归开发商所有。开发商在进行开发建设的过程中,要取得建设用地使用权。在其合法进行建造之后,依据《物权法》第30条的规定,开发商就已经取得了房屋及其附属设施的所有权。以后,开发商办理初始登记之后,再将房屋分割转让。因此,在法律没有特别规定的情况下,凡是没有约定转移给业主的部分,可以理解为由开发商保留所有权。但由于车位、车库归属十分复杂,在没有约定或者约定不明的情况下,如何确定归属,还有待于法律、法规具体明确。

(二)会所

笔者认为,《物权法》第73条所规定的归业主所有的"公共场所、公用设施"不应该包括会所。主要原因在于:①除了当事人在合同中有特别约定外,会所不仅仅是一个服务于业主的场所,而要面向社会开放,会所不仅仅是服务于特定人,且要服务于许多不特定的人,所以不能够把会所理解为业主的公用设施,更不是一个仅仅服务于业主的公共场所。②会所是具有一定的营利性的场所。会所需要进行专业经营,而从事经营活动就存在一定的商业风险,如果营利的话,业主固然可能会有一定的收益,但如果发生一定的亏损甚至巨大亏损,在业主共有的情况下,可能会由业主承担责任。这将使业主承担过大的风险,所以业主共有并不一定对业主有利。且由业主所有,由业主来管理,业主也未必能够胜任。无论是业主大会还是业主委员会,其组织形式都不适合从事商业经营活动。③通常,会所的投资巨大,如果完全归业主所有,也可能导致开发商将风险转给业主,拉高房价。例如,仅会所中的游泳池,就需要支付维护水费、循环泵电费、救生员和管理员的人工费、药品消毒费、水质检验费、保险费等费用。这些费用都摊到业主身上,费用也不少。④会所可以成为小区的附属设施,但是,小区也可以不需要会所。所以,从鼓励开发商兴建会所考虑,通过约定来确定会所的归属,对业主是有利的。即使开发商保留了对会所的所有权之后,可以通过双方之间的另行约定来规定会所的服务对象和经营问题。

第五节　管理权

一、管理权的概念

根据《物权法》第 70 条的规定,区分所有权包括业主的"共同管理"权,这就是对业主的共有财产和公共事务的管理权。所谓管理权,是指业主基于专有部分的所有权从而对业主的共同财产和共同事务所享有的管理权。建筑物区分所有人间的关系极为密切,而在形成建筑物区分所有关系时,各区分所有人间往往素不相识,如果在形成区分所有以后,仅仅根据法律关于单独所有权、共有、相邻关系的规定,虽可有效地解决产权的归属问题,但不能很好地解决各区分所有人有效管理其财产、尤其是对共有财产管理的问题。所以,有必要在《物权法》中就区分所有人的管理权作出规定。管理权的性质和特点表现在:

1. 管理权是专属于业主的权利。区分所有权中的管理权是法律赋予业主专门管理公共事务的权利,也就是说,因为业主取得了专有部分的所有权,才能够取得相应的管理权。管理权是所有权的延伸,是区分所有权的一部分。因为既然管理权是由专属所有权产生,管理权又是确保专属所有权和共有权实现的手段,所以管理权不能与区分所有权分割,管理权也不能够与所有权分离而单独转让,而管理权的范围也要受到单独所有权部分的制约,将管理权规定在区分所有中并没有使权利状态更为复杂。

2. 管理权是一种私法上的权利。关于管理权的性质,存在争议。一种观点认为,它是私法上的权利,管理权涉及小区管理,如修缮建筑物、改良小区等活动,本质上,此种活动属于民事活动范围,与行政管理无直接联系。另一种观点认为,管理权是根据共有关系所产生的共有人的资格,或者说是共有权的派生。还有一种观点认为,管理权是一种混合的权利,是私法上的权利和公法上的权利的结合。笔者认为,管理权是一种私法上的权利。其理由在于:①由《物权法》规定的管理权由单独所有权决定,由所有权派生出来,而公法上权利不具有此种性质。②虽然在特殊情况下,小区与居委会存在叠合,但主要是因为居所造成此种重叠,但性质上应当区分业主委员会和居委会。③权利的实现主要体现为一种财产利益,而不是公法上的利益。④在《物权法》中规定管理权,就意味着该权利受到侵害或者有受到侵害的危险时,可以获得《物权法》的救济。

3. 管理权以专有部分的所有权为基础。管理权在性质上是由业主享有的专有部分所有权所决定的,或者说是以各个业主享有的单独的所有权为基础的。任何人取得了专有部分所有权,自然取得了管理权。如果转让了专有部分所有权,其管理权也随之丧失,并由受让人取得成员资格。换言之,只有成为业主才能享有管理权,而不享有专有部分所有权的物业管理公司等是不享有管理权的,其对建筑物或小区内物业享有的管理权,是基于业主的委托或授权而产生的。

4. 管理权是针对共有财产和共同事务的权利。管理权主要针对的是共有财产和共同事务。因为如果是管理自己的事务,就属于专有部分所有权的内容,不必要与专有部分相分离而成为一项独立的权利。小区的共有财产不可能由小区的业主平等占有、使用,也不可能由每个业主实际管理小区的事务,而只能通过业主大会、业主委员会等来实际管理。当然,业主行使管理权要通过一定的程序来进行。管理权还针对共同事务而产生。这主要涉及业主在长期共同生活过程中一些共同事务的规则,如业主应当如何饲养宠物、业主能否将住宅改为经营性用房等。这些共同事务如果不能得到妥善处理,显然无法保障小区的和谐。

二、管理权的内容

《物权法》第76条第1款规定:"下列事项由业主共同决定:①制定和修改业主大会议事规则;②制定和修改建筑物及其附属设施的管理规约;③选举业主委员会或者更换业主委员会成员;④选聘和解聘物业服务企业或者其他管理人;⑤筹集和使用建筑物及其附属设施的维修资金;⑥改建、重建建筑物及其附属设施;⑦有关共有和共同管理权利的其他重大事项。"该规定尽管确定的是对重大事务的决定程序的规定,但是,它同时也确定了业主管理权的内容。

1. 制定和修改业主大会议事规则。没有议事规则,业主大会实际上根本无法正常召开。因为业主大会由全体业主组成,各业主之间的利益诉求千差万别,这就需要制定一定的议事规则,如明确如何召集大会、大会按照何种程序进行、如何确定会议议程以及表决方式等。议事规则只是业主大会召开会议决定共同事务的程序规范,它不同于业主规约。后者是具有实体性权利义务内容的规范,议事规则只是管理业主大会的召开、表决等程序性问题的规定。它通常不为业主设定何种具体权利和义务。

2. 制定和修改建筑物及其附属设施的管理规约。所谓管理规约,就是指业主大会依据法定程序通过的对业主具有拘束力的关于共同事务和共有财产的管理问题的具体规则。管理规约在性质上属于一种共同行为,是各业主对共同事项一致的意思表示,类似于公司章程。换言之,管理规约是全体业主依据法定的程序而集体签订的合同,是业主自治的产物,一旦生效,对全体业主产生拘束力。业主违反了管理规约,应当承担相应的责任。《物权法》第83条第1款规定:"业主应当遵守法律、法规以及管理规约。"由此可见,管理规约对于业主而言具有很强的效力。管理规约主要是针对整个物业小区的管理而确定的一定规则,特别是对建筑物及其附属设施的使用和维护等问题,需要制定管理规约加以确定。对于共同生活的一些规则也应当在管理规约中加以明确,如小区内是否禁止将住宅改为经营性用房等都必须通过管理规约加以确定。从《物权法》的规定来看,管理规约与业主大会的决定,是有所不同的。所谓业主大会的决定,是指业主大会通过的除管理规约之外的关于物业管理、共同生活等方面事项的决定。《物权法》第78条第1款规定:"业主大会或者业主委员会的决定,对业主具有约束力。"但是,根据《物权法》第78条的规定,如果这些决定侵害了业主的合法权益,受侵害的业主有权请求法院予以撤销。对于管理规约,《物权法》并没有规定业主是否可以请求法院予以撤销。这主要是因为管理规约是全体业主基于法定的程序而共同制定的,体现了业主的共同意志,从维护业主自治考虑,只要管理规约的内容没有违反法律、行政法规的强制性规定,则业主无权请求法院撤销或宣告无效。由此可见,管理规约具有较强的法律拘束力。

3. 选举和更换业主委员会。业主委员会代表全体业主对内决定本小区的日常事务,它是业主大会的执行机关,应当向业主大会负责并受业主大会的监督,因此业主委员会的成立必须由全体业主通过召开业主大会,经过民主程序选举产生,从而使其能够真正代表业主的利益,表达业主的意志。根据《物业管理条例》的规定,在小区业主入住以后,达到一定的数量,就应当成立业主委员会。关于业主委员会的职权,除依法确定外,还可以由业主大会在管理规约中加以确定或者由业主大会作出决定来授权,如授权业主委员会代表全体业主对外签订某项合同。所以,有关业主委员会的具体职权需要由业主大会加以确定。

4. 选聘和解聘物业管理机构或者其他管理人。《物权法》第81条规定:"业主可以自行管理建筑物及其附属设施,也可以委托物业服务企业或者其他管理人管理。对建设单位聘请的物业服务企业或者其他管理人,业主有权依法更换。"由于小区的业主是共有财产的权利人,因此对共同财产的管理必须由业主加以决定,开发商、业主委员会及其他任何人都无权决定。但是,业主决定物业管理机构和其他管理人也必须依据一定的程序,毕竟物业管理机构和其他管理人的确定直接关涉到业主的切身利益,选聘的好坏直接影响到整个小区的管理。为了切实保障业主所享有的选聘权和解聘权,需要通过法定的程序共同决定。

5. 筹集和使用建筑物及其附属设施的维修资金。维修资金,属于全体业主共有,经业主决定,可以用于电梯、水箱等共有部分的维修。维修资金的筹集、使用情况应当定期公布。维修资金在性质上属于共有财产,此种共有不能处分、转让,也不能实际地分割为业主所有。维修资金必须用于特定的目的。关于维修资金的筹集,即业主应当如何支付、支付多少维修资金,应由全体业主决定。关于维修资金如何使用于建筑物及其附属设施,也必须由业主决定。业主大会必须经过一定的程序,才能够作出决定如何筹集和使用维修资金。《物权法》考虑到公共维修资金对全体业主的利益影响很大,政府相关部门应当严格监督该项资金,所以根据《物权法》的规定,必须要经过专有部分占建筑物总面积2/3以上的业主并且占总人数2/3以上的业主同意,才能决定维修资金的筹集和使用问题。

6. 修缮、改建、重建建筑物及其附属设施。所谓修缮实际上就是指对建筑物进行检修和维护。改建是指对建筑物及其附属建设进行局部的改造。而重建是指建筑物及其附属设施全部重新建造。修缮、改建、重建都涉及对建筑物的整个重大变化,既要动用公共维修资金,也可能需要重新筹集款项,同时可能改变小区建筑物的原有规划,所以必须要业主依据法定的程序加以决定。按照《物权法》的规定,必须要经过专有部分占建筑物总面积2/3以上的业主且占总人数2/3以上的业主同意。

7. 有关共有和共同管理权利的其他重大事项。例如,请求就重要事项召开会议讨论的权利。凡是关系到业主的重大利益的事宜,如公共财产的修缮、维护、处分、公共停车场的使用等,如果在团体规约中没有作出规定,各个业主都有权提出动议请求召开会议,要求业主大会对这些重大事项进行讨论或者在团体规约中予以规定。如果某些小业主实施违反共同利益的行为,其他小业主有权请求其停止该行为。

关于业主大会通过有关决议的表决程序,有两种方式:①以业主人数投票决定。例如,由全体业主半数以上或者2/3以上通过决议。这种以业主人数投票决定的方式,优点在于兼顾了广大业主特别是小业主的利益,并且在一定程度上充分体现了决策过程的民主性;而且便于计算得票。②根据专有部分的面积决定。这就是说,要根据专有部分在整个建筑物区分所有中的总面积所占有的比例来决定。例如,根据专有部分的面积在整个建筑物的一半或者2/3以上才通过。这种方式的优点在于,它充分尊重了业主的财产权,业主购买的房产越多,其享有的权利就越大,这就强化了对物权的保护尤其是对大业主物权的保护。笔者认为,如果采人数的方式,则不利于保护大业主的利益。例如,某一建筑物内某公司购买了一半以上的产权,另一半则由多名小业主购买。如果按照人数投票,则实际上就由人数众多但占有面积较少的小业主决定了整个建筑物的使用以及共同生活的管理,使得大业主的利益可能被小业主所控制。另一方面,建筑物区分所有毕竟属于物权制度的组成部分,法律设计这种制度的目的往于保护财产权。因此,完全以人数来投票决定,与《物权法》设立这种制度的目的并不符合。所以,结合这两种方式来设计投票程序是一种最佳的选择。

《物权法》第 76 条第 2 款特别规定:"决定前款第 5 项和第 6 项规定的事项,应当经专有部分占建筑物总面积 2/3 以上的业主且占总人数 2/3 以上的业主同意。决定前款其他事项,应当经专有部分占建筑物总面积过半数的业主且占总人数过半数的业主同意。"因此,《物权法》采取了协调面积和人数投票的方式,作出这种规定主要是为了协调不同业主之间的利益。因为如果仅仅依据建筑面积或业主人数来确定 2/3 的比例,可能会发生利益冲突的后果。所以,《物权法》为了协调大业主和小业主之间的利益,规定同时满足上述两个条件,才能够决定各种重要事项。《物权法》上述规定区分了两种情况:①需要半数以上同意的,这是指制定和修改业主大会议事规则;制定和修改建筑物及其附属设施的管理规约;选举业主委员会或者更换业主委员会成员;选聘和解聘物业服务企业或者其他管理人;有关共有和共同管理权利的其他重大事项。②需要 2/3 以上业主同意的,这是指筹集和使用建筑物及其附属设施的维修资金;改建、重建建筑物及其附属设施。这两种情况因其对业主利益关系更大,所以在程序上要求更为严格。

在享有管理权的同时,业主作为团体成员也应当承担相应的义务。例如,业主应当遵守管理规约、接受管理者管理等。对管理规约和业主委员会基于合法程序作出的决定,业主应当遵守。《物权法》第 78 条第 1 款规定:"业主大会或者业主委员会的决定,对业主具有约束力。"实际上,这一规定对业主也施加了一种必须遵守该决定的义务。

三、业主大会和业主委员会

(一)业主大会的概念和特征

业主大会,是指全体业主成立的、管理其共有财产和共同生活事务的自治组织。在建筑物区分所有的情况下,无论是否成立业主委员会,一般都应当建立业主大会,并通过业主大会来管理各项共同事务。具体来说:

1. 业主大会是一个自治组织,即全体业主所组成的管理其共同财产和共同事务的自治组织。它是一个所有人的联合体,性质上既不是国家机关,也不是事业单位,更不是营利性的机构,只不过是依照法律和规约而由业主组织起来的组织体。所以,业主大会的功能既不能为居民委员会所替代,也不能等同于企业法人。业主大会本身就已经形成了一个能够以自己名义享有权利、承担义务的社会组织,而业主委员会只是其执行机关。

2. 业主大会的职权是由法律、法规的规定以及业主规约的规定来决定的。这就是说,一方面,如果法律、法规直接规定了业主大会的职权,应当依据法律法规的规定。例如,《物权法》第 76 条明确规定业主大会有权选举业主委员会等。另一方面,业主也可以通过业主规约授权业主大会享有一定的权利。《物权法》关于区分所有制度的规定,并不完全都是强行法,其也需要按照私法自治的精神体现业主自治的原则,尽可能赋予业主管理其共同事务的权限。所以在有关业主大会的权限问题上,应当允许业主通过制定管理规约等来弥补法律规定的不足。

3. 业主大会应当是一个独立的社会组织,或者说是一个独立的民事主体。关于业主大会的法律地位问题,对此存在三种不同的观点。第一种观点认为,业主大会是特殊的民事主体,性质上属于其他组织的一种,能够独立享有民事权利,承担民事义务。第二种是法人说,其认为,业主大会是独立的社会团体法人。例如,在香港,法律承认业主属于法人,具有独立的人格,从而可以作为独立于其成员的独立的民事主体。[1] 第三种是业主集合说。此种观点认为，业主大会只不过是全体业主的集合而已，不具有独立的民事主体资格。因此在业主大会不能以自己的名义独立地起诉与应诉。

笔者认为，简单地认为业主大会就是全体业主的集合是不妥当的，也不能认为业主大会就是由业主聚集一起举行会议。因为业主大会是依据法定的程序而组成起来的，已经形成为一个组织体。业主大会能够依法独立地享有权利和承担义务，而全体业主在没有依法形成业主大会时，只是单个的业主个体的松散的集合，并没有形成业主大会。业主大会就有关事务管理等所作出的决议，是民法中的决议行为，要遵守相应的表决规则。只要符合表决规则，即使有一部分业主反对，该决议也应被遵守。如果是全体业主的简单集合，那么这种决议的形成就欠缺法律上遵守的根据。

（二）业主大会的职权

业主大会的职权，是指业主大会依据法律、法规和管理规约的规定所享有的管理业主共同事务和共有财产的各种权利。业主大会作为全体业主的最高权力机构，作为代表业主行使对共有财产权利的机构，其职权主要是代表业主管理共同财产和共同事务，并就业主共同生活事项制定共同规则。《物权法》第76条第1款规定："下列事项由业主共同决定：①制定和修改业主大会议事规则；②制定和修改建筑物及其附属设施的管理规约；③选举业主委员会或者更换业主委员会成员；④选聘和解聘物业服务企业或者其他管理人；⑤筹集和使用建筑物及其附属设施的维修资金；⑥改建、重建建筑物及其附属设施；⑦有关共有和共同管理权利的其他重大事项。"尽管该条是对业主管理权的规定，但是业主也可以通过业主大会来行使管理权，从这个意义上说，第76条的规定也可以说是对业主大会职权的规定。有关业主大会的职权，除了法律规定之外，还可以通过管理规约来特别决定。

业主有权要求召集业主大会，就有关事务进行讨论。根据《物业管理条例》第13条的规定，业主大会定期会议应当按照业主大会议事规则的规定召开。经20%以上的业主提议，业主委员会应当组织召开业主大会临时会议。业主一般要亲自参加会议，但也可以委托他人参加大会。

（三）业主委员会的性质

业主委员会是业主大会的执行机构，受业主大会委托来管理全体业主的共有财产或者共同生活事务。在我国，绝大多数小区都还没有成立业主委员会，已经成立的业主委员会，机构也不健全，也很不规范。所以，在法律上对业主委员会作出规定是非常必要的。业主委员会具有如下特征：

1. 业主委员会是业主大会的执行机构。所谓执行机构，就是指具体执行业主大会的决定并受业主大会的特别授权来从事各项活动，业主委员会本身不能独立于业主大会而存在。业主委员会也必须由业主大会经一定的民主程序选举产生，它是业主大会的常设机构。在业主大会闭会期间，业主委员会要依据业主大会的授权而具体执行业主大会的各项决定。在一个小区内可能业主人数众多，平时很难召集各种业主大会，因此完全有必要通过业主委员会来具体执行管理规约和业主大会的决议。从性质上说，业主委员会也不是居委会，它也不能代替居委会的职能。居委会是一个自治组织，它主要行使一些涉及公共管理的职权，而业主委员会是代表业主行使区分所有权的机构，它行使的是财产权利和民主权利。所以，在业主委员会成立以后，还是应当继

---

〔1〕 蔡耀忠：《中国房地产法研究》，法律出版社2002年版，第397页。

续设立居委会,不能相互混淆,也不能相互代替。

2. 业主委员会的职权主要来自业主的授予。业主委员会并不是行政机构,也不是有偿的代理机构,它是由全体业主通过法定的程序而选举出来的代表业主管理事务的个人所组成的,其职权范围完全由法律、行政法规、管理规约和业主大会的决定加以确定,尤其是应当按照业主自治的原则由业主来决定业主委员会所享有的职权。业主委员会的基本宗旨在于维护业主基本权利,管理好业主的共同财产和共同事务。我国《物权法》并没有对业主委员会的职权作出规定,主要就是考虑到业主委员会的职权应由业主决定,不宜由基本法律直接规定。但《物业管理条例》对业主委员会的职权进行了规定。

3. 业主可以设立业主委员会,也可不设立业主委员会。《物权法》第75条规定:"业主可以设立业主大会,选举业主委员会。地方人民政府有关部门应当对设立业主大会和选举业主委员会给予指导和协助。"这就是说,一方面,是否设立业主委员会是业主的一项权利。物权本质上是一种私法上的权利,如何行使建筑物区分所有权,本质上是物权人自治的范畴。既然是权利,权利是否行使、如何行使,应当由权利人自行决定,因此业主不愿成立业主委员会,而愿意以其他方式管理其财产,自然也无不可。是否成立业主委员会属于业主自治的范围,业主完全有权自主决定是否成立业主委员会。另一方面,在业主委员会设立过程中,地方人民政府有关部门应当给予必要的指导和协助。既然是否成立业主委员会本质上属于私权的范畴,因此是否设立业主委员会、何时设立业主委员会以及以何种形式设立业主委员会,都应当由业主来决定,政府不能强行设立业主委员会。《物权法》第75条只是规定,地方人民政府应当给予指导和协助,但是并没有规定业主委员会的成立必须获得行政机关的批准或审批。当然,政府的指导和协助也是十分必要的。因为在现代社会中,一个小区可能动辄涉及千家万户,如果没有相关的人员组织,业主也很难聚集在一起决定设立业主委员会的事宜。因此,政府有必要对设立业主委员会进行指导和协助。尤其是业主委员会在成立之后如何行使权利,并且在功能上如何与居委会相区别,这些都需要政府给予指导。

(四)业主委员会的职权

业主委员会本质上只是业主大会的执行机构,因此,其职权应当由法律、行政法规、管理规约和业主大会来决定。通常,业主委员会的职权应当在业主规约中规定。当然,业主大会也可以针对具体事务对业主委员会进行具体的授权。例如,授权业主委员会对外聘请修缮公司等。对于业主委员会的职权,主要应当委诸业主的私法自治。至于授权的内容如何,法律上不宜进行太多干预。根据《物业管理条例》等有关规定,一般来说,业主委员会应当享有如下职权:业主委员会对于超出自身权限,而又迫切需要作出决定的事宜,有权提请召开业主大会;有权在授权范围内代表业主与业主大会选聘物业服务机构或者其他管理人;有权及时了解业主对物业服务机构的意见和对物业服务的建议,并监督物业服务机构或者其他管理人履行物业服务合同;有权督促业主履行管理规约。当然,业主大会对业主委员会的授权,不能超出业主大会自身的职权范围。业主委员会必须向业主大会负责,并受业主大会的监督。

业主委员会应当维护业主的共同利益,代表业主管理好小区的共有财产和共同事务。业主委员会只能在授权范围内行为,不得超越其权限范围,也不得作出与共有财产和共同事务的管理无关的决定。

业主委员会成立后应到相关政府机构备案,但这只是基于行政管理的需要,不能作为业主委员会成立的法定条件。在备案之后,法院可以直接查阅备案,确定业主委员会是否已经合法成立。但如果没有备案,只要该业主委员会能够证明其通过合法程序成立,也不能否认其合法性。如果存在着数个业主委员会,此时已经备案的更具有合法性。

（五）业主会议或者业主委员会的决定的效力

《物权法》第78条规定:"业主大会或者业主委员会的决定,对业主具有约束力。业主大会或者业主委员会作出的决定侵害业主合法权益的,受侵害的业主可以请求人民法院予以撤销。"因为此种决定经过了规定的程序而作出,获得1/2或者2/3以上的票数同意,所以应当具有拘束力。但是,要产生此种拘束力,还需要注意如下问题:①必须要经过严格的程序作出此种决定。在作出决定时,不管是法定的程序,还是业主规定的程序,都必须遵守,违反这些公正的程序不能够产生拘束力。②必须要在规定的权限内作出决定。不应该由业主委员会作出决定的事项,如《物权法》第76条所规定的事项,业主委员会无权作出决定。③决定应当公示,以便于新入住的业主了解决定的内容,这样有助于保护业主的利益。④决定一旦作出,对业主具有约束力。这就是说,业主大会或业主委员会的决定,在性质上属于共同行为,只要在作出决定的程序上是合法的,即使某个或某几个业主不同意该决定,也必须受该决定的约束。在这方面,应当处理好强行性规则与业主自治的关系。笔者认为,业主自治属于私法自治的范围,是扩大基层民主与构建和谐社会的有效渠道,业主应当有权通过业主大会决定小区内的公共事务管理、物业的管理、维护与利用,法律上对此不宜限制太多。按照业主自治的原则,只要不损害国家利益、社会公共利益和他人的利益,业主可以通过约定或决定排除《物权法》中的非强制性规定部分的适用。

为了防止业主大会或者业主委员会违反法律或规约的规定作出决定,避免少数业主委员会成员受利益驱使作出危害大多数业主的行为,《物权法》第78条第2款规定:"业主大会或者业主委员会作出的决定侵害业主合法权益的,受侵害的业主可以请求人民法院予以撤销。"这就赋予了受侵害的业主以撤销权。这种撤销权的行使必须符合三个条件:①业主大会或者业主委员会作出的决定是违反有关规定的,如没有按照法定的程序作出决定。②该决定侵害了业主的利益。例如,业主委员会作出决定,将明示归个人的某块绿地申请改变规划用途作为车位,这就损害了业主的专有部分所有权。③主张撤销权的业主应当是权益受到侵害的业主,也就是受害人,非受害人不能请求法院撤销。

《物权法》第83条规定:"业主应当遵守法律、法规以及管理规约。业主大会和业主委员会,对任意弃置垃圾、排放污染物或者噪声、违反规定饲养动物、违章搭建、侵占通道、拒付物业费等损害他人合法权益的行为,有权依照法律、法规以及管理规约,要求行为人停止侵害、消除危险、排除妨害、赔偿损失。业主对侵害自己合法权益的行为,可以依法向人民法院提起诉讼。"建立和谐社区,需要全体业主遵守法律、法规以及业主会议制定的管理规约,也要遵守公共道德。对于业主从事的一些如任意弃置垃圾、侵占通道等损害业主权益的行为,考虑到这些行为已经构成对其他业主的侵害,因此,无论业主会议制定的管理规约是否规范了这些行为,法律都明确规定,这些行为构成侵权,其他受害的业主有权对侵害人提起诉讼,以保护自己的权利。对于违章搭建等违法行为,也不能通过私下约定而取得合法性。笔者认为,此种规定属于强行性规定,它确定了业主依法负有的基本义务。这种规定对于维护小区居民之间的和睦,创建和谐社区,都具有十分重要的意义。

关于业主大会的诉讼主体资格问题,对此,存在着两种不同的观点。一种观点认为,业主大会是业主按照规定的程序所组成的自治组织,应当有权代表业主在法院起诉应诉。另一种观点认为,业主大会不能代表业主在法院起诉应诉,因为尽管其是由业主组成的,但是,诉讼主体必须具有责任财产。业主大会没有独立的责任财产,所以,不能独立承担责任。还有一种观点认为,可以区分起诉和应诉,业主大会可以作为原告起诉,即使败诉一般也不会承担损失;但业主大会不能作为被告被诉。应当看到,现代民事诉讼法的发展趋势之一是,无权利能力社团逐渐具有了诉讼主体资格。但是就业主大会来说,其作为诉讼主体确实存在一定问题,主要原因就在于业主大会没有自身的独立财产,从而没有责任财产。一旦判决败诉,如果业主拒不接受判决结果,判决就难以得到执行。基于上述原因,我国《物权法》没有规定业主大会及业主委员会是否可以基于业主的委托或代表业主在法院起诉应诉。当然,考虑到这一问题较为复杂,将来需要通过有关法律、法规和司法解释具体规定。

四、业主与物业服务机构的关系

所谓物业服务,就是指由业主自行或者委托物业服务机构以及其他管理人,对业主共有财产和共同事务进行管理和服务的行为。我国房地产开发通常是对一宗土地进行成片开发,从而形成了一个又一个小区。小区内不仅业主人数众多,而且小区内业主共有财产也较多。这就对小区内的物业服务和管理提出了较高要求。实践中,有关物业管理的纠纷也时常发生。因此,《物权法》第81、82条对物业服务的问题进行了比较全面的规定。

依据《物权法》第81条的规定:"业主可以自行管理建筑物及其附属设施,也可以委托物业服务企业或者其他管理人管理。对建设单位聘请的物业服务企业或者其他管理人,业主有权依法更换。"从该条规定来看,《物权法》采用的是"物业服务"而非"物业管理"的提法,这主要是为了避免与行政管理相混淆。同时,强调服务,也有助于强化物业服务机构的服务意识,从而有利于正确处理业主与物业服务机构的关系。而且,"机构"一词较之于"企业",范围更加宽泛,包括了以公益为目的的法人和非法人组织。[1]

根据《物权法》第81、82条的规定,业主应当享有如下权利:

1. 自行管理权。业主不仅是专有部分的所有权人,也是共有财产的共有人。所有人有权自行管理自己的财产是理所当然的。因为不同的建筑物和小区,差异很大:有的小区规模很大,业主不可能自己管理物业;但也有的小区规模不大,甚至只有一栋楼,或者所有的物业中共有部分很少,不需要专门人员进行管理。在此情况下,业主完全可以自己管理,而不需要聘请物业服务机构或者其他管理人管理,从而减少不必要的管理费用。

2. 自主聘任权。依据《物权法》第81条的规定,业主可以委托物业服务企业或者其他管理人管理。这就赋予了业主对物业服务机构或者其他管理人的自主聘任权。业主不仅可以聘请专门的物业服务企业,也可以聘请其他管理人。既然建筑物区分所有权实际上是各个业主的专有部分所有权和共有权的结合,因此各个业主应当有权决定对其财产特别是共有财产的管理。换言之,谁对某项财产享有所有权,谁就享有对该财产的管理权,同时在法律上也要负管理的责任。因此应当由各业主决定物业服务机构的聘请,而不能由开发商来决定。在业主购买房屋并召开业主大会之前,开发商可以代业主指定物业服务机构或者管理人;而一旦能够召开业主大会,则应当由业主按照法定程序决定开发商指定的物业服务机构或者管理人的去留问题。如果房屋没有完全销售出去,未销售的房屋归开发商所有,开发商应当和其他业主一起参加会议;如果房屋已经销售完毕,则应当由全体业主参加会议,决定物业服务机构的聘请等事宜。当然,考虑到商品房还没有完全销售出去,未来的业主可能会陆续入住,所以参加会议的业主选择了物业服务机

---

[1]　尹飞:"高度尊重业主选择,《物权法》明确业主与物业的关系",载《中国网》2007年3月19日版。

构以后,在与物业服务机构签订合同时,不应将物业管理合同签订过长,否则以后的业主对物业服务机构不满,也很难更换。

3. 解聘权。所谓解聘权,就是指在开发商前期聘任了物业服务机构之后,业主也可以通过一定的程序解聘开发商前期选聘的物业服务机构。根据《物业管理条例》的有关规定,在房地产开发过程中,在业主、业主大会选聘物业服务机构之前,开发商首先要为业主选聘物业服务机构,这对于做好物业的前期管理是必要的。因为在销售房屋以后,只要有业主搬进,就要提供必要的服务。但是,开发商选聘物业服务机构之后,并不是说业主就只能服从其选聘,而丧失了自主聘任和解聘物业服务机构的权利。从实践来看,不少开发商选聘其关联公司作为物业服务机构,这些机构提供的服务质量可能不符合业主要求。但业主一旦提出解聘,就可能引发很大争议,甚至可能因此发生诉讼。因此,《物权法》规定"对建设单位聘请的物业服务企业或者其他管理人,业主有权依法更换"。这就是说,即使是对开发商选聘的物业服务机构,业主也有权予以辞退。

4. 监督权。《物权法》第82条规定:"物业服务企业或者其他管理人根据业主的委托管理建筑区划内的建筑物及其附属设施,并接受业主的监督。"根据该条规定,一方面,物业服务企业或者其他管理人在业主委托的权限范围内,有权管理建筑区划内的建筑物及其附属设施。业主作为所有权人也要接受其管理,如有些小区根据业主公约要求进出出示证件等,业主应遵守这些规定。业主应自觉支付相关物业费用,没有正当理由不得拖欠。另一方面,物业服务企业或者其他管理人提供物业服务与管理的权限,来自于业主的委托。对于超出业主委托范围的事项,业主有权基于违约提起诉讼。尤其是物业服务企业或者其他管理人应当自觉接受业主监督,对于各种管理事项、费用支出等事务,要通过适当方式予以公示,方便业主行使监督权。

第十章　相邻关系

第一节　相邻关系的概念和性质

一、相邻关系的概念

相邻关系，是指依据法律规定，两个或两个以上相互毗邻的不动产的所有人或使用人，在行使不动产的所有权或使用权时，因相邻各方应当给予便利和接受限制而发生的权利义务关系。简单地讲，相邻关系就是不动产的相邻各方因行使所有权或使用权而发生的权利义务关系。例如，甲有一块承包地处于乙的地块中间，甲要行使自己的土地使用权必须经过乙的土地，这样甲乙之间就产生了相邻关系。我国《物权法》第七章专门规定了相邻关系。

相邻关系，从权利角度来讲又称为相邻权，它是为调节在行使不动产权利中的权益冲突而产生的一种权利。根据法律的规定，不动产所有人或使用人行使权利，应给予相邻的不动产所有人或使用人以行使权利的必要的便利。这样，对于一方来说，因给对方提供必要的便利，就使自己的权利受到了限制；对于另一方来说，因为依法取得了必要的便利，则使自己的权利得到了延伸。在法律上，相邻关系具有以下特点：

1. 相邻关系是依据法律规定而产生的。这就是说，法律为了维护相邻不动产权利人之间的和睦关系，防止行使权利中的各种冲突，保障一方最基本的生产和生活需要，从而规定了相邻的一方应当给另一方提供通风、采光、排水、取水、通行、排污等各方面的便利。由于一方要给另一方提供便利，使得自己的权利受到了限制，而另一方的权利也因此得到了扩张。相邻关系是基于法律规定而产生的，可以说，其本质上体现了法律对不动产权利的干预。正是因为相邻关系是依法产生的，一方面，对提供便利的一方来说，其负有法定的义务为另一方提供便利，而另一方也依法享有相应的权益。但在行使权利的时候，应当尽可能减少对方的损失。另一方面，由于相邻关系是法律对不动产权利的一种干预，所以，其规范原则上属于强行性规范，当事人一般不能通过约定加以排除。但是，如果当事人通过约定规定了一方必须向另一方提供通风、采光、通行等便利，而另一方未予提供，可以构成违约。当然，即使没有合同规定提供便利的义务，依法需要提供便利的，也必须提供便利，而不能通过合同免除提供便利的义务。

2. 相邻关系的主体必须是两个或两个以上的人。因为一人不可能构成相邻。相邻关系可以在公民之间，也可以在法人之间或在公民与法人之间发生。相邻权的主体不管是公民还是法人，都必须是相邻不动产的所有人或使用人，对不动产享有合法权益。

3. 相邻关系是因为主体所有或使用的不动产相邻而发生的，如因为房屋相邻产生了通风、采光的相邻关系。如何理解"相邻"？在学理上，一种意见认为，相邻是相互临近；另一种意见认为,相邻只是近邻,甚至并不邻接也可以发生相邻。[1] 笔者赞成第二种观点。不动产相邻不一定要求两个不动产必须邻接。此处所说的"不动产",不仅包括土地还应当包括房屋。因为既然土地和土地上的建筑物应当在法律上区别对待,那么在确定相邻关系的类型的时候,不应将相邻关系仅限于土地的相邻,否则,在实践中大量存在的因建筑物的相邻而产生的通风、采光等关系就不能包括在内。特别应当看到,现代社会城市居民大都居住在大厦、公寓之中,因建筑物区分所有而产生的各种相邻关系迫切需要法律予以调整,如果相邻关系不包括建筑物的相邻关系,显然是不妥当的。还要看到,不动产的所有人或使用人不限于享有物权的人,即使享有合法的占有权的人,如租赁权人,也可以享有相邻权。相邻关系既包括不动产的地理位置相互邻接,也包括不动产权利的行使所涉及的范围相互邻近。例如,上游的人排水必须经过下游的人所使用的土地,尽管当事人之间的不动产并不是相互毗邻的,但其行使权利的范围是相互邻接的。在许多情况下,相邻关系的发生也与自然环境有关。例如,甲、乙两个村处于一条河流的上下两个相连的地段,就自然构成了甲、乙生产队互相利用水流灌溉和水力资源的相邻关系问题。

4. 相邻权的内容十分复杂。相邻权因种类不同而具有不同的内容,但是基本上都包括两方面:①相邻一方有权要求他方提供必要的便利,他方应给予必要方便。所谓必要的便利,是指非从相邻方处得到便利,不能正常行使其所有权或使用权。例如,从相邻人的土地上通行,必须是在无道路可走的情况下,才能要求相邻人给予方便。②相邻各方行使权利,不得损害他方的合法权益。例如,从相邻方的土地通过,应尽量避免给对方造成损失。这种相邻权实质上是以消极的不作为为内容的。当事人在行使相邻权时,应尽量避免和减少给对方造成损失,不得滥用其权利。

相邻权从性质上说并不是一种独立的物权,而仍然属于所有权的范畴,其原因在于:相邻权从内容上来说是指相邻不动产的所有人或使用人行使权利的限制或延伸,相邻权在内容上都包括一方要求另一方提供必要的便利。所谓提供必要便利,是指非从相邻方获得此种便利,便无法行使其权利。相邻的一方获得此种便利以后使其权利得到延伸,也能够使其顺利行使其自身权利,而相邻的另一方因提供此种便利使其权利受到限制。而所有权的限制问题不管是利用的限制还是行使方式的限制都是所有权本身的问题,法律对所有权限制的问题,是所有权制度的重要组成部分。

5. 相邻关系的客体主要是行使不动产权利所体现的利益。对于相邻权的客体,在学理上历来有不同的看法。一种观点认为,相邻权的客体是不动产本身;另一种观点认为,相邻关系的客体是行使不动产权利所体现的利益;还有一种观点认为,相邻权的客体是相邻各方所实施的行为(作为或不作为)。笔者认为,相邻权的种类十分复杂,不同的相邻权因其内容不同,权利和义务所指向的对象及客体也不同。例如,在因土地使用权权属不清而发生的相邻关系中,其客体是不动产本身,但是大多数相邻权的客体是行使不动产的所有权或使用权所体现的财产权益和其他权益。相邻各方在行使权利时,既要实现自己的合法利益,又要为邻人提供方便,尊重他人的合法权益。至于相邻各方的行为,应视为相邻权的内容而不是客体。所以,相邻关系的客体是行使不动产的所有权或使用权所体现的财产利益和其他利益。

相邻关系是依据法律规定而产生的一种社会关系。法律之所以要通过相邻关系规则协调相邻不动产之间的权利冲突,对于一方的所有权进行干预,其原因在于:一方面,是为了维护人和人

---

[1] 王泽鉴:《民法物权(通则·所有权)》,中国政法大学出版社1999年版,第215页。

之间的和平秩序,防止发生各种冲突和纠纷。因为相邻关系直接关系到相邻不动产权利人的重大利益,关系到人民群众的切身利益,如果处理不好极易发生权利的冲突,会造成人身伤亡和财产的重大损害,甚至会造成群体性事件,影响社会秩序的稳定。例如,通风、采光、通行等权利,是人们从事正常的生产生活必备的条件,也是个人的基本人权。如果这些权利遭受侵害,就会严重地妨害人们的生产生活,甚至会引发激烈的冲突。所以,《物权法》规定相邻关系,并确立处理相邻关系的各项规则,这对于维护人与人之间的和睦关系,对和谐社会的构建等都具有重要意义。另一方面,从更有效地利用财产的角度考虑,有必要满足一方正常的生产生活需要。因此,应当对不动产所有权的行使作出必要限制。例如,一方在自己的土地上建造房屋,阻挡另一方的通行,如果法律上不强行要求建造房屋的一方给另一方提供必要的便利,该另一方必要的生活条件就无法得到保障,甚至使另一方的不动产不能得到利用。尤其应当看到,如果将不动产的限制和延伸的问题交给当事人自己通过谈判解决,这可能导致当事人之间负担巨额的谈判成本,甚至可能使得他们根本无法达成一致。因此,由法律作出强制性规定是最合适的解决办法。正确处理好相邻关系,对于保护相邻人的合法权益、减少不必要的损失和浪费、保护环境、稳定社会经济秩序,十分重要。

二、相邻关系的性质

相邻关系究竟是一种物权或只是对所有权的一种限制,对此主要有两种模式。一种模式以《法国民法典》为代表,认为相邻关系在性质上属于法定地役权,是地役权的组成部分,因而地役权吸收了相邻关系;另一种模式是以《德国民法典》为代表的模式,其区分了相邻关系和地役权,认为相邻关系不是独立的用益物权,而只是对所有权的限制。我国《物权法》区分了相邻关系和地役权,认为相邻关系本身不属于地役权的范畴。

在我国《物权法》上,相邻关系本质上属于法律对不动产所有权的干预,并不因此而产生一种独立的权利。相邻关系又称为"相邻权",这极易产生一种误解,似乎相邻关系就是一种独立的物权。在实践中,一些学者也常常将通风权、采光权、通行权等称为独立的物权。例如,有学者认为,"相邻权属于不动产物权。它是用益物权的一种,是依法律规定直接发生的"[1] 笔者认为,在我国《物权法》中,相邻权并不是一种独立的用益物权,而只是对不动产所有权的限制。从《物权法》的结构安排来看,相邻关系是置于第二编"所有权"之中的,从体系解释的角度来看,立法者是将其作为所有权的内容加以规定的。我国《物权法》没有采用相邻关系和地役权合一的观点,而将相邻关系和地役权分别作出规定,在所有权第二编中规定相邻关系,而在用益物权中规定地役权。因而,《物权法》实际上并没有承认相邻关系是一种独立的他物权。我国《物权法》之所以将相邻关系作为所有权的内容加以规定,而并没有承认其为用益物权,主要理由在于:

1. 相邻权是由法律直接规定产生的,其实质是对所有权的限制和延伸。从这个意义上说,相邻权并不是一种独立的物权,而是所有权的内容。[2] 正是因为相邻权不是一种独立物权,而只涉及所有权的内容问题,因此,相邻关系不适用物权变动的一般规则,也不需要通过订立合同的方式设立,更不需要办理登记。相邻权是依法产生的,不存在设定的问题,也不存在公示的问题。

2. 相邻关系从内容上来说是指相邻不动产的所有人或使用人行使权利的限制或延伸,所有权的限制问题不管是利用的限制还是行使方式的限制都是所有权本身的问题。《物权法》关于

---

[1] 张俊浩:《民法学原理》,中国政法大学出版社1991年版,第476页。

[2] 余能斌、马俊驹:《现代民法学》,武汉大学出版社1995年版,第645页。

相邻关系的规定,是对所有权的干预,从而使得一方有义务为他方提供便利,而另一方承受这种便利是依法取得的,通常不需要支付相应的对价,双方也无需就权利的取得本身进行协商,确定对价。当然,在特殊情况下,如果因为行使相邻权给另一方造成一定的损害,应当给予适当的补偿。

3. 由于相邻关系是法律对所有权的强制性限制,另一方因此种限制其权利得到了延伸,所以相邻关系的规定大都为强制性规定,不允许当事人通过约定而加以排除。如果相邻不动产的所有人或使用人之间特别约定不依民法关于相邻关系的规定行使权利和履行义务,给另一方造成损害,另一方有权依照《物权法》的规定,提起诉讼要求获得救济。但是,由于相邻关系不是一种独立的物权,如果受害方以另一方违反相邻关系的有关义务为由而提起诉讼,其诉由并不能是相邻权诉讼,而只能是有关侵害或妨害所有权关系的诉讼。

第二节　相邻关系的种类

相邻关系产生的原因很多,种类复杂,根据我国《物权法》的规定,可以区分为两大类型:①提供积极便利的相邻关系,即用水、排水、通行等积极为邻人提供方便。②消极不作为的相邻关系,即要求不动产权利人不得从事一些特定的行为。

随着社会经济生活的发展,其范围也不断扩大。相邻关系主要有以下几种:

一、因用水、排水产生的相邻关系

《物权法》第 86 条第 1 款规定,不动产权利人应当为相邻权利人用水、排水提供必要的便利。本条实际上是规定因水资源的利用所形成的相邻关系。

(一)用水产生的相邻关系

由于我国水资源相对缺乏,尤其是在许多地方水资源较为短缺,生产生活对自然水资源依赖较大,而水资源的合理分配直接关系到正常的生产生活,如果处理不当就会产生各种矛盾。依据《水法》的规定,对国家所有的水资源要实行行政许可的取水制度,对集体所有的水资源,由集体经济组织使用。从实践来看,各种水资源的利用不可能都通过政府的行政许可决定,在水资源短缺的情况下,水资源的利用就很容易发生争议。因此,多方共临一水源时,各方均应当在不违反法律明确规定的情况下,依据习惯合理地使用水源。首先必须要合理分配自然流水。所谓合理分配,应当考虑到如下几个因素:①历史上形成的习惯。不能因为水资源缺乏而通过人为方式独占水源或者截断水流,不得因此影响邻地的用水。例如,关于设堰的问题,在目前法律没有特别规定的情况下,就应当依据习惯来确定。[1] ②需要考虑用水的人口和生产状况。例如,某一个时期,下游的水资源充足,而上游的水资源缺乏,此时,下游的权利人就应当适当照顾上游的权利人。如果各个权利人都依赖于地下水,土地使用人不得滥钻井眼、挖掘地下水,使邻人的生活水源减少,甚至使近邻的井泉干涸。③对相邻各方都有权利用的自然流水,应当尊重自然形成的流向,禁止过度占用水资源,任何土地使用人都不得为自身利益而改变水路,截断水流;水源不足时,高地段的相邻人不得独自控制水源,断绝低地段的用水。放水一般应按"由近到远,由高至低"的原则依次灌溉、使用。一方擅自堵截或独占自然流水影响他方正常生产、生活的,他方有权

---

[1]　全国人大法制工作委员会民法室:《中华人民共和国物权法》,中国法制出版社 2007 年版,第 139 页。

请求排除妨碍;造成他方损失的,应负赔偿责任。

（二）因排水产生的相邻关系

相邻一方必须利用另一方的土地排水时,他方应当允许,对自然流水的排放,应当尊重自然流水的方向。这就是说,低地的权利人应当允许高地的权利人按照水流的自然方向进行排水。在水流有余时,低地段的相邻人不得擅自筑坝堵截,使水倒流,影响高地的排水;在排水时,不能排放法律明确禁止的污水以及其他污染物。在利用他人的土地排水时,使用的一方应采取必要的保护措施;造成损失的,应由受益人合理补偿。根据最高人民法院的司法解释,相邻一方可以采取其他合理措施排水而未采取,以致毁损或者可能毁损他方财产的,他方有权要求加害人停止侵害、消除危险、恢复原状、赔偿损失。[1] 对于共同使用和受益的渡口、桥梁、堤坝等,相邻各方应共同承担养护、维修的义务。

建造房屋应尽量避免房檐滴水造成对邻人的损害。在发生相邻房屋滴水纠纷时,"对有过错的一方造成他方损害的,应当责令其排除妨碍、赔偿损害"。因为屋檐滴水,给他人造成损失,应当承担赔偿责任。[2]

二、因通行所产生的相邻关系

因通行所产生的相邻关系是一种传统的相邻关系,自罗马法以来,在世界各国民法、尤其是习惯法中都有所规定。通行是维持人们正常生产生活的条件,如果通行权都无法得到保障,那么,正常的生产和生活秩序就会受到严重的干扰,就会引发严重的社会矛盾。因此,《物权法》第87条规定:"不动产权利人对相邻权利人因通行等必须利用其土地的,应当提供必要的便利。"最高人民法院有关司法解释也规定,一方必须在相邻一方使用的土地上通行的,应当予以准许,因此造成损失的,应当给予适当补偿。[3] 通过确认因通行而产生的相邻关系,对于和谐社会的构建具有重要的意义。通行关系包括如下情况:

1.因袋地所产生的通行问题。例如,甲的一块土地,其周围的土地全部被乙所购买,导致甲的土地形成为袋地,在此情况下,甲必须经由乙的土地,否则无路可走。关于在袋地情况下的通行问题,一般都属于相邻关系制度调整的范围,而不属于地役权的内容。因为出现袋地以后,通行的需求属于最低限度的生产生活需要。即使是因为土地转让、交换等而产生袋地现象,相邻一方也应当提供通行的便利。[4] 如果相邻的另一方拒绝对袋地权利人提供便利,袋地权利人有权请求实现其通行权。但是,袋地权利人只能要求他方提供必要的通行便利,如可以允许袋地权利人在其土地上通行。但如果袋地权利人要求他人修筑道路,甚至加宽道路,满足其特殊的通行需要,则只能通过设定地役权的方式,而不能通过相邻关系规则解决。

2.通行困难,此种情况被称为准袋地。[5] 虽然不动产权利人可以不经他人的土地通行,但非常不便利,并且会发生较高的费用。如何判断通行困难通常要考虑以下因素:①因为道路改造等原因,致使一方不通过相邻一方的土地就无法到达交通要道。②如果不通过另一方的土地,就难以完成运输等基本的生产需求。③一方不经过他人的土地,另一方不提供必要的通行便利,费用甚巨、具有危险或非常不便。例如,一方的土地与公路之间距离很近,但是被另外一方的土地

〔1〕 最高人民法院《关于贯彻执行〈中华人民共和国民法通则〉若干问题的意见(试行)》第99条。
〔2〕 最高人民法院《关于贯彻执行〈中华人民共和国民法通则〉若干问题的意见(试行)》第102条。
〔3〕 最高人民法院《关于贯彻执行〈中华人民共和国民法通则〉若干问题的意见(试行)》第100条。
〔4〕 《法国民法典》第684条。
〔5〕 陈华彬:《物权法原理》,国家行政学院出版社1998年版,第375页。

所阻隔,如果其不通过另外一方的土地而是绕道到达公路,需要穿越其土地背后的山脉,成本大幅提高且颇具危险性。④因为山洪暴发等自然原因导致原有正常通道的毁损,一方无法通过原有道路通行或者完成交通运输,需要通过相邻一方的土地到达公路。在以上几种情况中,相邻一方应当提供必要便利。尽管《物权法》第87条规定的是土地上的通行问题,但也包括利用他人建筑物内的空间通行的问题。根据最高人民法院的有关司法解释,对于一方所有的或者使用的建筑物范围内历史形成的必经通道,所有权人或者使用权人不得堵塞。因堵塞影响他人生产、生活,他人要求排除妨害或者恢复原状的,应当予以支持。[1]

3.其他通行问题。《物权法》第87条规定:"不动产权利人对相邻权利人因通行等必须利用其土地的,应当提供必要的便利。"此处使用了一个"等"字,即在上述两种通行的情况之外,还存在着其他通行的问题。例如,他人的物品坠落,掉进某人的土地之上,土地权利人应当允许失主进入其土地取走。

三、因建造、修缮建筑物以及铺设管线所形成的相邻关系

因建造、修缮建筑物以及铺设管线所形成的关系,也是一种相邻关系类型。之所以法律上要规定此种相邻关系,一方面是为了保障人民的基本生活条件,预防和减少各种纠纷和矛盾。例如,相邻两间房屋中的一间的户主发现,其煤气管道存在着漏气的情形。为了对管道进行检查和修理,该业主就需要相邻一方的房屋业主的配合,允许专业检修人员进入其屋内,检查其室内的管线是否存在着故障或者其他问题。在此情况下,相邻的业主应当予以配合,准许有关人员进入其室内进行检修。另一方面,这也是为了维护公共利益,有效利用资源。例如,铺设管线的公用事业单位在铺设有关管线的过程中,都需要利用他人的不动产。如果不动产权利人禁止铺设任何管线的,经营单位又需要在其不动产上铺设管线,这必然会损害社会的公共利益,也使得不动产无法得到有效利用。所以,我国《物权法》第88条规定:"不动产权利人因建造、修缮建筑物以及铺设电线、电缆、水管、暖气和燃气管线等必须利用相邻土地、建筑物的,该土地、建筑物的权利人应当提供必要的便利。"

因建造、修缮建筑物以及铺设管线所形成的相邻关系,主要存在着两种情况:一是一方因为建造、修缮建筑物需要利用相邻不动产的,相邻另一方应当提供必要的便利。例如,建造房屋时,需要临时在相邻的不动产上搭建脚手架或堆放必要的建筑材料。根据最高人民法院的司法解释,相邻一方因修建施工、架设电线、埋设管道等,需要临时占用他人土地的,他人应当允许。但是施工应选择对他人损失最小的方案,并按照双方约定的范围、用途和期限进行,施工完毕后应及时清理现场,恢复原状;因此而给他人造成损失的,施工一方应当给予适当补偿。[2] 二是铺设电线、电缆、水管、暖气和燃气管线等必须利用相邻土地、建筑物的。例如,电力公司为了供电需要铺设有关的线缆,因此有必要在某人的不动产上方或者地表以下进行施工。在上述两种情况下,对他人不动产的利用,有可能是长期的,也有可能是临时性的。如果因为利用他人的不动产给他人造成损害,则可能需要双方进行协商,一方给予另一方适当的补偿。

四、因通风、采光而产生的相邻关系

相邻各方修建房屋和其他建筑物,必须与邻居保持适当距离,不得妨碍邻居的通风和采光。我国《物权法》第89条规定,建造建筑物,不得违反国家有关工程建设标准,妨碍相邻建筑物的通

---

〔1〕 最高人民法院《关于贯彻执行〈中华人民共和国民法通则〉若干问题的意见(试行)》第101条。
〔2〕 最高人民法院《关于贯彻执行〈中华人民共和国民法通则〉若干问题的意见(试行)》第97条。

风、采光和日照。通风、采光不仅是维持人们基本生产生活的要求,也是最低限度的生活条件,这也在某种程度上涉及个人的尊严问题。所以,在许多国家,有关通风、日照、采光等内容,已经成为了一种人格权的内容。我国《物权法》从相邻关系的角度作出了规定,保障了相邻一方的通风、采光、日照等权利,对于保障人们的基本生活条件,构建社会和谐等都十分有必要。

根据《物权法》第89条的规定,此种相邻关系:

1. 必须是在建造建筑物的过程中,有必要为他人提供通风、采光和日照等便利。某人有权在自己的土地上建造建筑物,但是此种权利的行使必须要考虑到他人的利益;任何人不能滥用自己的所有权,在自己的土地上建造房屋阻挡他人的光线、日照、通风等。按照《物权法》第89条的规定,在建造建筑物的过程中,有必要为他人提供通风、采光和日照等便利。如果房屋在建成之后,严重影响了他人的通风、采光,邻人是否有权请求拆除该房屋,则是值得探讨的问题。笔者认为,如果明显违反规划的规定,建造房屋,并严重影响了邻人的通风、采光,邻人应有权请求其拆除违反规划的房屋,法院也可以依具体情况决定是否应当予以拆除。如果没有违反规划的规定,建造房屋,但影响了邻人的通风、采光,一般只能采用损害赔偿的办法,而不能够请求拆除该房屋。

2. 不得违反国家有关工程建设标准,妨碍相邻建筑物的通风、采光和日照。关于相邻关系是否要以违反国家有关工程建设标准作为依据,对此有不同的意见。一种观点认为,是否构成影响他人通风、采光,必须要考虑是否违反了国家有关工程建设标准的规定,也就是说,只有违反了建筑规划的规定,才能确认其影响了他人的通风、采光。另一种观点认为,是否影响了他人的通风、采光不应当仅以违反国家有关工程建设标准为准。例如,在没有纳入规划的空地上建筑房屋,也会发生影响他人通风、采光的问题。更何况,在广大农村并没有完全按照国家有关工程建设标准来建筑,一旦发生了通风、采光的纠纷,也应当按照相邻关系来处理。我们赞成后一种看法。在发生了妨碍通风、采光的情形下,首先需要考虑建筑物是否违反国家有关工程建设标准。但如果不存在违反国家有关工程建设标准的情况,客观上已经妨碍了他人的通风、采光,也应当认定为违反了相邻关系的有关内容。

3. 相邻一方违反有关规定修建建筑物,影响他人通风、采光的,受害人有权要求停止侵害、恢复原状或赔偿损失。适用这些责任,应当根据具体情况来决定。例如,房屋正在建造过程中,已经影响了邻人的通风、采光,可以请求停止侵害。如果房屋已经建造完毕,且没有违反规划,通常只能要求赔偿损害。

除了通风、采光、日照等方面所引发的相邻关系,在实践中还存在着因为眺望而引发的相邻纠纷。例如,某人在海滩建造了一家旅馆,但后来他人在其邻侧违反了规划修建建筑物,妨碍了在先建造的旅馆的眺望海景。考虑到眺望海景不是基本的生存条件,所以在认定是否侵害相邻关系问题上,应持更为严格的标准,必须以后一建筑物违反规划为要件。

五、保护环境所产生的相邻关系

《物权法》第90条规定,不动产权利人不得违反国家规定弃置固体废物,排放大气污染物、水污染物、噪声、光、电磁波辐射等有害物质。该条实际上是关于所谓"不可量物"的侵害所引发的相邻关系。所谓"不可量物",通常是指按照通常的计量手段无法加以精确测量的某些物质,简称为不可计量的物,大体包括尘埃、沙石、烟灰、气体、音响、光线、电流等的放射、扩散,污染环境,侵害居民的生活安宁。例如,一些商店使用高频率的音像器材招揽顾客,由于高音喇叭声音太高,严重影响到周围群众的生活。又如,某人在自己家中举办晚会,制造噪音,影响到其他邻居的休息和生活安宁。还有的企业安装了反射出刺眼光芒的特殊玻璃。这些都属于不可量物的侵害。

关于不可量物的侵害,首先,要依据国家有关环境保护方面的法律法规的规定来确定,是否违反了"国家规定"。例如,我国《固体废物污染环境防治法》第 11 条规定:"国务院环境保护行政主管部门会同国务院有关行政主管部门根据国家环境质量标准和国家经济、技术条件,制定国家固体废物污染环境防治技术标准。"如果违反了有关规定,不仅要停止侵害,而且要承担相应的责任。其次,如果国家还没有制定相关的规定,则应当根据具体情况来确定是否过度或过量。引起不可量物侵害的实质要件是发生损害的"异常性"或"过度性"。也就是说,一方导致另一方的损害超过了相邻关系通常的忍受限度。[1] 这就是说,如果控制在合理限度以内,这些所谓的不可量物必须要得到邻人的容忍。因为人们在社会中生活,总是会对他人产生轻微的妨害,不能认为任何妨害都无法得到忍受。但是,如果这种不可量物的妨害超过了必要的限度,也超出了正常人的容忍限度,那么这就不能要求他人继续予以容忍。所以,对于不可量物是否构成侵害,关键看是否超出了合理限度。在不可量物造成侵害的情况下,另一方可以依据相邻关系的规定请求排除妨害,在某些情况下还可以基于侵权提起诉讼。

相邻一方在修建厕所、粪池、污水池或堆放腐朽物、有毒物、恶臭物、垃圾等的时候,应当与邻人生活居住的建筑物保持一定的距离或采取相应的防范措施,防止空气污染。相邻各方不得制造噪音、喧嚣、震动等妨碍邻人的生产和生活。如果音响和震动已损害邻人的,应及时处理,消除损害。对一些轻微的、正当的音响和震动,相邻他方则应给予谅解。对噪音、污染严重的单位,应按《环境保护法》和有关规定,采取措施加以治理。企业和事业单位排放废水、废渣、废气,须遵守国家规定的排放标准。如果因排放"三废"影响邻人的生产、生活,损害邻人健康的,邻人有权请求环境保护机关和有关部门依法处理;受到损害的,有权要求赔偿。

六、因挖掘土地、建造建筑物等发生的相邻关系

《物权法》第 91 条规定,不动产权利人挖掘土地、建造建筑物、铺设管线以及安装设备等,不得危及相邻不动产的安全。例如,相邻一方在自己的土地上挖水沟、水池、地窖、水井和地基等时,应注意对方房屋、地基以及其他建筑物的安全。一方的建筑物有倒塌的危险,严重威胁对方的人身、财产安全时,对方有权请求采取措施排除危险来源,消除危险。[2] 在挖掘土地、建造建筑物、铺设管线以及安装设备等时,如果有可能危及邻人安全,邻人无需证明已实际发生损害,只需要证明存在着此种威胁,就可以要求施工方停止侵害行为。放置或使用易燃、易爆、剧毒物品,必须严格按有关法律、法规办理,并应当与邻人的建筑物保持适当的距离或采取必要的防范措施,使邻人免遭人身和财产损失;因此造成损害的,应赔偿邻人的损害。

除上述几类相邻关系之外,《民通意见》第 96 条规定:"因土地、山岭、森林、草原、荒地、滩涂、水面等自然资源的所有权或使用权发生权属争议的,应当由有关行政部门处理。对行政处理不服的,当事人可以依据有关法律和行政法规的规定,向人民法院提起诉讼;因侵权纠纷起诉的,人民法院可以直接受理。"相邻各方对其享有使用权或所有权的土地、山岭、森林、草原、荒地、滩涂、水面等自然资源,都必须合理利用,认真保护和管理,不得滥用其所有权或使用权,损害相邻他方的利益。相邻土地的疆界线上的竹木、分界墙、分界沟、分界篱以及其他设施,如因所有权或使用权不明发生争执且无法查证的,应推定为相邻各方的共有财产,有关权利义务关系依据按份

〔1〕 陈华彬:"对我国物权立法的若干新思考",载《金陵法律评论》2005 年春季卷。
〔2〕 最高人民法院《关于贯彻执行〈中华人民共和国民法通则〉若干问题的意见(试行)》第 103 条。

共有的原则确定。

第三节　处理相邻关系的原则

《民法通则》第 83 条规定："不动产的相邻各方,应当按照有利生产、方便生活、团结互助、公平合理的精神,正确处理截水、排水、通行、通风、采光等方面的相邻关系。"根据这一规定,在处理相邻关系时,应注意如下原则:

一、依据法律法规和习惯处理相邻关系

如果法律法规对相邻关系作出明确的规定,则必须依据法律法规的规定处理相邻关系。例如,有关建筑工程施工等,必须采取安全保障设施。但法律法规没有明确规定的,必须依据习惯。

习惯包括习俗和惯例,此处所说的习惯主要是生活习惯,习惯是人们长期生活中形成并遵守的生活准则,可以调节人们之间的生产生活。例如,实践中水资源的利用往往尊重长期形成的习惯。在处理各种民事案件中,法官常常要考虑习惯,而在相邻关系中,习惯的适用更为重要。由于我国地域广阔,不动产相邻关系较为复杂,法律无法对需要调整的相邻关系全部列举,而只能就其中一些典型的相邻关系作原则性的规定。即使就法定的相邻关系类型,在发生纠纷以后,究竟应当如何处理,《物权法》也不可能作出十分明确、可操作的规则,而习惯根植于当地的生产生活,可以较好地调整不动产之间的相邻关系,填补法律调整的空白。一方面,对于一些法律没有规定的相邻关系,在发生纠纷以后,可以参照《物权法》的规定,结合生活习惯加以处理。例如,我国《物权法》没有规定邻地果实的取回权,如果一方果树的果实坠落在邻人的土地上,究竟应当允许果树的所有人取回果实,还是应当由邻地的权利人取得,这就要考虑习惯问题。如果当地习惯允许果树所有人取回,就应当允许其取回。[1]另一方面,在发生相邻关系纠纷之后,如果找不到法律法规的相关规定,可以适用习惯。例如,关于通行权的确定,在一方给予另一方提供通行的便利时,究竟如何通行,也要考虑习惯问题。如果习惯就是走某一条道路,那么,就应当按照习惯来决定。

二、团结互助、兼顾各方的利益

相邻各方在行使所有权或使用权时,要团结互助、兼顾各方的利益,最大限度地减少对方的损失。例如,相邻一方给另一方面提供通行的便利,另一方不可以踩踏该方的绿地等。那种以邻为壑、损人利己、妨害社会公共利益的行为,是与相邻关系所应遵循的原则相悖的。人民法院处理相邻关系纠纷,也要兼顾各方的利益,妥善加以解决。相邻各方在因为不动产权利的行使发生争议的情况下,必须本着互谅互让、有利团结的精神协商解决;协商不成的,由有关国家机关和人民法院解决。在争议解决以前,争议各方不得荒废土地、山林等自然资源,不得破坏有关设施,更不得聚众闹事,强占或毁坏财产。对故意闹事造成财产损害和人身伤害的,除追究当事人的民事责任外,还应追究其行政责任,甚至刑事责任。

三、有利生产、方便生活

法律之所以要设置相邻关系的规则,就是要保证人们最基本的生活条件。所以,处理因相邻关系发生的纠纷时,应从有效合理地使用财产、有利于生产和生活出发。例如,在一方通行有困

---

〔1〕　全国人大常委会法制工作委员会民法室编:《中华人民共和国物权法》,北京大学出版社 2007 年版,第 136 页。

难的情况下,另一方是否有必要提供通行的便利,就要本着有利生产、方便生活的原则来确定。

四、公平合理

相邻关系涉及各方不动产权利方面的争议甚至冲突,所以在发生纠纷以后,如果处理不当,就容易酿成比较严重的社会矛盾,危害社会的稳定和团结。所以,对于相邻关系应当本着公平的原则予以处理。相邻关系的种类很多,法律很难对各种相邻关系都作出具体规定,这就需要人民法院在处理相邻关系纠纷时,从实际情况出发,平衡和兼顾各方面的利益,适当考虑历史的习惯,公平合理地解决纠纷。例如,一方的林木的树枝延伸到邻人的土地上,一般应当允许邻人剪除,但是,如果树枝确实具有重大的经济价值或者剪除将严重影响树木的生长,那么,双方应当通过协商来确定是予以剪除,还是允许其生长但给予补偿。再如,一方给另一方因提供通行的便利,将使其承受较大的损失,在此情况下,根据公平原则,接受便利的一方应给另一方必要的补偿。

五、依法给予补偿

《物权法》第92条规定,不动产权利人因用水、排水、通行、铺设管线等利用相邻不动产的,应当尽量避免对相邻的不动产权利人造成损害;造成损害的,应当给予赔偿。相邻关系是法律对于不动产的一种干预,在许多情况下,相邻一方为另一方提供通行、通风、采光等便利,是义务人的法定义务,不能要求对方给予补偿。在此,应当区分生产生活的最低限度的需要和超出这一最低限度的需要。如果是为了满足最低限度的需要,即使造成了损失也不一定必须要给予补偿。但是,为了满足最低限度的要求,也可能造成损害。例如,就袋地通行权而言,袋地所有人要通行于他人的土地,必然造成他人的损害甚至重大损害。在此情况下,按照公平原则,可能要给予适当的补偿。因此,相邻关系也可能涉及费用补偿的问题。根据《物权法》第92条的规定,在相邻各方行使权利和承担义务时,应当首先依据法律法规和习惯行使权利和承担义务,尽量不给他人造成不必要的损害。但是不动产权利人因用水、排水、通行、铺设管线等利用相邻不动产的,也可能造成相邻一方的损害,因此也要承担赔偿责任。此种责任的构成要件是:

1. 补偿的情况主要限定于因用水、排水、通行、铺设管线等利用相邻不动产的情形。并不是说,在发生相邻关系后,获得便利的一方都要给提供便利的一方补偿。法律规定,只是在因用水、排水、通行、铺设管线等利用相邻不动产的情形下才有可能给予补偿。因为在排水、用水等特殊的相邻关系中,依据法律规定,一方可以利用相邻另一方不动产,此种利用是占有、利用他人的不动产使自己获得便利,因此可能给另外一方造成损害。例如,从邻人的土地上通行,可能在邻人土地上开辟一条道路,将导致另一方蒙受重大损失。因此,获得便利的一方应当给另一方一定的补偿。

2. 此种损害是基于合理利用所产生的损失。一方面,在因用水、排水、通行、铺设管线等利用相邻不动产的情形下,因为一方给另一方提供便利,会给提供便利的一方造成损害,但此种损失是一方当事人必须负担的义务,不是法律上所认为的损害。因此,不能通过损害赔偿的方式给予救济。另一方面,此种损害是基于合理利用所产生的损害。如果因为不合理的利用而造成他人的重大损失,应当承担赔偿责任。例如,排水可以在邻人土地下铺设管道,但不能挖掘沟渠直接排水。所以,相邻一方应当尽量避免对相邻的不动产权利人造成损害。再如,给予通行的便利,并不意味着要为另一方修一条宽敞的大道,因为这样会给提供便利的一方造成不合理的损害。如果一方强行占道,给另一方造成重大损害,应当承担侵权责任。根据《物权法》第92条的规定,造成损害的应当给予赔偿。此处所说的损害,实际上指的是侵权损害。如果是因正常合理的利用而造成的损害,在法律上和侵权造成的损害是不同的。

3.已经造成了实际损害。通常,一方为了实现另一方的基本的生产生活需要,而向另一方提供必要的便利,不能要求另一方必须给予补偿,甚至要支付合理的对价。只有在因排水、用水、通行、铺设管线等情况下,一方给另一方提供便利,且因此使自己蒙受损失,才有可能要求另一方提供必要的补偿。如果是因正常合理利用而给他人造成的损害,相邻一方主观上不具有过错,因此不应当承担侵权责任。但考虑到客观上给相邻一方造成了损害,所以,应给予适当的补偿。既然是补偿,就不同于侵权法上的损害赔偿,不能要求完全的损害填补,而应当依据实际情况给予适当的补偿。

第十一章 共 有

第一节 共有的概念及其形态

一、共有的概念和特征

按照物权的排他性原则,一物之上不得存在多个所有权,换言之,数人不得对同一物各自享有完整的所有权。但是,一个所有权可以由两个或两个以上的人享有,这就是《物权法》上所说的共有。所谓共有,是指某项财产由两个或两个以上的权利主体共同享有所有权,换言之,是指多个权利主体对一物共同享有所有权。例如,两个人共同所有一间房屋,三人共同所有一台机器。共有的主体称为共有人,客体称为共有财产或共有物,各共有人之间因财产共有形成的权利义务关系,称为共有关系。根据《物权法》第93条的规定,不动产或者动产可以由两个以上单位、个人共有。我国《物权法》规定共有包括按份共有与共同共有两种形式。由于共有只是数人对于同一物享有同一所有权而非数人对同一物分别享有所有权,共有只是所有权的一种形态,因此仍然要适用所有权的一般规则,如一物一权等。

共有是相对于单独所有而言的。单独所有,是指财产所有权的主体是单一的,即一个人单独享有对某项财产的所有权。共有的法律特征是:

1. 主体特征。共有与单独所有的最大区别就表现在,共有的主体不是一个而是两个或两个以上的公民或法人。但是,多数人共同所有一物,并不是说共有是多个所有权。在法律上,共有财产只有一个所有权,而由多人享有。因为主体是多数人,所以共有制度应对各个主体之间在管理、使用、收益及处分共有财产的权利义务关系方面作出规定。同时由于在多个主体之间常常有可能形成一种联合或团体关系,多个主体基于其相互之间的共同合意也可能达成一定的团体规则或协议,各共有人应当遵守这些规定。

2. 客体特征。共有的客体即共有物是特定的,它可以是独立物,也可以是集合物(如共同继承的遗产)。共有物既可以是特定物,也可以是权利的集合。各种权利也可以作为准共有的客体。例如,对小区的绿地所享有的共有权,实际上是对权利的共有。在共有关系存续期间,不能由各个共有人分别对某一部分共有物享有所有权。由于每个共有人的权利及于整个共有财产,共有物在共有关系存续期间,根据约定不能分割的,只能由各共有人对共有物共同享有所有权。由此可见,共有不同于分别所有。

3. 内容方面。共有人对共有物按照各自的份额享有权利并承担义务,或者平等地享有权利、承担义务。一方面,共有人对共有物所享有的权利及承担的义务,因按份共有和共同共有不同而各不相同。另一方面,各共有人所享有的权利及于整个共有财产,也就是说,要对整个共有财产依据份额或平等地享有权利,而不能仅仅只是针对某一共有财产或共有财产的某一部分享有权利。每个共有人对共有物享有的占有、使用、收益和处分的权利,不受其他共有人的侵犯。在行使共有财产的权利、特别是处分共有财产时,必须由全体共有人协商,按全体共有人的意志行事。

共有是多个权利主体基于共同的生活、生产和经营目的,将其财产联合在一起而产生的财产形式。共有既可以是同一种类型的所有权的联合,如集体组织所有权的联合;也可以是不同类型的所有权的联合,如集体组织所有权与公民个人所有权之间的联合。在前一种情况下,共有反映特定的所有制关系的性质,而在后一种情况下,则具有所谓"混合所有制"关系的性质。可见,共有是一种所有权的联合体,而不是一种特殊的所有权形式。

共有和公有是不同的。前者属于法律上的所有权范畴,后者属于经济上的所有制范畴,两者之间是不能比较的。但是有的学者把共有财产视为公有财产,如将个人合伙视为集体所有制组织,将个人合伙的财产视为集体所有的财产,这就有必要区分共有和公有的概念。如前所述,所有制和所有权是不同的,因此公有和共有也是不同的。从财产的归属来看,首先,共有财产的主体是多个共有人,而公有财产的主体是单一的,在我国,只能是国家或集体组织,国家的财产属于全民所有,集体财产属于某一个集体组织所有。其次,公有财产已经脱离个人而存在。在我国,国家财产的主体只能是代表全体人民利益的国家,而集体财产只能属于代表该集体全体成员的集体组织,任何个人都不能成为公有财产的主体。而在共有的情况下,财产往往并没有脱离个人而存在,特别是在公民个人之间的共有关系中,共有财产仍然属于公民个人所有,是公民个人的财产。上述情况说明,单个公民退出或加入公有关系并不影响公有财产的存在,不过,对共有财产则可能产生很大影响。

二、共有的分类

根据《物权法》第93条的规定,共有包括按份共有和共同共有。应当说,按份共有和共同共有基本上概括了共有的形态。这两种形态的主要区别在于:

1. 各共有人对共有物所享有的权利因共有关系的性质不同而存在区别。在按份共有关系中,各共有人依其份额享有权利并承担义务;在共同共有关系中,各共有人则将不分份额共同地享有权利、承担义务。

2. 在对共有物的处分问题上,对于按份共有,原则上只需要2/3多数同意;而对于共同共有,则需要全体共有人的一致同意方可处分。我国《物权法》第97条规定,处分共有的不动产或者动产以及对共有的不动产或者动产作重大修缮的,应当经占份额2/3以上的按份共有人或者全体共同共有人同意,但共有人之间另有约定的除外。

3. 按份共有人可以转让其享有的共有的不动产或者动产份额,其他共有人在同等条件下享有优先购买的权利。但是在共同共有的情况下,不存在优先购买的问题。

4. 关于共有财产的分割,在没有约定或者约定不明确的情况下,按份共有人可以随时请求分割,共同共有人在共有的基础丧失或者有重大理由需要分割时可以请求分割。例如,夫妻双方在婚姻关系存续期间购买了一幢房产,对其归属未加以特别约定,则在婚姻关系存续期内应当认为是共同共有,不得请求分割;但如后来婚姻关系宣告解除,在此情况下,则一方可以请求进行分割。

根据我国《物权法》第93条的规定,共有包括按份共有和共同共有,这说明共有包括但是不限于这两种共有形态。在市场经济条件下财产关系较为复杂,尤其是随着经济社会的发展,共有关系也在不断发展。因此,这两种形态还不能完全概括共有的各种类型,除了这两种形态之外,还有合有、总有等其他一些特殊的共有形态。其中比较典型的就是在建筑物区分所有中,业主对共有部分的共有关系,它既不同于按份共有又不同于共同共有,此种共有与专有部分是不可分离的,其不能分割,性质上近似共同共有;但是其权利的享有和义务的承担却是按照持有份来确定的,这方面又近似于按份共有。由于这种共有状态的复杂性,也有学者称之为合有。

第二节 按份共有

一、按份共有的概念

按份共有,又称分别共有,是指两个或两个以上的共有人按照各自的份额分别对共有财产享有权利和承担义务的一种共有关系。《物权法》第94条规定:"按份共有人对共有的不动产或者动产按照其份额享有所有权。"例如,甲、乙合购一幢房屋,甲出资10 000元,乙出资5 000元,甲、乙各按出资的份额对房屋享有权利。

按份共有的法律特征在于:各共有人对共有物享有不同的份额。各共有人的份额,又称应有份。其数额一般由共有人事先约定,或按照出资比例决定。在按份共有关系产生时,法律要求共有人应明确其应有的份额,按份共有人对共有的不动产或者动产享有的份额,没有约定或者约定不明确的,按照出资额确定;不能确定出资额的,视为等额享有。在份额确定以后,各个共有人对共有物持有多大的份额,就对共有物享有多大权利和承担多大义务。份额不同,各个共有人对共有财产的权利和义务是各不相同的。需要指出的是,尽管在按份共有的情况下,各个共有人要依据其份额享受权利并承担义务,但按份共有并不是分别所有,各个共有人的权利不是局限于共有财产的某一具体部分上,或就某一具体部分单独享有所有权,而是及于该财产的全部。为此,应当讨论应有份的性质。

按份共有在法律上性质如何,这是长期以来学者所争论的一个问题。对此,主要有五种看法:①实在部分说。该学说由罗马法学者所创,认为按份共有实质上是由各共有人分别就其应有份享有所有权,由于这一观点与大陆法的一物一权主义相违背,因此并未得到各国立法的承认。②理想部分说。该学说为德国学者瓦奇特(Waechter)提出,认为按份共有是将物的各个部分,想象各个共有人享有所有权,而就共有物之上成立一个想象所有权。由于这种想象的所有权观念与所有权理论本身不符,而且认为这种共有人的权利是想象的而非实在的,所以这一观点是不可取的。③内容分属说。该学说为罗马法学者乌尔比安等人提出,认为所有权的作用有多种,可以由共有人分别享有,按份共有人实际上是各个共有人分别享有所有权的不同作用。这一观点实际上把按份共有与总有混为一谈。④计算的部分说。该学说为德国学者温彻夏德(Windscheid)提出,认为所有权具有金钱计算的价格,如果某物在经济上具有若干价值,则将价值分成若干部分由各共有人享有。这一观点由于并没有揭示出按份共有的性质,因而被大多数学者所否定。⑤权利范围说。这一观点被德国学者登伯格(Demburg)等人提出,认为在数人享有一个所有权时,为避免相互权利的冲突,不得不规定一定的范围,使各人在其范围内行使其权利,这个范围就是各共有人的应有部分。这一观点为大多数学者所采纳。

笔者认为,确立共有的性质必须准确认定应有部分的性质。应有部分实际上是指共有人对共有物所有权所享有的比例,或者说应有部分乃是各个共有人行使权利和承担义务的范围。因为数人共同对某物享有一个所有权,那么这些数人应如何支配其共有物,就必须要有一定的范围,以此作为行使权利的依据。应有部分的特点表现在:

1.应有部分是抽象的而非具体的范围。应有部分只是行使权利的范围,在按份共有中不能根据应有部分而对共有物进行实际的量的分割。例如,甲、乙双方共有一套两间房屋,各享有50%的产权。如果将房屋按面积各分一半为两人分别享有,这就作出了一种量上的分割。如果采用这种划分方式,则共有权将不复存在。应有部分只是说行使权利应按照一定的比例进行,当事人甚至可以订立分管合同分别地管理一部分房屋,但在共有关系存续期间,不能根据应有部分实际分割财产。

2. 应有部分并不是局限在共有物的某一个特定部分之上,而是抽象地存在于共有财产的任何一部分之上,也就是说共有人根据其应有份额可以对共有物的任何一个部分行使权利。

3. 应有部分是就权利的分割,而不是就所有权权能的分割。所谓所有权权能的分割,也称为所有权质的分割,是指将所有权的各项权能如占有、使用、收益、管理等权能进行分割,分别为不同的人享有,如由某人行使占有、使用权,而另一个人享有收益权等。所有权质的分割很容易产生双重所有的现象。而在共有的情况下,并未采取所有权的质的分割方式,其所采取的只是所有权的“量的分割”方式,即每个共有人都享有占有、使用、收益和处分权能,只是因应有部分不同而在权利的行使范围上不同而已。在按份共有的情况下,共有人根据其份额应当享有所有权的各项权能。

二、应有部分的效力

按份共有人的份额并不是一个完整的所有权,应有部分只是确立了权利行使的范围而并不是所有权权能的分割。如果按份共有人的份额形成为单个的完整的所有权,将会使共有形成为多重所有。尤其是应有部分要及于整个共有财产,而不是仅仅局限于共有物的某一部分,如果共有人分别享有所有权,则无法确定共有人对共有财产的权利。若认为各共有人对其份额享有实在的所有权,必然导致各个共有人分别享有所有权,则共有物实际被分割,共有关系便很难存在。

按份共有人享有的份额,虽然不是所有权,但是具有所有权的效力。因为每个共有人都只能在预先确定的份额范围内享有并行使占有、使用和收益权,不得超出该范围行使权利,否则,视为对其他共有人合法权益的侵犯,其他共有人可要求侵害人赔偿损失、返还不当得利或要求其承担其他民事责任。尤其是按份共有人可以自由转让其应有部分,除法律和合同另有规定之外,按份共有人转让其份额不需要征得其他共有人的同意。这就使应有部分具有所有权的效力。处分包括法律上的处分和事实上的处分。由于应有部分只是一种抽象的权利范围,而不是对某一部分共有物享有权利,如果共有人可以进行事实上的处分,那么必然要涉及到具体的共有物,则势必会损害其他共有人的权利。由于共有人的份额都是抽象的,而不是具体的,因此,共有人对于其份额不可能进行事实上的处分,即将其份额毁损、灭失,所以共有人对其份额的处分主要限于法律上的处分。根据《民法通则》第78条第3款的规定:“按份共有财产的每个共有人有权要求将自己的份额分出或者转让。”由于份额具有所有权的效力,因此,共有人对其份额作出这些法律上的处分行为,都是合法有效的。

共有人转让其份额是否必须得到其他共有人的同意呢? 笔者认为,共有人的份额既然是共有人对共有财产享有的权利的比例,在份额中体现着各共有人的个人意志和利益,应允许共有人对其份额自由转让,不论以何种方式转让和转让给谁,都不必征得其他共有人的同意。这对于保证各共有人自由参加或退出共有,保护共有人的权益是必要的。各按份共有人转让或分出其份额,一般不应受时间的限制,只要共有关系存在,共有人就享有该项权利。但是,如果各共有人事先约定在共有关系存续期间,不得转让和分出份额,在此情况下,视为各共有人自愿放弃其转让或分出其份额的权利。例如,合伙合同规定,各合伙人在合伙有效期限内不得退伙,则各合伙人不得要求分出其出资的财产,否则构成违约。

为了防止某一按份共有人转让其份额时造成对其他共有人的损害,《物权法》第101条规定:按份共有人可以转让其享有的共有的不动产或者动产份额。其他共有人在同等条件下享有优先购买的权利。优先购买权,又称为"先买权",是指特定的民事主体依照法律规定享有的优先于他人购买某项特定财产的权利。因此,共有关系中的优先购买权,是指在某一按份共有人转让份额的时候,其他按份共有人在此情况下,享有优先购买该份额的权利。在同等条件下优先购买的权利,同等条件是对优先购买权人行使先买权的限制。作出这种限制尊重了作为出卖人的所有人的所有权,不至于因优先购买权的行使,使出卖人的利益遭受损失。由于有同等条件的限制,使出卖人出卖的标的物能够确定出合理的市价,同时,在确立优先购买权以后也并没有剥夺其他人的购买机会。因为其他买受人仍然可以参与购买,如果先买权人不能提供同等条件,则按价高者得的市场原则决定物的归属,因此不违反公平竞争的原则。可以说同等条件是优先购买权行使的前提,也是对其他买受人的保护措施,对此各国立法大都有明确的规定。根据我国《物权法》第101条的规定,按份共有人要行使优先购买权,必须在同等条件下行使。但是,如果其他共有人中的几个人都想购买该项份额,那么,应由转让份额的共有人决定将其份额出售给哪一个共有人。

按份共有人的份额具有所有权的效力,在按份共有人死亡时,其份额可以作为遗产为继承人所继承。如果无继承人继承,该份额应作为无人继承的遗产处理。

三、按份共有人的权利和义务

(一)按份共有人应当依其份额对共有财产享有占有、使用和收益权

《物权法》第94条规定:"按份共有人对共有的不动产或者动产按照其份额享有所有权。"依据份额享有权利,就是说共有人对于全部的共有财产,依据其份额享有并行使权利,份额越大,则使用共有财产并获取收益的权利就越大;份额越少,则使用共有财产并获取经济利益的权利就越小。

在大多数情况下,共有人往往能够对整个共有财产行使权利。然而,有时依据共有财产的性质,共有人却不能对共有财产进行共同的使用,如数人共有一间房,不能容纳全体共有人居住。此时各共有人应如何行使权利?学者对此有不同的看法。有人认为,应由共有人共同协商决定;有人认为,各共有人在不妨碍其他共有人利益时,不论其他共有人意思如何,可以在其应有部分的范围内,对共有财产使用收益。笔者认为,在此情况下,为避免共有人之间的纠纷,各共有人应就占有、使用和收益方法进行协商,并按全体协商的意见处理。在协商过程中,应尽可能从有利于提高物的利用效率的角度来确定如何使用共有物。

《物权法》并没有规定共有物究竟应当如何利用。对此,法律实际上是委诸当事人自由确定的。《物权法》第96条规定:"共有人按照约定管理共有的不动产或者动产;没有约定或者约定不明确的,各共有人都有管理的权利和义务。"如何管理共有财产,需要由共有人达成协议,同样,如何利用共有财产,也必须要由全体共有人通过约定来确定。笔者认为,按照《物权法》第96条的规定,在不能达成协议的情况下,全体共有人都享有利用共有财产的权利。当然,对此要区分按份共有和共同共有。按份共有人应当按照份额利用共有财产,而共同共有人应当平等地行使权利。但是,对于如何利用共有财产,发生了争议,当事人能否起诉到法院,请求法院决定如何利用共有财产?笔者认为,就如何利用共有财产发生争议时,还是应当根据按份共有和共同共有来行使权利,而不宜由法院来决定如何利用共有财产。其理由在于:①如何利用共有财产,这是共

有人的私人事务,法院不能随意介入。例如,甲、乙、丙共同出资买一艘船,有人主张将船用于货运,有人主张将该船出租。三人无法对船的使用达成协议。在此情况下,还是应当由共有人协商决定,如果协商不成,则应当按照各自的份额决定,不宜提请法院决定如何利用。②法院事实上无法决定究竟哪一种利用方式对当事人最为有利。毕竟法院不是私人利益的最佳判断者。如果法院决定采取某种利用方式导致亏损,法院也不能够赔偿损失。③共有关系的形成,就是基于当事人的自由意志,共同利用共有物。如果当事人无法就共同利用共有物达成协议,那么,当事人可以请求法院分割共有财产。

按份共有人有权处分其份额。《民法通则》第78条第3款规定:"按份共有财产的每个共有人有权要求将自己的份额分出或者转让。"《物权法》第101条规定:"按份共有人可以转让其享有的共有的不动产或者动产份额。"所谓分出,是指按份共有人退出共有,将自己在共有财产中的份额分割出去。在分出份额时,通常要对共有财产进行分割。所谓转让,是指共有人依法将自己在共有财产中的份额转让给他人。共有人可以自由参加或退出共有。为了保护共有人的权益,应允许共有人自己转让其共有份额。但共有人转让其份额,不得损害其他共有人的利益。如果共有是合伙形式的,则共有人退出共有和转让份额,都要受合伙合同的约束。为防止某一按份共有人转让其份额造成对其他共有人的损害,《物权法》第101条还规定,共有人转让其份额,其他共有人在同等条件下,有优先购买的权利。这就是说,某一共有人出售其份额时,应告知其他共有人。在出价大体相等的情况下,其他共有人可以优先于非共有人购买所出售的份额。例如,甲、乙、丙三人合建一房屋,各占1/3的份额,在丙欲出让其份额时,甲、乙二人有权优先于他人购买该份额。

各按份共有人转让或分出其份额,一般是不受时间限制的,只要共有关系存在,共有人就享有该项权利。但是,如果各共有人事先约定在共有关系存续期间,不得转让和分出份额,则视为各共有人自愿放弃转让或分出其份额的权利,无论哪一个共有人转让或分出其份额,都将构成对其他共有人的违约行为。按份共有人的份额具有所有权的某些效力,如按份共有人死亡以后,其份额可以作为遗产由继承人继承。

(二)按份共有人对共有财产的处分

共有财产属于全体共有人所有,因此,对共有财产的处分必须依照法定的程序。我国《物权法》第97条规定:"处分共有的不动产或者动产以及对共有的不动产或者动产作重大修缮的,应当经占份额2/3以上的按份共有人或者全体共同共有人同意,但共有人之间另有约定的除外。"具体来说,《物权法》第97条规定包含如下内容:

1.处分共有的不动产或者动产以及对共有的不动产或者动产作重大修缮的,不必要经过全体按份共有人同意,而只要求经占份额2/3以上的按份共有人或者全体共同共有人同意。因为从实践来看,要求处分共有财产必须经全体按份共有人的同意是十分困难的,尤其在共有人人数众多的情况下,每个共有人都具有特殊的利益,很难要求全体按份共有人同意。另一方面,在一些情况下必须及时作出处分和重大修缮决定,如果要求全体按份共有人同意,可能导致共有人迟迟不能作出处分和重大修缮的决定,造成共有财产利益减损,反而影响了全体共有人的利益。所以,《物权法》规定占份额2/3以上的按份共有人或者全体共同共有人就可以处分或进行重大修缮,是十分必要的。但是,多数人的决定不能够损害其他不同意处分或者重大修缮的按份共有人的利益,应当允许少数人转让自己的份额或者请求分割共有物。

2.《物权法》第97条规定适用如下两种情况:一是处分共有财产。所谓处分共有财产,是指共有人转让共有财产,或者在共有财产之上设定担保等。二是重大修缮。所谓重大修缮,就是指共有财产作出重大的改良、修补、装饰。判断是否是重大修缮,应当首先从经济价值的角度出发,即修缮费用占共同财产的一定比例之上。因为重大修缮也是符合全体共有人利益的行为。如果某一个共有人不同意,就不能进行共有物的重大修缮,那么,就会影响到对物的利用效率。

3. 如果共有人另有约定,就不适用上述规则。例如,按份共有人之间已经达成分管协议,由于该协议对所有共有人具有拘束力,所以,该约定可以优先于法律规定适用。

一个或几个共有人未经全体共有人的同意,擅自对共有财产进行法律上的处分的,对其他共有人不产生法律效力。如果其他共有人事后追认该行为,则该处分行为有效。如果转让共有财产,受让人取得该财产时出于善意,可以按善意取得的原则处理。某个或某几个共有人未经全体共有人的同意,擅自对共有财产进行事实上的处分,如毁弃共有物等,应对其他共有人负侵权行为责任。

关于共有人在处分共有物时,其他人是否享有优先购买权,对此《物权法》没有作出规定。笔者认为,尽管对共有物的处分,要求 2/3 以上份额的共有人同意,但并不意味着要使共有人对共有财产的处分享有优先购买权。一方面,共有人对其他共有人的份额有优先购买权,如果某一共有人希望望得到完整的所有权,其完全可以通过购买其他共有人的份额来实现这一目的。另一方面,如果某一共有人同意转让共有物,其又提出自己购买,本身就违背了诚信原则;如果其不同意转让共有物,而其他共有人执意将共有物处分,则实际上表明其他共有人不愿将各自的份额转让给该共有人,为了尊重其他共有人的意思自治,也不宜认为该共有人对共有物有优先购买权。

(三)按份共有人的义务

按份共有人按照各自的份额,对共有财产分享权利,同时也要按各自的份额分担义务,按份共有人持有的份额越大,其承担的因经营共有财产所产生的义务和责任也就越大,反之则越少。《物权法》第 98 条规定:"对共有物的管理费用以及其他负担,有约定的,按照约定;没有约定或者约定不明确的,按份共有人按照其份额负担,共同共有人共同负担。"该条实际上是对共有人义务的确定。这就是说,共有人在依据份额行使权利的同时,必须要承担相应的义务。该义务主要是对共有物的管理费用以及其他负担。具体来说:①对共有物的保存费用。例如,在共有物需要保管的情况下,共有物的保管费就属于保存费用。再如,对共有的车辆需要支付税费、保险费等。②对共有物的改良费用。例如,修缮共有物所产生的修缮费用。③因共有物造成他人的损害所产生的责任。例如,共有房屋倒塌造成他人伤害而承担的损害赔偿。各共有人的义务,正如各共有人的权利一样及于全部共有财产,每个共有人不能仅对共有财产的某一部分承担义务。例如,两人共同出资购买了两辆汽车搞运输,其中任何一辆被损坏或者肇事造成他人损失,各共有人都应承担损失或责任。

关于共有人费用的承担,如果有约定,首先应当按照约定来支付;如果没有约定或者约定不明,按份共有人应当依据其份额来承担。如果某个共有人支付上述费用时,超出其份额所应分担的部分,该共有人有权请求其他共有人偿还。

四、约定不明视为按份共有

(一)约定不明视为按份共有

在实践中,往往出现一些共有财产,因各方面的原因无法确定是按份共有还是共同共有。我国司法实践曾对此种情况推定为共同共有。[1] 但《物权法》对此作出了新的规定，《物权法》第103条规定：共有人对共有的不动产或者动产没有约定为按份共有或者共同共有，或者约定不明确的，除共有人具有家庭关系等外，视为按份共有。笔者认为，《物权法》的规定是合理的，主要理由在于：

1. 共同共有必须法定，并且共同共有的前提是共同关系，只有在法律有明确规定的情况下，才能形成共同共有关系。在共有财产性质不明的情况下，直接推定该共有财产为共同共有，这就扩大了共同共有财产的范围。尤其是在财产性质不明的情况下，这些财产不可能属于发生共同共有的情况。例如，在夫妻财产中，在夫妻关系存续期间内都是法定共同共有财产，共同共有财产一般都是明确的。在一般情况下，共有都是按份共有。法律推定在没有特别约定的情况下，应当形成按份共有。

2. 有利于促进物尽其用。因为一方面，按份共有较之于共同共有，对物的利用更加有效，按份共有对物的分割更加方便，有助于把共有关系转化为单独所有关系。按份共有人可以随时请求分割。毕竟共有关系是效率较低的一种财产利用关系，如果允许共有人可以随时请求分割共有财产，则可以促使共有转化为单独所有，从而提高物的利用效率。如果推定在没有约定的情况下共有为按份共有，也使当事人不必等到共有关系终止才分割共有财产。另一方面，对共有物的管理也比较灵活，在按份共有的情况下，对共有物的处分比较便利。根据举重以明轻的规则，在对按份共有的财产进行处分或者修缮的情况下，遵从2/3的多数人的决定，就能够形成决议，这就意味着对按份共有的其他事项的决议，其门槛就应当更低。而共同共有要求全体共有人一致同意，其处分相对较难。

3. 从占有的权利正确性推定规则出发，数人共同占有财产但约定不明，占有应当具有同样的效力，如果没有法定的共同关系，则应当推定数人就该财产享有相同的份额。

4. 此种推定更符合生活常情。共同共有是基于共有关系而产生的，如果无法证明是按份共有还是共同共有，通常此种共有就是按份共有。因为共同关系的存在通常是比较容易证明的。

关于推定为按份共有的规则也有例外，这就是共有人之间已经是家庭、夫妻或者合伙关系，依据特别法的规定，应当认定为共同共有，则不能适用该推定规则。

（二）关于推定为按份共有的份额问题

依据《物权法》第104条的规定：按份共有人对共有的不动产或者动产享有的份额，没有约定或者约定不明确的，按照出资额确定；不能确定出资额的，视为等额享有。因此，对份额的确定，首先要考查当事人之间是否具有具体约定。虽然具有约定，但约定无效或者当事人之间发生争议，无法举证证明原有约定的效力，则视为没有约定，推定为份额相等，即等额按份共有。其次，在没有约定的情况下，按照出资额确定。例如，甲、乙、丙三方各出资1/3购买了某项财产，但没有就该财产的性质作出约定，在此情况下，可以依据先前的出资额确定共有的份额。最后，如果不能根据出资额确定份额，则推定为等额享有。如果不能根据出资额来确定份额，基于民法的公平原则，各个共有人等额享有是比较合理的。

---

〔1〕 《最高人民法院关于贯彻执行〈中华人民共和国民法通则〉若干问题的意见（试行）》第88条。

第三节 共同共有

一、共同共有的概念和特征

共同共有是共有的另一种形式。《物权法》第95条规定:"共同共有人对共有的不动产或者动产共同享有所有权。"共同共有,是指两个或两个以上的公民或法人,根据某种共同关系而对某项财产不分份额地共同享有权利并承担义务。共同共有的特征是:

1. 共同共有根据共同关系而产生,以共同关系的存在为前提。例如,因夫妻关系、家庭共同劳动而形成的夫妻财产共有关系和家庭财产共有关系。共同共有一般发生在互有特殊身份的当事人之间。

2. 在共同共有中,共有财产不分份额。只要共同共有存在,共有人对共有的财产就不划分各共有人的份额。只有在共同共有关系终止以后,才能确定各共有人的份额,以分割共有财产。这是共同共有与按份共有的主要区别。

3. 在共同共有中,各共有人平等地享受权利和承担义务。这就是说,各共有人对整个共有财产享有平等的占有、使用、收益和处分的权利,同时对整个共有财产平等地承担义务。例如,以丈夫的名义登记的房屋,在夫妻关系存续期间内属于夫妻共同的财产,夫妻双方应平等地享有权利、承担义务。由于共同共有人的权利和义务都是平等的,因此较之于按份共有,共同共有人之间具有更密切的利害关系。

在司法实践中,应正确区分共同共有和按份共有,以利于共有纠纷的处理。例如,即使某个家庭的房屋是以其户主的名义登记的,因为属于家庭共有财产,因而在分家析产时必须按照共同共有的财产进行分割,因财产权利行使发生纠纷,也应按共同共有的财产权行使规则处理。

二、共同共有人的权利和义务

共同共有人对共有财产享有平等的占有、使用权。对共有财产的收益,不是按比例分配,而是共同享用。对共有财产的处分,必须征得全体共有人的同意。在共同共有关系存续期间,部分共有人擅自处分共有财产的,是否应当认定为无效,应当依据具体情况而定。如果第三人善意、有偿取得该财产,应当维护第三人的合法权益,对其他共有人的损失,由擅自处分共有财产的人赔偿。根据法律规定或依据共有人之间的约定,可以由某个共有人代表或代理全体共有人处分共有财产。无权代表或代理的共有人擅自处分共有财产的,如果其他共有人明知而不提出异议,视为其同意。

共同共有人对共有财产共同承担义务。《物权法》第98条规定:对共有物的管理费用以及其他负担,有约定的,按照约定;没有约定或者约定不明确的,按份共有人按照其份额负担,共同共有人共同负担。因而在共同共有的情况下,因对共有财产进行维护、保管、改良等所支付的费用由各共有人共同分担。各共有人因经营共同事业对外发生债务或对第三人造成损害的,由全体共有人承担连带责任。

共同共有关系存续期间,各共有人一般不得请求分割共有财产,但共同共有人在共有的基础丧失或者有重大理由需要分割时可以请求分割。

共同共有也可以因合同而产生,在合同确定了共有人之间的权利义务后,共有人应按合同的约定行使权利并承担义务。

第四节 因共有财产而产生的共同债务

所谓因共有财产而产生的共同债务,就是指因共有的不动产和动产所产生的债权债务关系。通常,此种债务主要包括侵权之债和违约之债。例如,共有的房屋倒塌造成他人的财产或人身损失;共有的财产在出租之后因为重大瑕疵致承租人的损害。《物权法》第102条规定:"因共有的不动产或者动产产生的债权债务,在对外关系上,共有人享有连带债权、承担连带债务,但法律另有规定或者第三人知道共有人不具有连带债权债务关系的除外;在共有人内部关系上,除共有人另有约定外,按份共有人按照份额享有债权、承担债务,共同共有人共同享有债权、承担债务。偿还债务超过自己应当承担份额的按份共有人,有权向其他共有人追偿。"关于共有财产所生的共同债务,包括如下几个方面的含义:

一、必须是因为共有财产所产生的债务

此种债务可能直接是由共有财产造成损害而发生的(如共有的房屋倒塌致他人损害),也可能因为利用共有财产发生的债务(如某一共有人驾驶着共有的汽车撞上他人)。这两种情形在对外关系上是相同的,从《物权法》第102条的规定来看,强调了因为共有财产而发生的债务,只要是共有财产造成了对他人的损害,就应当由共有人承担责任。例如,某一共有人酒后驾驶共有的汽车,致他人的损害,驾驶人有严重的过错,甚至构成犯罪。在此情况下,虽然驾驶汽车的行为人应当负责,但是,因为事故是共有财产造成的,所以,共有人对外要承担连带责任。

在确定共有人对其共有的财产是否应当对外承担责任时,必须确定损害的发生与共有物存在因果联系。因为在实践中损害后果的发生,既可能是物件造成的,同时介入了人的行为,也可能纯粹是因为人的行为造成的。例如,某人盗窃他人汽车后肇事,则纯粹是由行为人的行为造成的,应当由行为人承担责任,而不宜追究汽车所有权人或者共有人的责任。在具体考虑各种情况时,必须要考虑损害发生时,共有物对损害的发生是否发挥了作用。只要在损害发生过程中,共有物对损害后果的发生起到了一定的作用,共有人就应当承担共同债务。

二、共有人对外应享有连带债权,并承担连带债务

所谓连带债权,是指债权人为两个或者两个以上,各债权人都有权要求每一个债务人履行全部债务。因共有财产发生债务之后,共有人都对债务人享有连带债权。例如,共有财产出租之后,任何一个共有人都可以请求承租人支付租金。在连带债权的情况下,任何一个共有人都有权请求债务人清偿债务,债务人向任何一个共有人清偿债务之后,债的关系消灭。所谓连带债务,是指债务人为两个或者两个以上,各债务人对债权人都负有履行全部债务的义务。因共有财产发生债务之后,共有人都对债权人承担连带债务。例如,甲、乙双方共有一间房屋,因年久失修而倒塌,造成他人的重大损害,甲、乙双方应当依据《物权法》第102条的规定对受害人承担连带责任。在连带债务的情况下,共有人有义务向受害人赔偿,受害人有权向任何一个共有人请求赔偿。一旦某个共有人清偿了全部债务,债就归于消灭。

《物权法》第102条规定共有财产产生的债务,共有人对外承担连带责任,这对于保护受害人利益具有十分重要的作用。这是因为:①共有物属于全体共有人所有,所有权本身是单一的而不是多元的。也就是说对共有物所享有的所有权不能分割为多重所有。既然各个共有人对共有物从整体上享有所有权,那么理所当然对共有物所造成的损害都应当承担赔偿责任。至于共有人

在对外承担责任以后,对内如何按比例分担,这是共有人内部关系确定的问题。②有利于受害人提出请求。因为共有人之间事先确定的份额,通常只是在共有人内部之间约定的,外部第三人往往并不知道其内部约定的份额情况,如果完全根据其份额来承担责任,对受害人的保护是十分不利的。因为在共有物造成他人损害以后,受害人可能并不知道有多少共有人、谁是共有人,而可能只了解某一或几个共有人,因而只是起诉了其中某个共有人。如果该共有人不具有支付能力,甚至已经破产,或者下落不明,有的甚至已被宣告失踪,而其他共有人都提出该不具有支付能力的或失踪的共有人占据了共有财产的90%的份额,应当由其承担90%的赔偿责任,而其他人只承担10%的责任,这显然对受害人是不公平的。因为受害人不可能知道共有人之间所约定的份额,如果按照份额来承担责任,受害人的损害就可能得不到充分的补救。所以对共有人之间约定的份额,只能对共有人产生效力,而不应当对第三人产生拘束力。即使共有人之间达成了分管协议,由各个分管人分别管理共有物,而受害人遭受的损害只是由于某一个共有物造成的,也应当由全体共有人承担连带责任。③有利于避免诉累。在连带责任的情况下,受害人通过一次诉讼就可以解决救济的问题;而在份额责任的情况下,受害人可能要提起两次甚至多次诉讼,才能解决其赔偿问题。

三、共有人在承担连带责任之后,应当根据共有的类型来分担责任

这主要分为两种情况:①按份共有。在共有人对外承担连带债务之后,每个按份共有人对内应当按照共有份额来分担责任。凡是偿还债务超过自己应当承担份额的按份共有人,都有权向其他共有人追偿。这就意味着,在承担责任超过自己份额的共有人和其他共有人之间形成一种追偿之债的关系。追偿权利人是债权人,追偿义务人是债务人。②共同共有。共同共有人对外承担连带债务之后,应当共同分担责任。这就是说,即使在对内关系上,每个共有人应以整个共有财产来承担责任。

四、连带责任的免除

《物权法》规定连带责任的两项免除条件:①法律有特别规定。所谓法律有特别规定,主要是指针对共有财产产生的债务,法律规定了不同于连带责任的规则。例如,非共有人未经共有人的允许驾驶共有汽车而致他人损害。在此种情况下,尽管是因为共有人的汽车致他人损害,但是,并不是共有人利用该财产致他人损害,而是他人未经共有人的许可驾车,行为人的行为构成侵权,此种情形在侵权法中已有特别规定,应当适用侵权法的规定。②第三人知道共有人不具有连带债权债务关系。所谓第三人知道,是指在发生损害之前,第三人已经确切了解共有人之间的责任分担情况。例如,在租赁合同中,已经明确约定了共有人的份额,所以,因租赁财产造成损害,可以认为承租人知道了共有人之间的责任分担份额。一般来说,第三人知道的问题,需要由共有人举证证明,而不能由受害人举证。

共有人对外承担的连带债务,不因共有人内部的约定而免除。即使是共有人之间订立了分管协议,甚至该协议已经登记,也不能免除共有人的连带责任。因为登记的只是财产的管理人,而并非登记了责任份额。更何况,即使分管协议中登记了责任份额,除了共有财产受让人以外,其他人并没有义务查询该分管协议。所以,连带责任对于保护受害人是非常必要的。

第五节 准共有

所谓准共有,是指两个以上单位、个人共同享有用益物权、担保物权等权利。《物权法》第

105 条规定:"两个以上单位、个人共同享有用益物权、担保物权的,参照本章规定。"例如,三个人共同购买一块建设用地使用权,而对该建设用地使用权享有共有权,此种共有属于准共有。准共有与一般共有不同,其特点在于:

一、准共有是所有权之外的共有

此种共有的客体并不是物和所有权,而是以各种用益物权和担保物权为客体。所以,准共有与一般共有的区别就表现在:一般共有是指数人对某一特定物享有所有权,而准共有是指数人对他物权共同享有权利。

二、准共有的客体主要包括各种他物权

从广义上理解,按照我国一些学者的看法,准共有是指对于所有权以外的其他财产权的共有。换言之,它"是指两个或两个以上民事主体,共同享有所有权以外的财产权的共有"。[1] 按照王泽鉴先生的观点,准共有包括定限物权、准物权、知识产权以及债权的共有。[2] 可见,准共有包括各种财产权利,但我国《物权法》第 105 条所承认的准共有只限于对他物权的共有。在实践中最常见的是数人共同享有建设用地使用权或者宅基地使用权。不过,对知识产权的共有,如对著作权、专利权、商标权的共有,也可以准用有关准共有的规定。关于债权的共有,能否成为准共有,有不同的看法。一些学者认为,债权尽管是一种期待的权利,但仍然体现了一定财产利益,也可成为准共有的客体。广义的准共有甚至包括对债权的共有。但从狭义上理解,准共有仅限于对他物权和知识产权等绝对权的共有,而不包括债权的共有。因为债法中已经对数人享有债权进行了规定,即按份债权、连带债权等,其规则与共有规则有较大差别,故而我国《物权法》采用了狭义的准共有的概念。

需要探讨的是,担保物权是否可以成立准共有,对此也有不同的看法。有一种观点认为,用益物权是可以共有的。因为法律设置共有制度的主要原因是确立对物的共同利用的规则,以促进物尽其用,但担保物权不宜于实行准共有。因为担保物权的本质在于对物的交换价值的支配,担保物权规则本身也包括详尽的处理共同担保人之间关系的规则,如抵押权的顺位规则。因此,如果规定担保物权可以共有,反而不利于多个主体之间法律关系的明确以及行使担保物权,从而导致混乱。笔者认为,如果物权法只是承认用益物权的共有,则对准共有的范围限制过于狭窄。担保物权也可能成为准共有的客体,如某一债务人以其财产为数人的共同债权设立一个抵押权,在此情况下,就存在抵押权的准共有。再如,对于留置权而言,有可能出现准共有。例如,在二人共同修理的情况下,因修理费而留置修理物,应该认为该二人对修理物共同享有留置权。

对他物权的共有,虽不同于一般的共有,但又可以准用共同所有权的一般规则,从这个意义上说,可以将上述权利的共有称为"准共有"。准共有的有关规则,应当参照法律关于共有的规定。但参照只是说可以准用,并不是说所有的条款都可以适用于准共有。有些关于共有的规定是不能适用于准共有的。例如,关于共有的实物分割并不适用于准共有,因为准共有不是对所有权的共有。

准共有,究竟应是按份共有还是共同共有,应当由各准共有人依据法律规定或者合同约定以及共有权利的性质加以确定。通常,按份共有可以基于合同关系来确定,如果合同约定了准共有关系,各共有人应按一定份额享有权利和承担义务,则属于"准按份共有"。对于共同共有而言,

〔1〕 杨立新:"论准共有",载《法学与实践》1995 年第 2 期。
〔2〕 王泽鉴:《民法物权》(第 1 册),中国政法大学出版社 2001 年版,第 389 页。

需要根据法律规定才可能成立准共有。如果依据法律规定,各个共有人必须共同行使权利,不得分割为一定份额,则应当认定其为"准共同共有关系",各共有人应不分份额,共同行使对财产的权利。

第六节　共有财产的分割

一、共有财产分割的概念

共有关系因共有物的灭失、某一共有人取得其他所有共有人的应有部分而终止,然而其中最主要的原因,则是共有物的分割。[1] 所谓共有财产的分割,就是指在共有关系存续期间内,共有人请求按照一定的份额或者均等地分割共有财产为每个共有人所有。共有财产的分割具有如下特点:

1. 共有财产的分割,必须要共有人主张。按照私法自治原则,法院不能够在共有人没有提出分割的情况下,就直接通过裁判分割共有财产。需要注意的是,有权请求分割共有财产的人不仅仅限于共有人本人,除共有人之外,在共有人失踪情况下的财产代管人、共有人破产情况下的破产管理人等,也可以请求分割共有财产。

2. 分割是共有人针对共有物,请求分割自己应得的部分,即请求分割应有份。分割共有财产,有可能导致整个共有关系的解体,[2] 但也可能在分割共有财产之后,仅仅使得某一个或某些共有人退出共有关系。其他共有人如果愿意继续留在共有关系之中,这些共有人还可以继续维持共有关系。

3. 分割共有财产应当依据按份共有和共同共有来区别对待。一般来说,对于按份共有,允许共有人自由请求分割,但是,对共同共有,法律严格限制其自由分割。

二、分割共有财产的原则

(一)尊重共有人意愿原则

共有财产尤其是按份共有财产是否分割、如何分割,完全属于共有人的事务,原则上应当尊重共有人的选择。首先,《物权法》允许共有人约定不得分割共有的不动产或者动产,以维持共有关系。如果共有人之间通过订立合同的方式,明确规定在一定期限内不得分割共有财产,则各共有人应遵守合同规定,某个或几个共有人不得随时请求分割共有财产。其次,分割方式由共有人自己协商决定,在达不成协议的情况下,才采取法定的方式进行分割。最后,各共有人对共有财产分割的范围、期限、方式以及分配方法等均可以依法通过协商,自由决定。这就是说,是否允许分割、在何种情况下分割、采用何种分割方式,都必须要由当事人自主决定。如果当事人一旦明确了分割的方式,就应当按照当事人的约定来进行。无论是按份共有还是共同共有,都可以通过当事人的约定来确定分割问题。如果当事人就共有财产的分割不能达成一致,可以由共有人提起诉讼请求法院裁判分割。

(二)物尽其用原则

所谓物尽其用,就是指充分发挥物的效用。物尽其用也是我国《物权法》的目的之一,因而,

---

〔1〕　史尚宽:《物权法论》,中国政法大学出版社 2000 年版,第 166 页。

〔2〕　谢在全:《民法物权论》(上),台湾三民书局 1989 年版,第 615 页。

在共有财产的分割中,也要充分体现这一原则,具体表现在:

1. 在按份共有中,贯彻了自由分割的立法精神,根据《物权法》第 99 条的规定:"没有约定或者约定不明确的,按份共有人可以随时请求分割,共有人在共有的基础丧失或者有重大理由需要分割时,可以请求分割"。作出这种规定主要是考虑到,相对于个人所有,按份共有关系是一种短暂的法律关系,在按份共有的情况下,如果要求各个共有人协商一致来行使权利,但因为协商成本可能很高,甚至难以达成协议,所以,往往导致财产利用的低效率。尤其是法律上既然允许按份共有人随时转让其份额以脱离共有关系,也应当允许按份共有人分割共有财产,以消灭共有关系。[1] 允许共有人随时请求分割,使共有关系容易消灭,这对于国家、社会和共有人都是有利的。[2]

2. 我国司法实践历来认为,共同共有是以共同关系为基础,其中特别涉及到共同生活关系,所以,共同共有人在共同关系存续期间不能任意请求共有物的分割。但《物权法》第 99 条规定,共同共有人在共有的基础丧失或者有重大理由需要分割时可以请求分割。这对有效率地利用共有财产也具有重要意义。

3.《物权法》强调,对于分割方式,应当由共有人进行协商,实际上就是要求共有人选择一种对其最为有利或者最有效率的方式进行分割。

比较法上,从物尽其用考虑,对于当事人订立的禁止分割的协议设置了期限限制。认为各共有人间订定永久不得分割共有物的特约的,将被认为无效。[3] 我国《物权法》允许共有人订立禁止分割共有财产的协议,但对当事人关于禁止分割共有财产的期限,没有规定。笔者认为,《物权法》没有规定禁止分割的期限是合理的。一方面,禁止分割的期限体现了当事人的意思自治。另一方面,依据《物权法》第 99 条的规定,即便有禁止分割的协议,但有重大理由的,共有人也可以请求分割。这实际上已经考虑到了必须分割的特殊情况。如果没有重大理由,还是应当尊重当事人的意思;如果确实有重大理由,就应当允许当事人请求分割,从而保护共有人的利益。

(三)依法分割原则

共有人在分割共有财产时,虽然应当充分尊重当事人的意思自治,但是,从促进物尽其用和保护他人利益出发,法律要对共有财产的分割作出必要的规范。所以,在分割共有财产时,共有人应当遵守法律的规定。例如,在没有约定或约定不明的情况下,共有人应当按照法律规定的事由请求分割,在对分割方式不能达成协商一致的意见时,应当按照法律规定的分割方式进行分割。对于特殊情况下,法律禁止分割的财产,如查封扣押的财产,共有人不能请求分割。[4] 分割共有财产不得损害国家、集体和他人的利益,不能分割属于国家、集体的财产。共有人分割共有财产时不得损害债权人和其他利害关系人的利益。[5] 对借用的他人的财产,为他人保管以及租

〔1〕 谢在全:《民法物权论》(上),中国政法大学出版社 1999 年版,第 304~305 页。

〔2〕 王泽鉴:《民法物权(通则·所有权)》,台湾地区作者印行 2001 年版,第 362 页。

〔3〕 陈华彬:《物权法原理》,国家行政学院出版社 1998 年版,第 493 页。例如,我国台湾地区"民法"第 823 条规定:"各共有人,得随时请求分割共有物。但因物自使用目的不能分割或契约订有不分割之期限者,不在此限。前项契约所定不可分割之期限,不得逾 5 年。逾 5 年者,缩短为 5 年。"可见,我国台湾地区"民法"认为,禁止分割的期限不得超过 5 年。

〔4〕 谢在全:《民法物权论》(上),台湾三民书局 1989 年版,第 618 页。

〔5〕 为防止共有人借分割共有财产而损害债权人的利益,一些国家的民法明确规定债权人可以参与共有财产的分割。对此,我国民法尚无规定。在司法实践中,债权人在其利益受损害时,可依法提起请求和诉讼。

赁他人的财产等,不能当作共有财产分割。在分割共有财产时,各共有人应充分贯彻平等协商、和睦团结的精神。

共有人在分割共有财产时,特别是在分割家庭共有财产和夫妻共有财产时,应当体现男女平等、保护妇女和未成年子女利益的精神。分割共有财产也要有利于生产、方便生活。例如,从事某种职业所必需的物品(如专业书籍、生产工具等),应尽可能地分给需要的一方,差价可以作价折抵。对于不能进行实物分割或采取实物分割有损财产的价值的,应采取其他方式进行分割。

关于分割的请求,是否适用于建筑物区分所有权中的共有?笔者认为,从原则上说,《物权法》关于共有的规定,不能适用于建筑物区分所有权。因为建筑物区分所有权中的共有,是作为专有部分的附属设施而存在的,是专有部分的权利行使所不可缺乏的。如果分割共有部分,就构成了对共有部分的处分,而法律实际上不允许共有部分脱离专有部分而处分。

三、分割请求权

所谓分割请求权,是指某一共有人依据其意志请求其他所有人分割共有物,从而脱离共有关系的权利。[1] 关于分割请求权的性质,存在着两种不同的观点:一是请求权说。此种观点认为,共有物分割请求权和其他请求权一样都是请求他人为一定行为或不为一定行为的权利,因此,分割请求权是请求权的一种类型。[2] 二是形成权说。此种观点认为,分割请求权在性质上是一种形成权,而不是请求权。其原因在于:分割请求权不受时效限制,且为了贯彻分割自由原则,应允许共有人提出分割共有物以后,就导致物权的变动。分割请求权是针对物的分割请求,而不是针对人的分割请求。[3] 笔者认为,分割请求权是请求权的一种,是从共有权中产生的一种权利,但分割请求权并不是形成权。这是因为,一方面,共有人行使分割请求权只是请求其他所有人与其一起分割共有财产,但并不意味着一经提出就马上导致共有物的分割,而是要通过与其他共有人协商,或者通过裁判来确定。所以,不能说,共有人提出分割的请求,就必然发生法律关系的变动。[4] 另一方面,提出分割,只是请求分割自己的部分,但具体是否分得那一部分或者仅仅是获得价金,还不能立刻确定。

根据《物权法》的有关规定,分割请求权的行使依据按份共有和共同共有而有区别:

1. 按份共有人可以随时请求分割,在共有关系存续期间,共有人原则上可以随时请求分割共有财产。[5] 我国《物权法》第99条虽然没有明确规定按份共有人可随时请求分割,但从反对解释的角度来看,既然法律规定除了当事人约定不允许分割或者约定不明确的以外,都可以随时请求分割,那就意味着,共有人是可以随时请求分割的。作出这样的规定,不仅有利于维护共有人的权益,也可以促进物尽其用。

根据《物权法》第99条的规定,在按份共有人订立了禁止分割的约定之后,并非绝对不能请求分割。因为在共有关系存续期间,也可能因为情况发生变化而需要分割共有财产。因此,《物权法》第99条规定,"共有人有重大理由需要分割的,可以请求分割"。如何理解重大理由?重大理由通常是指不分割共有物会严重损害共有人的利益,主要包括:①共有出现重大亏损,如果不分割将使共有人蒙受损害。②从管理和利用方面考虑,共有财产如果不分别管理可能会发生

〔1〕 黄松有主编:《〈中华人民共和国物权法〉条文理解与适用》,人民法院出版社2007年版,第306页。

〔2〕 [日]我妻荣:《日本物权法》,台湾五南图书有限公司1999年版,第306页。

〔3〕 王泽鉴:《民法物权(通则·所有权)》,台湾2001年自版,第363页。

〔4〕 温世扬等:《物权法通论》,人民法院出版社2005年版,第262~263页。

〔5〕 黄松有主编:《〈中华人民共和国物权法〉条文理解与适用》,人民法院出版社2007年版,第308页。

重大损害,就必须要通过分割而实行分别管理。③如果因各方面的原因共有难以继续维持,出现这些情况,即使有不得分割的协议,也可以主张分割共有物。例如,尽管甲、乙、丙三人继承了祖传的房屋,但是,甲因为生重病无钱医治,需要分割共有财产。如果不允许其分割,将严重影响其生产或生活。[1] 此种情况应当认为属于"重大理由"。笔者认为,《物权法》规定的重大理由,可以理解为情势变更原则在《物权法》中的运用。这就是说,按份共有人在订立禁止分割的协议之后,如果确实出现了重大理由,可以认为发生了情势变更,而不考虑该协议,要求分割共有财产。

2. 共同共有人在共有的基础丧失或者有重大理由需要分割时可以请求分割。对共同共有财产的分割与按份共有是不同的。毕竟从性质上来看,共同共有和按份共有是不同的。笔者认为,绝对禁止共同共有财产的分割,也未必完全合理,因为绝对禁止分割不能够适应情况的变化,也不能妥善保护相关当事人的利益。例如,在家庭中,夫妻双方已经分居多年,而且财产事实上分别使用,完全不允许双方分割财产,似乎也不妥当。但是,如果共同共有财产实行自由分割,也与共同共有的性质不符,而且会造成夫妻关系、家庭关系等的不稳定。所以,妥当的办法是,不绝对禁止对共同共有财产分割,但是要严格限制请求分割的事由。我国《物权法》第99条采纳了此种做法,根据该条规定,不允许共同共有人在共同关系存续期间随时请求分割共有财产,除非是因为共有的基础丧失或者有重大理由需要分割,否则不得请求分割共有财产。因此共同共有人只能在例外的情况下才可以请求分割。例外的情况包括两种:①共有的基础丧失。所谓共有的基础丧失,是指共同共有赖以产生的特殊关系,如合伙关系、夫妻关系等已经不存在。如合伙解散、夫妻离婚,可以认为共有的基础丧失,共有共有人有权请求分割。共同关系是共同共有产生和消灭的基础。也就是说,有共同关系存在,才能产生共同共有;一旦共同关系消灭,共有财产也必须分割。②必须有重大理由需要分割。所谓重大理由,是指出现了可以分割的事由,如果不分割可能对共有人的利益产生重大影响,或者某个或某几个共有人要脱离家庭共同生活。前者主要是指在婚姻关系存续期间内,夫妻财产由原来的共同财产制改变为分别财产制,或者夫妻已经分居,因而需要对一些共同共有的财产进行分割。后者是指某个或几个家庭成员要与家庭分开,单独生活,家庭关系虽不解体,但共有财产要实行分割。由于《物权法》第99条规定的重大理由比较原则,还需要由有关法律、法规或司法解释予以具体界定。

根据《物权法》第99条的规定:"因分割对其他共有人造成损害的,应当给予赔偿。"此处所说的"因分割对其他共有人造成损害",特指在按份共有的情况下,当事人签订了禁止分割的协议之后,因为重大理由要求分割,或者在共同共有中,在共有的基础丧失或者有重大理由需要分割时请求分割,由此给其他共有人造成的损害。此时,请求分割的一方,应当对其他共有人承担赔偿责任。

四、分割的方式

按照《物权法》第100条第1款的规定,共有人分割共有财产,首先应当通过协商来确定。对此处所说的协商确定,有人认为,是指全体共有人协商一致,任何一个人反对都不能达成协议。也有人认为,协商确定是指大多数赞成就达成协议。笔者赞同第二种观点。因为分割的方式本身是一种利用物的方式,与共有财产是否可以分割本身是有区别的,不必要求每个人都同意。通过协商确定分割的方式,符合各共有人的意志,有利于解决各种纠纷。如果不能达成协议,就应当充分考虑对物的利用效率,发挥物的价值,以确定对共有物的分割方式。具体来说,对共有财

[1] 黄松有主编:《〈中华人民共和国物权法〉条文理解与适用》,人民法院出版社2007年版,第309页。

产的分割可以采取三种方式：

1. 实物分割。所谓实物分割，就是指在不影响共有财产的使用价值和特定用途时，以原物分配给各共有人，如分割蛋糕、布匹、土地等。[1] 根据《物权法》第100条的规定，对于共有财产的分割，如果达不成协议，共有的不动产或者动产可以分割并且不会因分割减损价值的，应当对实物予以分割。所谓可以分割，是指对实物进行分割，不影响共有财产的使用价值和特定用途，可以对共有财产采取实物分割的方式。可以进行实物分割的共有物，一般是可分物，如粮食、布匹等。所谓不会因分割减损价值，就是指对共有物进行实物分割后，并不会减损其价值。

2. 变价分割。所谓变价分割，是指在共有财产不宜分割的情况下，采用变卖共有物的方法，将价金分配给各共有人。[2] 根据《物权法》第100条的规定，一方面，在不能达成协议的情况下，首先要进行实物分割。另一方面，如果共有物难以分割或者因分割会减损价值的，可以采取变价分割的方式。所谓难以分割，是指对共有财产事实上不能分割，如耕牛、拖拉机等共有财产不能进行实物分割。所谓因分割会减损价值的，是指共有财产进行分割在经济上不合理。例如，甲、乙二人有红宝石一粒，虽能分割，但分割以后有损宝石的价值，可以采取变价分割的方式。[3] 此外，如果各共有人都不愿意接受共有物时，可以将共有物出卖后，由各共有人分别取得价金。变价分割应当通过市场竞价的方式实现共有物的价值，并在此基础上对于取得的价款进行分割。

3. 作价补偿。此处所说的作价补偿，是指部分共有人获得共有财产，同时根据共有财产的市场价值对其他共有人给予补偿。作价补偿主要适用于两种情况：①对于不可进行实物分割的共有物，如果共有人中的一人愿意取得共有物，可以由该共有人取得共有物，并由该共有人向其他共有人作价补偿。例如，甲、乙二人有耕牛一头，价值1000元，甲愿获得该耕牛，则由甲取得耕牛所有权，并向乙支付500元的补偿金。②依据共有财产的性质，不能对共有财产进行准确地分割，并使各共有人按其应有部分接受分配，而只能依其财产的性质进行简单分割，使某个共有人获得的共有物要大于其他共有人所获得的共有物，这样，获得共有物多的共有人，可以向其他共有人作价补偿。例如，甲乙二人共同拥有房屋二栋，但面积不同，甲、乙各获得一栋房屋以后，如果甲获得大屋则应对乙作价补偿。

补偿本身不是一种法律责任，而只是因为分割中不能够在共有人之间形成公平的利益分配而产生的补偿方式。所以，作价补偿原则上不考虑过错的问题，而是依据市场价格及各共有人的份额来确定补偿标准。

五、分割的效力

在分割之后，共有关系将不复存在，各个共有人将单独取得所有权。关于共有物分割效力的发生时间，国外民法对此有两种不同的规定。

1. 认定主义，又称为宣示主义（*Déclaratif*），为法国学者所主张。该观点认为共有财产的分割，实际上是认定财产关系的行为，并不是移转共有人之间的应有部分。在分割以前，共有人对于共有物各有其应有份额存在，只是范围未确定，经过分割才能确定，所以，分割的效力溯及共有成立之时。[4] 法国以及日本、意大利等国民法采纳了这一主张。

---

〔1〕 王泽鉴：《民法物权》（第1册），台湾三民书局2001年版，第370页。
〔2〕 王泽鉴：《民法物权》（第1册），台湾三民书局2001年版，第371页。
〔3〕 王泽鉴：《民法物权》（第1册），台湾三民书局2001年版，第371页。
〔4〕 姚瑞光：《民法物权论》，台湾地区作者印行1995年版，第134页。

2. 移转主义,又称为付与主义(*Atlributif*),为德国学者所主张。德国民法采纳了这一观点。该观点认为,共有人对于其共有财产在未分割以前,仅在量上有一部分所有权,分割以后才开始对于其物取得完全的权利。所以,共有财产的分割,实际上是共有人之间权利的移转。各共有人将其共有物的一部分所有权分开,互相移转其应有部分而各自取得新的所有权,因而分割的效力不溯及既往,以分割时为准。[1]

两种学说互有长短,前者可以使物权关系简单化,但是不利于保护第三人的利益,而后者有利于保护第三人的利益,但使物权关系过于复杂。

我国《物权法》对共有财产分割的效力并未作出十分具体的规定。根据我国司法实践,当全部共有财产分割以后,共有关系即归于消灭,如果就原物进行分配时,各共有人即就其分得部分取得单独的所有权。所以,分割的效力可以使各共有人取得单独的所有权,各共有人因分割取得的所有权的范围原则上应与其应有的份额相等。

《物权法》第100条第2款规定:"共有人分割所得的不动产或者动产有瑕疵的,其他共有人应当分担损失。"笔者认为,我国《物权法》承认共有人的瑕疵担保责任是十分必要的。因为分割本身可以理解为一种交易,每个共有人依据诚信原则,负有类似于出卖人的担保义务。

《物权法》第100条的规定包含两个方面的意思:一方面,共有人负有瑕疵担保责任。瑕疵担保包括物的瑕疵担保和权利瑕疵的担保。一是物的瑕疵担保。对物的瑕疵而言,通常是指隐蔽瑕疵。此种瑕疵在分割之时,共有人是难以发现的。对此种瑕疵,如果不承认共有人的瑕疵担保责任,而由分得财产的人自己承受不利后果,有违公平。如果是表面瑕疵,分得财产的共有人在进行实物分割时就应当提出异议。对于当事人明知有瑕疵而仍然接受所分割的共有物的,应当视为当事人有承受此损失的意思。[2] 当然,隐蔽瑕疵应当具有时效限制。因为如果经过很长时间,仍然允许共有人就瑕疵问题请求其他共有人分担损失,不利于财产关系的稳定。二是权利瑕疵。权利瑕疵,是指共有人分得的共有物属于第三人所有,或者存在产权争议以及各种负担。如果某一共有人分得共有物之后,因第三人的追夺而遭受损失,其他共有人也应当承担损失。另一方面,受害人有权请求其他共有人分担损失。在对外关系上,所有的共有人都应当负有瑕疵担保义务。如果分割以后属于某个共有人所有的财产,由于分割以前的原因而为第三人追索或发现有隐蔽瑕疵,或者因为存在权利瑕疵,而使得取得财产的共有人遇到他人追夺而遭受损失,则该共有人分得的部分与其应有的份额并不相符,从而必然使该共有人遭受损失。因此,为保护共有人的利益起见,各共有人都应有义务分担损失。例如,甲、乙在分割共有财产以后,发现甲分得的财产是甲、乙借用丙的财产,因此,甲应将该项财产返还给丙,而乙则应补偿甲的损失。再如,甲、乙在分割共有财产以后,甲分得的财产因有瑕疵而不能使用,则乙应负责补偿甲的损失。

〔1〕 姚瑞光:《民法物权论》,台湾地区作者印行1995年版,第134页。

〔2〕 按照我国台湾地区"民法"第825条的规定:"各共有人,对于他共有人因分割而得之物,按其应有部分,负与出卖人同一之担保责任。"而第355条第2款规定:"买受人因重大过失,而不知有前条第一项说称之瑕疵者,出卖人如未保证其无瑕疵时,不负担保之责。但故意不告知其瑕疵者,不在此限。"由此可见,台湾地区"民法"只是规定共有人在分得财产时,应当负有审查的义务,如果对于表面瑕疵应当发现而没有发现,就应当认为其有重大过失。此种做法是值得借鉴的。

第四编　用益物权

第十二章　用益物权概述

第一节　用益物权的概念和特征

一、用益物权的概念和特征

当代大陆法上的用益物权(德文为 *Nießbrauchsrecht*,法文为 *démembrements*),是指对他人之物享有的使用、收益的权利。该概念来源于罗马法。[1] 盖尤斯(Gaius)早在其所著的《法学阶梯》(*Institution*)中就对民事权利作了一些较为科学的划分,其将物法(*ius res*)分为有体物法(*res corporales*)和无体物法(*res incorporales*)两部分,其中收益权(*usus fructus*)是一种重要的民事权利。虽然大陆法系国家的物权法中包括了用益物权,但用益物权这个概念通常是在学理上被使用,立法中明确采纳这一概念的尚不多见,大多数物权法并没有对用益物权下定义。我国《物权法》第117 条规定:"用益物权人对他人所有的不动产或者动产,依法享有占有、使用和收益的权利。"在立法体例上,该条明确采用了用益物权的概念并对其加以定义,应当说是一个立法上的创新。这标志着用益物权的概念,已经从单纯的学理范畴走向了立法实践。在立法上明确概括了用益物权对于强化用益物权的观念,促进人们广泛的通过设立用益物权,充分发挥物的使用价值,具有重要意义。

用益物权是对他人所有之物进行使用和收益的权利,是所有权人授予他人"使用"和"享有"的权利。[2] 用益物权的出现是所有权的权能分离的结果,换言之,所有权人将所有权权能中的部分分离,授予他人享有;作为结果,形成了在他人之物上的物权,这就是他物权(拉丁文为 *jura re aliena*)。[3] 他物权,是指非所有人根据法律规定或者当事人的约定,对他人的财产享有的占有、使用或者收益的权利,以及在特殊情况下依法律规定或者依约定享有一定的处分权。因为用益物权是在他人所有的土地上成立的物权,所以称为他物权。又因为它是在设定契约所规定的范围内对标的物加以支配,所以又称为限制物权。[4] 用益物权作为他物权,与其他物权相比具有如下特征:

---

〔1〕　Philippe Malaurie, Laurent Aynes, Les biens, Defrénois, 2004.

〔2〕　Philippe Malaurie, Laurent Aynes, Les biens, Defrénois, 2004, p. 239.

〔3〕　Philippe Malaurie, Laurent Aynes, Les biens, Defrénoi,2004.

〔4〕　陈华彬:《外国物权法》,法律出版社 2004 年版,第 169 页。

1.用益物权的主体特征。用益物权的主体是所有人以外的其他民事主体。所有人不可能成为"对他人所有的不动产或者动产"享有权利的人。当然,《物权法》第117条所说的他人,主要是指所有人,但是,也不完全限于所有人。例如,地役权就可以在建设用地使用权之上设立,这就是在他物权上设立的,而不是在他人所有权之上设立的。[1] 但因为用益物权主要是在他人的财产上设立的,因此,用益物权人就是在他人动产和不动产之上享有权利的自然人、法人和其他组织,国家作为所有人一般不作为用益物权的主体出现。如果所有人对自己的物享有用益物权,就会发生混同。自然人、法人和其他组织原则上都可能成为用益物权的主体,但是根据我国《物权法》的规定,某些特定的用益物权的取得,如土地承包经营权、宅基地使用权等只能由集体经济组织成员等特定的群体享有。

2.用益物权设立的特征。在传统民法上,基于交易产生的用益物权的设立通常采取合意加公示的方法,因而其是最典型的他物权的设定方式。但与国外的用益物权制度相比,我国《物权法》在用益物权设立方式上比较特殊,一方面,其仅仅承认以约定方式创设,不承认以法定方式创设用益物权。例如,法定地役权制度在《物权法》中就没有加以规定。另一方面,考虑到从中国的实际情况出发,某些用益物权在设立上采用合同设立,但是,在登记问题上,就农村的土地承包经营权、宅基地使用权及地役权而言,采取的却是"登记对抗主义"。

3.用益物权的客体特征。用益物权的客体主要是不动产。从比较法角度来看,各国立法大都是在不动产之上设定用益物权的,因为不动产具有固定性、永久性、非消耗性特点,可以在其上设定比较长期和稳定的使用权。特别是土地具有稀缺性或不可替代性,所以,为了有效率地利用土地资源,必须要在其上设立用益物权。[2] 相反,动产具有流动性、可替代、可消耗和暂时性等特点,对其使用将导致物的耗费,很难保持物的存续。且动产大都为种类物,经济价值不大,如果要利用动产,大都可以通过购买、租赁实现其目的,[3]也可以采取借用等方式而短期利用,而不必采用设定用益物权的方式来利用。[4] 事实上,从我国《物权法》中规定的用益物权的具体类型来看,其客体主要为不动产,甚至主要局限于土地之上。但是从《物权法》第117条的规定来看,也包含了动产,因为随着财富利用方式的多样化,特别是由于科技的突飞猛进和金融等领域大量的制度创新,动产的价值在不断的提高,利用方式也越来越多样化,为了应对这种动产利用多样化的趋势,我国《物权法》允许在动产上设定用益物权,从而为未来的动产之上的用益物权的设定预留了空间。此外,我国《物权法》也承认,在权利之上也可以设立地役权,这明显区别于国外有些国家的法律,这是充分考虑到中国的现实情况所作的重大制度创新,因为企业和个人不能成为土地所有人,仅得对土地享有使用收益权。

4.用益物权的内容特征。用益物权的内容中的核心是使用收益权。用益物权,顾名思义,就是使用和收益权。据此,有学者认为,用益物权是指仅包括使用权能和收益权能的一种被限制了支配权能的物权。[5] 从《物权法》第117条的规定来看,用益物权的内容是对标的物的使用、收

---

[1] 王利明等:《中国物权法教程》,人民法院出版社2007年版,第285页。

[2] 全国人民代表大会法制工作委员会民法室编:《中华人民共和国物权法条文说明、立法理由及相关规定》,北京大学出版社2007年版,第212页。

[3] 谢在全:《民法物权论》(中),台湾地区作者印行2003年版,第49页。

[4] 王泽鉴:《民法物权》(第2册),台湾地区作者印行2001年版,第4页。不过,在传统民法和大陆法系民法中,动产亦可以作为集合财产的组成部分成为用益物权的客体。

[5] [日]近江幸治:《民法讲义Ⅱ·物权法》,东京成文堂2001年版,第259页。

益,一般不包括法律上的处分权。[1] 这就是说,①用益物权的主要内容是使用收益。当然,权利人在行使权利的时候可以采取多种方式。例如,可以根据物的功效、权利设定的目的不同等差异,而采取不同的利用方式。有的用益物权重在对物本身的使用,而有的用益物权重在对物进行收益,甚至有的用益物权重在对物进行精神上的使用而非物质上的直接使用(如眺望地役权)。②用益物权一般不包括处分权,但在特殊情况下,权利人也依法享有某些处分权。例如,建设用地使用权的权利人对建设用地使用权有权抵押、出租,也有权将其转让。对于用益物权本身进行处分,有利于充分发挥不动产的利用效率,并扩大债权担保的范围。随着人们对物的利用方式的发展、科技的不断进步,用益物权的内容也随之不断丰富和发展。

5. 用益物权的性质特征。①用益物权是一种定限物权,"定限物权于时于量,皆有一定之限度,不如所有权内容之丰富"。[2] 用益物权与所有权的最大区别就表现在,所有权是无期限的物权,而用益物权是有期限的物权。与私有制基础上的物权制度不同的是,我国的物权制度建立在公有制的基础上,因此,用益物权的期限性在我国物权制度上更为突出。②用益物权原则上是主权利。用益物权是一种主权利,而不是从属于其他物权的权利,不像担保物权那样必须依附于债权。用益物权作为一种独立于所有权的物权,当权利人一旦设立之后,用益物权人便独立地享有对标的物的使用、收益权,亦即该权利是独立存在的,依当事人之间设立用益物权的行为或法律的直接规定而发生。由于用益物权是具有独立性的权利,用益物权不以其他物权的存在为成立前提,不随其他物权的让与而让与,也不随其他物权的消灭而消灭。[3] 因征收等原因而消灭时,必须给予单独的补偿。当然,地役权虽然是用益物权,但是性质上为一种从属性的权利。

二、用益物权在我国物权法上的地位和作用

用益物权是物权的基本类型,也是我国《物权法》第2条规定三种物权的类型之一。尽管从编章体例结构来看,用益物权一编只规定了五章,列举了四种类型的用益物权,但如果包括各类准用益物权(海域使用权、采矿权等),实际上我国《物权法》上的用益物权类型是相当丰富的。用益物权在我国物权类型中居于重要地位,且随着我国市场经济的发展,用益物权的地位和作用将会更加突出。其主要原因在于:

1. 用益物权制度是充分维护公有制、发挥公有的土地等自然资源的效用的最佳途径。在私有制国家的物权法中,要贯彻物尽其用的宗旨,只需要强调所有权神圣的原则,再结合民法的契约自由等原则即可实现。但在我国,根据宪法规定,土地及大多数自然资源都实行公有制,土地等重要的自然资源要么属于国家所有,要么属于集体所有;而且,土地等资源不得买卖。在此背景下,如何有效率的利用公有的土地等资源是实现公有制与市场经济结合所需要解决的一个重要课题。借助用益物权制度,由国家和集体以外的其他民事主体对土地等自然资源进行利用,才有利于保障物尽其用立法宗旨的实现,因此,强调用益物权在物权法中的重要地位,具有特殊的意义和价值。[4] 我国《物权法》在强调所有权的基础地位的同时,必须同时要重视对用益物权人的保护,而且在我国的物权法上,应当认可更为多样和丰富的用益物权类型。

2. 用益物权本身能够在土地和自然资源等的利用过程中,引入市场机制,实现资源的最有效

---

[1] 在传统民法上,消费物也可以作为用益权标的物,消费物用益权包含了处分权。

[2] 郑玉波:《民法物权》,台湾三民书局2003年版,第159页。

[3] 房绍坤:"论用益物权的法律属性",载《现代法学》2003年第6期。

[4] 梅夏英、高圣平:《物权法教程》,中国人民大学出版社2007年版,第201页。

配置,让最有条件和能力的主体利用有限的资源。在我国以前的计划经济体制下,对自然资源的利用是通过计划安排来进行的,所以用益物权制度的作用就无法显现出来。因为用益物权归根结底是商品经济的产物,它们是借助市场机制实现资源优化配置的手段和产物。在市场经济体制下,资源的优化配置是通过市场来实现的,用益物权是在市场机制条件下,通过当事人的自由协商和有偿使用,实现自然资源的利用在最有利用需求和利用能力的当事人之间流动,可以实现自然资源价值的最大发挥。由于土地和其他自然资源是最重要的生产要素,只有通过用益物权制度,使这些资源进入市场,才能够通过市场的手段,使资源得到效率最大化的配置和使用,发挥最大的价值。[1]

3. 用益物权在我国自然资源的保护和合理利用上发挥着越来越重要的功能。用益物权是直接利用土地资源并发挥资源效益的权利,所以其与资源资源的合理利用和有效保护有密切联系。现代物权法中的用益物权制度越来越注重对生态环境的保护,避免出现"公地的悲剧"现象[2]。这就需要通过权利的配置来平衡与制约人与人之间因利用稀缺性日益明显的环境资源而发生的关系。任何人在利用自己的财产的时候,都应当注意协调个人利益和社会利益、短期利益和长期利益,注重财产效用的发挥和生态环境保护的协调发展,从而实现自然资源使用收益和生态环境保护的双重目的。我国《物权法》中的用益物权制度也特别注重对生态环境的保护。在我国实行保护生态和环境,实现可持续发展,是一项基本国策。为此需要在用益物权中协调对资源的开发利用和环境保护之间的关系,将保护环境确定为用益物权人的法定义务。只有通过环境保护义务的履行,才能实现长期的可持续发展。例如,根据《物权法》第 120 条的规定,用益物权人行使权利,应当遵守法律有关保护和合理开发利用资源的规定。

4. 用益物权在物权法中的地位和重要性日益突出。现代民法上,各国物权法贯彻效益原则,所有权从注重抽象的支配到侧重于具体的使用形态,已经逐渐放弃了传统民法注重对物的实物支配、注重财产归属的做法,转而注重财产价值形态的支配和利用。两大法系有关财产的法律,都充分体现了以"利用"为中心的物权观念,传统的以物的"所有"为中心的物权观念,已经被以物的"利用"为中心的现代物权观念所取代[3]。用益物权正是这种以"利用"为中心的物权的主要表现。正是因为这一原因,许多学者认为,现代物权法的核心在于用益物权[4]。用益物权在现代物权体系中地位日益突出的原因主要在于:一方面,在现代社会,随着市场化、工业化的发展,人类对资源的需求日益增长。尤其是土地、矿藏等具有稀缺性和不可再生性的自然资源供应越来越紧张,在一个物上设立的物权形态越多,越能满足日益增长的物质需求,促进对物的充分利用。另一方面,自然资源的利用要尽量实现优化配置,让资源流转到最有条件和能力利用该物的人手里,实现资源效用发挥的最大化[5]。由此可以预测,随着市场经济的发展,用益物权在物

〔1〕 姚红主编:《中华人民共和国物权法精解》,人民出版社 2007 年版,第 209 页。

〔2〕 美国环境保护主义者加雷特·哈丁于 1968 年发表的题为《公地的悲剧》的论文,其中谈到草地公有而畜牧私有对环境的破坏,出现公地的悲剧现象。参见吕忠梅:"关于物权法的'绿色'思考",载《中国法学》2000 年第 5 期。

〔3〕 林刚:"物权理论:从所有向利用的转变",载司法部法学教育司编:《优秀法学论文选》,法律出版社 1996 年版,第 215 页。

〔4〕 房绍坤等:"用益物权三论",载《中国法学》1996 年第 2 期。当然,我们强调用益物权的核心地位并不否认所有权在物权法中的基础性地位。

〔5〕 全国人民代表大会常委会法制工作委员会民法室编:《中华人民共和国物权法条文说明、立法理由及相关规定》,北京大学出版社 2007 年版,第 213 页。

权体系中的地位和作用将日益凸显。

5.用益物权有助于体现中国国情和本土特色。在物权法体系中,用益物权制度随着市场经济的发展,逐渐发生了变化,这也是对社会经济条件变化的最直接反映。应当承认,用益物权制度与一个国家的基本经济制度具有直接的联系,而一个国家的经济体制、人们的生活方式具有相对稳定性,因此用益物权的内容也具有相对稳定性。这使得用益物权具有十分突出的本土性和民族性特点,各国的用益物权制度也因此差异明显。[1] 用益物权的种类和内容因历史传统、国情地域不同而不同,深具固有法色彩。[2] 德国法中的土地债务、法国法中居住权、日本法中的小耕作权等,都具有其自身的特点,是本国历史传统和具体国情的体现。[3] 在我国土地公有制基础上产生的用益物权具有一些公有制的特点。例如,建设用地使用权在土地国有的基础上产生;而土地承包经营权是在集体土地上产生的,是我国农村经济体制改革经验的总结。这些都是适合我国国情的用益物权制度。其与土地私有制国家的用益物权制度在性质和特点上都是存在区别的。

第二节　用益物权和相关权利的区别

一、用益物权与所有权

用益物权是在所有权的基础上产生的,其本身就是对所有权的限制。用益物权是在他人之物上设定的,因此用益物权是一种权能分离的结果。用益物权与所有权的关系是双重的,一方面,用益物权是对所有权的一种限制;另一方面,它也使所有权的经济价值得到充分和完全的实现。用益物权的产生是物权体系从支配向利用的发展进程的产物。在同一物之上,用益物权与所有权共存,并不损害一物一权原则和所有权的专属性。用益物权的设立,往往是出于所有权人的意志。[4] 所有人不宜由自己直接使用,而将其财产交给他人利用。用益物权本身是所有权行使的一种方法,所有人对自己的物不仅是抽象的支配,其必须要实际的利用。[5] 在所有人无法实际利用的情况下,其将自己的财产交给他人使用,如此则能在经济上充分的实现其价值。尽管所有权和用益物权联系密切,但两者存在着明显的区别:

1.用益物权是一种他物权,而所有权是一种自物权。自物权是对自己的物的支配权,因此是最全面、最完整的物权。在权利来源上,自物权来自于权利人对于物权的取得,而他物权来自于自物权人的授权,他物权只能建立在自物权之上。自物权和他物权的区分标准在于:①权利客体是否属于权利人所有。在他人所有之物上设立的物权,就是他物权。[6] 用益物权是在他人所有之物上设定的物权,具备了他物权的共同的特点,如有期性、内容受限制性等。[7] ②用益物权和

---

〔1〕 在一些国家的物权法制度中,某些用益物权也可以设立于动产之上。

〔2〕 谢在全:《民法物权论》(中),台湾地区作者印行 2003 年版,第 51 页。

〔3〕 陈根发:《论日本法的精神》,北京大学出版社 2005 年版,第 207 页。

〔4〕 某些用益物权的设立,也可能出于公共利益。例如,就役权制度而言,一些国家承认法定役权,允许行政法等法律出于公共利益设定役权。

〔5〕 房绍坤:《物权法用益物权编》,中国人民大学出版社 2007 年版,第 15 页。

〔6〕 温世扬、廖焕国:《物权法通论》,人民法院出版社 2005 年版,第 89 页。

〔7〕 房绍坤:《物权法用益物权编》,中国人民大学出版社 2007 年版,第 15 页。

所有权是分离的。用益物权是在他人之物上设立的物权,所有人不能在自己的物之上设立用益物权。

2. 用益物权是定限物权,而所有权是完全物权。用益物权作为一种定限物权,在期限上和权利内容上都是有限制的,[1]而所有权则是无期限的、具有全部权能的物权。用益物权人只是享有所有权的部分权能,它原则上不包括处分权能。而所有权是最广泛的支配权,是最完全的权利。

3. 从期限性上来看,用益物权是有期限的物权,而所有权是无期限的物权。所有权的存在与所有物共始终,只要标的物存在,所有权就存在。而在我国物权法上,用益物权大多都是有期限限制的,只是针对特殊的用益物权(如宅基地使用权),规定其是无期限的。

4. 物权的客体不同。所有权客体的范围非常广泛,包括各类有形的财产。任何财产,不管是限制流转物还是禁止流转物,都可以成为所有权的客体;不管是否具有使用价值,都可以为某人所有。而用益物权的客体相对狭窄。尽管《物权法》第 117 条的规定包括了动产和不动产,用益物权主要还是在不动产上设立的,是在非消耗物上设立的物权。[2]作为用益物权的客体,一般都必须具有使用价值,从而满足权利人利用的需要。但所有权的客体主要是物,无论这些物是否具有使用价值,都不妨碍其成为所有权的客体。此外,所有权的客体一般不包括权利,但可以在权利之上设立用益物权。

5. 取得方式的不同。从取得方式来看,所有权的取得方式具有多样性,既可以是原始取得,也可以是继受取得。只要采取合法的方式,都可以取得所有权;而用益物权的取得方式在法律上是有限制的,有的是通过设定合同的方式,也有的必须通过登记才能合法取得,如建设用地使用权就需要通过登记才能取得。

二、用益物权与债权性利用权的区别

使用他人物的方法有债权的方法和物权的方法。所谓债权的方法,也称为债权性利用权,是指主要通过合同的方式取得,并依据合同对他人之物享有的占有、使用和收益的权利,如通过租赁、借用等合同而取得的对标的物的占有、使用和收益的权利。物的利用人对物的权利也需要根据合同确定。在我国物权法立法过程中,有学者主张,凡是此类权利都应当作为物权规定,认为用益物权与债权性利用权在功能上和效力上都是一致的,没有根本的区别。也有学者认为土地租赁权性质上应当为用益物权。[3]诚然,两者确有一定的相似之处,如两者都要以直接占有标的物为前提,都包含使用、收益权能。但是两者之间存在本质的区别,主要表现在:

1. 设定方式不同。用益物权的设定需要在《物权法》上确认其为物权,以满足种类法定的要求,完成法定的公示方法。只要法律确定了某种权利为物权,即使该权利完全基于合同产生,也具有物权的效力,如土地承包经营权、地役权等。而债权性的利用权主要是通过合同关系达到对他人不动产的利用,不需要满足物权种类法定的要求,且不需要公示。债权性利用权是指基于租赁、借用等债权合同关系而对他人的物进行占有、使用和收益的权利。[4]虽然债权性利用权也可以通过合同约定方式取得,但是如果法律没有规定其为物权,也不能称为一种物权。

---

〔1〕 郑玉波:《民法物权》,台湾三民书局 2003 年版,第 159 页。
〔2〕 梅夏英、高圣平:《物权法教程》,中国人民大学出版社 2007 年版,第 200 页。
〔3〕 崔建远:"土地上的权利群论纲",载《中国法学》1998 年第 2 期。
〔4〕 王效贤、夏建三:《用益物权制度研究》,法律出版社 2006 年版,第 12 页。

2. 权利性质不同。用益物权在性质上属于物权,权利人可以直接支配物并排他性地享受物的利益。而债权性利用权的性质是债权,只能请求对方为一定行为或不为一定行为来实现利益。与其性质相适应,二者在权利流转方面存在差异。[1]

3. 期限不同。债权性利用主要是一种短期性利用,而用益物权主要是长期性利用。用益物权一般期限都相当长,但债权性利用权期限较短,约定也不能超过法定时间,如租赁权,超过20年的,超过部分无效。债权性利用权可以在不动产之上,也可以在动产之上设立,如机器设备的租赁。以债的方式进行利用,其法律关系通常是由《合同法》等法律来进行规范,而用益物权通常是一种长期性的利用,通过所有人以设定物权的方式将使用收益权交给第三人行使,且通常是在不动产之上设立的,其法律关系通常由《物权法》等法律来进行规范。[2] 债权性利用权与用益物权两者也可以在同属一人的不动产上同时存在,二者并存并无法律障碍,除了法律规定应视为混同者外,可以并存。[3]

4. 权利的流转不同。用益物权原则上都可以依法流转,而债权性利用权的转让大多需要出租人或所有者同意,租赁权、借用权等债权性利用权利在通常情况下不能单独流转;原则上,仅能认为出租人同意将租赁物交给承租人使用,而不能推定其也具有同意承租人转租给第三人使用的意思。所以,承租人没有取得出租人的同意而转租,承租人将构成违约。例如,我国《合同法》第224条第2款就规定:"承租人未经出租人同意转租的,出租人可以解除合同。"但是,用益物权作为物权的一种,具有比债权更强的独立性,因此其流动性比债权性利用权更强一些。

5. 利用方式不同。对于用益物权而言,权利人可以享有独立的使用、收益的权利,且所有人不得干预其权利的行使。而债权性利用权人则应当受到合同约定和法律规定的制约。根据《合同法》第223条的规定,承租人不得随意对租赁物进行改善或者在租赁物上增设他物。如果承租人违反了这种不作为义务,出租人有权要求其恢复原状、赔偿损失。这就意味着尽管承租人可以占有租赁物,但毕竟租赁关系是一种非支配性的财产利用关系,对租赁物状态的改变,必须要尊重出租人的意志。因为债权性利用期限较短,决定了其利用具有短期性的特征;而用益物权则期限较长,可以适合大规模的长期性建设工程,如建设用地使用权可以用来建筑高楼大厦。

6. 对抗第三人的范围不同。债权性的租赁权原则上不具有对世效力,只能对相对人主张权利。即使租赁权的物权化,也只是依据法律的规定,向特定的第三人主张。[4] 换言之,租赁权对抗效力的扩张,是一种例外的情况,本身是法律基于特定的立法政策的原因所作出的例外性规定。在债权性利用权受到侵害的情况下,权利人通常只能行使占有保护的请求权,而不能行使物权请求权。但用益物权都可以借助物权公示方法对抗任意第三人;在用益物权受到侵害的情况下,用益物权人可以行使物权请求权。

还要注意的是,用益物权作为物权,权利人不仅可以依用益物权限定的范围支配不动产,而且有权对抗包括所有权人在内的任何人对其权利行使的干涉。这就使得在非所有人对他人之物的利用方面,用益物权制度具有债权制度无可比拟的优越性。在物权法中,用益物权以其对不动

〔1〕 李淑明:《民法物权》,元照图书出版有限公司2005年版,第125页。
〔2〕 李淑明:《民法物权》,元照图书出版有限公司2005年版,第125页。
〔3〕 温世扬、廖焕国:《物权法通论》,人民法院出版社2005年版,第405页。
〔4〕 [韩]姜台星:《新版物权法》,首尔大明出版社2004年版,第709页。

产进行特定支配的性质,成为与所有权、担保物权鼎足而立的一类物权。[1]

第三节 用益物权的内容

一、用益物权人的权利

1. 占有权。用益物权人通常必须要占有不动产,才能使用、收益。所谓占有,就是权利人对标的物的实际控制。没有实际的占有,用益物权人就不可能实际使用,在绝大多数情况下,只有在标的物移转归用益物权人直接占有时,用益物权才能够行使和实现。[2] 用益物权人对于不动产的占有,针对不同的物权而有所不同。例如,建设用地使用权人必须直接占有土地,才能使用该土地;而通行地役权,要占有一定的土地。由于用益物权需要对物进行使用和收益,获取物的使用价值,这就决定了用益物权人必须要占有标的物。[3] 因为只有占有标的物,才能获得标的物的使用价值,没有占有虽然可以抽象地支配,但是,无法实际利用。一物之上如果发生了用益物权的冲突,主要是占有的冲突。因为占有是用益物权设定的先决条件。当然,某些用益物权也可以不以占有为基础。例如,眺望地役权就不一定要实际占有他人的不动产,而铺设管线的地役权,也不一定要构成对地表的占有,但这些都只是例外的情况。

2. 使用权和收益权。用益物权主要以使用、收益为目的。使用,是指按照物的性质和用途在不毁损物和改变物的性质的前提下,依据法律或合同的约定,对物加以利用。用益物权人设立的目的就是要利用物,[4]使用的目的主要是为了追求物的使用价值。例如,在德国民法上,用益物权在法学中的直接意义就是使用权,即以使用为目的而利用他人之物的物权。[5] 收益,是指通过使用获取物的天然孳息和法定孳息。用益物权人的收益权包括如下方面:①通过利用财产获取收益。例如,在土地之上建造房屋获取利润;再如,采矿权人通过行使采矿权可以获得矿产资源的所有权。这些都是用益物权人收益的主要内容。②获取天然孳息。例如,收取土地上的农作物。③获得法定孳息。例如,建设用地使用权人建造房屋出租以获取收益。

使用权和收益权一般是结合在一起,因为只有使用才能获得收益;但各种用益物权是否包括使用权和收益权,学者们对此有不同的看法。有的学者认为用益物权应兼具使用和收益两项内容;[6]有的学者认为不必同时兼具使用和收益两项内容。[7] 用益物权在法学中的直接意义就是使用权,即以使用为目的而利用他人之物的物权。[8] 应当看到,对绝大多数用益物权来说,都要包含收益的权能。但是,在特殊情况下,用益物权人可能只能使用而不能收益。例如,地役权

---

〔1〕 钱明星:"我国用益物权体系的研究",载《北京大学学报》(哲学社会科学版)2002 年第 1 期。不过,在传统民法和大陆法系民法中,动产亦可以作为集合财产的组成部分成为用益权的客体。

〔2〕 房绍坤:"论用益物权的法律属性",载《现代法学》2003 年第 6 期。

〔3〕 房绍坤:《物权法用益物权编》,中国人民大学出版社 2007 年版,第 31 页。

〔4〕 参见姚红主编:《中华人民共和国物权法精解》,人民出版社 2007 年版,第 203 页。

〔5〕 孙宪忠:《德国当代物权法》,法律出版社 1997 年版,第 30 页。

〔6〕 张俊浩主编:《民法学原理》,中国政法大学出版社 1991 年版,第 347 页;房绍坤等:"用益物权三论",载《中国法学》1996 年第 2 期。

〔7〕 屈茂辉:《用益物权论》,湖南人民出版社 1999 年版,第 5 页。

〔8〕 孙宪忠:《德国当代物权法》,法律出版社 1997 年版,第 30 页。

人就只能使用,而不能收益。而且,此种利用是持续的、稳定的、排他的。[1] 用益物权人针对不同的对象可以从事不同的利用。例如,利用集体的土地进行耕作,这就是土地承包经营权;利用国有的土地进行建设,这就是建设用地使用权。依据使用目的的不同,可以对用益物权进行不同的分类。但一般来说,用益物权主要是对物的使用价值的利用,通过这种利用,可以满足权利人的不同需要,从这个意义上讲,用益物权也都包括了一定的收益。

3. 特殊情况下的处分权。关于用益物权人是否享有处分权,在学理上一直存在着争论。一是否定说,此种观点认为用益物权的内容只能限于使用、收益,不能包括处分权。[2] 二是肯定说,此种观点认为在一定的情况下用益物权人也可以享有一定的处分权。三是折中说,即认为用益物权人不享有法律上的处分权但是享有事实上的处分权。[3] 笔者认为,用益物权的主要内容是使用、收益,显然不能包括所有权人所享有的处分权能,但是在特殊情况下,为了有效率地利用物,法律也允许权利人在不妨碍物的最终权利归属的情况下享有一定的处分权。例如,建设用地使用权人在特定情况下依法享有流转的权利,采矿权依法也可以进行抵押。当然,这种处分是对权利的处分,而不是对物本身的处分,对物的处分应当属于所有人。

4. 不受所有权人非法干涉的权利。根据我国《物权法》第 120 条的规定,所有权人不得干涉用益物权人行使权利。这实际上就赋予了用益物权人不受所有权人非法干涉的权利。因为用益物权设立后,它就独立于所有权,对所有权形成一种限制;作为独立的物权类型,用益物权人旨在通过对他人之物的利用行为,实现自己的经济或其他目的;这与所有权人所追求的利益必然存在着差异。但是,根据物权法和用益物权设立的合同,此种差异必须得到法律保护和所有权人的容忍与尊重。因此,所有权人负有不得干预用益物权人行使自己权利、追求自身利益的正当行为。[4]

5. 征收后依法请求补偿的权利。正是因为用益物权具有使用收益权能,所以,在用益物权因征收等原因而消灭的情况下,用益物权人应当有权获得单独的补偿。《物权法》第 121 条规定:"因不动产或者动产被征收、征用致使用益物权消灭或者影响用益物权行使的,用益物权人有权依照本法第 42 条、第 44 条的规定获得相应补偿。"既然用益物权是独立的物权,用益物权人作为被征收人,其应当与所有人一起和政府就征收事项进行谈判,补偿以后,应当有权按比例获得补偿款。

二、用益物权人的义务

1. 保护和合理开发利用资源的义务。《物权法》第 120 条规定:"用益物权人行使权利,应当遵守法律有关保护和合理开发利用资源的规定。"据此,用益物权人应当依法保护资源和合理开发利用资源。用益物权作为设置在他人的动产和不动产,主要是在土地和自然资源之上享有的权利。"人民一旦被赋予财产权而不善加管理利用的结果,等于是蒙受损失,相对的造成社会资源的浪费。"[5] 在我国,为了实现国家可持续发展的基本国策和最严格的耕地保护的政策,充分发挥各种资源的效率,促进物尽其用,必然要求用益物权人合理开发利用土地和其他自然资源。

2. 以合同约定的方式和目的对他人不动产进行利用。用益物权大多都是通过合同来设定

〔1〕 屈茂辉:《用益物权论》,湖南人民出版社 1999 年版,第 5 页。
〔2〕 房绍坤:"论用益物权的法律属性",载《现代法学》2003 年第 6 期。
〔3〕 钱明星:"我国用益物权体系的研究",载《北京大学学报》(哲学社会科学版)2002 年第 1 期。
〔4〕 席志国、方里维:《物权法法条详解与原理阐述》,中国人民公安大学出版社 2007 年版,第 183 页。
〔5〕 王文宇:《民商法理论与经济分析》,中国政法大学出版社 2002 年版,第 42 页。

的,合同中需要明确用益物权人的基本权利和义务。合同也要弥补法律关于用益物权内容规定的不足。所以用益物权人除了应当根据法律规定履行其各项义务外,还应当依照合同对他人不动产进行使用、收益。例如,地役权合同便具体规定了各种需役地人对供役地利用的权利,但是其利用他人不动产必须严格按照合同约定的方式和目的行使权利、履行义务,不得滥用权利而对他人不动产造成合同外的损害和限制。

3. 按照约定支付价款或费用。用益物权的取得通常都是有偿的,因此,用益物权人应当依据合同支付相应的对价。例如建设用地使用权人应当支付土地出让金,需役地人应当依据合同约定向供役地人支付一定的费用。

4. 返还标的物并恢复原状的义务。一般来讲,用益物权的客体大多数为非消耗物,用益物权人对标的物的占有、使用、收益,不会使标的物的价值减损,在期限届满、用益物权归于消灭后,用益物权人有义务将标的物以原状返还所有权人。如不能按期以原状返还,则需负担赔偿责任。在不能返还原物的情况下,也应返还与原物同种类、同数量、同品质的物,或者按其价值返还价金。[1]

第四节　用益物权的当代发展

作为民法中最为古老的部门之一,用益物权一直处于不断的发展变迁的历史进程之中,其组成、权利内容、基本原则等方面,在罗马法以降的漫长历史时期内历经了十分深刻的嬗变。一方面,一些传统的用益物权在衰落,如永佃权;[2]另一方面,一些新的用益物权制度得以发展,如空间权。总体说来,当代的用益物权呈现出以下发展趋势:

1. 用益物权的地位和作用日益凸显。用益物权尽管是一个古老的制度,但它在当代社会仍然焕发出勃勃生机。究其原因,主要是因为传统民法为了适应农业社会的需要而设立的一些用益物权制度,在经过改造之后,仍能适应现代工商社会的需要。某些用益物权被法学家们重新挖掘和诠释,以适应当代社会的日益增长的各种生产和生活需求。例如,地役权在传统上仅仅局限于相邻的土地,而现代民法则可以在不相临近的不动产上设立地役权。此外,现代社会也出现了一些新的用益物权形式,进一步丰富了用益物权制度的内容。[3] 例如,晚近以来,在许多国家出现了空间地役权的概念,将地役权扩张适用至空间的利用关系,因而,悬挂于建筑物顶的大型广告牌、修建于建筑物顶端的空中花园等,都可以适用地役权来调整。还有,一些公用事业单位铺设管线、电缆等,虽然有追求经济利益的因素,但也是为了公共利益的需要,因而出现了法定地役权的类型。总之,用益物权的适用范围的扩张在当代是一个突出的变化。

2. 在物的归属和利用关系方面,物尽其用的功能主要依赖于用益物权制度,对物的使用价值的实现主要是由用益物权来实现的。在许多国家,用益物权的客体范围的扩大是一个共同的趋势,如今,用益物权可以成立于空间、地下和自然资源。传统的地上权是指在地上建设建筑物、种植林木等的权利,如今在某些国家,地上权可以延伸适用到某些空间利用关系。土地的稀缺性和

---

〔1〕　房绍坤:《物权法用益物权编》,中国人民大学出版社 2007 年版,第 34 页。
〔2〕　高富平:《土地使用权和用益物权》,法律出版社 2001 年版,第 37 页。
〔3〕　高富平:《土地使用权和用益物权》,法律出版社 2001 年版,第 70 页。

人口的不断增长,使得土地权利日益复杂,如今,在一块土地之上和之下,可以成立一个十分庞大繁复的"权利束"。例如,土地所有权、地上权、地役权、空间权等,都可以同时并存,分属于不同的主体所有;甚至地上权还可以按照期限进行分割,根据利用不同的时段而分别分配给不同的人享有。[1]

3. 日趋重视环境的保护成为用益物权制度的重要特色。为了节约资源、保护环境,维持生态平衡,实现可持续发展,需要在用益物权制度中加强对环境的保护。一方面,用益物权的内容本身包含了对环境的保护,环境保护义务不仅体现为用益物权人对于他方当事人所负担的义务,也是用益物权人对国家所负担的义务。另一方面,许多国家的法律明确要求,权利人在行使权利的时候,必须要注重保护环境,用益物权人在行使其权利的过程中,也负有保护环境、尊重生态的义务。[2] 究其原因在于,用益物权基本上是不动产物权,毫无疑问,较之于动产而言,不动产对于环境有更显著的影响。例如,在对土地利用过程中,有可能会发生化学物品对土地的污染,不仅仅会导致地上的建筑物、林木等污染,并可能因为空气的流通、雨水的冲刷、大风的吹扫等因素,而对于临近的甚至较远的环境也发生较大的影响。[3]

4. 空间用益物权的产生和发展。在现代社会,人口激增、经济快速发展以及城市化的日益加快,导致不可再生的土地资源越来越稀缺,人类对土地的利用逐步从平面转向立体,空间的利用与开发也就越来越重要。因此,地上和地下空间也成为重要的财产,出现了空间权等制度,这些都是新的财产形式。从用益物权发展趋势来看,传统的地上权都设置在地面。适应经济的发展和有效利用资源的需要,地上权的设定已经"立体化"和"区分化",存在于土地的上空或地下,增进土地的利用价值。[4]

5. 不动产之上可设立的用益物权类型越来越多。随着社会的发展,为了有效率地利用资源,导致了新的用益物权的产生。而且,随着人们对财产的利用能力的增强,利用财产的方法增加,这都导致新的用益物权的产生。只要这些用益物权相互之间不产生冲突和矛盾,都可以为法律所承认。[5] 例如,在一块土地之上,可以设立建设用地使用权、空间权、地役权,还可以进一步在土地之上设立采矿权等权利。

---

[1] Margaret Jane Radin, "The Liberal Conception of Property: Cross Currents in the Jurisprudence of Takings", 88 *Colum. L. Rev.* 1667, 1680 (1988).

[2] 吕忠梅:"关于物权法的'绿色思考'",载《中国法学》2000 年第 5 期。

[3] 顾向一:"环境权保护在我国物权立法中的体现",载《理论月刊》2006 年第 10 期。

[4] 王泽鉴:《民法物权》(第 2 册),台湾地区作者印行 2001 年版,第 21 页。

[5] 房绍坤:《用益物权基本问题研究》,北京大学出版社 2006 年版,第 105 页。

第十三章　土地承包经营权

第一节　土地承包经营权的概念和特征

我国《物权法》第125条规定:"土地承包经营权人依法对其承包经营的耕地、林地、草地等享有占有、使用和收益的权利,有权从事种植业、林业、畜牧业等农业生产。"所谓土地承包经营权,就是指权利人对集体所有或者国家所有由集体使用的土地,享有依照法律和合同的规定,从事种植业、林业、畜牧业等农业生产的权利。

土地承包经营权是一种重要的用益物权,是我国农村集体经济组织实行家庭承包经营为基础、统分结合的双层经营体制的产物。我国《物权法》第124条规定:"农村集体经济组织实行家庭承包经营为基础、统分结合的双层经营体制。农民集体所有和国家所有由农民集体使用的耕地、林地、草地以及其他用于农业的土地,依法实行土地承包经营制度。"这就确立了统分结合的双层经营模式。所谓统分结合的双层经营模式,包括两个方面的内容:一方面是指以家庭承包为基础,即农村集体的土地由以家庭为单位的农户根据承包合同进行自主经营,从事农业生产。此种家庭的分散承包经营是整个经营体制的基础。另一方面,还存在集体统一经营的层面。集体组织虽然不直接耕种集体的土地,但是它负担着通过承包合同组织发包,指导和监督合同的履行,管理集体资产,组织生产服务和资源开发等功能。[1]所以,集体经营也是家庭经营的保障。没有集体经营层面,则难以保障社会主义集体所有制度的性质。《物权法》规定了双层经营体制,是对我国农村改革经验的总结,也有助于维护广大农民基本权利,保障农村经济的健康发展和维持我国广大农村的生产生活秩序的稳定。[2]

《物权法》第一次在法律上明确宣示土地承包经营权是一种用益物权,这就明确了其物权的性质和地位,这是我国土地承包经营制度的重大完善。《物权法》将农民的土地承包经营权赋予了物权的效力,土地承包经营权是以对物的占有、使用、收益为内容的权利,在性质上是对物的支配权。可以说,《物权法》承认土地承包经营权是物权,是在不改变集体所有制的性质,而最大限度的密切农民和土地关系、保护农民权益的一种可行的方法和途径。土地承包经营权作为一项独立的用益物权,与其他用益物权存在明显区别,其主要法律特征是:

一、目的特征

土地承包经营权设立的目的是从事农业生产经营。按照我国《物权法》第125条的规定:"土地承包经营权人依法对其承包经营的耕地、林地、草地等享有占有、使用和收益的权利,有权

---

〔1〕　全国人民代表大会常委会法制工作委员会民法室编:《中华人民共和国物权法立法条文、立法理由及相关规定》,北京大学出版社2007年版,第124页。

〔2〕　胡康生主编:《中华人民共和国物权法释义》,法律出版社2007年版,第278页。

从事种植业、林业、畜牧业等农业生产。"此处规定土地承包经营权人有权从事种植业、林业、畜牧业等农业生产。所谓农业,有广义和狭义两种含义。狭义的农业,仅指种植业。而广义的农业,又称大农业,包括农业、林业、牧业、各类副业、渔业等。可见,该条实际上采用了广义农业的概念,权利人对土地享有的权利,不限于从事种植粮棉等农业生产活动,还包括养殖、种植等。[1]由于承包经营权的目的是从事农业生产,因此权利人在行使权利的过程中,应当维持土地的农业用途,不得将土地用于非农建设和生产。[2]

二、设定特征

用益物权的设定大都采用法律行为的方式设定,按照公示原则必须采取合意加公示的模式。但土地承包经营权的设立具有特殊性。一方面,该权利自承包合同生效之日起就能有效的设立,而不必须采用公示方法。这就使得合同的效力在一定程度上能够成为依法取得物权的依据,而承包经营合同的效力直接决定了物权的存续。另一方面,土地承包经营权也不是依照法律规定的申请、审批程序以及国家机关的授权产生的,而是通过订立承包合同的方式确立的。还要看到,合同一旦生效,土地承包经营权就能随之自动设立。在合同生效之后,即使发包方没有实际交付土地也不影响土地承包经营权的设立。因此,土地承包经营权的设立既不需要登记,也不需要交付,所以有学者将其称为典型的意思主义模式,也不无道理。[3]

三、主体特征

土地承包经营权人主要是以家庭为单位的农户,但又不限于农户,还包括单个农民、法人和其他组织。我国《民法通则》第一次以民事基本法的形式提出了"农村承包经营户"的概念,但我国《物权法》第125条关于土地承包经营权的主体并没有使用"承包经营户"的概念,而使用"土地承包经营权人"的提法,这不仅高度概括了各类承包经营权的主体,也使得《物权法》的主体范畴更具有包容性。从深层次来看,从"户"到"人"的概念变迁,也表明了我国法制开始从组织到个人的身份变化,这是民法私法性质的彰显。土地承包经营权的主体主要包括:家庭承包经营关系中的主体。但法律对于流转中受让的主体并没有限于集体经济组织内部的农户成员,所以用"承包经营户"的概念不足以概括所有的承包经营权利人。因此我国《物权法》采用"土地承包经营权人"的概念,不仅更具包容性,而且为未来预留了空间。

四、内容特征

根据《物权法》第125条的规定,土地承包经营权的内容包括占有、使用和收益的权利。在内容法定的前提下,有关土地承包经营权的内容也可以由有关发包方和承包方通过合同具体约定,从而将法定的内容具体化、明晰化。《物权法》规定了土地承包经营权的内容,但这些内容根据物权法定原则都具有强制性,发包人与承包人不得在合同中任意变更。《物权法》所明确规定的物权类型,其权利内容都不允许当事人通过合同进行改变。但是土地承包经营权只是确立了权利的基本内容,有关土地承包经营权的具体内容则仍然应由土地承包合同来具体补充和完善。[4]承包经营人必须按合同规定的权能范围行使权利,且必须履行合同所规定的义务。土地承包经营权的内容包括占有、使用和收益,而不包括处分权。从理论上说,一般用益物权的权利

---

〔1〕 尹飞:《物权法·用益物权》,中国法制出版社2005年版。

〔2〕 江平主编:《中华人民共和国物权法精解》,中国政法大学出版社2007年版,第167页。

〔3〕 房绍坤:《物权法用益物权编》,中国人民大学出版社2007年版。

〔4〕 李显东主编:《中国物权法要义与案例释解》,法律出版社2007年版,第200页。

人可以处分其权利,如建设用地使用权可以转让和抵押。但我国法律从维护耕地和保护农民的长远利益考虑,对于土地承包经营权的流转存在严格限制,而且禁止将其抵押。当然,四荒土地承包权除外。

需要指出的是,《物权法》第125条规定,土地承包经营权的内容包括占有、使用和收益的权利,同时规定,土地承包经营权人有权从事种植业、林业、畜牧业等农业生产活动。笔者认为,该条所列举的种植业、林业、畜牧业等农业生产,可以看作是土地承包经营权人使用权利的具体化,即土地承包经营权人对所承包土地的使用,可以是从事农作物种植,也可以是种植林木,还可以进行畜牧,这可以根据土地的性质和当事人合同约定的内容来决定。同时,该条也表明,土地承包经营权人对土地的利用也不能从事诸如住房的建设等活动。

五、客体特征

依据《物权法》第124条的规定,土地承包经营权的客体限于土地。土地承包经营权的客体,是指土地承包经营权人依法承包经营的耕地、林地、草地等农业用地。《物权法》第124条第2款规定:"农民集体所有和国家所有由农民集体使用的耕地、林地、草地以及其他用于农业的土地,依法实行土地承包经营制度。"根据该条的规定,首先,承包经营的土地既包括集体所有的土地,也包括国家国家所有交给集体使用的土地。从实践来看,土地承包经营权的客体主要是农民集体所有的土地。也就是说,农民集体所有和国家所有依法由农民集体使用的耕地、林地、草地以及其他依法用于农业的土地,但又不限于集体所有的土地,还包括国家所有而由集体使用的土地。其次,承包经营的土地主要是指耕地、林地、草地等农业用地,除此之外,还包括其他农业用地。所谓其他农业用地,实际上就是指四荒用地。[1]但除法律另有规定或当事人另有约定之外,一般不包括地下及地上空间的利用权。[2]随着我国多种形式的经营方式的发展,承包经营的范围越来越广泛,土地承包经营权的客体也要逐渐扩大,凡是法律规定可以由集体组织或公民承包经营的土地,都可以成为土地承包经营权的客体。

六、期限特征

用益物权都具有期限性,土地承包经营权也不例外,我国《物权法》第126条也规定了各种土地的承包期。此种期限属于法定的期限,不允许当事人通过合同随意变更。[3]与一般用益物权比较,土地承包经营权虽然在期限上有限制,但为了保障土地承包经营权的长期稳定性,维护广大农民的切身利益,对农村土地承包经营权规定了长期的期限,并且到期后可以依法继续承包。可见土地承包经营权虽然有期限限制,但期限届满后并不能导致土地承包经营权人的资格丧失。由于农村土地对于农民而言,具有社会保障性质,每个农户都能对集体土地享有承包经营的权利,任何人都不得被剥夺承包土地的资格。从这个角度来说,土地承包经营权具有一定的身份性和平等性。[4]即使是土地承包经营期届满,农民也不丧失承包经营的资格,只要承包人提出续期的请求,发包人就应当满足其要求。[5]

土地承包经营权与集体经济组织成员权有着密切的联系。成员权是指集体经济组织的成员

---

[1]　王宗非主编:《农村土地承包法释义与适用》,人民法院出版社2002年版,第7页。

[2]　梅夏英、高圣平:《物权法教程》,中国人民大学出版社2007年版,第217页。

[3]　全国人民代表大会常务委员会法制工作委员会民法室编:《中华人民共和国物权法立法条文、立法理由及相关规定》,北京大学出版社2007年版,第234页。

[4]　高富平:《土地使用权和用益物权》,法律出版社2001年版,第440页。

[5]　尹飞:《物权法·用益物权》,中国法制出版社2005年版,第321页。

对集体组织所享有的权利,《物权法》对二者都作出了规定。土地承包经营权和成员权也存在一些交叉。例如,集体经济组织在发包过程中,非法剥夺或限制本集体经济组织成员承包土地的权利,既可以视为对成员权的侵害,也可以认为是对土地承包经营权的侵害。如果土地承包经营权人丧失了成员资格(如已经转为城市户口),则可能导致土地承包经营权被收回。但是土地承包经营权与成员权并不是同一概念。土地承包经营权的主体是从事农业生产的公民或集体,其他非从事农业生产的公民或集体不能成为土地承包经营权的主体。土地承包经营权的内容限于对集体土地的利用;而成员权的内容要广泛的多,根据《物权法》第59条的规定,包括了决定承包方案、分配土地补偿费、对集体出资的企业的所有权进行变动等集体经济组织的重大事务。此外,成员权还包括成员享受集体规定给予其长期的各种生产服务、集体福利和集体收益分配的权利等。成员权由成员自动取得,承包经营权则是基于承包合同而取得。

第二节　土地承包经营权的设定

一、土地承包经营权的设立模式

《物权法》第127条第1款规定:"土地承包经营权自土地承包经营权合同生效时设立。"这就表明了我国土地承包经营权的设定主要是通过承包合同完成的。一般用益物权的设定采取登记生效主义,仅有合同只发生债权债务关系,物权并不成立。但我国土地承包经营权的设定具有特殊性,表现在:

1. 采取了意思主义的模式。所谓意思主义,是指仅凭当事人的债权意思(如当事人达成合意),就发生物权变动的效力,而不需以登记或交付为其成立或生效要件。意思主义是民法意思自治原则在物权法领域的体现。[1]我国物权法原则上采取登记生效主义,但是在法律特别规定的情况下,允许通过合同直接设定物权。这主要表现在土地承包经营权与地役权的设定上。按照《物权法》第127条的规定,无论是集体土地承包,还是国有土地承包,都无需采取登记生效主义,而完全可以由当事人通过订立合同的方式设立土地承包经营权。

2. 土地承包经营权自合同生效时即可成立。发包人和承包人就合同条款达成合意,并且签字盖章,合同一旦生效即可产生物权。即便没有交付,也不影响该物权的设定。这就表明,承包合同在当事人之间不仅发生债的关系,还可以发生物权关系。在登记对抗的情况下,原则上需要交付,才能实现物权的变动,但是在土地承包经营权的设立中,是否也以交付作为土地承包经营权取得的要件?对此,学界存在着不同的观点:一种观点认为,土地承包经营权的设立只需要订立承包经营合同,而不必交付。另一种观点认为,土地承包经营权的设立,除了订立承包经营合同外,还必须交付,没有交付,就无法使用收益。笔者认为,从《物权法》的规定来看,即使没有交付土地,也不能认为土地承包经营权没有设立。其原因在于:一方面,《物权法》关于交付的规定仅仅是动产物权变动的要件,并不适用于不动产;另一方面,从实践来看,合同已经订立,但是,没有交付的情况很少发生。农村的土地一般都处于广大农民的占有之下,目前农村土地承包经营权的取得往往只是因为承包经营权的设定而发生占有的移转。农民往往在承包以后,就已经实际占有了承包地。即使没有交付承包地,土地承包经营权人有权基于合同要求发包方交付土地,

---

〔1〕　谢哲胜:《财产法专题研究》,台湾三民书局1995年版,第83页。

并可以基于土地承包经营权行使物上请求权,要求取得对承包经营土地的占有。所以,承包经营权可不以交付为设立要件,农民在签订土地承包经营合同之后,便取得了对相应土地的承包经营权,对之前占有该土地的农户享有移转占有的请求权。

需要指出的是,在合同订立方式上,家庭承包就通过普通的协议来订立;而其他方式承包必须经过拍卖等公开竞争的方式设立。《农村土地承包法》第45条规定:"以其他方式承包农村土地的,应当签订承包合同。当事人的权利和义务、承包期限等,由双方协商确定。以招标、拍卖方式承包的,承包费通过公开竞标、竞价确定;以公开协商等方式承包的,承包费由双方议定。"

3. 土地承包经营权的设立不以登记为要件。土地承包经营权人可以自由选择登记。与建设用地使用权不同,建设用地使用权采取法定登记的模式,不登记物权不能设立。而土地承包经营权登记与否,取决于当事人自愿,不登记并不妨害物权的成立,只不过处分时不得对抗第三人。从这个角度上讲,我国土地承包经营权采取了类似于登记对抗主义的模式。

二、土地承包经营权合同

土地承包经营权合同,也称为土地承包合同。土地承包合同是设立土地承包经营权的依据,也是确立当事人双方权利义务、确立物权内容的依据。当事人订立承包合同之后,应当在合同中依法记载当事人所享有的各项权利义务。即使在土地承包经营权的内容和期限法定化以后,也仍然需要发包人和承包人通过承包合同确定其具体的权利义务关系,或者使法定的抽象的权利规定具体化,承包经营合同也是物权取得的依据。土地承包合同具有如下几个特点:

1. 直接产生物权设定的效力。土地承包合同是土地承包经营权的主要设立依据,非基于法律行为一般不能取得土地承包经营权。[1] 依据《物权法》第127条第1款的规定,土地承包经营权合同一旦生效,就直接发生了设立土地承包经营权的效力。所谓生效,依据《物权法》、《合同法》及相关法律的规定,就是指当事人就土地承包合同的主要条款达成协议且具备书面形式,而且各方都具有相应的行为能力,意思表示真实且不违反法律、行政法规的强制性规定,也不损害社会公共利益。在此情况下,土地承包经营权合同原则上自成立时生效。[2]

需要指出的是,尽管在《合同法》上,合同生效只发生债的效力,即债权人有权请求债务人进行特定的给付;但基于《物权法》的规定,土地承包合同不仅是债权发生的原因,而且可以直接产生物权设定的效力。当然,虽然土地承包合同直接创设物权,仍然需要遵守《合同法》关于合同成立、生效和违约等方面的一般规则。在一方违反合同时,对方有权请求其承担违约责任。也就是说,承包经营合同是作为债权合同而存在的,因承包合同发生纠纷要适用《合同法》有关合同的订立、变更、解除、违约责任等规定,在这一点上,承包经营合同与其他合同并没有本质的区别。

2. 土地承包合同的订立,包括以家庭承包方式订立和以招标、拍卖、公开协商等其他方式订立两种类型。《农村土地承包经营法》第44条规定:"不宜采取家庭承包方式的荒山、荒沟、荒丘、荒滩等农村土地,可以通过招标、拍卖公开协商等方式承包。"这两种合同在合同的主体、订立方式、客体和内容等方面是有着重大区别:①在合同主体上,家庭承包的承包人仅限于本集体经济组织成员,而其他方式承包的承包人还可以是本集体经济组织之外的单位和个人,本集体经济组织的成员只是享有优先权。②在权利客体上,家庭承包的客体指向的是农用地;而其他方式承包的客体则是未利用地,根据《农村土地承包经营法》第44条的规定,包括荒山、荒滩、荒坡、荒丘

---

〔1〕 房绍坤:《物权法用益物权编》,中国人民大学出版社2007年版,第66页。
〔2〕 梅夏英、高圣平:《物权法教程》,中国人民大学出版社2007年版,第220页。

等。所以,也有论著将以招标、拍卖、公开协商等方式设立的土地承包经营权称为"四荒"土地经营权。③在权利内容上,家庭承包取得的土地承包经营权,虽然允许其流转,但是,流转是受到限制的,如不能以土地承包经营权抵押。当然,通过其他方式取得的土地承包经营权是可以自由流转的。《物权法》允许对"四荒"土地的承包经营权进行抵押。④在对价方面不同,家庭承包时,不一定要支付承包费;而在其他方式承包时,原则上要支付承包费。⑤在订立方式上,家庭承包采取"人人有份"的平等分配方式,而四荒土地承包应采取招标、拍卖等竞价方式。[1]

3. 土地承包合同的期限受到法律的约束。用益物权作为他物权,一般都要受到期限的限制,《物权法》第 126 条规定:"耕地的承包期为 30 年。草地的承包期为 30 年至 50 年。林地的承包期为 30 年至 70 年;特殊林木的林地承包期,经国务院林业行政主管部门批准可以延长。前款规定的承包期届满,由土地承包经营权人按照国家有关规定继续承包。"《物权法》第 126 条采取了根据不同的承包客体分别规定期限的办法。这主要是考虑到不同的土地投资收益期限差别较大,经营方式也各不相同,因而分别规定不同的期限是必要的。[2]《物权法》第 126 条包括如下内容:①耕地的期限为 30 年。《物权法》规定的耕地承包期是固定的,为 30 年。这是《土地管理法》和《农村土地承包法》相关规定的继续。该期限的确定实际上考虑了农业生产经营的特点和农业经济的发展趋势等因素。如果期限过短,不利于土地承包经营权的稳定和农业的发展,耕地承包期为 30 年的规定,符合农村耕地承包的现实要求。[3] 如果当事人约定的期限超出了 30 年,则应当适用该条第 2 款关于续期的规定。②草地的承包期限为 30 年至 50 年,较之于耕地的承包期稍长,这是因为草地的经营周期比较长,如此规定符合草地利用的客观规律。此外,草地的长期利用,还可以起到防风固沙,保护环境的作用。因此,草地的承包期限为 30 年至 50 年。[4] ③根据《物权法》的规定,林地的承包期为 30 年至 70 年,特殊林木的林地承包期,经国务院林业行政主管部门批准可以延长。因此,林地的承包期比耕地和草地的承包期都要长,这主要是因为林木种植、生长和成熟的周期较长,如果承包期过短,则将使经营权人难以对林木进行有效的经济利用,也难以鼓励土地承包经营权人进行林木的种植。俗话说,"一年之计,莫如树谷,十年之计,莫如树木"就很形象地说明了这一点。[5] ④在土地承包期届满之后,承包人有权按照国家有关规定继续承包。这就在法律上确立了土地承包经营权人的续包权。

4. 土地承包合同是要式合同。土地承包经营权设立合同要采取要式形式,主要原因在于:一方面,土地承包合同不仅直接产生设立物权的效力,而且是确定土地承包经营权内容的重要依据;另一方面,土地承包经营权是否能够设立,对相关当事人有重要利害关系,通过要式合同设立和确认土地承包经营权有利于使土地承包经营关系稳定化,鼓励和促进农民顺利开展农作物的种植、生产和投资。《农村土地承包法》第 21 条第 1 款也规定:"发包方应当与承包方签订书面承包合同。"《物权法》虽未明确规定土地承包经营合同为要式合同,但从体系解释来讲,土地承包经营合同作为设立物权的合同,应当是要式合同。采用要式合同的方式,有利于避免纠纷的发生,且有利于发生纠纷时的举证。

〔1〕 胡康生主编:《中华人民共和国物权法释义》,法律出版社 2007 年版,第 279 页。
〔2〕 黄松有主编:《〈中华人民共和国物权法〉条文理解与适用》,人民法院出版社 2007 年版,第 378 页。
〔3〕 姚红主编:《中华人民共和国物权法精解》,人民出版社 2007 年版,第 226 ~ 227 页。
〔4〕 黄松有主编:《〈中华人民共和国物权法〉条文理解与适用》,人民法院出版社 2007 年版,第 378 页。
〔5〕 姚红主编:《中华人民共和国物权法精解》,人民出版社 2007 年版,第 226 ~ 227 页。

三、土地承包经营权登记的效力

(一)土地承包经营权登记的效力

所谓土地承包经营权登记的效力,是指土地承包经营权在登记之后产生何种法律上的效果。如前所述,我国《物权法》对设立土地承包经营权采取意思主义模式。这也就是说,一旦土地承包经营权合同生效,土地承包经营权就得以设立,而不需要进行登记。因而,登记在效力上不直接导致承包经营权的产生,不是物权取得的必要条件。即使没有办理登记,土地承包经营权人也可以依据合同取得完全的土地承包经营权。尽管《物权法》第127条规定了设立承包经营权时应当登记造册,但登记造册不是物权设立的公示方法,只是政府出于管理需要而对土地承包经营权的确认。登记并不是基于当事人的申请而发生的,而是政府依法作出的一种职权行为。

按照《物权法》第129条的规定:"土地承包经营权人将土地承包经营权互换、转让,当事人要求登记的,应当向县级以上地方人民政府申请土地承包经营权变更登记;未经登记,不得对抗善意第三人。"因此,登记主要适用于土地互换、转让的情况。登记在效力上主要表现为一种对抗第三人的效力。这也就是说,即使土地承包经营权的互换和转让没有办理登记,但是该物权的变动在当事人之间发生效力,但不能对抗善意第三人。

但是,在四荒土地上设立和转让土地承包经营权是否必须要经过登记? 对此存在三种不同的看法:一是意思主义说。此种观点认为,四荒土地承包经营权的设立和转让,都采取意思主义,即从承包经营合同生效时起发生效力。不经过登记,只是意味着四荒土地承包经营权不能流转,但并非不能设立。[1] 二是登记要件说。此种观点认为,四荒土地的设立和转让,必须采取登记生效主义。未经登记,此种物权不能设立或不产生变动的效力。[2] 三是折中说。此种观点认为,要区分两种情况,设立土地承包经营权采取意思主义,转让土地承包经营权采取登记要件主义。在没有登记的情况下,承包人取得的只是债权,而不具有物权的效力。[3] 应当看到,我国现行立法对四荒土地承包经营权的设立尚没有统一的规定。笔者认为,四荒土地的承包和一般的土地承包确有区别。在其之上设立土地承包经营权,是采取竞争性的方式,而不是人人有份的方式,正因为其采用的是竞价交易的方式,对承包经营的主体没有作出限制,所以可以按照一般用益物权的设立方式,采取合意加登记的设立模式。

(二)关于登记造册的性质和效力

《物权法》第127条规定:"土地承包经营权自土地承包经营权合同生效时设立。县级以上地方人民政府应当向土地承包经营权人发放土地承包经营权证、林权证、草原使用权证,并登记造册,确认土地承包经营权。"据此表明:其一,土地承包经营权自土地承包经营权合同生效时设立。其二,在土地承包经营权设立之后,各级地方人民政府都有义务向土地承包经营权人颁发土地承包经营证书,土地承包经营证书,是确认和证明土地承包经营权的凭证,也是物权的权利凭证。土地承包经营证具有两个方面的作用:一方面,它可以证明土地承包经营合同关系的存在和内容。一般来说,土地承包经营权应当通过承包合同来证明,但是,在承包合同丢失的情况下,土地承包经营证书也可以间接地证明该承包关系的存在。因为证书中应当记载权属、面积、用途等事项。另一方面,它是一种物权的凭证。因为证书是由县级以上政府统一印制的,所以其表明了

〔1〕 房绍坤:《物权法用益物权编》,中国人民大学出版社2007年,第80页。
〔2〕 屈茂辉:《用益物权制度研究》,中国方正出版社2005年版,第375页。
〔3〕 尹飞:《物权法·用益物权》,中国法制出版社2005年版,第319页。

国家对于权利的认可和保护。当然,证书作为权利凭证,仅具有证明承包经营权的证据效力,但领取证书不是权利的成立要件。土地承包经营证书要详细记载四至,要对地块坐落以及谁对给定的地块有多大权利予以记载,有助于确认权利内容和归属。[1] 在发生了土地承包经营权纠纷的情况下,土地承包经营权证书可以作为确权的依据。另外,在颁发证书的同时,县级以上地方人民政府还应当登记造册,确认土地承包经营权。所谓登记造册,就是指县级以上地方人民政府依法向承包方颁发土地承包经营权证书、林权证等证书,同时将土地的使用权属、用途、面积等情况登记在专门的簿册上,以确认土地承包经营权的法律制度。[2] 登记造册虽然具有确认权利归属的作用,但登记造册不是设立物权的依据,而只是进一步确认承包经营关系及其内容的方式,其主要是政府管理土地及其承包关系的方式。[3] 但此种方式并不是一种物权的弱化。在发生争议之后,登记造册的内容也具有证据的效力。

第三节　土地承包经营权的内容

土地承包经营权是一种用益物权,其内容首先应由法律规定,其中法律包括《物权法》、《土地管理法》、《农村土地承包法》等。但是,法律只是确定了土地承包经营权的基本内容,该权利的具体内容还需要通过发包方和承包方订立的承包合同来进一步具体化。当然,按照物权法定原则,法律关于土地承包经营权内容的规定不能由当事人随意变更,当事人只能在法定的范围内约定土地承包经营权的具体内容。所以,如果当事人就土地承包经营权的内容发生争议,应当首先依据法律的规定,在法律没有规定的情况下,才根据承包合同来确定该权利的内容。

一、承包经营权人的权利

（一）占有权、使用权和收益权

1. 土地承包经营权人有权依法占有承包的土地。在土地承包经营合同生效以后,权利人有权占有集体的土地,从事承包经营。尽管土地承包经营权的设立以合同生效为要件,但事实上,土地承包经营权人要实际利用集体土地从事农业生产,就必须以占有土地为前提。[4] 如果土地承包经营权在合同生效以后,发包人并没有立即向承包人交付土地,土地承包经营权人在承包合同订立之后有权请求发包方交付土地并进行占有。如果土地仍然由第三人占有,承包经营权人有权基于其享有的物权请求第三人返还占有。如果土地之上存在他人的设施等,承包经营权人有权请求排除妨害。

2. 土地承包经营权人对土地享有使用的权利。所谓使用,就是指土地承包经营权人有权利用集体的土地,从事种植业、林业、畜牧业等农业生产,也可以利用承包的土地修建必要的附属设施,如林地使用权人有权修建必要的引水沟渠。但是,修建附属设施必须以服务于农业生产为必要。在法定的范围内,使用土地的权利内容应主要根据承包经营合同来确定。例如,合同允许其

〔1〕 中国土地政策改革课题组:"中国土地政策改革:一个整体性行动框架",载《改革》2006 年第 2 期。

〔2〕 胡康生主编:《中华人民共和国农村土地承包法释义》,法律出版社 2002 年版,第 65～66 页。

〔3〕 姚红主编:《中华人民共和国物权法精解》,人民出版社 2007 年版,第 228 页。

〔4〕 梅夏英、高圣平:《物权法教程》,中国人民大学出版社 2007 年版,第 224 页。

利用集体的土地栽种果树或利用集体的池塘进行养殖,承包经营权人也有权享有上述权利。[1]
在承包经营关系中,使用是有范围限制的,也就是说,土地承包经营权人不得利用土地建造房屋
或从事其他非农业活动,也不能擅自改变农用地。

3. 土地承包经营权人对土地享有收益的权利。所谓收益,主要是指承包地中种植的农产品
中获取的收益。例如,果树上出产的果实、稻田里出产的粮食、鱼塘里养殖的水产品。这是农民
赖以生存的保障。[2] 土地承包经营权人依法将土地出租,由此获得的收益以及土地承包经营权
流转获得的收益,也可以认为是土地承包经营权人的收益。我国自取消农业税以后,农民通过利
用土地承包经营土地,进行种植和生产而获得的收益,都应当归农民自己所有。对于生产的农产
品,农民有权自己消费,也有权将农副产品自由处分。但是,依据合同的规定,应当缴纳给集体的
部分,土地承包经营权人应当根据合同的约定履行义务。[3]

（二）自主经营权

所谓自主经营权,就是指土地承包经营权人有权依自己的意志组织农业生产经营活动和处
置产品的权利。《农村土地承包经营法》第16条将自主经营权与使用收益权并列,表明这是一项
独立的权能。此种权利包括两方面的内容:一是土地承包经营权人有权利用承包土地从事生产
经营活动。其利用集体的土地从事生产经营活动,享有经营自主权,他人不得干涉。[4] 任何人
不能以"一乡一品"、"特色农业"等为由干涉承包经营权人的经营自由。二是土地承包经营权人
对利用承包的土地所收获的产品有权进行处置。农户可以自由决定农产品是否卖、如何卖以及
价格如何确定。土地承包经营权人行使自主经营权,任何组织或个人都不得干扰或阻挠。[5] 但
对于一些特殊的农业生产活动,权利人也要受到法律的约束。例如,权利人栽种林木,虽然承包
经营权人对林木享有所有权,但必须按照法律规定进行砍伐。

（三）续包权

在承包经营期届满之后,承包权人有权继续承包集体的土地,享有土地承包经营权。《物权
法》第126条第2款的规定:"前款规定的承包期届满,由土地承包经营权人按照国家有关规定继
续承包。"根据这一规定,即使承包期限届满,土地承包经营权人仍然有权继续承包。续包权包含
如下几个方面的内容:①承包期满以后,只要承包人提出续包,发包人就应当满足其要求,按照其
意愿继续承包;如果权利人不愿继续承包,则不能强行要求其继续承包。继续承包实际上是在终
止原有的承包合同的基础上,发生一个新的承包合同。尽管在合同内容上与前一合同并未变化,
但前一合同已经终止,所以继续承包实际上就是要签订一个新的合同。而不是原承包经营关系
的继续。②续包要依据国家有关规定进行。我国农村土地承包始于上世纪80年代,在90年代
中期第一轮承包期届满之前,中共中央、国务院联合发布文件,部署了第二轮土地承包工作。[6]
所谓依据国家有关规定继续承包,实际上就是指依据未来国家就第三轮土地承包发布的有关规

---

〔1〕 全国人民代表大会常委会法制工作委员会民法室编:《中华人民共和国物权法条文说明、立法理由及相关规定》,北
　　京大学出版社2007年版,第231页。

〔2〕 胡康生主编:《中华人民共和国土地承包法释义》,法律出版社2002年版,第43页。

〔3〕 郭明瑞主编:《中华人民共和国物权法释义》,中国法制出版社2007年版,第217页。

〔4〕 胡康生主编:《中华人民共和国物权法释义》,法律出版社2007年版,280页。

〔5〕 胡康生主编:《中华人民共和国土地承包法释义》,法律出版社2002年版,第44页。

〔6〕 1997年中共中央办公厅、国务院办公厅发布了《关于进一步稳定和完善农村土地承包关系的通知》,指出在第一轮
　　承包期到期后,土地承包期限再延长30年。

定进行续包。但续包权适用于家庭承包,而不适用于四荒土地的承包。我国《物权法》第126条规定的续包权,是土地承包经营权作为一种用益物权的重要内容,也是充分保障农民利益的具体体现。由于土地承包经营权还承载了社会保障的功能,所以,续包权是保障农民基本生活所必需的。土地承包经营权期限届满以后,农民不能离开土地而生活,否则农民的基本生存权就不能得到维护。《物权法》作出此种规定,有利于进一步稳定农村承包经营关系,也有利于鼓励承包经营权人在承包期届满时继续对承包地进行投资,防止滥用土地资源等短期行为。[1]

(四)流转权

所谓流转权,是指土地承包经营权人有权将土地承包经营权依法通过转包、互换、转让等方式流转。《物权法》第128条规定:"土地承包经营权人依照农村土地承包法的规定,有权将土地承包经营权采取转包、互换、转让等方式流转。"据此,流转的权利具体包括以下几方面内容:①土地承包经营权人有权自主决定是否将其权利通过法定的流转方式流转给他人,任何组织或个人都不得强迫或阻碍土地承包经营权人行使流转的权利。②土地承包经营权人有权决定该权利流转的对象。当然,这里需要注意的是,流转的对象一般限于农村集体内部,对于外部的流转要遵守法律规定的条件。此外,如果承包经营权合同中已经对流转的对象作出了限定,则也应当遵守合同约定。③流转必须采取法律规定的方式,如要签订书面合同。④因流转所获得的收益,应归土地承包经营权人所有。[2] 流转的权利是土地承包经营权作为用益物权的效力体现,也是承包经营权作为物权效力的体现。但流转后不能随意改变土地的用途。我国《物权法》第128条要求流转必须依照《农村土地承包法》的规定,并明确规定"未经依法批准不得将承包地用于非农建设"。

(五)拒绝非法收回或调整承包地的权利

首先,根据《物权法》第131条的规定,除非农村土地承包法等法律另有规定,否则,在承包期内发包人不得收回承包地。这不仅是合同必须严守规则的要求,也是保证土地承包经营权成为长期稳定的物权所必需的。其次,根据《物权法》第131条的规定,农村土地承包法等法律另有规定的,依照其规定。《农村土地承包法》第26条对收回承包地的情况作出了规定。

土地承包经营权人享有拒绝非法调整承包地的权利。根据《物权法》第130条的规定:"承包期内发包人不得调整承包地。因自然灾害严重毁损承包地等特殊情形,需要适当调整承包的耕地和草地的,应当依照农村土地承包法等法律规定办理。"《农村土地承包法》第27条规定:"承包期内,因自然灾害严重毁损承包地等特殊情形对个别农户之间承包的耕地和草地需要适当调整的,必须经本集体经济组织成员的村民会议2/3以上成员或者2/3以上村民代表的同意,并报乡(镇)人民政府和县级人民政府农业等行政主管部门批准。承包合同中约定不得调整的,按照其约定。"这就确认了承包经营的土地不得随意调整的规则。因为土地承包经营权既然是一种物权,物权化的目的就是要使得该权利成为长期稳定的财产权利,因此,发包方就不能随意调整。如果调整,不仅将损害土地承包经营权人的权利,而且不利于承包经营权人形成稳定的预期,进行长期投资,从而不利于提高土地利用效率。但是,如果确有特殊情况,需要适当调整承包地的,必须符合法定的条件和程序。[3]

---

〔1〕 姚红主编:《中华人民共和国物权法精解》,人民出版社2007年版,第228页。

〔2〕 胡康生主编:《中华人民共和国土地承包法释义》,法律出版社2002年版,第44页。

〔3〕 席志国、方立维:《物权法法条详解与原理阐释》,中国人民公安大学出版社2007年版,第208页。

（六）征收补偿权

《物权法》第 132 条规定："承包地被征收的,土地承包经营权人有权依照本法第 42 条第 2 款的规定获得相应补偿。"因此,土地承包经营权人享有征收补偿权。所谓征收补偿权,就是指因国家基于公共利益,依据法律规定的权限和程序征收集体的土地而导致土地所有权移转,土地承包经营权因此消灭,土地承包经营权人有权依法要求单独补偿。根据这一规定,第一,必须是承包地已经被征收,即集体土地所有权被征收,从而导致土地承包经营权消灭。如果土地没有被承包,即使土地被征收,也不存在土地承包经营权人的补偿问题。第二,土地承包经营权因征收而绝对消灭。此处必须要区分土地的征收和征用,在征用的情况下,只是临时影响了土地承包经营权的行使,而不会导致土地承包经营的绝对消灭。例如,因抗洪抢险、军事演习而临时征用集体土地,只是导致土地承包经营权在一定时间内受到限制,因此不产生征收补偿权的问题。第三,补偿的标准和数额必须符合法律规定。征收集体土地之后,集体作为被征收人享有依法获得补偿的权利。但由于土地承包经营权已经物权化,因此,在征收、征用的时候,不仅要对土地所有权人给予补偿,也要对相关的用益物权人给予补偿。[1]

二、承包经营权人的义务

1. 依法律和合同约定利用土地的义务。一方面,土地承包经营人必须在法律允许的范围内从事农业生产活动。承包经营权人必须合法行使权利。任何人不得买卖土地,擅自将土地抵押或者将土地承包经营权非法流转,不得在承包地上从事建房、起土、造坟、建灶等活动。另一方面,土地承包经营权人在获得土地承包经营权之后,应当积极组织有效的农业生产,不得撂荒、弃耕或进行掠夺性农业生产,破坏土地的生产力,不得擅自在土地之上建筑各种建筑物和工作物。

2. 合理使用土地、保护环境的义务。《物权法》第 120 条规定："用益物权人行使权利,应当遵守法律有关保护和合理开发利用资源的规定。"因此,土地承包经营权人承包土地之后,也应当注重保护资源,合理开发和利用资源并保护环境。土地承包经营权人对承包经营的土地、山林、水面等应当合理利用,不得进行掠夺式开发、经营;不得擅自在耕地上建房、挖沙、采土、采石采矿;同时土地承包经营权人还有义务保护所承包土地的生态环境,即使是个人种植的林木也不能滥砍滥伐,不得使用违禁农药污染环境等。

3. 返还土地并恢复原状的义务。在土地承包经营期限届满或其他法定原因导致土地承包经营权消灭的,当事人又没有续订承包经营合同,则土地承包经营人应当及时向发包人返还土地,并应当恢复土地的原状。承包期内,承包方全家迁入设区的市,转为非农业户口的,土地承包经营权人丧失了集体经济组织的成员资格,其有义务将承包的农用地返还给发包方。

第四节　土地承包经营权的流转

一、土地承包经营权的流转

所谓土地承包经营权的流转,是指土地承包经营权人依照法律的规定,采取转包、互换、转让等方式将土地承包经营权转让给他人。《物权法》第 128 条规定："土地承包经营权人依照农村土地承包法的规定,有权将土地承包经营权采取转包、互换、转让等方式流转。流转的期限不得

---

[1]　梅夏英、高圣平:《物权法教程》,中国人民大学出版社 2007 年版,第 228 页。

超过承包期的剩余期限。未经依法批准,不得将承包地用于非农建设。"这就在法律上确认了土地承包经营权人所享有的流转的权利。从实践来看,在稳定家庭承包经营的基础上,允许土地承包经营权依法流转,是发展农村市场经济、实现资源优化配置的必然要求。[1] 由于我国农村劳动力闲置现象严重,因而农村劳动力大规模向城市流动,许多农户无适于从事耕种的劳动力,因此需要将承包的土地流转给他人;另外,为了适应现代农业的规模化经营、机械化生产的需要,也应当允许农村土地承包经营权的流转。由于土地承包经营权流转也为土地向"种田能手"等集中、使土地流转到最能够发挥土地效益的人手中,从而为实现规模经营、提高土地的利用效率创造了条件。土地承包经营权的流转具有如下几个特点:

1. 流转在性质上是权利的处分行为。除了转包之外,土地承包经营权的流转都要导致权利被转让。这就是说,在流转之后,一方的土地承包经营权消灭,而另一方继受取得该土地承包经营权。从这个意义上说,土地承包经营权的流转在性质上是一种土地承包经营权的交易。因而,应当按照自愿有偿、平等协商的规则进行流转。[2]

2. 流转的权利是土地承包经营权的一项重要内容。既然土地承包经营权是一种物权,具有财产价值,就应当可以流转。一旦土地承包经营权人取得土地承包经营权,就自然享有对这种权利的处分权,可以使土地承包经营权依法流转。[3] 一般来说,流转的主体是土地承包经营权人,而不是发包人。根据《物权法》第128条的规定,土地承包经营权可以依法流转,这就赋予了土地承包经营权人流转的权利。土地承包经营权人有权决定是否流转和流转的对象,也有权决定流转的方式和内容。流转的权利是承包经营权人享有的土地承包经营权的一项重要内容。除了法律特别规定需要经过发包人同意外,其转让一般不需要发包人同意,也不需要获得政府的批准。任何组织和个人都不得强迫或者阻碍承包经营权人进行土地承包经营权的流转。[4]

3. 流转不得改变土地的农业用途。在我国,土地属于国家或者集体所有,土地承包经营权在性质上只是用益物权,无论承包经营权采取何种方式流转,如何流转,都不得改变土地所有权的归属。《物权法》第128条还规定:"未经依法批准,不得将承包地用于非农建设。"这是因为我国实行最严格的耕地保护制度,土地承包经营权设立的目的只是农业生产,不能从事非农建设。因此,土地承包经营权流转之后,也不能将其用于农业生产以外的目的。例如,在受让人受让承包地之后,不能将承包地用于房地产开发等非农建设。[5] 正是因为流转之后也要保持土地的农业用途,我国《农村土地承包法》第33条规定,在流转之后,受让方必须具有农业经营能力。当然,根据《物权法》相关规定,在国家土地整体利用规划范围内,承包经营的土地经过有关机关的批准和法定的程序,是可以改变用途的。

4. 流转的方式必须合法。土地承包经营权的流转方式是多样的,主要包括转包、互换、转让等方式。在这些方式中,受让人既可能取得物权,也可能仅取得债权(如转包),但流转的方式必须合法。例如,我国现行法律规定,除了四荒土地以外,土地承包经营权一般不得抵押。在我国,土地承包经营权的流转是受限制的。虽然流转的权利是土地承包经营权的一项重要内容,但是,该项权利的行使在法律上受到严格的限制。例如,根据《农村土地承包法》第33条的规定,土地

---

〔1〕 胡康生主编:《中华人民共和国土地承包法释义》,法律出版社2002年版,第90页。

〔2〕 《农村土地承包法》第33条第1款。

〔3〕 郭明瑞主编:《中华人民共和国物权法释义》,中国法制出版社2007年版,第229页。

〔4〕 《农村土地承包法》第33条。

〔5〕 房绍坤:《物权法用益物权编》,中国人民大学出版社2007年版,第80页。

承包经营权的流转不得改变土地所有权的性质和土地的农业用途,受让方需有农业经营能力。可见,土地承包经营权的流转与一般用益物权的转让是有区别的,它要受到比较多的限制。

5. 流转的期限不得超过承包期的剩余的期限。《物权法》第 128 条还规定:"流转的期限不得超过承包期的剩余期限。"一方面,流转的权利作为土地承包经营权人享有的一种权利,权利人可以依法行使,但权利人流转的土地承包经营权的期限不得超过土地承包经营权的剩余期限。在剩余的期限内,具体转让的期限可以由土地承包经营权人自由决定。另一方面,土地承包经营权人不享有处分超过承包期的权利,否则构成无权处分。土地承包经营权的流转超过承包期的剩余期限,超过部分无效,并应当按照剩余期限计算。[1] 此种规定也是为了避免集体经济组织因为该权利的流转而遭受损害。尽管《物权法》规定承包经营权人享有续包权,但是这并不意味着,承包经营权人在流转该权利时可以超过剩余的期限。因为在续包的情况下,承包人取得的是新的权利,而并非意味着原有权利的变更。

二、流转的几种方式

《物权法》第 128 条只是规定了转包、互换、转让三种典型的流转方式,但是,该条又规定可以采取这三种方式以外的方式,这些方式究竟包括哪些,在学理上值得探讨。笔者认为,《物权法》第 128 条所说的"等"字,可以解释为包括出租、入股等形式,由于流转本身大多涉及到物权的转让,因此依法必须签订书面合同,并且在合同中应当具体规定双方的权利义务。

(一) 转包

所谓转包,就是指土地承包经营权人将自己承包的土地在承包期间内全部或部分地移转给其他农户耕种。在转包的情况下,由于承包关系的主体并没有发生变更,只不过是承包经营权人将其享有的权利部分移转给了第三人,而发包人和承包人之间的承包关系不变。[2] 转包不同于一般的流转,一方面,在转包的情况下,土地承包经营权人与第三人之间仅仅形成了一种债权债务关系,但是,作为物权的土地承包经营权并没有发生移转。受转包人取得对土地的占有、使用和收益的权利,但其取得的权利只是一种债权,而不是物权。在实践中转包的现象经常发生,转包对促进土地的规模经营,提高土地的效益都具有重要的作用。

我国《物权法》第 128 条和《农村土地承包法》第 32 条规定可以采用转包的方式进行流转。但转包除应签订书面合同之外,还需要符合如下几个条件:①转包的对象不限于本集体经济组织的成员,但必须具有农业经营能力。[3] 在转包时,本集体经济组织成员享有优先承包的权利,但是,这并不意味着转包必须转给本集体经济组织内部的成员。只要是具有农业经营能力的人,都可以作为受转包人接受转包。转包必须在承包期限内进行,不能超出承包期限。②受转包人应当依据合同规定支付转包费。转包的费用应当由双方通过合同进行协商。如果转包合同中约定转包是无偿的,则受转包人也可以不支付转包费。③转包不需要取得发包人的同意,但应当向发包人备案。因为在转包的情况下,土地承包经营权人享有的承包经营权并没有转让。转包人和受转包人之间是一种内部关系,且是一种债的关系;土地承包经营权人和发包人之间是一种外部关系,且是一种用益物权关系。所以,内部关系的变化并不影响到外部关系主体的变更,也

---

[1] 房绍坤:《物权法用益物权编》,中国人民大学出版社 2007 年版,第 107 页。
[2] 胡康生:《中华人民共和国物权法释义》,法律出版社 2007 年版,第 288 页。
[3] 许多学者认为,转包主要发生在农村集体经济组织内部农户之间。参见胡康生主编:《中华人民共和国农村土地承包法释义》,法律出版社 2002 年版,第 90 页。

不改变土地承包经营权的物权性质。[1] 所以,根据《农村土地承包法》第37条的规定,土地承包经营权采取转包、出租、互换、转让或者其他方式流转,当事人双方应当签订书面合同。但并不需要取得发包人的同意。④承包经营权人只能在承包期限内转包,其转包的期限要受承包期限的限制。如果转包的期限超过承包期,并导致合同不能履行,转包人应当向受转包人承担违约责任。

(二)互换

所谓互换,就是指同一集体经济组织内部不同土地承包经营权人将各自的土地承包经营权进行互易。在互换的情况下,当事人之间形成了一种互易合同关系。与一般互易合同不同的是,此种互易合同的标的物是土地承包经营权,而不是所有权。在互易之后,双方都丧失了自己的原承包地,而取得了对方的承包地。互换从表面上看是地块的交换,但从性质上看,是由交换承包的土地引起的权利的移转。[2] 同一集体经济组织的承包方之间自愿将土地承包经营权进行互换,双方对互换土地原享有的承包权利和承担的义务也相应互换。[3] 互换并不导致土地承包经营权内容的改变。在互换以后,原土地承包经营权设立合同约定的权利义务,应当由新的土地承包经营权人概括承受。我国《物权法》第128条和《农村土地承包法》第40条对此作出了专门规定。

互换除应签订书面合同之外,还应当符合如下两个条件:一是,互换的主体必须是同一集体经济组织内部的成员。关于互换的主体是否限于同一经济组织内部,对此存在不同的看法。一种观点认为,如果土地承包经营权人与不同集体经济组织成员的土地承包经营权进行互换,在性质上应当理解为转让,[4] 应当根据《农村土地承包法》第37条的规定取得农村集体经济组织的同意。另一种观点认为,既然允许农村土地承包经营权转让给本集体经济组织以外的农户,举重以明轻,也应当允许其在不同集体经济组织之间的农户进行互换。[5] 笔者认为,按照《农村土地承包法》第40条的规定,互换只能在同一集体经济组织内部进行,承包经营权人无权将其承包经营权与不同集体经济组织成员的土地承包经营权进行互换。二是,由于互换只是在同一集体经济组织内部进行交换,并没有改变土地承包方案,也没有将土地承包经营权移转给集体经济组织以外的其他人,对发包人的权益没有产生实质性的影响,因此,它不需要取得发包人的同意。但是,因为互换改变了原有的土地的分配状况,所以,应当报发包方备案。[6]

(三)转让

所谓转让,是指承包经营权人依法将土地承包经营权全部或者部分移转给受让人。《物权法》第128条将转让作为典型的流转方式加以规定,表明转让是土地承包经营权人享有的一项重要权利。《物权法》之所以允许土地承包经营权转让,主要因为土地承包经营权的流转有助于推动我国农业生产的规模化和机械化,有利于提高土地利用效率。转让也是一种典型的交易行为,应当符合等价有偿的原则,转让可以采取全部转让的方式,也可以采取部分转让的方式。[7] 如

〔1〕 胡康生主编:《中华人民共和国农村土地承包法释义》,法律出版社2002年版,第90页。
〔2〕 胡康生主编:《中华人民共和国农村土地承包法释义》,法律出版社2002年版,第90页。
〔3〕 《农村土地承包经营权流转管理办法》第17条。
〔4〕 尹飞:《物权法·用益物权》,中国法制出版社2005年版,第331页。
〔5〕 王旺林:"论土地承包经营权的流转",载《北京工商大学学报》(社会科学版)2003年第2期。
〔6〕 胡康生主编:《中华人民共和国物权法释义》,法律出版社2007年版,第289页。
〔7〕 《农村土地承包经营权流转管理办法》第35条。

果土地承包经营权全部转让之后,土地承包经营权会相对消灭。这就是说,原土地承包经营关系自行终止,原承包经营权人的权利消灭,而受让人取得该权利,并与发包人之间形成新的承包关系。[1] 转让导致了土地承包经营权主体的变更,且转让是权利义务的概括移转,受让人应当取得原承包经营权人的权利,承担原承包经营权人负担的义务。如果受让人没有履行义务,应当由受让人承担违约责任。

转让除应签订书面合同之外,还必须符合如下几个条件:①转让方必须符合法定的条件。依据《农村土地承包法》第41条的规定,转让方应有稳定的非农职业或者有稳定的收入来源。这主要是考虑到在我国农村,土地承包经营权具有社会保障的功能,如果转让方没有稳定的非农职业或稳定的收入来源,其一旦丧失了承包地,失去了最基本的生产资料,尤其是在我国农村社会保障制度尚未完善的情况下,农民难以获得社会保障,从而使得转让方的生存权受到威胁,并影响社会的稳定与发展。要求转让方有稳定的非农职业或者有稳定的收入来源才能转让,也有利于防止转让人轻率地决定土地承包经营权的转让。[2] ②必须经过发包方的同意。《农村土地承包法》第37条第1款规定:"采取转让方式流转的,应当经发包方同意。"之所以应当经过发包人同意,这是因为承包经营权的转让是向本集体经济组织以外的其他人转让,改变了土地的承包规划,也可能影响到该集体经济组织的集体利益。尤其是考虑到,土地承包经营权的转让是权利义务的概括移转,受让人是否能够履行相关的义务难以确定,从发包人利益维护考虑,就需要经过发包人同意。如果未经过发包人同意,将导致转让合同无效。[3] ③受让方具有从事农业生产经营的能力。这是因为转让后不能改变承包经营的目的,受让人必须按照承包经营地的用途继续从事农业生产。因此,受让方必须具有从事农业生产的能力。总的来说,我国《物权法》和相关法律的规定,对土地承包经营权的转让并没有放开,这主要是考虑到我国目前农村社会保障体系尚未全面建立,而土地承包经营权又是农民安身立命之本,现在放开土地承包经营权转让的条件尚不成熟。[4] 因此,《物权法》仍然采取了维持现状的做法,要求依据《农村土地承包法》的规定对转让进行必要的限制。但是,随着我国社会保障体制的逐步建立和完善,农村市场经济的发展,农民的非农收入不断增加,以及从推进农村的市场化、提高农业的市场效率等方面出发,应当逐步放开对土地承包经营权转让的限制。[5] 这有利于农民成为真正的市场主体,土地承包经营权成为真正的市场化的财产权。[6]

值得探讨的是,土地承包经营权是否允许抵押?所谓土地承包经营权抵押,是指土地承包经营权人为担保自己或他人的债务履行,以土地承包经营权提供担保,当债务人不按照约定履行债务时,抵押权人有权以土地承包权折价、变卖、拍卖的价款优先受偿。[7] 我国《物权法》原则上不允许土地承包经营权的抵押。因为,一方面,根据《物权法》第184条第2项的规定,耕地、宅基

---

[1] 房绍坤:《物权法用益物权》,中国人民大学出版社2007年版,第110页。

[2] 郭明瑞主编:《中华人民共和国释义》,中国法制出版社2007年版,第232页。

[3] 《最高人民法院关于审理涉及农村土地承包纠纷案件适用法律问题的解释》第13条规定:"承包方未经发包方同意,采取转让方式流转其土地承包经营权的,转让合同无效。但发包方无法定理由不同意或者拖延表态的除外。"

[4] 王兆国:"关于《中华人民共和国物权法(草案)》的说明",新华社3月8日电。

[5] 林敏:"罗马法上的永佃权制度对完善我国农村土地承包经营权的价值",载《中南财经政法大学研究生学报》2006年第1期。

[6] 马特:"土地承包经营权刍议",载《河北法学》2007年第1期。

[7] 房绍坤:《物权法用益物权编》,中国人民大学出版社2007年版,第112页。

地、自留地、自留山等集体所有的土地使用权不得抵押,但法律规定可以抵押的除外。这实际上是禁止承包经营的土地抵押。另一方面,根据《物权法》第180条的规定,以招标、拍卖、公开协商等方式取得的荒地等土地承包经营权可以抵押。这就意味着,土地承包经营权原则上不能抵押,但是,在例外情况下,四荒土地的土地承包经营权可以抵押。《物权法》第133条规定:"通过招标、拍卖、公开协商等方式承包荒地等农村土地,依照农村土地承包法等法律和国务院的有关规定,其土地承包经营权可以转让、入股、抵押或者以其他方式流转。"据此,我国《物权法》允许四荒土地的抵押。

三、土地承包经营权流转后的登记

《物权法》第129条规定:"土地承包经营权人将土地承包经营权互换、转让,当事人要求登记的,应当向县级以上地方人民政府申请土地承包经营权变更登记;未经登记,不得对抗善意第三人。"从这一规定来看,我国对土地承包经营权的转让采用了登记对抗模式。这就是说,登记不是物权转移的必备要件,而只是产生对抗第三人效力的要件。确认登记的对抗效力,有利于保护善意第三人利益,维护交易安全。如何理解此处所说的"善意第三人"?笔者认为,即使未经登记,受让人取得的仍然是物权,可以对抗一般的债权人,只是不能对抗已经登记的其他善意受让人。如果承包经营权人将土地承包经营权多次转让,在先的受让人没有进行登记,所取得的物权只对出让人有效。而一旦其他善意受让人在后来的交易中进行了登记,则取得了该土地承包经营权,因此在先的受让人取得的权利不能对抗在后的已经办理登记的善意受让人。

第五节　土地承包经营权的消灭

土地承包经营权的消灭,是指土地承包经营权人基于法律规定或者合同的约定,丧失土地承包经营权。具体来说,土地承包经营权的消灭的原因如下:

一、土地承包经营权期限届满

土地承包经营期限一般由承包经营合同明确规定,在承包经营期限届满以后,如果没有延长承包经营期限,原土地承包经营合同终止,土地承包经营权消灭。根据《物权法》第126条第2款的规定,土地承包期届满,由土地承包经营权人按照国家有关规定继续承包。但是,在承包期满之后,即使能够继续承包,也只是导致新的承包经营关系的产生,而不是原承包经营关系的继续。

二、发包人依法提前收回承包地

在土地承包经营权成为物权之后,承包经营关系已经相当稳定。为了维护土地承包经营权的稳定性,我国《物权法》第131条规定:"承包期内发包人不得收回承包地。农村土地承包法等法律另有规定的,依照其规定。"根据这一规定,承包经营合同订立以后,当事人双方都应当严格依照合同的规定履行,任何一方不得擅自单方面解除合同,发包人不得提前收回承包地。但是在例外情况下,依据《农村土地承包法》的规定,发包人有权提前收回承包地。《农村土地承包法》第26条规定:"承包期内,承包方全家迁入设区的市,转为非农业户口的,应当将承包的耕地和草地交回发包方。承包方不交回的,发包方可以收回承包的耕地和草地。"根据这一规定,土地承包经营权人全家迁入城镇之后,已经转为非农业户口,即丧失了农村集体经济组织成员的资格,因此,其取得土地承包经营权的基础已经不复存在,土地就应当被收回。因为家庭承包经营具有资格的限制,即只有集体经济组织的成员才能够取得此种承包经营权。尤其是土地承包经营权人迁入设区的城市并转为非农户口,一般也会享受到城市居民最低生活保障,如果允许其仍然保有承包地,又享有城市的最低生活保障,这显然是不公平的。[1] 另外,土地承包经营权人迁入设区的城市并转为非农户口以后,在城市有一定的就业机会,不需要再通过承包地来提供生活保障。在此情况下,承包经营权人应当将耕地和草地交给发包方,如果不交回,发包人有权收回。需要指出的是,承包经营权人需要交回的仅仅包括耕地和草地,不包括林地,因为林地的承包期较长、投入较大、生长期较长,即使在承包方全家迁入设区的市,转为非农业户口的,也不能随意收回,如果收回林地,就可能导致林木的滥砍滥伐,破坏生态环境,并严重损害承包经营权人的利益。[2] 承包经营权人交回承包地或者发包方依法收回承包地时,如果其已经在承包地上作出了一定的投资,其有权获得相应的补偿。

值得探讨的是,关于土地承包经营权人弃耕抛荒达到一定的期限,发包方是否能够收回承包地?我国《土地管理法》第 37 条规定,弃耕抛荒 2 年的,发包人有权收回承包地,但以后有关政策实际上已改变了该规定。[3] 我国《农村土地承包经营法》、《物权法》都没有将弃耕抛荒作为发包人收回土地的原因。笔者认为,即使出现了土地弃耕抛荒,发包方也不能收回土地。因为土地承包经营权具有最低生活保障的作用,如果以弃耕抛荒为由而收回,这将使暂时无力耕种的承包经营权人失去生存之本,影响社会的安定。

三、依法调整承包地

依据我国《物权法》的规定,除非符合法定的条件和程序,否则发包方在承包期内不得擅自调整承包地。《物权法》第 130 条第 2 款规定:"因自然灾害严重毁损承包地等特殊情形,需要适当调整承包的耕地和草地的,应当依照农村土地承包法等法律规定办理。"在调整承包地以后,基于原土地之上的土地承包经营权消灭,而土地承包经营权人取得了新的土地之上的承包经营权。也就是说,土地承包经营权的客体发生了变化,承包经营权也随之发生变化。土地承包经营权调整的法定条件主要包括:

1. 必须出现了法定的调整承包地的事由。这主要是指出现了自然灾害严重毁损承包地等特殊情形。因为自然灾害(如洪水、海啸、地震等)造成水土流失,承包地本身已经无法继续耕种甚至承包地灭失,在此情况下,如果不予以调整,土地承包经营权人将丧失基本的生活保障。需要指出的是,除了自然灾害原因以外,因为生老病死、婚丧嫁娶等原因导致家庭成员变动,如果调整承包地,将造成人口数量与承包地的面积失衡,可能激发社会矛盾,影响社会安定,因此也需要依据法定程序加以调整,以解决人地矛盾突出的问题。[4]

2. 必须在承包期内出现了法定的特殊情况,如果承包期届满且没有续订合同,当然就没有必要调整。

3. 调整必须依照法定的程序。《农村土地承包法》第 27 条规定要经过经本集体经济组织成员的村民会议 2/3 以上成员或者 2/3 以上村民代表的同意,这是必要的,因为土地承包经营权的调整,不仅关系到个别农户,而且关系到整个集体经济组织的重大利益问题,所以,应当经过绝对多数的村民同意。但是,该条规定必须报乡(镇)人民政府和县级人民政府农业等行政主管部门

---

〔1〕 胡康生主编:《中华人民共和国农村土地承包法释义》,法律出版社 2002 年版,第 75 页。
〔2〕 胡康生主编:《中华人民共和国农村土地承包法释义》,法律出版社 2002 年版,第 75 页。
〔3〕 2004 年 4 月 30 日国务院办公厅《关于妥善解决当前农村土地承包纠纷的紧急通知》。该通知禁止以土地撂荒为由收回承包地。
〔4〕 郭明瑞主编:《中华人民共和国物权法释义》,中国法制出版社 2007 年版,第 238 页。

批准,此种规定值得商榷。因为土地承包经营权毕竟是集体经济组织处分其财产的行为,集体经济组织应当享有自主权,如果将土地承包经营权的调整报乡和县批准,就会导致不恰当的行政干预,损害集体经济组织的权利。[1] 笔者认为,我国《物权法》第59条第2款规定,对个别承包地的调整,要依照法定程序经本集体成员决定。此处并没有规定必须依照农村土地承包法等法律规定办理,可以理解为《物权法》的规定已经修改了《农村土地承包法》的规定,因而,对个别承包地的调整,不需要报乡(镇)人民政府和县级人民政府农业等行政主管部门批准。当然,该规定还需要相关配套法律法规作出修改或解释。

四、土地承包经营权人自愿交回承包地

土地承包经营权作为一种民事权利,可以由权利人依自己的意志进行处分。土地承包经营权人自愿交回承包地,实际上是抛弃土地承包经营权的行为,因其放弃此种权利,就导致土地承包经营权消灭。因此,《农村土地承包法》第29条规定:"承包期内,承包方可以自愿将承包地交回发包方。承包方自愿交回承包地的,应当提前半年以书面形式通知发包方。承包方在承包期内交回承包地的,在承包期内不得再要求承包土地。"从该规定来看,自愿交回的行为并不受任何限制,不管承包经营权人是否在城市找到了工作,也不管其是否具有了一定的非农收入,只要其愿意交回土地,法律都不禁止。但交回之后,发包方有接受的义务,承包经营权人在交回之后在合同规定的承包期内不得再要求承包土地。

五、国家对承包经营土地的征收

土地承包经营权存在的前提是集体对土地享有所有权。如果国家因为社会公共利益的需要,依据法律规定的权限和程序而征收集体的土地,则在集体土地所有权移转并变成国家所有之后,该集体土地上设立的土地承包经营权当然消灭。当然,国家在征收承包经营地时,应当依据《物权法》第42条的规定给予土地承包经营权人充分的、合理的补偿。因此,征收也是土地承包经营权消灭的一种原因。

土地承包经营权消灭后,地上的附属设施的归属问题法律并没有作出明确规定。笔者认为,如果附属物是土地承包经营权人修建的,在土地承包经营权期限届满时,权利人有权取回附属设施。但发包人要求以时价购买的,依据物尽其用的原则,土地承包经营权人不得拒绝。土地承包经营权人不取回附属设施的,且保留附属设施对土地使用有益时,发包人应当给予相应的补偿。

---

〔1〕 尹飞:《物权法·用益物权》,中国法制出版社2005年版,第297页。

第十四章　建设用地使用权

第一节　建设用地使用权的概念和特征

一、建设用地使用权的概念和特征

《物权法》第135条规定："建设用地使用权人依法对国家所有的土地享有占有、使用和收益的权利,有权利用该土地建造建筑物、构筑物及其附属设施。"根据这一规定,建设用地使用权,是指公民、法人依法对国有土地享有的占有、使用、收益并排斥他人干涉的权利。在《物权法》制定之前,我国民事立法都采用国有土地使用权的概念,《物权法》第一次使用"建设用地使用权"的概念替代了国有土地使用权的概念,这是我国物权制度的重大完善。

土地是财富之母,是人类社会最重要的、必不可少的物质财富之一,是"一切生产和一切存在的源泉"。[1] 在我国,城市土地属于国有,但国家并不直接利用土地从事经营等活动。要最大限度地发挥土地的效益,实现土地资源的优化配置,促进市场经济的繁荣和发展,国家就必须通过设立建设用地使用权,从而将国有土地交给自然人、法人或者其他组织来利用。建设用地使用权与其他用益物权相比较,具有如下法律特征:

1.建设用地使用权的客体具有特定性。我国《物权法》第135条规定："建设用地使用权人依法对国家所有的土地享有占有、使用和收益的权利,有权利用该土地建造建筑物、构筑物及其附属设施。"可见,《物权法》将建设用地使用权的客体限于国有土地,因而在国有土地之上才能设立建设用地使用权。根据《物权法》第151条的规定："集体所有的土地作为建设用地的,应当依照土地管理法等法律规定办理。"在我国,集体所有的土地尚不能直接进入市场进行流转,必须依法经过征收并转化为国有土地之后,才能在该土地之上设立建设用地使用权。

建设用地使用权是在国有土地所有权之上派生出来的一种权利,也就是说这一权利以土地所有权的存在为基础,没有土地所有权也就没有建设用地使用权。建设用地使用权就是由使用权人在国有的土地上从事建设,建造建筑物、构筑物及其附属设施的权利。建设用地使用权的客体是国家所有的土地,其范围很宽泛,包括住宅用地、工业用地、基础设施用地、商业用地等。各种不同的用地方式,表明了建设用地的用途是各不相同的。[2] 权利人可以根据不同的需要而设立相应的建设用地使用权。当然,在特殊情况下,建设用地使用权也可以在集体土地之上设立。[3]

2.建设用地使用权的内容具有特殊性。《物权法》第135条规定："建设用地使用权人依法

---

〔1〕 《马克思恩格斯选集》第2卷,人民出版社1972年版,第109页。

〔2〕 姚红主编:《中华人民共和国物权法精解》,人民出版社2007年版,第247页。

〔3〕 《物权法》第151条、《土地管理法》第43条。

对国家所有的土地享有占有、使用和收益的权利,有权利用该土地建造建筑物、构筑物及其附属设施。"从该条规定来看,对建设用地使用权的内容作了明确的表述,但建设用地使用权的内容突出在"建设"二字上。所谓建设,就是指利用国有土地建造建筑物、构筑物及其附属设施。所谓建筑物,是指住宅、厂房等房屋。所谓构筑物,是指虽然不适宜于居住和生产经营,但仍然具有特定用途的人工建造物,如桥梁、水塔等。所谓附属设施,是指为了建筑物、构筑物的配套服务而修建的设施,如道路、沟渠、庭院等。[1] 权利人建造的建筑物,可能是住宅用房,也可能是商业用房、工业用房等。不管建设用地使用权上的建筑物的用途如何,都属于建设用地使用权的范围,权利人对特定土地享有的占有、使用、收益,都是围绕着"建设"的需要而产生的。例如,权利人为了从事建设,就必须要占有和使用土地。在使用收益方面,建设用地使用权人在法律、法规、规划和合同的范围内对建设用地享有广泛的使用收益权,并有权排斥他人干涉。[2]

3. 建设用地使用权属于典型的用益物权。尽管我国《物权法》规定了各类用益物权,但实际上,建设用地使用权是最典型的用益物权。其典型性主要表现在:①在设立方面,它采取合意加公示的方法,并且适用登记要件主义的一般规定。②在权利流转方面,与其他用益物权不同,建设用地使用权的流转基本上没有限制。③建设用地使用权的权利人不受其身份的限制,在这一点上,它与土地承包经营权和宅基地使用权是有区别的。④建设用地使用权的取得原则上都是有偿的,如果是无偿取得(即划拨)必须受到法律的严格限制。⑤建设用地使用权具有独立性,可以单独转让。这与地役权不同,其转让不需要随同需役地一并转让。

4. 建设用地使用权是有期限的物权。我国在实行国有土地使用制度改革之后,改变了无限期使用国有土地的做法,国家出让给土地使用者的土地使用权是有期限限制的。[3] 所以,凡是通过出让方式设立的建设用地使用权,都是有期限的物权。国有土地出让金的数额与出让的年限是紧密联系的。但是,从我国实际情况出发,建设用地使用权不能完全采取出让的方式创设,以划拨的方式创设的做法是有必要存在的。因此,我国现行立法在规定国有土地有偿、有期限使用制度之外,规定了通过划拨方式可以取得建设用地使用权,但这只是例外的规定。为了防止随意扩张划拨土地的适用范围,造成国有资产的流失,我国《物权法》第 137 条明确规定,要严格限制划拨建设用地使用权的范围。因而,通过划拨方式创设建设用地使用权,在特殊情况下才能采用。建设用地使用权只有具有相对的稳定性,才能鼓励和促进建设用地使用权人投入必要的资金,从事长期的投资开发经营活动。因此,建设用地使用权的期限一般都比较长。

5. 建设用地使用权是可以自由流转的权利。建设用地使用权作为一种典型的用益物权,权利人取得该权利不受身份的限制,尤其是这种权利可以依法自由转让。而且该权利可以抵押、出租或者继承。由于我国土地所有权不能流转,因此建设用地使用权的流转在一定程度上实现了土地流转的功能。[4] 当然,划拨建设用地使用权的取得是无偿的,而且往往是为了公共利益的需要而设立的,所以其流转要受到限制。即使可以流转,也必须补交土地出让金。需要指出的

---

[1] 姚红主编:《中华人民共和国物权法精解》,人民出版社 2007 年版,第 247 页。

[2] 黄松有主编:《〈中华人民共和国物权法〉条文理解与适用》,人民法院出版社 2007 年版,第 410 页。

[3] 《城市房地产管理法》第 14 条规定:"土地使用权出让最高年限由国务院规定。"而据国务院颁布的《城镇建设用地使用权出让和转让暂行条例》第 12 条规定:"土地使用权出让最高年限按下列用途确定:①居住用地 70 年;②工业用地 50 年;③教育、科技、文化、卫生、体育用地 50 年;④商业、旅游、娱乐用地 40 年;⑤综合或其他用地 50 年。"

[4] 胡康生主编:《中华人民共和国物权法释义》,法律出版社 2007 年版,第 307 页。

是,有学者认为,建设用地使用权人可以享有处分的权利。[1] 笔者认为,这里所说的处分,是对建设用地使用权的处分,而不是对土地的处分。如果建设用地使用权人可以对土地进行处分,则将可能导致土地归属的改变,这与我国现行法律的规定是不符合的,也违反了建设用地使用权的性质。

第二节　建设用地使用权与相关权利的区别

一、建设用地使用权与土地承包经营权

建设用地使用权与土地承包经营权都是用益物权,它们都是在他人的土地之上设立的用益物权,且权利人都享有使用收益的权利。但是,二者具有明显的区别,主要表现在:①二者的设立目的不同。建设用地使用权的设立目的是建造建筑物等,而土地承包经营权的设立目的是从事农业生产。并且建设用地使用权人的利用,不仅包括对地表的利用,还包括对地上地下空间的利用。在土地承包经营权中,虽然权利人也可以在承包地上建设水渠等设施,但此种建设必须附属于权利人进行农业生产的行为。建设用地使用权人只能利用土地建造房屋或其他工作物,而不能从事农业生产。因此,建设用地使用权和土地承包经营权虽然都是对他人土地的利用,但是在具体利用方式上,二者存在严格的区分。[2] ②二者设立的客体不同。建设用地使用权的客体是国有土地,而土地承包经营权原则上设立于集体土地之上,在例外情况下,对于国有的土地和国家交给农民集体使用的土地,也可以设立土地承包经营权。③二者对权利人资格的要求不同。建设用地使用权的取得不受身份的限制,法律没有对其权利人的资格作出要求。但是,土地承包经营权是基于农村集体经济组织成员的身份而取得的权利,因此,权利人必须是农村集体经济组织的成员。④二者的设立方式不同。建设用地使用权的设立必须经过登记,非经登记该权利不得设立。[3] 土地承包经营权的设立只需要订立土地承包合同即可,不登记仅不得对抗善意第三人而已,登记本身并不影响权利的设立。[4] ⑤二者的期限不同。建设用地使用权区分了住宅用地和非住宅用地,二者的期限不同,而且期限届满以后,只有住宅用地的建设用地使用权可以自动续期。土地承包经营权的期限区分耕地、草地、林地而各不相同,但是,在期限届满之后,原则上都可以续包。[5] ⑥二者流转的自由度不同。建设用地使用权可以自主转让抵押;而承包经营权在流转上存在限制,法律原则上禁止"四荒"土地之外的承包经营权抵押。

二、建设用地使用权与地上权

所谓地上权,是指支付地租,利用他人土地建筑房屋或其他工作物或种植竹木的权利。[6] 地上权概念起源于罗马法,并为许多国家的物权法所采纳。我国《物权法》没有采纳地上权的概念,而采用了建设用地使用权的概念。

应当看到,地上权和建设用地使用权具有相似性,它们都是利用他人土地建造建筑物或其他

---

〔1〕　房绍坤:《物权法用益物权编》,中国人民大学出版社2007年版,第125页。

〔2〕　黄松有主编:《〈中华人民共和国物权法〉条文理解与适用》,人民法院出版社2007年版,第410页。

〔3〕　席志国、方里维:《物权法法条详解与原理阐述》,中国人民公安大学出版社2007年版,第224页。

〔4〕　姚红主编:《中华人民共和国物权法精解》,人民出版社2007年版,第228页。

〔5〕　房绍坤:《物权法用益物权编》,中国人民大学出版社2007年版,第129页。

〔6〕　姚瑞光:《民法物权论》,台湾地区作者印行1988年版,第145页。

工作物的权利,且标的物为土地,并且两种权利都不限于地表之上设定,在地面上空或者地下的空间,也都可以设定。[1] 但是,建设用地使用权和地上权存在着明显的区别:

1. 地上权是存在于他人土地上的权利,在国外物权法中的地上权,主要是在私人土地上设立的;而建设用地使用权是我国土地公有制基础上产生的一种特殊的用益物权,它原则上是在国有土地的基础上产生的。

2. 除了法定地上权以外,地上权的取得一般是通过地上权设立合同取得,即地上权人通过与土地所有人签订合同的方式设立地上权;[2]而建设用地使用权的取得主要是通过划拨和出让这两种方式,其中划拨的方式是无偿取得的。

3. 地上权是使用他人土地的权利,其权利的范围比较宽泛,不一定限于建造建筑物或其他工作物,还包括种植竹木。甚至有学者认为:"由于今日社会都市土地利用已趋向于立体化,所以在他人建筑物上以建筑物为目的而使用其建筑物的,也应承认得以设立类似于地上权的权利。"[3]而建设用地使用权必须在法律、法规、规划确定的范围内确定其内容。一般来说,建设用地使用权不应当包括种植竹木的权利,此种权利实际上属于土地承包经营权的范畴。[4]

4. 从期限上来看,地上权的存续期间可以由当事人自由约定,或通过遗嘱设定,地上权的具体期限长短并没有限制,当事人甚至可以设定永久存续的地上权。[5] 而建设用地使用权在取得之初都要求有使用期限的条款,具有明显的期限性的特征,即使是住宅建设用地使用权的自动续期制度,也并非不受期限的限制,只是期限到后可以再次约定一个新的期限而已。

第三节　建设用地使用权的设立

所谓建设用地使用权的设立,是指国家作为土地所有权人与相对人之间通过出让、划拨等方式将对土地的占有、使用和收益的权利转移给相对人,由相对人在其之上建造建筑物、构筑物及其附属设施。设立的过程是建设用地使用权从无到有的过程。《物权法》第137条第1款规定:"设立建设用地使用权,可以采取出让或者划拨等方式。"因此,设立建设用地使用权的原因,可以是法律行为(如建设用地使用权出让合同),也可以是事实行为(如采取划拨方式设立建设用地使用权)。[6]

具体来说,建设用地使用权的设立有如下特点:

1. 建设用地使用权必须在国有土地之上设立。建设用地使用权是一种他物权,原则上以他人之物为客体,所有人无须在自己的物上为自己设定他物权。[7] 我国法律明确规定,建设用地

---

[1] 王效贤、夏建三:《用益物权制度研究》,法律出版社2006年版,第39页。

[2] 温世扬、寥焕国:《物权法通论》,人民法院出版社2005年版,第421页。

[3] 谢在全:《民法物权论》,中国政法大学出版社1999年版,第345页。

[4] 胡康生主编:《中华人民共和国物权法释义》,法律出版社2007年版,第307页。

[5] 王泽鉴:《用益物权·占有》,台湾地区作者印行2001年版(修),第32页。

[6] 尹飞:《物权法·用益物权》,中国法制出版社2005年版,第173页。

[7] 《最高人民法院关于适用〈中华人民共和国担保法〉若干问题的解释》第77条。我国也有学者认为,在所有权与其他物权混同而其他物权的存续与所有权人或第三人有法律上的利益时,其他物权可以例外地不因混同而消灭,从而发生所有权人在自己的物上享有他物权的情况。参见梁慧星、陈华彬:《物权法》,法律出版社1997年版,第99页。

使用权必须是在国家土地所有权权能分离的基础上产生的。正是因为建设用地使用权是在国有土地上设立的，所以，在设立过程中，国家土地管理部门代表国家以平等的民事主体身份与相对人订立出让合同，设立建设用地使用权，[1]或者直接以土地管理者的身份以划拨的方式来设立建设用地使用权。

2. 建设用地使用权的设立，主要采取出让或者划拨等方式。我国《物权法》第137条第1款规定："设立建设用地使用权，可以采取出让或者划拨等方式。"但在例外情况下，也可能采取其他方式设立建设用地使用权。例如，法院的生效裁判也可以作为创设建设用地使用权的重要依据。随着土地流转的市场化发展，新的建设用地使用权设立方式也可能不断产生。所以我国《物权法》第137条的规定为未来设立方式的发展留下了空间。

建设用地使用权的设立与转让是有区别的。有学者认为，作价入股、转让、互换等都属于设立行为。笔者认为，严格地讲，这些情形属于建设用地使用权的转让行为，而非设立行为。所谓设立，是指基于法律行为而在他人之物上设立定限物权。建设用地使用权的设立，属于创设的继受取得，是初始取得，而作价入股、转让、互换等属于移转的继受取得，是属于土地二级市场中建设用地使用权的取得，是第二次取得。[2]这些方式只是导致了建设用地使用权的移转，在此之前，建设用地使用权已经设立，只不过是因为发生移转，导致权利转换，主体发生了变化，而权利的客体、内容并没有任何改变。

3. 建设用地使用权的设立原则上应当遵循有偿使用的制度。尽管我国《物权法》关于建设用地使用权的设立主要采用了出让和划拨的方式，而划拨实际上是无偿取得建设用地使用权。但从总体上讲，我国《物权法》中建设用地使用权是有偿取得的。《物权法》第119条规定："国家实行自然资源有偿使用制度，但法律另有规定的除外。"因此，建设用地使用权采用法律行为的方式设立，必须有偿，建设用地使用权人必须支付土地出让金。我国土地使用权制度改革的目的就在于设立有偿利用土地的机制，并在此基础上建立和完善土地市场。

4. 建设用地使用权的设立，需要当事人就相关内容达成合意。这里的合意，是指当事人就是否设定他物权以及他物权的内容等方面达成一致的意思表示。在建设用地使用权的设立过程中，如果采用出让方式，必须签订出让合同。该合同应当按照平等、自愿、有偿的原则，由市、县人民政府土地管理部门作为出让方与相对人签订出让合同。《物权法》第138条第1款的规定："采取招标、拍卖、协议等出让方式设立建设用地使用权的，当事人应当采取书面形式订立建设用地使用权出让合同。"根据这一规定，一方面，凡是采取出让方式设定建设用地使用权的，必须由国家作为土地所有权人与用地人之间，对建设用地使用权出让合同的条款达成合意。出让合同就是指作为土地所有人代表的国家土地管理部门与用地人之间订立的，由一方向另一方转移一定期限的土地使用权，另一方交付土地使用权的出让金的协议。出让合同是建设用地使用权产生的基础，当然，出让合同仅适用于出让取得建设用地使用权的情形，不适用于划拨取得建设用地使用权的情形。另一方面，出让合同依法必须采取书面形式，并且必须明确规定合同双方当事人的主要权利义务关系。

5. 建设用地使用权的设立原则上应当进行登记。《物权法》第139条规定："设立建设用地使用权的，应当向登记机构申请建设用地使用权登记。建设用地使用权自登记时设立。"根据该

---

[1] 尹飞：《物权法·用益物权》，中国法制出版社2005年版，第182页。
[2] 房绍坤：《物权法·用益物权编》，中国人民大学出版社2007年版，第142页。

规定,一方面,即便当事人签订了土地出让合同,但如果没有办理登记手续,当事人之间只是形成了债的关系,而没有创设物权。另一方面,建设用地使用权自登记时设立,只有完成了登记,作为物权的建设用地使用权才得以产生。此外,建设用地使用权人申请登记,登记机关在办理登记之后,应当向权利人核发权属证书。[1]

第四节　建设用地使用权的出让

一、建设用地使用权出让的概念

所谓建设用地使用权的出让,就是指国家作为出让人,将其土地的占有、使用和收益的权利通过出让合同在一定年限内转移给土地使用者,由土地使用者享有建设用地使用权,利用该土地建造建筑物、构筑物及其附属设施,并向国家支付土地使用权出让金的行为。建设用地使用权出让,是建设用地使用权设定的主要形式。[2] 在出让法律关系中,国家作为土地的所有权人是出让人,而建设用地使用权人是受让人,其取得建设用地使用权后,应当依法承担支付建设用地使用权出让金等义务。建设用地使用权的出让具有如下几个特点:

1. 出让本质上是一种设权行为。所谓设权,就是指物权的创设。就建设用地使用权的设定而言,国家作为土地所有权人,与土地使用者通过双方合意订立出让合同并进行登记,在其土地所有权上为土地使用者创设了一种用益物权,即建设用地使用权。出让作为一种设权行为的特殊性表现在,一方面,它是我国土地公有制下的物权法中特有的概念,是在不改变土地所有权归属性质的前提下,为充分发挥土地的效用和价值而产生的用益物权。另一方面,在出让关系中,国家土地管理部门作为所有人而参与到出让关系之中,与用地人之间形成一种合同关系。由于国家身份的特殊性,与其他物权的设定方式相比,出让有其特殊性。

2. 出让必须订立有偿的书面合同。土地使用权出让合同的双方是国家和土地使用者。虽然国家是公权力主体,但是在土地使用权出让合同中,它与受让人是基于平等的地位而订立的合同。[3] 双方在合同中遵循平等自愿、等价有偿原则,国家不能依据公权力强迫另一方订立合同及确定合同内容。一方面,出让合同是有偿合同,如果采用招标、拍卖等公开竞价的方式出让,则必须根据公开竞价的方式来确定出让的价格。国家不能在公开竞价的方式之外另行确定土地出让价格。出让不同于划拨,划拨是无偿行为,出让是有偿行为。《物权法》第141条规定:"建设用地使用权人应当依照法律规定以及合同约定支付出让金等费用。"可见,建设用地使用权的出让必须是有偿的。另一方面,出让合同是要式合同。《城市房地产管理法》第15条规定,土地使用权出让,应当签订书面出让合同。土地使用权出让合同由市、县人民政府土地管理部门与土地使用者签订。因此,出让合同必须采取书面的形式。

3. 出让的客体是国有的土地使用权。根据《物权法》第135条的规定,建设用地使用权的出让,是指国家以国有土地所有人的身份将国有的土地使用权在一定年限内让与土地使用者,并由土地使用者向国家支付土地使用权出让金的行为。我国法律明确规定集体所有的土地不能直接

〔1〕 郭明瑞主编:《中华人民共和国物权法释义》,中国法制出版社2007年版,第261页。
〔2〕《城市房地产管理法》第8条。
〔3〕 黄建中:《城市房地产管理法新释与例解》,同心出版社2000年版,第31页。

出让,只能在通过征收变为国有土地之后才能进行出让。[1] 尽管法律限制集体所有的土地直接出让而对集体所有的土地进行了一定的限制,但此种限制是十分必要的。这是我国实施最严格的耕地保护、防止集体土地不规范的操作而造成耕地大量流失的必要措施。如果允许集体所有的土地的使用权出让,将会产生土地管理方面的许多问题,造成大量耕地被出让,土地的管理规划难以实施。[2]

4. 出让原则上应当通过公开竞价的方式进行。设定建设用地使用权的目的就在于形成土地价格,通过市场实现国有土地的最有效率的利用。这就需要通过公开竞价的方式,来真正形成土地价格。此外,这一做法也有利于解决我国土地出让实践中因暗箱操作引发的腐败问题。

二、经营性的土地必须采取公开竞价的方式出让

《物权法》第 137 条第 2 款规定:"工业、商业、旅游、娱乐和商品住宅等经营性用地以及同一土地有两个以上意向用地者的,应当采取招标、拍卖等公开竞价的方式出让。"这就确立了经营性的土地必须采取公开竞价的方式的出让。确立该规则有助于强化依法行政,规范政府对土地的审批权,也有利于防止国有土地资源流失。因为采取协议出让的方式,国有土地的价值常常被严重低估,土地出让的价格不能按照市场规律反映其应有的价格,从而造成国有资产的严重流失。

经营性的土地必须采取公开竞价的方式出让,包括了如下内容:

1. 适用于经营性用地或者同一土地有两个以上意向用地者。所谓经营性用地,是指用于营利性目的的用地,包括工业、商业、旅游、娱乐和商品住宅等用地。从事教育、科学、文化、卫生等社会公益和社会福利事业以及国家重点扶植的能源、交通、水利等基础设施建设等,都不属于经营性用地。所谓同一土地有两个以上意向用地者,究竟应当如何理解,存在两种不同看法。一种看法是指同一经营性用地之上有两个以上意向用地者,就需要采用公开竞价的方式。换言之,这里存在两个条件,一是必须是经营性用地,二是必须有两个以上的意向用地者。只有同时具备这两个条件,才需要采用公开竞价的方式。另一种观点是,只要是经营性用地,不管有没有两个以上意向用地者,都应当采用公开竞价的方式。笔者认为,从文意解释的角度来看,此处所说的用地应当包含两项规则:第一,凡是经营性用地都必须采取公开竞价的方式出让;第二,只要在同一土地之上有两个以上意向用地者,不管是经营性用地还是非经营性用地,都应当采用公开竞价的方式出让。我国有关的行政规章也采用同样解释。[3] 所以,有两个以上意向用地者,就意味着该土地有两个以上的民事主体愿意取得其土地使用权,因此有必要采用公开竞价的方式,让最有能力利用土地者获得建设用地使用权。

2. 如何理解以公开竞价的方式出让? 所谓公开竞价,就是指通过公开竞争的方式确定建设用地使用权的价格和取得人。依据《物权法》第 137 条的规定,公开竞价包括招标、拍卖等方式。所谓招标,是指招标人提出招标项目,向不特定人或三个以上的特定法人或其他组织发出,以吸

---

〔1〕 例如,根据《城市房地产管理法》第 9 条的规定:"城市规划区内的集体所有的土地,经依法征用转为国有土地后,该幅国有土地的使用权方可有偿出让。"

〔2〕 需要指出的是,目前我国国有的、适于建设用途的土地资源已经十分稀缺和紧张,而社会对建设用地的需求量却日益庞大,面对这一矛盾局面,国务院有关部委已经开始在江苏、广东、浙江等省份设置试点,进行集体建设用地进入市场的试验。

〔3〕 《招标拍卖挂牌出让国有建设用地使用权规定》第 4 条规定:"工业、商业、旅游、娱乐和商品住宅等经营性用地以及同一宗地有两个以上意向用地者的,应当以招标、拍卖或者挂牌方式出让。前款规定的工业用地包括仓储用地,但不包括采矿用地。"

引或邀请相对方向自己发出要约为目的的意思表示。[1] 依据《招标投标法》第 10 条的规定,招标还分为公开招标和邀请招标。其中公开招标就是指招标人以招标公告的方式邀请不特定的法人或者其他组织投标;邀请招标就是指招标人以投标邀请书的方式邀请特定的法人或者其他组织投标。所谓拍卖,是指拍卖人接受委托人之委托,在众多的公开报价中,选择报价最高者与其订立合同的一种特殊买卖方式。所谓挂牌出让,是指出让人发布挂牌公告,公布一定期限内拟出让地的交易条件,接受竞买人的报价申请并更新挂牌价格,根据挂牌期限截止时的出价结果确定土地使用者的行为。[2] 具体的程序是,首先对拟出让的财产或权利先确定一个出让底价,然后进行挂牌,进行招标拍卖,把财产或权利出让给出价最高者。这三种方式实际都是公开竞价的方式。一旦通过公开竞价确定建设用地使用权的价格,就必须按照该价格出让,而不能在此之外另行确定其他的价格。

公开竞价出让是与协议出让相对应的,两者虽然都是土地使用权出让的方式,但存在如下区别:①协议出让的交易相对人是特定的,它只限于某个或某些买受人;而公开竞价是向不特定的人发出要约邀请,由不特定的人再向出让人发出要约。通过公开竞价的方式来设立建设用地使用权,是面向不特定的人发出订约的邀请,国家选择条件最优者,与其订立合同,从而设立建设用地使用权。条件最优者是指综合条件最优者,而非出价最高者。②在公开竞价的情况下,存在着价格的竞争,由条件最优者获得建设用地使用权。在采取拍卖、招标的方式下,实际上就是要运用公开竞争的方法将土地使用权转让给他人,任何有意取得土地使用权的公民和法人都可以参与竞争,这样就能够充分实现土地的市场价格。以拍卖方式转让土地使用权,一旦拍卖完成,拍卖中拍定的公民或法人就可与国家土地管理部门订立土地使用权出让合同。而在协议出让的情况下,由于没有引入竞争机制,并不存在价格的竞争。[3] 还要看到,在公开竞价出让的情况下,政府的权力受到一定的限制,而在协议转让的情况下,由政府选择相对方进行洽谈,并且价格等条件也由政府单方面确定,政府在整个协议转让过程中的权力较大。

应当以公开竞价的方式出让,属于强行性规范。根据《城市房地产管理法》第 13 条的规定,土地使用权出让,可以采取拍卖、招标或者双方协议的方式。此处采取的是"可以"的表述,既然是"可以",所以,出让人就有选择的权利,既可以选择协议的方式,也可以选择招标、拍卖的方式。尽管国家有关宏观调控等政策要求对经营性用地都必须采用招标挂牌,但缺乏法律的规定,造成了约束的不力。正是由于这一原因,《物权法》以民事基本法的形式对此作出了限制,第 137 条的规定,"应当采取招标、拍卖等公开竞价的方式出让"。此处规定"应当",实际上就是表明出让方必须采用此种方式,这就表明其为强行性规范,当事人必须遵守。如果违反该规定,以其他方式出让,将承担相应的责任。

三、出让合同的内容

根据《物权法》第 138 条的规定,建设用地使用权出让合同一般包括下列条款:

1. 当事人的名称和住所。出让合同首先应当载明双方当事人的名称和住所地,实际上就是要规定合同当事人的基本情况。所谓住所,如果是个人,则是指当事人的户籍所在地;如果是单

---

[1] 崔建远:《合同法》(第 4 版),法律出版社 2007 年版,第 53 页。

[2] 《招标拍卖挂牌出让国有土地使用权规定》第 2 条。

[3] 王胜明主编:《中华人民共和国物权法解读》,中国法制出版社 2007 年版,第 300 页。

位,则应当以主要办事机构所在地为住所地。[1]

2. 土地界址、面积等。物权的客体必须特定,从而才能明确物权支配的特定范围。这就要求出让合同中必须明确作为建设用地使用权客体的土地的位置、四至等情况,以免发生权属争议。

3. 建筑物、构筑物及其附属设施占用的空间。《物权法》第 136 条允许就土地的地表、地上或者地下分别设立建设用地使用权,这就引入了空间权的概念。建设用地使用权人只能在约定的空间内行使权利,这就要求在出让合同中明确其权利所支配的空间的范围。建设用地使用权人也只能在规划和合同规定的空间范围内建造建筑物、构筑物及其附属设施。

4. 土地用途。土地用途是指在土地总体规划的范围内来利用某宗土地。例如,合同规定为"公益用地",则建设用地使用权人就不能将该地用于商业开发、旅游开发等商业用途。我国相关法律也对建设用地实行严格的土地用途管理制度。任何建设用地使用权的设立,都必须符合土地规划的要求。建设用地在出让前,就应当依据规划的要求,确立其土地用途;再依据该用途发布招标、拍卖或者挂牌公告,进入出让合同的订立程序。在出让合同中必须明确规定土地用途,如果要变更土地的用途,必须依据法律规定的程序获得批准,并且重新签订变更协议。[2]

5. 使用期限。建设用地使用权是一种有期限的用益物权,当事人必须在合同中约定土地的使用期限。例如,《城镇国有土地使用权出让和转让暂行条例》第 12 条规定:"土地使用权出让最高年限按下列用途确定:①居住用地 70 年;②工业用地 50 年;③教育、科技、文化、卫生、体育用地 50 年;④商业、旅游、娱乐用地 40 年;⑤综合或者其他用地 50 年。"问题在于,相关行政法规只是规定了建设用地使用权的上限,出让合同能否低于该上限对使用期限进行约定? 实践中有的开发商与出让人只约定 5 年的住宅用地使用期限,并按照 5 年的期限支付出让金。但开发商建成房屋并转让给小业主后,鉴于小业主已经入住,即便使用期限届满,政府也无法要求小业主支付出让金或者强制收回土地。此种做法实际上是一种规避法律的做法,违背了建设用地使用权设立的目的。建设用地使用权作为一种重要的用益物权,投资和建设的周期一般都比较长,如果约定时间过短,将不利于鼓励使用权人进行投资和建设活动。因而,当事人在合同中不得规定过短的期限。

6. 出让金等费用及其支付方式。建设用地使用权出让合同为有偿合同,其中应当规定出让金的数额及其支付方式,包括支付时间、支付方法等。双方可以约定一次支付,也可以约定分期支付。《城市房地产管理法》第 15 条规定:"土地使用者必须按照出让合同约定,支付土地使用权出让金;未按照出让合同约定支付土地使用权出让金的,土地管理部门有权解除合同,并可以请求违约赔偿。"出让金实际上是建设用地使用权的对价,应当根据市场价格确定。根据最高人民法院的有关司法解释,如果是以协议方式出让土地使用权的,土地使用权出让金低于订立合同时当地政府按照国家规定确定的最低价的,应当认定土地使用权出让合同约定的价格条款无效。[3]

7. 解决争议的方法。例如,究竟选择仲裁还是诉讼,诉讼管辖地等。

《物权法》第 138 条使用了"一般包括"四个字,所谓"一般包括"就意味着上述条款并不一定

---

〔1〕　黄松有主编:《〈中华人民共和国物权法〉条文理解与适用》,人民法院出版社 2007 年版,第 420 页。

〔2〕　《城市房地产管理法》第 18 条规定:"土地使用者需要改变土地使用权出让合同约定的土地用途的,必须取得出让方和市、县人民政府城市规划行政主管部门的同意,签订土地使用权出让合同变更协议或者重新签订土地使用权出让合同,相应调整土地使用权出让金。"

〔3〕　《最高人民法院关于审理涉及国有土地使用权合同纠纷案件适用法律问题的解释》第 3 条。

都是每个出让合同的必要条款,如果没有包含有关条款,并不能认为合同就是无效的或者未成立。该条规定具有倡导性的意义,指引当事人注意在签订建设用地使用权出让合同中应当写明这些主要的条款,以免合同内容过于粗糙和不完善,而在以后的履行中埋下发生纠纷的隐患。当然,对上述条款应当区分主要条款和非主要条款。其中土地界址,建筑物、构筑物及其附属设施占用的空间以及土地用途性质上应为主要条款,其他条款应为非主要条款。

第五节　建设用地使用权的划拨

一、建设用地使用权划拨的概念和特征

根据《城市房地产管理法》第 23 条规定:"土地使用权划拨,是指县级以上人民政府依法批准,在土地使用者缴纳补偿、安置等费用后将该幅土地交付其使用,或者将土地使用权无偿交付给土地使用者使用的行为。"划拨实际上有两种形式,一是相对无偿取得,即通过划拨取得建设用地使用权时,需要缴纳补偿、安置等费用;二是完全无偿取得,即建设用地使用权人取得使用权不需要支付任何费用。[1] 按照《物权法》第 137 条的规定,建设用地使用权可以采取出让或划拨等方式设立。因此,建设用地使用权的设立以出让为一般的形式,而以划拨作为例外的形式。尤其是对经营性用地不能通过划拨方式设定建设用地使用权。建设用地使用权划拨的特点在于:

1. 划拨土地是为了公共利益的需要。在划拨的情况下,建设用地使用权并没有进入市场流转,也没有完全按照市场规则进行交易,且不需要支付相应对价。国家之所以要把国有的土地划拨给有关单位使用,是为了实现公共利益。[2] 因此有学者主张,将划拨设立的建设用地使用权称为公益性用地使用权,即用于国家管理、教育、科研、国防、各种不营利的公用设施和公共福利设施等非营利目的。[3] 笔者认为此种观点确有一定的道理。从我国现行法律规定的划拨用途的范围来看,实际上也是严格将划拨用地限于公共利益用途。[4] 正是因为划拨具有公益性,因而,根据我国《物权法》第 137 条第 3 款的规定,对土地的划拨应当按照法律、法规的规定,严格限制土地划拨的范围,不得超出划拨用地的土地用途范围。

2. 划拨是通过行政行为而设定民事权利的。根据《城市房地产管理法》第 23 条的规定,土地使用权的划拨,需要经过人民政府依法批准。所谓依法批准,就是指一种行政审批行为,但不同于一般的行政许可行为,二者区别在于:一方面,《行政许可法》第 2 条规定:"行政许可是指行政机关根据公民、法人或者其他组织的申请,经依法审查,准予其从事特定活动的行为。"根据该规定,行政许可的对象是"从事特定活动的行为",如进行自然资源开发、自然资源配置、公共产品和服务的提供等活动,而不是取得相关财产权利。另一方面,行政划拨的结果不是使行政相对人取得了从事相应活动的资格,而是直接取得了一定的财产权利,这与行政许可行为是不同的。用地单位通过划拨就直接取得对国有土地进行建设的用益物权。还要看到,从行政许可事项的内

---

〔1〕 梅夏英等:《物权法教程》,中国人民大学出版社 2007 年版,第 248 页。

〔2〕 黄建中:《城市房地产管理法新释与例解》,同心出版社 2000 年版,第 121 页。

〔3〕 王卫国:《中国土地权利研究》,中国政法大学出版社 1997 年版,第 151 页。

〔4〕 《城市房地产管理法》第 24 条的规定:"下列建设用地的土地使用权,确属必需的,可以由县级以上人民政府依法批准划拨:①国家机关用地和军事用地;②城市基础设施用地和公益事业用地;③国家重点扶持的能源、交通、水利等项目用地;④法律、行政法规规定的其他用地。"

容来看,主要涉及特定行业的市场准入标准、特殊技能、条件的资质鉴定标准以及对某些设备、设施检验标准的审定等。而划拨取得建设用地使用权并不属于这些范围,因此划拨属于行政审批行为,而不是行政许可行为。

需要指出的是,虽然划拨行为本身是一种行政行为,但是划拨是为了设定一种物权即建设用地使用权,这种物权最终也必须按照《物权法》规定的物权变动方式通过登记才能设立。建设用地使用权可以由划拨、出让或者转让等多种方式取得,因而划拨只是物权取得的基础和前提。

3. 通过划拨取得的建设用地使用权是无偿取得的。划拨不同于出让的最大特点在于,通过划拨方式取得建设用地使用权是无偿的,这主要是因为划拨往往是基于公共利益的需要。反之,如果不是基于公共利益需要,建设用地使用权就应当采用出让的方式设立,建设用地使用权人应当支付土地出让金。建设用地使用权的划拨取得原则上是无偿的,但在特殊情况下,取得人仍需要支付安置、补偿等费用。[1] 与土地出让时支付的土地出让金不同的是,划拨时支付的费用是对被拆迁人支付的,而并不是归国家所有。因此,不能据此认为划拨属于有偿行为。划拨土地使用权设定之后,如果需要流转,则必须补交土地出让金。

4. 通过划拨取得的建设用地使用权一般没有期限限制。一般来说,用益物权都是有期限的,但是,划拨取得的土地使用权却是例外。因为划拨既然是为了公共利益需要,只要相应主体使用土地的用途没有改变,则其用地期限不能受到限制。当然,如果该土地用途发生改变,不是为了公共利益而使用,则就不具备划拨所需要的条件。与建设用地使用权出让不同,划拨土地使用权通常是无期限限制的。

二、应当严格限定划拨土地使用权的范围

要通过划拨取得建设用地使用权,必须符合法律规定的相应条件,与通过出让方式取得建设用地使用权相比,其条件更为严格,尤其是土地的使用用途要符合公共利益的需要,所以,《物权法》第137条第3款规定:"严格限制以划拨方式设立建设用地使用权。采取划拨方式的,应当遵守法律、行政法规关于土地用途的规定。"首先,严格限制以划拨方式设立建设用地使用权,意思就是说划拨必须符合公益,如果是为了商业利益需要而通过划拨取得土地使用权,就使划拨失去了存在的意义和价值。其次,采取划拨方式的,应当遵守法律、行政法规关于土地用途的规定。根据该规定,一方面,划拨方式必须遵守法律规定的使用用途;另一方面,取得建设用地使用权之后,必须要严格按照申请时的用途使用,划拨土地使用权人只能将划拨土地用于申请时的目的,而不能用于设定范围以外的其他目的。[2] 如果要将划拨土地使用权转让,必须经过批准,并且要补交土地出让金。这就严格限制了划拨土地的范围。政府有关土地管理部门不得超出该范围,而任意划拨土地。[3]

《物权法》第137条严格限制通过划拨取得建设用地使用权的主要原因在于:①有利于促进行政机关依法行政,提高土地的利用效率。严格限制划拨土地使用权的范围,才能实现物尽其用。严格限制划拨土地的范围,有利于督促权利人高效率地利用土地。②有利于促进房地产市场的健康发展,防止孳生腐败。房地产市场的健康发展,以公平、公开的市场环境为基础。如果

---

[1] 梅夏英、高圣平:《物权法教程》,中国人民大学出版社2007年版,第248页。

[2] 《土地管理法》第54条的规定:"建设单位使用国有土地,应当以出让等有偿使用方式取得;但是,下列建设用地,经县级以上人民政府依法批准,可以以划拨方式取得:①国家机关用地和军事用地;②城市基础设施用地和公益事业用地;③国家重点扶持的能源、交通、水利等基础设施用地;④法律、行政法规规定的其他用地。"

[3] 胡康生主编:《中华人民共和国物权法释义》,法律出版社2007年版,第312页。

允许一部分人通过划拨无偿取得建设用地使用权,显然对于其他支付了高昂地价的使用权人是不公平的,也不利于形成公平的市场竞争秩序,从而导致土地不能通过市场实现优化配置,严重损害房地产市场的健康发展。而且,土地划拨往往很难通过公开的方式来进行,从而可能引发暗箱操作,滋生腐败。③有利于维护国家利益。土地作为重要的自然资源,对于国家经济的发展具有重大意义。对于经营性用地,国家应当通过出让方式设定,从而获得土地出让金,再利用土地出让金从事其他经济建设活动。但是,个别地方政府及其工作人员基于种种考虑,擅自扩大划拨土地的适用范围,将经营性用地按照划拨方式设定建设用地使用权,这实际上造成了国有资产的流失,损害了国家的利益。[1]

《物权法》第137条所确立的规则是一个强行性规范,对该规则的违反应引发相应的法律效果,主要表现为:①划拨行为本身作为一种行政行为,应当按照行政程序确认违法,并由有关机关依照法定的程序予以纠正,对相关工作人员作出处理决定。②如果建设用地使用权的设立应当以出让方式设立的,建设用地使用权人应当依法及时补交土地出让金。③如果建设用地使用权人通过划拨方式取得土地使用权后改变用途的,应当及时纠正,按照批准的使用用途使用土地或者补交相应的土地出让金。

第六节　建设用地使用权的内容

一、建设用地使用权人的权利

（一）建设用地使用权人享有对土地的占有、使用和收益的权利

《物权法》第135条规定:"建设用地使用权人依法对国家所有的土地享有占有、使用和收益的权利。"建设用地使用权人享有用益物权的各项权能,体现在:①对土地的直接占有使用权。建设用地使用权设立的目的在于使权利人通过建设行为获得土地的使用价值,这就要求建设用地使用权人首先要对特定的土地进行占有,这是展开利用活动的必要前提。所谓使用,就是在特定的土地上进行建设行为,建造各种建筑物、构筑物和其他附属设施。②收益权。土地所有人依法有权获取土地之上的收益,并通过从事建设来满足自己的各种需要。[2] 在土地所有权与建设用地使用权发生分离的基础上,建设用地使用权的收益权主要表现在两个方面:一方面,建设用地使用权人通过建造建筑物、构筑物及其他附属设施,通过自己使用或者出售、出租,以获得价金、租金等收益。这些都是权利人的收益权的主要内容。另一方面,建设用地使用权本身也可以作为交易的对象进行出让、转让、出租并获取收益。我国土地所有权不能通过市场交易发生转移,尤其是国家土地所有权是绝对不能买卖和抵押的,但建设用地使用权可以在市场上流转,具有实现土地流转的功能,建设用地使用权人可以通过交易而获取相应收益。[3]

（二）利用国有土地从事建设的权利

《物权法》第135条规定,建设用地使用权人"有权利用该土地建造建筑物、构筑物及其附属设施"。建设用地使用权设立的目的就是要利用国有土地建造建筑物、构筑物及其附属设施。建

〔1〕 刘俊:"划拨土地使用权的法律问题研究",载《江西社会科学》2007年第1期。
〔2〕 房绍坤:《物权法用益物权编》,中国人民大学出版社2007年版,第167页。
〔3〕 王胜明主编:《中华人民共和国物权法解读》,中国法制出版社2007年版,第296页。

设用地,顾名思义就是为了建设而用地,权利人所享有的占有、使用和收益权都是以建设为目的的。例如,权利人占有建设用地经过法定期限而没有从事任何建设,构成土地的闲置,则将导致建设用地使用权的收回。建设用地使用权不同于土地承包经营权等用益物权,主要表现在其设立的目的就是要利用土地从事建设。所谓建设建筑物,就是指在土地上建造房屋、构筑物及其附属设施。所谓建造房屋,就是指在国有土地上建造住宅及工业、商业用房。所谓建造构筑物,是指建造不具有居住或者生产经营功能的人工建造物,如道路、桥梁、隧道、水池、纪念碑等。所谓附属设施,是指建造附属于房屋的工作物,如地窖、下水道、水井等。[1]

从《物权法》的角度来看,此处所说"利用国有土地从事建设的权利"中的利用是物权性的利用,而不包括债权性的利用。建设用地使用权人必须在法律、法规、规划以及出让合同所确定的范围内享有权利。通常,建设用地使用权都是长期的利用,建造房屋及其他工作物,是建设用地使用权的核心内容,但建设用地使用权中不包括种植竹木的利用方式。如果单纯为了种植竹木而利用国有土地,完全可以依照《物权法》第134条关于"国家所有的农用地实行承包经营的,参照本法的有关规定"来设定相应权利,而无须设定建设用地使用权。由此也可以看出,权利设定的目的也是区分建设用地使用权和土地承包经营权的重要标准。尽管如此,建设用地使用权人在建造房屋过程中,也有权为了美化环境而种植竹木,但不能纯粹利用建设用地来种植竹木。

(三)保有建筑物等工作物的权利

所谓保有,就是指建设用地使用权人在建造之后,有权享有建筑物、构筑物及其附属设施的所有权。由于建设用地使用权的用途比较广泛,因此,建设用地使用权人可以建造并保有住宅、写字楼、厂房等建筑物,也可以保有道路、桥梁、隧道、水池、水塔、纪念碑等构筑物,还可以保有附属于建筑物、构筑物的附属设施,如供用电、热、水、气等设施。[2]建造性质上为事实行为,只要建设用地使用权人依法完成了建造行为,即便没有办理所有权初始登记,也可以依据《物权法》第30条的规定而取得其所建造的建筑物、构筑物及其附属设施的物权。因为如果建设用地使用权人只是有权利用土地建造建筑物,但不能享有其所建筑的建筑物的物权,则其建造建筑物的目的就不能实现,其意义也就丧失了。

(四)处分建设用地使用权和地上建筑物、构筑物及其附属设施的权利

建设用地使用权作为一种用益物权,权利人有权对该权利进行处分。这种处分权包括两个方面:

1.建设用地使用权人有权对权利本身加以处分。其处分的方式包括将建设用地使用权出资入股、设定抵押权、转让、互换或者赠与等。建设用地使用权人也有权抛弃建设用地使用权,但不得损害土地所有人和第三人的利益。当然,权利人对建设用地使用权的处分也要受到法律的限制。例如,依据《城市房地产管理法》第39条第2项的规定,"按照出让合同约定进行投资开发,属于房屋建设工程的,完成开发投资总额的25%以上,属于成片开发土地的,形成工业用地或者其他建设用地条件"的情况下,方可转让建设用地使用权。可见,在未完成相应开发投资条件的情况下,权利人不得转让其建设用地使用权。[3]这里所说的处分,是对权利的处分,而非对土地本身或者说是对所有权的处分。因此,法律强调使用期限不得超过建设用地使用权的剩余期限。

---

〔1〕　王胜明主编:《中华人民共和国物权法解读》,中国法制出版社2007年版,第247页。

〔2〕　胡康生主编:《中华人民共和国物权法释义》,法律出版社2007年版,第306页。

〔3〕　房绍坤:《物权法用益物权编》,中国人民大学出版社2007年版,第168页。

此外,对建设用地使用权进行处分应当采取书面形式,而且依据《物权法》第145条的规定,对建设用地使用权的处分,采取登记要件主义,不登记不能发生物权变动效力。

2. 对建设用地之上的建筑物、构筑物及其附属设施的处分。一方面,建设用地使用权人可以自己利用建筑物、构筑物及其附属设施,从事相应的活动;另一方面,建设用地使用权人也可以将建筑物、构筑物及其附属设施进行转让、互换、赠与、出资和设定抵押。既然建设用地使用权人对其所建造的建筑物、构筑物及其附属设施等享有所有权,因而对其当然享有处分权。建设用地使用权人通过处分获得的收益,应当归建设用地使用权人享有。

(五)住宅建设用地使用权自动续期的权利

根据《物权法》第149条的规定,对于住宅建设用地而言,在其期间届满的情况下,法律规定该权利自动续期。也就是说,无须权利人申请,法律即自动延长该权利的期限。但对于住宅建设用地之外的其他建设用地使用权,则依据其他法律的规定来处理。此处所说的其他法律是指《土地管理法》、《城市房地产管理法》等法律。例如,《土地管理法》第58条第3项规定,"土地出让等有偿使用合同约定的使用期限届满,土地使用者未申请续期或者申请续期未获批准的",政府可以收回国有土地使用权。

二、建设用地使用权人的义务

建设用地使用权人的义务主要表现在:

1. 合理利用土地,保护环境的义务。《物权法》第140条规定:"建设用地使用权人应当合理利用土地。"建设用地使用权人有权自主利用该土地建造并经营建筑物、构筑物及其附属设施的规定,容易让人理解为建设用地使用权人的权利不受任何约束。事实上,建设用地使用权人即使有权利利用土地,但是其必须合理利用土地。所谓合理利用,首先是指要根据法律、法规和合同确定的范围、方式来利用土地;其次,建设用地使用权人在建设过程中要兼顾他人的利益,不得滥用权利,损害他人的利益,如在挖掘地基的时候,不得造成周边建筑物的下沉或者倾斜等危险;最后,建设用地使用权人要注重对周边环境的保护,维持良好的生态环境,如修筑道路之后,要尽量降低噪音污染或者修建隔音墙等设施减少影响。

2. 不得改变土地用途。《物权法》第140条规定,建设用地使用权人"不得改变土地用途;需要改变土地用途的,应当依法经有关行政主管部门批准"。所谓不得改变土地用途,是指建设用地使用权人不得改变建设用地使用权出让合同约定的或者建设用地使用权划拨批准文件中规定的土地用途。一方面,在出让合同中确定了土地用途之后,权利人必须严格按照出让合同约定的土地用途来利用土地;出让合同中约定的土地用途实际上也就是规划中确定的土地用途。《物权法》第137条第3款规定,"采取划拨方式的,应当遵守法律、行政法规关于土地用途的规定"。据此,对划拨确定的土地用途,权利人同样不能改变。另一方面,如果需要改变土地用途,应当依法经有关行政主管部门批准,而不得随意改变土地用途。例如,不得随意将公益用地改变为商业用地,不得随意将非住宅用地改变为住宅用地。[1] 在建设用地使用权行使中,如果确实需要改变土地用途的,则必须按照法定程序办理相关手续。如果建设用地使用权人擅自改变建设用地使用权出让合同约定的土地用途的,则出让人有权请求解除合同。[2]

3. 支付必要的费用。建设用地使用权人支付必要的费用主要包括两个方面:一是出让情况

---

〔1〕 房绍坤:《物权法用益物权编》,中国人民大学出版社2007年版,第171页。
〔2〕 《最高人民法院关于审理涉及国有土地使用权合同纠纷案件适用法律问题的解释》第5、6条。

下支付土地出让金。《物权法》第141条规定:"建设用地使用权人应当依照法律规定以及合同约定支付出让金等费用。"二是在部分划拨情况下支付必要的安置费和补偿费。尽管通过划拨取得建设用地使用权原则上是无偿的,但权利人在特定情况下应当依法支付必要的安置费和补偿费。[1]

第七节 建设用地使用权与空间权

一、空间权的概念和特征

我国《物权法》第136条规定:"建设用地使用权可以在土地的地表、地上或者地下分别设立。新设立的建设用地使用权,不得损害已设立的用益物权。"这就在法律上确认了建设用地使用权分层设立模式下的空间权。所谓空间权,也称为空间利用权,是指权利人基于法律和规划的规定对于地上和地下的空间依法利用,建造建筑物、构筑物及其附属设施的权利。空间权具有如下特点:

1. 空间权的主体具有特殊性。虽然我国《物权法》是在建设用地使用权中规定空间权的,但是,空间权主体具有多样性,除了包括建设用地使用权人外,还应包括独立的空间权人和土地所有权人。空间权既可以包括在建设用地使用权之中,也可以与建设用地使用权相分离。其既包括对他人土地空间利用的权利,也包括对自己土地空间利用的权利。但就空间权与土地所有权的关系而言,当土地所有权与建设用地使用权尚未分离时,空间权应包含在土地所有权之内,不必独立存在。当空间权与建设用地使用权发生分离以后,权利人对空间的权利就体现为对他人土地地上和地下一定范围空间支配和利用的权利。这就会使土地所有权人与建设用地使用权人就空间的利用方面发生一定的冲突,从而有必要通过法律确定其归属。因此,空间权的主体能否独立存在,很大程度上取决于法律是否承认空间权的独立性。此外,由于空间权大都是在建设用地使用权基础上设立的,因而其主体大都具有建设用地使用权人的身份。

2. 空间权的内容主要是利用权。人们支配一定的空间是为了有效地利用空间,因而空间权的内容主要是利用权。由于空间权主要是在建设用地使用权之上设立的,所以,人们利用一定的空间主要是为了建造房屋、构筑物及其附属设施。但是,随着人类对空间利用技术的发展,利用的范围和方式也将不断扩大。在国外,如美国佛罗里达州的水下旅馆、迈阿密州的水下电影院、苏丹港外的水下村庄,日本海底隧道的水下火车站、琵琶湖底的水下粮仓等。这些水下工程已把陆上空间权引向水上和水下。[2] 由此可见,空间利用的前景是十分广阔的,我国《物权法》对空间利用权的规定,必将对进一步促进人们充分利用空间的积极性,促进我国经济的发展,起着重要的作用。[3] 空间权是在规划设计的范围内由权利人依法享有的权利,权利人享有空间权的范围,取决于规划的范围。土地使用权出让合同一般都对利用空间的范围、内容和方式加以约定,权利人必须按照约定利用空间。

所谓空间权内容的限制性,就是指空间权人利用空间并获取经济利益必须符合规定的用途。

---

[1] 梅夏英、高圣平:《物权法教程》,中国人民大学出版社2007年版,第244页。

[2] 沈守愚:"从物权理论析土地产权利用的报告",载《中国土地科学》1996年第1期。

[3] 陈祥健:"关于空间权的性质与立法体例的探讨",载http://www.civillaw.com.cn。

空间利用权人必须按照规定的用途和目的使用空间,这就是说,空间权内容还要受到法律、法规、城市规划以及合同的严格限制,主要表现在以下三方面:①法律、法规的限制。例如,我国《人民防空法》对利用地下空间建设地下设施作出了明确规定;《航空法》对利用地上空间作为航道也作出了规定。②城市规划的限制。例如,规划确定地上利用的空间的高度,就只能在该规划确定的范围内建造房屋和附属设施。从这个意义上说,规划决定着空间权的内容,超出了规划的范围,原则上构成越权。正是因为这一原因,空间法和规划法是密切联系在一起的。③合同的限制。空间权也要受到建设用地使用权出让合同和空间权设立合同的限制。依据《物权法》第138条的规定,建设用地使用权的出让合同必须包括“建筑物、构筑物及其附属设施占用的空间”。例如,当事人约定在屋顶平台之上利用空间建造广告塔,则空间利用权人不得建造建筑物和其他附属设施,否则将构成对土地所有人或使用人权利的侵害。假如所有人只是将地表的权利转让给建设用地使用权人,那么,所有人仍然享有对地上和地下的空间的权利。

3. 空间权的客体具有特殊性。从物权法的角度来看,空间权的客体是一定的空间。这种空间主要是指他人土地上下的空间,空间是一种财产,在现代物权法中,尽管空间不是一种有体物,但是它可以为人们所利用,体现了一定的经济价值。严格说来,空间范畴的法律问题涉及到多个部门。例如,外层空间由国际空间法来调整,属于公法的范畴;海洋上空的空间属于海洋法所调整(如海洋上空航空器的飞越自由问题)。在民法中,空间主要受到物权法调整,但可以分别受到各个物权制度调整。不应完全由用益物权制度所调整。例如,建筑物内部的空间,对土地上建筑物、构筑物及其附属设施内的空间利用问题涉及所有权法律关系,应当由所有权制度调整。对于房屋内的空间、地下停车场的空间利用的问题,都应当通过房屋所有权、建筑物区分所有制度来解决,而无须通过空间权来加以调整。作为空间权客体的空间,是土地上下的一定范围的空间,与土地等不动产具有天然的物理联系。正是由于这一原因,可以将空间界定为财产,空间权也应当受物权法调整,而不能在物权法之外单独形成空间法而对空间权进行调整。

4. 设立上的特殊性。如果空间权被包含在建设用地使用权之中,就应当与建设用地使用权一起设立。但空间权也可以与建设用地使用权相分离而单独设立。如果单独设立空间权,不仅要签订空间权利用合同,而且要通过登记等方法对外公示。尽管空间是一种财产,可以为人们所利用;但如果它不能通过一定公示方法为外界所知,则难以形成为一种物权。作为物权,它必然需要登记进行公示,从而定分止争、界定产权。

总之,空间权在性质上属于物权的范畴,应当受物权法的调整。空间权作为一项新型的物权,丰富了民事权利的体系。空间权的产生,也进一步地丰富了民事权利客体的范围,扩张了财产的类型和概念。

二、空间权设立的限制

《物权法》第136条规定,新设立的建设用地使用权,不得损害已设立的用益物权。这主要是因为空间权的设立,很容易导致权利的冲突。例如,建设用地使用权人要利用地上空间建造房屋,但他人是否可以在其地下建立停车场,这可能影响到建筑物的安全。再如,某人在地上建造了10米高的房屋,其他人是否可以在房屋上空架设高速公路,这就涉及已设立的建设用地使用权与在后设立的建设用地使用权之间的矛盾和冲突。《物权法》第136条的规定首先为解决这一矛盾和冲突提供了基本规则。该规则确立的依据是物权的对内优先效力。凡是新设立的用益物权,都不能损害已设立的用益物权。所谓损害,不仅仅是指权利的行使造成已经存在的用益物权的损害,还包括权利的范围延伸到已经存在的用益物权之中,影响他人权利的正常行使。[1] 如果新设立的建设用地使用权,只是给已设立的用益物权造成轻微的妨害和不便,不能适用该规则。

就空间权而言,按照《物权法》第136条的规定,土地可以分层出让,形成不同范围的空间权,尤其是空间权可以单独设立,形成独立的权利,尽管可以通过登记的方式来公示,界定权利的内容,但是,相互毗邻的权利人之间行使权利,难免会损害他人的利益。这个规则为解决空间权与其他用益物权之间的冲突确立了法律依据。因为空间权以及建设用地使用权等用益物权的设立,往往存在时间的先后,所以,在后的权利人应当明知在先权利人的权利范围,登记机构在办理登记的时候,不得影响在先权利人的权利。如果在地表、地下或者地上已经设定了用益物权,在后设立的建设用地使用权人在权利内容以及权利行使上不能损害在先权利人的利益。

需要探讨的是,《物权法》的上述规定确立了解决用益物权、相邻关系等权利冲突的规则。根据一些学者对上述规定的解释,不动产的权利人根据相邻关系的规定,应当为相邻各权利人提供必要的便利,并在其权利受到损害时,可以请求相邻权利人补偿。[2] 笔者认为,此规则与相邻关系的规则在一定程度上是相互配合的,对此可以分为两种情况:第一种情况是,如果后物权的设立只是给在先的用益物权造成轻微的妨害或不便,则应当适用相邻关系的规则,相对人应当负有容忍的义务,应当允许后物权人充分行使其物权。第二种情况是,如果后物权的设立将会给在先的用益物权人带来的不仅是轻微的妨害而是已经达到了损害的程度,则此时应当适用《物权法》第136条所确立的“新设立的建设用地使用权不得损害已设立的用益物权”的规则,因为如果后物权的设立将会给在先的用益物权人带来损害,则其并没有容忍这种损害的义务,其有权阻止后物权的设立,行使物权请求权保护自己的权利不受侵害。因为一方面,新的用益物权人在设定物权时,就应当知道此前已经存在用益物权。新的用益物权人设定此种权利,就必须承受已有的权利的限制。尤其是,已有的权利已经通过登记的方式予以公示,如果新的用益物权人以不知已经存在用益物权为理由,要求在先的用益物权人为其提供便利,这本身是非善意的。另一方面,如果允许新的用益物权人可以基于相邻关系规则而请求在先的用益物权人提供便利,就可能造成对已有的权利人权利的侵害,也可能导致新的用益物权人和所有人恶意串通损害在先的用益物权人的利益。例如,甲已经利用地下2米建造了一层停车场,乙又利用地下的2~5米建造停车场,乙要求甲基于相邻关系的规定提供通行、施工等便利,因为甲已经在先设立了用益物权,乙不能基于相邻关系规则而使甲受到损害。当然,如果双方通过合同约定设立地役权,来解决此种冲突,自然没有限制的必要。

根据《物权法》第136条的规定,要解决因空间权设立而造成的用益物权的冲突,一方面,权利人在设立该权利时,必须尊重已有的权利。空间建设用地使用权设定之后,必须处理好与其设定范围内外上下四至所有的不动产权利人之间的关系,而不仅仅局限于处理好与其他建设用地使用权人的关系。如果要对权利进行限制的话,也不仅仅是限制新设的空间建设用地使用权人的权利。[3] 例如,如果将同一块土地地下10米至地上70米的建设用地使用权出让给公司建设住宅;地下20米至40米的建设用地使用权出让给乙公司建一地下商场,这样就可以避免权利之

---

〔1〕 黄松有主编:《〈中华人民共和国物权法〉条文理解与适用》,人民法院出版社2007年版,第414页。

〔2〕 姚红主编:《中华人民共和国物权法精解》,人民出版社2007年版,第248页。

〔3〕 陈健祥:“建立我国空间建设用地使用权制度若干问题的探讨”,载《政法论坛》2003年第1期。

间的冲突。另一方面,有关土地管理部门以及规划部门,在出让和制订规划时,确定不同的空间利用范围,避免发生权利的冲突。此外,登记机构也有义务明确各种用益物权的范围。如果权利内容发生冲突,则应当根据《物权法》的相关规定确认物权的归属或者办理变更登记手续。

第八节　建设用地使用权的流转

一、建设用地使用权的流转

所谓建设用地使用权的流转,是指建设用地使用权人依法将其建设用地使用权以转让、互换、出资、赠与等方式加以处分的行为。《物权法》第143条规定:"建设用地使用权人有权将建设用地使用权转让、互换、出资、赠与或者抵押,但法律另有规定的除外。"建设用地使用权作为一种典型的用益物权,其可以自由流转,依据《物权法》第143条的规定,建设用地使用权的流转具有如下特点:

1.流转的类型具有多样性。依据上述规定,建设用地使用权的流转包括:①转让。所谓转让,是指权利人将其建设用地使用权以合同的方式转移的行为。[1] 权利人在取得建设用地使用权之后,可能基于融资或者经营能力、范围发生变化等原因,难以继续使用已取得的建设用地使用权,其就需要将建设用地使用权转让给他人,进而获得转让费从事其他活动。②互换。所谓互换,是指权利人将自己的建设用地使用权与他人进行交换,其本质上是一种互易行为。通过互换可以实现自己全部资产的最优整合。③出资。所谓出资,是指建设用地使用权人与他人合办具有法人资格的公司和企业,以建设用地使用权投资入股,并折合成一定股权的行为。[2] 权利人为了更好地经营自己的资产,也需要将已取得的建设用地使用权进行出资,以组建公司或获取更多更长远的利益。当建设用地使用权人与他人合办具有法人资格的公司和企业时,如果将建设用地使用权投资入股,并以此折合成一定股权,该权利已经不能随意抽回,建设用地使用权在法律上实际已转让给公司或企业。从这个意义上说,物权将要发生转让。如果该企业或公司被撤销或解散,也要经过清算程序才能决定土地使用权是否仍归原投资者。所以以划拨的建设用地使用权投资入股的,应当补交土地出让金。[3] ④赠与。所谓赠与,是指将自己的建设用地使用权无偿的赠送给他人。如果赠与是附条件的,受赠人必须按照合同的约定履行相应的义务,否则不能取得建设用地使用权。⑤抵押。所谓抵押,是指权利人将自己的建设用地使用权作为抵押财产,为自己或者他人的债务提供担保。权利人在经营建设用地时可能会面临一定的融资困难,而建设用地使用权具有较大的市场价值,且容易通过市场行为变现其价值,因此权利人可以为自己或他人融资,以建设用地使用权作抵押。但在抵押后,权利主体并不发生移转。只是在实现抵押权之后,对建设用地使用权进行拍卖、变卖等,从而发生权利主体的变化。据此可见,较之于其他的用益物权而言,建设用地使用权的流转方式是最全面的,其所受到的法律限制也是最少的。

2.流转的性质为权利处分行为。与建设用地使用权的出让不同的是,建设用地使用权的流转是物权变动的行为,而非物权的设定行为。建设用地使用权只有在通过出让设定之后,才能由

---

[1]　梅夏英、高圣平:《物权法教程》,中国人民大学出版社2007年版,第248页。

[2]　梅夏英、高圣平:《物权法教程》,中国人民大学出版社2007年版,第249页。

[3]　吕宜民:"土地使用权流转及强制执行相关问题探讨",载《山东审判》2007年第2期。

权利人将其流转。流转属于权利处分的范畴,对于非专属性的权利,权利人可以通过转让、抵押等方式进行法律上的处分;流转性质上属于物权的转移,即权利主体的变化,其具体方式包括转让、互换、出资、赠与等,但其共同的特点在于权利主体发生了变化或可能发生变化(如抵押)。建设用地使用权作为一种可以转让的财产权,是可以由权利人加以处分的,《物权法》第143条规定的转让、互换、出资、赠与或者抵押方式,都是对权利进行处分的方式。权利人有权依据其意愿决定是否流转、流转的方式以及流转的对象。正是因为建设用地使用权的流转是对权利本身进行处分,因此流转应以权利人享有建设用地使用权为前提。任何人转让他人的权利将构成无权处分,除非法律具有特别规定或者当事人另有约定,权利人原则上享有自由流转的权利。[1]

3. 流转的法律效果是权利的转移。具体来说,流转包括以下两方面内容:一方面,建设用地使用权的流转原则上将导致权利主体的变化。按照《物权法》第143条的规定,流转将采取转让、互换、出资、赠与或者抵押等五种方式,除了抵押方式之外,其他方式都将直接导致权利的移转。即便是抵押,在抵押权实现之后,也将导致建设用地使用权的移转。另一方面,就转让人而言,建设用地使用权的流转意味着权利的相对消灭。在流转发生后,转让人即丧失了建设用地使用权,但权利本身并没有消灭,而只是转移给了受让人。流转的结果是,在权利客体和内容没有变更的情况下,在一方丧失权利的同时,另一方取得了该权利。由于流转将发生物权的变动,因此属于物权变动的范畴,应当适用《物权法》关于物权变动的规则。

4. 流转必须采用法定的形式。由于建设用地使用权会导致物权的变动,因而法律对流转的形式采取一定的限制,一是流转应当采用书面合同的形式。《物权法》第144条规定:"建设用地使用权转让、互换、出资、赠与或者抵押的,当事人应当采取书面形式订立相应的合同"。因而转让人必须和受让人之间签订书面的流转合同,在合同中具体规定有关当事人的权利义务关系,[2]转移建设用地使用权。流转合同之所以采取要式合同,是因为此类合同将发生建设用地使用权的转让,对当事人的利益关系重大,必须谨慎行事,而签订书面合同有助于实现这一目的,如果当事人之间只有口头约定的话,则不能发生建设用地使用权流转的效果。②办理登记手续。《物权法》第145条规定:"建设用地使用权转让、互换、出资或者赠与的,应当向登记机构申请变更登记。"因而对建设用地使用权的流转采登记要件主义,当事人之间未经登记不发生权利流转的效果。由此表明登记也是流转的形式要件。

5. 流转具有期限限制。根据《物权法》第144条的规定,在流转时,使用期限由当事人约定,但不得超过建设用地使用权的剩余期限。在民法上,任何人处分的权利都不能大于自己享有的权利。建设用地使用权是有期限限制的权利,权利人只能在建设用地使用权剩余期限内转让该权利。严格地讲,转让应当是指权利人将其权利部分或全部转移给他人,转让出去的权利,权利人不再享有。但《物权法》第144条允许使用期限由当事人约定,只要不超过建设用地使用权的剩余期限即可。例如,权利人甲享有一项期限为70年的建设用地使用权,其可以将其中一部分年限如20年的使用权转移给乙;20年期限届满,则乙的权利消灭,该土地使用权继续由甲享有。有学者认为此种做法并非建设用地使用权的转让,而是设定次级建设用地使用权,从而满足第三

---

〔1〕 尹飞:《物权法·用益物权》,中国法制出版社2005年版,第27页。

〔2〕 《城市房地产转让管理规定》第8条规定,"房地产转让合同应当载明下列主要内容:①双方当事人的姓名或者名称、住所;②房地产权属证书名称和编号;③房地产座落位置、面积、四至界限;④土地宗地号、土地使用权取得的方式及年限;⑤房地产的用途或使用性质;⑥成交价格及支付方式;⑦房地产交付使用的时间;⑧违约责任;⑨双方约定的其他事项。"

人对其占有的地块短期或者一定范围的利用要求,实现物尽其用。[1] 此种观点也不无道理。

6. 流转必须符合法律的特别规定。《物权法》第 143 条规定:"……但法律另有规定的除外。"也就是说,对于流转行为,如果法律有例外的限制性规定,则不能随意流转。例如,《城市房地产管理法》第 39 条第 2 项规定:"按照出让合同约定进行投资开发,属于房屋建设工程的,完成开发投资总额的 25% 以上,属于成片开发土地的,形成工业用地或者其他建设用地条件。"这实际上就是对建设用地使用权的流转进行的限制。之所以进行此种限制,主要是为了避免建设用地使用权人"炒地皮"。[2] 转让人还应当负有向受让人交付土地使用权的义务,并应保证土地使用权完全移转给受让人。

二、建设用地使用权的转让

(一)建设用地使用权转让的特点

在建设用地使用权的流转中,最典型的形式是转让。建设用地使用权的转让,有狭义和广义两种理解。从广义上理解,转让是指权利人通过买卖、互易和赠与等合同方式将其建设用地使用权再转移的行为。依据我国《城市房地产管理法》第 37 条的规定,房地产转让,是指房地产权利人通过买卖、赠与或者其他合法方式将其房地产转移给他人的行为。据此,建设用地使用权的转让行为包括通过买卖、赠与或者其他合法方式将土地使用权转移给他人的行为,可见其采取了广义的界定。而《物权法》则采用了狭义的转让概念。《物权法》第 143 条规定:"建设用地使用权人有权将建设用地使用权转让、互换、出资、赠与或者抵押,但法律另有规定的除外。"第 144 ~ 146 条也严格区分了转让和互换、赠与、出资行为。可见,《物权法》中的转让,仅指权利人将其建设用地使用权转移给他人并获得价款的行为。

建设用地使用权的转让具有如下几个特点:

1. 转让发生在平等民事主体之间。与建设用地使用权的出让不同,出让合同的主体是土地所有权人和相对人,而转让合同的主体是建设用地使用权人和受让人。如果说在土地使用权的有偿出让中,因国家作为合同当事人一方即出让人,从而使出让合同具有某些行政性质,那么转让行为则发生在平等民事主体的公民、法人及其他组织之间,国家在一般情况下并不成为转让合同的主体。转让关系是纯粹的民事法律关系。转让的方式包括买卖、互易、赠与等。转让行为是平等主体之间所进行的土地使用权让渡行为。[3] 尽管在某些情况下,出让合同规定的条件对转让合同当事人具有拘束力。例如,《城市房地产管理法》第 44 条规定:"以出让方式取得土地使用权的,转让房地产后,受让人改变原土地使用权出让合同约定的土地用途的,必须取得原出让方和市、县人民政府城市规划行政主管部门的同意,签订土地使用权出让合同变更协议或重新签订土地使用权出让合同,相应调整土地使用出让金。"然而,这种拘束与其说是转让合同的拘束,不如说是来源于法律的拘束。但是转让合同当事人不应当包括出让人,也就是说不应当包括国家。无论如何,转让合同毕竟和出让合同是两个不同的合同关系,合同当事人的地位是各不相同的,不能将转让合同当事人与出让合同当事人混为一谈。

2. 转让是权利移转行为,而非设定行为。出让和转让都涉及建设用地使用权的变动问题,从广义上说,都是建设用地使用权的取得方式。但是,出让是权利的设立行为,而转让是权利的一

---

〔1〕 参见尹飞:《物权法·用益物权》,中国法制出版社 2005 年版,第 227 页。
〔2〕 参见崔建远、孙佑海、王苑生:《中国房地法》,中国法制出版社 1995 年版,第 92 页。
〔3〕 参见尹飞:《物权法·用益物权》,中国法制出版社 2005 年版,第 211 页。

种物权变动的方式。[1] 它是指在不改变权利客体和内容的情况下而对权利主体进行变更。因此,建设用地使用权的转让即在不改变权利客体和内容的情况下,权利人将其建设用地使用权转移给他人。但转让并不是纯粹意义上的买卖。所谓买卖,是指有偿转移标的物所有权的行为,但就建设用地使用权的转让而言,其合同的标的是建设用地使用权,而非土地所有权。无论通过何种形式的转让,都只是建设用地使用权的转让,受让人所取得的只是建设用地使用权而不是土地所有权。有鉴于此,《物权法》没有采用建设用地使用权买卖的表述,而是采用了"转让"这一概念。

3.转让是权利义务的一并转让。出让是土地所有权人将自己所有权的一部分权能让渡给他人的行为,是一种由所有权衍生出他物权的过程。而转让是他物权人将自己所获得权利义务一并让渡给他人的行为。转让不仅仅要求将权利义务一并转让,也可要求建设用地使用权和其上的建筑物、构筑物及其附属设施一并转让。由于出让合同中建设用地使用权的期限,是建设用地使用权的最初确定的期限,只要在法定的最高期限内,所有权人可以自由决定所让渡的建设用地使用权的期限;而建设用地使用权的期限是确定的,在转让合同中,受让人取得的只能是剩余期限以内的建设用地使用权。[2]

4.对价的性质不同。出让合同中的对价是土地出让金,而转让合同中的对价是转让费。我国城市土地归国家所有,权利人出让土地,必须严格按照法律规定的招标、拍卖和协议等方式取得出让金,但不能低价出让,损害国家利益。而建设用地使用权人在取得使用权之后,有权依规定处分其权利,其中包括自由定价的权利。但转让本质上作为一种交易,其应当受到等价有偿等基本原则的调整,其必定是有偿的合同,否则就成了赠与;而且,转让的对价也仅限于价款,如果该对价以股权或者其他物的方式来支付,则构成了出资或者互换。[3]

依据我国法律规定,通过出让方式取得的建设用地使用权,都能够通过买卖等方式进行转让。依据《城市房地产管理法》第40条的规定,对于划拨取得的建设用地使用权,必须符合一定的条件且经过批准之后才能转让,在经过有批准权的政府部门批准后,应当由受让方办理出让手续,并按照规定缴纳土地出让金。

(二)建设用地使用权的转让的条件

1.转让人必须取得合法的建设用地使用权。从法律上说,任何人转让一定的权利必须是权利的享有者,否则将构成无权处分。就建设用地使用权的转让而言,转让人必须要经依法登记并取得了建设用地使用权权属证书之后,才能依法转让。如果转让人未完成取得建设用地使用权的相关手续,或者权属本身有争议,或者权利已经被收回,或者被法院查封扣押等,不能转让。[4]转让人在转让时必须要先交付全部土地出让金,否则不得进行转让。转让人转让权利应当承担瑕疵担保义务,保证土地使用权完全移转给受让人。如果遇到第三人追索该土地使用权,转让人有义务证明该第三人无权追索。如果发生产权纠纷,法院判决该土地使用权为第三人所有,转让人应向受让人承担损害赔偿责任。

---

〔1〕 房绍坤:《物权法用益物权编》,中国人民大学出版社2007年版,第187页。

〔2〕 房绍坤:《物权法用益物权编》,中国人民大学出版社2007年版,第187页。

〔3〕 在转让合同中价格条款是一个重要条款,对价格条款的确定必须合理。《城镇建设用地使用权出让和转让暂行条例》第26条规定:"土地使用权转让价格明显低于市场价格的,市、县人民政府有优先购买权。土地使用权转让的市场价格不合理上涨时,市、县人民政府可以采取必要的措施。"

〔4〕 《城市房地产管理法》第38条。

2. 转让的权利必须在权利的有效期限内。关于建设用地使用权的转让期限,原则上应由双方当事人自由协商,但依据《物权法》第144条的规定,转让的使用权期限不得超过该权利剩余的期限。建设用地使用权本身可以按照期限进行分割,权利人可以将一定期限的建设用地使用权再转让给他人,从而有效率地利用土地。但转让一定期限的建设用地使用权,不得违反建设用地使用权出让合同关于期限的规定。转让以出让方式取得的建设用地使用权,其使用年限为原出让合同约定的使用年限减去原建设用地使用权人已经使用年限后的剩余年限。值得注意的是,建设用地使用权人有可能将剩余期限内的权利分成多个部分,转让给不同的受让人。转让人应当将在先转让的情况,明确告知使用期限在后的受让人,以免引起所有人、转让人和受让人之间的纠纷。

3. 转让人已按照出让合同的约定进行投资开发。根据《城市房地产管理法》第39条的规定,建设用地使用权人转让以出让方式取得的建设用地使用权,必须已经按照出让合同约定进行投资开发,属于房屋建设工程的,完成开发投资总额的25%以上,属于成片开发土地的,形成工业用地或者其他建设用地条件。所以土地使用权人未缴纳全部土地出让金,或者未按土地出让合同规定的期限和条件开发利用土地的,不得转让建设用地使用权。问题在于,违反该规定是否导致合同无效。例如,甲公司取得某地块建设用地使用权后,在完成开发投资总额未达到25%的情况下,即将其转让给乙公司。乙公司已经建造商品房但尚未出售。现因地价和房价大幅上涨,甲公司提出该转让合同因违反法律的强制性规定而应当被宣告无效。对此,首先需要探讨的是,该转让合同是否应当宣告无效。就此,学理上有两种不同看法:一种观点认为,违反《城市房地产管理法》第39条只是发生相应的行政责任,而不能据此宣告合同无效;另一种观点认为,该转让合同因违反法律的强制性规定而无效。笔者认为,该规定虽然属于强制性规定,但是其性质上只是管理性规范而非效力性规范。法律并不禁止建设用地使用权的转让,而只是对建设用地使用权的转让进行了一定的限制。在尚未完成开发条件的情况下,权利人擅自转让建设用地使用权,依法应当承担相应的行政责任;但是该转让合同本身并不涉及公共利益,不应简单地将其宣告无效。尤其是如果将合同宣告无效,则无异于鼓励恶意的出卖人借法律的强制性规定来违反诚信原则、规避合同义务。而且这一法律后果实际上是有利于转让人的,因为是否主张无效,主动权完全掌握在转让人手中,从而不仅无法遏制而且可能鼓励转让人"炒地皮"的现象。[1]

4. 权利和义务的一并转让。《城市房地产管理法》第42条规定:"房地产转让时,土地使用权出让合同载明的权利、义务随之转移。"据此,转让人在转让建设用地使用权时,不能只移转权利而不移转义务,而必须将原出让合同规定的全部权利、义务移转给受让人。法律之所以作出这种规定,是为了保障出让合同的履行,避免因转让引起的矛盾和纠纷。因为一旦发生转让,转让人不再是建设用地使用权的权利主体,受让人将成为土地使用权人。但如果转让人未将原出让合同规定的义务(如投资开发的义务等)一并移转给受让人,则出让合同就难以履行,并可能发生各种纠纷。如果转让人只转让了权利而没有转让义务,此种转让行为是无效的,转让人仍应向出让人承担义务和责任。[2] 当然,转让人在转让全部的权利和义务以后,受让人所取得的权利不应当超出原土地使用权出让合同所规定的权利的范围。土地使用权转让时,转让人应当向受让人告知土地使用权上已有的负担,该负担应随同土地使用权一并移转。但转让人在转让时没

〔1〕 黄松有:《〈中华人民共和国物权法〉条文理解与适用》,人民法院出版社2007年版,第88页。
〔2〕 吕来明:《走向市场的土地——地产法新论》,贵州人民出版社1995年版,第137页。

有明确告知的,受让人无须承担该负担。转让已设定抵押的土地使用权,转让人也应当通知抵押权人并告知受让人土地使用权已经抵押的情况。[1]

依据《物权法》的规定,在转让时,建设用地使用权及地上建筑物的所有权应当一并移转。法律之所以作出这种规定,是因为考虑到地上建筑物、其他附属物与土地是联接为一体的,在交易价值上常常也是结合在一起计算的。在确定房屋的价值时很难不考虑到地基的价值,或考虑地基的价值时不可能不考虑地上建筑物的价值,如果将土地使用权与其他地上建筑物和附属物分开,很可能使地上建筑物和附属物在移转所有权以后失去建设用地使用权。尤其是如一些学者所言,"极少能出现土地使用权人要求地上建筑物、其他附着物所有人拆除其地上建筑物、其他附着物,禁止地上建筑物、其他附着物所有人通行、停车等利用土地行为的后果"。[2] 笔者认为这一观点具有一定的合理性。但在特殊情况下,建筑物所有权与土地使用权也是可以分离的。例如,土地使用权人只转让地上建筑物范围内的土地使用权,而并不转让地上建筑物范围外的其他土地使用权,或者转让土地使用权时,保留了地下设施(如地下停车场)等,这些转让都应当是有效的。

5. 建设用地使用权的转让,还需要依法完成相应的程序。根据法律规定,应当签订书面合同,办理缴纳有关税费等手续。[3] 土地管理部门经过严格审查,在当事人之间的转让符合法定条件时,应当按规定向受让人颁发建设用地使用权证书。

(三)关于建设用地使用权流转的登记

《物权法》第 145 条规定:"建设用地使用权转让、互换、出资或者赠与的,应当向登记机构申请变更登记。"根据这一规定,建设用地使用权的流转,应当采取要件主义。因为,一方面,根据《物权法》第 139 条的规定,建设用地使用权的设立,采取登记要件主义,当事人之间订立建设用地使用权流转合同只是在当事人之间发生债的效力;只有办理了登记,才能发生设立建设用地使用权的效力。因此,建设用地使用权的流转也应当采取登记要件主义。另一方面,《物权法》第 145 条规定中使用了"应当"一词,表明流转的登记是法定的强行性规范,未经登记,不发生建设用地使用权的流转。当然,这里的变更登记,具体来说是权利转移登记。因为建设用地使用权流转是权利人的变化,而物权客体和内容并未发生变化。

在当事人没有依法办理变更登记的情况下,尽管当事人之间就流转达成了协议,并且移转了对土地的占有,也只能认为在当事人之间发生了债的关系,而不能认为在当事人之间发生了物权的变动。如果没有办理登记,受让人占有土地之后并且完成了房屋的建造,是否属于合法建造行为并适用《物权法》第 30 条的规定? 笔者认为,合法建造,应当是指取得建设用地使用权并办理了建造房屋的审批手续之后进行的建造。因此,受让人不能依《物权法》第 30 条取得房屋的所有权,但是受让人对房屋的占有权应当受到保护。

---

〔1〕 《担保法》第 49 条。
〔2〕 崔建远、孙佑海、王宛生:《中国房地产法研究》,中国法制出版社 1995 年版,第 86 页。
〔3〕 《城市房地产转让管理规定》第 7 条。

第九节　交易中的房地一并处分规则

一、确立房地一并处分规则的原因

我国《物权法》承认土地和房屋可以分别成为不同的物权客体,并可以分别登记。从这个意义上说,我国采用了分离主义模式。但是,我国《物权法》所采取的分离主义又具有自身的特点,和国外分离主义模式有所不同,这就是在承认房地可以成为分别所有权的客体的情况下,房地在交易中要一并流转。应当承认,建筑物和土地是天然不可分割的,没有土地就不可能形成建筑物。可以说,在自然形态上是"房依地建,地为房在"。如果建设用地使用权与房屋所有权完全分离,也可能引发一系列的纠纷。

《物权法》在确认房地可以分属于不同权利主体的同时,确立房地一并处分规则,其主要原因在于:

1.一并处分是为了维护交易的安全。因为如果第三人取得了房屋所有权而没有取得建设用地使用权,极易造成权利冲突现象的发生,助长欺诈发生的可能性。例如,某人故意将房屋所有权和建设用地使用权以高价转让给不同的主体,却又不告知这一情况,让他人误以为其取得的权利是完整无瑕疵的权利,因此愿意支付较高的价款,但在购买之后却发现没有取得相应的房屋地基的建设用地使用权,或发现土地之上已经建有房屋,从而引发纠纷。采取一体处分主义,则有可能减少此种权利冲突,防止欺诈。

2.一并处分有利于充分发挥土地的使用价值。在建设用地使用权和房屋所有权的主体分离的情况下,房屋所有权人行使权利时,必须要通行于土地,或者利用房前屋后的一定范围的土地作为其正常居住、生活的场所,但建设用地使用权人就有可能禁止房屋所有权人行使这一权利,甚至要求房屋所有人拆除房屋,而房屋所有人也可能禁止建设用地使用权人使用土地,这就会产生权利行使上的冲突。如果权利主体不一致,则当事人为行使权利进行协商、谈判,交易成本也将十分高昂。而一并处分主义则可以节省上述不必要的交易成本。

3.一并处分有利于鼓励交易。在市场经济社会,民法的规则应当充分鼓励财产进入交易领域,从而促进经济的繁荣和社会财富的增长。而就不动产规则而言,只有采纳建设用地使用权和房屋所有权的主体保持一致的观点,才有利于促进不动产的交易。如果建设用地使用权和房屋所有权的主体分离,将会对不动产的交易形成巨大的障碍。因为房屋所有权人不享有土地的使用权,则房屋所有权本身就是一个不完整的所有权。在房屋所有权人出售其房屋或设定担保时,如果建设用地使用权人不同意,则交易是根本不可能完成的。反之,如果建设用地使用权人仅仅只是享有对土地的权利,而对地上的房屋不享有权利,则其建设用地使用权也是不完整的,它只是一种有建筑物负担的建设用地使用权,不具有建设用地使用权的完整价值。这样,建设用地使用权本身也很难转让。即便能够进行转让,买受人也难以对该土地进行利用。

二、交易中的一并处分规则

(一)房地流转中的一并处分规则

《物权法》第146条规定:"建设用地使用权转让、互换、出资或者赠与的,附着于该土地上的建筑物、构筑物及其附属设施一并处分。"第147条规定:"建筑物、构筑物及其附属设施转让、互换、出资或者赠与的,该建筑物、构筑物及其附属设施占用范围内的建设用地使用权一并处分。"

据此,房地流转中的一并处分规则包括如下几个方面内容:

1.在房地流转中必须一并处分。《物权法》第 146、147 条具体列举了建设用地使用权转让、互换、出资和赠与,以及建筑物、构筑物及其附属设施转让、互换、出资和赠与,这些都属于房地流转的典型情况。从文字表述来看,《物权法》上述两条规定中都没有使用"等"字,似乎表明《物权法》采取封闭式列举的方式加以规定。也就是说,只限于这四种流转。但实际上,除了上述流转情形之外,还应当包括其他合法流转的情形。至于租赁,因不转让房屋的所有权,因此不属于房地流转的范围。依据上述规定,只要是从事房地流转必须将房地一并处分。

2.无论是建设用地使用权的流转,还是地上建筑物等的流转,都必须对房地一并处分。《物权法》第 146 条和第 147 条分别规定了房随地走和地随房走两个规则,即在交易中,房地必须一并处分。所谓一并处分,就是指建设用地使用权和建筑物等的所有权要一并移转。按照建设用地使用权和建筑物所有权的主体应当保持一致的原则,权利人应当将房屋所有权和建设用地使用权作为整体予以流转。具体来说,一是建设用地使用权转让、互换、出资或者赠与的,附着于该土地上的建筑物、构筑物及其附属设施一并处分。所谓"附着于",是仅指地表之上的建筑物等,还是包括地上和地下的建筑物等?笔者认为,因为建筑物、构筑物及其附属设施的类型非常多,建筑物等不仅仅限于地表之上的,还应当包括地上和地下空间之内的建筑物等。二是建筑物、构筑物及其附属设施转让、互换、出资或者赠与的,该建筑物、构筑物及其附属设施占用范围内的建设用地使用权一并处分。所谓"占用范围内",是指该建筑物等所占用范围内的建设用地使用权,不应包括规划范围内的空地和其他土地。[1]

总之,根据《物权法》上述规定,权利人不能够在保留建设用地使用权的情况下处分地上的建筑物等,也不能在保留建筑物等的情况下处分建设用地使用权。

(二)抵押时的一并处分

根据《物权法》第 200 条的规定,建设用地使用权抵押后,该土地上新增的建筑物不属于抵押财产。该建设用地使用权实现抵押权时,应当将该土地上新增的建筑物与建设用地使用权一并处分,但新增建筑物所得的价款,抵押权人无权优先受偿。因此,在设定抵押权时,房屋和建设用地使用权是可以分别设定抵押的,但是在抵押权实现时,房屋和建设用地使用权必须一并实现。即使是有新增的建筑物,也要与原建筑物和建设用地使用权一并参与拍卖、变卖。只是新增房屋实现抵押后的价值不能由抵押权人优先受偿。

应当指出,就土地和建筑物两者的关系来说,是建筑物附随于土地,还是土地附随于建筑物,法律未作规定。[2] 所谓"房随地走"或"地随房走"的现象都是存在的,两者之间未分主次关系。我国立法确认建设用地使用权和房屋所有权主体保持一致,应当理解为权利最终归属的统一,即房屋的所有权和建设用地使用权必须归同一主体所有。为了达到这种房地权利主体的合一,必须要求房屋所有权移转时,建设用地使用权也一并移转,而建设用地使用权移转时,地上的房屋所有权也一并移转。移转的最终结果是使房屋的所有权人和建设用地使用权人为同一人。

---

〔1〕 房绍坤:《物权法用益物权编》,中国人民大学出版社 2007 年版,第 185 页。

〔2〕 某些学者认为,土地使用权应附从于房屋所有权,因为地基使用权随房屋所有权的成立即成立。参见钱明星:《物权法原理》,北京大学出版社 1994 年版,第 191 页。

第十节 地上房屋所有权归属的推定规则

《物权法》第142条规定:"建设用地使用权人建造的建筑物、构筑物及其附属设施的所有权属于建设用地使用权人,但有相反证据证明的除外。"该条确立了建设用地使用权与地上房屋所有权之间的关系,是确定地上房屋所有权归属的重要法律依据。

一、建设用地使用权人建造的建筑物、构筑物及其附属设施原则上属于建设用地使用权人

根据《物权法》第142条的规定,凡是建设用地使用权人建造的建筑物、构筑物及其附属设施等都推定为其所有。作出此规定的主要理由在于:①从建设用地使用权设立的目的来看,权利人取得该权利就是为了建造和保有建筑物、构筑物及其附属设施等,如果建设用地使用权人取得该权利时,土地上已经存在房屋,其就无法利用该土地来建造建筑物、构筑物及其附属设施等。从实践来看,采用出让或划拨的方式取得的建设用地使用权,通常都是空地。即使地上有房屋,也要予以拆迁,否则,建设用地使用权人就无法对该土地进行利用。②在我国,国家一般不直接使用土地建造房屋,具体使用土地的主体通常是国家以外的各类法人和公民等民事主体,[1]其对土地的利用,都是通过设定建设用地使用权的方式来实现的。在设定建设用地使用权之后,权利人必然要利用土地建造建筑物、构筑物及其附属设施。因此,法人、公民等民事主体利用建设用地使用权,建造的建筑物、构筑物及其附属设施的所有权应当属于建设用地使用权人所有,而不归所有权人即国家。③按照占有的推定规则,占有人通常被推定为所有人。在建设用地使用权中,也可以采取此种推定方式。在建设用地使用权之上建造的房屋,一般由权利人占有,从而推定建设用地使用权人享有房屋所有权。④尽管我国现行法律是将土地和房屋作为不同的不动产分别对待,将其分别登记,但同时实行"房随地走、地随房走"的原则。在交易中必须保持房屋、土地主体的一致性。这就需要对土地上房屋的归属进行初始界定,保证房屋所有权发生之初房屋与建设用地使用权同属一人所有。如果房屋和土地分属于不同的主体,则可能使房屋、土地的权利相互冲突,妨碍权利的行使,违反物尽其用的原则。

二、这一推定规则仅适用于合法建造物

虽然《物权法》第142条并未强调建设用地使用权人合法建造,但从《物权法》第30条"因合法建造、拆除房屋等事实行为设立或者消灭物权的,自事实行为成就时发生效力"的规定来看,只有在建设用地使用权人合法建造的情况下,方可产生物权。因此,《物权法》第142条所言的"建设用地使用权人建造的建筑物、构筑物及其附属设施"仅限于合法建造的建筑物、构筑物及其附属设施,否则,这些物的所有权是否产生尚有疑问,更不可能推定其所有权的归属。需要指出的是,如果建设用地使用权人并非合法建造,就意味着该建筑物是违章建筑,对其所有权的归属,应当按照《城市规划法》的有关规定处理。

三、存在相反证据的情况下,可以推翻上述推定

如何理解《物权法》第142条中所说的"有相反证据除外"?这就是说,上述推定只是法律上的预设,但如果当事人之间确实有相反的证据,仍然可以推翻此种推定。笔者认为,相反的证据主要包括如下几种情形:

---

〔1〕 孙毅、申建平:《建设用地使用权·宅基地使用权》,中国法制出版社2007年版,第82页。

1. 当事人之间存在特别的约定。目前城市建设蓬勃发展,市政公共设施难以全部由政府及时建设。因此,在部分建设用地使用权出让合同中,出让方和建设用地使用权人通常约定,建设用地使用权人在进行房地产开发时,需要同时从事相应的配套设施建设。例如,建设用地使用权出让合同约定,开发商建设商品住宅用房时,需要建造居民委员会专门用房等配套公用设施。根据房屋的性质和合同的约定,居委会专门用房等配套公用设施在性质上属于市政公用,并不当然属于建设用地使用权人所有,而是归属于国家所有。此外,如果开发商将开发的建筑物等工作物转让给第三人,则第三人应当继续遵守建设用地使用权出让合同中的建筑物权属划分。[1]

2. 依据法律的特别规定。例如,依据《物权法》第73条的规定,建筑区划内的道路,属于业主共有,但属于城镇公共道路的除外。建筑区划内的绿地,属于业主共有,但属于城镇公共绿地或者明示属于个人的除外。因而,建筑规划区内的道路和绿地、附属设施等就依该条规定而确定产权,而不归作为建设用地使用权人的开发商所有。在实践中,也存在房改时单位出卖公房于职工,使职工取得房屋所有权,单位仍然拥有建设用地使用权的情形。[2]

3. 合资建房合同。在此种情况下,建造人基于《物权法》第30条而自动取得房屋所有权。

4. 建设用地使用权人出租建设用地。如果建设用地使用权人将土地租赁给他人,由他人在该土地上建造房屋,双方可以在合同中约定由承租人取得房屋的物权。但在合同没有约定的情况下,笔者认为可以类推适用《物权法》第142条的规定,推定地上建造物只能由出租人取得。如果房屋的建造人确有证据证明其对房屋进行了投资,那么根据添附规则,则应当由建设用地使用权人取得房屋所有权,由其对建造人进行补偿。

需要指出的是,如果有相反证据证明,首先应当由所有权人对此承担举证责任。如果建设用地使用权人对此提出异议,则需要经过确权程序,重新确认物权的归属。

第十一节 住宅建设用地使用权的自动续期规则

《物权法》第149条规定:"住宅建设用地使用权期间届满的,自动续期。非住宅建设用地使用权期间届满后的续期,依照法律规定办理。该土地上的房屋及其他不动产的归属,有约定的,按照约定;没有约定或者约定不明确的,依照法律、行政法规的规定办理。"这就在法律上确认了住宅建设用地使用权自动续期规则。该规则的确定,是对我国现行立法的重大修改和完善。根据我国现行立法的规定,公民和法人可以通过买卖、继承、赠与等各种合法方式取得房屋所有权。房屋所有权具有永久性,尽管从实践来看,一幢房屋的使用年限是有限的,但在法律上,对该幢房屋的所有权是不存在期限限制的。在取得房屋所有权以后,非因房屋所有权的转让、房屋的灭失等原因,房屋所有权不发生消灭。正是从这个意义上说,房屋所有权为无期限的物权。但是,在法律上,建设用地使用权是有期限限制的,房屋所有权的无期限性和建设用地使用权的有期限性之间形成了一定的矛盾和冲突。权利人在土地之上建造了各种建造物以后,其对这些建造物本应享有法律上的所有权,但其所有权也受到了建设用地使用权的期限限制。尤其是我国沿海一

---

〔1〕 胡康生主编:《中华人民共和国物权法释义》,法律出版社2007年版,第322页。

〔2〕 崔建远教授2007年4月27日上午在中国法学会民法学研究会2007年年会暨两岸民法学研讨会上的发言,载"中国民商法律网",网址:http://www.civillaw.com.cn/article/default.asp?id=32642.

些城市,土地使用权改革比较早,最初土地批租的期限比较短,有的住宅建设用地使用权都已快到期。在到期之后,是否会影响到房屋所有权的保护,有鉴于此,我国《物权法》第149条专门规定了住宅建设用地使用权的自动续期规则。这一规则也修改和完善了我国现行的建设用地使用权制度。[1]

确认住宅建设用地使用权自动续期规则,是切实保护公民房屋所有权的重要措施。房屋是每个公民的基本财产,对于绝大多数公民来说,其终身的积蓄就是其居住的房屋,保护公民的房屋所有权就是保护公民的基本财产权。公民的房屋也是公民的安身立命之本,保护公民的房屋所有权也是保护公民的居住权和基本人权。在平等保护原则之下,尊重、强化对公民房屋所有权的保护,是"民生至上"最重要的体现。所以,《物权法》的上述规定真正体现了以人为本的理念和对民生的关注。

《物权法》第149条规定的住宅建设用地使用权自动续期规则,包括如下几个方面的含义:

1. 该规则仅适用于住宅建设用地。首先,该条仅适用于住宅建设用地使用权,对宅基地使用权和用于建造房屋的土地租赁权都是不适用的。事实上,我国现行法上的宅基地使用权是没有期限限制的,因此,不需要适用自动续期的规则。其次,只有住宅建设用地使用权才能自动延长,非住宅用地期限届满不能自动续期。这主要是因为一方面,非住宅用地在法律上没有特别保护的需要,因为它们都是工业或商业用地,不关涉居住利益和基本人权。另一方面,非住宅用地在设定上往往具有特定的目的,而且,往往仅在特定的期限内使用建设用地,超过了该期限,就没有使用该土地的需要了。[2] 由于住宅用房超过70年后,房屋很可能依然存在,并且有可能经过翻修之后而依然状况良好。所以,建设用地使用权期限届满之后,房屋所有权依然需要合法存续。

2. 住宅建设用地使用权实行自动续期。所谓自动续期,就是指住宅建设用地使用权到期以后,不需要到政府有关主管部门申请办理延期手续,就可以自动延长。就住宅建设用地来说,到期之后,要求建设用地使用权人办理延长手续,操作起来确有困难和不便之处。因为现代社会,房屋所有权大多采取建筑物区分所有的方式,小区内部的住户众多,难以都到政府部门办理延长手续。尤其是,如果申请办理延长手续,而无法获得批准,其房屋所有权就无法获得保护,这也是老百姓特别担忧的问题。因而,《物权法》规定自动续期,实际上就许可了其自动延长。另外,自动续期还可以避免因申请审批等环节而产生的费用和成本。

3. 自动续期必须以房屋存在且用于居住为前提。许多学者认为,《物权法》第149条规定的自动续期规则,没有规定续期的期限和条件,因此,该规则还很不完善。笔者认为,该规则实际上暗含了自动续期的条件,即该土地性质上是住宅用地,且有住宅存在。因为该规则实际上采取的是"地随房走"的规则,也就是说,只要作为住宅的房屋存在,"地"(即建设用地使用权)就存在。如果房屋不存在或者房屋不再用于居住,建设用地使用权也就不再存在。当然,根据我国建设部的有关规定,一般房屋在60年之后即构成危房,此时如果业主对房产进行修缮和改良,只要该房产物业存续,则业主有权延续建设用地使用权。

---

[1] 例如,《土地管理法》第58条规定:"土地出让等有偿使用合同约定的使用期限届满,土地使用者未申请续期或者申请续期未获批准的;由有关人民政府土地行政主管部门报经原批准用地的人民政府或者有批准权的人民政府批准,可以收回国有土地使用权。"《城镇建设用地使用权出让和转让暂行条例》第40条进一步明确规定:"土地使用权期满,土地使用权及其地上建筑物、其他附着物所有权由国家无偿取得。土地使用者应当交还土地使用权证,并依照规定办理注销登记。"

[2] 胡康生主编:《中华人民共和国物权法释义》,法律出版社2007年版,第333页。

对于自动续期的期限,《物权法》并没有直接作出规定。主要是考虑到在续期之后,也可能因为一定事实的出现,使得自动续期没有必要。这主要有如下几种情况:①房屋已经灭失。例如,房屋所有权人拆毁房屋或者房屋因自然原因而灭失,如地震。②房屋被征收。在征收以后,房屋所有权已经转归国家所有。③土地性质改变,即土地由住宅用地改为工业或商业用地,在此情况下,已经不符合自动续期的条件。所以,《物权法》第149条没有必要对延长的期限作出具体规定,尤其是因为考虑到,房屋所有人可能因各种原因而丧失所有权,所以,《物权法》不可能规定住宅建设用地使用权的期限无限延长。

第十二节　建设用地使用权的消灭

一、建设用地使用权的消灭原因

建设用地使用权是物权的一种,因此物权的一般消灭原因也同样适用于建设用地使用权。当然,建设用地使用权作为一种用益物权,也有一些特殊的消灭原因,主要包括以下几种:

（一）建设用地使用权因存续期限届满而消灭

对于附有存续期限的建设用地使用权,在期限届满时自然归于消灭。但是对于住宅建设用地使用权在期满之后的效力却关系到人民的生存问题,不能简单采取期满自动消灭的做法。因此,《物权法》第149条规定:“住宅建设用地使用权期间届满的,自动续期。非住宅建设用地使用权期间届满后的续期,依照法律规定办理。该土地上的房屋及其他不动产的归属,有约定的,按照约定;没有约定或者约定不明确的,依照法律、行政法规的规定办理。”

根据《物权法》第149条规定,对于非住宅建设用地,在建设用地使用权期限届满以后,有关续期的问题必须按照法律规定办理。我国《城市房地产管理法》第22条第1款明确规定:“土地使用权出让合同约定的使用年限届满,土地使用者需要继续使用土地的,应当至迟于届满前一年申请续期,除根据社会公共利益需要收回该幅土地的,应当予以批准。经批准准予续期的,应当重新签订土地使用权出让合同,依照规定支付土地使用权出让金。”因此,对于非住宅建设用地仍然需要按照该规定,在期限届满后,由原土地使用权人提出申请并经相关部门批准后才能续期,而不能自动续期。关于该土地上的房屋及其他不动产的归属,根据《物权法》第149条的规定,应当按照下列规则处理:

1. 首先要依据合同约定来确定归属。例如,我国《中外合作经营企业法》第23条规定:“合作企业期满或者提前终止时,应当依照法定程序对资产和债权、债务进行清算。中外合作者应当依照合作企业合同约定确定合作企业财产的归属。”因此,对中外合作双方举办的合作企业,在用地期限届满以后,就要根据合同约定地上建筑物等的归属。在实践中,BOT项目就是采用合同约定归属的办法。[1] 通过合同确定归属,实际上就是使当事人的约定具有了优先于法律规定的效力。此种规定尊重了当事人的意志和产权。

2. 如果没有约定或者约定不明确的,依照法律、行政法规的规定办理。例如,《土地管理法》第58条规定:“土地出让等有偿使用合同约定的使用期限届满,土地使用者未申请续期或者申请续期未获批准的,由有关人民政府土地行政主管部门报经原批准用地的人民政府或者有批准权

---

[1]　胡康生主编:《中华人民共和国物权法释义》,法律出版社2007年版,第334页。

的人民政府批准,可以收回国有土地使用权。"因而,在当事人没有约定或约定不明确的情况下,就应当按照这一规则由土地使用者向政府部门提出申请,请求批准延长。在土地使用者未申请续期或者申请续期依法未获批准的,则国家土地管理机关应当收回建设用地使用权。

依法收回建设用地使用权时,建设用地使用权人应当拆除其地上建筑物、构筑物及其附属设施,这既是其权利也是其恢复土地原状的义务。[1]　建设用地使用权的期限届满,该土地上的建筑物、构筑物及其附属设施以及其他附着物大多对土地所有人没有特别的用处,但土地所有人如果在特殊情况下,确实需要继续利用建筑物、构筑物及其附属设施的,土地所有人可以以合理的价格购买,建筑物、构筑物及其附属设施的所有权人不得予以拒绝。如果强行拆除,将严重影响对物的有效利用。而如果地上建筑物确有利用价值,国家在收回时,应当给予适当补偿。否则,建筑物等的所有人可能就会在使用期限届满以后对建筑物予以拆除,从而造成财产的损失浪费。同时在期限届满之前,由于建设用地使用权人担心建筑物很快被拆除,不会进一步对土地进行投资,从而不利于对土地的有效利用。当然,如果地上建筑物对国家没有利用价值的,就不应该给予补偿。[2]　当然,我们所说的补偿是指酌情给予适当的补偿,而并不是说,国家在取回时必须要支付市场价格,因为支付的费用过高,国家甚至将会把原来获得的土地出让金全部拿来作为补偿,这对国家是极不合理的。

(二)建设用地使用权因公共利益需要而提前收回

《物权法》第148条规定:"建设用地使用权期间届满前,因公共利益需要提前收回该土地的,应当依照本法第42条的规定对该土地上的房屋及其他不动产给予补偿,并退还相应的出让金。"建设用地使用权因公共利益需要而提前收回涉及如下几个问题:

1. 所谓因公共利益需要而提前收回,其性质应当属于征收。对于该条规定的性质有几种不同的理解:①征收说。此种观点认为,提前收回在性质上是一种征收。征收的对象不是动产、不动产,而是建设用地使用权。提前收回建设用地使用权的行为,不仅使权利人丧失继续使用土地的权利,也强行剥夺了其地上财产权,实质上是一种国家对单位或个人财产的征收行为。[3]　从《物权法》第148条规定来看,实际上对土地上的房屋的征收适用第42条的规定,从体系解释的角度来看,提前收回实际上是一种征收。②解除合同说。此种观点认为,提前收回不同于征收,提前收回只是要解除建设用地使用权设立合同,而不是一种征收行为。只是因为解除了该合同,涉及地上房屋时,才适用征收的规定。③建设用地使用权终止说。此种观点认为,提前收回不是解除合同,而是要终止建设用地使用权。因为终止了建设用地使用权,所以就导致要补偿房屋的价值。笔者认为,《物权法》第148条规定的收回,针对房屋所有权而言,其在性质上属于征收。因为一方面,《物权法》第148条明确要求必须是因公共利益的需要,才能提前收回;另一方面,该条也明确规定了要按照《物权法》第42条的规定给予补偿,同时还要退还相应的出让金。正是因为《物权法》第148条将因公共利益需要而提前收回归入了征收的范畴,这就解决了实践中一些地方政府官员随意利用提前收回制度损害建设用地使用权人利益的问题。[4]

---

〔1〕《日本民法典》第269条规定:"①地上权人于其权利消灭时,可以恢复土地原状,收去其工作物及竹木。但是,土地使用人通知愿以时价买取时,地上权人无正当理由,不得拒绝。②有与前款规定不同的习惯时,从其习惯。"

〔2〕尹飞:《物权法·用益物权》,中国法制出版社2005年版,第253页。

〔3〕黄松有主编:《〈中华人民共和国物权法〉条文理解与适用》,人民法院出版社2007年版,第444页。

〔4〕程啸:"物权法规定建设用地使用权的意义——'无偿收回土地使用权'行为的性质评析",载《人民法院报》2007年6月11日第6版。

2.《物权法》第148条之所以采取"提前收回"的表述,而没有采取征收的表述,主要原因在于,对于城市的不动产的征收主要是对房产的征收。由于城市土地本来就是属于国家所有的,建设用地使用权是在国家土地所有权基础上设立的他物权,而在我国,征收在法律上要移转所有权,所以对建设用地使用权不存在征收问题,只是提前收回的问题。但如果土地之上存在房屋,则提前收回建设用地使用权的同时也要对房屋一并进行征收。

3.关于公共利益的理解问题,笔者认为在提前收回的情况下,对公共利益应当做更加严格的限制和解释。一方面,公共利益不能够包含商业利益,如不能包括因商业开发而包含的公共利益。另一方面,公共利益必须是国家的重大公共利益。如果是一般的公共利益,并不能作为提前收回的理由。所谓重大的公共利益,主要是指国防事业、公益设施、大型公益事业(如奥运会场馆的建设等)。如果对提前收回情况下的公共利益不做限制,很可能就给予政府极大的权力,不利于对公民、法人财产权的保障。

4.对该土地上的房屋及其他不动产给予补偿,并应退还相应的出让金。一方面,要对该土地上的房屋及其他不动产给予补偿。此种补偿采取何种方式?对此存在不同的观点:一种观点认为,因为是提前收回,所以对于地上的房屋等要采用市价购买的方式。另一种观点认为,即使是提前收回建设用地使用权,也应当按照征收补偿的标准来补偿。我国《物权法》采纳了后一种观点,依据该规定,对于地上房屋等要适用征收补偿的标准进行补偿。在提前收回时,政府应当退还相应的出让金,所谓相应的出让金就是按照建设用地使用权的期限来确定的出让价金。剩余多少年的建设用地使用权,按照相应的年限来计算出让金,然后予以退回。因为建设用地使用权人支付的出让金是对一定期限内的权利所支付的费用,如果提前收回,就应当将已经使用的年限部分的出让金扣除,退回剩余部分期限的出让金。

(三)建设用地使用权因土地闲置超过2年而被收回

《城市房地产管理法》第26条规定:"以出让方式取得土地使用权进行房地产开发的,必须按照土地使用权出让合同约定的土地用途、动工开发期限开发土地。超过出让合同约定的动工开发日期满1年未动工开发的,可以征收相当于土地使用权出让金20%以下的土地闲置费;满2年未动工开发的,可以无偿收回土地使用权;但是,因不可抗力或者政府、政府有关部门的行为或者动工开发必需的前期工作造成动工开发迟延的除外。"关于土地闲置2年提前收回的行为的性质,一直存在着不同的看法。《物权法》中没有对此种提前收回作出规定。笔者认为,是否应当继续采纳这一规则,在法律上仍然值得探讨。这一规则的确有其不合理性,主要原因在于:①建设用地使用权人在取得使用权时,通常支付了一定的对价即出让金,而且出让金的数额一般较大,这些费用有的甚至还包括了市政费、征地和拆迁费等,政府在获得了出让金以后又无偿收回土地,实际上政府无偿获得了双重利益,等于政府并没有支付任何对价而收取了一大笔费用,这显然是不合理的。在民法上,建设用地使用权出让方与受让方的关系是平等的民事合同关系,当一方违约构成另一方单方解除合同之条件时,另一方有权解除合同并追究违约方的违约责任,但是双方依合同的约定取得的财产,都应返还给对方。而《城市房地产管理法》第26条"无偿收回土地使用权"的规定则意味着土地使用方需要返还出让方交付的土地,土地出让方却可以占有土地受让方缴纳的全部土地出让金。这就可能会损害另一方民事主体依民法应当享有的权利。[1]②对于建设用地使用权人来说,尽管其造成土地闲置,但引起闲置的原因可能是多方面的,建设

_____

[1] 李开国:"我国城市建设用地使用权制度的完善",载《现代法学》2006年第2期。

用地使用权人大多是因暂时无足够资金进行开发,在此情况下其造成土地闲置并没有重大的过错。因此,虽然完全收回土地体现了对建设用地使用权人的一种制裁,但这种制裁过重。此外,在实践中要完全无偿收回土地也会遇到很大的阻力和困难。③这种做法也容易诱发腐败现象。由于对闲置的概念不明确,所以政府对是否要收回闲置土地享有很大的决定权,在缺乏足够的制约机制的情况下,这种决定权极易导致寻租行为,诱发腐败。④既然是一种违约责任,那么按照合同法的规定,在一方当事人违约时候,非违约方获得的赔偿不能超过违约方在违约时能预见的给对方造成的损害,违约金也不能过分超过实际损害。而提前收回的做法具有明显的惩罚性质,从我国实践来看,正是由于这种做法过于严厉,所以实践中很难实行。因此,笔者认为应当对"无偿收回"作适当修正。根据实践中广东省等地区的做法和经验,可以考虑在不退还定金的前提下,适当退还土地出让金,退还的数额可根据建设用地使用权的市场价值予以确定。

当然,在我国现行立法对此未作修改之前,因为此种原因而提前收回土地的,仍然是建设用地使用权消灭的一种原因。在依法收回建设用地使用权之后,对于地上已经存在的建筑物,政府如果继续加以利用,则必须对建筑物所有权人进行补偿。如果不能利用,则应当进行拆除,拆除的费用应当由建设用地使用权人来承担。

(四)因停止使用等原因而收回建设用地使用权

《土地管理法》第58条规定,因单位撤销、迁移等原因,停止使用原划拨的国有土地的,或因公路、铁路、机场、矿场等经核准报废的,在此种情况下,土地行政主管部门有权收回该建设用地使用权。由于此类被收回的建设用地使用权多属于以划拨方式无偿取得的,因此不给予补偿。但是,对于其地上建筑物、其他附着物,市、县人民政府应当根据实际情况给予适当补偿。需要指出的是,关于国有企业在破产之后,其基于划拨方式取得的建设用地使用权能否作为破产财产分配,在学理上存在不同的看法。笔者认为,依据《土地管理法》的上述规定,在此情况下,建设用地使用权应当由政府收回,而不能作为破产财产。更何况由于破产企业建设用地使用权是通过划拨方式取得的,因此,即使作为破产财产,未经批准也不能进入市场流转。[1]

(五)土地的灭失

如果建设用地因为自然灾害等原因而发生灭失,也会导致建设用地使用权的消灭。例如,因洪水、地震等原因导致土地流失或者土地无法使用。

二、办理注销登记手续

《物权法》第150条规定:"建设用地使用权消灭的,出让人应当及时办理注销登记。登记机构应当收回建设用地使用权证书。"建设用地使用权无论因为何种原因而消灭,都应当及时办理注销登记,因为登记的事项不消灭,不知情的交易第三人很可能会信赖登记而以为建设用地使用权仍然存在,给交易安全带来隐患。[2]值得探讨的是,如果出让合同被宣告无效或者撤销,当事人没有办理注销登记手续,建设用地使用权是否仍然有效? 笔者认为,在我国,物权变动原则上采债权形式主义变动模式。在出让合同被宣告无效或者被撤销以后,作为建设用地使用权设立基础的合同已经不存在,此时,在当事人之间建设用地使用权就归于消灭。只不过,在没有办理注销登记之前,该登记还具有一定的公信力,善意第三人可能基于此登记而受到保护。

---

〔1〕 梅夏英、高圣平:《物权法教程》,中国人民大学出版社2007年版,第263页。
〔2〕 房绍坤:《物权法用益物权编》,中国人民大学出版社2007年版,第207页。

第十五章 宅基地使用权

第一节 宅基地使用权的概念和特征

一、宅基地使用权的概念和特征

宅基地使用权是我国特有的一种用益物权形式,《物权法》第152条规定:"宅基地使用权人依法对集体所有的土地享有占有和使用的权利,有权依法利用该土地建造住宅及其附属设施。"据此,宅基地使用权,是指农村居民及少数城镇居民为建造自有房屋对集体土地所享有的占有、使用的权利。取得宅基地使用权是权利人的居住、生活的基本保障和重要条件。

宅基地使用权的主要特征在于:

1.权利主体的特殊性。一般用益物权的取得,权利主体都没有身份上的限制,但是,《物权法》第152条所规定的宅基地使用权人,具有身份上的要求。此种权利原则上只能由集体经济组织的成员享有。失去了集体经济组织的成员身份,基于其身份取得的宅基地使用权就失去了基础,集体经济组织就有权收回。土地的有限性决定了集体经济组织以外的人员一般不能申请宅基地。所以,宅基地通常是与成员权联系在一起的。权利主体的特殊性,也是宅基地使用权与建设用地使用权等的重要区别。通常宅基地是以户为单位申请的,单个的家庭成员不能以个人名义申请宅基地。[1]

2.客体的特殊性。宅基地使用权的客体是集体所有的土地。新中国成立以后,我国在相当长的时期内还保留了城镇居民宅基地使用权,但《土地管理法》颁布之后,城镇居民宅基地使用权已逐渐消失,取而代之的是建设用地使用权。[2] 所以,宅基地使用权只能是在集体土地之上所设定的一种用益物权,只有集体才有权设立此种权利。宅基地使用权的客体必须是非耕地,任何组织和个人不得擅自将耕地变为宅基地。宅基地使用权的客体,既可以是用益物权的客体,也可以是房屋所有权的客体。[3]

3.内容的特殊性。宅基地使用权只能用于建造住宅及其附属设施。根据《物权法》第152条的规定,宅基地使用权人有权依法利用该土地建造住宅及其附属设施。可见,宅基地使用权具有特定的用途,即原则上只能用于建造住宅及其附属设施,且必须用于自用。[4] 所谓住宅,是指建造住房以及与住房有关的附属设施。所谓附属设施,是指附属于住宅的水井、地窖等设施。附属设施是为了正常利用住宅而修建的配套设施。宅基地使用权虽然是一种用益物权,但其主要用

---

〔1〕 刘俊:"农村宅基地使用权制度研究",载《西南民族大学学报》(人文社科版)2007年第3期。

〔2〕 房绍坤:《物权法用益物权编》,中国人民大学出版社2007年版,第226~227页。

〔3〕 汪军民:"宅基地使用权的立法问题探讨",载《湖北大学学报》(哲学社会科学版)2006年第5期。

〔4〕 国家土地管理局政策法规司于1992年5月28日发布的《关于对农村居民"建住宅"含义理解问题的答复》。

途仅限于个人和家庭的居住。由于房屋可以继承,所以宅基地使用权实质上也可以继承。由于宅基地主要是作为生活资料提供的,所以权利人不能将宅基地作为生产资料使用,如不得将宅基地投资建厂或者改为鱼塘等,否则就违背了宅基地使用权设立的目的。

4. 取得和使用的无偿性。集体经济组织的成员获得宅基地大多是无偿的,或者只需要支付较低的代价,不需要按照建设用地面积的市价购买。这就是说,宅基地使用权的取得,原则上不需要支付对价。宅基地使用权的取得之所以采取无偿取得的原则,一方面主要是因为宅基地使用权具有社会福利的性质,具有一定的社会保障功能。[1] 这种福利主要表现在农民能够廉价取得宅基地,获取基本的生活条件,这也是农村居民与城市居民相比较享有的最低限度的福利,从而维护了农村的稳定。[2] 另一方面,集体经济组织成员所取得的宅基地使用权,是其基本的生活条件和生存保障。如果要采用等价交换的方式才能获得宅基地使用权,则该项制度就失去了对农村集体经济组织成员的生存保障的作用。此外,笔者认为,既然集体成员对集体土地享有所有权,因而其取得宅基地使用权就不应当再支付相应的对价,否则,就很难说,集体成员享有集体土地的所有权。当然,一户只能申请一处宅基地。如果要转让宅基地使用权,应当向集体经济组织支付一定的费用。[3]

5. 使用的无期限性。一般的用益物权都具有较为明显的期限,因为用益物权是在他人的动产或不动产上设立的物权,如果无期限限制,则有架空所有权之虞。但宅基地使用权在使用上没有期限的限制,这主要是因为,一方面由于宅基地使用权关系到广大农村集体经济组织成员的基本生存和居住问题,如果该项权利具有期限限制,且期限较短,则不利于农民的生存保障和农村的稳定。法律对宅基地不设明显的期限限制,能够最大限度地保障权利人的基本生存条件。另一方面,宅基地使用权具有社会福利的性质,所以,从社会保障的角度考虑,也不应当对宅基地使用权设置期限的限制。尽管权利人对宅基地享有长期的使用权,但这种使用权不是长期不变的。例如,因为国家建设需要征用土地的,或者村镇规划需要改变土地用途,或者居民个人的宅基地实际过多,远远超过了当地规定的标准,可以经过法定程序,进行合理的调剂或重新安排。[4]

6. 流转的严格限制性。宅基地使用权的流转受到严格的限制。宅基地使用权尽管是一种财产权利,但是具有一定的身份性质。因此,现行立法规定,宅基地本身不能转让,宅基地之上房屋的转让也只能在一定范围内进行。因为一旦允许宅基地可以向任何人转让,则宅基地就不再与农村集体的成员权联系在一起,这不符合宅基地使用权的固有属性。尤其是考虑到自由转让会使一些农民丧失基本的生存条件,并有可能导致耕地的流失,因而,我国《物权法》仍然采取维持现行规定的做法,对于宅基地使用权的流转进行了严格的限制,而且要求遵循"一户只能取得一处宅基地"的规则。[5] 在一定条件下,宅基地使用权及地上房屋在集体组织成员之间进行互换、转让也未尝不可。例如,《物权法》第155条提到宅基地的转让问题。

二、我国宅基地使用权的历史发展

宅基地使用权是我国特有的一种用益物权制度,在新中国成立初期,我国实行的是农民土地

---

〔1〕 曹云清等:"试论农村宅基地使用权的性质",载《江西公安专科学校学报》2003年第5期。

〔2〕 姚红主编:《中华人民共和国物权法精解》,人民出版社2007年版,第272页。

〔3〕 1993年中共中央办公厅、国务院办公厅《关于涉及农民负担项目审核处理意见的通知》取消了农村宅基地有偿使用收费和农村宅基地超占费。

〔4〕 刘利:"集体所有制下的宅基地使用权研究",载《安徽农学通报》2007年第13期。

〔5〕 汪军民:"宅基地使用权的立法问题探讨",载《湖北大学学报》(哲学社会科学版)2006年第5期。

所有制,因而农民可以享有其宅基地的所有权。1954 年的宪法也规定,国家依法保护农民的土地所有权。到了 20 世纪 50 年代的社会主义改造运动中,农民的土地因为加入农业生产合作社而转化为农民合作社集体所有,但是农民的宅基地却不必入社,依然归农民所有。在城镇,新中国建立初期同样实行宅基地所有权制度[1]后来随着我国城市土地国有化的实施,城市土地一律收归国有,城镇宅基地所有权制度随之消灭。在农村,1962 年中央颁发了《农村人民公社工作条例(修正草案)》,将农村土地所有权转归了集体所有,公社社员从此对宅基地不再享有所有权而只享有使用权,从此我国确立了"宅基地使用权"的概念,并沿袭至今[2] 1963 年《中央关于各地对社员宅基地问题作一些补充规定的通知》中明确指出,宅基地归各户长期使用,长期不变。2004 年修订的《土地管理法》规定,农村村民一户只能拥有一处宅基地,其面积不得超过省级政府制定的标准,村民出卖、出租其住房之后,不能再申请宅基地。我国《物权法》第一次将宅基地使用权作为物权制度进行了立法规定。该法在第 152 条至第 155 条规定,宅基地使用权人依法对集体所有的土地享有占有和使用的权利,有权依法利用该土地建造住宅及其附属设施。宅基地使用权的取得、行使和转让,适用《土地管理法》等法律和国家有关规定。宅基地因自然灾害等原因灭失的,宅基地使用权消灭。对失去宅基地的村民,应当重新分配宅基地。已经登记的宅基地使用权转让或者消灭的,应当及时办理变更登记或者注销登记。《物权法》中规定的宅基地使用权制度,是我国用益物权制度中的特色所在,对于满足广大农村居民的生存、生活需要,保护广大农民群众的切身利益有着重大的意义。在我国农村,由于社会保障制度尚未建立健全,因此宅基地使用权还起到了保障农民的基本生存条件的功能,所以将宅基地使用权物权化,并使之成为农民的基本物权,就可以对之进行物权的全面保护,赋予权利人对其宅基地享有物权请求权的效力。宅基地使用权的物权化,也进一步完善了我国用益物权体系。

第二节　宅基地使用权与其他相关物权

一、宅基地使用权与建设用地使用权

宅基地使用权与建设用地使用权具有一定的相似性。两者都是利用土地建造房屋和其他附属设施。尤其是在一些乡镇,城市居民也取得了宅基地,其取得的宅基地也具有建设用地使用权的性质,是否属于特殊的建设用地使用权,是值得探讨的。有人认为,在规定宅基地使用权的制度下,也应当规定城镇居民的宅基地使用权[3] 据此,也有一些学者认为,应当将宅基地使用权制度纳入到建设用地使用权制度之中,没有必要在法律上设立单独的宅基地使用权制度。笔者认为,宅基地使用权与建设用地使用权具有明显的区别,主要表现在:

1. 权利主体不同。如前所述,宅基地使用权人受到特定身份的限制,只有集体经济组织成员才可以享有,城市居民不能享有宅基地使用权。而建设用地使用权的主体是不受身份限制的,不管是自然人还是法人,不管是城市居民还是农村居民,都可以享有建设用地使用权。

〔1〕　房绍坤:《物权法用益物权编》,中国人民大学出版社 2007 年版,第 223 页。
〔2〕　高圣平等:"宅基地使用权初始取得制度研究",载《中国土地科学》2007 年第 2 期。
〔3〕　郭明瑞于 2005 年 11 月 14 日在中国人民大学法学院"民商法前沿"作了题为《关于农村土地权利的几个法律问题》的讲座。

2. 权利客体不同。在我国,建设用地使用权的客体主要限于国有的土地,除了划拨的土地以外,建设用地使用权的取得必须通过出让、转让、出租的方式进行。这些方式在本质上都是一种等价交换的交易方式。而农村宅基地使用权是在集体土地之上设立的,在一定程度上与集体经济组织的成员资格和福利联系在一起,发挥着最基本的农村社会保障作用。[1] 这就决定了它不可能作为交易的对象自由转让。在我国,建设用地使用权主要是在国家所有权的基础上产生的,是在国有土地上建造建筑物、构筑物及其他附属设施的权利。建设用地使用权主要是针对城市的用地,而不包括农村的宅基地使用权。从今后的发展趋势来看,随着集体土地也逐渐进入市场,宅基地使用权和城市建设用地使用权的区分将会逐渐模糊。

3. 权利内容不同。建设用地使用权的权利人可以利用其建造建筑物、构筑物及其附属设施,并通过出售营利。宅基地使用权只能用于建造住宅,而建设用地使用权人可以建造工业用房、商业用房、娱乐用房等,不限于建造住宅用房。[2]

4. 流转的限制不同。对宅基地使用权的流转,法律有严格的限制,原则上宅基地使用权人不能将建设用地使用权互换、转让或投资入股,也不能从事各种经营活动。但建设用地使用权是可以自由流转的,法律对此种权利的流转并没有作出过多的限制。

5. 权利的存续期间不同。建设用地使用权都是有期限限制的用益物权,期限届满后,该权利就消灭。即使住宅建设用地使用权期限届满后适用自动续期的规则,其也不是完全没有期限限制的,因为如果房屋改变用途或者被征收等,也没有必要再继续延长期限。但是,对宅基地使用权,法律却没有期限的限制。

6. 权利取得是否需要支付对价方面不同。建设用地使用权的取得,只要是依据出让的方式,权利人必须支付相应的对价,即土地出让金。而宅基地使用权是基于集体经济组织成员的身份取得的,而且具有社会保障的性质,因而其取得是无偿的。[3]

总之,笔者认为,宅基地使用权是一种不同于建设用地使用权的独立的用益物权类型,建设用地使用权不能包括宅基地使用权。

二、宅基地使用权与土地承包经营权

宅基地使用权与土地承包经营权都是在集体土地之上设定的用益物权,两种权利的取得都要求权利人具有特定的身份。这就是说,必须是集体经济组织的成员,才能够取得这两种权利,并且这两种权利的取得原则上都是无偿的。因为集体经济组织成员都享有成员资格,可以以此为基础获得其权利。另外,这两种权利还具有社会保障的功能,本质上二者都是为了保障集体经济组织成员的基本生活需要而设立的,因此法律对这两种权利的流转都有一定的限制(如不允许抵押)。但是二者存在明显的差异:

1. 设立目的不同。土地承包经营权的设立,是为了从事农业生产;而宅基地使用权的设立,是为了建造房屋和附属设施。所以,土地承包经营权的设立是为了解决衣食来源问题,而宅基地使用权的设立是为了解决居住条件。[4]

2. 设立方式不同。土地承包经营权的取得,要订立土地承包合同,合同生效后,权利人就取

〔1〕 杨立新主编:《民商法理论争议问题——用益物权》,中国人民大学出版社 2007 年版,第 149 页。
〔2〕 黄松有主编:《〈中华人民共和国物权法〉条文理解与适用》,人民法院出版社 2007 年版,第 410 页。
〔3〕 刘俊:"农村宅基地使用权制度研究",载《西南民族大学学报》(人文社科版)2007 年第 3 期。
〔4〕 姚红主编:《中华人民共和国物权法精解》,人民出版社 2007 年版,第 272 页。

得土地承包经营权;而宅基地使用权的取得,要经过集体组织成员申请,乡镇与县级政府的审核和批准。这主要是为了避免多占宅基地,防止改变耕地用途,造成农业生产用地减少和耕地流失。

3.期限和数量限制不同。一方面,法律对于宅基地使用权没有期限限制,而对于土地承包经营权则仍然具有期限限制。另一方面,对于宅基地使用权而言,法律规定一户只能取得一处宅基地;而对于土地承包经营权而言,法律并没有数量的限制,集体经济组织成员可以根据自己的经济组织能力和本集体的土地数量提出申请。[1]

4.流转方面不同。根据《物权法》第128条的规定:"土地承包经营权人依照农村土地承包法的规定,有权将土地承包经营权采取转包、互换、转让等方式流转。"可见,法律允许土地承包经营权采取转包、转让等方式流转;而对于宅基地使用权,现行国家有关规定严格限制其流转。

第三节　宅基地使用权的取得

一、权利取得的主体

我国宅基地具有社会福利的性质,因此,每个集体经济组织成员都有资格获得宅基地。集体经济组织必须保障每个成员都获得宅基地,从而保障其基本的生存条件和居住条件。集体经济组织成员可以无偿取得一处宅基地,这也是集体经济组织成员因其成员资格而当然应当享有的权利,此种权利不受任何组织或个人的剥夺。

虽然集体经济组织成员有权获得宅基地,但其取得宅基地使用权必须受到一定的限制。因为一方面,土地资源具有不可再生性和稀缺性,尤其是在我国,地少人多,土地紧缺,不能用过多的土地来建造住宅。另一方面,宅基地使用权的设立是为了保障基本的居住条件,此种保障应当限于必要的限度之内,这就是说,每户居民取得一处宅基地即可。如果允许申请多处,则将导致对土地资源的浪费。所以,宅基地的取得必须要受到严格的限制。根据我国《土地管理法》第62条第1款的规定,农村村民一户只能拥有一处宅基地,其宅基地的面积不得超过省、自治区、直辖市规定的标准。所谓"一户一宅",就是指以户为单位分配宅基地资源,此处的"户"是农村自然户而非农村承包经营户,农村承包经营户是在农村自然户的成员基础上承担特定经济职能的一类社会组织,它与农村自然户不同。农村自然户的本质是指一个农村家庭,是作为民事主体的自然人的联合。[2] 如果分家析产形成新的一户,则新的一户有权申请新的宅基地。但是,新的宅基地使用权的面积应当根据该户的人口来确定。并且子女成家需要盖房,如果并没有分家立户,则不能申请新的宅基地。一处宅基地不等于一宗地。权利人获得了一处宅基地之后,在面积上已经达到了规定的标准,就不能超标准获得更大的宅基地。[3]

二、宅基地使用权取得的程序

集体经济组织成员获得宅基地使用权必须经过法定的程序,而不能随意通过强占等非法方式取得。宅基地使用权的取得,首先必须要提出用地申请,经乡(镇)人民政府审核,由县级人民

〔1〕　胡康生主编:《中华人民共和国农村土地承包法释义》,法律出版社2002年版,第9页。

〔2〕　高圣平:《物权法原理·规则·案例》,清华大学出版社2007年版,第119页。

〔3〕　卞耀武、李元:《中华人民共和国土地管理法释义》,法律出版社1998年版,第175页。

政府批准。[1] 但在办理宅基地使用权取得手续中,要区分新增宅基地的申请和宅基地的流转两种方式:①新增宅基地的申请。申请新增宅基地,必须要先批地领证,然后才能建房。没有经过批准而违法占地建房的,土地管理部门应当采取拆除等适当措施,予以纠正。如果人均面积已经超过当地平均水平以及占用耕地建房的,不予批准。[2] ②通过房屋赠与、继承和转让等方式而取得。宅基地本身不能单独流转,但是,农村村民将私有房屋出让给本集体成员,宅基地使用权将因此一并移转。宅基地使用权也可以因为房屋的继承而取得。通过此种方式取得的宅基地不需要经过严格的审批程序。

对于涉及占用农用地的,应当办理农用地转用审批手续。宅基地使用权的取得,应当尽量利用空闲的土地及已经设立的宅基地,而原则上不应当占用耕地。但是,在特殊情况下,宅基地使用权的取得必须占用农用地的,就必须办理农用地转用审批手续。《土地管理法》第62条第3款规定:"农村村民住宅用地,经乡(镇)人民政府审核,由县级人民政府批准;其中,涉及占用农用地的,依照本法第44条的规定办理审批手续。"《土地管理法》第44条第1款规定:"建设占用土地,涉及农用地转为建设用地的,应当办理农用地转用审批手续。"对涉及将农用地转为宅基地的,要实行更为严格的审批程序。

根据我国《物权法》的规定,宅基地使用权的取得不需要经过登记。因为一方面,我国农村村民相互之间大都比较了解和熟悉,其转让的范围一般也限于同一集体经济组织成员内部,关于宅基地的权属一般比较清楚,不会发生善意交易第三人的保护问题;即使没有登记,当事人也知晓宅基地的权属状况,因此,未经登记也不影响其他人的利益。[3] 另一方面,如果要求宅基地使用权的取得必须办理登记,则会增加农民的居住成本和费用,增加农民的负担。[4]

《物权法》第155条规定:"已经登记的宅基地使用权转让或者消灭的,应当及时办理变更登记或者注销登记。"此条所言的"变更登记或者注销登记"究竟属于登记生效要件还是属于登记对抗要件? 对此,学界存在着不同的观点:一种观点认为,《物权法》第155条规定应当及时办理登记表明该条规定属于登记生效主义;另一种观点认为,宅基地使用权制度都采纳的是登记对抗主义,不可能在变更登记或者注销登记方面采用登记要件主义。笔者赞成后一种观点。从体系解释的角度来看,既然宅基地使用权的设立采取的是登记对抗模式,因此宅基地使用权的流转也采用的是登记对抗模式,虽然此处采用了"应当"二字,但并不意味着该条就属于强制性规范,其仍然属于登记对抗主义的规定,即没有登记也会发生物权的变动,只是不能对抗善意第三人。采纳登记对抗主义使得宅基地使用权的设立更为便捷,同时也是考虑到我国现阶段宅基地流转市场较为封闭,宅基地使用权的变动并不频繁,在此情况下,即使未经登记,一般也不会危害交易的安全。[5] 但我国《物权法》对宅基地使用权的取得并没有要求登记,对宅基地使用权的变更,要求应当办理登记手续,主要是为了保障第三人的利益。

---

〔1〕 《土地管理法》第62条第3款。

〔2〕 王卫国:《中国土地权利研究》,中国政法大学出版社1997年版,第193页。

〔3〕 尹飞:《物权法·用益物权》,中国法制出版社2005年版,第269页。

〔4〕 梅夏英、高圣平:《物权法教程》,中国人民大学出版社2007年版,第270页。

〔5〕 高圣平等:"宅基地使用权初始取得制度研究",载《中国土地科学》2007年第2期。

第四节　宅基地使用权的内容

一、宅基地使用权人的权利

1. 占有和使用权。《物权法》第 152 条的规定:"宅基地使用权人依法对集体所有的土地享有占有和使用的权利"。宅基地使用权人依法享有对宅基地的占有权,权利人只有在占有宅基地基础之上,才能够实际的利用宅基地建造住宅。如果宅基地经过申请并批准后没有交付,则权利人可以根据宅基地使用权请求交付。宅基地使用权人也享有对宅基地的使用权。但该使用权应限于建设并保有住宅居住为目的,而不能进行其他商业性的利用。如前所述,宅基地使用权是一种无期限限制的使用权,所以,除非基于法律规定的原因而导致宅基地使用权归于消灭,宅基地使用权人则享有无期限的权利。宅基地上的建筑物或者其他附属物灭失的,不影响宅基地使用权的效力。

2. 建造住宅及其附属设施的权利。根据《物权法》第 152 条的规定,宅基地使用权人有权依法利用该土地建造住宅及其附属设施。宅基地使用权设立的目的就在于,使权利人能够利用该土地建造住宅及其附属设施,满足基本的生活和生存需要。所谓"建造住宅",按照有关部门的解释,是指为农村居民建住房以及与居住、生活有关的建筑物和设施。[1] 所谓建造附属设施,是指为了保证对住宅的有效利用,而建造的水井、地窖等附属使用设施。但是,权利人只能将宅基地用于建造住宅及其附属设施,而不能将宅基地用于商品房开发等其他目的。当然,权利人在取得宅基地使用权之后,需要向房产管理部门提出建房申请,在获得批准后方能建造住宅及其附属设施。在不改变宅基地根本用途的前提下,权利人也可以在宅基地上种植适当的树木,用于日常生活。对于宅基地上的房屋及其他附属物、合理栽种的树木等,权利人享有完全的所有权。

3. 依法处分宅基地使用权、住宅及其附属设施的权利。在我国,依据现行规定,农村住宅所有权流转是受限制的,即只能向本集体经济组织内部成员转让。尽管宅基地使用权本身不可以转让,但可以随着住宅一同转让。当然,依据《土地管理法》第 62 条第 4 款的规定,农村村民出卖、出租住房后,再申请宅基地的,不予以批准。这也就是说,在宅基地使用权处分之后,不能再申请新的宅基地。由于房屋可以继承,所以宅基地使用权实际上也可以继承。此外,村民将房屋置换、赠与给他人等,宅基地的使用权也应当一并移转给新的房屋所有人。但宅基地的所有权仍然应当归集体所有。

4. 宅基地灭失后的重新分配权。《物权法》第 154 条规定:"宅基地因自然灾害等原因灭失的,宅基地使用权消灭。对失去宅基地的村民,应当重新分配宅基地。"该条就确定了宅基地使用权人享有的重新分配的权利。村民行使该权利必须满足如下条件:①必须是因为自然灾害等原因造成土地灭失。例如,因为洪水将土地淹没、因为地震使土地塌陷等。如果因为自然灾害等原因仅仅造成房屋的灭失,不影响宅基地使用权,也不能请求重新分配宅基地。[2] 问题在于,如果因为自然灾害等原因虽然没有造成土地灭失,但造成土地不适于建造住宅及其附属设施,权利人是否可以请求重新分配? 笔者认为,因为宅基地设立的根本目的是让权利人能够在土地上建造

---

[1]　国家土地管理局政策法规司于 1992 年 5 月 28 日发布的《关于对农村居民"建住宅"含义理解问题的答复》。

[2]　郭明瑞主编:《中华人民共和国物权法释义》,中国法制出版社 2007 年版,第 278 页。

适合居住和生活的住宅及其附属设施,宅基地使用权具有社会福利的性质,也是村民的基本生活条件的保障,所以,应当允许集体经济组织成员请求重新分配宅基地。②因为土地灭失而导致宅基地使用权绝对消灭。根据这一规定,因自然灾害等原因已经导致土地灭失,宅基地使用权不复存在,才能重新要求分配宅基地。这就是说,在宅基地使用权的相对消灭的情况下,即由于转让房屋而导致宅基地使用权的移转,此时,并不能请求重新分配宅基地。③失去宅基地的宅基地使用权人有权要求重新分配宅基地。但是,在重新分配宅基地时,同样必须经过法定的程序,且不能多占宅基地。

关于宅基地使用权人是否享有流转的权利,在《物权法》制定过程中存在着激烈的争议,《物权法》第153条规定:"宅基地使用权的取得、行使和转让,适用土地管理法等法律和国家有关规定。"该条实际上维持了现有做法的方式。依据该规定,宅基地使用权的取得、行使和转让,应当适用《土地管理法》等法律和国家有关规定。例如,《土地管理法》第62条第4款规定:"农村村民出卖、出租住房后,再申请宅基地的,不予批准。"所谓"国家有关规定",主要是指国家颁布的有关法规和规范性文件。例如,1999年国务院办公厅《关于加强土地转让管理严禁炒卖土地的通知》第2条规定:"农民的住宅不得向城市居民出售,也不得批准城市居民占用农民集体土地建住宅,有关部门不得为违法建造和购买的住宅发放土地使用证和房产证。"这是我国现行法规对宅基地使用权转让的明确限制,尽管该规定没有明确指出宅基地使用权不得转让,但是,因为按照该规定,城市居民不能购买农村的住宅,由此可以看出,城市居民不能取得宅基地使用权。因而,严格限制了宅基地使用权的转让。但《物权法》第153条在维持现行规定的同时,又为今后逐步放开宅基地的转让、修改有关法律或调整有关政策留有余地。[1]《物权法》第153条规定:"宅基地使用权的取得、行使和转让,适用土地管理法等法律和国家有关规定。"目前有些地区正在作为宅基地转让的试点单位进行试验。[2] 如果这些试点单位获得了政府有关部门的批准,也可以认为符合《物权法》第153条所说的符合"国家有关规定"。由此可以看出,《物权法》的规定也为宅基地使用权制度的改革留有空间。[3]

二、宅基地使用权人的义务

1. 不得非法转让宅基地使用权的义务。宅基地使用权人不得以馈赠钱款、索取物资、以土地入股等方式变相买卖宅基地使用权。非法转让宅基地的,该转让协议无效。因出卖房屋转让宅基地的,不得再申请新的宅基地。宅基地使用权人迁居并拆除房屋以后,腾出宅基地的,应当由集体组织收回宅基地,并统一安排使用。宅基地使用权人长期闲置或抛弃的宅基地,集体组织有权收回。

2. 接受政府统一规划的义务。尽管权利人对宅基地享有长期的使用权,但这种使用权不是长期不变的。如果因为国家建设需要征用土地的,或者村镇规划需要改变土地用途,或者居民个人的宅基地实际过多,远远超过了当地规定的标准,政府和集体组织可以经过法定程序,进行合理的调剂或重新安排。

---

[1] 王兆国"《关于中华人民共和国物权法(草案)的说明》",新华社3月8日电。

[2] 现在一些地方也在积极探讨集体土地进入市场进行交易的问题。例如,2003年7月,广东省出台了《关于试行农村集体建设用地使用权流转的通知》,该通知指出集体建设用地可以上市流转,包括出让、转让、出租、抵押等形式。2004年2月,大连市出台了《大连市集体建设用地流转管理暂行办法》,该规定指出,农村集体建设用地可以自由买卖。

[3] 胡康生主编:《中华人民共和国物权法释义》,法律出版社2007年版,第340页。

宅基地依法经过统一规划的,以规划后确定的使用权为准,宅基地使用权人原用的宅基地已经依法统一规划另行分配的,不得再要求收回。宅基地经过合法手续个别调整了的,以调整后的为准。抢占、多占集体土地或他人的宅基地的,一律无效;不按审批权限或程序划拨的宅基地使用权,不予保护。城市房屋所有人在原宅基地上翻建、改建、扩建自己的房屋时,未按规定办理合法手续的,法律不予保护。

3. 正当使用宅基地的义务。由于宅基地主要是作为生活资料提供的,所以权利人不能将宅基地作为生产资料使用,如将宅基地投资建厂或者改为鱼塘等。

第五节 宅基地使用权的消灭

一、宅基地使用权消灭的原因

1. 因自然灾害等原因造成土地灭失。土地作为不动产,具有不可再生性,一般来说不会灭失,但在特殊情况下,土地也可能因为各种原因而灭失。《物权法》第154条规定:"宅基地因自然灾害等原因灭失的,宅基地使用权消灭。对失去宅基地的村民,应当重新分配宅基地。"因此,由于自然灾害等原因导致土地灭失,也会导致宅基地使用权的消灭,但是,原权利人有权要求重新分配新的宅基地。

2. 因宅基地的调整而消灭。宅基地使用权作为一种物权,受到法律保护。任何组织和机构不得擅自收回公民取得的宅基地使用权。但土地所有权人根据城镇或者乡村的发展规划,必要时可以调整宅基地使用权。宅基地使用权被调整以后,土地所有权人应当及时为公民另行置换面积大体相等的宅基地使用权。

3. 因土地的征收而消灭。《物权法》第121条规定:"因不动产或者动产被征收、征用致使用益物权消灭或者影响用益物权行使的,用益物权人有权依照本法第42条、第44条的规定获得相应补偿。"国家为了社会公共利益的需要,可以征收集体所有的土地,包括征收农村居民的宅基地。但征收宅基地时,应当对于宅基地上的房屋及其他建筑物给予相应的补偿。宅基地使用权被征收的,经原宅基地使用权人申请,集体组织应当向被征地农户分配相当的宅基地使用权。

4. 因长期闲置、权利人抛弃权利等原因而消灭。2001年3月30日《国务院批准转公安部关于推进小城镇户籍管理制度改革意见的通知》规定:"对进城农户的宅基地,要适时置换,防止闲置浪费。"根据有关规定,宅基地使用权因长期闲置等原因,土地所有权人有权收回,[1]从而导致宅基地使用权的消灭。宅基地使用权作为一种权利,权利人有权予以抛弃,但抛弃宅基地使用权后,不得再申请新的宅基地使用权。

5. 因无人继承而消灭。我国《继承法》第32条规定:"无人继承又无人受遗赠的遗产,死者生前是集体所有制组织成员的,归所在集体所有制组织所有。"在此种情况下,宅基地使用权也将作为死者的遗产而由其生前所在的集体组织收回,从而消灭。

二、办理注销登记

《物权法》第155条规定:"已经登记的宅基地使用权转让或者消灭的,应当及时办理变更登记或者注销登记。"宅基地使用权消灭以后,如果不办理注销登记,很容易使第三人产生信赖,从

---

〔1〕 国家土地管理局1995年3月11日发布的《确定土地所有权和使用权的若干规定》第52条。

而损害第三人的利益和交易安全。需要指出的是,该条使用了"应当"二字,但这并不意味着宅基地使用权的变更登记采用登记要件主义。因为从体系解释来看,宅基地使用权的设立采用登记对抗主义,则宅基地使用权的变更也应当采用登记对抗主义。

第十六章　地役权

第一节　地役权的概念和特征

所谓地役权(servitutes praediorum),是以他人不动产供自己的不动产便利之用的权利,因此是限制他人不动产所有权的行使,以方便自己不动产的利用,提高自己不动产价值的权利。《物权法》第156条第1款的规定:"地役权人有权按照合同约定,利用他人的不动产,以提高自己的不动产的效益。"该条所称他人的不动产为供役地,自己的不动产为需役地。所谓供役地,是指为他人提供便利的不动产;所谓需役地,是指需要他人不动产提供便利的不动产。例如,甲所享有的建设用地使用权与乙地相邻,甲为了走近道节省通行时间,为此甲、乙双方达成协议,并经过登记在乙地之上设立通行地役权,从而在乙地之上设置了负担,增加了甲地的价值。在地役权关系中,供役地和需役地之间在地理位置上并不一定相连和连接,即使不相连和相距较远,也可以成立地役权。

地役权在性质上属于用益物权的范畴,它是需役地人所享有的一项物权,但它不是需役地上的土地所有权和使用权的扩张,在这一点上其与相邻权是不同的。地役权具有如下特点:

1.设定方式的意定性。与建设用地使用权等典型用益物权不同,地役权是在法定主义模式下,通过合同的方式设定的,登记不是权利设立的必要条件,不需要通过公示的方法就可以直接设立。但是,登记将使权利具有对抗第三人的效力。有关地役权的内容、期限、不动产利用方式等方面都是根据合同确定的。地役权在设定方式上具有较强的意定性,也是其与相邻权的重要区别。

2.权利主体的广泛性。《物权法》第156条将地役权的主体规定为"地役权人","地役权人"是一个范围非常宽泛的概念,地役权人是指按照合同约定而利用他人不动产的需役地人。而根据《物权法》第156条的规定,需役地人的需役地是指权利人"自己的不动产"。这里所说的"自己的不动产",不仅包括了房屋和土地,还包括了对房屋、土地所享有的各种权利,如建设用地使用权、土地承包经营权、宅基地使用权等。按照整体解释原则,这里的"自己的不动产"应该采取广义的理解。既然地役权是各类需役地人所享有的权利,与此相适应,在我国地役权的主体具有相当的广泛性,除了土地所有权人之外,建设用地使用权人、土地承包经营权人、宅基地使用权人等他物权人都可以成为地役权法律关系的主体。[1] 所以,所谓提高需役地人的"自己的不动产"的效益,是指需役地人利用他人的不动产,来提高自己的房屋、土地以及各种不动产权利的效益。[2]

---

[1]　尹飞:"用益物权",载王利明等:《中国物权法教程》,人民法院出版社2007年版,第401页。
[2]　钱明星:"我国用益物权体系的研究",载《北京大学学报》(哲学社会科学版)2002年第1期。

3.内容的意定性。按照物权法定原则,物权的内容必须由法律规定。就地役权而言,法律虽然规定了地役权的基本内容,但是有关地役权的具体内容主要是通过当事人约定来确定的。这就是说,法律只是规定了地役权是利用供役地的权利,但是,究竟如何利用、选择何种利用方式、利用的期限、如何支付对价等,都必须由当事人通过合同来约定。物权法之所以强调地役权内容的意定性,首先是因为现代社会利用不动产的方式复杂多样,法律无法对其一一作出规定,只能委诸当事人根据具体情况来分别约定。其次地役权的利用不是为了基本生存利益的维护,而是为了提高不动产的效益,因此,也没有必要由法律强行作出规定。正是从这个意义上说,许多学者认为,地役权是某人对于他人土地之上的一种利益。[1] 地役权是依据协议享有权利。[2] 也有人认为,地役权是"类型法定、内容意定"的权利,或者说是一种宏观法定、微观意定的物权。[3] 正是因为地役权具有内容意定的特点,地役权因而可以成为一种缓和物权法定主义的僵硬性,兼顾私法自治和交易安全,有效利用财产的重要形式。[4] 当然,当事人的约定必须合法,不得违反公序良俗,否则将导致地役权的设定无效。例如,如果当事人设定以禁止袋地通行为内容的地役权,或设定容忍权利滥用的地役权的,这些设定行为都是无效的。

4.客体方面的特点。在我国,地役权的客体包括了土地和建筑物以及不动产权利。就土地的权利而言,不限于土地所有权,也包括其他物权。在我国,地役权既可以在国家和集体的不动产所有权之上设立,也可以在用益物权(如建设用地使用权、土地承包经营权)之上设立。除了土地权利之外,建筑物以及空间的权利,都可以设立地役权。因为现代社会建筑物的价值日渐增加,对房屋的利用方式也日趋复杂,因此地役权可以在房屋之上设定,这样能够适应现代社会不动产的发展和利用趋势,能够满足城市居民的不同需求。在建筑物区分所有权的情况下,也可以设立地役权。例如,业主之间达成协议,一方不得在自己房屋上悬挂广告牌。所以,地役权的客体具有多样性。因此对地役权中的"地"的含义应当做扩大的理解。在他人的土地之上所设立的地役权,既包括他人所有的,也包括他人享有用益物权的土地。[5]

5.地役权的期限性。《物权法》允许当事人可以自行约定地役权的期限,但是也存在一定的限制。首先,当事人不能在合同中约定无期限的地役权,否则就改变了他物权的性质。其次,当事人约定的期限不得超过主权利的期限。例如,《物权法》第161条规定:"地役权的期限由当事人约定,但不得超过土地承包经营权、建设用地使用权等用益物权的剩余期限。"如果超过该期限,超过部分的地役权就是无效的。

6.地役权的从属性和不可分性。所谓地役权的从属性,就是指地役权从属于需役地,与需役地不可分离。用益物权原则上不依附于其他权利就可以独立存在,但是,地役权不同,它以他人供役地和自己的需役地的存在作为前提。需役地的所有权、使用权是主权利,地役权是附属于需役地的从权利。这具体表现在两个方面:一方面,地役权不能与需役地分离而单独转让。这就是说,需役地人不能单独保留需役地的权利而转让地役权,或者需役地人保留地役权而转让需役地,原需役地人也不能将需役地和地役权分别转让给不同的主体。另一方面,地役权不得与需役

[1] Barlow Burke and Joseph A. Snoe, *Property*, Aspen law & Business, 2001, p. 5.

[2] Sandra H. Johnson, *Property Law*, West Group, ST. PAUL, MINN, 1998, p. 634.

[3] 潘新美:"地役权制度与物权法之生命",载《甘肃政法学院学报》2003年第3期。

[4] 尹飞:《物权法·用益物权》,中国法制出版社2005年版,第406页。

[5] 尹飞:"用益物权",载王利明等:《中国物权法教程》,人民法院出版社2007年版,第400页。

地分离而成为其他权利的标的。例如,需役地人不得以地役权单独设立权利抵押。[1]

所谓地役权的不可分性,是指地役权不仅及于需役地的全部,而且及于供役地的全部,即使需役地和供役地发生分割,不影响地役权的存在。[2] 这就是所谓的"役权与所有权一起变动"(*Servitus ambulat cum domino*)的规则。[3] 例如,甲在乙地上享有取水权,后来乙地被分别转让给丙和丁,甲取水的权利仍然存在于丙和丁的土地之上,而不受影响。这种不可分性,决定了地役权主要在转让和抵押两个方面必须遵循从属性规则,不能独立于需役地独立转让或抵押。

地役权虽然具有从属性和不可分性,但地役权仍然是一种独立的用益物权,并非从属于债权的权利。在这一点上,其与担保物权仍然是有区别的。[4]

第二节　地役权制度在当代的发展

地役权几乎是最为古老的用益物权型态,自《法国民法典》以来,物权法在用益物权方面,并没有太大的变化。在进入工业革命时代以后,地役权的一度沉寂使许多人认为它可能像其他某些古老的物权(如人役权)一样,会走向衰落和消亡。但是,随着社会经济生活的发展,特别是适应对土地资源有效利用的要求,现代民法正逐渐从所有为中心转向以利用为中心,地役权的作用也因此不断增强。作为一种古老的权利,地役权在当代复杂的社会经济情势下,经过法学理论家和实务家们的解释和改造,成为了具有极大包容性的权利。正是在这个意义上,地役权在当代的变化被一些人称为"枯木逢春"、"地役权的第二春",古老的地役权重获生机。[5] 地役权的当代发展主要表现在如下几个方面:

一、地役权的客体范围不断扩大

古代法律中的地役权就是指对土地进行利用的权利,当时,建筑物被认为是土地的组成部分,因此,地役权只能在土地上设立。但是,此种规则在一定程度上限制了地役权的发展,妨害了土地的有效率利用。现在,地役权的客体逐渐扩大,具体表现为:①地役权的客体扩大到建筑物。根据现代法国和德国民法,地役权的客体包括了土地和房屋。[6] 在房屋之上可以设立采光、眺望、日照、建造附属设施(如空中走廊)等地役权。②地役权的客体扩大到空间,许多国家的法律都逐渐认可了空间役权。为了有效率地利用资源,空间也成为土地之外的重要权利客体,因而,其也可以成为地役权的客体。例如,在他人空间之上架设电线或电缆、建造有关附属设施(如空中园林)等。再如,航空公司因飞机起落给他人造成噪音污染,要免于承担此种责任,则可以设定噪音排放地役权,并支付必要的费用。[7] ③地役权的客体扩大到用益物权,如在地上权之上可以设定地役权。④地役权的客体扩大到其他各种利益。例如,1999年《葡萄牙民法典》第1534条规定:"凡可被需役地享用之任何利益,均可成为地役权之标的,即使该利益将来或偶然存在,

〔1〕 郑玉波:《民法物权》,台湾三民书局2003年版,第217页。
〔2〕 郑玉波:《民法物权》,台湾三民书局2003年版,第218页。
〔3〕 Jean – Philippe Lévy, André Castaldo, *Histoire du Droit civil*, 1ère éd. , 2002, p.349.
〔4〕 史浩明:"用益物权制度研究",载《江苏社会科学》1996年第6期。
〔5〕 王泽鉴:《民法物权》(第2册),台湾三民书局2001年版,第75页。
〔6〕 《法国民法典》第637条、《德国民法典》第1021条。
〔7〕 顾向一:"环境权保护在我国物权立法中的体现",载《理论月刊》2006年第10期。

增加需役地之价值亦然。"这种规定就意味着,凡是需役地上的利益,无论是需役地的需要,还是需役地人的需要;无论它是土地本身的利益,还是其他不动产的利益;无论是现在的利益,还是未来的利益;无论是短期的利益,还是长期的利益;这些都可以成为地役权的客体。[1] 当然,尽管地役权的客体范围不断扩大,但在各国法律和判例学说中,仍然要求作为地役权客体的利益应当是需役地人可享受的特定的利益,且这种利益的享用必须和不动产联系在一起,如果与作为需役地的不动产毫无联系,是不能够成为地役权客体的。

二、在地役权的设立和内容确定方面,更强调当事人的意思自治

传统上,地役权的内容主要是通过法律规定。例如,在罗马法中,地役权在内容上有严格限制,即不得表现为要求作为。也就是说,如果需役地人要求供役地人积极的采取一些行动,就不再是地役权而转化为债权。[2] 但现代社会,越来越强调地役权设立的意定性,原因在于:①不动产的利用方式逐渐多元化,地役权设立的意定性可以提高不动产的利用效率;②地役权的内容意定性,可以有效地弥补和缓和物权法定规则的缺陷和僵化。随着物权客体范围的扩张,当事人采用地役权来利用不动产的方式越来越灵活。这就在客观上需要给予当事人更大的意思自治空间,使其能够自由设定各种地役权法律关系。因此,在现代民法中,地役权发展的一个重要趋势就是其内容具有反类型性和非封闭性,可以作出无限数目的具体化列举。[3]

有关地役权设定的期限、终止的事由等也是可以由当事人自由约定的。此外,对于供役地人补偿问题,法律原则上也不作干预,而由当事人自由选择。还要看到,当事人可以通过协议确定各种利用不动产的方式,有些地役权要求供役地人从事积极的作为。例如,供役地人应当通过积极的维护行为而保持供役地与需役地建筑风格的统一。再如,依据地役权合同,需役地人要求供役地人负有维护其在供役地上设置的工作物的义务。[4]

三、地役权的具体类型不断丰富发展

具体表现在如下三个方面:①地役权的类型从消极不作为发展到积极作为。在罗马法中,地役权的类型限于消极不作为的地役权,相对人负担的仅仅是容忍的义务。而现代地役权的类型发展到积极作为的地役权,供役地人可以负担积极作为的义务。[5] 此种发展的原因在于,要实现物尽其用,充分利用资源。②消极不作为的地役权类型中也发展出了一些新的次类型。这尤其表现在欧陆一些国家出现了限制营业竞争地役权,它主要是指在需役地上从事了某种经营活动,通过设定地役权而禁止或限制供役地上再从事相同或类似的营业。例如,在某一土地上建筑一家酒店,则可以在相邻的土地上设立一项地役权,地役权的内容是禁止邻地上再建造酒店。这种地役权的出现使地役权从内容到形式都发生了重大的改变,并且导致了地役权和人役权的界限模糊。[6] 竞业禁止通常发生于企业转让行为之后,受让人往往要求出让人在今后一段时间内,不得从事与受让人业务相竞争的行为,或者不再受让企业附近区域内设立新的竞争企业。[7]

---

〔1〕 唐晓晴译:《物权法》,澳门大学法学院1997~1998年度法律课程教材(未刊稿),第211页。

〔2〕 [意]彼德罗·彭梵得:《罗马法教科书》,黄风译,中国政法大学出版社2005年版,第190页。

〔3〕 唐晓晴译:《物权法》,澳门大学法学院1997~1998年度法律课程教材(未刊稿),第211页。

〔4〕 李益民等:"论地役权对物权法定原则之补充",载《河北法学》2006年第2期。

〔5〕 谢在全:《民法物权》(中),台湾地区作者印行2003年版,第193页。

〔6〕 [德]鲍尔、施蒂尔纳:《德国物权法》(上),张双根译,法律出版社2004年版,第715页。

〔7〕 Philippe Malaurie, Laurent Aynès, *Les biens*, *op. cit.*, p.323. 另参见 Christian Larroumet, *Droit civil*, *Les biens*, *Droits réels principaux*, *op. cit.*, p.498.

③公共地役权也日益重要。例如,在城市规划、铺设石油管线。环境生态保护等方面发挥了积极作用。此种地役权非为私人利益而为公共利益设定。

四、地役权制度在保护环境方面的作用逐步强化

由于地役权涉及对他人之物的利用,而且对不相邻的物也可以加以利用,因此,这种利用可以更大地发挥其在环境保护方面的作用。早在 19 世纪中叶,英国法律就承认了当事人可以地役权合同设定保护环境的义务[1] 而在当代,这种地役权合同大量的涉及到环境保护内容,例如,通过设定地役权而禁止他人的声响干扰和侵入,以保持宁静的环境。[2] 再如,为了维持某一处湿地的生态,而穿越他人的土地铺设较粗管道引水保持湿地水源等。地役权在当代还扩大适用到建筑物区分所有的框架范围内,如区分所有人承诺不进行某些建筑行为,以免损害建筑物的外观美感,或者区分所有人承诺在建筑物内不从事某些职业(包括自由职业),以免影响其他业主居住和生活的宁静。

五、地役权主体的发展

一方面,地役权在主体上,从过去单纯的个体发展到群体,这就意味着,地役权的权利人和义务人都有可能是群体。在权利人和义务人的身份问题上,当事人各方可能彼此都要对对方负担义务和行使权利,突破了权利人和义务人相对固定的特点。[3] 另一方面,所有人地役权获得了承认。传统民法认为,供役地人不能在自己的土地上设定地役权,该原则起源于罗马法上"于自己之土地不成立地役权"(*Nemini res suas servit*)的规则。[4]《瑞士民法典》率先突破了罗马法上的规则,承认地役权的客体扩大到所有权人的不动产。这就出现了所谓"所有人地役权"。该法典第 733 条则明确规定:"所有人可在自己的土地上,为属于自己的另一块土地的利益,设定地役权。"此后,其他一些国家也纷纷效仿。[5] 采纳所有人地役权的主要理由是,地役权并不是调节土地的所有,而在于调节土地的利用关系,因此当地役权和所有权合二为一时,只要有利于对所有物的利用,有助于实现所有人的利益,此时仍可保留地役权。[6] 例如,在不动产上已经存在某种使用权的情况下,所有权人已经不能再对其土地任意进行使用收益,其就有可能为了自己另一不动产的便利而在该不动产上设定地役权。[7]

第三节 地役权与相关权利的比较

一、地役权和相邻权的比较

地役权和相邻权都可以调整相邻不动产权利人之间因通风、采光、日照等提供便利所形成的关系,都涉及到对不动产权利的一方限制而扩张另一方权利,即使是法律明确规定应当属于相邻

〔1〕 顾向一:"环境权保护在我国物权立法中的体现",载《理论月刊》2006 年第 10 期。

〔2〕 谢在全:《民法物权》(中),台湾地区作者印行 2003 年版,第 193 页。

〔3〕 Philippe Malaurie, Laurent Aynès, *Les biens*, *op. cit.*, p. 323. 另参见 Christian Larroumet, Droit civil, Les biens, *Droits réels principaux*, *op. cit.*, p. 498.

〔4〕 [德]鲍尔、施蒂尔纳:《德国物权法》(上),张双根译,法律出版社 2004 年版,第 723 页。

〔5〕 《葡萄牙民法典》第 1362 条、澳门《民法典》第 1279 条。

〔6〕 刘清景主编:《民法物权》,台湾学知出版社 1997 年版,第 275 页。

〔7〕 尹飞:《物权法·用益物权》,中国法制出版社 2005 年版,第 385 页。

关系调整的内容,当事人之间也可以通过设定地役权的方式来进行调整。所以地役权和相邻权的关系非常密切,在有些国家,如法国,将相邻关系包括在地役权之中,称之为法定地役权。我国《物权法》将两者分开并针对两者设定了不同的法律制度,表明两者之间又存在着一定的区别,主要表现在以下几个方面:

(一)法定和约定的区别

相邻关系是由法律规定的。《物权法》第85条规定:"法律、法规对处理相邻关系有规定的,依照其规定;法律、法规没有规定的,可以按照当地习惯。"相邻关系就是指基于法律的规定,一方有义务为相邻一方提供通风、通行、采光、日照等便利,而另一方获得这种便利从而使自己不动产权利得到实现和扩张。[1] 而地役权是基于约定产生的,我国《物权法》第156条第1款规定:"地役权人有权按照合同约定,利用他人的不动产,以提高自己的不动产的效益。"这就表明地役权是一种约定产生的权利。之所以会产生法定和约定的区别,主要原因在于:

1. 是否涉及到最低生活保障和生存利益。法律关于相邻关系的规定,首先是为了维护个人最基本的生存利益和保障其最低限度的生活需要。例如,通风、采光、日照、袋地权利人的通行等问题,都关系到个人的生存问题和最低限度的生活保障问题,也体现了个人的人格尊严。为了保障基本生活和人格尊严,法律有必要设立相邻关系规则。如果不涉及到这些基本生存保障问题,法律就没有必要强迫一方必须向他方提供便利。但是,地役权设定的目的并不是为了满足不动产权利行使过程中的最低要求,也不涉及到基本的生存保障或最低的生活需要问题,而是为了利用他人的不动产使自己的不动产效益得到增加,我国有学者形象地将相邻权与地役权的关系比作是"吃得饱与吃得好"。[2] 此种观点是不无道理的。

2. 避免和减少激烈的冲突和矛盾。由于相邻关系涉及到一方的基本生存问题,所以通过私法自治难以解决双方之间的利益冲突。因为通过合同来安排双方之间提供便利的问题,一方就会利用对方生存的急需而漫天要价,提出高昂的补偿要求,另一方就有可能在自己的生存利益不能得到保障的情况下采取过激的手段,从而易于引发冲突和矛盾,不利于社会秩序的稳定。[3] 所以,必须要由法律通过强行性规范,来解决此种激烈的利益冲突,化解矛盾。私法自治本质上就是指,在符合法律的强行性规范和公序良俗的情况下,每个民事主体都应该管好自己的事务,但是,在关系到个人基本生存利益的时候,如果任由当事人通过意思自治来安排,在绝大多数情况下,是无法达成一致的。即便双方达成了一致意见,也可能会导致磋商成本过高或者对一方严重不公。所以,为了维护社会秩序、避免和减少各种冲突,法律必须要为这种关系规定必要的解决规则。

3. 有利于实现物尽其用。法律对一方当事人的不动产权利作出一定限制的同时,也促进了另一方当事人对其不动产的有效利用,从而实现物尽其用。在相邻关系情况下,权利的限制与扩张,可能会使得一方受损,另一方获益。但一方向另一方提供便利,虽然使自己的权利受到限制,却使得另一方的不动产能够得到正常的利用。相反,如果不提供此种便利,另一方的不动产就不能得到正常的利用。所以,法律有必要进行一定的干预,要求一方为另一方提供便利,这也符合物尽其用的规则。但是,在地役权的情况下,一方利用他人的不动产使自己不动产的效益提高,

〔1〕 谢在全:《民法物权论》(上),台湾地区作者印行2003年版,第289页。
〔2〕 申卫星:"地役权制度的立法价值与模式选择",载《现代法学》2004年第10期。
〔3〕 申卫星:"地役权制度的立法价值与模式选择",载《现代法学》2004年第10期。

常常是为了获得商业上的利益,并且因为要提供这种便利可能使供役地人蒙受重大损害,在此情况下也就很难用效益的标准进行评价,只能通过双方协商谈判和合理补偿的方式来解决。

(二)设立是否需要登记的区别

相邻关系本质上不是一种独立的物权,而是对所有权的限制和延伸,其产生的权利义务与所有权共存,不可能单独取得或丧失,也不因相对人的意思而得丧变更,因此也就不需要办理登记。[1] 相邻关系也不可能作为独立的物权而对抗第三人,因此在法律上相邻关系不需要登记。但对地役权而言,虽然在设定上可以直接根据地役权合同而设定,但是,根据《物权法》第 158 条的规定,当事人也可以通过登记而产生对抗第三人的效力。如果该权利不通过登记予以公示,供役地人有可能在其地上设立新的负担,极易损害第三人的利益。

(三)在提供便利的内容上存在区别

相邻关系是一方基于法律的规定而为另一方所提供的通风、通行、采光、日照、铺设管线等便利。提供这些便利的方式和内容,大多都是法律直接规定的。但是,对于地役权而言,一方利用他人的不动产而使自己的不动产获得效益,究竟采取什么样的利用方式和提供便利的方式,完全是当事人双方自己约定的,法律上不作限定。在现代社会,为了有效地利用土地等资源,当事人通过设定地役权,利用不动产和提供便利的方式越来越复杂。例如,通过他人承包的土地引水,依据相邻关系的规定,一方有义务向另一方提供便利。但一方本来可以采用水管引水的办法,为了自身的方便,引水人希望在他人的土地上挖一条水渠引水,这显然就不是向对方提出了提供最低的便利要求,而是提出了较高的要求。对另一方来说,应当允许他人通过水管等方法引水,因为提供这种便利并没有使自己遭受较大的损失。但是,其并没有法定的义务向对方提供水渠引水的方式。当事人之间就可以通过设立地役权的方式来提供此种便利。所以,笔者认为,前者属于相邻权的范畴,后者则属于地役权的内容。

(四)相邻关系强调不动产相邻,地役权不要求不动产相邻

尽管在现代民法中,由于相邻关系的适用范围扩大了,相邻的概念也可以包括两个不动产的所有人或使用人相距甚远的情况。例如,在上游和下游的用水人之间,也可以发生相邻关系,上游的用水人与下游的用水人之间在地理位置上并不一定相邻。[2] 但一般认为,相邻关系中的相邻都是指相互毗邻的关系,"相邻关系者邻接之不动产,其所有人相互间之权利义务关系也"。[3]这与地役权不同。地役权可以发生在相邻的两块土地之间,也可以发生在并不相邻的不动产所有人之间。正如一些学者所指出的,"相邻土地"的含义,不仅仅是指两块土地相互邻接或毗连,也包括两块土地相临近的意义在内,在特殊情况下,两块土地甚至相隔很远。[4]

(五)相邻关系规则主要是裁判规范,而地役权规则大都体现为行为规范

相邻关系规则是事后发生作用,即发生纠纷以后才适用,在性质上主要属于裁判规范。而地役权通常是事先通过订立合同的方式来加以约定,从而能够将未来可能发生的纠纷事先作出安排,大多属于行为规范。而相邻关系常常是双方很难通过合同来作出安排的。例如,一方要另一方提供便利,另一方予以拒绝,双方达不成协议,就要适用相邻关系的规则。如果双方能达成协

〔1〕 谢在全:《民法物权论》(上),台湾地区作者印行 2003 年版,第 207 页。

〔2〕 王泽鉴:《民法物权·通则·所有权》,台湾三民书局 1992 年版,第 173 页。

〔3〕 郑玉波:《民法物权》,台湾三民书局 2003 年版,第 91 页。

〔4〕 梁慧星:《中国物权法研究》,法律出版社 1998 年版,第 757 页。

议,是最经济的办法,可以极大地节省交易费用,因为即便根据相邻关系规则允许使用,但事后有可能需要就补偿达成协议。

(六)相邻权的取得原则上都是无偿的,而地役权的取得大都是有偿的

相邻权是法律强制一方必须为另一方提供必要的便利,另一方获得这种便利并不需要支付任何代价。只有在相邻权人利用相邻他人的不动产而造成损失时,才需要支付一定的费用,而且这种费用也不具有对价的性质,而只是一种补偿。[1]但是地役权大多应当是有偿的,地役权的取得大都需要支付一定的费用,因为供役地人为需役地人提供的便利,不是为对方提供了一种必要的便利,而给需役地人的土地带来了价值增值的便利,供役地人提供的这种便利也不是依法必须提供的,为此需役地人应当向对方支付一定的费用来作为自己获得一定的便利的对价,这是符合等价交换原则的。当然,按照合同自由原则,如果供役地人放弃补偿的要求,也不应影响地役权设定的效力。

总之,地役权与相邻权在调整不动产之间关系上的地位和作用也逐渐形成了合理的分工,不能以其中的一个来作为反对另一项制度的理由。相邻权直接为相毗邻的不动产之间的关系设定了法定的标准,主要体现在法律直接规定相邻权的形式。单纯采取相邻关系立法方式一方面不能全面地调整实际生活中不动产之间关系的形式,另一方面抑制了当事人的意思自治,不利于土地实际价值的最大发挥,因此需要通过允许当事人设立地役权的方式利用协议安排其关于不动产的提供便利的问题,从而可弥补相邻关系的规定的不足。[2]

二、地役权和建设用地使用权

地役权和建设用地使用权都是用益物权,而且都涉及对土地进行利用,根据《物权法》第135条的规定:"建设用地使用权人依法对国家所有的土地享有占有、使用和收益的权利,有权利用该土地建造建筑物、构筑物及其附属设施。"而地役权也可以通过合同约定,由需役地人在供役地上修建有关的附属设施以提高自己不动产的经济效益。但两者之间仍然存在明显的区别,表现在以下几个方面:

1. 设立方式不同。地役权是通过合同的方式设立的,且不以登记为生效要件;而建设用地使用权则可以采取出让或者划拨等方式来设立。例如,石油公司建造输油管道,需要设定地役权还是建设用地使用权?这首先要考虑权利人是否有必要取得建设用地使用权。此外,应当区分其是否需要登记,如果需要登记,属于建设用地使用权的设定问题,如果可以不登记,就可能属于地役权的设定。另外,如果可以通过划拨的方式取得就属于设立建设用地使用权,否则,就可能是属于地役权设立问题。

2. 对土地的利用方式不同。地役权设立的目的主要不是为了利用供役地从事房屋建造等建设活动,而是为了获取便利。当然,为了供役地的有效利用,在必要的时候,可在供役地上修建适当的附属设施;而建设用地使用权利用土地的方式就是在土地之上从事建设。[3]

3. 转让方式不同。地役权具有从属性,因此不得与需役地分离而单独转让,也不得与需役地分离而作为其他权利的标的(如单独抵押)。土地承包经营权、建设用地使用权等抵押的,在实

〔1〕　房绍坤:《物权法用益物权编》,中国人民大学出版社2007年版,第261页。

〔2〕　马新彦、张晓阳:"地役权的借鉴与重构",载王利明主编:《物权法专题研究》(上),吉林人民出版社2002年版,第784~787页。

〔3〕　尹飞:《物权法·用益物权》,中国法制出版社2005年版,第402页。

现抵押权时,地役权一并转让。但是建设用地使用权作为一种独立的用益物权,权利人有权将其单独转让、互换、出资、赠与或者抵押。

4.权利登记的效力不同。我国《物权法》对地役权的设立没有采取登记要件主义,而采取登记对抗主义。所以,未经登记也可以设立地役权,只是不能对抗第三人。但对于建设用地使用权而言,《物权法》采纳了登记生效主义,未经登记建设用地使用权不能有效设立。

第四节　地役权的设立

一、地役权自合同生效时设立

《物权法》第 158 条规定:"地役权自地役权合同生效时设立。当事人要求登记的,可以向登记机构申请地役权登记;未经登记,不得对抗善意第三人。"根据这一规定,设定地役权的合同生效之时,地役权即设立。地役权合同具有债权合同的性质,其签订的程序、内容都要符合《合同法》的相关规定。[1] 按照《物权法》第 158 条的规定,地役权设定合同生效之后,地役权随之产生,无论当事人是否办理了地役权登记,都不影响地役权本身的效力,但未经登记,不得对抗善意第三人。据此可见,《物权法》关于地役权的设立采取了登记对抗主义。在地役权合同生效之后,有一些地役权人要占有供役地人的不动产才能实际享有地役权,另一些地役权人不需要占有他人不动产就可以享有地役权。但是,无论是否占有他人不动产,都不影响地役权的设立,只是可能实际影响地役权人权利的行使。地役权合同的生效能够产生物权设立的效果,主要是因为《物权法》将地役权确认为一种用益物权,直接赋予其物权的效力。

地役权合同,是指当事人双方通过自由协商,设立地役权并确定地役权内容的合同。从内容上来看,地役权设定的内容必须符合法律规定,在设立地役权时,如果违反法律的强行性规范(如允许需役地人排放超过法定排放标准的污染物等),违反公共秩序和善良风俗(如完全禁止供役地人对其土地的使用等),则地役权的设立行为无效。[2] 例如,当事人设定以禁止袋地通行为内容的地役权,或设定容忍权利滥用的地役权的,这些设定行为都是无效的。从形式上看,地役权合同具有要式性,必须要采取书面的形式。之所以采用要式,是因为地役权合同不仅要发生债的效果,而且产生物权设定的效力。此外,地役权合同是双务合同。地役权合同中,供役地人为需役地人提供使用不动产的便利,其义务是主动提供便利或者容忍。正是因为地役权合同是双务的,因此,如果是有偿的地役权合同,一方拒绝支付对价,另一方可以行使同时履行抗辩权,拒绝提供便利。

二、地役权合同的内容

《物权法》第 157 条规定了地役权合同的内容,包括如下几个方面:

1.当事人的姓名或者名称和住所。地役权合同首先需要明确记载合同双方当事人,即地役权关系中的供役地人和需役地人,这就确定了双方当事人权利义务的载体。当事人的确定,有利于明确地役权关系中权利义务的享有者和承担者。如果需役地的权利发生转让,则地役权也随

---

[1]　但是,在德国法上,地役权的设立必须采用"合意 + 登记"的原则。参见孙宪忠:《德国当代物权法》,法律出版社 1997 年版,第 242 页。
[2]　梁慧星主编:《中国物权法研究》(下),法律出版社 1998 年版,第 775 页。

之转让,此时,地役权的主体也将发生变更。

2. 供役地和需役地的位置。地役权是发生在特定的供役地和需役地之间的法律关系,地役权作为一种物权,必须具有自己明确的支配对象,这就需要确定供役地和需役地具体的位置。就供役地的位置而言,就是指哪一块不动产要为需役地提供方便;就需役地的位置而言,就是指供役地应当为之提供便利的对象的地理位置。因此,应当在合同中标明供役地和需役地的方位、四至以及面积。[1]

3. 利用目的和方法。地役权在本质上是利用他人的不动产,因此其是一种利用权。但是,法律只能对利用方式作原则性规定,而关于具体的利用目的和方法,都只能通过当事人自由协商的方式确定。正是因为当事人可以在合同中约定利用的目的和方法,地役权才能满足权利人多样化的需要,最大限度地发挥供役地和需役地的利用效率。地役权的类型不同,利用的方式也就不同。总之,地役权合同中利用的目的和方法在具体情况下才能确定,而且具有多样性,因此应由当事人双方进行自由协商、安排。

4. 利用期限。罗马法中的地役权为无期限的用益物权,但现代民法大多认为,地役权应当具有期限性。我国《物权法》第161条规定:“地役权的期限由当事人约定,但不得超过土地承包经营权、建设用地使用权等用益物权的剩余期限。”如何理解该规定,笔者认为,要求地役权的期限不得超过土地承包经营权、建设用地使用权等用益物权的剩余期限,包括如下几个方面的内容:第一,无论是供役地还是需役地,都不得超过土地承包经营权、建设用地使用权等用益物权的剩余期限。因为如果是需役地,在期限超出之后,按照地役权的从属性,当事人既然对需役地都不再享有权利,则当然不能享有地役权。对供役地人来说,如果期限已经超出,则供役地人对供役地已经不再享有权利,也就无权在该不动产上为他人设定地役权。因此,无论是供役地还是需役地,其期限都不得超过土地承包经营权等的剩余期限。第二,土地承包经营权、建设用地使用权等用益物权的剩余期限就是地役权设定的最长期限。法律没有规定地役权的最低期限,但是规定了地役权的最高期限,即不得超过土地承包经营权、建设用地使用权等用益物权的剩余期限。当事人可以在合同中自由设定低于土地承包经营权等的剩余期限。[2] 第三,如果地役权合同的期限超过了供役地上其他用益物权的剩余期限,则因为在超过的期限内地役权实际上已经无法行使;则在超过的期限内地役权实际上已经无存续的必要。因此可以认为超过了最长剩余期限的地役权自动失效。

5. 费用及其支付方式。地役权合同大多是双务有偿的,因为地役权人要利用他人的不动产提高自己不动产的效益,所以,此种利用就不能是无偿的利用。权利人利用他人土地的方式有多种,既可以是以营利为目的的利用,也可以是不以营利为目的的利用,但都使权利人从利用中受益。如果是以营利为目的的利用,实际上就是经营性的利用。[3] 地役权是利用他人的不动产以提高自己不动产的效益,那么地役权人获得了经济利益,因此应当给对方当事人以一定的经济补偿。但有关费用补偿问题,通常是由合同确定的,而不必在登记中予以记载。[4]

---

[1] 全国人民代表大会常务委员会法制工作委员会民法室编:《中华人民共和国物权法条文说明、立法理由及相关规定》,北京大学出版社2007年版,第286页。

[2] 姚红主编:《中华人民共和国物权法精解》,人民出版社2007年版,第285页。

[3] 梁慧星:《中国“物权法草案”建议稿——条文、说明、理由与参考立法例》,社会科学文献出版社2000年版,第554页。

[4] [日]我妻荣:《日本物权法》,有泉亨修订,李宜芬校订,台湾五南图书出版公司1999年版,第383页。

6.解决争议的方法。当事人可以在合同中事先约定,在地役权合同发生争议的情况下,究竟是采取诉讼还是仲裁的方式解决争议。

需要指出的是,《物权法》第157条虽然对地役权合同中的条款进行了列举规定,但其也明确指出这些条款是"一般包括"。因此,其列举的规定,乃是倡导性条款,而非必要条款,这些条款的设立完全取决于当事人的协商。如果当事人没有约定,地役权合同未必无效。当事人嗣后可以通过协商补充协议,法院也可以通过各种解释方法弥补合同漏洞。《物权法》第157条的规定作为倡导性条款,有助于尽可能发挥当事人的意思自治,从而设定满足自己需要的地役权。正是从这个意义上说,地役权可以称为是"类型法定、内容意定"的权利。

三、地役权的设立采取登记对抗模式

《物权法》第158条规定:"地役权自地役权合同生效时设立。当事人要求登记的,可以向登记机构申请地役权登记;未经登记,不得对抗善意第三人。"可见,我国地役权的设定采取登记对抗主义。《物权法》关于地役权设立不必办理登记的规定,乃是《物权法》确立的登记要件主义原则的例外。《物权法》之所以采取了登记对抗主义,主要原因在于:①我国地役权大多发生在农村,而迄今为止,我国尚未建立完善的农村土地承包经营权和宅基地使用权登记制度,因此,如果要求地役权的设立必须进行登记,则广大农村就很难设立地役权。②在广大农村,设定地役权时如果强制性地要求办理登记,则会增加农民的负担。这不仅不利于农村地役权的设立,而且从体系上来讲,既然《物权法》尚不要求土地承包经营权和宅基地使用权采登记要件主义,为了立法政策的协调,自然不应当要求地役权的设立必须登记。③我国农村基本上还是一个熟人社会,村民长期共同生活在同一区域,即便土地的界限和负担没有登记,大家也大都能够知悉彼此土地的权属状况,因此采用登记对抗主义即可。此外,登记的功能在于保护交易安全,而农村土地使用权的流转性很差,交易安全的需求并不突出。④地役权关系一般属于供、需役地双方内部的关系。因此,双方合意即可调整其间关系,而登记在转让时对第三人保护有意义。所以,《物权法》对于地役权的设定采取了登记对抗主义,这样也不会影响到交易安全的保护。[1]

第五节　地役权的内容

一、地役权人的权利义务

(一)地役权人的权利

1.利用供役地的权利。地役权设立的目的就在于利用他人的不动产以提高自己不动产的效益。《物权法》第159条规定:"供役地权利人应当按照合同约定,允许地役权人利用其土地,不得妨害地役权人行使权利。"由此可见,地役权人所享有的主要权利就是利用他人的不动产。地役权人的利用的权利,构成地役权人权利的核心内容,但权利的内容和行使方式,是由法律和合同界定的。①利用的权利必须合法。在物权法定原则之下,利用的权利必须由法律规定,权利的内容及行使必须符合法律规定。不管是积极的利用还是消极的利用,不管是短期利用还是长期利用,都必须合法。例如,如果当事人设定以禁止袋地通行为内容的地役权,或设定容忍权利滥用的地役权的,这些设定行为都是不合法的,设定行为无效。地役权人的利用,也不得违反公序

---

〔1〕　胡康生主编:《中华人民共和国物权法释义》,法律出版社2007年版,第348页。

良俗,否则地役权的设定无效。②利用的权利必须符合约定。也就是说,地役权人的权利是在法定主义的模式下,由双方当事人具体约定的。合同确定了地役权人所享有的具体权利,当然,与建设用地使用权等用益物权不同的是,这里的利用一般不是对供役地的独占性利用,地役权人不仅可以与供役地人共同利用,也可以与第三人共同利用。[1]

还要看到,利用的权利必须符合地役权的性质和目的。地役权人的利用应当与地役权的性质和目的相符合,这包含两个方面的含义:一方面,地役权人的利用是在相邻关系之外的一种利用,它不是为了生存的需要的利用,而是出于超出正常生产生活需要的利用,通常都是经营上的利用,因此法律不能强制性干预当事人的利用方式,而应由双方当事人协商确定。另一方面,地役权人的利用也不是为了公共利益,否则,就有可能属于相邻关系或征用的范畴。例如,因为军事演习的需要而临时铺设管线,对此应适用相邻关系或征用的制度,而不需要设立地役权。还要看到,地役权人的利用不应当包含建设用地使用权、土地承包经营权和宅基地使用权中的利用方式,因为按照体系解释的方法,地役权的利用应当是与其他用益物权中的利用相并列的利用方式,相互间不能重合,否则就会模糊这些权利之间的界限。因此,地役权不能用于建造建筑物、构筑物及其附属设施,不能用于从事农业生产和建造农村住宅。

2. 利用他人不动产获取效益的权利。按照《物权法》第156条的规定,地役权人不仅要利用他人的不动产,而且有权利用他人的不动产,以提高自己不动产的效益。如何理解效益?所谓效益,又称为便宜,就是通过利用他人的不动产来满足自己不动产的需要,提高需役地的价值。首先,利用是为了满足需役地的需要,而不能仅仅是为了满足地役权人的需要。满足需役地的需要,就是通过利用他人的不动产使需役地人的土地、房屋及不动产权利增值,或者使得需役地得到更有效的利用。其次,在满足需役地需要的同时,也可能满足地役权人的需要。例如,眺望地役权的设定,不仅增加了需役地人的不动产价值,而且使得地役权人的精神利益得到满足。

效益可以分为财产价值形式的效益和非财产价值形式的效益。所谓财产价值形式的效益,就是指通过提供便利,使需役地的财产价值得到增加。所谓非财产价值形式的效益,是指具有精神上或感情上的利益。例如,为需役地的美观舒适而设定的眺望地役权。[2] 效益还可以分为经营上的利益和非经营上的利益。例如,某公司为了更好的吸引顾客,与他人达成协议,在他人土地上设定通行地役权,通向自己的商场,这是为了获得经营上的利益。而住户个人为了自己的通行便利,与他人达成协议,从他人土地上通行,则是为非经营上的利益而设定的地役权。地役权中利用土地的"便宜",对其的判断主要不是客观的标准,而是经由当事人协商确定的主观判断标准,是否有效益,要看当事人从主观上考虑对其是否有利。

一般来说,地役权人所获得的不动产效益,不是地役权人为了从事正常的生产、生活而必须具备的条件,是为了更有效率地经营或利用自己的不动产。地役权是超过相邻关系的限度而调和两土地的利用。[3]

3. 从事必要附属行为或建造必要设施的权利。

(1)在某些情况下,地役权人为行使权利,可以在供役地上从事必要的附属行为。例如,为了取水的方便而必须在供役地上通行;为了实现取土地役权,必须挖掘某人的土地。从事附属行

〔1〕 郑玉波:《民法物权》,台湾三民书局2003年版,第221页。
〔2〕 谢在全:《民法物权论》(中),台湾地区作者印行2003年版,第184页。
〔3〕 姚瑞光:《民法物权论》,台湾地区作者印行1988年版,第180页。

为,实际上是指为了实现地役权合同中约定的利用方式而实施的辅助行为。[1] 当然,地役权人从事一定的附属行为,必须是为了更好地实现地役权,而从事的必要的辅助行为。地役权人从事必要的附属行为时,应选择对供役地损害最少的处所及方法。

(2)地役权人虽然不能利用地役权从事建设,但是为了实现地役权必须修建必要的附属设施。所谓"必要",是指为了提高需役地的效益所必须的。例如,取水权人可以建造取水设施,通行权人可以修筑道路。但是,建造必要设施的权利,不能成为地役权的主要内容。毕竟从事建造应当属于建设用地使用权的范围,否则就违背了设立地役权的目的。所谓附属设施,是指为了有效实现地役权而必须修建的设施。地役权人修建设施时,必须采取适当的方法,尽量减少对供役地人造成的损失。[2] 在地役权人建造必要的设施以后,有权取得该设施的所有权,同时,地役权人应当负有维护该附属设施的义务。

4.取回设施的权利。既然地役权人在供役地上修建的设施属于地役权人所有,那么,在地役权终止以后,地役权人有权取回其建造的设施。但是,地役权人行使取回权,不能给供役地人造成损害。而且在取回设施之后,应当恢复不动产的原状。另外,如果供役地人愿意以市场价格购买该设施,依据诚信原则,地役权人不得拒绝。

(二)地役权人的义务

1.必须依约定利用供役地。地役权人必须严格遵守合同的约定,《物权法》第160条规定:"地役权人应当按照合同约定的利用目的和方法利用供役地,尽量减少对供役地权利人物权的限制。"一方面,必须按照合同规定的目来利用供役地。例如,合同约定的是引水的地役权,就不得在供役地上进行取土、建造等与合同约定的目的并不相关的利用。如果合同约定为人的通行,就不应当改变为通车。地役权人不得自行改变地役权行使的范围。另一方面,必须按照合同约定的方式来进行利用。例如,合同约定,需役地人将通过牵引管道的方式进行引水,那么地役权人就不得擅自违反合同以开挖水渠的方式进行引水。合同规定只能利用供役地行走,就不能在他人地上随意拓宽道路,否则不仅仅会构成违约,在损害他人不动产的情况下,甚至有可能构成滥用地役权。

2.必须尽量减少对供役地人的损害。利用他人不动产的权利虽然是地役权人的权利,但依据法律规定和诚信原则,地役权人不得滥用此种权利。根据我国《物权法》第160条的规定,地役权人应当"尽量减少对供役地权利人物权的限制",这可以看作是权利不得滥用原则的具体化。所谓尽量减少限制,就是说地役权在设定之后,地役权人应当最大限度地减轻对供役地人不动产权利的损害和限制。例如,利用他人供役地来排水,则地役权人应当谨慎注意,不要使流水溢出而淹没他人土地,给供役地人造成不必要的损失。再如,在他人土地上通行,就应当选取最短的道路,以免给供役地人造成不必要的损害。在不妨碍地役权实现的情况下,如果供役地人需要利用该附属设施,地役权人应当允许。这不仅是为了实现物尽其用,而且也是诚实信用原则的要求。[3]

3.支付费用的义务。按照《物权法》第168条的规定,地役权人"有偿利用供役地"的,应当按期支付费用。由此表明地役权的设定,可以是有偿的,也可以是无偿的。但在实践中,设定地

---

〔1〕 郑玉波:《民法物权》,台湾三民书局2003年版,第222页。

〔2〕 梅夏英、高圣平:《物权法教程》,中国人民大学出版社2007年版,第294页。

〔3〕 谢在全:《民法物权论》(中),台湾地区作者印行2003年版,第224页。

役权大多数是有偿的,这也是地役权与相邻关系的一个区别。如果地役权的设定是有偿的,则地役权人负有支付约定的费用的义务。有关费用支付的数额、时间、方式等都应当遵守合同的约定。

4.自行负担维护费用的义务。地役权人在他人不动产上修建的设施,应当自行保管和维修,而且由自己负担费用。在地役权存续期间内,地役权人应当及时检修和维护该设施。因未尽保养维修义务致该设施致人损害,地役权人应当承担赔偿责任。[1]

5.恢复原状的义务。在地役权消灭以后,应当恢复供役地的原状。在地役权消灭以后,地役权人还应当拆除所有的设施,恢复土地的原状。如果附属设施对供役地人有利用价值,双方当事人也可以协商保留该设施。关于地役权的期限的设定,法律没有明确规定,完全由当事人自由约定。[2]如果地役权因期限届满而消灭之后,地役权人应当恢复供役地的原状。

二、供役地人的权利义务

(一)供役地人的权利

供役地人依据法律规定和合同约定,享有相应的权利,具体来说包括如下几类:

1.支付费用请求权。如果地役权是有偿的,那么,供役地人有权请求地役权人依据合同支付费用,而收取地役权的费用也是供役地人同意承受土地负担的主要原因。如果地役权人拒绝支付费用,符合《物权法》第168条规定的条件,供役地人有权解除地役权合同,并要求地役权人承担违约责任,在合同依法被解除后,地役权则随之消灭。地役权转让之后,供役地人仍然有权要求新的需役地人支付合同约定的费用。当然,供役地人除了依据《物权法》第168条行使合同解除权之外,还可以根据当事人双方的合同约定来解除合同。

如果地役权人不履行支付费用的义务,供役地人可否行使同时履行抗辩权,拒绝提供相应便利?笔者认为,从权利设定的目的考虑,收取费用是供役地人所享有的主要权利,如果该权利得不到保障,则供役地人收取费用的目的将得不到实现,供役地人应当有权通过合同解除来保护自己的权益,否则就会使其遭受损害。

2.使用附属设施请求权。供役地人在不违反合同约定,也不影响地役权人利用其建造的设施的前提下,可以使用地役权人修建的附属设施。例如,地役权人修建的引水、排水管道,在不影响地役权人使用的情况下,供役地人有权进行利用。虽然法律没有对此作出明确规定,但是确认供役地人的此项权利有利于充分发挥物的使用价值,避免供役地人再重复建造相同的设施,实现物尽其用。[3]当然,如果供役地人利用该附属设施的,应当同地役权人分担附属设施的保养、维修费用。当事人另有约定的,从其约定。

3.变更供役地场所和利用方法请求权。供役地人为了使用土地的需要,在不影响地役权设定目的前提下,且不影响需役地人正常利用的情况下,可以请求变更地役权人利用供役地的场所和方法,地役权人不得拒绝。学者一般认为,依据诚实信用原则,如果变更地役权的行使场所和方法对地役权人并无不利,而对供役地人有利的,需役地人应当同意。[4]因此支出的费用,由供役地人负担。

[1] 谢在全:《民法物权论》(中),台湾地区作者印行2003年版,第227页。
[2] 王泽鉴:《民法物权》(第2册),台湾地区作者印行2001年版,第70页。
[3] 郑玉波:《民法物权》,台湾三民书局2003年版,第222页。
[4] 谢在全:《物权法论》(中),台湾地区作者印行2003年版,第231页。

（二）供役地人的义务

根据《物权法》第 159 条的规定,供役地人应当按照合同约定,允许地役权人利用其土地,不得妨害地役权人行使权利。由此,供役地人主要承担如下义务:

1. 依据合同约定提供便利的义务。虽然法律对供役地人的义务作了原则性规定,但关于供役地人的具体义务应当根据合同约定来确定。无论合同如何规定,供役地人都有义务承受合同约定的负担。一般来说,供役地人的义务主要包括容忍的义务和积极行为的义务两种。在多数情况下,供役地人的义务是依据合同负担容忍的义务。正是从这个意义上讲,地役权常常被认为是供役地的负担,是基于需役地的便利或者需要而对供役地设定的一种负担。[1] 因为地役权的设定使得供役地人的不动产权利受到一定的限制,形成了对供役地人全面行使权利的限制。这些负担包括允许他人通行于自己的土地,放弃部分使用的权利,容忍他人对自己土地实施某种程度上的损害等。[2]

2. 不妨害地役权人行使权利的义务。为了保证地役权人依据约定充分行使自己的合法权利,供役地人不得妨碍地役权人从事必要的附属行为,破坏地役权人建造的附属设施。例如,《瑞士民法典》第 737 条第 3 款规定:"供役地人不得进行妨碍他人行使或者使他人难以行使地役权的任何行为。"[3]

3. 共同维护附属设施的义务。如果供役地人也要利用地役权人所建造的附属设施,则基于权利义务相一致的原则,供役地人也应当按照根据合同约定的比例来分担附属设施的维护义务。合同没有约定的,按照合理比例承担相应维护义务。

第六节　地役权的从属性和不可分性

一、地役权的从属性

（一）从属性的概念

地役权虽然是一种独立的权利,不是需役地权利内容的扩张,但在权利发生变动时,必须与需役地的权利变动同时发生,这就是所谓地役权的从属性。[4] 我国《物权法》第 164 条规定:"地役权不得单独转让。土地承包经营权、建设用地使用权等转让的,地役权一并转让,但合同另有约定的除外。"第 165 条规定:"地役权不得单独抵押。土地承包经营权、建设用地使用权等抵押的,在实现抵押权时,地役权一并转让。"这就是对于地役权从属性的规定。

从属性的特点表现在:一方面,地役权是从属于需役地的权利。因为地役权是为需役地的便利而设立的,只有需役地人才享有地役权。此处所说的"需役地"应作广义理解,它不仅包括土地所有权本身,还包括土地承包经营权、宅基地使用权、建设用地使用权、建筑物所有权等物权。

---

[1] 典型的定义如《法国民法典》第 637 条的规定地役权(servitude)是"为属于另一人的财产的便利(utilité)或使用而在财产上设定的一项负担(charge)"。Jean – Louis Bergel, Marc Bruschi, Sylvie Cimamonti, Droit civil, Les Biens, LGDJ, 2000, p.308.

[2] 陈华彬:《物权法原理》,国家行政学院出版社 1998 年版,第 540 页。

[3] 全国人民代表大会常委会法制工作委员会民法室编:《中华人民共和国物权法条文说明、立法理由及相关规定》,北京大学出版社 2007 年版,第 288 页。

[4] 郑玉波:《民法物权》,台湾三民书局 2003 年版,第 217 页。

地役权对于需役地人来说是一种权利,而对于供役地人而言却是一种负担,因此,地役权并非从属于供役地的权利。[1] 另一方面,地役权的从属性主要体现在需役地物权变动过程中。在地役权设定以后,需役地的物权变动,必然导致地役权的变动。地役权原本就是为了需役地的便宜利用而设立在供役地上的,该权利与需役地具有一种从属性的关系,必须从属于需役地才能转让,只转让地役权而不转让需役地的权利是没有任何意义的;而只转让需役地的权利却不转让相关的地役权也是不合理的。[2] 如果需役地没有发生物权变动,自然不产生地役权的从属性问题。

地役权的从属性在内容上包括三个方面:

1.设立上的从属性。地役权的设立,以需役地的存在为前提。需役地的存在是地役权存在的基础。先有需役地的权利,然后才能设定地役权。如果对需役地根本不享有任何权利,则自然谈不上地役权的设定问题。在据以设立地役权的需役地所有权或者使用权消灭的情况下,地役权也因设立目的的丧失而失去存在的必要,从而归于消灭。[3]《物权法》第161条规定:"地役权的期限由当事人约定,但不得超过土地承包经营权、建设用地使用权等用益物权的剩余期限。"可见,需役地使用权人设定地役权时,地役权期限不得超过使用权的存续期限,这正是地役权的从属性的表现。因为在需役地使用权的存续期限之内,需役地使用权人的权利仍然存在,因此可以在此基础上设定地役权。如果超出了此期限,需役地的权利已经消灭,当然不能在此基础上设定地役权。[4]

2.处分上的从属性。地役权必须随同需役地的转让而一并转让。我国《物权法》第164条规定:"地役权不得单独转让。土地承包经营权、建设用地使用权等转让的,地役权一并转让,但合同另有约定的除外。"根据这一规定,首先,地役权不得单独转让。这就是说地役权与一般的用益物权不同,权利人不能单独处分地役权。如果权利人只处分地役权而保留需役地的权利,则地役权失去了存在的目的。因而,这种转让在法律上是无效的,也不具有可操作性。其次,地役权必须随同需役地的权利一并转让。地役权以需役地的存在为前提,并与需役地的物权同命运。[5]此处所说的"一并转让",就是指地役权与需役地(包括各种用益物权)一并转让,同其命运。因此,当需役地所有人要将该幅土地上的土地承包经营权、建设用地使用权等权利转让给他人时,则地役权也自动随之转让。此即所谓"需役地所有人不得将地役权单独让与,或为其他权利之标的"。[6] 最后,当事人另有约定的除外。这就是说,地役权转让合同的当事人,即需役地人和受让人可以在合同中约定,在转让需役地上的物权时,需役地权利人只转让需役地的权利,而不同时转让需役地上的地役权,其效果是该转让行为有效,而地役权归于消灭。无论如何,当事人的特别约定并不能改变"一并转让"的从属性规则,因为从属性规则是地役权的基本性质,改变地役权的从属性将改变地役权的根本属性,此种约定是无效的。当事人的特别约定只能是在从属性规则许可的框架内作出的约定。处分上的从属性又包括两种类型:

(1)转让时的从属性。此即所谓"让与需役地于人,或就需役地设定他权利时,地役权均随

〔1〕 谢在全:《民法物权论》(中),台湾地区作者印行2003年版,第200页。

〔2〕 郑玉波:《民法物权》,台湾三民书局2003年版,第217页。

〔3〕 [日]我妻荣:《日本物权法》,李泉享修订,李宜芬校订,台湾五南图书出版公司1999年版,第379页。

〔4〕 尹飞:《物权法·用益物权》,中国法制出版社2005年版,第392页。

〔5〕 谢在全:《民法物权论》,台湾地区作者印行2003年版,第200页。

〔6〕 刘志扬:《民法物权编》(中),中国政法大学出版社2006年版,第226页。

之共为移转"。[1] 因为,一方面,需役地人不能自己保留需役地,而转让其地役权,如保留建设用地使用权,而转让了地役权,也不能自己保留地役权,而转让需役地。地役权不得与需役地相分离单独转让,成为其他权利的标的。[2] 另一方面,需役地人不能将需役地和地役权分别转让给不同的主体。[3] 如果将需役地和地役权分别转让给不同的主体,不仅违反了从属性规则,而且地役权已经失去了存在的基础,需役地也不能发挥以前的效用,从而不能实现物尽其用。

(2)抵押时的从属性。需役地的所有人和使用人将需役地抵押时,必须将地役权同时抵押。《物权法》第165条规定:"地役权不得单独抵押。土地承包经营权、建设用地使用权等抵押的,在实现抵押权时,地役权一并转让。"如果地役权可以单独抵押,虽然在设定抵押时还不会发生地役权和需役地上的权利相分离,但是,一旦在抵押权实现时,就会导致地役权和需役地上的权利分别属于不同的主体而发生转让。[4] 这就违反了转让上的从属性的规则。抵押时的从属性和转让时的从属性,二者的原理是相同的。基于上述原因,如果需役地权利人将需役地上的土地承包经营权、建设用地使用权等权利进行抵押时,相应的地役权也成为抵押权的标的,因此在实现该抵押权时,相应的地役权须随之一并转让。[5]

3. 消灭上的从属性。地役权随需役地权利的消灭而消灭。例如,土地承包经营权被征收以后,地役权也不复存在。此外,如果需役地人抛弃了需役地的权利,则地役权也随之消灭。

二、地役权的不可分性

地役权是不可分割的权利。所谓地役权的不可分性,是指地役权存在于需役地和供役地的全部,不能分割为各个部分或仅仅以一部分而单独存在。[6] 地役权的不可分性实际上是其从属性的延伸,因为既然地役权从属于需役地的所有权和使用权,因此应当及于全部的需役地之上,而不能及于需役地的某一部分。但地役权的不可分性和地役权的从属性是两个不同的规则。从属性主要是确定地役权转让的规则,而不可分性主要确定的是地役权存续以及其权利义务的范围。具体而言,地役权的不可分性包括两方面的内容:

(一)地役权不受需役地的部分转让的影响

《物权法》第166条规定:"需役地以及需役地上的土地承包经营权、建设用地使用权部分转让时,转让部分涉及地役权的,受让人同时享有地役权。"地役权是为了需役地利用上的便利而存在于供役地上的,为了实现该种便利利用不动产的目的,地役权就只能为了需役地的全部而存在,也只能存在于供役地的全部之上。根据该条规定,第一,地役权设定以后,需役地不能与地役权分离。如果需役地由单独所有转化为共有,则共有人共同享有地役权。如果需役地转化为供役地人所有,则地役权因混同而消灭。[7] 第二,在地役权设定之后,需役地可以部分转让。所谓需役地的转让,包括了各种权利的转让。如果转让部分需役地,地役权不受影响,而仍然要及于整个已转让和未转让的需役地之上。需役地部分转让的,该部分涉及地役权的,则受让人取得全

〔1〕 刘志扬:《民法物权编》,中国政法大学出版社2006年版,第225页。
〔2〕 〔德〕曼弗雷德·沃尔夫:《物权法》,吴越、李大雪译,法律出版社2002年版,第466页。
〔3〕 谢在全:《物权法论》(中),台湾地区作者印行2003年版,第434页。
〔4〕 谢在全:《民法物权论》(上),台湾地区作者印行2003年版,第424页。另参见〔日〕我妻荣:《日本物权法》,台湾五南图书出版公司1999年版,第379页。
〔5〕 房绍坤:《物权法用益物权》,中国人民大学出版社2007年版,第255页。
〔6〕 郑玉波:《民法物权》,台湾三民书局2003年版,第218页。
〔7〕 郑玉波:《民法物权》,台湾三民书局2003年版,第218页。

部地役权,而不是部分的地役权。已转让的部分需役地和未转让的部分需役地都享有原来的地役权。[1]《物权法》第 166 条实际上可以理解为确定了不可分性规则的例外,因为根据反对解释,可以认定为,如果转让部分不涉及地役权的,该受让人就不再享有地役权。如果涉及到地役权,即使双方没有约定,需役地部分受让人也可以享有此种权利。[2] 例如,甲开设一餐馆,但其门前屋后不能停车,甲便与邻人乙达成协议,长期使用乙门前的空地停车。甲将其餐馆转让他人时,并没有告知受让人,但受让人并非不能享有该地役权。③如果在需役地部分转让之后,地役权仅在部分需役地上存在的,且不影响地役权实现的,则仅该部分需役地权利人享有地役权,但要求地役权仅仅存在于该特定部分上就可以实现其目的。[3]

(二)地役权不受供役地部分转让的影响

《物权法》第 167 条规定:"供役地以及供役地上的土地承包经营权、建设用地使用权部分转让时,转让部分涉及地役权的,地役权对受让人具有约束力。"供役地是为地役权人提供便利而存在的。供役地虽然转让,但是,供役地上的负担仍然继续存在,原则上该负担并不消灭。根据《物权法》第 167 条的规定,第一,地役权设定之后,供役地上的各种权利可以部分转让,但这并不导致地役权的消灭。因为地役权是为整个需役地提供便利、为整个供役地设定负担,如果土地已经分割为各个部分以后,这种便利和负担也应当继续存在于已经被分割的土地之上。如果供役地分割为数块,则每块供役地的所有人都应当承担原地役权合同所规定的义务,仍应当为需役地人提供合同约定的便利。[4] 如果转让共有中的份额,各共有人不得因其应有部分转让等而使地役权发生消灭,也就是说应有部分的变化不应当影响地役权的存在。共有人中的一人抛弃其应有份额,也不影响其地役权的存在。如果供役地为多人共有,则各共有人不得就其应有部分为他人设定地役权。如果共有的土地上已经设定了地役权,则可以认为整个共有财产上已经设定了负担。[5] 第二,转让供役地,转让部分涉及地役权的,地役权对受让人具有约束力。此种约束力就是指供役地的受让人仍然有义务为需役地人提供便利。供役地上所存在的地役权负担并不因转让而消灭。如果地役权登记之后,在供役地部分转让时地役权仍然产生对抗第三人(受让人)的效力,但如果没有登记,则只能对抗恶意的第三人,而不能对抗善意的第三人即登记权利人。如果转让人在转让时已经明确告知受让人地役权的存在,则受让人不能成为善意受让人。

《物权法》第 166、167 条的规定乃同一硬币的两面,由于"无论是地役权的发生或消灭,还是地役权的享有,均及于需役地与供役地的全部,不得分割为数部分或仅为一部分而存在。否则即无法实现地役权的目的"。[6] 所以,当供役地权利人将其享有的供役地权利以及供役地上的土地承包经营权、建设用地使用权的某一或某些部分进行转让时,如果欲转让的部分涉及到地役权的,则该地役权仍然存续,其对受让人具有约束力。

需要指出的是,《物权法》第 167 条对地役权中供役地的不可分性进行了规定,但是严格的讲,此种不可分性的规定是以地役权的登记为基础的。地役权只有在登记之后,才能够对受让人产生约束力。但是《物权法》对于地役权的设立采取了登记对抗主义。因此,对该条的解释,应

〔1〕 谢在全:《物权法论》(中),台湾地区作者印行 2003 年版,第 204 页。
〔2〕 尹飞:"地役权",载王利明等:《中国物权法教程》,人民法院出版社 2007 年版,第 407 页。
〔3〕 姚红主编:《中华人民共和国物权法精解》,人民出版社 2007 年版,第 288 页。
〔4〕 周枏:《罗马法原论》(上),商务印书馆 1994 年版,第 393 页。
〔5〕 谢在全:《物权法论》(中),台湾地区作者印行 2003 年版,第 203 页。
〔6〕 郭明瑞、唐广良、房绍坤:《民商法原理(二)——物权法、知识产权法》,中国人民大学出版社 1999 年版,第 200 页。

当限于地役权经过登记或者地役权虽然未经登记,但是受让人具有恶意的情形。

第七节 地役权与其他用益物权的竞合

地役权作为一种用益物权,不仅可以在不动产所有权上设立,而且可以在其他用益物权之上设立。这样,地役权的设定,就可能与其他用益物权发生竞合。所谓竞合,就是指在同一不动产之上同时存在数个用益物权,其中包括地役权。那么,地役权和其他用益物权之间属于何种关系,如果发生冲突,在法律上如何解决? 我国《物权法》区分了两种情况,并分别作了规定。

一、地役权先于其他用益物权而设立

《物权法》第 162 条规定:"土地所有权人享有地役权或者负担地役权的,设立土地承包经营权、宅基地使用权时,该土地承包经营权人、宅基地使用权人继续享有或者负担已设立的地役权。"根据这一规定,如果在土地所有权之上已经设立了地役权,后来又在该土地之上分别设立了土地承包经营权、宅基地使用权时,就出现了地役权和其他用益物权的冲突。根据第 162 条的规定,该土地承包经营权人、宅基地使用权人继续享有或者负担已设立的地役权。例如,某农村集体经济组织有一块空地,该组织与邻近的工厂达成协议,允许该工厂在土地之下铺设管线。后来,集体经济组织将该空地作为宅基地批准为某村民使用,该村民提出,其对该空地享有宅基地使用权,因而管线应当挪走。这就涉及到地役权和宅基地使用权的冲突。依据《物权法》第 162 条规定的"该土地承包经营权人、宅基地使用权人继续享有或者负担已设立的地役权",可以从需役地和供役地两方面来理解。对需役地来说,如果需役地人取得地役权之后,又在需役地上设立土地承包经营权和宅基地使用权,则需役地的土地承包经营权人和宅基地使用权人继续享有该地役权。对供役地来说,如果地役权设定之后,供役地上又设立了土地承包经营权和宅基地使用权,则土地承包经营权人和宅基地使用权人应当继续负担该地役权。[1] 因为在同一土地上,地役权设定在先,应当优先于在该地之上以后设立的土地承包经营权、宅基地使用权。

二、地役权后于其他用益物权而设立

《物权法》第 163 条规定:"土地上已设立土地承包经营权、建设用地使用权、宅基地使用权等权利的,未经用益物权人同意,土地所有权人不得设立地役权。"根据该规定,如果土地之上已经设立了其他用益物权,即在土地所有权之上设立土地承包经营权、建设用地使用权、宅基地使用权等权利之后,土地所有权人是否可以在土地之上再设立地役权? 这要区分两种情况:①经用益物权人的同意,依据《物权法》的上述规定是可以设立的。这是因为地役权本身是在他人土地之上设立的负担,如果土地之上设立了用益物权,经过用益物权人的同意,则可以在其上设立与已经存在的用益物权不相冲突的权利,如空间役权等。②未经用益物权人的同意,土地所有权人不得设立地役权。例如,农村集体经济组织将某块地作为宅基地使用权交给某村民使用以后,该集体经济组织又与某工厂达成协议,在未经宅基地使用权人同意的情况下,允许其在该土地之下铺设管线,这显然是不符合《物权法》的上述规定的。

如果土地上已经存在用益物权,用益物权人允许他人在其上设立地役权,那么土地所有人和用益物权人之间,到底谁有权设立地役权? 例如,某集体经济组织将一块土地为某村民设立了土

---

〔1〕 胡康生主编:《中华人民共和国物权法释义》,法律出版社 2007 年版,第 352 页。

地承包经营权,而后另一村民希望在该地上设立通行地役权,那么集体经济组织和土地承包经营权人,谁有权来设立通行地役权? 笔者认为,如果用益物权已经设立,只能由用益物权人设立地役权,因为用益物权人本身享有占有、使用、收益不动产的权利。而地役权的设立,必将对用益物权的行使直接产生一定影响。《物权法》第 163 条的规定经过用益物权人同意可以设立地役权,实际上就是允许用益物权人与他人达成协议,订立地役权合同,设立地役权,如不能设立超过用益物权期限的地役权。当然,如果超出了用益物权的范围,用益物权人就不能设立地役权。至于地役权人支付的对价应当支付给谁的问题,这就要取决于地役权合同的当事人是谁,如果是用益物权人作为合同当事人而与他人签订合同设定地役权,则该对价应当支付给用益物权人;如果因地役权的内容超出用益物权人权利的范围,而由土地所有人亲自与他人签订合同设立地役权,则此时对价应当支付给土地所有人。

第八节　地役权的消灭

由于地役权是一种具体的物权,所以物权消灭的一般原因也应适用于地役权的消灭。当然,地役权毕竟有其特殊性,物权的一般消灭原因适用于地役权时会体现出不同的特点,同时地役权也存在着特殊的消灭原因。[1]《物权法》第 168 条规定了地役权消灭的原因。具体而言,地役权消灭的原因主要有以下几种:

一、地役权设定的期限届满

地役权都是有期物权,当事人不得设立永久期限的地役权。当事人设定地役权,其期限由双方协商确定。同时,如果在需役地或供役地上存在的权利有期限的限制,则地役权不得超过该权利的剩余期限。地役权期限届满而不续期时,地役权消灭。

二、供役地人依法终止地役权合同

依据《物权法》第 168 条的规定,在以下两种情况,供役地人可以单方面解除地役权合同,从而消灭地役权:第一,地役权人违反法律规定或者合同约定,滥用地役权。例如,地役权人不按照地役权合同规定的内容利用他人土地,构成地役权的滥用,在他人土地上随意取土挖坑,对土地造成严重破坏,则供役地人有权解除地役权合同。第二,有偿利用供役地的,在约定的付款期间届满后,在合理期限内经供役地人两次催告未支付费用。如果地役权是有偿的,需役地人不交付费用,则将导致供役地人不能实现合同的目的,供役地人有权解除合同,但是,即使地役权人未支付费用,供役地人还不能立即解除合同,依据《物权法》第 168 条的规定,还需"在合理期间内经两次催告未支付费用"。这实际上是指约定的付款期届满后,供役地人还应当给予地役权人两次宽限期,经过两次催告以后,如果地役权人仍然不支付费用,表明地役权人没有履行合同的诚意和根本不可能再履行合同,供役地人才能单方解除合同。[2]《物权法》作出此种规定,主要是考虑到地役权合同不仅仅是债的关系,而且也已经形成物权关系,对当事人利益重大,地役权人在供役地上也可能会作出一定的投资、修建一定的设施,如果供役地人随意解除地役权合同,则会造成财产的浪费,所以有必要对供役地人解除合同的权利进行一定的限制。当然,该规定在性质

〔1〕 房绍坤:《物权法用益物权编》,中国人民大学出版社 2007 年版,第 295 页。
〔2〕 郭明瑞:《物权法释义》,中国法制出版社 2007 年版,第 297 页。

上仍然属于任意性规范,当事人在地役权合同中也可以特别约定,在一方未按期支付费用时另一方所享有的解除权,从而排除该规定的适用。

供役地人依据上述规定享有的解除权性质上属于形成权。只要供役地人基于自己的意志行使此种权利,就可以发生合同解除、地役权消灭的效果。但在出现上述两种情况之后,必须要供役地人及时行使解除权才能消灭地役权,而不是上述情况一出现就当然消灭地役权。所谓行使解除权就是要依据《合同法》的规定,明确通知地役权人已经解除合同,从通知到达之日起,合同解除。

三、地役权的抛弃

地役权作为一种民事权利,可以由权利人予以处分,即权利人有权抛弃地役权。但如果地役权是有偿取得的,地役权人必须在向供役地人支付租金以后,才能抛弃,如果是无偿取得的,则地役权人可以随时抛弃。地役权人抛弃地役权的,地役权消灭[1]。

四、地役权的混同

地役权的混同是指在设立地役权之后,享有地役权的需役地人,因为某种原因又取得了对供役地的权利,此时其对供役地所享有的地役权将因此而消灭[2]。即地役权人与供役地人为一人时,地役权消灭。但按照地役权的不可分性,如果需役地或供役地为共有时,若仅仅有共有人中的其中一人混同,地役权并非当然消灭。

五、土地征收

国家因社会公共利益的需要而征收需役地或者供役地,致使地役权成为不必要或者行使不能时,地役权消灭。但在征收以后,应当给予地役权人合理的补偿。例如,征收集体的土地,不仅导致集体土地所有权消灭,集体土地的承包经营权也消灭,则地役权也随之消灭。

地役权消灭以后,地役权人应当及时清除土地上的各种设施和附属物,恢复土地的原状。关于附属物的处理、补偿请求权等,应当依据法律规定和当事人的约定处理。依照《物权法》第169条的规定,已经登记的地役权变更、转让或者消灭的,还应当及时办理变更登记或者注销登记。这是因为地役权在消灭之后如果不及时办理注销登记,可能会给第三人造成错误的信赖,因此而造成损害。所以当事人都负有及时涂销登记的义务。

---

[1] 谢在全:《民法物权论》(上),台湾地区作者印行 2003 年版,第 537 页。

[2] 史浩明、张鹏:《地役权》,中国法制出版社 2007 年版,第 265 页。

第十七章 准用益物权

第一节 准用益物权概述

一、准用益物权的性质

在学理上,准用益物权又称为准物权、特许物权、特别法上的物权、非典型物权、特别物权等,它是指由权利人通过行政特许的方式所获得的,对于海域、矿藏、水流等自然资源所依法享有的占有、使用及收益的权利。《物权法》虽然在用益物权中没有具体规定各种准用益物权,但是,《物权法》在用益物权的一般规定部分对准用益物权作出了规定。该法第122条规定:"依法取得的海域使用权受法律保护。"该法第123条规定:"依法取得的探矿权、采矿权、取水权和使用水域、滩涂从事养殖、捕捞的权利受法律保护。"这就在《物权法》中确认了海域使用权、采矿权、取水权和使用水域、滩涂从事养殖、捕捞的权利等几类准用益物权。《物权法》在用益物权部分规定了这些权利,彰显了其私权本质,但又没有明确将其作为用益物权来规定,所以,从体系解释的角度来看,将其作为准用益物权来表述是比较准确的。准用益物权是准物权的一种类型。[1]

准用益物权在《物权法》中具有十分重要的地位。一方面,在今后相当长的时间内,对环境保护的关注将是法律所关注的最重要课题。如今,全球变暖、酸雨、水资源危机、海洋污染等已经对人类的生存构成了直接的威胁,并引起了全世界的广泛关注。如何有效率地利用资源,并防止生态环境的破坏,已经成为直接调整、规范物的归属和利用的《物权法》的重要使命。另一方面,由于资源的有限性和多用性,使得资源不可能无限制的供应,并与人类的不断增长的需求和市场的发展形成尖锐的冲突和矛盾。现代社会由于人口增长,发展速度的加快,资源和环境对于发展的承受能力已临近极限。由于资源利用中的冲突的加剧,使得《物权法》必须承担合理有序利用资源的责任,"以使互不相侵而保障物质之安全利用"。[2] 由于准用益物权不仅是直接支配和利用海域、矿藏、水资源等的权利,而且其利用还直接关系到生态保护的问题。由此,通过在《物权法》和有关法律中规定准用益物权制度,确定权利人的权利义务关系以及权利行使的规则,对于保障准用益物权的权利人履行保护环境、维护生态和促进可持续发展的义务,保障土地和矿藏等自然资源的合理和有序开发利用,都具有极为重要的意义。《物权法》确立海域使用权等为准用益物权,适应了物权法最新的发展趋势,因为许多国家的民法典都已经承认了采矿权等为用益权。[3]

尽管在学理上关于准用益物权是属于公法上的权利还是私法上的权利仍然存在争论,但《物

---

〔1〕 李显东等:"论我国物权法上的准用益物权",载《河南省政法干部管理学院学报》2007年第5期。
〔2〕 史尚宽:《物权法论》,中国政法大学出版社2000年版,第1页。
〔3〕 《法国民法典》第598条、《意大利民法典》第987条。

权法》确认上述权利为物权的一种类型,其主要根据在于:

1. 就权利客体而言,尽管传统物权法中对物权的客体规定并不包括土地之外的自然资源,但毕竟自然资源与不动产尤其是土地有着密切的联系,如矿藏属于广义的不动产的范畴。[1] 海域包括了水体和底土等,内水的特定水面也是存在于一定土地之上的,即使是矿产资源等也都是在土地之中存在的,而现代物权法通过将自然资源纳入物权法的范畴,可以在更大程度上促进自然资源有效和有序的利用。这对于保护资源、维护生态环境、保障经济的可持续发展,都具有十分重要的意义。

2. 就权利内容来说,将采矿、养殖等权利规定在用益物权之中,首先是因为它们具有物权的效力,针对一定的客体,也具有一定的支配性和排他性。例如,采矿权人在特定的矿区,享有排他性的占有、勘探的权利;海域使用权人在特定的海域也具有排他的使用权。准用益物权都具有占有、使用、收益等权能,也就是说,权利人都可以针对特定的自然资源进行占有并进行使用和获取收益。在特殊情况下,准用益物权人也享有处分的权利。

3. 就公示方法而言,一些准用益物权设立和移转依法也需要经过登记,如海域使用权、采矿权都需要登记,这就使这种权利具有一定的公示性,可以向社会一般人公开,使第三人了解和知道此种权利的设定和变动情况。当然准用益物权中的登记具有浓厚的行政管理的色彩,不完全等同于民事上的公示,但毕竟能够起到一定的公示效果。正是因为这一原因,准用益物权可以产生对抗第三人的效力,因此也可以成为物权。在学理上,也常常将渔业权和矿业权视为物权。[2]

4. 就权利的性质而言,准用益物权和其他用益物权一样,都是设立于他人财产之上的独立物权,虽然它们是对国家和集体所有的自然资源的占有、使用、和收益的权利,但是其存在具有独立性,是一种独立的物权。

5. 就保护方法而言,准用益物权在遭受侵害之后也可以适用物权的保护方法,获得物权法的保护,即获得物权请求权的救济。对这种权利的侵害不应当通过行政程序而应当通过民事程序来提供补救。当然,如果是因为行政机关的行为侵害了权利人的权利,权利人也可以提起行政诉讼。由于权利人在行使自己权利的过程中,必然会涉及对特定的国有自然资源的支配,所以它和所有权,特别是一般的用益物权有密切的联系,而且这些权利的设定、移转,也要遵循物权法的基本规则,因此从广义上也可以将其纳入物权体系中,并由《物权法》予以规范。

诚然,准用益物权需要经过行政审批才能产生,具有较强的行政色彩,但不能因为这一原因而否认这些权利可以成为物权。因为在我国,许多物权都以行政审批为其设立的前置程序,如宅基地使用权等。从广义上说,各类准用益物权也可以归入到用益物权的范畴。因为一方面,由于这些权利不是所有权,也不是担保物权,而是对他人之物进行使用收益的权利,因此唯将其归入用益物权才为妥当。[3] 另一方面,这些权利具有用益物权的一些突出的特点,如都是在他人的财产之上(通常是在国家所有的自然资源基础上)设立的权利,这些权利都是独立的权利,都是主权利,这些都与用益物权具有极大的相似性。尤其应当看到,用益物权本身的一个重大发展趋势就是其客体不断的从不动产转向自然资源,愈加重视自然资源的开发利用,所以将这些对自然

〔1〕《荷兰新民法典》(1992)第3编"财产法总则"第3条第1款规定:"以下的物为不动产:土地,未采掘的矿藏,附著于土地的种植物,与土地连接的建筑物和工作物,无论是直接或者通过其他建筑物或工作物与土地连接。"
〔2〕 史尚宽:《民法总论》,中国政法大学出版社2000年版,第262页。
〔3〕 屈茂辉:《用益物权论》,湖南人民出版社1999年版,第271~282页。

资源利用的权利纳入到准用益物权的范畴,是符合用益物权的发展趋势的。[1] 因为这些原因,《物权法》将这些权利归入到准用益物权的范畴之内是合理的。《物权法》规定这些准用益物权,衔接了对有关准用益物权作出具体规定的特别法与《物权法》之间的关系,同时也确定了法律适用的规则,即按照特别法优于普通法适用的规则,虽然准用益物权的具体制度是由特别法规定的,但在特别法没有规定的情况下,可以准用物权法用益物权的规则。当然,在将准用益物权归入到用益物权的范畴时,必须要注意到其与一般用益物权的区别。

二、准用益物权的特点

尽管准用益物权具有用益物权的特点,但它们本身不能完全等同于用益物权。传统物权法一般没有对这些物权作出规定。因为现代社会的发展已经对物权法提出了利用自然资源、保护环境的强烈要求,物权法必须对此作出回应,并进行一定程度的制度创新。为了实现对资源的严格维护和管理,就必须对这些准用益物权的设定、取得等进行适度的国家干预和管理。这些权利通常不完全是私人之间的权利安排,而是政府作为国有自然资源的所有者的代表而与其他民事主体之间通过许可等方式作出的权利安排。[2] 有关权利的具体内容也不能完全按照用益物权的模式来安排,而必须考虑对自然资源进行管理等因素。这就使得这些权利具有较强的公法色彩,所以对这些权利不能全部由《物权法》作出详尽的规定,而应当主要由各类特别法作出规定。我们将之统称为准用益物权,既表明它们与其他用益物权的区别,又表明在性质上它们仍然属于用益物权的一种。准用益物权与一般用益物权具有以下差异:

1. 权利的取得方式不同。就一般的用益物权的取得而言,一般都是通过物权设定合同加公示方法进行的,用益物权设定原则上要有设定他物权的合意。但准用益物权的取得方式不同,表现在:一方面,准用益物权的设定不需要通过设定用益物权合同的方式来完成,而是通过行政审批的方式获得行政许可,才能取得准用益物权。例如,采矿需要获得采矿许可证,捕捞需要取得捕捞许可证,养殖需要获得养殖许可证等。许可证的权利和内容实质上就是权利的内容,一旦获得了行政许可,也就获得了权利。这种行政许可实际上是在申请人符合法定的条件时,政府授予其具有从事捕捞、采矿等资格。因此,这些权利常常被称为特许物权。[3] 由于不动产的开发和利用与国民经济关系重大,涉及到资源的合理利用和配置问题,因此政府对涉及自然资源的开发和利用活动都应当进行必要的管理,所以对各种准用益物权的取得必须要采用行政许可的方式,但行政特许只是产生准用益物权的方式,这并不意味着准用益物权就是行政法上的特许权。另一方面,准用益物权的取得并不要求通过登记等方式取得,尽管依据我国的法律规定,如海域使用权等准用益物权的取得需要登记造册,但是此种登记造册不是严格的物权公示方法,而主要是政府的行政管理手段,登记造册是政府有关主管部门在作出行政许可之后作出的,而一般不是申请人自己申请进行的。[4]

2. 权利客体不同。一般的用益物权都是以不动产作为权利的客体,即使在特殊情况下可以以动产为权利客体,也都是以有形财产为客体;尤其是这些客体都必须特定化,从而使物权人具有确定的支配对象和范围。而准用益物权是以土地之外的各类自然资源为客体,在特殊情况下,

[1] 屈茂辉:《用益物权论》,湖南人民出版社 1999 年版,第 271~282 页。
[2] 李显东等:"论我国物权法上的准用益物权",载《河南省政法干部管理学院学报》2007 年第 5 期。
[3] 梅夏英、高圣平:《物权法教程》,中国人民大学出版社 2007 年版,第 299 页。
[4] 《海域使用管理法》第 19 条。

某些准用益物权(如探矿权)以一定的勘探、开采行为为客体。这些自然资源无法简单的归入到动产或不动产之中。例如,开采国有矿产的权利,在特定的海域进行捕捞的权利,它们都是对海域、矿产等资源从事某种特定的开发、利用等行为。不仅如此,在某些情况下,准用益物权的客体甚至具有不特定性,如在同一个特定的水域内可以同时为多个权利人设定捕捞权,因此权利人权利行使的客体具有很强的不特定性,很难在行使权利之时就具体确定其数量、形状、位置等。[1]

3. 权利内容不同。按照物权法定的原则,物权的内容和类型一般都由法律进行规定,而一般的用益物权还可以通过合同自由约定来弥补法律硬性规定的不足,但是准用益物权的内容不仅要适用法律的规定,而且更要遵守行政许可的具体规定,如海域使用权行使的范围、期限、用途等都需要遵守海域使用许可证的具体规定。尤其需要指出的是,用益物权虽然有一些公法上的限制义务,但权利人承担的主要还是私法上的义务,而准用益物权负担的公法上的义务比较多,甚至构成权利人的义务的主要部分。这主要是因为国家出于管理自然资源、保护生态环境的需要,有必要对准用益物权的行使进行必要的干预。在现实生活中,水资源的利用、矿产资源的开发、海水和淡水的养殖等不仅涉及到民事主体的私人权益,关系到国计民生和社会经济的发展问题,而且关涉到生态环境的保护和整个社会的可持续发展。这不仅仅需要通过《物权法》中权利行使的规则来对其进行限制,也应当遵守相关公法上的对此种权利行使所提出的要求。[2]例如,《中华人民共和国海域使用管理法》(以下简称《海域使用管理办法》)第23条就规定,海域使用权人负有依法保护和合理使用海域的义务。通过这些公法义务的设定,有助于保证这些准用益物权的行使符合国家的公共利益的要求。

4. 权利的行使方式不同。一般用益物权的权利人的利用方式是对不动产进行占有,并进行使用和收益;但是准用益物权的权利人的利用方式不是直接在不动产之上进行开发、利用并获取收益,而是对土地之外的自然资源通过使用、勘探、开采、汲取(如取水)、养殖、捕捞等方式进行利用。有学者将其称为带有创造性的开发行为。在权利的行使中,权利人不能完全排斥他人在同一范围内的利用行为。[3]例如,捕捞权人、探矿权人不能禁止他人在同一特定区域内进行合法的相同的利用行为。在行使权利过程中,往往和其他的权利会发生一定的重合。例如,探矿权人在勘查到矿产之后也有权进行开采、处分,养殖权人在特定的水域内不仅可以进行养殖,也可以进行捕捞等行为。

5. 法律适用不同。一般用益物权主要是由《物权法》进行规定的,因而主要适用《物权法》的规定,当然特别法也可以进行补充规定,从而可以引致到相关的特别法。例如,《物权法》第131条规定:"承包期内发包人不得收回承包地。农村土地承包法等法律另有规定的,依照其规定。"但是准用益物权主要是由特别法规定的,物权法主要是对这些权利作出简要的一般性规定,它只是确认了其物权的性质,这些权利的具体内容和行使等往往需要由特别法作出相应的规制,如矿产资源法、渔业法、水法等。在特别法中不仅要对权利人的权利予以确认,还必须对这些权利主体所承担的国家和社会的义务作出规定,从而才能更好地实现国家整体利益和社会公共利益。

虽然准用益物权主要是由特别法作出规定的,但这并不意味着物权法对其不必要作出规定,物权法也可以对这些权利作出概括性的规定,所以这些权利应当是物权法和特别法双重规定的

---

[1] 崔建远:《准物权研究》,法律出版社2003年版,第366页。

[2] 李显东等:"论我国物权法上的准用益物权",载《河南省政法干部管理学院学报》2007年第5期。

[3] 梅夏英、高圣平:《物权法教程》,中国人民大学出版社2007年版,第300页。

产物。当然物权法和特别法对这些权利规定的内容是不一样的。物权法只是对这些权利作出概括性的规定,从而表明这些权利可以适用物权的基本规则,如公示公信原则,并可以采用物权的保护方法对这些权利进行保护,但有关这些权利的设定、取得、终止以及权利的具体内容都因为与行政管理具有密切的联系,应当在特别法上作出规定。[1] 在法律适用方面,按照特别法优先于普通法的规则,首先应当适用特别法的规定。在其没有规定时,才适用物权法。

第二节　各类准用益物权

一、海域使用权

所谓海域使用权,就是指权利人依法占有特定的海域并利用海域进行养殖、旅游、运输、采矿、修建港口和各种设施等并获取收益的权利。海洋是人类宝贵的资源,被誉为"蓝色的领土",它是最重要的地球生态系统和环境要素,是生命的发源地和摇篮。海域的用途十分广泛,而且随着人们利用海洋的技术手段的发展,海域将具有重要的利用价值。在我国,海域属于国家所有,且是国家领土重要组成部分,涉及到国家主权问题。海域所有权属于国家专有的财产,任何集体和个人都不能享有海域所有权。海域所有权也不能通过交易而转让。海域虽归国家所有,但为了发挥海域的使用和利用效率,国家需要在海域之上创设各种权利,如海域使用权,以提高对海域的综合利用能力,在最大范围内保持国有资产增值保值的作用。由国家将特定海域的使用收益权转让给公民、法人,从而产生了海域使用权。由于海域使用权是在国家海域所有权基础上产生的,所以,它属于民事权利的范畴。[2]

在各种准用益物权中,海域使用权是最接近一般用益物权的一种权利。一方面,其利用的海域就是"蓝色的土地",是在国家所有的海洋上设立的一种权利,其所利用的海域的范围也是特定的。另一方面,就其权利内容来看,它仍然表现为对于国家所有的特殊财产(海水水域)的利用,包括海上设施的建造,海洋矿物资源的开采,生物水产资源的养殖养护等多种形式。就海域使用权的本质而言,这些活动仍然是对于物的利用行为。如同建设用地使用权可以在国家所有的土地之上从事建设活动一样,海域使用权人也可以在海域之上从事各种设施的建造活动以及养殖、开采、旅游等活动。尤其应当看到,海域使用权在性质上也是对资源使用、收益的权利。在传统上,关于海域的利用问题,通常由国内法上的行政法规和一些国际法加以规范。近年来,海域的经济价值不断增长,对海域综合利用的水平也逐渐提高。例如,权利人可以利用特定的海域从事养殖、旅游、围海造田、修建港口、搭建海上石油平台等海上设施等,海域使用权的价值日益凸显。因此,我国《物权法》第122条特别规定:"依法取得的海域使用权受法律保护。"《物权法》用一个条文将海域使用权单独加以规定,而没有将其同其他几类准用益物权一并规定在《物权法》第123条之中。这不仅确立了其在各种用益物权中的重要地位,而且也表明了其与一般用益物权具有更为密切的联系。海域使用权具有如下几个方面的法律特征:

1. 海域使用权的客体是特定海域。海域是一种自然资源,此种资源具有特殊性。在一些国

---

〔1〕 梅夏英、高圣平:《物权法教程》,中国人民大学出版社2007年版,第303页。
〔2〕 尹田主编:《物权法中海域物权的立法安排》,法律出版社2005年版,第87页。

家,如英美法上,内水和领海海域的底土视为所有权的客体,而海域被称为"水下土地"。[1] 根据《海域使用管理法》第 2 条的规定,海域实际上是由内水、领海的水面、水体、海床和底土组成的。内水是指领海基线向陆地一侧至海岸线的海域。领海的水面、水体、海床和底土都是海域的组成部分。海域可以按其垂直深度划分为若干区域空间,而海水置于一定的空间也可以特定化,这些区域空间都可以形成为海域使用权的客体。从我国法律的规定来看,海域的特定性强调其空间性,对海域的理解应该是特定范围内的海水体(而非海水量)及其海床、底土。[2] 正是因为这一原因,许多学者认为,海域使用权的客体是特定的海域空间。[3]

特定的海域作为一种资源,虽然不能简单归入不动产的范围,但其与不动产具有密切的联系。海域必须要由海床和底土组成,水体、水面都是存在于一定的海底、底土之上的。虽然海水在不断流动,但海床、底土是难以改变的。尤其是特定海域的空间是固定的,不能移动,在这一点上,与土地等不动产具有相似性。海水退潮后形成的海滩实际上是不动产,而填海造田也可以形成新的不动产,这就表明海域和不动产具有密切的联系。但由于海域本身包括了一定的海水,而海水又处于不停的流动之中,所以,海域也具有变动性的特点。[4] 至于海底之下的矿产资源,作为一种权利客体也应该属于采矿权的客体。

2. 海域使用权具有一定的支配性和排他性。海域使用权人在获得海域使用权之后,可直接支配特定的海域,并排斥他人干涉。与其他准用益物权相比,海域使用权具有明显的支配性和排他性的特点。一方面,尽管海域中包含的海水是流动的,但海域可以特定化。海域的特定化可以采取类似于土地特定化的方法,这就是说可以通过一定的技术手段,将海域的四至、面积等加以确定,从而明确海域使用权的范围。随着科学技术的发展,海域的面积和地理位置的确定也越来越容易和准确。针对特定的海域,权利人不仅有权支配,而且享有排他的权利。另一方面,特定的海域可以采取公示的方法加以确定。海域使用权设定后,权利人要占有特定的海域,并且在特定海域内享有使用、收益的权利,这也必然要求海域使用的范围特定化。实践中,海洋主管部门也可以依据海洋功能区划,经过经纬坐标拐点确定海域边界,因而海域可以成为特定的支配对象。[5] 一旦海域的四至确定,便可以通过登记的方式明确权利人支配的特定海域,从而对外予以公示。

3. 海域使用权是有期限限制、有偿取得的权利。海域使用权是在国家享有海域所有权的基础上产生的。作为一种准用益物权,海域使用权必须具有期限的限制,且这种期限不宜过长,否则就使得海域使用权与海域所有权难以区分。当然,海域使用权期限的确定,应当根据不同的海域利用方式和性质分别确定。例如,修建港口显然要比养殖用海时间更长。[6]

海域使用权的取得也具有有偿性。由于海域使用权大都是权利人对一定海域进行使用和收益的权利,因此实行海域有偿使用制度,是各国通行的做法。我国实行海域有偿使用制度,不仅

---

〔1〕 尹田主编:《中国海域物权制度研究》,中国法制出版社 2004 年版,第 4 页。

〔2〕 参见关涛:"海域使用权问题研究",载 http://www.studa.net.

〔3〕 阮春林:"海域分层确权问题探讨",载尹田主编:《物权法中海域物权的立法安排》,法律出版社 2005 年版,第 93 页。

〔4〕 李永军主编:《海域使用权研究》,中国政法大学出版社 2006 年版,第 52 页。

〔5〕 尹田主编:《物权法中海域物权的立法安排》,法律出版社 2005 年版,第 131 页。

〔6〕 《海域使用管理法》第 25 条规定:"海域使用权最高期限,按照下列用途确定:①养殖用海 15 年;②拆船用海 20 年;③旅游、娱乐用海 25 年;④盐业、矿业用海 30 年;⑤公益事业用海 40 年;⑥港口、修造船厂等建设工程用海 50 年。"

有助于国家海域所有权在经济上的实现,而且有利于杜绝海域使用中的资源浪费和国有资源性资产流失。[1] 我国《物权法》第 119 条规定:"国家实行自然资源有偿使用制度,但法律另有规定的除外。"因而有偿使用是准用益物权的基本原则。根据我国《海域使用管理法》第 21 条的规定,国家实行海域有偿使用制度,任何单位和个人使用海域都应当依法缴纳海域使用金。

4. 海域使用权的取得方式具有特殊性。根据《海域使用管理法》第 19 条的规定,申请人在提出申请并获得批准以后仍然需要登记造册,但这种登记不是一种物权的公示方法,因为一方面它不是由当事人提出登记申请,而是由政府来办理的;另一方面,这种登记造册的效力并不影响物权的设立,即使没有办理登记造册,只要颁发了权利证书,也应当认为这种物权已经取得,此种登记造册只是一种政府的行政管理行为。在登记造册与证书不相一致的情况下,应当以权利证书所记载的内容为准。与一般用益物权相比,海域使用权的产生具有特殊性,其不需要通过合意的方式来设定权利,而只需获得行政审批即可。从这个意义上说,海域使用权的产生只有取得过程,而没有设定行为。

二、探矿权

探矿权,顾名思义,是指勘探矿产资源的权利,是探矿人依法在已经登记的特定矿区或工作区内勘探一定的国有矿产资源、取得矿石标本、地质资料等的权利。[2] 取得勘查许可证的单位或者个人称为探矿权人。探矿权是在他人之物上设定的权利,在性质上是一种准用益物权,因为探矿权人要占有一定的工作区进行勘探、采掘等行为,也就是要利用他人的不动产,如果勘查到矿产资源,还可以取得一定数量的样品并进行处分,如果探明了矿藏,则这种权利即具有较大经济价值,可以进行转让,因而探矿权也是一种财产性权利。但由于探矿权的取得要通过行政审批行为,必须在依法取得的勘查许可证规定的范围内,勘查矿产资源。[3] 而且在行使上其与一般的用益物权行使方式有所不同,所以其性质为准用益物权。

探矿通常是采矿行为的前提,如果探矿之后权利人还取得了采矿资格,则可以同时享有采矿权;如果探矿之后没有资格采矿,而将开采的权利转让给他人,则探矿权和采矿权由不同的主体享有。探矿权人的权利主要包括如下几点:

1. 对特定区域矿产资源一定程度的占有和使用权。探矿权人要勘探一定的矿产资源,必须要对勘查许可证许可的勘查范围的工作区进行占有和支配。探矿权人占有的是特定的工作区,这实际上就是利用国有的土地和自然资源来从事一定的矿产勘探,只能在该工作区内才能探测是否存在矿产资源,不能超出工作区的范围探矿。在勘查许可证许可的范围内,探矿权人对工作区的勘探具有排他性。探矿权人的目的就是查明勘查区内的矿产资源,将其变为具有开采价值的资源,因此,权利人对特定区域享有一定程度上的占有和使用权。[4] 例如,在勘查作业区及相邻区域有权架设供电、供水、通讯管线,但是不得影响或者损害原有的供电、供水设施和通讯管线。探矿主要是勘探,根据《〈矿产资源法〉实施细则》第 16 条的规定,为了完成勘探作业,有时也需要建造一定的附属设施,根据工程需要临时使用土地,必要时也需要取土。

2. 独立勘查的权利。探矿权人有权按照勘查许可证规定的区域、期限、工作对象进行勘查,

---

〔1〕 田凤山:《关于〈中华人民共和国海域使用管理法(草案)〉的说明》。
〔2〕 崔建远:《物权:生长与成型》,中国人民大学出版社 2004 年版,第 256 页。
〔3〕 《〈中华人民共和国矿产资源法〉实施细则》第 6 条。
〔4〕 崔建远:《准物权研究》,法律出版社 2004 年版,第 216 页。

对这种勘查行为有权独立实施而不受他人的非法干涉;在勘查作业区及相邻区域通行;探矿权人在工作区内进行探矿作业,并非完全不允许他人进入工作区,但是他人进入探矿工作区之后,不能妨碍探矿人进行探矿作业。由于勘探要独立进行,因此,在同一勘察、工作区范围内,同一期限内,不能并存两个或两个以上的探矿权。[1] 探矿是在特定工作区内对探矿许可证所载明的矿种进行勘探的权利,但如果在勘探过程中,发现有其他新的矿种,根据《〈中华人民共和国矿产资源法〉实施细则》第16条的规定,探矿人就可以优先取得勘查作业区内新发现矿种的探矿权。

3. 对探矿资料及样品的处分权。一方面,探矿权人有权对其在探矿过程中获得的探矿报告或资料进行转让。探矿权人从事探矿活动,有权获得工作区的矿藏资源信息。根据《中华人民共和国矿产资源法》(下称《矿产资源法》)第28条的规定:"矿床勘探报告及其他有价值的勘查资料,按照国务院规定实行有偿使用。"在探矿过程中,如果发现了矿产品,且不能自行开采,如果需要开采,就必须将资料有偿转让给他人,通过这种有偿转让而获得对价,使自己支付的费用得到补偿。另一方面,探矿权人对其在探矿过程中获得的矿产品样品有权予以处分,因此探矿权人有权在勘查中按照批准的工程设计施工回收矿产品。[2]

4. 优先取得采矿权的权利。探矿权人取得探矿权之后,有权优先取得勘查作业区内矿产资源的采矿权。[3] 这主要是因为一方面,在探矿过程中,探矿权人往往要花费巨额的设备、人工等费用,如果在完成探查行为之后不能优先取得采矿权,则无法对探矿权人形成有效的激励机制,不利于新的矿产资源的发现和开采;另一方面,如果探矿权人在探查行为完成后不能自己开采而由他人开采,也不利于资源的节约,因为探矿权人在探查过程中已经对工作区的地理结构等比较了解,而他人对此并不了解,如果由他人开采,则仍然需要熟悉工作区的地质环境,这就会浪费有限的资源。比较法上,许多国家都将探矿权和采矿权合二为一。[4] 我国没有规定统一的矿业权制度,因此规定探矿权人享有优先开采权是有必要的。

5. 转让探矿权的权利。探矿权虽然基于行政许可而取得,但本质上仍然是一种财产权,可以依法流转。根据《矿产资源法》第6条的规定,"探矿权人在完成规定的最低勘查投入后,经依法批准,可以将探矿权转让他人。"也可以通过出售、作价出资、合作、重组改制等多种形式进行矿业权流转。通过探矿权的转让而在流转中可以实现资源的最优配置。

探矿权人的主要义务是依照勘查许可证规定的勘探方式、范围、期限等进行探矿,并依法负有维护环境的义务。

三、采矿权

采矿权是指在依法取得的采矿许可证规定的范围内,开采矿产资源和获得所开采的矿产品的权利。取得采矿许可证的单位或个人称为采矿权人。《民法通则》第81条第2款规定:"国家所有的矿藏,可以依法由全民所有制单位和集体所有制单位开采,也可以依法由公民采挖。国家保护合法的采矿权。"我国矿产资源专属于国家所有,由国务院行使国家对矿产资源的所有权,但国家一般不能直接开采矿产,通常都是由采矿人在取得采矿权之后进行具体开采作业。设立采矿权本身是国家行使矿产资源所有权的结果,也是合理利用自然资源,促进资源的有效利用的重

---

〔1〕 张振凯:"矿业权物权属性与矿业立法",载《中国矿业》2003年第10期。
〔2〕 李显东等:"矿业权的私权法律属性",载《北京石油管理干部学院学报》2007年第2期。
〔3〕 《矿产资源法》第6条。
〔4〕 张振凯:"矿业权物权属性与矿业立法",载《中国矿业》2003年第10期。

要方式。[1]《物权法》第 124 条确认了采矿权是一种用益物权。采矿权具有如下几个特点：

1. 采矿权的主体，是直接从事采矿活动、依法取得采矿权的国有矿山企业、集体所有制矿山企业和公民个人。我国国有矿山企业是矿产资源的主要开采者，但是为了提高开采的效率，满足我国经济发展中对煤、铁、铜等矿产品的需求，以及合理利用零星、分散资源和大矿山的边角残矿，并繁荣地区经济，所以国家也允许集体矿山企业以及公民个人开采矿产。当然，为保护和合理利用矿产资源，维护开采的正常秩序，法律对不同的采矿权人采取了不同的管理原则。[2] 根据《〈中华人民共和国矿产资源法〉实施细则》第二章的规定，对于国有企业、集体企业和个人开采矿产资源都分别规定了不同的条件。只有在符合法定的条件的基础上，才能够从事矿产资源的开发。

2. 采矿权必须通过行政许可而取得。由于矿产资源是国家的一项重要的财富形态，关系到国计民生，为了维护国家利益、保护生态环境和自然资源，防止出现滥采滥伐，实现经济的可持续发展，有必要对采矿实行行政许可。因此，国家对采矿权人的资质、开采时间、开采方法和选矿工艺等条件作出了严格的强制性规定，并通过审批等行政程序授予申请人采矿权。采矿权必须是从获得行政许可之日起才取得，任何人未获得行政许可则不得擅自进行采矿活动。

3. 采矿权的客体是从事一定的矿产资源开发活动。采矿权实际上是利用国有的矿产资源进行开采获取收益，采矿权应当区别于矿产资源的所有权，所有权的客体是矿产资源，而采矿权的客体是在特定矿区内，依法从事被核准的采矿行为，而采矿行为的对象是一定矿区或工作区内的矿产资源。由于在开采作业全部完成之前，难以准确知道可以开采的矿产品具体的数量，只能是在事前大致预测，而实际开采状况与预测数量也许会有较大出入，因此采矿权的客体无法像传统物权的客体那样特定化。[3]

4. 采矿权是一种准用益物权。采矿权必须经行政许可取得，这并不意味着采矿权只是一种行政特许权而非民事权利。从比较法的角度来看，许多国家承认采矿权为一种用益物权。[4] 在我国，采矿权应当属于准用益物权的范畴，首先，就是因为采矿权是在国有自然资源的基础上产生的，采矿权以国家享有对矿产的所有权为前提，也是基于资源的有偿取得制度而产生的。《物权法》第 119 条规定："国家实行自然资源有偿使用制度，但法律另有规定的除外。"因此，其产生也符合民法中的等价有偿的基本原则要求。其次，采矿权本质上是一种对国有矿产资源进行使用收益的权利。再次，采矿权人利用国有的矿产资源进行开采，对取得的矿产品进行处分以获得收益，在这一点上其与一般的用益物权的行使并无本质差异。另外，采矿权本身具有一种准用益物权的性质，可以依法进行抵押、流转。最后，采矿权在受到侵害的情况下还可以得到《物权法》的救济，所以其在本质上仍然是一种民事权利。[5]

采矿权的内容是指采矿权人依法享有的权利和承担的义务。采矿权人的主要权利就是有权开采国有的矿产并对矿产品享有使用、收益的权利。其中包括：一是矿区占有权，即采矿权人要开采矿产资源，必须首先占有一定的矿区，并能够对该矿区进行独立的支配。二是矿区使用权，即采矿权人有权根据采矿的需要，从事必要的建设行为。三是独立开采权，即采矿权人在取得采

〔1〕 王燕国等："浅议采矿权"，载《中国地质》1993 年第 11 期。

〔2〕 崔建远主编：《我国物权立法难点问题研究》，清华大学出版社 2005 年版，第 339 页。

〔3〕 崔建远：《准物权研究》，法律出版社 2003 年版，第 13 页。

〔4〕《法国民法典》第 598 条，《意大利民法典》第 987 条。

〔5〕 李显东等："矿业权的私权法律属性"，载《北京石油管理干部学院学报》2007 年第 2 期。

矿权以后,有权要求有关主管机关为其划定明确的矿区范围,依据采矿许可证规定的开采范围和期限从事开采活动,并有权排斥任何人的非法干预和侵害。四是对矿产品的处分权,即采矿人对其因采掘而获得的矿产品依法享有独立的处分权,采矿权人有权自己利用(如自己直接加工为成品),也有权依照法律的规定出售,从而获得一定的经济利益。五是转让采矿权的权利。采矿权人依法所承担的主要义务是,按照国家规定缴纳有关税费,依照规定的矿区范围采矿,并按照国家的统一规划和布局,合理开采、综合利用、保护国有矿产不受损失和浪费。国务院指定矿产品必须销售给特定单位时,采矿权人必须将该矿产品销售给该特定的单位。

四、取水权

取水权,是指权利人利用取水工程或者设施直接从江河、湖泊或者地下取用水资源的权利。[1] 取水权是一项重要的准物权。水乃生命之源、万物之本、文明之根。它是一种既具有经济价值又具有生态环境价值的极为宝贵的自然资源。中国是一个水资源短缺的国家,目前,我国人均水资源量仅为世界人均水平的1/4,局部地区人均水资源量远远低于世界人均水平,水资源很可能成为21世纪中国最为稀缺的自然资源。随着社会经济的进一步发展,水资源短缺的矛盾将更加突出。当今中国在水资源方面面临着三大严重问题:洪涝灾害、干旱缺水、水环境恶化。[2] 从发展趋势来讲,随着社会经济的进一步发展,水资源短缺的基本矛盾将会更加突出,水资源短缺已经成为我国经济和社会发展的严重制约因素。[3] 如何有效地节约、保护、利用水资源是一个涉及资源、环境、经济、科技、法律等不同方面的综合性问题。因此,在《物权法》中将取水权规定为准用益物权,通过确认和保护对水资源的取用权利,最大限度地发挥水资源的经济效益,从而实现水资源可持续利用的终极目标,保护环境和生态的平衡,是十分必要的。

在我国,水资源属于国家或集体所有,即属于公共财产,而公民和法人只能享有对水资源的取用权,即使公民和法人取得了某块土地的使用权,也不能对该土地地表和地下的水资源享有所有权。[4] 但在法律上通过设定取水权,也能够使水资源得到有效率地利用。取水权的特点在于:

1.取水权的客体是水资源。按照民法对于动产的界定,取水权的客体——水资源,应该属于民法上的动产,但是,它又区别于民法上一般的动产,取水权的客体具有不特定性,这是因为水一般以土地为载体而存在,与土地不可分离。水一般以液态形式存在,具有流动性,难以特定化,无论是在江河湖泊中取水,还是打井取水,都难以确定取水权的客体。通常只有在取水完成之后,取用的水才能特定化。但随着技术的发展,可以确定一定水量、一定地域或一定范围的水成为权利客体。

2.取水权属于一种经过行政许可而获得的权利。由于水资源是一种关系整个人类社会存亡的重要社会公共资源,它服务于公众利益,是为整个国家服务的。为了加强对水资源的管理和保护,促进水资源的节约与合理开发利用,这就有必要通过行政许可的方式加强国家对取水利用的管理。取用水资源的单位和个人,原则上都应当申请领取取水许可证,并缴纳水资源费。

---

〔1〕　国务院2006年颁布的《取水许可和水资源费征收管理条例》第2条第1款。
〔2〕　汪恕诚:"水权和水市场——谈实现水资源优化配置的经济手段",载《水电能源科学》第19卷第1期。
〔3〕　我国水资源总量不足,人均水资源只有世界平均水平的1/4,全国600多个城市中有400多个水资源短缺,其中100多个严重短缺。参见周生贤:"采取最严格的措施、让江河湖海休养生息",载《环境保护》2007年第9期。
〔4〕　《英国水资源法》规定水属于国家所有;《日本河川法》规定河流属于公共财产;我国台湾地区"水利法"第2条规定:"水为天然资源,属于国家所有,不因人民取得土地所有权而受影响。"

3. 取水权的行使应当遵循合理利用资源的规定。实施取水许可应当坚持地表水与地下水统筹考虑,开源与节流相结合、节流优先的原则,实行总量控制与定额管理相结合。由于水资源直接关系到国计民生,决定着国家稳定和经济增长的重大问题,所以即使在公民、法人取得了取水权以后,国家仍然应当继续保持对水资源利用的严格管理,从而对取水权的内容及行使作出严格的限制。民事主体在经过法律法规授权的行政机关的行政许可的前提下方能享有开发、利用自然资源的权利。即便在民事主体取得了水资源利用权以后,国家出于维护社会公共利益的需要,也可以对水资源的利用作出必要的调整。当然,在调整以后应当给利用权人以适当补偿。对于取水权作出严格的限制,是保障社会公共利益的重要措施。

4. 取水权可以转让。由政府代表国家行使水资源所有权,水资源所有权具有不可转让的特点,不能在市场上自由流转。这样,水资源所有人根本无法通过市场交易去追求和获得水资源的最大价值,但为了最有效率地利用水资源、节约用水,有必要设立取水权,国家可以将其取水权转让给公民、法人享有;一旦取水权授权他人行使,则也应当允许取水权人将其权利进行转让。依据我国现行法律的规定,依法获得取水权的单位或者个人,通过调整产品和产业结构、改革工艺、节水等措施节约水资源的,在取水许可的有效期和取水限额内,经原审批机关批准,可以依法有偿转让其节约的水资源,否则,就难以通过市场的方式最大限度的发挥水资源的利用效益。[1]实际上,水资源的利用权的转让在实践中已经存在。[2]

取水权人的权利主要是依照法律和取水许可证的规定,通过取用地下水、地上水以满足其生产、生活需要。取水权人所享有的权利主要包括如下几项:①在江河、湖泊或者地下取用水资源的权利。这就是说,取水权人所享有的权利是从特定的水源取水,只要在规定的限度内,权利人都可以取用水资源。②建造取水工程或者设施的权利。因为取水常常都是大型企事业单位或者某个地区取用水,都是大规模的取水,因此,权利人就需要修建取水工程和设施。但取水权人应当合理利用水资源,不得违法取得地下水和地上水资源,权利人应当节约用水,保护水资源。

五、养殖权

所谓养殖权,就是指权利人依法对国有、集体的水面、滩涂从事养殖活动并排斥他人干涉的权利。我国海域辽阔、海岸线很长,为海水养殖提供了便利。自改革开放以来,我国海水养殖业迅速发展,也有许多农民在河道、湖泊以及水库的水面从事淡水养殖,养殖已经成为了一项重要的产业。为了加强对渔业资源的保护和合理利用,保障渔业经营者在养殖、使用水面过程中的合法权益,确有必要在法律上确认养殖权为一种准用益物权。

我国《物权法》第 123 条规定:"依法取得的探矿权、采矿权、取水权和使用水域、滩涂从事养殖、捕捞的权利受法律保护。"这就在法律上确认了养殖权为一种准用益物权。《物权法》的相关规定,更加有利于保护渔业权人的利益,并为以后渔业权制度的完善提供了制度空间。养殖权的特点主要在于:

1. 养殖权的取得必须要通过行政许可。作为一种准用益物权,养殖权的取得必须要获得政府的行政许可。这主要是因为一方面,养殖要利用国有的海域、湖泊、滩涂等,而养殖过程中又很容易造成水质的污染等破坏行为,因此,对养殖经营者的资质等级等,国家需要进行严格的控制。

---

〔1〕 《取水许可和水资源费征收管理条例》第 27 条。
〔2〕 据报道,"位于浙中盆地的义乌市出资两亿元向毗邻的东阳市买下了约五千万方水资源的永久使用权。这笔交易协议开创了中国水权制度改革的先河"。参见《经济日报》2001 年 2 月 27 日,第 5 版。

另一方面,对海域、水面等自然资源的利用,国家需要进行整体规划,才能发挥水域的综合利用的功能。因此需要政府对水面养殖进行行政许可,保障国家规划的实现,进行合理规划,加强行政监管,防止在养殖过程中污染水面和环境以及将水面荒芜等行为;对于各种违法行为,政府也可以及时予以处罚。[1] 当然应当看到,养殖主要是培植、增加水生资源,而不像捕捞那样是减少水生资源,因此国家不宜进行过多的限制,否则不利于社会财富的创造和增加。而且养殖是一种高投入的产业,如果对这种权利的行政干预过多,则不利于权利人对其未来收益产生合理的预期,从而挫伤其投资的积极性,不利于我国养殖业提升科技含量和经营水平,向产业化、集约化和规模经营发展。因此立法者需要更多的尊重养殖权人的意思自治,反映权利本位的价值取向。[2]

2. 养殖权的客体是特定的水域、滩涂等。养殖权是针对特定的水域进行利用而享有的权利。养殖权人只有支配特定的水域才能进行有效的养殖活动,从而才能划清养殖权人与其他权利人之间的权利边界,并行使具有一定排他性的权利。[3]

3. 养殖权的内容是利用特定的水域进行养殖活动。养殖权设立目的是特定的,仅仅是从事养殖活动,而不包括其他活动。养殖权人有权占有特定的水域、滩涂等从事养殖活动。权利人对通过养殖经营活动而取得的产品,有权依法自由处分并获取收益。任何国家机关、集体经济组织、公民或法人不得非法干预养殖权人的经营自由。养殖权人从事养殖的内容并非不受到限制,为了保护环境和水生物种的安全,保证养殖业的有序发展,法律法规等对养殖的内容也进行了一定的限制,但由于养殖活动有利于促进水生动植物的繁衍,促进资源的再生与增长,所以,国家鼓励养殖权人积极从事养殖活动,保证水生物资源的可持续发展。因此,对养殖权人来说,法律应当体现权利人一定程度的意思自治,而不能作过多的干预。从这一点上讲,养殖权与捕捞权之间存在较大的差别。[4] 养殖权人的权利具有一定的复合性,权利人不仅可以占有一定的水域,还可以使用该水域养殖水生动植物,还享有保持该水域水生动植物的生长状态的权利。[5]

4. 养殖权的期限应当相对固定。养殖权成为物权就是要使该权利在期限上保持一定的固定性和长期性,不应当成为行政机关时收时放的权利。在国外,有关养殖权的期限都规定的较长。[6] 例如,日本养殖权的存续期限依养殖权的不同种类分为 5 年和 10 年,而韩国养殖权的期限为 5 年以上 10 年以下,期限届满时,原养殖权人可以申请延期。[7] 借鉴国外的立法经验,我国立法有必要对养殖权的期限作出规定。因为养殖权的期限过短,就不利于鼓励养殖权人进行投资,不利于对养殖权的保护;但如果养殖权的期限过长,则又不利于国家对水域的管理、综合利用,因此,具体期限应当根据养殖的水域和类型来具体确定。

5. 养殖权在效力上具有一定的排他性。这种排他性是指在同一特定水域上,不能并存两个养殖权或存在多种相冲突的权利,所以权利人享有的权利可以排除他人在同一水域、同一期限内

---

〔1〕 崔建远:"关于渔业权的探讨",载《吉林大学社会科学学报》2003 年第 3 期。

〔2〕 税兵:"论渔业权",载《现代法学》2005 年第 2 期。

〔3〕 崔建远:"关于渔业权的探讨",载《吉林大学社会科学学报》2003 年第 3 期。

〔4〕 税兵:"论渔业权",载《现代法学》2005 年第 2 期。

〔5〕 梅夏英、高圣平:《物权法教程》,中国人民大学出版社 2007 年版,第 303 页。

〔6〕 如,根据《新西兰海洋水产养殖法》的规定,使用时为 14 年,并且享有再延长 14 年的优先权。其 1991 年制定的《资源管理法》规定,新设立的养殖场使用海域的年限可达 35 年。在澳大利亚的西澳大利亚州,设立珍珠牡蛎养殖场期限可达 21 年。英国的英格兰取得养殖执照后,期限达 21 年。

〔7〕 贾东明、郝作成:"日本、韩国渔业权的法律性质及其主要内容",载《中国水产》2002 年第 12 期。

从事养殖活动。当然,这并不是说养殖权人在特定的水域内就可以排斥他人从事不影响其权利形式的使用,如果他人对该水域的利用不会影响到养殖权的行使,如他人利用该水面航行、旅游等,并未损害养殖权人的利益,则养殖权人不得阻止。

六、捕捞权

所谓捕捞权,是指权利人依法按照捕捞许可证规定的水域范围和期限从事捕捞作业的权利。捕捞权以捕捞水生动植物资源、并取得其所有权为内容,[1]属于渔业权的一种类型。从狭义上理解,渔业权的主要类型包括两类,即养殖权和捕捞权,捕捞权只不过是渔业权的一种类型。我国《物权法》第123条规定:"依法取得的探矿权、采矿权、取水权和使用水域、滩涂从事养殖、捕捞的权利受法律保护。"这就在法律上确认了捕捞权是一种准用益物权。捕捞权的特点在于:

1. 捕捞权一般需要经过行政许可才能取得。在我国,为了统一规划和综合开发利用水生动植物资源,保护渔业资源和渔业水域生态环境,国家对捕捞权实施捕捞许可证的行政许可制度,因此在通常情况下,实行捕捞作业尤其是从事海洋大型拖网、围网作业等必须要获得捕捞许可。[2] 捕捞权的取得必须由捕捞权申请人申请,经主管部门批准后颁发捕捞证。依据《渔业法》第24条的规定,获得捕捞证,必须具有渔业船舶检验证书;有渔业船舶登记证书;符合国务院渔业行政主管部门规定的其他条件。此外,县级以上地方人民政府渔业行政主管部门批准发放的捕捞许可证,应当与上级人民政府渔业行政主管部门下达的捕捞限额指标相适应。但是根据《渔业法实施细则》第18条的规定:"娱乐性游钓和在尚未养殖、管理的滩涂手工采集零星水产品的,不必申请捕捞许可证,但应当加强管理,防止破坏渔业资源。"因而对此种捕捞行为也可以不申请捕捞许可。

2. 捕捞权的客体是野生水生动植物资源。一般来说,对自己养殖的水产品进行捕捞,属于养殖权人所应当享有的权利,根本不需要取得捕捞权。根据《物权法》第49条的规定:"法律规定属于国家所有的野生动植物资源,属于国家所有。"因此凡是法律规定属于国家所有的野生渔业资源,应为国家所有。当然,无论是归属于还是不归属于国家所有的野生渔业资源,国家都可以通过授予捕捞许可证的方式使捕捞权人享有捕捞权。捕捞权人依据许可从事水生动植物资源的捕捞,对其捕捞的水生产品依法享有所有权。捕捞权是利用一定的水域进行捕捞活动,其目的在于取得野生动植物资源,利用特定水域只是附带性的,而非目的。[3] 因而,捕捞权的客体应当是水生动植物资源,此种资源在捕捞取得之前具有不确定性和不稳定性的特点。因为权利人从事捕捞行为究竟能够捕获多少水生资源在权利设立后并不能确定,因此权利人并不是直接针对特定的水生资源而享有的权利,不能认为一旦设定了捕捞权就认为权利人就可以支配特定的水生动植物资源。

3. 捕捞权是利用特定的水域进行捕捞的权利。捕捞权人有权占有特定水域,从事捕捞作业,因捕捞而获取的水产品归权利人享有,权利人有权予以处分。捕捞的水域可分为公海和内海,也可以分为海域、江河湖泊、水库等。捕捞权人只能在特定的水域享有捕捞的权利,因而,水域必须特定。从性质上说,捕捞权大多是在国有的水域之上设立的,有学者认为,国家作为国有水域的

---

〔1〕 税兵:"论渔业权",载《现代法学》2005年第2期。
〔2〕 《渔业法》第23条。
〔3〕 孙宪忠主编:《中国渔业权研究》,法律出版社2006年版,第13页。

许可人,并非是以所有权人的身份而是以公共资源管理者的身份出现的。[1] 此种看法也有一定的道理。捕捞权也可以在集体所有的水域上设立。即使是在集体水域上捕捞,也应当依法获得捕捞许可证。需要指出的是,捕捞权人对特定水域的支配,只能在捕捞权实现的目的、范围内进行支配,不能超越该范围而享有捕捞权。[2] 需要指出的是,由于捕捞会造成水生动植物数量的减少,捕捞不当就可能破坏水生动植物资源的生态平衡,影响可持续发展。所以,法律对捕捞权的行使应当做出严格的限制,如对捕捞时间、捕捞工具及方式、捕鱼品种等方面设定严格的限制。

4. 捕捞权不具有严格的排他性。捕捞权的实现,不需要对特定水域进行排他性的支配,同一水域上,通常可以设定多个捕捞权,多个权利人都可以在同一水域进行捕捞,各权利人在行使权利时一般也不存在冲突。因此,捕捞权人对特定水域的支配缺乏排他性。即使对于特定水域内的野生动植物资源,也很难说只能由某一个权利人享有捕捞权。[3]

虽然捕捞权的取得需要经过行政许可,捕捞权的客体即水生动植物具有不特定性和不稳定性,因而与一般的用益物权的特点有所不同,但是它作为一种利用他人水域进行使用收益的权利,仍然具有用益物权的基本特征,因此,《物权法》将其归入到准用益物权的范畴也不无道理。

---

〔1〕 崔建远:《论争中的渔业权》,北京大学出版社 2006 年版,第 273 页。
〔2〕 孙宪忠主编:《中国渔业权研究》,法律出版社 2006 年版,第 56 页。
〔3〕 税兵:"论渔业权",载《现代法学》2005 年第 2 期。

第五编　担保物权

第十八章　担保物权的一般原理

第一节　担保物权的概念和特征

一、担保物权的概念

所谓担保物权(法文为 sûreté,德文为 Gundpfandrecht),根据我国《物权法》第 170 条的规定,是指除法律另有规定外,担保物权人在债务人不履行到期债务或者发生当事人约定的实现担保物权的情形时,依法享有的就担保财产优先受偿的权利。换言之,担保物权是指为了担保债权的实现,由债务人或第三人提供特定的物或者权利作为担保物而设定的限定物权。担保物权是为了确保债务的履行而对他人提供担保的物或权利的价值所享有的权利。担保物权是市场经济社会中一项重要的物权。市场经济是信用经济,而担保物权制度则是保障债权实现、维护市场信用的重要制度。"为了债权的担保而奋斗是市场经济的必然现象"[1] 随着交易的发展,为了充分地保护债权、促进资金融通、防范金融风险,就需要充分发挥各类担保物权的作用。

我国《物权法》第四编第 15 章设立了担保物权的"一般规定"。所谓一般规定,可以理解为担保物权法的总则,它是通过提取公因式的方式提炼出来的有关担保物权的一般规则,可以适用于所有担保物权类型。我国《物权法》第四编所规定的担保物权的主要特点在于:

1. 担保物权的设定以担保主债权的实现为目的。顾名思义,担保物权就是为担保债权而设定的物权。它以一定的物作为担保物来担保债权的实现,债权人所享有的债权因担保物的存在而得到充分的保障。[2] 担保物权不同于用益物权之处就在于,权利人通过支配担保财产的交换价值,从而在债务人不履行债务或者发生了当事人约定的实现担保物权的情形时,就可以拍卖、变卖担保财产并从中优先受偿,从而保障其债权的实现。由于担保物权是为了保障债务的履行而设立的,因此,它以主债权的存在为前提,且被担保的债权必须特定化,[3] 否则担保物权就缺乏存在的基础。由于担保物权是为保障主债权的实现而设定的,这就决定了担保物权与主债权的关系是不可分割的。[4] 需要指出的是,担保物权所担保的债权主要是合同之债,但又不仅仅

---

〔1〕 王泽鉴:"动产担保制度与经济发展",载梁慧星主编:《民商法论丛》(第 2 卷),法律出版社 1994 年版,第 97 页。
〔2〕 [日]近江幸治:《担保物权法》,祝娅等译,法律出版社 2000 年版,第 2 页。
〔3〕 谢在全:《民法物权论》(中),台湾地区作者印行 2003 年版,第 343 页。
〔4〕 晚近的发展,也出现了担保物权的独立化和证券化趋势。但据此不能否定担保物权与主债权之间的密切关系。

限于合同之债,还包括侵权行为之债、不当得利之债、无因管理之债等各种债的形式。

2. 担保物权是一种从属性的物权。担保物权是为了担保主债权的实现而设立的,因此它必须以主债权的存在为前提。正因如此,担保物权在学理上通常被称为从权利。一方面,担保物权必须以主债权的有效存在为前提。[1]一般情况下,主债权在担保物权设定时必须是特定的。在例外情况下,虽然设定担保物权时,主债权可以不特定,但在实现担保物权之前,主债权必须特定,如最高额抵押。[2]另一方面,担保物权也必须附随于主债权,随主债权的变动而变动。主债权移转,担保物权转让;主债权消灭,担保物权也相应消灭。有鉴于此,《物权法》第172条第1款规定:"设立担保物权,应当依照本法和其他法律的规定订立担保合同。担保合同是主债权债务合同的从合同。主债权债务合同无效,担保合同无效,但法律另有规定的除外。"

3. 担保物权以债务人或第三人一定的财产或财产权利为客体。担保物权不同于保证之处,就在于它是以一定的物或财产为权利标的而担保债权的,而不是以担保人的一般责任财产或信用财产为基础。担保物权的客体既可以是物,也可以是权利。当然,并非任何物和权利都可以成为担保物权客体。能够成为担保物权的客体的物必须是有体的、特定化的、可流通的物。当然,随着商业的发展,对于物的特定化也出现了例外,如浮动抵押并不要求权利设定时标的物必须特定化。

4. 担保物权人所支配的是交换价值。所有权是对物的全面支配,用益物权是对物的使用价值的支配,而担保物权所支配的则是物的交换价值。这体现在两个方面:一方面,担保物权是以获取担保物的交换价值为目的而设定的,注重支配的是担保物在拍卖、变卖时的价值。因此,同一物之上可以基于对交换价值的分割而设立多个担保物权,如在同一物之上设立多个抵押权。也正是因为担保物权支配的是交换价值,所以担保物权具有物上代位性。另一方面,担保物权中重要的内容是换价权(德文为 Verwertungsrecht)。所谓换价权,是指在债务人不履行债务时,债权人有权将担保物进行变卖、拍卖,并就所得价款优先受偿。[3]例如,抵押权是对抵押物交换价值的支配。因为抵押权以取得抵押物的交换价值而实现债权的受偿为目的,正是从这个意义上说,担保物权又被称为价值权。[4]

尽管担保物权是对担保物的交换价值的支配,但并不意味着,担保物权人完全不能支配担保物的实体,或者认为其支配担保物的实体是毫无意义的。笔者认为,在某些情况下支配担保物的实体具有十分重要的法律意义。尤其是当其他人对担保物进行侵害时,担保权人应可以享有物上请求权。从这个意义上说,对交换价值的支配与对实物的支配也是不可分割的。

5. 担保物权是一种定限物权。担保物权人不能对财产及财产权利予以全面支配,不能像所有权人那样依照自己的意志和利益行使所有权的全部权能,而只能支配标的物的交换价值。担保物权人对标的财产及财产权利的支配,主要表现为通过对标的物的交换价值的换价,实现优先受偿。[5]

6. 担保物权人依法享有对担保标的物的变价权。对其他物权而言,权利人不仅可以直接支配其物,而且可以直接依法享有对物的占有、使用等权能,并可以排除他人的非法干涉。但对担

〔1〕 吴合振:《担保物权审判实践应用》,人民法院出版社2002年版,第2页。
〔2〕 程啸:"担保物权",载王利明等:《中国物权法教程》,人民法院出版社2007年版,第421页。
〔3〕 刘得宽:《民法诸问题与新展望》,中国政法大学出版社2002年版,第387页。
〔4〕 史尚宽:《物权法论》,中国政法大学出版社2000年版,第225页。
〔5〕 梅夏英、高圣平:《物权法教程》,中国人民大学出版社2007年版,第316页。

保物权来说,权利人一般不能直接地实现担保物权,必须通过法定的方式,如依据拍卖、变卖程序来实现其担保物权。需要指出的是,《物权法》第170条在规定担保物权具有优先受偿效力的同时还规定"法律另有规定的除外"。如何理解"法律另有规定的除外"? 笔者认为,这主要是因为基于法律的规定,一些非担保物权也具有优先于一般债权而受偿的权利。例如,根据《合同法》第286条的规定,建筑工程承包人享有对建筑物的优先受偿权。根据《税收征管法》第45条的规定,税收债权可以优先于一般债权受偿,甚至在特殊情况下优先于抵押权而受偿。

担保物权的主要功能是担保债权的实现。由于担保人要以一定的物或权利作为担保,这就使债权的实现获得更为切实的保障。担保物权制度对于鼓励交易、促进交易的迅速达成起到了十分重要的作用。还要看到,在现代市场经济条件下,担保物权本身作为社会融资的基本手段,对经济的繁荣有着积极的作用。企业和个人在向金融机构融资时,提供物的担保是最为有效的担保手段。因此,担保物权已经成为社会融资的重要手段[1]。

二、担保物权的属性

担保物权的属性,是担保物权的共性。担保物权是物权的一种类型,它和一般物权相比较,除具有一般物权所共同具有的支配性、优先性、排他性等特性之外,还具有如下属性:

1. 从属性。所谓从属性,是指在一般情况下,担保物权是从属于主债权的从权利,其在效力上必须依附于被担保的主债权。不过,担保物权作为从权利,并不影响其作为物权的独立存在性。担保物权的从属性主要表现在三个方面:

(1)成立上的从属性。根据《物权法》第172条的规定:"担保合同是主债权债务合同的从合同。主债权债务合同无效,担保合同无效"。在一般情况下,担保物权的成立应当以已经成立并生效的债权的存在为前提。如果债权根本不成立或者未生效,则担保物权即使成立也是不生效的。也就是说,担保物权的生效从属于主债权的生效。如果债权在成立以后,被宣告无效或撤销,则担保物权也应相应无效。

(2)移转上的从属性。如果债权发生转让,则担保物权也应当相应地转让。因为担保物权不得与债权相分离。担保物权人不得单独将担保物权转让给他人,而自己保留债权,否则该转让无效。担保物权人也不得将债权转让给他人,而自己保留担保物权,更不得将债权和担保物权区别开分别转让给不同的受让人。

如果当事人在设定担保物权时同时约定,债权转让时担保物权不随同移转,则此种约定能否生效? 一般认为,此种约定应当视为担保物权的约定消灭事由[2]。但笔者认为,从原则上说,当事人不能约定与从属性规则相违背的条款。因为担保物权移转上的从属性关系到债权受让人的利益,如果允许担保人和担保物权人之间有此约定,则将使债权受让人的利益得不到保障。所以,笔者认为,这种约定只具有债权效力,只在担保人和担保物权人之间产生效力,不得对抗善意的债权受让人。

(3)消灭上的从属性。根据《物权法》第177条的规定,主债权消灭的,担保物权随之消灭。担保物权所担保的债权因各种原因而全部消灭时,担保物权也应当随之消灭。一方面,如果债权已经因全部履行而消灭,担保物权应该相应地消灭。当然,如果被担保的债权只发生部分消灭,担保物仍然应当全部用于担保剩余的债权。债权因混同、提存等原因消灭,担保物权原则上也应

〔1〕 陈华彬:《物权法原理》,国家行政学院出版社1998年版,第562页。
〔2〕 程啸:《中国抵押权制度的理论与实践》,法律出版社2002年版,第21页。

当消灭。另一方面,担保物权所担保的债权,因主合同的解除或者撤销而不存在时,担保物权也随之消灭。因为解除或撤销主合同而产生的恢复原状义务,属于法律规定的特殊义务,已经不属于担保物权的担保范围了。当然,如果因主债务不履行而造成债权人损害时,此项损害赔偿之债属于原来主债务的变形,应当属于担保物权担保的范围。[1]

应当看到,由于最高额抵押、所有人抵押、抵押权证券化等制度的发展,担保物权已开始显现出一些独立化的倾向。一些学者甚至认为担保物权的独立性代表了担保物权的未来发展趋势。笔者认为,现在断言担保物权应当独立于主债权而存在,未免依据不足。担保物权如果真的脱离主债权而独立存在,其担保功能将大为减弱,这也不利于保障交易的安全。因此,抵押权的独立性只能作为抵押权从属性的例外。

2. 不可分性。所谓不可分性,就是指担保物的各个部分应担保债权的全部,享有担保物权的债权人有权就担保物的全部行使优先受偿权,担保物是否被分割或出现部分毁损灭失,或担保物权所担保的债权是否已经部分履行,都对担保物权的存在不产生影响。《物权法》虽然没有规定担保物权的不可分性,但《最高人民法院关于适用〈中华人民共和国担保法〉若干问题的解释》(以下简称《担保法解释》)对此作了规定。[2] 具体来说,可以分为以下方面:

(1)担保物的各个部分担保债权的全部,享有担保物权的债权人有权就担保物的全部行使优先受偿权。例如,甲对丙享有 10 万元的债权,丙以其房产作抵押。后来丙因为分家,抵押房产被分为多人所有。即便在房产产权被分割后,甲仍然对各个部分都享有优先受偿权。再如,甲以其价值 1000 万的一处房产为乙丙分别设定了抵押,并从乙丙处得到贷款 500 万,后来,甲因为分家,将该房产的一部分分给其儿子丁,尽管该抵押物已经进行了分割,但抵押权不因其分割而受到影响。抵押权人仍然可以就抵押物的全部实现其抵押权。

(2)债权是否被分割对担保物权的存在不产生影响。担保物权设定以后,如果债权人将其债权分割并转让给多个受让人,则各受让人均对抵押物享有担保物权。例如,甲对丙享有 10 万元的债权,丙以其房产作抵押,后来甲将债权分部分转让给两个不同的受让人,两个受让人分别享有部分债权,分割后的两个债权人就各自的债权对丙的全部房产都享有抵押权。

(3)担保物权所担保的债权是否已被部分履行,对担保物权的存在不产生影响。例如,甲以其自行车 5 辆作为质物向乙借款 2000 元,之后甲已清偿了 1000 元,是否可以要求乙返还两部自行车呢? 从担保物权的不可分性而言,即使债务已履行了一部分,但债权人在债务未完全清偿以前,可以就担保物的全部行使权利,因此,甲不得在债务未清偿以前,要求返还部分质物,乙就质物享有的权利并不因为其债权部分已受清偿而发生影响。乙对其未受清偿的部分债权仍可对于质物的全部行使权利。

(4)如果担保物发生部分灭失,则未灭失的担保物部分,仍应担保全部债权,而不能相应地缩小担保的债务范围。当然,如果担保物因为可归责于担保人的原因而发生部分灭失时,担保人有义务以其他财产补充担保物所应具有的价值。

3. 物上代位性。所谓物上代位性,是指标的物因出卖、毁损、灭失等原因,发生以金钱或其他财物(代偿物)代替时,担保物权人可以对代偿物行使权利。[3] 《物权法》第 174 条规定:"担保

---

〔1〕 程啸:《中国抵押权制度的理论与实践》,法律出版社 2002 年版,第 23 页。

〔2〕 《担保法解释》第 71、72 条。

〔3〕 [日]近江幸治:《担保物权法》,祝娅等译,法律出版社 2000 年版,第 12 页。

期间,担保财产毁损、灭失或者被征收等,担保物权人可以就获得的保险金、赔偿金或者补偿金等优先受偿。被担保债权的履行期未届满的,也可以提存该保险金、赔偿金或者补偿金等。"据此,我国《物权法》上的代偿物主要是指担保物毁损、灭失或者被征收后,所获得的保险金、赔偿金或者补偿金等。例如,甲为了向乙借款,将其一辆汽车出质给乙,后因为发生火灾,该汽车被烧毁,甲从保险公司获得赔偿,则该赔偿金应当成为质押的标的,债权人可以对此赔偿金优先受偿。

三、担保物权和用益物权

他物权又可以分为用益物权和担保物权。在他物权体系中,用益物权是相对于担保物权而言的。我国《物权法》在第117条和第170条分别规定了用益物权和担保物权。按照通说,用益物权实现的是物的使用价值,而担保物权体现的是物的交换价值。用益物权是为了充分发挥物的使用价值而从所有权中分离出来的一种权利,担保物权是为了确保债务的履行而对他人提供担保的物或权利的价值所享有的权利。二者主要有如下区别:

1. 内容不同。用益物权是以对标的物使用、收益为目的的权利。用益物权人支配的是标的物的使用价值,权利人设立该权利的目的是为了获取物的使用价值,因而用益物权又可称为"使用价值权"。用益物权作为物权的一种,着眼于财产的使用价值。而担保物权则侧重于对标的物交换价值的支配,其不以对物的实体利用为目的,而是通过支配物的交换价值来确保所担保的债权获得圆满实现。[1] 担保物权人所支配的是担保物的交换价值,即担保物在折价、拍卖或变卖时的价值。

2. 存续期间不同。用益物权往往有明确的存续期间,此种存续期间或是约定的,或是法定的。用益物权只有在物权关系被解除以后,才归于消灭。权利人取得用益物权之后,就可以对标的物进行使用、收益。而担保物权的权利人不能当即实现权利,只有在所担保的债权已届清偿期且债务人不履行债务时,担保物权人才能行使变价受偿权。[2] 担保物权以债权的存在为前提,在债权实现后,该担保物权亦随之消灭;根据我国《物权法》第202条的规定,当实现担保物权的情形发生后,如果权利人不行使担保物权,在主债权诉讼时效届满后,担保物权不受人民法院保护。

3. 性质不同。除地役权外,用益物权都不具有从属性,故用益物权主要为独立物权。用益物权一旦设立,权利人便独立地享有对标的物的使用权、收益权,亦即该权利是独立存在的,依当事人之间设立用益物权的行为或法律的规定而设立。而担保物权因其具有从属性,即担保物权因债权的产生而产生,以债权的存在为前提,因此担保物权是从权利。一般来说,用益物权与担保物权尽管权利内容完全不同,但是,它们完全可能同时并存于同一物之上。[3] 例如,某一土地上设立建设用地使用权后,还可以在该土地上设立抵押权。

4. 目的和社会功能不同。权利人设立用益物权的目的在于对物的使用和收益,从而获取物的使用价值。由于用益物权以此为目的,必然要以对权利客体的实体支配为条件。[4] 权利人对物的支配就要求权利人首先应当实际地占有标的物。因为占有乃是使用的前提,丧失了对物的占有,将导致用益物权不能行使。但在担保物权中,担保物权设定的目的并非是为了行使对物的

〔1〕 谢在全:《民法物权论》(上),台湾地区作者印行2003年版,第74页。
〔2〕 郭明瑞:《担保法原理与实务》,中国方正出版社1995年版,第11页。
〔3〕 李淑明:《民法物权》,台湾元照图书出版有限公司2006年版,第126页。
〔4〕 [日]柚木馨:《担保物权法》,有斐阁1945年版,第3页。

使用和收益权,所以不以对标的直接支配为条件。质权之所以要求占有质物,是为了保证质权的实现,而非为了使用质物从中收益。

5. 客体不同。用益物权通常以不动产为客体。虽然我国《物权法》第117条规定动产之上也可以设定用益物权,但是《物权法》所规定的四种具体用益物权都是以不动产为客体的。这主要是因为动产通常是可消耗物和种类物,大多可以通过市场获得,而不需要在其之上设立用益物权。对动产的利用,不一定通过设定用益物权的方式实现,所以,在物权法理论上通常认为在动产上不宜设定用益物权。[1] 而担保物权的客体可以是动产、不动产以及权利。从担保物权的发展趋势来看,只要是具有财产价值、能够流通的财产都可以作为担保物权的客体。用益物权的客体发生价值形态的变化,如价值改变、减少等,将对用益物权人的使用收益权产生直接影响,而担保物权的客体发生价值形态的变化,并不影响担保物权的存在。[2] 所以担保物权具有物上代位性,即当担保物权的标的物转化为其他价值形态时,担保物权以标的物的代替物为客体。

四、担保物权适用的债权范围

担保物权所适用的债权范围,是指在哪些债权中可以设定担保物权,或者说可以通过设立担保物权的方式保障哪些债权的实现。我国《物权法》第171条第1款规定:"债权人在借贷、买卖等民事活动中,为保障实现其债权,需要担保的,可以依照本法和其他法律的规定设立担保物权。"该规定明确规定了担保物权适用的范围,对《担保法》第2条第1款的规定及其司法解释的这一规定作了修改,从而拓宽了担保物权的适用范围。具体来说,《物权法》关于担保物权适用范围的规定具有如下内涵:

1. 担保物权适用于所有的债权。尽管《物权法》没有明确提出其适用的债权范围,但是从《物权法》第171条中"为保障实现其债权"的表述来看,担保物权实际上是适用于所有的债权的。不管是合同之债还是侵权之债、无因管理之债、不当得利之债,都可以设立担保。但是对于债权以外的其他民事权利,一般不适用担保,如物上请求权物权的设定等,以及有关收养、婚姻等活动,如配偶间基于身份的请求权就不能设定担保物权。

2. 担保物权适用于因民事活动而产生的债权。根据《物权法》第171条的规定,担保物权适用于因民事活动所产生的各类债权。此处所说的民事活动,是指平等主体之间从事的有关借贷、买卖等活动。民事活动不同于民事行为,它不一定限于意思表示的范畴,也包括了一些非以意思表示为内容的活动。[3] 另一方面,民事活动是与公法上的行为相区别的。民事活动不同于行政行为,所以,政府在行使公权力过程中形成的债务关系,如因罚款没收产生的债务,一般不适用《物权法》关于担保物权的规定。但是,《物权法》并没有禁止在公法活动中设立担保物权,在特殊情况下,公法中的债权以及司法机关在查封扣押过程中也可能需要担保,此种担保也可以类推适用《物权法》的相关规定。

3. 担保物权适用的典型形式是借贷、买卖等民事活动。虽然担保物权可以适用于所有的合同之债,但在实践中,最经常适用担保物权的合同主要还是借贷、买卖等合同。因此,根据《物权法》第171条的规定,债权人在借贷、买卖等民事活动中,可以适用担保物权制度。这主要是通过

---

[1] 谢在全:《民法物权论》(上),中国政法大学出版社1999年版,第51页。

[2] 刘保玉:《物权体系论》,人民法院出版社2004年版,第85页。

[3] 胡康生主编:《中华人民共和国物权法释义》,法律出版社2007年版,第368页。

列举的方式引导相关当事人设立担保物权,[1]从而表明借贷、买卖等活动中设立担保物权是典型形态。值得探讨的是,《物权法》第171条中使用的"等"字应当如何理解? 对此,学界存在两种不同的观点:一种观点认为,该条使用"等"字表明,担保物权主要适用于买卖、借贷等交易性的民事活动,而不宜于将其适用范围解释得过于宽泛,至少不宜将其扩张适用到非经济性民事活动。另一种观点认为,既然该条规定使用了"等"字,表明其适用范围不限于买卖、借贷。笔者认为,《物权法》的立法本意就是要拓宽担保物权的适用范围,不能将其理解为仅适用于经济性的民事活动。但是,《物权法》之所以列举借贷、买卖等活动,一方面是为了强调担保物权主要在交易活动中设立,另一方面,也具有引导当事人在交易活动中设立担保物权的作用。从实践来看,可以设立担保的民事活动的范围非常宽泛,不限于列举的几种,在有关的货物运输、加工承揽、补偿贸易、融资租赁等之中都可以设立担保物权。[2]

4. 民事主体设立担保物权必须依据《物权法》和其他法律的规定。《物权法》第171条第1款规定:"债权人在借贷、买卖等民事活动中,为保障实现其债权,需要担保的,可以依照本法和其他法律的规定设立担保物权。"这实际上是对物权法定原则的贯彻。因为担保物权作为一种物权,必须在类型和内容上由法律规定,而不能由当事人任意创设。[3] 具体而言,一方面,当事人设立担保物权必须依据《物权法》的规定,这主要是指依据《物权法》总则和担保物权编的规定来设立担保物权。另一方面,当事人设立担保物权必须依据《物权法》之外的其他法律,这主要是指《担保法》、《海商法》、《民用航空器法》等法律。这些法律中也就担保作出了相应的规定。例如,《海商法》规定了船舶抵押权、船舶留置权;《民用航空器法》规定了航空器的抵押。当然,物权法和其他法律相比较,物权法是普通法,其他法律是特别法,其他法律上确立的物权都属于特别法上的物权。

第二节　当代担保物权制度的发展

随着市场经济的发展,担保物权制度的重要性进一步突出。基于担保物权在担保债权的实现、保障金融安全、促进资金融通方面的重要功能,各国的担保物权制度都经历了一些新的发展和变化。

一、动产担保越来越发达,呈现出与不动产担保并驾齐驱之势

传统上,不动产抵押在各种担保形式中占据极为重要的地位,从而被称为"担保之王"。发达国家至今仍十分重视不动产抵押,主要原因在于:一方面,不动产的价值较高,具有稀有性、不可移动性和价值的相对稳定性。不动产不仅不易贬值,就土地而言,还常常会发生增值。[4] 另一方面,不动产的价值也容易评估,从而有利于依据不动产的价值来设立适度的担保。尤其应当看到,不动产可以通过登记的方法来表彰权利,公示比较简便,从而有利于保护担保物权人的权利。但现在随着担保的发展,动产抵押和其他以动产作担保的形式越来越多,作用越来越突出。

---

〔1〕 胡康生主编:《中华人民共和国物权法释义》,法律出版社2007年版,第368页。

〔2〕 姚红主编:《中华人民共和国物权法精解》,人民出版社2007年版,第302页。

〔3〕 郭明瑞主编:《中华人民共和国物权法释义》,中国法制出版社2007年版,第305页。

〔4〕 谢在全:"动产担保制度之最近发展",载法学丛刊杂志社主编:《跨世纪法学新思维》,台湾元照图书出版有限公司2006年版,第318页。

在现代社会,随着科学技术的进步,动产的类型越来越多,价值也越来越大。例如,宇宙飞船的价值究竟有多大,甚至很难估量。不动产虽然重要,但这种资源总是有限的,土地以及其他很多自然资源都具有不可再生性。但随着生产力的高度发达,动产却可以不断地被制造出来,它的价值总量在不断增长。例如,某个汽车制造厂每天都可以生产出成千上万的汽车,这些汽车的价值总量就不断增加。正是因为这一原因,以德国法为代表的国家承认了动产让与担保,在实务中大量采用了动产担保形式;而以日本法为代表的一些大陆法系国家,承认动产抵押。

二、传统的动产质押逐渐衰落,权利担保不断增长

传统的动产质押,是指为担保债权的实现,出质人将动产移转给质权人占有而设立的质押。此种方式也称为“占有型担保”。现代社会,此种动产质押已经明显衰落,主要原因在于:一方面,此种担保使出质人无法利用担保物获取收益,从而使得动产不能得到有效地利用;[1]另一方面,在移转占有以后,债权人往往不能也不需要继续利用质押物,还需要保管该动产,并为该动产支付一定的保管费用。[2]正是由于这些原因,动产质押违背了物尽其用原则,在世界范围内逐渐衰落。

与动产抵押的衰落形成对比的是,权利质押的发达。权利质押可以说是介乎于质押和抵押之间的一种担保形式,它吸收了这两种方式的优点。权利质押通常都采取登记的方式予以公示,并不需要移转占有,甚至不需要交付权利证书。尤其应当看到,现代社会的财富构成已经不同于传统的农业社会,现代社会财富更多的表现为权利和无形财产而不是有体物。例如,随着知识经济时代的到来,以知识、技术等为客体的知识产权的重要性越来越突出。因此,权利质押的重要性日益受到认可,并被许多国家的法律所承认。例如,美国《统一商法典》第9编“统一的动产担保制度”广泛地允许了权利质押,而且该法的一大特点就是强化权利担保。《魁北克民法典》也允许债权上的动产担保物权,即各种非移转占有的动产担保物权。日本也修改和制定了一系列新的特别法,允许设立抵押证券、让渡担保、所有权保留、债权让渡、抵销预约、代理受领、保险担保、担保信托等非传统担保。[3]

三、担保标的的不断扩大,无形财产、未来财产、集合财产等均可作为担保财产

无形财产是指知识产权、票据权利、品牌、经营权等各种非有体化的财产。无形财产包括权利,但不限于权利,一些没有形成权利的利益也可被归入到无形财产的范畴。在现代社会,无形财产在担保中的作用日趋重要,因为一方面,无形财产的价值往往是巨大的。例如,知名品牌的的价值是无法估量的,其价值可能远远大于有体财产的价值;再如,一项发明可能使濒临破产的企业重现生机。另一方面,在现代社会,有形财产和无形财产常常是相互转化的。例如,商品出售以后就转化为债权,而知识产权在转让以后又变成了货币。企业生产的产品出售之后,就可能形成为应收账款。[4]因此,以无形财产和未来的财产作担保,成为担保物权的重要发展

---

〔1〕　中国人民银行研究局等:《中国动产担保物权与信贷市场发展》,中信出版社2005年版,第25页。

〔2〕　王泽鉴:“动产担保交易法上登记之对抗力、公信力与善意取得”,载《民法学说与判例研究》(第1册),中国政法大学出版社1998年版,第236～237页。

〔3〕　梁慧星:“日本现代担保法制及其对我国制定担保法的启示”,载《民商法论丛》(第3卷),法律出版社1995年版,第180页以下。

〔4〕　谢在全:“动产担保制度之最近发展”,载法学丛刊杂志社主编:《跨世纪法学新思维》,台湾元照图书出版有限公司2006年版,第318页。

趋势。[1]

未来财产就是现在尚未取得,但是依据合同、法律规定或交易的通常情况是可以获得的财产,主要表现为应收账款。未来财产虽然具有一定的不确定性,但这是可以通过一定的技术手段加以克服的,所以也可以成为担保的标的。法律上允许未来财产作担保,既可以允许未来财产和其他财产结合在一起形成集合物作担保,也可以单独允许未来财产作担保。例如,《魁北克民法典》第2670条、英国的浮动担保和美国的统一担保制度都承认未来财产的担保。以未来财产作担保,不仅有利于促进融资,而且"以原料、货品之供应商得以供应之货品、出售所生之应收账款等作为担保物,则可促进信用、担保等融资制度的多样化,消极上避免仅依靠银行以不动产融资,于发生危机时,对经济之冲击"。[2]《魁北克民法典》第6卷专门设定了担保物权的总则,其中第2645条规定,允许以未来财产作为担保,但对于未来财产作担保又是有一定限制的。未来财产仍然应当以该物存在或者债务人实际取得财产时才能实际设定担保权,担保权的优先顺位也应当以其公示时为准。[3]

集合物担保主要是指财团抵押、浮动抵押。这些都是以整个企业内的所有财产或者整个商店内的全部商品等进行的抵押或其他担保。以集合物做担保的优势在于,一方面,解决了许多大型项目所面临的融资难问题。例如,BOT投资需要大量筹集资金,投资企业通常不能拿出众多的动产和不动产来作为巨额贷款的担保,但可以在项目企业的全部财产及未来所获得的收益之上设定担保。也就是说,可以以集合物作为担保。[4]另一方面,集合财产的价值要远远大于单个财产价值的简单相加,当一个企业的财产单独拿出一块进行担保,其价值是有限的,当其结合成一个整体来计算时,其价值就远远比部分财产大的多。例如,品牌、经营权、企业的声誉、知识产权,往往是与企业联系在一起的,只有进行整体的评估,价值才能确定下来。尤其应当看到,以集合财产作担保,可以使担保权人根据担保合同而接管整个企业的财产,或者在企业资不抵债的情况下,将企业的全部财产以及企业的经营业绩等加在一起出售。这既避免了将企业财产分别出售而导致的价值减少,也可以使受让人在买了这些财产之后,对企业进行整体的利用,充分发挥这些财产的价值。[5]

四、公示制度进一步完善

随着非占有型的动产担保以及权利质押等的发展,登记制度本身也发生了一系列变化。例如,加拿大在20世纪50年代就建立了一个集中统一的中央电子化登记系统,并采用描述性登记的方式。[6]

同一个担保物可以采取多种公示方法,各种方法之间并没有效力上的优劣。《美洲国家组织动产担保交易示范法》第10条第3款规定:"依一种方式公示的担保物权以后仍可依其他方式而公示,而且,如果公示之间没有间断,为达到本法规定的目的,该担保物权视为持续公示。"这就意

---

[1] A. L. Diamond,*A Review of Security Interests in Property*,DTI HMSO 1980,p. 9.

[2] 谢在全:"动产担保制度之最近发展",载法学丛刊杂志社主编:《跨世纪法学新思维》,台湾元照图书出版有限公司2006年版,第318页。

[3] 谢在全:"动产担保制度之最近发展",载法学丛刊杂志社主编:《跨世纪法学新思维》,台湾元照图书出版有限公司2006年版,第318页。

[4] 苏合成:《英美全面业务抵押制度研究》,北京大学出版社2004年版,第127页。

[5] 苏合成:《英美全面业务抵押制度研究》,北京大学出版社2004年版,第126页。

[6] 中国人民银行研究局等:《中国动产担保物权与信贷市场发展》,中信出版社2005年版,第26页。

味着如果在设定某一个担保物权的时候,采用了某一种特定的公示方法,当事人又放弃了此种公示方法,在该客体上又采取其他公示方法,不影响该担保物权的成立。

公示的方式呈多样化趋势。奥地利 1920 年制定了关于动产担保的特别法,为了对当事人之间的关系予以明确并向第三者公示,实行"编制目录(*Verzeichnis*)"及"编制表格(*Liste*)"两种登记制度。[1] 日本和我国台湾地区创设了粘贴标签、打刻标记等公示方法,而美国、加拿大和受其影响的许多国家采用的则是更为适合现代社会发展需要的、通过互联网进行的电子登记制度。电子登记方式的优点是成本低、查阅方便、适用范围广等。据资料显示,在一些整体经济实力和电子信息化程度远比我们低的国家,电子登记方式都已经在实践中运用并且运行良好。在欧洲,也实行在机器设备上标注、将票据权利以背书交付等方式,尤其是对权利质押、浮动担保等可以采取多种公示手段。例如,特定的集合物可以制作成抵押财产目录表予以登记;库存商品等处于流动状态的标的物,可以确定特定的空间并进行特定的标识公示或进行通知公告。

五、在强化信用保障的同时,更加注重物尽其用

根据传统民法,担保物权与用益物权的根本区别在于:用益物权注重对物的使用价值的支配,而担保物权注重对物的交换价值的支配。但是,现在的担保物权形态在功能利用上发生了一些变化。担保物权人不仅仅注重对交换价值的支配,也日益重视对担保物的实际利用甚至对担保物的支配。由于此种现象的产生,也使得担保物权和用益物权的区分标准变得越来越模糊。例如,在动产的让与担保或动产抵押中,担保物的实际变现价值对债权人来说意义并不重要,因为机器设备、原材料或成品、半成品的实际变现价值往往很低,但对债务人来说可能非常重要。因为如果失去这些动产,债务人可能要被迫停产或支付远高于变现价格的价格来重新购置。这样担保权人并不是十分注重这些动产将来拍卖的价值,而更重视通过担保物所有权的移转来促使债务人履行债务。因为债务人害怕失去这些财产,必须按期清偿债务。正是从这个意义上,这些担保物权也日益具有"控制"的功能。[2] 再如,在浮动抵押中,如果债务人经营不善或者有其他约定的事由,债权人可以由自己或者通过法院委任管理人来接管和处理债务人的财产。英国法赋予管理人非常广泛的权利,其中就包括有权继续经营债务人公司的业务。[3]

六、当事人意思自治空间日益扩大

物权法定本身就意味着对当事人在物权的设定、物权的内容和公示方法等方面的意思自治进行必要的限制。但是,物权法定本身也呈现出一种缓和的趋势,这一点尤其表现在担保物权方面。现代担保法为鼓励担保、融通资金、促进经济的发展,逐渐扩大了当事人在担保的设定、公示方法的确定、实现等方面的意思自治。具体表现在:

1. 关于担保物权的设定。许多国家对担保物权的设定采用登记对抗的模式,担保物权的设定从达成协议之日起便产生物权设定的效力。《美国统一商法典》很大程度上赋予了当事人设定权利类型的空间。《美国统一商法典》对动产抵押的设定强调当事人的"意思自治",《美国统一商法典》第 9 ~ 109 条规定,本编适用于"依合同在动产或不动产附着物之上创设担保权的交

〔1〕　Koch,Warenkredit,S. 121 ff. 转引自[日]我妻荣:《债权在近代法中的优越地位》,王书江、张雷译,中国大百科全书出版社 1999 年版,第 96 页。
〔2〕　苏合成:《英美全面业务抵押制度研究》,北京大学出版社 2004 年版,第 126 页。
〔3〕　苏合成:《英美全面业务抵押制度研究》,北京大学出版社 2004 年版,第 110 页。

易,其形式若何,在所不问"。这就最大限度地体现了"私法自治"的精神。[1]《美国统一商法典》规定,没有书面担保协议,但能够用其他方式证明动产抵押存在的,不影响动产抵押的效力。

2. 关于公示方法的确定。过去是不允许当事人选择公示方法的,但现在很多国家都允许选择不同的公示方法。例如,动产担保,可以选择登记,可以选择交付,如果选择登记就成为抵押,选择交付就成了质押,从而尽量使担保变得灵活,而不至于太僵化。

3. 关于担保财产的范围。当事人可以选择现有财产,也可以选择未来财产,这样当事人就享有了较大的意思自治的空间,实际上就是把私法自治原则贯彻到了传统的物权法领域。具体来说,当事人可以在这种程序中创设不同的担保模式,而不必拘泥于某一种形态,这种模式相比于传统规定,当事人具有更大的意思自治空间。[2]

4. 关于内容的确定。关于担保物权的内容的确定,许多国家的法律允许当事人通过约定来完成。例如,有关担保的债权、担保的标的物等都是通过合同来约定的。对此类合同,法律上允许当事人对物权的内容进行约定。例如,抵押合同,当事人完全可以对被担保的主债权数额等进行约定。

5. 关于担保物的执行。根据一些国家的现代动产担保交易法的规定,一旦发生违约,担保物权人即可对担保物同时或者有选择地行使以下权利和救济措施,包括占有担保物和不经过债务人的同意而通过自力救济的方式来取得对担保物的占有,以及拍卖、变卖担保物等措施。但采取这种方式不得损害第三人利益和危害公共安全。[3]当事人可以通过合同约定违约的具体事由以及违约后担保权人所享有的各种权利,只要这种约定不违反法律的强制性规定,都是有效的。[4]

七、担保物权的独立性增强

担保物权本质上是为了担保主债权的实现而设立,其功能在于增强主债权实现的保障。通常说来,担保物权的存续以主债权的存续为前提;主债权在主体、内容等方面的变化,都会给担保物权带来影响。这种趋势在相当程度上通过抵押权证券化表现出来。所谓抵押权的证券化,主要是指银行将其享有的抵押权转移给投资公司或金融公司,由这些公司以抵押权所具有的权益发行证券对外出售。[5]这样做的好处是,一方面,通过发行抵押权证券进行资产变现,加强了资产的流动性,充分发挥了资产的利用效率;另一方面,买受人通过购买证券分担抵押风险。这种方式如果能够成功的话,将使担保物权变得更有效率。[6]

八、非典型担保形式不断发展

所谓非典型担保,是指在物权法等有关法律规定之外的担保形式。非典型担保主要是由法官通过判例创造出来的,非典型担保在类型上具有开放性,在相当程度上是对传统的物权法定原

〔1〕 高圣平:"美国统一商法典第九编导读",载高圣平译:《美国统一商法典及其正式评述》(第3卷),中国人民大学出版社2006年版,第36页。

〔2〕 Ronald C. C. Cuming, "The Internationalization of Secured Financing Law: the Spreading Influence of the Concepts UCC, Article 9 and its Progeny", in Ross Cranston(ed.), *Making Commercial Law*, Essays in Honour of Roy Goode (Oxford: Clarendon Press,1997), p.501.

〔3〕 中国人民银行研究局等:《中国动产担保物权与信贷市场发展》,中信出版社2005年版,第270页。

〔4〕 中国人民银行研究局等:《中国动产担保物权与信贷市场发展》,中信出版社2005年版,第269页。

〔5〕 在中国,资产证券化刚刚起步,但发展前景十分客观。预计今年的市场规模有望突破两千亿。舒眉:"资产证券化:诱惑和困惑",载《南方周末》2006年4月20日。

〔6〕 李富成:"从美国到全球的证券化市场观察",载《月旦民商法杂志》2005年第7期。

则的突破和缓和。在德国,非典型担保主要表现为让与担保,让与担保又主要分为如下三种:所有权让与担保、债权让与担保与其他权利(主要是知识产权)让与担保。[1] 在其他国家,非典型担保类型也不完全一样,今后随着经济生活的发展,也可能产生更多的新型担保类型。由于非典型担保构成各国担保制度的重要组成部分,而非典型担保在法律渊源上多表现为判例法。所以,仅仅凭借成文法的规定很难完全了解一国的担保制度全貌。[2] 当然,非典型担保如果没有为法律所承认,还很难说它已成为一种法律承认的物权。

此外,作为现代社会越来越活跃的民事权利,担保物权发展日新月异,还体现为最高额担保日益发达,所担保的债权也由单一走向集合;法定担保物权有所强化,与意定担保共同发挥调整社会生活的功能等。[3] 这些都值得我们进一步研究探讨。

上述担保物权发展的趋势,既表明担保物权随着市场经济的发展而不断发展,也表明担保物权是物权法中最活跃的一种权利,与经济生活最为密切。所以,在坚持物权法定原则的同时,应当考虑到担保物权的发展,而适当为担保物权的发展留下成长的必要空间。另一方面,由于担保物权的规则与资金融通、债权保障联系在一起,所以具有很强的国际化特征,在全球化的背景下,物权法应该尽可能注意到担保物权的发展趋势,将一些新的担保方式,经实践证明的、成熟的担保物权制度纳入到我国物权法当中。

第三节　物的担保和人的担保

一、物的担保和人的担保的区别

由于担保物权是以提供一定的物作为担保物,担保权人可以就该担保物变价后的价款优先受偿,所以担保物权也称为物的担保制度。[4] 严格地说,物的担保与担保物权仍然有一定的区别。因为担保物权中所说的物,并不限于有体物。在担保物权中,还存在着权利质权、建设用地使用权抵押权等以无体物(权利)为标的物的情况。但由于担保物权的典型形式是以动产和不动产为标的,所以一般认为,它是与人的担保相对应的一种形式。[5]

所谓人的担保,是指自然人或法人以其自身的资产或信用担保债务履行的一种担保制度。人的担保最早起源于古代的"人质",即债务人以人身作为保证。但近现代意义上的人的担保,主要是指以第三人的信用以及全部财产作为债权实现的担保。人的担保的典型方式是保证,人的担保属于债权请求权担保。在这种担保中,担保权人不能直接支配担保人的特定财产,而只能在债务人不履行债务时,请求担保人承担担保责任。

人的担保和物的担保有以下区别:

1. 标的不同。人的担保通常以第三人的一般责任财产及信用做担保,或者说是以债务人不履行债务时的第三人的全部财产做担保;而物的担保则是以特定的财产作担保,其中包括动产、不动产和权利等。人的担保实际上是以保证人的一般责任财产作为担保,因此,此种担保是增加

---

〔1〕　陈本寒:《担保物权法比较研究》,武汉大学出版社 2003 年版,第 359 页。

〔2〕　高圣平:《物权法担保物权编》,中国人民大学出版社 2007 年版,第 25 页。

〔3〕　马特:"信用风险与担保物权之发展",载《安徽大学法律评论》2007 年第 1 期。

〔4〕　[日]近江幸治:《担保物权法》,祝娅等译,法律出版社 2000 年版,第 1 页。

〔5〕　王胜明主编:《中华人民共和国物权法解读》,中国法制出版社 2007 年版,第 355 页。

可供清偿的一般责任财产,而进一步保障债务能够履行。如果保证人在债务人不清偿债务时,具有足够的代债务人清偿的财产能力,人的担保将对债权的实现起到可靠的保障。但是,由于一般责任财产有浮动性、不稳定性,因此,在债务人不履行债务时,保证人可能没有足够的财产承担债务。这样,债务不能得到完全履行的危险仍然存在。而物的担保中,由于债权人可以独占性地支配特定财产或权利的交换价值,当债务不能清偿时,可以对标的物变价,并优先受偿,物的担保不受个人财产变动的影响。所以,物的担保比人的担保更加可靠。[1]

2. 主体不同。人的担保的主体只能是债务人以外的第三人,债务人本身不能作为人的担保的主体,因为债务人在承担债务以后,理所当然应当以其全部财产作担保,这时再要求债务人提供保证是毫无意义的。而物的担保的主体可以是第三人也可以是债务人,债务人完全可以以自己的财产作为物的担保。[2]

3. 法律效力不同。人的担保本质上仍然是一种合同关系,其产生的是一种债权,不具有优先受偿性,债权人所享有的对保证人的此种请求权仍然属于债权,不能优先于一般债权。如果保证人破产,保证权人只能与其他债权人按比例分配保证人的财产。而物的担保产生的是一种物权,具有优先受偿性。正因为如此,一般认为,当两种担保同时存在时,物的担保在法律效力上优先于人的担保。

二、物权法关于人保和物保并存的处理规则

我国《担保法》第 28 条规定:"同一债权既有保证又有物的担保的,保证人对物的担保以外的债权承担保证责任。债权人放弃物的担保的,保证人在债权人放弃权利的范围内免除保证责任。"可见,我国《担保法》确立了物的担保优于人的担保的原则。一旦债务人不履行债务,物的担保人首先要承担担保责任,债权人可请求抵押人、出质人等承担责任,在其承担责任后仍未满足债权时,所剩的余额才应由保证人承担保证责任。但是,物的担保和人的担保各有利弊,物的担保并不一定比人的担保更有利于债权人债权的实现,所以法律应当按照私法自治原则,在保证与第三人提供物的担保并存的情况下,允许当事人基于其自身意志作出选择,这也许更有利于其债权的实现。正是基于这种考虑,《担保法解释》第 38 条规定:"同一债权既有保证又有第三人提供物的担保的,债权人可以请求保证人或者物的担保人承担担保责任"。这一规定对《担保法》第 28 条的规定进行了进一步的修正和补充。

《物权法》在总结我国立法和司法实践经验的基础上,于第 176 条规定:"被担保的债权既有物的担保又有人的担保的,债务人不履行到期债务或者发生当事人约定的实现担保物权的情形,债权人应当按照约定实现债权;没有约定或者约定不明确,债务人自己提供物的担保的,债权人应当先就该物的担保实现债权;第三人提供物的担保的,债权人可以就物的担保实现债权,也可以要求保证人承担保证责任。提供担保的第三人承担担保责任后,有权向债务人追偿。"该规定对《担保法》上的相关规则作了重大修改。根据这一规定,物保和人保的实现顺序应当先根据当事人之间的约定来确定。此处所说的约定,是指债务人和担保人之间的约定,而不能仅仅是债权人和单个保证人或物上保证人之间的约定。如果债权人仅仅是与个别保证人或物上保证人作出的约定,则不能约束其他担保人。协议应当对担保人承担责任的顺序、形式和承担担保责任的份

---

[1] 郭明瑞:《担保法原理与实务》,中国方正出版社 1995 年版,第 47 页;陈本寒:《担保法通论》,武汉大学出版社 1998 年版,第 59 页。

[2] 陈本寒:《担保法通论》,武汉大学出版社 1998 年版,第 59 页。

额、范围做出具体的约定。[1] 要求当事人首先就担保权的实现进行约定,这就充分尊重了当事人的意思自治。在事先没有约定或者约定不明以及事后没有就担保物权的实现达成补充协议的情况下,才能按照《物权法》第 176 条规定的如下规则处理:

1. 如果债务人自己提供物的担保的,债权人应当先就该物的担保实现债权。这就是说,区分了物的担保是谁提供的。如果物的担保是由债务人提供的,则债权人必须先实现该物的担保,然后才能要求物上保证人或保证人承担担保责任。这种改变的理由在于:其一,债务人毕竟是债务的终局承担者,正如有学者所指出的,保证人在履行保证责任后,还需要向最终的还债义务人——债务人进行追索。如果担保权人先行使物的担保,就可以避免保证人日后再向债务人行使追索权的繁琐,减少权利实现的成本和费用。[2] 其二,物保相对于人保而言,价值更为确定,更为安全,因此物保优于人保,对债权人的利益并无不利。

2. 如果是由第三人提供物的担保,且又有保证时,债权人应当平等地对待物上担保人和保证人,不存在所谓物保优先于人保的问题。作出此种规定的理论基础在于:首先,所谓物权优先于债权,是指在同一个标的物上,物权优先于债权。这就是所谓在同一标的物之上同时存在物权与债权时,物权优先的规则。在物的担保和保证并存的情况下,二者的标的物并不同一,因而也就根本无法适用该规则。物的担保的标的物是特定的担保财产,而保证的标的物是保证人的一般财产。[3] 尤其是,物权和债权的优先性常常发生在义务主体同一而权利人不同的情况下。例如,抵押权人优先于普通债权人,他们是不同的债权人。而在物保和人保并存的情况下,债权人和抵押权人是同一的,此时,无法确定其自身的权利之间的优先性问题。[4] 其次,在有些情况下,保证的担保可能比物的担保更有利于保护债权人的利益。因为,如果保证人有较强的信用和足够的责任财产,在此情况下,保证比担保物权更有利于保障债权人的权利。正是因为不存在着所谓物保优先于人保的问题,因此,根据《物权法》第 176 条的规定,允许债权人在人保和物保之间进行选择。

3. 物上担保人或保证人在承担保证责任之后,有权向债务人追偿。对于《物权法》第 176 条,若简单地理解为只能向债务人追偿,则过于狭窄。从字面上来看,《物权法》虽然只是规定承担了责任的物上担保人或保证人可以向债务人追偿,但并没有否认其可以向其他保证人或物上担保人追偿。根据《物权法》第 176 条的规定,承担了责任的担保人应有权向其他的担保人追偿。[5] 其主要理由在于:①担保人在提供担保时,应当意识到其有义务承担担保责任。某个担保人承担了责任后向其追偿,就是其承担责任的体现。更何况,承担了责任的担保人只是按份地追偿,对这些担保人并没有不公平。[6] ②既然物权法贯彻的是平等对待人保和物保的原理,平等对待就意味着所有担保人都应当承担一定的责任。如果某个担保人承担了责任后,不能向其他人追偿,这就违反了保证人和物上担保人平等的精神。

三、债权人放弃物的担保时保证人的责任承担

《物权法》第 194 条第 2 款规定:"债务人以自己的财产设定抵押,抵押权人放弃该抵押权、抵

---

〔1〕 高圣平:《物权法·担保物权编》,中国人民大学出版社 2007 年版,第 65 页。
〔2〕 高圣平:《物权法担保物权编》,中国人民大学出版社 2007 年版,第 65 页。
〔3〕 郭明瑞主编:《中华人民共和国物权法释义》,中国法制出版社 2007 年版,第 315 页。
〔4〕 高圣平:《物权法担保物权编》,中国人民大学出版社 2007 年版,第 63 页。
〔5〕 郭明瑞主编:《中华人民共和国物权法释义》,中国法制出版社 2007 年版,第 315 页。
〔6〕 梅夏英、高圣平:《物权法教程》,中国人民大学出版社 2007 年版,第 347 页。

押权顺位或者变更抵押权的,其他担保人在抵押权人丧失优先受偿权益的范围内免除担保责任,但其他担保人承诺仍然提供担保的除外。"根据这一规定,只要债权人放弃了对某一担保人的担保物权,其他担保人都有权在债权人放弃担保的范围内免除担保责任。一方面,既然物上担保人和保证人居于平等地位,那么,二者就应当分担债务。如果债权人免除了物上担保人的责任,保证人就应当在相应的份额内免责。另一方面,保证人原本享有对物上担保人的追偿权,但是,因为债权人免除了物上担保人的债务,这就意味着保证人无法实现其追偿的权利。[1] 所以,所有的其他的担保人,无论是物上担保人还是保证人,都应当在债权人放弃担保的范围内免除责任。

第四节 担保物权的产生

担保物权的产生,是指基于法律行为或者法律规定而产生担保物权。担保物权的产生方式主要有两种:一是基于法律行为而设立担保物权,这是担保物权设立的典型形式。担保物权的设立属于权利的原始取得,因而,不包括担保物权的转让,后者属于担保物权的继受取得。二是基于法律规定而产生担保物权,如留置权就是直接基于法律规定而产生的。当然,即使是基于法律规定而产生的,也应当符合担保物权的取得条件。

一、基于法律行为而设立担保物权

如果采用法律行为的方式设立担保物权,应当经过完成合意和公示两个步骤:

1. 合意。《物权法》第 172 条规定:"设立担保物权,应当依照本法和其他法律的规定订立担保合同"。据此,首先,当事人为了担保债的履行,通常都通过合同的方式设立意定担保物权,包括抵押权和质权。例如,要设立抵押权,当事人之间必须订立抵押合同;设立质权,必须订立质押合同。其次,应当依照本法和其他法律的规定订立担保合同。根据我国《物权法》的规定,设立抵押和质押都必须订立书面合同。这是因为担保物权的设定,对担保权人和担保人的权益影响甚大,且在第三人提供担保财产的情况下,第三人往往是无偿的,并没有因为履行担保义务而获得对价,如果不采用书面合同的方式,可能导致在实现担保物权时,第三人推卸责任。所以,为了预防和减少当事人之间的纠纷,法律规定应当采用书面合同的形式。根据《合同法》第 11 条的规定,所谓书面形式,是指合同书、信件和数据电文(包括电报、电传、传真、电子数据交换和电子邮件)等可以有形地表现所载内容的形式。"依照本法和其他法律的规定订立担保合同",意味着凡是法律规定不需要订立担保合同的(如留置权的取得),则不需要订立担保合同。[2]

按照物权法定原则,《物权法》要规定物权的一些内容。例如,《物权法》禁止设定流押条款,这实际上是对物权内容的规范。再如,《物权法》关于担保物权实现方法的规定,实际上也是对物权内容的规定。因此,设立担保物权的合同不同于一般的债权合同,它适用《物权法》的规定,即还应当适用《物权法》关于担保物权的类型、内容和公示方法的规定。但设立担保物权的合同,主要还是按照合同自由原则来设定,仍然应当受到《合同法》的调整。由于这些合同具有债权合同的性质,因此,仍然应当适用《合同法》关于要约承诺的规则,并且合同生效以后,如果一

---

[1] 程啸:"人保与物保并存时债权人抛弃物保的若干问题",载刘保玉主编:《担保法疑难问题研究与立法完善》,法律出版社 2006 年版,第 235 页。

[2] 郭明瑞主编:《中华人民共和国物权法释义》,中国法制出版社 2007 年版,第 308 页。

方违反合同的规定,如合同规定应当办理登记而没有办理,则应当根据《合同法》的规定承担违约责任。

在担保合同订立之后,当事人也可以通过协议变更担保合同的内容。《物权法》第194条规定:"抵押权人可以放弃抵押权或者抵押权的顺位。抵押权人与抵押人可以协议变更抵押权顺位以及被担保的债权数额等内容,但抵押权的变更,未经其他抵押权人书面同意,不得对其他抵押权人产生不利影响。"根据这一规定,抵押权人与抵押人达成合意,可以协议变更抵押权的顺位。这实际上就是对担保合同内容的变更。一般来说,只要不影响其他担保权人的利益,当事人完全可以通过协议变更担保物权的顺位。另外,抵押权人变更抵押合同,还可能涉及到第三人利益。例如,抵押权人以其债权连同抵押权设立了质押,此时,抵押合同的变更,也不能影响到质权人的利益。

2. 公示。担保物权基于法律行为设立,必须经过公示。《物权法》规定的担保物权的公示方法主要有两种:一是登记,它适用于不动产抵押、权利抵押和权利质押;二是交付,它主要适用于动产质押。在登记的情况下,担保物权的权利内容状况明确,第三人可以通过登记了解到担保物权的类型和具体内容(如主债权的数额、担保范围、担保期限等)。而在交付的情况下,第三人仅凭对担保物的占有难以清楚地了解到担保物权的类型和具体内容。例如,债权人占有他人的动产,其享有的究竟是留置权还是质权,第三人不一定能够清楚地知道。所以,登记是典型的公示方法,第三人可以查知其真相,较之于交付更有利于保障交易安全。[1]

值得注意的是,根据《物权法》的规定,对不动产抵押、动产抵押分别适用登记要件主义和登记对抗主义。在登记要件主义模式下,登记是担保物权的公示方法,担保物权非经登记不得设立。在登记对抗主义模式下,担保物权自合同成立时生效,非经登记不得对抗第三人。问题在于,在登记对抗主义模式下,担保物权的公示除了登记之外,是否还需要交付标的物? 对此存在不同的看法。笔者认为,法律规定适用登记对抗主义的情况,担保物权是否登记可以由当事人作出选择,至于是否需要交付标的物,应当考虑担保物权的性质具体确定。如果担保物权的性质决定了当事人不需要交付标的物,则即使没有交付标的物,担保物权也可以有效设立。例如,在抵押的情况下,即使当事人没有登记,且没有交付标的物,也可以设立动产抵押权。[2] 这是因为抵押权的性质决定了其不需要交付标的物。但是,就抵押权之外的适用登记对抗的情况而言,虽然不需要登记,也应当交付。所以,在当事人订立了动产抵押和动产浮动抵押之后,就可以产生创设抵押权的效力。此种情况可以视为法律关于公示制度适用的例外。

需要探讨的是,《物权法》第180条第1款第7项规定,"法律、行政法规未禁止抵押的其他财产"可以抵押。但是,大量的"担保物权"并没有明确规定,担保物权的设定必须采用何种公示方法。笔者认为,对于《物权法》第180条第1款没有列举的财产设立抵押,原则上适用登记要件主义,主要原因在于:①《物权法》第9条第1款规定:"不动产物权的设立、变更、转让和消灭,经依法登记,发生效力;未经登记,不发生效力,但法律另有规定的除外。"根据这一规定,登记要件主义是一般原则,除非法律有特别规定才适用登记对抗主义。所以,法律没有规定的财产的抵押,在没有特别规定的情况下,就应当适用登记要件主义。②在《物权法》中,凡是不适用登记要件主义的情形都已经作出了例外规定。例如,关于动产浮动担保,其不适用登记要件主义,法律就

---

〔1〕 郑玉波:《民法物权》,台湾三民书局2003年版,第33页。

〔2〕 高圣平:《物权法担保物权编》,中国人民大学出版社2007年版,第143页。

作出了特别规定。

二、基于法律规定而产生担保物权

基于法律规定而产生的担保物权,称为法定担保物权。其特征在于,只要符合法律规定的要件,就可以直接产生担保物权,既不需要当事人就担保物权的设立达成协议,也不需要采用一定的公示方法进行公示。法定担保物权是基于法律政策考虑,而使得当事人享有担保物权。例如,为了保障汽车修理人的利益,法律规定在符合法定要件时,其可以对占有的汽车享有留置权,从而保障其债权的实现。

《物权法》第172条规定:"设立担保物权,应当依照本法和其他法律的规定订立担保合同。担保合同是主债权债务合同的从合同"。但这只是就担保物权设立的一般情况作出的规定。关于法定担保物权设立的具体规则,并不适用该条的规定。基于法律规定而设立担保物权,当事人不需要作出设立担保物权的意思表示,更不需要订立设立担保物权的合同。所以,法定担保物权只能根据法律的特别规定取得。

第五节 担保物权的效力范围

一、担保物权的效力范围

担保物权都是为了担保债权的实现而设立的,但是,担保物权的效力范围不应当是无限的。关于担保物权担保的债权范围应当通过法律规定和当事人约定来确定。对担保的债权范围的确定,实际上是对担保人的担保责任的确定。《物权法》第173条规定:"担保物权的担保范围包括主债权及其利息、违约金、损害赔偿金、保管担保财产和实现担保物权的费用。当事人另有约定的,按照约定。"根据这一规定,如果当事人就担保的债权范围作出了约定,应当尊重当事人的约定。尽管我国《物权法》坚持物权法定原则,但是,物权法定只是就物权的种类和内容而言的,担保范围仍然属于当事人自由约定的范畴。如果当事人没有特别约定担保的具体范围,就应当按照《物权法》的规定处理,即担保的范围包括:主债权及其利息、违约金、损害赔偿金、保管担保财产和实现担保物权的费用。具体来说,担保物权担保的债权范围包括如下几部分:

(一)主债权

所谓主债权,就是指担保物权人享有的被担保的原债权。主债权既可以是金钱债权,也可以是非金钱债权。主债权不包括该债权产生的利息、违约金、损害赔偿金等。如果担保物权需要登记的,当事人应当在登记簿中记载主债权的数额、种类等。[1]因为担保物权必须是为特定债权而设定的,因此,主债权必须特定化。所谓特定化,就是指担保物权所担保的债权应当是明确确定的某个或某些债权。当然,这里所说的特定化并不一定必须在设立担保物权时就特定,在担保物权实现时由当事人协商确定也是允许的。[2]在最高额抵押中,抵押权并不附着于特定的主债权,只有在最高额抵押确定以后,主债权才最终确定。

(二)利息

利息,是指实现担保物权时,主债权所应当产生的法定孳息。一般来说,只有在金钱债权中

---

〔1〕 姚红主编:《中华人民共和国物权法精解》,人民出版社2007年版,306页。

〔2〕 程啸:"担保物权的一般规定",载王利明等:《中国物权法教程》,人民法院出版社2007年版,第429页。

才产生利息的问题,在非金钱债权中不存在利息的问题。利息包括法定利息和约定利息两种。所谓法定利息,是指依照法律规定而产生的利息,如迟延履行的利息。法定利息是按照法定的利息率而计算的。所谓约定利息,是指依据当事人的约定而产生的利息。例如,当事人约定的迟延履行的利息。利息率通常都是法律明确规定的,但是,在不违反法律规定的情况下,当事人也可以自行约定利息率。

（三）违约金

违约金,是指当事人双方事先约定的或者法律直接规定的,在一方当事人违约的情况下应当向对方支付的一定数额的货币。违约金通常都是当事人约定的。[1] 通常而言,合同当事人都会对违约金作出约定,因此,担保的范围扩大到违约金,这是普通债权人应当可以预见到的,在实现担保物权时,在没有特别约定的情况下,也是担保人应负的担保责任。将违约金纳入担保范围,也不会损害一般知情权人的利益。

（四）损害赔偿金

损害赔偿金,是指因为违约和侵权而造成他人损害所应当承担的损害赔偿责任。在担保关系中,担保的对象通常都是合同债权,但也应当包括损害赔偿金。因为损害赔偿金是在违约情况下对非违约方的重要补救方式,也是在侵权的情况下对债权人的救济措施,因此,它应当纳入担保的范围。

值得探讨的是,除了违约损害赔偿之外,是否应当包括因质物的隐蔽瑕疵而造成质权人损害时的损害赔偿金。例如,甲将一批电视机质押给乙,其中有一台电视机因内在的瑕疵而发生爆炸,不仅导致该台电视机的毁损,而且造成了乙的其他财产的损害。此种损害能否从作为担保财产的该批电视机中优先受偿? 我国许多学者对此持肯定态度。[2] 最高人民法院《担保法解释》第90条规定:"质物有隐蔽瑕疵造成质权人其他财产损害的,应由出质人承担赔偿责任。但是,质权人在质物移交时明知质物有瑕疵而予以接受的除外。"笔者认为,这一观点有一定的道理,因为在质物具有隐蔽瑕疵的情况下,毕竟损害是因为担保而引起的,而质权人对损害的发生又没有过错,所以,应当从质物中优先受偿。[3]

（五）保管担保财产的费用

担保的范围应当包括保管担保财产的费用。这是因为在质押、留置的情况下,担保财产需要由担保物权人占有,并履行保管的义务。一方面,毕竟这些费用是因为担保人为了担保债务的履行而产生的,如果由担保物权人承担,就会产生不公平的后果。当然,保管财产的费用只适用于质押和留置,对于抵押而言,因财产是由抵押人管理的,自然应当由抵押人自行负担保管费用,此项保管费用不应当纳入担保的债权范围。[4] 另一方面,如果保管担保财产的费用不纳入优先受偿的范围,也难免使得债权的实现过于复杂。另外,一般债权人可以预见到保管担保财产的费用,因此,也不会使一般债权人遭受不测的损害。尤其是《物权法》第234条规定,"留置权人负有妥善保管财产的义务",因而保管的费用应当由担保人承担。[5] 当然,我们说,在质押、留置的

[1] 《合同法》第114条。
[2] 程啸:"担保物权的一般规定",载王利明等:《中国物权法教程》,人民法院出版社2007年版,第431页。
[3] 李国光等:《最高人民法院关于适用〈中华人民共和国担保法〉若干问题的解释理解与适用》,吉林人民出版社2000年版,第322页。
[4] 王胜明主编:《中华人民共和国物权法解读》,中国法制出版社2007年版,第367页。
[5] 程啸:"担保物权的一般规定",载王利明等:《中国物权法教程》,人民法院出版社2007年版,第431页。

情况下,担保物权的可优先受偿的范围包括保管担保财产的费用,但这种费用应当是合理的、通常的保管费用。[1]

需要指出的是,质押和留置的设定也可以通过指示交付的方式进行。我国《物权法》虽然排除了以占有改定的方式设定质权,但是,不排除指示交付可以作为质押和留置的产生方式。在此情况下,因为担保物权人并不保管担保财产,所以,保管担保财产的费用没有必要通过担保财产优先受偿。

（六）实现担保物权的费用

所谓实现担保物权的费用,是指担保物权人在实现担保物权的过程中所花费的各项费用。之所以将实现担保物权的费用纳入优先受偿的范围之内,是因为担保物权的实现必须花费一定的费用,如果不支出这些费用,担保物权就不能实现,常见的实现担保物权的费用包括申请拍卖的费用、评估费用、拍卖费用等。[2] 而且,这些费用纳入优先受偿的范围是普通债权人都可以预见的。[3] 但这些费用必须是实现担保物权所支出的费用,且必须是实际支出的合理费用。如果担保物权人进行评估作价的费用过高,则应当酌情降低该费用。[4]

二、主债权债务合同的变更对担保物权的影响

《物权法》第175条规定:"第三人提供担保,未经其书面同意,债权人允许债务人转移全部或者部分债务的,担保人不再承担相应的担保责任。"该条实际上是关于主债务的移转与第三人提供的担保的关系的规定。该条规定包含了如下几个方面的内容:

1. 担保物权设定之后,债权人必须经过担保人的同意才能允许债务人移转全部或部分债务。主债务合同和担保合同之间的关系,是主合同和从合同的关系。主债权移转时,担保物权作为从权利当然随之移转,除非当事人之间另有约定。主债权移转而导致担保物权的移转,这通常不会影响担保人的义务,因为担保人向谁履行义务影响不大。但是,在主债务移转时,担保人受到较大的影响:一方面,担保人是为债务人提供担保,而且是基于一定的信任而提供的担保;另一方面,债务人的履行能力不同,影响到担保人是否实际承担担保责任以及承担担保责任的范围大小。所以,债务的移转对担保人的利益影响甚大,未经其同意不得随意移转。据此,《物权法》要求,债务移转必须要经过担保人的同意。[5]

2. 移转债务必须取得担保人的书面同意。移转债务不仅要取得担保人的同意,而且担保人的意思表示应当是书面的。因为考虑到在第三人提供担保的情况下,未经担保人同意就移转债务,可能会给担保人造成较大的损害。为了防止发生纠纷、保存证据,《物权法》要求担保人必须书面同意。这同时也是为了提醒担保人慎重考虑、谨慎行事。

3. 担保人必须是债务人以外的第三人。在债务移转的情况下,是否应当区分担保人为债务人还是第三人,有两种不同的观点:一是不区分说。此种观点认为,没必要区分提供担保的是债务人自己还是第三人,无论何人提供,只要主债务移转未经担保人同意,担保人均一律不再承担

〔1〕 郭明瑞主编:《中华人民共和国物权法释义》,中国法制出版社2007年版,第311页。
〔2〕 郭明瑞主编:《中华人民共和国物权法释义》,中国法制出版社2007年版,第311页。
〔3〕 杨与龄:《民法物权》,台湾五南图书出版公司1981年版,第170页。
〔4〕 许明月:《抵押权制度研究》,法律出版社1998年版,第271页。
〔5〕 郭明瑞主编:《中华人民共和国物权法释义》,中国法制出版社2007年版,第313页。

担保责任。[1] 二是区分说。此种观点认为，区分债务人还是第三人提供担保是必要的，如果担保是由债务人提供，其本来就是债务的终极承担者，只要债务的移转得到了债权人和原债务人的同意，无论是否移转主债务，原债务人都要承担责任。[2] 从我国《物权法》第 175 条的规定来看，实际上采纳了第二种模式。笔者认为，《物权法》的规定是合理的。这就是说，如果由债务人提供担保，主债务移转，债务人仍然应当承担担保责任。因为债务移转时，本身就是由债务人和第三人达成的，债务的移转和担保物权的设定都是符合债务人的意志的，不能因为债务的移转而减轻或者免除原债务人的担保责任。除非债务人和债务承担人之间已经明确规定了，要免除原债务人的担保责任，而且得到了债权人的同意。如果债权人和债务承担人就债务的承担达成了协议，只要该协议取得了原债务人的同意，表明该债务承担符合原债务人的意思，债务人就仍然要承担担保责任。[3] 但是，如果是由第三人提供担保，债权人和债务承担人之间的债务承担协议没有得到作为担保人的第三人的同意，原来的担保物权就要归于消灭。

4. 债务移转没有得到担保人的同意，就导致担保人相应担保责任的免除。这里的"相应"就是指，根据原担保合同的约定，担保人应当承担的责任。当然，"相应"的该问题还应当根据债务移转的份额来确定。这里要区分债务的全部转让和债务的部分转让。所谓全部转让，就是指债务的全部移转，或者说发生了全部债务的承担，新的债务人代替了原有的债务人。而所谓部分债务的转让，是指仅仅转让了一部分债务，剩余的债务仍然应由原债务人承担。如果是全部移转债务没有经过担保人的同意，担保人就免除全部的担保责任；而如果部分移转债务而没有经过担保人的同意，担保人仅对原债务人负担的剩余债务承担担保责任。尽管债务的部分承担没有得到担保人的同意，但是，因为担保人原本就应当对原债务人的债务承担担保责任，所以，未经担保人同意并不影响其对剩余的债务承担责任。[4]

需要指出的是，我国《物权法》第 175 条并未规范债务人为自己提供担保的情形。有学者认为，此时可以类推适用该条规定。但笔者认为，原债务人移转债务时，应当取得债权人的同意；如果债权人已经同意此债务承担，就可以认为债权人抛弃了原债务人提供的担保，原债务人也就不应再承担相应的担保责任。

第六节　主合同和担保合同的关系

一、担保合同的概念及其与主合同的关系

《物权法》第 172 条规定，"担保合同是主债权债务合同的从合同。主债权债务合同无效，担保合同无效，但法律另有规定的除外"。该条首先确定了担保合同的性质。所谓担保合同，是指当事人之间依据《物权法》以及其他法律的规定，而达成的设立担保物权的协议，其设立的目的

---

〔1〕 例如，《德国民法典》第 418 条第 1 款规定："为债权设定的担保权和质权，因债务的承担而消灭。为债权设定抵押权或者船舶抵押权的，与债权人放弃抵押权或者船舶抵押权相同。保证人或者承担债务的当时担保标的的所有人对此表示同意的，不适用上述规定。"

〔2〕 杨明刚：《担保物权适用解说与典型案例评析》，法律出版社 2007 年版，第 34 页。

〔3〕 全国人民代表大会法制工作委员会民法室编：《中华人民共和国物权法条文说明、立法理由及相关规定》，北京大学出版社 2007 年版，第 312 页。

〔4〕 胡康生主编：《中华人民共和国物权法释义》，法律出版社 2007 年版，第 379 页。

在于保障主债务的履行。担保物权除了法定的担保物权之外，通常都需要依据担保合同而设立。担保合同是以意思表示为核心的，而此种意思表示的内容就是当事人之间要设立担保物权，如抵押权和质权。至于当事人之间关于变更和消灭担保物权的合同，不属于此处所说的担保合同。担保合同从广义上包括设立担保物权的合同和保证合同。但此处所说的"担保合同"仅指设立担保物权的合同，而不包括保证合同。此种合同主要发生在主债权人和担保人之间，而担保人既可以是债务人，也可以是第三人。

根据《物权法》第 172 条的规定，担保合同是主债权债务合同的从合同。因为，担保合同是指由主债权人和担保人（包括债务人和物上担保人）之间订立的，以设立担保为内容的合同。从合同，是相对于主合同而言的，主合同是指不需要其他合同的存在即可独立存在的合同；从合同就是以其他合同的存在为存在前提的合同。担保合同相对于主债务合同而言即为从合同。由于从合同要依赖主合同的存在而存在，所以从合同又被称为"附属合同"。担保合同作为从合同，具有从属性，自身不能独立存在。[1]《物权法》关于担保合同性质的规定，准确的界定了担保合同与主债权合同之间的关系。

二、主合同无效对担保合同的影响

《物权法》第 172 条规定，"主债权债务合同无效，担保合同无效，但法律另有规定的除外"。因此，从原则上说，主合同一旦因违反合同的生效条件而无效，则担保合同也随之无效。根据这一规定，当主债权债务合同因为违反法律的强制性规定等原因而被认定为无效时，担保合同也原则上归于无效，除非法律另有规定。由此可见，《物权法》的规定修改了《担保法》确立的规则，《担保法》第 5 条第 1 款规定："担保合同是主合同的从合同，主合同无效，担保合同无效。担保合同另有约定的，按照约定。"按照《物权法》的上述规定，当事人之间不得特别约定，主合同无效而设立担保物权的担保合同仍然有效。当然，设立保证关系的担保合同不适用该规定，可以仍然有效。此种修改的意义在于：一方面，该规定突出了担保合同的从属性，主债权债务合同无效的，担保合同原则上也无效；另一方面，该规定不允许当事人通过约定排除《物权法》第 172 条的规定，从而确立了该规范的强行法性质。

三、主合同的效力与独立担保

所谓独立担保，是指独立于主债权或者在效力上不受主债权影响的担保。独立担保包括独立保证和独立担保物权两类。[2] 我国《物权法》是否承认独立担保，是一个值得探讨的问题。《担保法》第 5 条第 1 款规定："担保合同是主合同的从合同，主合同无效，担保合同无效。担保合同另有约定的，按照约定。"《物权法》第 172 条第 2 款"法律另有规定的除外"的表述，与《担保法》的规定不完全一致，因为《担保法》当事人另有约定的，就可以设立独立担保，而《物权法》并没有承认当事人另有约定的效力，从文义解释的角度来看，《物权法》只限于法律特别规定的情形，才能设立独立担保。如果在法律没有明确规定的情况下，当事人约定设立"独立担保"，则依据从属性规则，此种约定应当被认定为无效。按照合同无效制度的规则，如果主合同因违法等原因而无效，就意味着主合同具有不可履行性，如果承认了独立担保，就意味着担保人要继续代债务人履行合同。这显然违反了合同无效的基本规则。尤其应当看到，独立担保在运用中具有一些弊端，容易导致欺诈等情形。例如，开具了不可撤销的保函之后，哪怕是立即发现基础法律关

---

〔1〕 崔建远主编：《合同法》（第 4 版），法律出版社 2007 年版，第 36 页。

〔2〕 白彦："独立担保制度探析"，载《北京大学学报》（哲学社会科学版）2003 年第 2 期。

系存在欺诈,也难以撤销保函、避免损失。如果不对独立担保进行限制,将不利于交易安全的维护。在国际贸易领域,因为交易当事人都是大型公司和企业,他们能够识别欺诈行为,尽可能避免风险;而在国内交易领域,交易当事人并不具备相应的能力,因此,最好不要一概适用于国内交易。[1]

第七节 担保物权的物上代位

一、物上代位的概念

所谓物上代位,是指在担保物权存续期间,担保财产的价值转化为其他形态时,担保物权仍然及于该财产的变形物或变价物等。担保物的代位物,是指因担保物发生毁损或价值形态的变化而使担保人获得的代替担保物价值形态的其他物。[2]《物权法》第174条规定:"担保期间,担保财产毁损、灭失或者被征收等,担保物权人可以就获得的保险金、赔偿金或者补偿金等优先受偿。被担保债权的履行期未届满的,也可以提存该保险金、赔偿金或者补偿金等。"物上代位是担保物权区别于其他物权的重要特征。因为担保物权与用益物权的区别就在于,担保物权是价值权,担保物权人对担保财产的交换价值进行支配。因此,虽然担保财产的价值形态发生了变化,但是,只要其变化后的价值形态仍然存在,担保物权人就可以根据《物权法》第174条的规定,就该变形物和变价物等优先受偿。

二、物上代位适用的条件

根据《物权法》第174条的规定,物上代位适用的条件包括如下几点:

1. 担保财产出现了毁损、灭失或者被征收等情况。担保期间,发生了担保财产毁损、灭失或者被征收等情况,是物上代位适用的前提。正是因为出现了这些情况,才导致了担保财产的价值减少。在担保期间内,担保财产毁损、灭失或者被征收等使得原物已经不复存在、严重受损或移转所有权,但是,因为担保权是价值权,不能因为担保财产的物质形态或所有权的变化而影响担保物权。只要是在担保期间内,都应当发生物上代位的效果。具体包括如下几种情况:

(1)担保财产的毁损。所谓毁损,是指财产遭受部分的损害,但是,财产本身还存在。毁损是指物理意义上的毁坏、损害,在确定抵押物是否遭受了毁损时,不一定以外观上遭受了损害为限,如果确实造成其价值减少,也可以认定为毁损。[3] 但是,如果财产在物理上没有发生损害,仅仅只是因为第三人的原因而导致其市场价格的降低,则不能认为是毁损。

(2)担保财产的灭失。所谓灭失,是指担保财产在物理意义上已经不复存在。毁损灭失通常是由于第三人的原因造成的,如第三人将车辆烧毁、将房屋砸毁等。在特殊情况下,毁损也可能因为担保人的原因而造成。如果是因为担保人的原因造成了担保财产的毁损灭失,应当由担保人提供增担保。担保物权可以产生物上代位的效果,即担保人提供新的财产或增加的财产作为担保财产,以保护其担保物权,使担保物之价值不至于受影响而不至于使其价值权落空。[4]

---

〔1〕 奚晓明:"当前民商事审判工作应当注意的几个法律适用问题",载《中国审判》2007年第7期。

〔2〕 许明月:《抵押权制度研究》,法律出版社1998年版,第254页。

〔3〕 谢在全:《民法物权论》(中),台湾地区作者印行2003年版,第444页。

〔4〕 谢在全:《民法物权论》(中),台湾地区作者印行2003年版,第516页。

（3）担保财产被征收。所谓财产被征收，是指因为国家行使征收权在对担保人依法作出补偿之后移转担保物的所有权。担保物被征收，实质上也是一种法律意义上的灭失，因为原物虽然存在，但物上的权利已经移转给了国家，担保权人的物权已经发生了消灭。

（4）其他情况。担保物虽然没有毁损灭失，但是，可能价值明显降低，如因市场价格急剧波动而造成担保物的价值急剧下降等。

担保物权的物上代位规则的适用，其发生原因是担保关系以外的第三人造成担保财产的毁损、灭失或被征收等情况，其标的物是担保关系以外的第三人所支付给担保人的价金和其他替代物。如果因为担保人自身的原因而造成担保财产的毁损灭失等，就属于担保财产的保全问题。

2. 必须是在担保期间发生了担保财产的形态变化。物上代位必须发生在担保期间。担保物权的物上代位规则，仅仅适用于担保物权存续期间。如果担保物权没有设立或者担保物权已经消灭，此时，担保物权人就不能主张其权利的物上代位。在担保物权实现阶段，虽然担保物权人也要就其价金优先受偿，但是，此时，并非担保物权的物上代位性问题，而是担保物权的设立目的的实现。

3. 因为担保财产的毁损、灭失或被征收等而出现了替代物。在担保期间，发生了担保财产毁损、灭失或者被征收等情况，如果没有出现替代物，不会发生物上代位的问题。替代物又称为代位物，无论替代物的形态如何，都应当属于担保物权支配的对象。只有出现了替代物，才可能适用物上代位的规则。[1] 具体来说，担保财产的替代物主要包括如下几种：①保险金。保险金，是指保险赔偿金，即在发生保险事故后，保险公司按保险合同的约定支付的赔偿。保险金一般是因意外事故或第三人的侵权行为等引发保险事故，而由保险人支付给被保险人或受益人的一笔金钱。在担保的财产发生合同约定的保险事故后，如果受益人为担保人，则发生物上代位，如果受益人不是担保人，就没有物上代位的可能。②赔偿金。赔偿金，是指因第三人的侵害行为导致担保财产灭失的侵权损害赔偿金。[2] 赔偿金必须是已经实际支付的金钱，如果仅仅是判决确定的赔偿金，或者根据协议应当支付而没有支付的赔偿金，则都不属于此处所说的"赔偿金"。③补偿金。补偿金，是指国家依法对集体、个人所有的财产进行征收或征用之后所支付的补偿费用。保险金、赔偿金或者补偿金都是以货币的形式支付的，担保人获得了这些金钱之后，原有的担保物虽然不复存在，但是这些金钱就成为代位物。[3] ④其他代位物。《物权法》第174条规定："担保期间，担保财产毁损、灭失或者被征收等，担保物权人可以就获得的保险金、赔偿金或者补偿金等优先受偿"。根据这一规定，除了法律明确列举的保险金、赔偿金或者补偿金之外，还有其他的变形物，如赔偿的同类的物等。与《担保法》的规定相比较，《物权法》扩大了代位物的范围，原《担保法》第58条和第73条所规定的代位物限于赔偿金，而《物权法》规定的代位物还包括保险金、补偿金等。而且，《物权法》将物上代位的规则扩大适用于所有的担保物权，这也是对我国担保物权制度的完善。[4]

---

〔1〕 谢在全：《民法物权论》（中），台湾地区作者印行2003年版，第442页。

〔2〕 高圣平：《物权法担保物权编》，中国人民大学出版社2007年版，第203页。

〔3〕 全国人民代表大会法制工作委员会民法室编：《中华人民共和国物权法条文说明、立法理由及相关规定》，北京大学出版社2007年版，第212页。

〔4〕 邵晓艳："论物权法中'担保物权'与担保法的新旧增替"，载《商业经济》2007年第7期。

第八节　反担保

所谓反担保,就是指债务人或第三人向担保人作出保证或设定物的担保,在担保人因清偿债务人的债务而遭受损失时,向担保人作出清偿。在反担保中,与反担保相对应并作为设定反担保前提的担保称为本担保。反担保只是与本担保相对应的概念。本担保中的担保人称为本担保人,而反担保中的担保人称为反担保人。《物权法》第171条第2款规定:"第三人为债务人向债权人提供担保的,可以要求债务人提供反担保。反担保适用本法和其他法律的规定。"可见,反担保要适用《物权法》和其他法律的规定。所谓其他法律,主要是指《担保法》。我国《担保法》第4条第1款规定,"第三人为债务人向债权人提供担保时,可以要求债务人提供反担保。"《担保法》第4条第2款也明确规定:"反担保适用本法担保的规定。"因此,在《物权法》没有规定的情况下,反担保要适用《担保法》的相关规定。

反担保的主要功能在于,使担保人的追偿权得以实现,其宗旨在于保障担保人的追偿权[1]。担保人为债务人承担担保责任之后,其对债务人享有追偿权,为了保障这种追偿权的实现,就有必要设立反担保。反担保可以适用于各种担保形式,不管是物的担保还是人的担保,担保人都可以要求债务人提供反担保。因为在物的担保中常常采用反担保方式,因此,担保物权的设定与反担保关系密切,某些担保物权的设定是以反担保的设定为条件的。如果没有反担保,则不会设定本担保,也不会产生担保物权。

反担保的成立需具备下列几个条件:

1. 反担保是以本担保的存在为前提的。如果没有本担保,就无所谓反担保。此处所说的"本担保",是指由债务人以外的第三人提供的担保。之所以要以本担保的存在为前提,是因为反担保设立的目的就是为了保障本担保人追偿权的实现,如果没有本担保,就不存在反担保。

2. 提供反担保的主体不限于债务人,还包括债务人以外的其他人。《担保法解释》第2条规定,"反担保人可以是债务人,也可以是债务人之外的其他人。反担保方式可以是债务人提供的抵押或者质押,也可以是其他人提供的保证、抵押或者质押。"债务人充当反担保人时,只能提供物的担保,不能将保证作为反担保的形式,因为债务人本身不能作为保证人,他以保证作为反担保变成为反担保人毫无实际意义。如果反担保人是债务人以外的其他人,则不仅可以提供物的担保也可以提供人的担保。在原担保关系中是担保人的,在反担保关系中就成为被担保人。

反担保既可以设立人的担保,也可以设立物的担保;既可以产生合同关系,也可以产生物权关系,不管是何种形式,都可以由当事人作出选择。根据反担保所采取的形式可以分为三种类型:①求偿保证。它是指担保人在作出担保之后,担保人与反担保人之间约定,由反担保人以自己的财产和信誉确保担保人对债务人追偿权的实现。此种担保中的反担保人只能是债务人以外的第三人;②求偿抵押。它是指债务人或者债务人以外的第三人以其财产作抵押,确保担保人追偿权实现的一种反担保;③求偿质押。它是指债务人或债务人以外的第三人以自己的财产提供质押,以确保担保人追偿权的实现。无论采取何种方式都是为了保障追偿权的实现。当然,如果当事人没有特别约定追偿权的范围,则应当认为与追偿权的行使有关的所支出的所有费用都应

---

〔1〕　刘保玉、吕文江主编:《债权担保制度与研究》,中国民主与法制出版社2000年版,第66页。

当属于反担保所担保的范围。[1] 前一种反担保属于保证的范畴,只有后两种反担保才属于担保物权的范畴。

3. 反担保的请求人为提供担保的第三人。因为第三人为债务人提供担保以后,可能因债务人的财产状况不佳使得第三人的追偿权无法实现,因而才有必要要求债务人提供反担保。所以《物权法》第171条第2款规定,"第三人为债务人向债权人提供担保的,可以要求债务人提供反担保"。

4. 关于反担保适用的范围。《物权法》关于反担保的适用范围没有作出明确规定,《担保法解释》限定为保证、抵押或者质押。这就是说,在留置等法定担保物权中,不可能产生反担保,而只能在约定担保中才能产生。关于留置是否可以适用反担保,学界存在不同的观点。否定说认为,留置权是依据法律规定而直接产生的,所以,不可能产生反担保的问题。[2] 肯定说认为,虽然留置权本身是法定的,但是,反担保可以是约定的,因此,在留置的情况下,也可以设立反担保。[3] 笔者采否定说,理由在于:留置属于一种法定担保物权,它是因为特定事实的出现而产生的,当事人无法预见其担保责任的承担,所以也不可能以约定反担保的方式对其追偿权的实现作出事先的安排。根据《担保法解释》第2条的规定,反担保可以适用保证、抵押和质押。但该司法解释没有规定留置的方式,显然,我国司法实践是不允许以留置作为反担保的方式的。[4] 并且,反担保担保的是担保人的追偿权,而留置权中的留置物往往是债务人的,一般不存在追偿的问题,自无反担保的必要。

5. 反担保也应当有一定的形式要求。根据我国《担保法》的规定,本担保都要采取书面形式,因此原则上反担保也应当采取书面形式。对此,我国《担保法》第4条第2款也明确规定:"反担保适用本法担保的规定。"如果本担保中当事人必须作成书面形式,还要办理登记手续,反担保是否也需要采取相同的形式,在法律上并没有要求。一般来说,反担保是否在订立书面形式之外,另外办理登记手续,需要根据反担保是采取物保还是人保而定。如果采取物保的形式,因反担保要产生担保物权,则需要办理登记过户手续。

反担保成立以后,必须在担保人实际承担了担保责任,并据此对债务人产生了追偿权时,才能实际生效。

第九节　担保物权的消灭

所谓担保物权的消灭,是指当法律规定的事由出现时,担保物权的支配力终止,担保物权不再发生效力。依据《物权法》第177条的规定,担保物权消灭的原因有如下几种:

一、主债权消灭

担保物权就是要担保主债权,按照从随主的原则,如果主债权已经消灭,担保物权也就没有必要再存在。主债权消灭的原因很多,包括清偿、提存、抵销、主合同无效、主合同被撤销等。我

---

〔1〕 李国光主编:《担保法新释新解与适用》,新华出版社2001年版,第36~37页。

〔2〕 高圣平:《物权法担保物权编》,中国人民大学出版社2007年版,第60页。

〔3〕 李霞:"反担保刍议",载《中央政法干部管理学院学报》1998年第4期。

〔4〕 梅夏英、高圣平:《物权法教程》,中国人民大学出版社2007年版,第339页。

国《物权法》修改了《担保法》的规定,不允许当事人约定,主债权消灭时,担保物权继续存在,只有法律另有规定时,主债权消灭以后,担保物权才能继续有效。法律另有规定的情形,主要是指最高额抵押等情形。此时,主债权消灭,担保物权并不当然消灭。主债权部分消灭,是否导致担保物权按照相应比例消灭? 按照担保物权的不可分性规则,主债权部分消灭,应当不影响担保物权的存在,担保物权人仍然可以就全部担保财产享有担保物权。[1]

二、担保物权实现

担保物权的实现,就是指担保物权人在债务人不履行债务或者发生当事人约定的情形时,就担保财产的价值优先受偿。既然担保物权已经实现,当然担保人不再负有担保债务的义务。[2]担保物权的实现是该权利设立的目的,担保物权一旦实现,担保法律关系消灭,担保物权自然没有必要继续存在。

值得探讨的是,在设置担保物权之后,担保物权人是否可以不请求执行担保财产,而请求执行债务人的一般财产? 如果担保物权人请求执行债务人的一般财产,是否可以认定为是担保物权人放弃了其担保物权? 笔者认为,担保物权本身是一种财产权,权利人可以放弃。但是,权利人放弃了其担保物权以后,并不意味着其放弃了主债权,此时,可以就债务人的一般财产请求强制执行。[3]

三、债权人放弃担保物权

债权人放弃担保物权,就是指债权人通过意思表示抛弃其担保物权。因为担保物权本身也是一种财产权,按照"财产权原则上可以抛弃"的原则,权利人可以抛弃其担保物权。债权人放弃其担保物权的行为属于单方法律行为,该法律行为一旦作出,便产生担保物权放弃的效果。[4]债权人放弃担保物权,一般要采取明示的方式,并且必须要向担保人或债务人作出该意思表示。值得探讨的是,担保物权人放弃担保物权,是否可以以行为的方式,也就是说,其没有明示地表示其放弃担保物权,而通过一定的行为来放弃担保物权? 有学者认为,债权人以自己的行为导致担保物毁损灭失,此种方式就是以行为的方式放弃了担保物权。[5] 笔者认为,放弃担保物权必须采取明示的方式,担保物权人以自己的行为导致担保物毁损灭失,并不意味着担保人放弃了担保物权。如在抵押中,抵押物是在抵押人的占有之下,抵押权人通常很难导致抵押物的毁损灭失,即使抵押权人侵害了抵押物,在此情况下,也要考虑抵押权人的过错以及造成抵押物毁损灭失的后果,从而确定抵押权人承担的赔偿责任,也可能因此发生物上代位的问题,而不能因此认定其抛弃抵押权。如果债务人放弃担保物权,依据《物权法》的相关规定,其他担保人应当在其放弃的范围内,相应的被免除担保责任。

四、法律规定担保物权消灭的其他情形

该规定实际上属于兜底条款,因为引起担保物权消灭的原因很多,法律上不可能一一列举,所以,有必要采用兜底条款。例如,《物权法》第240条规定:"留置权人对留置财产丧失占有或

---

[1]　全国人民代表大会法制工作委员会民法室编:《中华人民共和国物权法条文说明、立法理由及相关规定》,北京大学出版社2007年版,第315页。

[2]　杨明刚:《担保物权适用解说与典型案例评析》,法律出版社2007年版,第45页。

[3]　程啸:"担保物权",载王利明等:《中国物权法教程》,人民法院出版社2007年版,第436页。

[4]　程啸:"担保物权",载王利明等:《中国物权法教程》,人民法院出版社2007年版,第436页。

[5]　姚红主编:《中华人民共和国物权法精解》,人民出版社2007年版,第313页。

者留置权人接受债务人另行提供担保的,留置权消灭。"此种情况就属于担保物权消灭的特殊原因。[1]

担保物权性质上属于权利人享有的财产权,当事人原则上可以通过约定来处分财产权,因而,只要不违反法律的强行性规定,也不损害第三人利益和社会公共利益,应当允许当事人约定担保物权的消灭原因。例如,当事人依法约定抵押权的存续期间,这就实际上设定了抵押权的特殊消灭原因。

---

[1] 全国人民代表大会法制工作委员会民法室编:《中华人民共和国物权法条文说明、立法理由及相关规定》,北京大学出版社 2007 年版,第 315 页。

第十九章 抵押权

第一节 抵押权的概念和特征

一、抵押权的概念和特征

抵押权是指债权人对于债务人或者第三人不移转占有而提供担保的财产,在债务人不履行债务时,依法享有的就担保的财产变价并优先受偿的权利。《物权法》第179条第1款规定:"为担保债务的履行,债务人或者第三人不转移财产的占有,将该财产抵押给债权人的,债务人不履行到期债务或者发生当事人约定的实现抵押权的情形,债权人有权就该财产优先受偿。"这就在法律上明确了抵押权的概念、性质和特征。抵押权素有"担保之王"之美誉,其作为一种典型的担保物权,具有如下特点:

1.抵押权是一种担保物权。一方面,抵押权人对抵押人提供担保的特定财产的交换价值享有支配权。抵押物虽不移转占有,但抵押权人可以支配抵押物的交换价值,抵押权人实现抵押权,并不需要抵押人实施一定的行为。如果在抵押期间,抵押物毁损灭失,抵押物将发生物上代位,抵押权的效力及于抵押物的变形体或代替物。另一方面,抵押权人对抵押物变价后的价值享有优先受偿权。也就是说,当抵押权与普通债权并存时,抵押权要优先于普通债权而受偿;如果同一物上设定了数个抵押权,则先设定的抵押权要优先于后设定的抵押权。此外,在抵押财产受到他人不法侵害时,抵押权人可以基于抵押权请求排除。这些特点都表明抵押权是一种担保物权。

2.抵押权是为了担保债权的实现而提供一定的财产进行担保。一方面,抵押权设立的目的是为了担保债的履行。当事人设立抵押权,目的就是避免债务人因为责任财产的减少或者债务人逃避债务,从而导致债权不能实现。通过设定抵押权,抵押权人可以有效支配抵押物的交换价值,保障将来债权的实现。另一方面,抵押权是在债务人或者第三人提供的一定财产之上设定的担保物权,所担保的债权实现的基础是特定财产,而不是担保人的信用。[1] 正是因为抵押权是在特定财产之上设定的,所以在各种担保中,抵押权是一种有效保障债权实现的担保方法,在现代社会得以普遍适用。这也决定了抵押权的价值权特性,从而具有从属性和不可分性。

3.抵押权是不移转标的物占有的担保物权。根据《物权法》第179条的规定,抵押权的设立不需要移转占有抵押物,这也是抵押权与质权的重要区别。在抵押权设定之后,抵押财产仍然由抵押人支配,抵押人仍然对抵押物享有占有、使用权,并可以以其收益充作债务的清偿资金,抵押权人直接支配的只是抵押物的交换价值。[2] 抵押权的不移转占有性也使抵押作为一种重要的

---

[1] 郭明瑞主编:《中华人民共和国物权法释义》,中国法制出版社2007年版,第322页。
[2] 史尚宽:《物权法论》,中国政法大学出版社2000年版,第261页。

担保方式,使抵押物的使用价值和交换价值得到了双重利用,不至于使物在设定抵押之后而不能利用,而且抵押权人因不占有抵押物也不必负担保管物的风险。正是由于抵押权的设定不需要移转占有,因此,抵押权不能采用移转占有的公示方法,而必须采用登记或其他方法进行公示。即使是动产抵押,也应当采取登记的方式进行公示。

4.抵押权是以抵押财产的变价而优先受偿的权利。抵押权的优先受偿性是抵押权作为担保物权的重要特征,根据《物权法》第179条的规定,债务人不履行到期债务或者发生当事人约定的实现抵押权的情形,债权人有权就该财产优先受偿。但这种优先受偿并不是指在债务人不履行债务时直接移转抵押物的所有权,而是指在债务人不履行债务时,将抵押物变价,使抵押权人就抵押物变价后的价值优先受偿。当然,在不影响第三人利益的情况下,可以在债务人不履行债务时,由抵押人与抵押权人协商以抵押物折价充抵债务。正是从这个意义上说,抵押权是一种价值权或变价受偿权。[1]

二、抵押权的特性

抵押权性质上属于担保物权,因此,它具有担保物权的一些固有属性。抵押权具有如下特点:

1.抵押权的特定性。所谓抵押权的特定性,是指抵押权是以特定的财产价值来确保特定债权的实现。一方面,无论是以动产或不动产作抵押,这些财产都必须特定化,并且能够在设定抵押之后予以公示,使第三人知道该特定财产设定了抵押;另一方面,抵押所担保的债权也必须特定,原则上抵押只能担保特定的债权,而不能担保范围不确定的债权。当然,浮动抵押、最高额抵押等特殊形态的抵押为例外。

2.抵押权的从属性。所谓抵押权的从属性,是指抵押权的设立、移转和消灭都从属于主债权。[2] 抵押权设立的目的就是担保债权的履行,因此,其存续以主债权的实现为终极目的,由此,抵押权必须从属于主债权,不得与之发生分离。抵押权的从属性主要表现在如下几个方面:

(1)成立上的从属性。抵押权的成立以债权的成立并生效为前提条件,如果主债权成立并生效,则抵押权方能成立和生效。没有所担保的债权,就不能成立抵押权。

(2)转移上的从属性。《物权法》第192条规定:"抵押权不得与债权分离而单独转让或者作为其他债权的担保。债权转让的,担保该债权的抵押权一并转让,但法律另有规定或者当事人另有约定的除外。"根据该规定:①抵押权不得与债权分离而单独转让。抵押权不能与其所担保的债权相分离而单独转让,如果主债权分别转让给数人,形成多个债权,则所有债权人都对抵押物享有抵押权。例如,将有抵押担保的未来到期的1000万债权,转让给10个不同的受让人,原来的主债权分裂为10个新的债权,10个债权人都应当对抵押物享有抵押权。从抵押物的角度来看,如果抵押物被分割,则每一个抵押物都负担主债权的全部,成为全部主债权清偿的担保物。②抵押权不得与债权分离而作为另一债权的担保。这实际上就是说,抵押权人不得将抵押权本身作为抵押财产进行再担保,换言之即不得在抵押权之上设立一个权利质权。[3] ③如果法律另有规定,抵押权并不一定随同主债权转让。例如,在最高额抵押的情况下,依据《物权法》第204条的规定,转让部分主债权,抵押权并不随之移转。④如果当事人在合同中另有约定,则可以排

---

〔1〕 董开军:《债权担保》,黑龙江人民出版社1995年版,第116页。

〔2〕 谢在全:《物权法论》(中),台湾地区作者印行2003年版,第378页。

〔3〕 杨明刚:《担保物权适用解说与典型案例评析》,法律出版社2007年版,第125页。

除该条的适用。例如,当事人可以约定主债权分别转让,抵押权并不完全及于每一个被转让的债权。

从抵押权的国际化发展来看,抵押权出现了从属性缓和的趋势,如抵押权的证券化和最高额抵押中的主债权移转。[1]《物权法》第192条规定"法律另有规定或者当事人另有约定的除外",这在一定程度上就缓解了抵押权严格的从属性所造成的刚性。当然,这毕竟只是例外的情形。因为赋予抵押权过高的独立性,将会给整个信用体系带来风险。

(3)消灭上的从属性。根据《物权法》第177条的规定,主债权消灭,担保物权消灭。因此,如果抵押权所担保的债权因分割、清偿、免除等原因而全部消灭时,抵押权也随之消灭。

3. 抵押权具有不可分性。所谓抵押权的不可分性,是指抵押权担保债权的全部,抵押权及于抵押物的全部。抵押权的不可分性与抵押权的从属性是抵押权的两个不同的特性。抵押权的不可分性包括两个方面:一方面,抵押物被分割或被移转一部分时,抵押权仍然存在。例如,甲有数间房屋,并将这些房屋抵押,后经抵押权人乙的同意,将这些房屋分别转让给数人所有,则抵押权人对数个房产都享有抵押权。主债权部分受偿时,抵押权人仍可以就其未受偿部分的债权对抵押财产的全部行使抵押权。抵押财产部分灭失时,未灭失的部分仍担保着全部债权,所担保的债权额并不因此而减少。[2]另一方面,如果主债权被分割或发生部分转让,抵押物的全部仍应当担保各部分债权。如果抵押人就是债务人,因抵押权的不可分性,无论债务的分割还是转让对抵押权的存在均不产生影响,抵押物应当为分割转让后的债务承担担保责任。如果抵押人是第三人,因为债务人将部分债务转让给他人,而受让人的清偿能力可能不如原债务人,这就会增加抵押人的风险。因此,除非得到抵押人的书面同意,否则抵押人不再承担担保责任。[3]

4. 抵押权具有物上代位性。所谓抵押权的物上代位性,是指抵押权的效力及于抵押财产的变形物。《物权法》第174条规定:"担保期间,担保财产毁损、灭失或者被征收等,担保物权人可以就获得的保险金、赔偿金或者补偿金等优先受偿。被担保债权的履行期未届满的,也可以提存该保险金、赔偿金或者补偿金等。"这就确认了抵押权的物上代位性。

第二节 抵押权的设定

一、抵押权设定的方式

抵押权的设定,是指当事人依据《物权法》和其他法律的规定,通过法律行为或者完成一定的公示方法,在抵押物之上设立抵押权。抵押权的设定主要是基于当事人之间所订立的抵押合同,这种抵押权称为约定抵押权。在我国,由于现行立法对法定抵押权规定得很少,因此在实践中所出现的抵押权主要为约定抵押权。但在例外的情况下,抵押权可以根据法律的规定直接产

[1] [日]近江幸治:《担保物权法》,祝娅等译,法律出版社2000年版,第108页。
[2] 郭明瑞:《担保法原理与实务》,中国方正出版社1995年版,第87页。我国《担保法解释》第71条也规定:"主债权未受全部清偿的,抵押权人可以就抵押物的全部行使其抵押权。抵押物被分割或者部分转让的,抵押权人可以就分割或者转让后的抵押物行使抵押权。"
[3] 《担保法解释》第72条规定:"主债权被分割或者部分转让的,各债权人可以就其享有的债权份额行使抵押权。主债务被分割或者部分转让的,抵押人仍以其抵押物担保数个债务人履行债务。但是,第三人提供抵押的,债权人许可债务人转让债务未经抵押人书面同意的,抵押人对未经其同意转让的债务,不再承担担保责任。"

生,这种抵押权称为法定抵押权。例如,《物权法》第182条规定:"以建筑物抵押的,该建筑物占用范围内的建设用地使用权一并抵押。以建设用地使用权抵押的,该土地上的建筑物一并抵押。抵押人未依照前款规定一并抵押的,未抵押的财产视为一并抵押。"据此,如果某人以其房屋作抵押,该房屋占用范围内的建设用地使用权也同时设定了一项法定抵押权。此种抵押并不是依抵押权人和抵押人之间的合同而产生,而是依法律的规定而产生的,也不需要登记。

依据我国《物权法》的规定,抵押权分为动产抵押权、权利抵押权和不动产抵押权。不动产抵押和权利抵押采登记要件主义,而动产抵押采登记对抗主义。但各类抵押权的设定,都要订立抵押合同。

二、抵押合同的内容

《物权法》第185条规定:"设立抵押权,当事人应当采取书面形式订立抵押合同。抵押合同一般包括下列条款:①被担保债权的种类和数额;②债务人履行债务的期限;③抵押财产的名称、数量、质量、状况、所在地、所有权归属或者使用权归属;④担保的范围。"该条中所说的"一般包括"应当如何理解? 笔者认为,"一般包括"意味着该规定是提示性的规定。有关抵押合同的内容应当由当事人依据合同自由原则确立,法律不应对此作出过多的干涉。除了法律法规规定必须在抵押合同中规定的条款以外,原则上有关抵押合同的内容应当由当事人自由约定。但为了促使当事人进一步完善抵押合同的内容,法律上有必要对抵押合同的内容作出一些提示性的规定。《物权法》的上述规定便具有这种性质。具体来说,抵押合同的内容一般包括如下条款:

1. 被担保的主债权种类和数额。依据我国《物权法》的规定,主债权可以因合同、无因管理、不当得利、侵权行为等原因而产生,非合同债权也可能采用抵押的方式进行担保。例如,在侵权损害赔偿之债确定之后,当事人之间也可以设定抵押以担保该赔偿之债的履行。应当注意的是,在当事人订立抵押合同时,必须将被担保的主债权种类、数额在合同中作出明确约定。所谓主债权的种类,是指抵押权担保的主债权类型。例如,抵押权担保的是合同之债、侵权之债,还是其他的债。如果是合同之债,具体是哪种合同产生的债。所谓主债权的数额,就是指主债权的标的额。该数额如果不确定,将来以抵押财产变价后优先受偿的数额就不能确定,从而极容易发生纠纷。至于利息、违约金、实现抵押权的费用等,则属于"担保的范围"的内容。

2. 债务人履行债务的期限。所谓债务履行的期限,也称债务的清偿期,即债务人应履行债务的期限。债务人履行债务的期限,也是确定抵押权能否实际行使的期限。一般来说,债务人履行债务的期限应当在主合同中约定,但如果主合同中对债务人履行债务的期限未作明确约定,也可以在抵押合同中作出约定。如果抵押合同和主合同都未对此作出约定,则债权人在请求债务人作出履行后,应当给予债务人合理的履行准备期限,在该期限经过后仍不履行的,抵押权人可以主张抵押权。

3. 抵押财产的名称、数量、质量、状况、所在地、所有权归属或使用权归属。抵押权本质上是一种物权,物权的成立应以客体的特定化为前提,因此在抵押权设立合同中,有必要使抵押财产特定化。所谓特定化,就是必须要明确抵押财产的名称、数量、质量、状况等信息,使某个抵押物与其他物相区别。在抵押财产特定化的同时,还有必要注明抵押物的权属状况。只有这样才能明确抵押权所支配的对象,也有利于防止抵押人以不属于自己的财产设定抵押。

4. 抵押担保的范围。所谓抵押担保的范围,就是指抵押财产折价、拍卖或者变卖以后抵押权人可以优先受偿的范围。根据《物权法》第173条的规定:"担保物权的担保范围包括主债权及其利息、违约金、损害赔偿金、保管担保财产和实现担保物权的费用。当事人另有约定的,按照约定。"因此,抵押担保的范围一般可以包括:主债权、主债权的利息、违约金、损害赔偿金、保管担保财产和实现抵押权的费用等。某一抵押权所担保的具体范围,应当由当事人在抵押合同中明确约定。

5. 当事人认为需要约定的其他事项。抵押合同除了可以约定上述条款之外,还可以根据实际情况作出很多其他约定。因为合同实际上是当事人意思自治的产物,一般由当事人自由约定,只要不违反法律法规的强行性规定,当事人都可以在抵押合同中约定。

抵押合同是一种要式合同,必须采用书面形式。但这并不意味着抵押合同要订立一份单独的抵押合同书,抵押合同完全可以作为合同条款与主合同并存于一份合同书中。抵押合同订立后可以公证也可以不公证,是否公证完全由当事人自由决定。

三、抵押当事人

(一)抵押权人

抵押权人即主债权人,因为抵押权是为了担保主债权而存在的,故只有被担保的主债权的债权人才能成为抵押权人。抵押权人可以是自然人,也可以是法人或其他组织。我国《物权法》原则上不承认独立担保,所以抵押权人就是债权人。只有在承认抵押权独立性的情况下,抵押权人才可能与债权人相分离。抵押权人为债权人也有两个例外:一是最高额抵押。在最高额抵押中有时债权并未发生,但已经存在了抵押权人;二是债权发生之前已经设定的抵押。当然,最终这些抵押权人都会与债权人合二为一。

无民事行为能力人和限制民事行为能力人是否可以成为抵押权人,值得探讨。我国《合同法》第47条规定,限制民事行为能力人订立的纯获利益的合同或者与其年龄、智力、精神健康状况相适应的合同,当然有效,不需要征得其法定代理人的同意。抵押权的设定对于限制民事行为能力人来说是纯获利益的,因此,限制民事行为能力人应当可以作为抵押权人。但是《民通意见》第6条规定,无民事行为能力人接受奖励、赠与、报酬,他人不得以行为人无民事行为能力为由,主张以上行为无效。据此有学者认为,由于《民通意见》第6条只规定了"接受奖励、赠与、报酬"三种情况,因此无民事行为能力人不能作为抵押权人。笔者认为,这种理解过于狭窄,因为抵押权的设定对于无民事行为能力人来说,并不会造成损害,无民事行为能力人作为抵押权人,只能获得利益,而一般不会蒙受损害。所以,对于此条意见应当作扩张解释,只要是无民事行为能力人纯获利益的行为,都是有效的。因此,无民事行为能力人也可以为抵押权人。

(二)抵押人

依据《物权法》第179条的规定,抵押人是指以财产设定抵押权的债务人或第三人。抵押人既可以是自然人,也可以是法人或其他组织。由于抵押在性质上是一种处分财产的行为,抵押人应当是对抵押财产享有处分权的人,包括所有人、失踪人的财产代管人、破产管理人等,因此,从我国现行立法规定来看,对于国家机关、公益事业单位等作为抵押人是有严格限制的,[1]但对于哪些法人不可以作为抵押人并没有明确规定。从法律上来看,任何法人都可以作为抵押人,对抵押人的身份没有严格限制,但对哪些财产可以作为抵押物,在法律上是有严格限制的。除了法人之外,一些其他组织也可以以自己的财产设定抵押。

抵押人必须对设定抵押的财产享有所有权或处分权。根据《民通意见》第113条的规定,

---

[1] 例如,《担保法解释》第3条对国家机关和公益法人能否用自己的财产为自己或他人提供抵押、质押就采取了否定的态度。

"以自己不享有所有权或者经营管理权的财产作抵押物的,应当认定抵押无效"。值得注意的是,这一规定并没有完全考虑到善意相对人利益的维护问题。从实践来看,某人以其不享有所有权或处分权的财产为自己或他人的债务设定抵押的情况是时有发生的。例如,某一共有人以共有财产设定抵押,即属于无权处分行为,在抵押人实施此种抵押行为时,相对人即债权人有可能是善意的,即不知道或不应当知道抵押人对其用来设定抵押的财产无完全的处分权。在此情况下如果简单地认定抵押合同无效,将不利于维护善意相对人的利益和交易安全。从保护善意相对人和维护交易安全考虑,应当在相对人为善意的情况下,确认抵押合同有效,抵押权人对抵押物变卖所得的价金全部享有优先受偿权,而不能仅就抵押人可分得的部分优先受偿。至于因抵押权的实现而给其他共有人造成的损失则应由设定抵押的人进行赔偿。如果以不动产抵押,则债权人未查阅登记,就不能认定其为善意;如果以动产抵押,则债权人可能不知道抵押人无处分权,此时可认定其为善意。

关于公司是否可以公司财产作抵押的问题,我国《公司法》第 16 条第 1 款、第 2 款规定:"公司向其他企业投资或者为他人提供担保,依照公司章程的规定由董事会或者股东会、股东大会决议;公司章程对投资或者担保的总额及单项投资或者担保的数额有限额规定的,不得超过规定的限额。公司为公司股东或者实际控制人提供担保的,必须经股东会或者股东大会决议。"依据该条规条,公司可以以自己的财产,为其他企业或个人提供抵押。公司作为独立的民事主体,对公司的财产享有独立的支配权,因此有权以公司的财产为他人提供抵押。公司对外提供担保是其正常经营活动,不应在法律上予以禁止只要符合章程的规定,且经过法定的程序做出决定,该担保即为有效。[1] 另一方面,考虑到公司为他人提供担保可能会给公司带来较大的风险,有可能导致公司的财产被查封、扣押、拍卖,甚至会使公司濒临破产,最终损害公司全体股东的利益。因此,公司对外提供担保又必须受到严格的限制。[2] 依据《公司法》的规定,公司章程对投资或者担保的总额及单项投资或者担保的数额有限额规定的,不得超过规定的限额。公司为公司股东或者实际控制人提供担保的,必须经股东会或者股东大会决议。如果得不到公司意思机关的同意,则公司不得提供此种担保。

四、重复抵押

所谓重复抵押,是指在同一抵押财产上为多个债权分别设定了抵押权。抵押权所支配的是抵押物的交换价值,而不要求实际地占有抵押物,其本质上是一种价值权。抵押权的交换价值是可以分割计算的,因此,同一抵押物可以成为多个抵押权的标的。我国《担保法》只承认所谓的余值抵押而不承认重复抵押,该法第 35 条规定:"抵押人所担保的债权不得超出其抵押物的价值。财产抵押后,该财产的价值大于所担保债权的余额部分,可以再次抵押,但不得超出其余额部分。"据此,当事人在设定抵押时,抵押物的价值只能高于或者等于其所担保的债权数额。该规定从法律上确认了当事人可以在同一物之上设定数个抵押权,这无疑是合理的。但该条要求当事人在设定抵押时,抵押人提供抵押的财产价值必须大于或者等于其担保的债权额,这一规定在法律上引起了不少争议,在实践操作中也遇到了许多困难。一方面,如何判断是否超额抵押,就需要对抵押财产进行评估,这样一来登记机关就可能利用评估牟取不当利益,也极大的增加了当事人的交易成本。我国《物权法》已经明确禁止登记机关要求对不动产进行评估,因此《担保法》

---

〔1〕 梅夏英、高圣平:《物权法教程》,中国人民大学出版社 2007 年版,第 367 页。
〔2〕 安建主编:《中华人民共和国公司法释义》,法律出版社 2005 年版,第 415 页。

第35条的规定也与此种禁止性规定不相协调。另一方面,担保财产的价值在设定和实现时是不一样的,完全以设定时的价值代替实现时的价值也不尽合理。此种规定限制了对抵押财产的充分利用,不利于满足市场经济条件下债务人对融资的要求。[1]

《物权法》第199条规定:"同一财产向两个以上债权人抵押的,拍卖、变卖抵押财产所得的价款依照下列规定清偿:①抵押权已登记的,按照登记的先后顺序清偿;顺序相同的,按照债权比例清偿;②抵押权已登记的先于未登记的受偿;③抵押权未登记的,按照债权比例清偿。"该规定实际上是对《担保法》的相关规定作出了修改,解除了对重复抵押的限制。因为《物权法》规定了优先顺位,这就意味着,其允许在一物之上设置重复抵押。例如,甲拥有价值1000万的房产一套,他先以该房产抵押向甲银行借款500万元,后来,又向乙银行借款800万元,也以该房产作抵押。笔者认为,当事人上述抵押方式是有效的,《物权法》的规定是合理的。其理由在于:一方面,抵押物的价格在设定时和实现时可能并不相同,或上涨,抑或下跌。如果在抵押权实现时,价格上涨,抵押物的价值就可能超出其所担保的债务数额。另一方面,即使抵押物的价格低于所担保的债务数额,只要债权人接受,法律没有必要干预。因为是否设定抵押、抵押财产的价值应为多少,完全属于私法自治的范围。如果抵押物的价值较低,债权人就可能会提高放债的条件,即使不提高条件,债权人愿意接受,也未尝不可。更何况,在先顺位的抵押权人可能会抛弃抵押权,也可能失去其抵押权,此时,在后顺位的抵押权人就可以得到实现。《担保法》严格限制超额抵押,从而使得抵押权难以发挥其融资功能,也不利于充分发挥抵押物的效用。[2]

第三节　抵押财产

一、抵押财产概述

抵押财产,又称为抵押物,是指抵押权的标的或客体。并不是所有的财产都可以用来作为抵押标的物,可以抵押的财产必须具备如下条件:

1.抵押财产必须具有独立的交换价值。抵押财产可以是有形财产,也可以是无形财产,只要是具有独立交换价值,且法律允许转让的财产,都可以设定抵押。[3] 例如,一些没有权利凭证的财产权利也可以设定抵押。从法律上看,任何抵押财产都必须具有独立的交换价值,因为抵押权本质上是对交换价值的支配权,如果抵押财产没有独立的交换价值,抵押权的效力就难以体现。

2.抵押财产必须具有特定性。抵押的财产必须是某项特定的财产或者该财产具有特定的范围。如果不能特定,抵押权人就无法支配抵押财产,从而不可能顺利地实现抵押权。[4] 当然,当事人在设置动产浮动担保的情况下,抵押人仍然可以处分其抵押的财产,在符合《物权法》第196条的情况下,抵押财产的范围才能特定化。

3.抵押财产必须具有可转让性。由于抵押的实现要将抵押物拍卖、变卖,因此抵押物必须是可以转让的物。凡是法律禁止流通或禁止强制执行的财产是不得作为抵押物的。抵押物只有具

---

〔1〕 胡康生主编:《中华人民共和国物权法释义》,法律出版社2007年版,第435页。

〔2〕 程啸:"担保物权",载王利明等:《中国物权法教程》,人民法院出版社2007年版,第476页。

〔3〕 梅夏英、高圣平:《物权法教程》,中国人民大学出版社2007年版,第369页。

〔4〕 佘国华:《抵押权法专论》,经济科学出版社2000年版,第83页。

有可转让性,才能体现一定的交换价值。[1]

4.抵押财产必须具有可公示性。抵押财产必须能以登记或其他的方式予以公示。由于抵押权的设立不是以标的物的占有移转为公示要件,而是以登记或其他的方法进行公示的,因此抵押物必须能以登记或其他的方式予以公示。

二、依法可以抵押的财产

在我国,抵押物的范围是由法律明确规定的,依据我国《物权法》第 180 条的规定,依法可以抵押的财产具体包括如下几类:

(一)建筑物和其他土地附着物

所谓建筑物,是指定着于土地上或地面以下,具有顶盖、梁柱、墙壁,可供人居住或使用的构造物,如房屋、仓库、地下室、空中走廊、立体停车场、桥梁、水塔、烟囱等。其他土地附着物,是指依附于土地、在土地之上建造的构筑物和其他附着物。[2]《物权法》允许抵押的不动产包括土地上的房屋等建筑物和其他土地附着物;此处所说的建筑物是指已经建成的建筑物,以正在建造的建筑物或者尚未建造的建筑物抵押则属于在建工程抵押和期房抵押。

(二)建设用地使用权

以建设用地使用权设立的抵押,是指债务人或第三人以其建设用地使用权向债权人提供担保,当债务人不履行债务或者发生当事人约定的情形时,债权人有权依法从该建设用地使用权折价、拍卖或者变卖所得的价款中优先受偿。由于建设用地使用权依法可以转让,且具有一定的经济价值,因此可以成为抵押的标的。在传统民法中,抵押的标的物一般限于房屋、土地等不动产。我国土地归国家或集体所有,土地所有权不得转让,也不得设立抵押。自然人和法人可以在土地之上设立建设用地使用权,建设用地使用权具有明显的财产价值,因而该权利也可以成为抵押权的标的。在我国,土地的抵押实际上就是指建设用地使用权的抵押。以建设用地使用权抵押,抵押的标的不是土地或者土地所有权本身,而是对土地使用和收益的权利,此种权利已经与土地所有权发生分离,形成一种独立的用益物权。从性质上说,建设用地使用权抵押并不是实物抵押而是权利抵押。[3]

建设用地使用权可以采取出让或者划拨等方式来设立,以出让方式设立的,建设用地使用权可以抵押,但如果是以划拨土地使用权抵押的,在实现抵押权时,首先应当从拍卖所得的价款中交纳相当于应交纳的土地权出让金的款额后,抵押权人才能优先受偿。[4] 我国《物权法》采用交易中房地一并处分的规则,因而,建设用地使用权抵押时,其地上建筑物、其他附着物随之抵押;地上建筑物、其他附着物抵押时,其使用范围内的建设用地使用权随之抵押。[5] 但建设用地使用权抵押后,该土地上新增的建筑物不属于抵押财产。问题在于,建设用地使用权人能否将部分土地之上的建设用地使用权抵押? 例如,某人取得了 10 亩土地并办了建设用地使用权登记,权利人能否只将其中的 1 亩土地的建设用地使用权为自己某项债务设定抵押? 笔者认为,此种抵押只要能够通过登记确定被抵押的土地的四至范围,就可以设立抵押权。某物能否作为抵押财产,还要取决于其能否进行登记,只要具有独立的交易价值并能够登记,就可以成为抵押财产。

---

[1] 梅仲协:《民法要义》,中国政法大学出版社 1998 年版,第 592 页。

[2] 梁慧星、陈华彬编著:《物权法》,法律出版社 1997 年版,第 36 页。

[3] 程啸:"担保物权",载王利明等:《中国物权法教程》,人民法院出版社 2007 年版,第 460 页。

[4] 徐武生:《担保法理论与实践》,工商出版社 1999 年版,第 219 页。

[5] 《物权法》第 182 条。

就建设用地使用权的某一部分来说,如果能确定四至范围、具有交易价值并可以登记,当然可与整块土地相分离而成为抵押的标的。

（三）以招标、拍卖、公开协商等方式取得的"四荒"土地承包经营权

所谓以招标、拍卖、公开协商等方式取得的荒地等土地承包经营权,简称"四荒"土地承包经营权。我国土地承包经营权原则上不能抵押,但法律上设置了例外规定。其主要体现在《物权法》第180条中,该条第1款第3项规定,"以招标、拍卖、公开协商等方式取得的荒地等土地承包经营权"可以抵押。我国《物权法》承认"四荒"土地承包经营权的抵押,主要原因在于:①从立法政策的角度来看,允许"四荒"土地承包经营权的抵押,有利于鼓励人们开发、利用"四荒"土地,从而最大限度地发挥"四荒"土地的效益;②招标、拍卖、公开协商等方式取得的"四荒"土地本身属于未利用土地,需要较多的资金进行开发,允许其抵押,就可以解决资金短缺的困难;③"四荒"土地承包经营权是经过拍卖等方式取得的,权利人通常需要支付一定的费用,这与一般的土地承包经营权的取得有重大区别。"四荒"土地承包经营权并不具有社会保障的功能,也不具有身份性,因此,在法律上不必对其设置过多的流转限制。[1]

我国《担保法》和《物权法》都承认了"四荒"土地承包经营权可以设定抵押,但二者之间又存在区别。其主要表现在:《担保法》第34条第1款第5项要求"四荒"土地承包经营权的抵押必须取得发包人的同意;而《物权法》第133条规定:"通过招标、拍卖、公开协商等方式承包荒地等农村土地,依照农村土地承包法等法律和国务院的有关规定,其土地承包经营权可以转让、入股、抵押或者以其他方式流转。"该法第180条进一步规定,"以招标、拍卖、公开协商等方式取得的荒地等土地承包经营权"可以抵押,显然,《物权法》并没有要求"四荒"土地承包经营权的抵押必须取得发包人的同意,这与《物权法》承认"四荒"土地承包经营权可以自由流转的精神是一致的。

（四）生产设备、原材料、半成品、产品

所谓生产设备,是指企业、个体工商户、农村承包经营权人等使用的各种机器、计算机、试验设备、通讯设备等用于生产的各种设备。所谓原材料,是指用于制造产品或从事各类生产经营活动的原料和材料。所谓半成品,是指尚未生产完成的产品。所谓产品,是指已经制造完毕的最终产品。[2]《物权法》在《担保法》关于动产抵押规定的基础上,进一步扩大了动产担保的范围,这是符合担保物权法的发展趋势的。考虑到动产抵押的重要性,我们将在后文中专门探讨。

（五）正在建造的建筑物、船舶、航空器

1.正在建造的建筑物。《物权法》第180条第1款还允许以一类比较特殊的不动产设定抵押权,即该款第5项规定的"正在建造的建筑物"。从目前我国的法律规定来看,以正在建造的建筑物设定抵押的情形主要包括两种:

（1）预售商品房抵押,即以正在建造的建筑物抵押在实践中通常采用的"按揭"的方式。我国《物权法》第180条规定,债务人和第三人可以以其有权处分的正在建造的建筑物抵押,这实际上已经承认了按揭中的抵押关系可以成为担保物权,其他关系需要根据具体情况由其他法律调整。一方面,尽管按揭设立的法律关系非常复杂,如包括开发商与买受人的购房关系、买受人与银行之间的借贷关系、买受人与银行之间的担保关系等。但是,其中包括了抵押关系,就抵押部

---

〔1〕　胡康生主编:《中华人民共和国物权法释义》,法律出版社2007年版,第391页。

〔2〕　姚红主编:《中华人民共和国物权法精解》,人民出版社2007年版,第324页。

分而言,其属于《物权法》规定的"在建工程抵押"。[1] 另一方面,我国《物权法》第20条规定了预告登记制度,这就为按揭的公示提供了制度可能性,如果按揭制度不能构成担保物权,则《物权法》设立的预告登记制度发挥作用的空间将会非常有限。因为在按揭之后,可以通过预告登记将其公示出来;更何况,如果不承认按揭中的抵押关系是一种担保物权,那么它既不利于保护银行的债权,也将使银行面临极大的风险,而且也可能使得期房的买受人无法主张预告登记所产生的物权效力,从而也损害房主本身的利益。因此,按揭中的抵押关系不是一种非典型担保,应当是在建工程抵押的一种。

(2)在建工程抵押,即抵押人为取得在建工程继续建造资金的贷款,以其合法方式取得的土地使用权连同在建工程的投入资产,以不转移占有的方式抵押给贷款银行作为偿还贷款履行担保的行为。[2] 在建工程的抵押登记,究竟属于预告登记,还是一般抵押权登记? 对此,学理上一直存在着不同的看法。笔者认为,已经建造部分的抵押,并不等同于建造完毕的房屋的抵押,而应当属于预告登记。例如,按照规划,房屋应当建造10层,开发商只建造了5层就用于抵押贷款,因为仅仅建造了5层,还不能认为是建筑物,这就表明在建工程不是已经完成的建筑物,不是真正的不动产。但是,在建工程毕竟是一种财产,我国《物权法》承认在建工程抵押,不仅有助于扩大抵押财产的范围,而且有助于充分发挥在建工程的价值,促进融资。[3] 由于在建工程只能在建设完工后才能取得物权,所以,在建工程抵押是对未来财产的抵押。

值得探讨的是,在建工程抵押是否应当与建设用地使用权一并抵押?《城市房地产抵押管理办法》第11条规定:"以在建工程已完工部分抵押的,其土地使用权随之抵押"。从反面来解释,如果以未完工的在建工程设定抵押,则其建设用地使用权不能一并抵押,不适用《物权法》第200条的规定。如果以建设用地使用权设立抵押,而并没有以其上的在建工程抵押,对于已完工的部分,则可以按照《物权法》第200条的规定解决。

2. 正在建造的船舶和航空器。除了正在建造的建筑物可以抵押外,《物权法》第180条第1款第5项还规定,正在建造的船舶和航空器,也可以设定抵押。这就进一步扩大了正在建造的财产可以抵押的范围。这就是说,正在形成中的财产不仅限于不动产和工程,而且扩大到价值较大的动产,主要包括船舶和航空器。因为这些动产在建造完毕之前,虽然不能从事运输,但是,它们仍然具有一定的财产价值。例如,正在建造的船舶可以作为娱乐设施而使用。而且船舶、航空器一旦建造完成,便具有较大的价值。以正在建造的船舶、航空器作抵押,对于保护建造人的利益十分重要。因为船舶、航空器的建造周期长,资金需求量很大,建造人往往需要大量投资,如果不允许其以正在建造的船舶、航空器抵押,其可能就难以融资,从而影响建造。[4]

(六)交通运输工具

交通运输工具包括车辆、船舶和航空器,其范围非常宽泛,如飞机、船舶、汽车等。它们在性质上都是动产,但是,因为交通运输工具的公示采用登记的方式,因而在学理上又被称为"准动产"。[5] 需要指出的是,能够用于抵押的交通运输工具,主要是指具有一定的财产价值,应当通过登记方式来进行物权变动的交通运输工具。除《物权法》之外,我国有关特别法律法规也规定

---

〔1〕 程啸:"担保物权",载王利明等:《中国物权法教程》,人民法院出版社2007年版,第460页。

〔2〕 《城市房地产抵押管理办法》第3条。

〔3〕 高圣平:《物权法担保物权编》,中国人民大学出版社2007年版,第244页。

〔4〕 姚红主编:《中华人民共和国物权法精解》,人民出版社2007年版,第324页。

〔5〕 黄松有主编:《〈中华人民共和国物权法〉条文理解与适用》,人民法院出版社2007年版,第537页。

了交通运输工具的抵押登记问题。[1]

（七）法律、行政法规未禁止抵押的其他财产

《物权法》第180条规定，"法律、行政法规未禁止抵押的其他财产"都可以抵押。这一规定修改了我国《担保法》第34条关于"依法可以抵押的其他财产"的规定。因为从实践来看，随着社会经济生活的发展，抵押的范围将不断扩大，以各种新的财产做抵押，在法律上无法列举穷尽。如果法律没有规定可以抵押就不能抵押，就会极大地限制当事人可以抵押的财产范围，使得大量财产不能用于抵押，不利于促进融资。我国《物权法》修改了《担保法》相关规定的意义在于：一方面，进一步扩宽了抵押财产的范围。该条实际上是一项兜底条款，[2]因为有形财产和无形财产的类型成千上万，究竟哪些是可以抵押的财产、哪些是不可抵押的财产，法律很难全面列举可抵押的财产范围，法律只能对禁止抵押的财产范围做出规定。只要法律没有禁止抵押的财产，权利人完全可以基于自己的最佳利益判断，决定是否将其财产设定抵押。"为使物尽其担保的功能，似无限制必要，宜由市场需要决定之"。[3]另一方面，《物权法》做出此种规定，也为法官正确适用法律提供了极大方便。由于法律无法详尽列举可以抵押的财产，法官无法一一对应可以抵押的财产，这就给法官裁判带来很大的困难。《物权法》第180条的前引规定是在将抵押权严格界定为一种担保物权的同时，对抵押物的范围做了开放式的规定。该条允许凡是未禁止抵押的财产都可以抵押，因此，法官可以根据该条发展出新的抵押权，原则上只要能够满足公示要求的财产就可以抵押，并设定抵押权。

三、禁止抵押的财产

我国《物权法》第180条和第184条，同时采用正面列举和反面排除两种方式，界定了抵押财产的范围。根据《物权法》第184条的规定，禁止抵押的财产主要包括以下几类：

（一）土地所有权

我国实行土地公有制，土地只能归国家或集体所有。在土地公有制度框架下，土地所有权的流转受到严格限制，我国宪法和有关法律严格禁止土地买卖。如果允许将土地所有权作为抵押物设定抵押，则在抵押权实现时，势必导致公民个人取得土地所有权，这就违背了我国基本的土地所有制度，动摇公有制的基础。有鉴于此，《物权法》明确禁止任何土地所有权的抵押。

（二）耕地、宅基地、自留地、自留山等集体所有的土地使用权

根据《物权法》第184条的规定，法律禁止耕地、宅基地、自留地、自留山等集体所有的土地使用权的抵押，但法律规定可以抵押的除外。具体来说，禁止抵押的集体财产包括如下几种：

1. 耕地。我国《物权法》第43条明确规定了严格的耕地特殊保护制度。为了防止农村耕地的流失，保障农民的基本生存条件，实现国家对土地的宏观管理政策，我国法律历来实行最严格的耕地保护制度，严格限制集体土地使用权进入市场进行转让和设定抵押。但在《物权法》制定过程中，对农村土地承包经营权是否可以设置抵押这一问题，学界存在较大的争论。从我国《物权法》以及相关法律的规定来看，并没有允许土地承包经营权可以抵押，但从市场经济的发展趋势来看，土地承包经营权作为权利人的一项重要财产权利，应当允许其进入市场流通，通过转让、抵押等方式流转，这也有利于促进农村市场经济的发展，充分实现土地承包经营权人的利益。当

---

[1]　《机动车登记规定》第2章、《海商法》第13条、《民用航空法》第16条。

[2]　王胜明主编：《中华人民共和国物权法解读》，中国法制出版社2007年版，第386页。

[3]　王泽鉴："动产担保制度与经济发展"，载梁慧星主编：《民商法论丛》（第2卷），法律出版社1994年版，第114页。

然,从目前来看,全面放开土地承包经营权的抵押,条件尚不成熟,待相关制度建立和完善之后,应当逐步放开对土地承包经营权抵押的限制。

2. 宅基地使用权。由于我国现阶段宅基地使用权在一定程度上发挥着社会保障的功能,尤其是考虑到目前我国农村社会保障体系尚未全面建立,宅基地使用权是农民安身立命之本,从全国范围看,完全放开宅基地使用权转让和抵押的条件尚不成熟。[1] 所以,《物权法》第153条对宅基地的转让和抵押实际上采取了维持现状的做法。从《物权法》第184条的规定来看,宅基地使用权是不得抵押的。

问题在于,宅基地使用权能否随同房屋一并抵押?对此,存在两种不同的观点:一种观点认为,我国《物权法》采取房地一并抵押的原则,同时,该法第184条又禁止宅基地使用权抵押,因此,宅基地使用权不能与房屋一同抵押。另一种观点认为,我国《物权法》第184条只是禁止宅基地使用权抵押,而没有禁止宅基地使用权随同房屋一并抵押,所以,宅基地使用权可以与房屋一并抵押。笔者认为,宅基地使用权单独抵押和宅基地使用权随同房屋一并抵押是有区别的。从我国现行法来看,法律并没有对农民房屋的转让作出太多限制,也没有严格禁止农民以其房屋设立抵押。其主要原因在于:房屋是广大农民的一项重要财产,如果禁止以其房屋抵押,则房屋的交换价值难以发挥,农民自然不能以房屋作抵押获得融资。在农民融资渠道本来就有限的情形下,如果法律禁止以房屋抵押获得融资,将会影响农民经济活动的进行,也会妨碍农村市场经济的发展。因此,笔者认为,既然我国《物权法》第184条没有禁止宅基地使用权随同房屋抵押,基于以上考虑应当允许此种抵押。

3. 自留地、自留山之上的土地承包经营权。自留地是指农村集体经济组织分配给本集体经济组织成员长期使用的土地;自留山的是指农村集体经济组织分配给其成员长期使用的少量的柴山和荒坡。[2] 自留地、自留山性质上也属于土地承包经营权,只不过是特殊的土地承包经营权。我国《物权法》禁止此类权利抵押,主要是考虑到,一方面,我国《物权法》原则上禁止土地承包经营权的抵押,自留地、自留山之上的土地承包经营权的抵押,自然也在禁止之列;另一方面,自留地、自留山之上的土地承包经营权具有社会保障的性质,是农民的基本生产生活条件,因此,禁止其抵押,也有利于维护农民的长远利益和社会稳定。

关于《物权法》第184条第2款的"法律规定可以抵押的除外",如何理解?此处所说的除外情形,主要是指因乡镇、村企业厂房抵押而引起的乡镇、村建设用地使用权抵押。《物权法》第183条规定:"乡镇、村企业的建设用地使用权不得单独抵押。以乡镇、村企业的厂房等建筑物抵押的,其占用范围内的建设用地使用权一并抵押。"但根据《物权法》第201条的规定,受让人不得改变土地所有权的性质和土地用途。这就是说,即使乡镇、村企业的建设用地使用权发生了移转,受让的土地仍然属于农村集体所有,而且,如果该土地原来为工业用地,未经有关部门批准,买受人不能将该土地用于商业、旅游和住宅建设。

(三)学校、幼儿园、医院等以公益为目的的事业单位、社会团体的教育设施、医疗卫生设施和其他社会公益设施

依据《物权法》第184条的规定,凡是学校、幼儿园、医院等以公益为目的的财产不得抵押。具体来说,禁止抵押的公益性财产包括三种:①学校、幼儿园等的教育设施和其他直接辅助教育

---

〔1〕 王兆国:"关于《中华人民共和国物权法(草案)》的说明",新华社3月8日电。
〔2〕 卞耀武主编:《中华人民共和国土地管理法释义》,法律出版社1998年版,第60页。

的设施。我国《民办教育促进法》第3条明确规定："民办教育事业属于公益性事业,是社会主义教育事业的组成部分。国家对民办教育实行积极鼓励、大力支持、正确引导、依法管理的方针。"该规定已经表明,即使民办教育也属于公益性事业。因此,虽然民办教育机构的财产属于私人所有,但其性质上属于公益事业,也不能以其设定抵押。因为抵押之后,如果债务人不能清偿债务,进而将教育设施变卖、拍卖,这就极易影响教学活动的顺利开展,甚至导致学生失学,影响国家教育事业的稳定和发展。[1] ②医院等的医疗卫生设施和其他用于医疗卫生的设施。医院虽然可以分为公立医院和私立医院,且医疗都需要收费,但医院都是为了救死扶伤而设立的,因而具有公益性。如果将医院的医疗卫生设施抵押,抵押权的实现就可能导致医院无法正常运转,从而影响社会公共利益的实现。[2] ③以公益为目的的事业单位、社会团体的各种社会公益设施。其他社会公益设施包括公共图书馆、博物馆、美术馆、文化宫等。[3] 这些单位的设施一旦设定抵押,有可能在实现抵押权时,使这些财产被拍卖或变卖,危害社会公共利益。我国《物权法》作出此种禁止性规定,有利于防止以牟利为目的的经营活动影响教育、卫生等社会公益事业的发展。

需要指出的是,《担保法》只是禁止以教育设施、医疗卫生设施以及其他社会公共设施设定抵押,但并不禁止以学校、医疗机构的非教育设施和非医疗设施进行抵押。例如,学校所办商店、医院所办生产基地等财产则可以抵押。学校、医疗机构有可能因为借款等原因而将其所有的非教育设施和非医疗设施等财产为自己的债务设定抵押,如果完全禁止这些财产可以抵押,既不利于保护债权人利益,也对学校、医疗机构本身是不利的。[4]

(四) 所有权、使用权不明或者有争议的财产

所谓所有权、使用权不明,是指在设置抵押时该财产的权利归属处于不明确状态。所谓有争议,是指在设立抵押权时财产所有权或者使用权存在争议。例如,房屋登记中记载了异议登记,或者第三人已经提起了确认之诉,且债权人知道该情况,在这种情形下,抵押权人对所有权不明的情况是明知的,对于此种财产应当禁止抵押。我国《物权法》禁止所有权、使用权不明或者有争议的财产设立抵押,其主要原因在于:一方面,抵押是一种处分行为,抵押人将某项财产抵押的前提是对该项财产享有处分权,而对于所有权、使用权不明或者有争议的财产,抵押人是否享有处分权尚未确定,因此其不能将其抵押;[5]另一方面,此类财产的抵押可能侵犯所有人或者使用权人的合法权益,而且可能引起矛盾和争议,使社会关系变得紊乱。[6]

值得注意的是,即便财产所有权或使用权存在争议,但如果债权人是善意的,债权人仍然应当取得该抵押权。例如,第三人虽然曾经向登记机构提起变更登记的申请,但未获登记机构批准,债权人对此也不知道,而相信抵押人对抵押财产具有处分权,则债权人就是善意的。我国《物权法》第106条第3款规定,"当事人善意取得其他物权的,参照前两款规定。"据此,如果在设定抵押时,抵押权人接受该抵押是善意的、不知情的,即使抵押财产的所有权不明或者存在争议,债权人也可以依据善意取得制度取得抵押权。如果债权人知道拟抵押财产存在权属争议,表明债

---

〔1〕 王胜明主编:《中华人民共和国物权法解读》,中国法制出版社2007年版,第396页。

〔2〕 胡康生主编:《中华人民共和国物权法释义》,法律出版社2007年版,第404页。

〔3〕 王胜明主编:《中华人民共和国物权法解读》,中国法制出版社2007年版,第396页。

〔4〕 《担保法解释》第53条规定:"学校、幼儿园、医院等以公益为目的的事业单位、社会团体,以其教育设施、医疗卫生设施和其他社会公益设施以外的财产为自身债务设定抵押的,人民法院可以认定抵押有效。"

〔5〕 杨明刚:《担保物权适用解说与典型案例评析》,法律出版社2007年版,第79页。

〔6〕 王胜明主编:《中华人民共和国物权法解读》,中国法制出版社2007年版,第397页。

权人是恶意的,法律不应当保护恶意债权人的利益。

（五）依法被查封、扣押、监管的财产

查封是指人民法院或有权的行政机关依法采取强制措施,将被保全的财产、被执行人的财产贴上封条就地封存,并禁止占有、使用和处分该财产。扣押是指法院或有关行政机关依法将财物就地扣留或者易地扣留,禁止财物所有人在扣押期间动用或处分财产。监管则是指海关依照《海关法》的规定,对自进境起到办结海关手续的进口货物,自向海关申报起到出境止的出口货物、过境、转运、通运货物,以及暂时进口货物、保税货物和其他尚未办结海关手续的进出境货物进行监督、管理。依法被查封、扣押、监管的财产,尽管所有权并没有发生移转,但所有权的行使受到了严格限制,由于这些财产已被司法机关和其他执法机关采取了强制措施予以监管,所有人无权对此类财产擅自处分,因此该财产处于暂时不得让与的状态,不得用于抵押。但如果这类财产已经被解除了查封、扣押或其他强制措施,则可以用于抵押。[1]

在抵押有效成立以后,因为抵押人的原因导致已经设定抵押的财产依法被查封、扣押的,在此情况下抵押的效力如何确定? 笔者认为,在抵押有效成立以后,即使抵押物发生毁损、灭失也不影响其抵押效力,所以抵押的财产被查封、扣押也理所当然不影响抵押效力。[2] 问题在于,如果抵押的财产被查封、扣押,抵押权人在行使抵押权时,将无法对该财产进行拍卖、变卖。如果抵押权人不能要求物上代位,抵押权将难以实现。所以,笔者认为,在抵押的财产被查封、扣押以后,必须要求抵押人实行物上代位或者提供其他相应的担保。如果抵押人不能实行物上代位或者提供其他相应的担保,则在该被查封、扣押的财产被处分后,抵押权人应当优先受偿。

（六）法律、行政法规规定不得抵押的其他财产

该条实际上是兜底条款。因为除《物权法》的规定以外,其他法律、行政法规都规定了一些不得抵押的财产,《物权法》不可能再次重复这些规定。例如,2004 年国务院颁布的《宗教事务条例》第 32 条规定:"宗教活动场所用于宗教活动的房屋、构筑物及其附属的宗教教职人员生活用房不得转让、抵押或者作为实物投资。"可见,凡是用于宗教活动目的的教会财产都不得抵押。

三、房地一并抵押

为了消除因房地分离而产生的各种纠纷,我国《物权法》在抵押方面采用了"地随房走"、"房随地走"的原则。从客观上来说,房地在物理属性上是无法分割的,在价值的确定上也无法分别确定,房屋不能离开土地来确定其价格,反之亦然。尤其是如果房屋和土地的权属不一致,也会产生不必要的纠纷。所以,我国法律历来强调房屋和建设用地使用权一并抵押。[3] 我国《物权法》仍然采纳了这一规则。《物权法》第 182 条规定:"以建筑物抵押的,该建筑物占用范围内的建设用地使用权一并抵押。以建设用地使用权抵押的,该土地上的建筑物一并抵押。抵押人未依照前款规定一并抵押的,未抵押的财产视为一并抵押。"本条包含了如下几个方面的内容:

1. 以建筑物抵押的,该建筑物占用范围内的建设用地使用权一并抵押。如何理解"建筑物占用范围内的建设用地使用权"? 笔者认为,它是指依据规划,建筑物所占用的土地之上的建设用地使用权。如果以整栋房屋抵押,就是指该房屋实际占地上的建设用地使用权。如果是以区分

---

[1]　王胜明主编:《中华人民共和国物权法解读》,中国法制出版社 2007 年版,第 397 页。

[2]　《担保法解释》第 55 条规定:"已经设定抵押的财产被采取查封、扣押等财产保全或者执行措施的,不影响抵押权的效力。"

[3]　《城镇国有土地使用权出让和转让暂行条例》第 33 条、《城市房地产管理法》第 32 条。

所有的建筑物抵押,则是指该建筑物所占的相应比例的建设用地使用权。

2. 以建设用地使用权抵押的,该土地上的建筑物一并抵押。笔者认为,虽然条文中仅仅规定了"建筑物",但是,这属于法律漏洞,应当通过类推适用该条规定来弥补该法律漏洞。否则,建设用地使用权人就可能行使妨害排除请求权,要求构造物或工作物的所有人拆除其他构造物或工作物。当然,适用《物权法》第182条的前提是,抵押时该房屋以及其他构造物、工作物已经存在。[1] 如果是抵押之后新增加的建筑物,那么,就应当按照《物权法》第200条的规定来处理,即新增加的建筑物不属于抵押财产,但应当一并拍卖,抵押权人不能就新增加建筑物的拍卖款优先受偿。

3. 抵押人未依照前述规定一并抵押的,未抵押的财产视为一并抵押。这就是说,即使当事人没有按照法律规定一并抵押,法律也推定当事人将房地一并设立抵押。此种推定属于不可推翻的推定,当事人不能以协议加以排除,也不能事后否定此种一并抵押的效力。在实践中,确实有当事人在办理抵押登记时,只办理了建筑物的抵押登记,而没有办理建设用地使用权的抵押登记,或者只办理了建设用地使用权抵押登记而没有办理建设用地使用权之上的房屋抵押登记。尤其是因为在我国,目前房地分别由不同的机关负责登记,所以,登记可能不能反映出房地的权属状况,根据该条规定,只要对其中一项进行了抵押,并办理了登记,就应当认为,两者一并进行了抵押。[2]

问题在于,如果抵押人将房地分别抵押给不同的债权人,此时,多个抵押是否有效? 还是应当按照《物权法》的上述规定,视为房地一并抵押,从而认定为重复抵押? 例如,甲在5月1日将其建设用地使用权抵押给乙银行,而没有将该土地上的房屋一并抵押;6月1日甲又将房屋抵押给丙银行,而没有将房屋占用范围内的建设用地使用权一并抵押。依照《物权法》第182条第2款的规定,5月1日甲在抵押建设用地使用权的时候,应将房屋视为一并抵押;而在6月1日抵押房屋的时候,应将房屋占用范围内的土地视为一并抵押。现在存在争论的问题是,这两个抵押权的顺位如何确定。对此,存在两种观点:一种观点认为,乙银行为第一顺位的抵押权人,有权就拍卖土地和房屋所得的价款优先受偿;丙银行为第二顺位的抵押权人。另一种观点认为,乙仅仅在土地上享有第一顺位的抵押权,就该建设用地使用权所卖得的价款优先受偿;而丙仅仅在房屋上享有第一顺位的抵押权,就该房屋所卖得的价款优先受偿。因为乙仅仅办理了以建设用地使用权为客体的抵押权登记,而丙仅仅办理了以房屋为客体的抵押权登记。[3] 笔者认为,既然《物权法》第182条已采取法律拟制的方式,使得在先设立的抵押权效力及于建筑物和建设用地使用权,而在后设立的抵押权也及于该两项标的,所以,只能理解为,抵押人设立了重复抵押。也就是说,虽然第一个抵押权只是办理建设用地使用权抵押,但应当认为是以建设用地使用权和房屋一并抵押,后来的抵押权人是顺位在后的担保物权人。

---

[1] 郭明瑞主编:《中华人民共和国物权法释义》,中国法制出版社2007年版,第331页。

[2] 王胜明主编:《中华人民共和国物权法解读》,中国法制出版社2007年版,第391页。

[3] 王闯:"规则冲突与制度创新(上)——以物权法与担保法及其解释的比较为中心而展开",载《人民法院报》2007年6月20日。

第四节 抵押登记的分类和效力

一、抵押登记的分类

（一）设立、变更和消灭登记

任何物权的设定和变动都应当依法进行公示，未经公示不能产生物权设定和变动的效力，抵押权作为一种物权也不例外。抵押合同订立以后双方当事人应当办理抵押登记，只有在依法办理登记手续以后，才能使抵押权作为物权得以产生。抵押权的登记主要包括三种：

1. 抵押权的设立登记。它是指当事人在订立抵押合同以后，因设定抵押权而办理的登记。当事人办理抵押权的设立登记，应当提交申请书、抵押合同、抵押财产的权属证明、主债权存在的证明等。值得讨论的一个问题是，以正在建造的建筑物抵押时，抵押登记究竟是什么性质？笔者认为，尽管《物权法》第187条将在建建筑物的抵押登记与一般建筑物抵押登记规定在一起，但这并不意味着二者的性质就完全相同。因为在建建筑物抵押时，抵押权的客体还没有最终确定，所以，以在建建筑物设定抵押权时办理的登记不是本登记。但其是否属于预告登记需要进一步探讨。

2. 抵押权的变更登记。抵押权的变更登记，应当包括如下几种：①抵押权内容的变更，如抵押财产范围、抵押期限、被担保的债权范围等的变更。②抵押权顺位的变更，如在先顺位的抵押权变更为后顺位的抵押权。③抵押权主体的变更，如抵押权人和抵押人的变更。从狭义上理解，主体变更不属于抵押权变更的范畴，而属于抵押权的移转。但从广义上理解，抵押权的变更也包括主体的变更。抵押权设定以后，抵押权的内容等发生变更的，当事人应当到登记机关办理变更登记。当然，如果抵押权的变更不涉及到第三人的利益，抵押人和抵押权人可以直接进行变更登记；如果抵押权的变更登记涉及到其他人的利益（如其他位序的抵押权人的利益），则应当由有关利害关系人共同办理。

3. 抵押权的注销登记。抵押权消灭之后，当事人应当到登记机关办理注销登记。如果抵押合同因违反法律的禁止性规定而被宣告无效，当事人也应当办理登记。因为抵押权消灭之后，如果当事人不及时办理注销登记，就可能损害第三人利益，危及交易安全。登记通常要以抵押合同约定的内容为依据，如果登记簿记载的内容与抵押合同的内容不一致，应当以登记簿的记载为准。

（二）不动产抵押登记和动产抵押登记

1. 不动产抵押登记。根据我国《物权法》第187条的规定，"以本法第180条第1款第1项至第3项规定的财产或者第5项规定的正在建造的建筑物抵押的，应当办理抵押登记。抵押权自登记时设立。"因此，不动产抵押应当适用登记要件主义，具体来说：①所谓"应当办理抵押登记"，就是指凡是以不动产抵押的，当事人依法负有登记的义务，当事人不能约定不经登记就设立抵押权。②不动产抵押不仅包括建设用地使用权、"四荒"土地承包经营权、土地之上的建筑物和其他土地附着物的抵押，还包括正在建造的建筑物的抵押。从狭义上理解，不动产抵押仅仅指不动产所有权的抵押，用益物权的抵押属于权利抵押的范畴。但此处所说的不动产抵押是从广义上理解的，这就是说，不动产抵押既包括建筑物所有权的抵押，也包括用益物权的抵押。③抵押权自登记时设立。根据这一规定，作为物权的抵押权自登记之日起设立，如果当事人仅仅订立了抵押合同而没有登记,抵押权不能有效设立。当然,抵押合同仍然可以在当事人之间发生效力。只有在当事人办理完抵押登记之后,债权人才能享有抵押权。不仅如此,登记记载的内容也直接决定抵押权的内容,如果抵押合同的内容与登记记载不同,原则上应当以登记记载的内容为准,[1]但如果当事人证明登记记载的内容与其真实意思不符,也可以办理变更登记。

2. 动产抵押登记。根据《物权法》第188条的规定,动产抵押采用登记对抗模式,具体来说:①凡是以动产抵押的,当事人可以办理登记,也可以不办理登记,是否办理登记,当事人享有选择的权利。[2] ②动产抵押包括生产设备、原材料、半成品、产品和交通运输工具以及正在建造的船舶、航空器抵押。这些都属于动产抵押的范围。这些财产既可以分别设立普通的动产抵押,也可以和各类动产集合在一起设立动产浮动抵押。③动产抵押权自抵押合同生效时设立。这就是说,只要当事人订立的抵押合同生效,即使没有办理登记,抵押权也可以有效设立。动产抵押合同的生效,不仅发生债的效力,而且发生物权设立的效力。[3] 需要指出的是,动产抵押权不仅不需要办理登记就设立,而且不需要交付标的物,抵押合同生效后就可以设立。正是因为这一原因,抵押人在设立动产抵押之后,又将该动产转让给他人,第三人出于善意购买该动产,就可以基于善意取得制度而取得所有权。[4] ④未经登记,不得对抗善意第三人。据此,未经登记的抵押合同并非当然无效,该抵押合同在当事人之间仍然具有法律拘束力,抵押权也已存在,只是不能对抗善意第三人。

此处所说的第三人,不仅是善意的,而且是指合法交易中已经登记的物权人。因为一方面,只有合法交易中的第三人才应得到保护,如果交易本身被宣告无效或者被撤销,第三人的权利也就视为不存在;另一方面,第三人的物权必须已经登记。虽然未登记的抵押权可以产生物权效力,但是其效力是受限制的,即不能对抗已登记的物权人。对善意第三人来说,即使登记时间在抵押权人设立抵押之后,因为第三人经登记而取得了完全的物权,所以,设立在先的抵押权人的权利不能对抗该第三人的物权。

关于动产抵押的登记机构,我国《物权法》对此并没有明确作出规定。《物权法》第189条第1款规定:"企业、个体工商户、农业生产经营者以本法第181条规定的动产抵押的,应当向抵押人住所地的工商行政管理部门办理登记。抵押权自抵押合同生效时设立;未经登记,不得对抗善意第三人。"根据这一规定,动产浮动抵押要在工商行政管理部门办理登记。依据《担保法》第43条规定:"当事人以其他财产抵押的,可以自愿办理抵押物登记,抵押合同自签订之日起生效。当事人未办理抵押物登记的,不得对抗第三人。当事人办理抵押物登记的,登记部门为抵押人所在地的公证部门。"因此,动产抵押登记部门原则上为公证部门。从表面上看,上述两项规定似乎有矛盾之处,但实质上并不矛盾。显然,应当理解为,除了《物权法》明确规定的动产浮动抵押以外,其他动产抵押都应当适用《担保法》的规定在公证部门办理登记。

二、抵押登记的效力

抵押登记主要产生两种效力:一是物权设立的效力。原则上,抵押权非经登记不能设立。所以,凡是根据登记要件主义登记的,抵押权自登记时起设立,而且,抵押权的具体内容都依据登记

---

[1] 郭明瑞主编:《中华人民共和国物权法释义》,中国法制出版社2007年版,第344页。

[2] 王胜明主编:《中华人民共和国物权法解读》,中国法制出版社2007年版,第406页。

[3] 谢在全:《民法物权论》(上),中国政法大学出版社1997年版,第63页。

[4] 杨明刚:《担保物权适用解说与典型案例评析》,法律出版社2007年版,第101页。

来确定。当然,在登记对抗主义中(如动产抵押),在没有办理登记的情况下也可以设立抵押权,登记只不过使此种抵押权产生了对抗效力。二是对内优先效力。物权的对内优先效力,就是指物权之间原则上依据其产生的先后顺序来确定优先顺位。登记可以确定不同物权之间的优先顺位,因而可以产生对内优先效力。按照《物权法》第 199 条的规定,"①抵押权已登记的,按照登记的先后顺序清偿;顺序相同的,按照债权比例清偿;②抵押权已登记的先于未登记的受偿"。因此,抵押权的登记是确定其优先受偿顺序的依据。正是因为登记可以产生上述效力,所以,交易当事人都负有查询登记的义务,而不能仅仅只查看抵押权证书,如果没有查阅抵押登记而从事某项交易,就应当承担相应的不利后果。

在确定抵押登记的效力时,必须依据《物权法》区分物权的效力和合同的效力。《物权法》第 15 条规定,"当事人之间订立有关设立、变更、转让和消灭不动产物权的合同,除法律另有规定或者合同另有约定外,自合同成立时生效;未办理物权登记的,不影响合同效力。"该条在民法上称为"区分原则",即区分合同效力和物权效力。该条显然是对《担保法》相关规定的修改,[1]根据《物权法》的规定,除非法律有特别规定,抵押合同一经成立,只要在内容上不违反法律的强行性规定和公序良俗,就可发生合同的效力。抵押合同只是当事人之间的一种合意,并不必然与登记联系在一起。因为登记是针对民事权利的变动而设定的,它与物权的变动联系在一起,是一种物权变动的公示的方法。登记并不是针对合同行为,而是针对物权的变动所采取的一种公示方法,如果当事人之间在订立抵押合同之后,并没有办理抵押登记,抵押合同仍然有效,只不过,作为一种物权的抵押权不能有效设立。我国《物权法》区分了抵押合同的效力和抵押权的设立,这是对我国担保物权制度的重大完善。[2]

第五节　流押契约的禁止

所谓流押契约(lex commissoria),又称绝押契约,从狭义上说仅指流抵现象;从广义上说,同时包含流抵和流质。它是指当事人双方在设立抵押或质押时,在担保合同中规定,债务履行期限届满而担保权人尚未受清偿时,担保物的所有权移转为债权人所有。流押契约通常规定在债务人不能清偿债务时,担保物的所有权完全归债权人所有。流押契约改变了法定的物权实现方式。通常来说,担保物权人支配的是担保财产的交换价值,只能在拍卖、变卖、折价之后就担保财产的价值优先受偿。而按照流押契约的约定,担保权人可以直接取得担保财产,而不需要经过变价的程序。由此,通常流押直接实现抵押权所带来的问题是:担保物权实现程序的不透明性,完全缺乏外部必要的监督(譬如说司法监督),由此极有可能导致对债务人利益的损害。[3]

我国《物权法》第 186、211 条在总结我国立法和实践经验的基础上,在担保物权中规定禁止设定流押契约,这是必要的。这种做法符合大陆法系历来禁止流押契约的传统,而且也切合中国的现实情况。规定禁止设定流押契约具有如下几个方面的理由:

---

〔1〕 《担保法》第 41 条规定:"当事人以本法第 42 条规定的财产抵押的,应当办理抵押物登记,抵押合同自登记之日起生效。"
〔2〕 王利明:《物权法研究》(上),中国人民大学出版社 2007 年版,第 318~322 页。
〔3〕 史尚宽:《物权法论》,中国政法大学出版社 2000 年版,第 305 页。

一、保护债务人

大陆法系国家之所以采取禁止流押契约的态度,是因为债务人借债多、处于急迫窘困的情形下,债权人可以利用债务人的这种不利处境,迫使债务人与其订立流押契约,以价值甚高的担保实现价值较低的债权,并约定在担保物权实现时,不通过清算程序,使债权人完全获得担保物的所有权,这实际上是一种暴利行为,必将损害债务人的利益。[1] 我国学者大多认为,禁止流押契约的规定体现了民法的公平原则,有利于保护债务人,因为债务人因一时的急需而借款,债权人就利用债务人的急需,以类似高利贷的形式而订立流押契约,这对债务人是不公平的。[2]

二、有利于保护担保物权人以外的其他债权人

因为如果担保物的价值大大高于被担保的债权的价值,则在进行拍卖、变卖以后,被担保的债权的债权人优先受偿后,也会有剩余的价值由债务人的其他债权人受偿。但如果不进入拍卖、变卖程序,而由债权人直接取走担保物,则对于其他债权人是不利的。所以,一旦在法律上规定了法定的清算程序,当事人设立的流押契约条款就违反了法律的强行性规定,是无效的。应当注意的是,流押条款的无效并不直接导致担保合同的无效,否则不利于正常的交易秩序和信用秩序的形成。违反公序良俗无效,系指流质约定无效而言,而非担保全部无效,原债权债务及担保合同不因流押约定的无效而无效。[3] 因为一旦整个合同宣告无效,不但当事人双方相互返还,被担保的债权也处于无担保的状态,不利于鼓励交易和保障债权。

诚然,在我国,目前抵押权实现成本很高,但是解决这一问题可以通过简化担保物权的实现程序来解决,事实上我国物权法也正是采取了这种做法。但是,这并不是说,为了降低抵押权的实现费用,可以允许当事人在债务到期之前约定抵押物归属于抵押权人所有。当事人的此种约定可能会损害其他债权人的利益和债务人的利益。如果简单地以降低担保物权实现成本为由,允许流押契约,这既不能解决现实中需要解决的问题,也可能引发一些新的争议。

三、使担保物权的实现方式更加透明和公正

流押契约实际上是避开了法定的程序,而自行约定直接实现债权。许多学者认为,由当事人之间的协商合意来确定,而不必借助国家权力,通过法定的公开方式和程序进行标的物的拍卖处分,属于私力救济的一种类型。[4] 此种观点也有一定的道理。但笔者认为,私力救济是指在一方不履行其义务的情况下,另一方自行采取救济手段;流押契约并不属于这种情况。严格来说,禁止流押的主要意义就在于,要求当事人严格按照法定程序来实现抵押权,使得整个程序更加公开透明。

应当看到,确实有一些国家和地区的法律开始为流押契约解禁,逐渐承认流押契约的效力。例如,法国在2006年3月23日通过了修改原担保法的法令,从而明确承认了流押契约和流质契约的效力。我国台湾地区"民法典"曾经设有禁止流押抵押的规定,但是,在2007年3月5日修法之后,则一改以往的做法,于该法第873条之第1款规定:"约定于债权已届清偿期而未为清偿时,抵押物之所有权移属于抵押权人者,非经登记,不得对抗第三人。"尽管该条要求订立流押契约必须登记,但实际上已明确允许当事人设立流押契约。但是,国际上也存在着一种重要的发展

〔1〕 谢在全:《民法物权论》(下),台湾地区作者印行2003年版,第675页。
〔2〕 董开军主编:《中华人民共和国担保法原理与条文释义》,中国计划出版社1995年版,第150~151页。
〔3〕 刘春堂先生关于信托占有流押契约的论述,可以参见刘春堂:《动产担保交易法研究》,台湾三民书局1999年增订版,第266页。
〔4〕 顾长浩:"论日本的让渡担保制度",载梁慧星主编:《民商法论丛》(第10卷),法律出版社1998年版,第526页。

趋势,即对于抵押权的私人实现,法律侧重于对担保人和其他利害关系人的保护。[1] 所以,不能简单地认为,放松对流押契约的限制,就符合国际上的发展趋势。

还应当注意的是,流押条款的无效并不直接导致担保合同的无效,而是合同部分无效。当事人违反了《物权法》关于禁止流押契约的规定,并非指设定担保物权的行为无效,设定行为因为符合法律规定的形式要件和其他要件而当然有效,其无效仅以预先约定担保物所有权移转的部分为限。[2] 所以,流押契约无效并不影响整个担保合同的效力。原债权债务及让与担保合同不因流押约定的无效而无效。[3]

第六节 抵押权的顺位

一、抵押权顺位的概念

抵押权顺位,又称为抵押权的次序或者顺序,是指为了担保两个或者两个以上的债权,在同一财产上设定了多个抵押之后,各个抵押权所具有的优先受偿的先后次序。我国《物权法》第199条规定:"同一财产向两个以上债权人抵押的,拍卖、变卖抵押财产所得的价款依照下列规定清偿:①抵押权已登记的,按照登记的先后顺序清偿;顺序相同的,按照债权比例清偿;②抵押权已登记的先于未登记的受偿;③抵押权未登记的,按照债权比例清偿。"该条确立了抵押权的顺位。例如,甲有一栋楼房,价值1000万,从乙银行借款500万,设立了抵押,后来,甲又从丙银行借款600万,并以该楼房设立了抵押。此时,就涉及到两个抵押权人优先受偿的顺位问题。抵押权人所享有的顺位权,表面上看是一种优先受偿的次序,但实际上是一种财产权。因为优先受偿顺位,最终影响着担保物权的优先性是否可以实现以及实现的范围。换言之,抵押权最终能否实现,取决于优先受偿的顺位。[4]

在法律上规定抵押权优先顺位的意义在于:第一,有利于充分实现抵押物的价值,实现物尽其用。承认抵押权的顺位,实际上就意味着承认重复抵押。只有在重复抵押的情况下,才有优先顺位的问题。而重复抵押就是为了充分利用抵押物的交换价值,设立多个担保。这不仅使抵押物的价值得到充分体现,而且有助于利用抵押物担保多个债权,从而有利于融通资金,实现财产的最大功用。[5] 第二,顺位也有利于法院依法进行强制执行。抵押权优先顺位的确定,就确定了执行的先后顺序,而且确定了债务人可以获得分配的数额。《物权法》关于抵押权优先顺位的规定,可以方便法院在执行时根据一定的顺位来确定各个抵押权人优先受偿的数额。第三,优先顺位的规定也有利于提醒当事人注意其可能面临的风险。抵押权优先顺位的确定,实际上提供了一个风险的预警机制,可以事先提醒当事人注意其债权被担保的范围,从而准确估量其债权实现的风险。例如,在后顺位的债权人就可以准确估量其可能获得优先受偿的数额,从而决定其是否接受重复抵押。

[1] 谢在全:"民法担保物权之新风貌",载《法学丛刊》2006年第4期,第12页。

[2] 邹海林、常敏:《债权担保的方式和应用》,法律出版社1998年版,第137页。

[3] 参见刘春堂先生关于信托占有流押契约的论述。刘春堂:《动产担保交易法研究》,台湾三民书局1999年增订版,第266页。

[4] 陈荣隆:"担保物权之新纪元与未来之展望",载《台湾法学杂志》2007年4月号,第33页。

[5] 黄松有主编:《中华人民共和国物权法条文理解与适用》,人民法院出版社2007年版,第578页。

二、抵押权顺位的变更和抛弃

(一)抵押权顺位的变更

所谓抵押权顺位的变更,是指当事人通过协商变更各抵押权的优先顺序,或者数个抵押权之间的先后顺位进行互换。在顺位变更后,各抵押权人只能按变更后的顺位行使优先受偿权。[1]《物权法》第 194 条规定:"抵押权人可以放弃抵押权或者抵押权的顺位。抵押权人与抵押人可以协议变更抵押权顺位以及被担保的债权数额等内容,但抵押权的变更,未经其他抵押权人书面同意,不得对其他抵押权人产生不利影响。债务人以自己的财产设定抵押,抵押权人放弃该抵押权、抵押权顺位或者变更抵押权的,其他担保人在抵押权人丧失优先受偿权益的范围内免除担保责任,但其他担保人承诺仍然提供担保的除外。"该条实际上承认了当事人可以通过协议变更抵押权的顺位,但抵押权顺位的变更必须满足以下几个条件:

1. 通过协议进行变更。抵押权顺位的变更有多种方式,可以是法定的变更,也可以是约定的变更。通常认为,在先的抵押权消灭而导致在后的抵押权的顺位上升,这就属于法定的变更。《物权法》第 194 条只是承认了协议变更抵押权顺位的方式。从实践来看,抵押权顺位的变更主要采协议变更的方式,此种变更容易产生争议,因此《物权法》有必要对此专门做出规定。

2. 抵押权顺位的变更,未经其他抵押权人书面同意,不得对其他抵押权人产生不利影响。抵押权的变更形式有多种,在不损害其他抵押权人利益的情况下,当事人可以将在先顺位变更为在后顺位,也可以将在后顺位变更为在先顺位。抵押权顺位的变更,可以是有偿的(如变更后由后顺位的抵押权人给予顺序在先的抵押权人以一定的补偿),也可以是无偿的。通常来说,如果在先顺位的抵押权人愿意变更为在后顺位的抵押权人,就不需要经过后顺位抵押权人的同意。如果在后顺位的抵押权要变更为在先顺位的抵押权,就必须征得在先顺位抵押权人的同意。[2] 值得注意的是,如果抵押权顺位的变更,将对其他抵押权人产生不利影响,则必须要取得其他抵押权人的书面同意。《物权法》之所以强调要取得其他抵押权人的书面同意,主要是为了防止发生争议,也是为了提醒这些抵押权人慎重考虑。但如果协议变更不会对其他抵押权人产生不利影响,也不一定采取书面形式。

3. 抵押权顺位的变更,必须经过登记,否则不产生对抗第三人的效力。《担保法解释》第 82 条规定:"当事人对最高额抵押合同的最高限额、最高额抵押期间进行变更,以其变更对抗顺序在后的抵押权人的,人民法院不予支持。"该条也可以适用于此种情况。抵押权顺位的变更也是抵押权的变更,应当办理变更登记。[3]

(二)抵押权顺位的抛弃

所谓抵押权顺位的抛弃,就是指在先顺位的抵押权人放弃了其在先的抵押权顺位。抵押权本身是一种财产权,抵押权顺位本身体现了一定的财产利益,按照私法自治原则,既然权利人可以放弃抵押权,抵押权人自然也可以在不损害其他抵押权人利益的情况下放弃其顺位利益。[4]《物权法》第 194 条规定:"抵押权人可以放弃抵押权或者抵押权的顺位"。尽管《物权法》将抛弃抵押权和抛弃抵押权顺位规定在一起,但抵押权顺位的抛弃和抵押权的抛弃是不同的。抵押权

〔1〕 王胜明主编:《中华人民共和国物权法解读》,中国法制出版社 2007 年版,第 420 页。
〔2〕 胡康生主编:《中华人民共和国物权法释义》,法律出版社 2007 年版,第 423 页。
〔3〕 郭明瑞主编:《中华人民共和国物权法释义》,中国法制出版社 2007 年版,第 361 页。
〔4〕 梅夏英、高圣平:《物权法教程》,中国人民大学出版社 2007 年版,第 389 页。

的抛弃意味着,原来的抵押权人不再享有抵押权,而变为普通债权人;而抵押权顺位的抛弃,则只是意味着其抵押权的受偿顺序的变更,抵押权仍然存在,抵押权人并没有转变为普通债权人。

抵押权顺位的抛弃可以有两种情况:①针对特定后顺位抵押权人的抛弃。在先顺位的抵押权人为了特定后顺位抵押权人的利益,而将自己的优先受偿利益抛弃,此种情况也称为抵押权顺位的相对抛弃。相对抛弃在性质上具有变更的特点,但因为在先顺位抵押权人毕竟放弃了其在先的顺位,所以,也可以认为是抵押权顺位的抛弃。②针对不特定的后顺位抵押权人的抛弃,此种情况称为抵押权顺位的绝对抛弃。它是指在先顺位的抵押权人为了全体后顺位的抵押权人的利益,而将自己的抵押权在先顺位予以抛弃。此时,后顺位的抵押权人的顺位依次升进,而抛弃者变成了最后顺位的抵押权人。[1]

(三)抵押权顺位变更、抛弃的法律效果

《物权法》第 194 条第 2 款规定:"债务人以自己的财产设定抵押,抵押权人放弃该抵押权、抵押权顺位或者变更抵押权的,其他担保人在抵押权人丧失优先受偿权益的范围内免除担保责任,但其他担保人承诺仍然提供担保的除外。"该条确立了抵押权顺位变更、抛弃的法律效果:

1. 抵押权人放弃该抵押权、抵押权顺位或者变更抵押权的,必须要考虑其他担保人的利益。《物权法》第 194 条第 2 款所说的"其他担保人"是指提供物上担保的第三人或者保证债务中的保证人。就同一主债权可以设立多个担保,其中既包括物的担保,也包括人的担保,因而,其他担保人应当包括各类担保人。[2] 抵押权人放弃该抵押权、抵押权顺位或者变更抵押权的,都必须考虑到其他担保人的利益。

2. 必须区分是以债务人自己的财产设定的抵押,还是以第三人的财产设定的抵押。如果是债务人以自己的财产设定抵押,不管债务人所设立的抵押是担保全部债务还是部分债务,首先应当以债务人自己的财产实现此种抵押。因为债务人是终局责任人,如此可以避免追索的费用。但如果是债务人以外的第三人提供的担保,则抵押权人放弃该抵押权、抵押权顺位或者变更抵押权的,有可能导致第三人相应地被免除责任。[3]

3. 抵押权人放弃该抵押权、抵押权顺位或者变更抵押权的,将要导致其他担保人相应地免责。根据《物权法》第 194 条第 2 款的规定,"其他担保人在抵押权人丧失优先受偿权益的范围内免除担保责任"。如何理解"抵押权人丧失优先受偿权益的范围内免除担保责任"? 笔者认为,抵押权人抛弃了债务人自己提供的抵押的,抵押权人在其抛弃的抵押权范围内丧失优先受偿权。例如,甲向银行乙借款 1000 万,甲将自己的房产估价设定抵押担保 800 万的债权,丙以其房产作抵押担保 300 万的债务,丁作为保证人提供保证。如果乙抛弃了对甲的房产的抵押权,将会使自己丧失 800 万的优先受偿的权益,因此,丙和丁仅就剩余的 200 万债务承担担保责任。

4. 其他担保人承诺仍然提供担保的除外。如果其他担保人没有明确同意继续承担担保责任,就应当按照上述规则来处理。由此可见,本条实际上是任意性规定,当事人可以通过意思表示排除其适用。《物权法》第 194 条第 2 款所规定的"承诺",既包括其他担保人与债权人之间达成的协议,也包括其他担保人单方的允诺。例如,数个担保人之间达成合意,即使抵押权人抛弃债务人自己财产上的抵押权,他们仍然要对全部债务承担担保责任,此时,抵押权人抛弃债务人

〔1〕 梅夏英、高圣平:《物权法教程》,中国人民大学出版社 2007 年版,第 389 页。

〔2〕 姚红主编:《中华人民共和国物权法精解》,人民出版社 2007 年版,第 341 页。

〔3〕 姚红主编:《中华人民共和国物权法精解》,人民出版社 2007 年版,第 341 页。

财产上的抵押权,并不导致其他担保人责任的相应免除。

三、抵押权顺位的转让

由于抵押权顺位本质上是财产权,所以,应当允许权利人转让抵押权的顺位。[1] 尽管我国《物权法》没有对抵押权顺位的转让作出规定,但是,因为我国《物权法》规定了抵押权顺位的协议变更,这实际上可以解释为,我国《物权法》也承认抵押权顺位的转让。从法律上看,只要转让人和受让人达成合意,应当允许双方转让抵押权顺位。顺位的转让也应当属于变更的内容,如果当事人通过合意转让抵押权的顺位且不损害其他人的利益,就应当承认此种转让的效力。[2] 但抵押权顺位的转让,应当在先顺位抵押权人和后顺位抵押权人之间进行,在抵押权人和其他人之间是不可能发生抵押权顺位的转让的。

第七节　对抵押物转让的限制

一、《物权法》关于抵押物转让的规定

所谓抵押物的转让,是指在抵押期限内抵押人将抵押物转让给他人。抵押设定之后,抵押物所有权在法律上仍然归属于抵押人,只不过,抵押人对抵押物的处分权是受到限制的。原则上,凡是经过抵押权人同意,抵押人就可以处分抵押物。抵押权人如果同意转让抵押物,并以获得的价款来优先受偿,按照私法自治的原则,只要不损害其他人的利益,法律应当尊重当事人的意思,允许抵押物的转让。根据《物权法》第191条的规定,抵押财产的转让应遵守如下规则:

（一）抵押财产未经抵押权人的同意不能转让

我国《物权法》第191条第2款规定:"抵押期间,抵押人未经抵押权人同意,不得转让抵押财产,但受让人代为清偿债务消灭抵押权的除外。"这就是说,抵押人在设定抵押之后,虽然对抵押财产享有所有权,但是,此种所有权中的处分权已经受到了严格的限制。抵押人不能随意处分该财产,必须充分尊重抵押权人的意志。在法律上严格限制抵押人的处分权,既符合所有权的一般原理,又有利于充分保障抵押权人的利益。但是,抵押财产毕竟属于抵押人所有,抵押人可以对其进行处分,如果抵押人取得了抵押权人的同意,完全可以转让抵押财产。即使此种转让最终导致抵押权人的债权不能完全实现,因为已经取得抵押权人的同意,所以,抵押权人应当承受此不利后果。从《物权法》第200条的规定来看,禁止抵押人转让的应当是抵押的财产,而不应当包括不属于抵押财产的新增建筑物。

问题在于,如果没有经过抵押权人同意,转让抵押财产的合同是否无效?这涉及到《物权法》第191条第2款的规定应属于效力性规范,还是取缔性规范。笔者认为,该条规定属于效力性规范。因为从该条规定的立法目的来看,就是要通过禁止转让使第三人不能获得财产权利,从而保障抵押权人的利益,如果将该条规定认定为取缔性规范,这就意味着抵押人未经抵押权人同意而转让其抵押财产的合同仍然有效,就会使得法律关于要征得抵押权人同意的规定形同虚设,无法实现其立法目的。

---

[1] 陈荣隆:"担保物权之新纪元与未来之展望",载《台湾法学杂志》2007年4月号,第33页。
[2] 郭明瑞主编:《中华人民共和国物权法释义》,中国法制出版社2007年版,第361页。

（二）抵押期间，抵押人经抵押权人同意转让抵押财产的，应当将转让所得的价款向抵押权人提前清偿债务或者提存

如果经过抵押权人的同意，抵押人可以转让抵押财产，但在转让抵押财产之后，抵押人并不能对该价款随意处分，而必须提前清偿债务或者提存。因为在转让抵押财产之前，主债务的履行期限尚未届满，债务人本不应当承担实际清偿的义务，抵押权人也无权要求提前清偿。但是，如果抵押人转让了抵押财产，此时，就必须以转让的价款向抵押权人提前清偿债务或者提存。因为一方面，抵押权本身就是一种物权，在抵押财产转让以后，抵押权的支配对象就由抵押财产转变为转让所得的价款；另一方面，转让所得的价款以货币的形式存在，且处于抵押人的控制之下，极易被抵押人随意处分，从而损害抵押权人的利益。因此，只有提前清偿或提存，才能保障抵押权人的利益。要求债务人以抵押物转让所得的价款提前清偿债务或提存，并没有损害债务人的期限利益。因为债务人如果不愿意提前履行，其可以采用提存的方式。[1]

（三）转让的价款超过债权数额的部分归抵押人所有，不足部分由债务人清偿

由于抵押物在设定抵押之后，其仍然归属于抵押人所有，所以，经过抵押权人同意后转让，在提前清偿了债务以后，剩余的价款仍然归属于抵押人。但是，如果抵押物的价款不足以清偿债务，则应当由债务人清偿，而不能由抵押人负清偿责任。因为债务毕竟是债务人自己的债务，既然转让抵押物经过了抵押权人同意，用价款清偿债务，这表明抵押人尽到了担保责任。如果抵押人是债务人，由其清偿债务是理所当然的；如果抵押人是第三人，既然其已经履行了其担保责任，就不能再要求其继续承担清偿债务的责任。

如果转让的价款用于提存，是否适用上述规则？笔者认为，以转让的价款提存，与清偿债务的性质相同，都可以导致主债务的消灭或部分消灭。所以，如果以转让的价款提存，转让的价款超过债权数额的部分归抵押人所有，不足部分由债务人清偿。

（四）允许第三人行使涤除权

《物权法》第191条规定，"但受让人代为清偿债务消灭抵押权的除外"。该条确认了受让人涤除权。所谓涤除权，就是指发生抵押物转让的情况时，抵押物的受让人向抵押权人支付一定的代价以消灭抵押权，在抵押权人接受受让人的要求后，抵押权消灭。[2] 涤除权的规定实际上是为了保护第三人的利益而设定的，是指抵押物取得人有权向抵押权人提供与抵押物的价值相当的金钱或为债务人清偿债务，使抵押权消灭的制度。涤除权是与担保物权的追及效力相配套而适用的制度。笔者认为，《物权法》的上述规定，实际上就是规定了涤除权，这对保护第三人的利益非常重要。例如，甲将其土地作价1000万元设定抵押，从银行乙处借款500万元。后来，甲将该地转让给丙，用于房地产开发建设。丙就向乙提出，其愿意代甲清偿欠款500万元。但是，银行予以拒绝。笔者认为，此时丙实际上是行使涤除权，涤除权是抵押物的受让人享有的权利，对此种权利受让人可以行使，也可以放弃。但涤除的请求必须在抵押权实现之前提出，且必须要由受让人向抵押权人提出。[3] 依据《物权法》第191条的规定，涤除的条件是代为清偿债务，一旦该条件为抵押权人所接受，则抵押权消灭。换言之，只要受让人提出涤除的请求，抵押权人就不能拒绝，否则就难以实现立法目的。所以，在上例中，当丙提出代为清偿的条件后，依据《物权

---

〔1〕 黄松有主编：《中华人民共和国物权法条文理解与适用》，人民法院出版社2007年版，第572页。
〔2〕 ［日］近江幸治：《担保物权法》，祝娅等译，法律出版社2000年版，第174页。
〔3〕 许明月："抵押物转让的立法模式选择与制度安排"，载《现代法学》2006年第2期。

法》第191条的规定,银行无权拒绝。

涤除权与代为清偿债务虽然有一定的相似性,但并不完全相同。二者的区别在于:首先,涤除权只能由抵押物的受让人享有并行使,但代为清偿可以由任何第三人实施;其次,涤除权只是对抵押权产生影响,代为清偿虽然会间接地导致抵押权消灭的效果,但并非直接以抵押权消灭为目的;最后,涤除权一旦行使,抵押权人必须接受;而第三人代为清偿,债权人有权予以拒绝。[1]

二、关于善意取得制度的适用

我国《物权法》虽然不承认抵押权人享有追及权,但是,抵押人转让抵押财产时有可能产生善意取得的问题。一般来说,抵押人对经过登记的抵押权的转让,通常不可能适用善意取得。因为第三人通过查阅登记,可以了解到该财产被抵押的状况,其应当知道抵押人不具有处分权,因此,也不能认定其是善意的。如果第三人在得知抵押物设立抵押以后,仍然受让该财产,则意味着其自愿接受了一种将来可能受到抵押权人追夺的风险,其自愿承受这种风险,法律没有必要进行干涉。

但是,对于动产抵押而言,则可能存在善意取得的适用问题。因为依据我国《物权法》的规定,动产抵押采登记对抗主义,所以,动产抵押可能并没有办理登记。如果在动产设定抵押之后,抵押人未经抵押权人的同意转让抵押财产,第三人又不可能知道动产之上已经设立了抵押,所以,第三人是善意的、无过失的,作为善意的买受人,可能基于善意取得制度而取得该动产的所有权。另根据《物权法》第108条的规定,"善意受让人取得动产后,该动产上的原有权利消灭,但善意受让人在受让时知道或者应当知道该权利的除外。"因此,如果抵押人未经抵押权人的同意而转让抵押财产,受让人并不知情,依据善意取得制度取得了该动产的所有权,则该动产之上的抵押权归于消灭。

需要探讨的是,即使是动产抵押,抵押人转让该动产也应当适用《物权法》第191条第2款的规定,而如前所述,该条规定属于强行性规范中的效力性规范,如果违反该规范,将导致转让合同无效。因转让合同无效,也难以适用善意取得。这是否意味着动产抵押不能适用善意取得?笔者认为,问题的关键在于,整个转让的过程是否符合善意取得的构成要件,如果符合善意取得的构成要件,可认定转让有效,抵押权人不得以转让合同无效来否定善意取得的构成。[2]

第八节 抵押权的效力

一、抵押人的权利和义务

1. 对抵押物的占有和使用权。抵押设定以后,除法律或合同另有约定以外,抵押人有权继续占有抵押物,并有权取得抵押物的孳息。但是,抵押人在行使占有权时应当妥善保管抵押物,并自行承担保管的费用。如果因为抵押人保管不善,造成抵押物毁损灭失,抵押权人可以要求其增加担保。如果有毁损灭失之虞的,抵押权人可以要求提前拍卖、变卖抵押物。

2. 对抵押物的转让权。在抵押权设定以后,抵押人仍然享有对抵押物的所有权,也仍然享有对抵押物的最终处分权,只不过,此种处分权受到一定的限制。根据《物权法》第191条的规定,

[1] 许明月:"抵押物转让的立法模式选择与制度安排",载《现代法学》2006年第2期。
[2] 张万彬:"浅议抵押人对抵押物的转让权",载《金融经济》2007年第10期。

在抵押设定以后,抵押人并不丧失对抵押物的所有权,抵押人经过抵押权人同意后有权将抵押物转让给他人。

3. 设定重复抵押的权利。《物权法》第 199 条规定:"同一财产向两个以上债权人抵押的,拍卖、变卖抵押财产所得的价款依照下列规定清偿:①抵押权已登记的,按照登记的先后顺序清偿;顺序相同的,按照债权比例清偿;②抵押权已登记的先于未登记的受偿;③抵押权未登记的,按照债权比例清偿。"该规定实际上已经修改了《担保法》的规定,解除了对重复抵押的限制。允许重复抵押将会使抵押物的价值得到最充分的利用,可以使抵押物的担保价值得到最大限度的发挥。同时,也强化了债权的效力。由于登记制度可以将重复抵押予以公示,而且法律确定了重复抵押权行使的规则,所以,也避免了重复抵押所发生的冲突和纠纷。抵押人设定某一抵押之后,仍然享有重复抵押的权利,这可以看作是其处分权的一项内容。[1]

4. 对抵押财产的出租权。抵押权设定以后,抵押物仍然归抵押人所有,因此抵押人有权将抵押物出租给他人使用。因为抵押人对抵押物享有所有权,即使在抵押生效之后,其仍然享有对抵押物的所有权,因而,无论是在抵押前还是抵押后,抵押人都可以将其抵押财产予以出租。《物权法》第 190 条规定:"订立抵押合同前抵押财产已出租的,原租赁关系不受该抵押权的影响。抵押权设立后抵押财产出租的,该租赁关系不得对抗已登记的抵押权。"一方面,根据这一规定,在抵押人出租其财产之后,其仍然可以抵押该财产,因为抵押人将财产出租并没有移转其所有权,只不过是因为出租行为而在财产之上设立了负担。如果抵押人将出租的财产抵押,租赁关系也不因此受到影响。另一方面,抵押关系成立以后,在抵押期间,抵押人可以将该抵押财产出租。这样在抵押权人实现抵押权时,租赁关系即使没有终止,也一般不会影响抵押权人的优先受偿。

5. 孳息收取权。在抵押期间,由于抵押物的所有权仍然归属于抵押人,且抵押物由抵押人占有,因此,抵押物的孳息收取权应当归抵押人享有。但在债务履行期届满、债务人不履行债务而使抵押物被人民法院依法扣押的,根据《物权法》第 197 条的规定,自扣押之日起,抵押权人有权收取由抵押物所分离的天然孳息以及抵押人就抵押物可以收取的法定孳息。

抵押人的主要义务是妥善保管好抵押物。在抵押期间,由于抵押人继续占有抵押物,因此抵押人应当负保管抵押物的义务,并应采取各种必要的措施以防止抵押物的毁损、灭失和价值减少。因抵押人的行为造成抵押物价值减少的,抵押人有义务恢复抵押物的价值,或者提供与减少的价值相当的担保。在抵押期间,抵押人不得在未取得抵押权人同意的情况下,将抵押物转让给受让人。经同意转让抵押物的价款应符合抵押物的实际价值,且因转让所获得的价款应用来提前清偿所担保的债权或者向第三人提存。

二、抵押权人的权利和义务

1. 支配抵押物并排除他人侵害的权利。在抵押期间,尽管抵押权人并未实际占有抵押物,但抵押权人对抵押物仍享有支配权。如果抵押物受到第三人的侵害,抵押权人有权要求侵害人停止侵害、恢复原状、赔偿损失。当抵押物被第三人侵夺时,抵押权人依法可对抵押物行使物权请求权,以保障其权利实现。[2]

2. 同意抵押人转让抵押财产的权利。根据《物权法》第 191 条的规定,抵押期间,抵押人转让抵押财产必须征得抵押权人的同意,未经抵押权人的同意,不得转让抵押财产。可见,抵押权人

---

〔1〕 胡康生主编:《中华人民共和国物权法释义》,法律出版社 2007 年版,第 435 页。
〔2〕 尹田:《法国物权法》,法律出版社 1998 年版,第 502 页。

有权决定抵押人是否可以转让抵押财产。如果抵押权人同意抵押人转让抵押财产,抵押人在转让之后,应当将转让所得价款提前清偿债务或者提存。

3. 抵押财产价值的保全与恢复权。《物权法》第 193 条规定:"抵押人的行为足以使抵押财产价值减少的,抵押权人有权要求抵押人停止其行为。抵押财产价值减少的,抵押权人有权要求恢复抵押财产的价值,或者提供与减少的价值相应的担保。抵押人不恢复抵押财产的价值也不提供担保的,抵押权人有权要求债务人提前清偿债务。"该条实际上确认了三种权利:

(1)请求停止实施减少抵押物价值行为的权利。所谓请求停止实施减少抵押物价值行为的权利,是指在抵押人的行为足以使抵押财产价值减少时,抵押权人有权依法请求其停止该行为。所谓"足以",是指抵押权人能够举证证明,抵押人的行为会明显造成抵押物的价值减少。对于"足以"的举证责任,应当由抵押权人承担。

(2)对抵押物的价值保全权。该权利的行使必须是抵押财产的价值在客观上已经减少、抵押人没有及时恢复抵押物的价值或者提供相应的担保,抵押权人有权要求抵押人提供与减少的价值相应的担保。

(3)请求提前清偿债务的权利。如果抵押财产的价值明显减少,抵押人不恢复抵押财产的价值也不提供担保的,法律必须采取措施保障抵押权人的利益。《物权法》关于请求提前清偿债务的权利的规定尽管在一定程度上剥夺了债务人的期限利益,但是,这对抵押人并非不公平。如果抵押人确实无法恢复价值,也无法提前清偿,其也可以与抵押权人协商,要求其不行使请求提前清偿的权利。

4. 权利处分权。抵押权设定之后,抵押权人可以放弃抵押权和抵押权的顺位,也可以与抵押人协商变更抵押权的内容。抵押权虽然具有从属性,但也具有相对的独立性,且抵押权在性质上仍然属于一种财产权,所以,按照私法自治原则,抵押权人可以对抵押权进行处分,抵押权的处分,包括抵押权的放弃和抵押权顺位的变更等。只要不损害其他抵押权人的利益,抵押权人都可以依法处分其权利。[1] 如果抵押权人转让其主债权,也可以将抵押权一并转让。

5. 变价优先受偿权。所谓变价优先受偿权,主要是指在债务人不履行债务或出现当事人约定的实现抵押权的情形时,抵押权人可以与抵押人协议以该抵押财产折价,或者以拍卖、变卖该抵押财产所得的价款优先受偿。除此之外,还包括如下两个方面内容:①对内的优先权,即在抵押权与抵押权发生冲突的情况下,应当按照《物权法》第 199 条的规定确定抵押权实现的先后顺序;②对外的优先权,如果在抵押物被查封、被执行时,抵押权优先于执行的债权。对于抵押财产被扣押或强制执行的,抵押权人应当从抵押物的变价中优先受偿。如果债务人被宣告破产,抵押权应当优先于一切债权,抵押财产不列入破产财产,抵押权人可以就抵押物于其担保的债权额范围内优先受偿。[2]

抵押权人的主要义务是在实现抵押权时严格依据法定和约定的方式及程序,不得损害抵押人和其他人的利益,不得不正当地干预抵押人所享有的各种权利。抵押权人应当按照诚信原则,在设定抵押的时候,不得要求抵押人设定过度抵押。例如,以价值 1000 万的房产担保 100 万的债权;如果抵押物的价值超出所担保权的主债权,不得禁止抵押人就抵押物的剩余价值设定新的抵押。否则,这既违反诚信原则,也不利于充分发挥抵押物的担保效用。

〔1〕 郭明瑞:《中华人民共和国物权法释义》,中国法制出版社 2007 年版,第 360 页。
〔2〕 陈本寒主编:《担保法通论》,武汉大学出版社 1998 年版,第 184 页。

三、抵押权的法定期限

我国《物权法》第 202 条规定："抵押权人应当在主债权诉讼时效期间行使抵押权；未行使的，人民法院不予保护。"该规定确定了抵押权的法定期限和确定法定期限的规则，具体来说，该条规定的主要内容包括：

1. 抵押权人应当在主债权诉讼时效期间行使抵押权，因而抵押权的最长期限原则上不超过主债权的诉讼时效期限。不管当事人是否存在着关于抵押权期限的约定，抵押权都会因主债权诉讼时效届满而归于消灭。《物权法》作出这种规定的理由在于：一方面，按照从属性原则，抵押权具有从属于主债权的特性，其目的在于担保主债权的实现，所以，抵押权不应当与主债权相分离而独立存在。如果主债权已经过了诉讼时效，抵押权也不得再实现。依据该条规定，主债权诉讼时效期间届满后，尽管债权这一实体权利并不消灭，但是债务人享有时效届满的抗辩权，这就强调了抵押权在抗辩权上的从属性，因为此时如果允许抵押权人仍然有权行使抵押权进而实现债权，那么实际上就变相地规避了诉讼时效的规定。所以，《物权法》规定此时抵押权人行使抵押权，法院不予保护。[1] 另一方面，在诉讼时效届满之后，债权人不行使主债权，导致主债权诉讼时效届满，也没有必要再为抵押权单独留出期限。债权人不积极行使权利，就表明其对抵押权也怠于行使。在抵押关系中，最终的义务人为主债务人，如果在诉讼时效之外另加一定的期限来确定抵押权行使期间，则是对抵押人强加了比债务人更重的义务，这对抵押人确实过于苛刻。[2]

2. 抵押期限必须根据主债权的诉讼时效期间来确定。根据我国《物权法》第 202 条规定，主债权的诉讼时效期间届满，抵押权不再受到保护。因而，抵押权的存续期间与主债权的诉讼时效期间原则上应当相同。[3] 如果主债权诉讼时效期间发生中止、中断或延长，抵押权期限也相应地发生变化。在主债权诉讼时效届满之后，抵押权也不受保护。因此，抵押权的最长存续期间就是主债权的诉讼时效期间。当事人不能约定抵押权永久存在，也不能约定诉讼时效届满之后抵押权继续存在。因为这些约定是明显违背《物权法》第 202 条的规定，应当认定为无效。

3. 在主债权诉讼时效期间届满以后，抵押权不受法律保护。这就是说，主债权时效届满后，抵押权不消灭，而只是使抵押人享有了拒绝履行的抗辩权。作为从权利的抵押权，其实体权利不应消灭，如果抵押人自愿履行担保义务，抵押权人仍然可以接受，从而使其权利实现。[4] 但由于主债权已过诉讼时效，抵押权不再受人民法院保护，所以，抵押人实际上已经没有法律上的义务履行担保责任。抵押人不履行担保义务，抵押权人在人民法院提起诉讼，不应受到法院的保护。如果超过诉讼时效，抵押人自愿履行后又反悔的，也不受人民法院的保护。[5] 从实践来看，由于抵押权本身是给抵押人施加的一种负担，所以，抵押权的法定期间届满后，抵押人通常不会履行担保义务，从这个意义上说，抵押权实际上已经归于消灭。《物权法》作出这种规定，既不违背抵押权的从属性，又可以防止出现抵押权人通过行使抵押权而规避诉讼时效制度的问题。

---

〔1〕 姚红主编：《中华人民共和国物权法精解》，人民出版社 2007 年版，第 352 页。

〔2〕 杨明刚：《担保物权适用解说与典型案例评析》，法律出版社 2007 年版，第 171 页。

〔3〕 杨明刚：《担保物权适用解说与典型案例评析》，法律出版社 2007 年版，第 170 页。

〔4〕 胡康生主编：《中华人民共和国物权法释义》，法律出版社 2007 年版，第 441 页。

〔5〕 杨明刚：《担保物权适用解说与典型案例评析》，法律出版社 2007 年版，第 173 页。

第九节　共同抵押

一、共同抵押的概念和特征

共同抵押,又称为连带抵押,是指以数项财产共同担保某一项债权,数项财产为同一主债权设定一项抵押权。例如,甲公司向乙银行借款 500 万元,甲公司以自己的汽车设立抵押,又以丙的房产设立抵押。甲和丙的抵押构成了共同抵押。再如,甲公司向乙银行借款 500 万元,甲公司以自己的汽车设立抵押,又以自己的建设用地使用权抵押,汽车和建设用地使用权构成了共同抵押。《物权法》第 180 条第 2 款规定:"抵押人可以将前款所列财产一并抵押。"对该条所确立的抵押权性质,有学者认为属于集合抵押,[1]按照大多数学者的观点,该条实际上是承认了共同抵押。共同抵押具有如下几个特点:

1.共同抵押必须是在多个抵押财产之上设立的抵押。共同抵押的主要特点在于,抵押权的标的是数项财产而不是一项财产。所谓数项财产,是指这些物并不是集合物,而是各个独立的财产。共同抵押强调的是,多个财产甚至是性质各不相同的财产设立的抵押。抵押人可以是一人,也可以是多人。共同抵押和一般抵押的不同就在于,一般抵押是一项抵押财产担保某一个债权,而共同抵押是以多项财产担保某个债权。例如,甲为担保乙的某项债权以自己的财产设立了抵押,而丙和丁也以自己的财产为担保乙的该项债权设立抵押,三个抵押结合在一起形成了共同抵押。从《物权法》的相关规定来看,不管在动产之上,还是在不动产之上以及不动产权利(如建设用地使用权),都可以设立共同抵押。

2.共同抵押必须是数个抵押财产担保同一个债权。在共同抵押的情况下,存在着数个抵押财产,如果数个抵押财产分别担保不同的债权,这仍然是单个抵押,而不是共同抵押。只有在数个抵押财产都担保同一债权的情况下,才能形成共同抵押。

3.共同抵押在性质上原则上是共同连带抵押,但当事人另有约定的除外。有学者认为,共同抵押的数个抵押物对于所担保的债权各负全部的担保责任。此时,共同抵押极类似连带责任。[2]也有学者认为,共同抵押可以分为按份共同抵押和连带共同抵押。按份的共同抵押就是指每个抵押物约定了所担保的债权数额,债权人只能依约定就某个抵押物的变价价款优先受偿。[3]笔者认为,共同抵押原则上都是连带共同抵押,因为既然多个财产担保同一债权,且设立的是单一抵押权,所以,各个抵押财产应当"连带"地担保主债权。但是,对于共同抵押也应当允许当事人特别约定。在当事人没有特别约定的情况下,实际上就导致"物上连带责任"。[4]

二、共同抵押的效力

当抵押财产是由不同的抵押人提供的时候,抵押人和抵押权人之间可以通过抵押协议约定各个抵押财产所担保的债权份额。如果抵押合同中已经明确约定了抵押物担保的债权份额,在债务履行期限届满而债务人不履行债务时,抵押权人实现抵押权,只能依抵押合同约定的份额实

---

〔1〕　黄松有主编:《〈中华人民共和国物权法〉条文理解与适用》,人民法院出版社 2007 年版,第 538 页。

〔2〕　程啸:"担保物权",载王利明等:《中国物权法教程》,人民法院出版社 2007 年版,第 493 页。

〔3〕　杨红:《中华人民共和国物权法担保物权研究》,中国社会科学出版社 2007 年版,第 157 页。

〔4〕　程啸:"担保物权",载王利明等:《中国物权法教程》,人民法院出版社 2007 年版,第 493 页。

现优先受偿,不得超过该数额来行使抵押权。[1] 例如,丙享有的债权数额是 1000 万元,而甲提供的房屋价值 1000 万元,但只担保 500 万元的债务,乙提供的建设用地使用权价值 800 万元,而只担保 500 万元的债务,那么,丙只能按照约定的数额来确定其优先受偿的范围。问题在于,如果当事人虽然就数个抵押财产所担保的债权数额作出了约定,但是,数个当事人约定要担保的债权总额超过了实际债权的总额,此时,如何确定各个抵押财产担保的债权数额呢?一般认为,在此情况下,应当按照比例减少各个抵押财产所担保的债权数额。

如果当事人之间没有就各个抵押财产所担保的债权数额作出约定,根据《担保法解释》第 75 条第 2 款规定:"同一债权有两个以上抵押人的,当事人对其提供的抵押财产所担保的债权份额或者顺序没有约定或者约定不明的,抵押权人可以就其中任一或者各个财产行使抵押权。"因此,抵押权人可以就任何一个抵押财产行使抵押权,也可以就各个抵押财产来行使抵押权。各个抵押人处于类似于"连带保证人"的地位,而抵押权人享有完全的自由选择的权利。

《物权法》第 194 条规定:"抵押权人可以放弃抵押权或者抵押权的顺位。抵押权人与抵押人可以协议变更抵押权顺位以及被担保的债权数额等内容,但抵押权的变更,未经其他抵押权人书面同意,不得对其他抵押权人产生不利影响。债务人以自己的财产设定抵押,抵押权人放弃该抵押权、抵押权顺位或者变更抵押权的,其他担保人在抵押权人丧失优先受偿权益的范围内免除担保责任,但其他担保人承诺仍然提供担保的除外。"根据这一规定,如果出现了共同抵押,因为抵押权人放弃债务人以自己财产设立的抵押,会对其他担保人产生何种影响?主要有:第一,抵押权人放弃债务人以自己财产设立的抵押,对其他担保人将在一定范围内产生免责的效果。此处所说的其他担保人,包括保证人和物上担保人。所以,其他担保人不限于抵押人。第二,其他担保人在抵押权人丧失优先受偿权益的范围内免除担保责任。第三,其他担保人承诺仍然提供担保的除外。这就是说,尽管抵押权人放弃抵押权将会减轻其他担保人的责任,但是,如果担保人同意继续承担担保责任,按照私法自治原则,则并无不可,其他担保人承诺仍然提供担保的,其担保责任不予免除。[2]

第十节 抵押权的实现

一、抵押权实现概述

所谓抵押权的实现,是指抵押物所担保的债权已届清偿期,而债务人未履行债务或者出现了当事人约定的实现抵押权的情形时,抵押权人可以通过行使抵押权,以抵押物的价值优先受偿。《物权法》第 195 条专门规定了抵押权的实现。抵押权设立的目的就在于,当债务人不清偿债务时,就抵押财产拍卖、变卖的价值优先受偿。而抵押权的实现,就是要具体实现抵押权人的优先受偿权。抵押权的实现将使抵押权人设立抵押权的目的达到,并使主债权得以清偿。

抵押权的实现是以抵押权合法有效的存在为前提的。抵押权的实现是抵押权人行使权利的表现,但它又不同于抵押权的行使。因为抵押权包含各项权能,抵押权人行使各项权能,都属于抵押权行使的范畴。而抵押权的实现,只是抵押权人行使其优先受偿权的体现。

〔1〕 程啸:"担保物权",载王利明等:《中国物权法教程》,人民法院出版社 2007 年版,第 493 页。

〔2〕 王胜明主编:《中华人民共和国物权法解读》,中国法制出版社 2007 年版,第 421 页。

二、抵押权实现的条件

依据《物权法》第195条的规定,债务人不履行到期债务或者发生当事人约定的实现抵押权的情形,抵押权人有权实现抵押权。抵押权实现的条件有三点:

（一）必须存在合法有效的抵押权

抵押权具有从属性,其实现以主债权的合法存在为前提,如果主合同被宣告无效或被撤销,则抵押合同也应相应被宣告无效,抵押权自然不能有效成立,抵押权人也不得行使抵押权。如果当事人之间虽然订立了抵押合同,但并未进行登记,笔者认为,要区分不同情况分别看待:如果抵押权的设立采登记要件主义,则抵押权在没有登记时尚未有效设立,自然不存在抵押权的实现问题;如果抵押权的设立采登记对抗主义,此时不应当影响抵押权的存在,只是抵押权的效力不能对抗善意第三人。

（二）债务人的债务必须已届清偿期

如果主债权尚未到清偿期,债权人不能请求债务人履行债务,抵押权人当然不能实现抵押权。《物权法》第195条规定的"债务人不履行到期债务",不包括在履行期限到来之前,债务人公开明确的表明其将要不履行债务。即使出现此种情况,抵押权人也不能实现抵押权。这一方面有利于保护抵押人的期限利益,另一方面也不会影响抵押权人在期限到来后行使抵押权。从实践来看,如果主合同明确规定了债务履行期限,一般不会发生争议。但如果合同没有规定债务履行期限或约定不明确,在此情况下,抵押权人应如何行使抵押权,值得研究。笔者认为,由于抵押权以保障主债权的实现为目的,在履行期限届满之前,主债权尚未受到威胁,抵押权人不能行使抵押权。因此,必须首先确立债务人履行债务的期限,并据此进一步确定债务人是否到期未履行。在未约定履行期限或约定不明确的情况下,应当根据《民法通则》第88条第2款第2项和《合同法》第62条第4项的规定,[1]确定出合同的履行期限。在履行期到来以后,债务人不履行债务时,抵押权人才能要求实现其抵押权。

（三）债务人不履行到期债务或者发生当事人约定的实现抵押权的情形

1. 债务人不履行到期债务。债务人未履行债务包括债务人拒绝履行、迟延履行和不适当履行。当然,如果债务人根据主合同享有对债权人的抗辩权,则抵押人可以向抵押权人行使抗辩权,拒绝作出相应的履行。例如,如果债务人到期已履行了债务,或者虽未履行,但依照法律和合同的规定应免除责任的,则主债权人不得行使抵押权,否则,抵押人有权提出抗辩。如果债务不履行是由于债权人的原因造成的,如债权人无正当理由拒绝债务人的履行,则抵押权人也不能行使抵押权。

2. 发生当事人约定的实现抵押权的情形。《物权法》第195条在《担保法》规定的基础上增加了一项抵押权实现的条件,即发生当事人约定的实现抵押权的情形。所谓发生当事人约定的实现抵押权的情形,是指出现了当事人在合同中约定的可以实现抵押权的情况,抵押权人也可以实现抵押权。例如,抵押权人与抵押人在抵押合同中约定,抵押人必须为抵押财产投保保险,否则抵押权人有权立即实现抵押权,这就是约定的实现抵押权的情形。再如,双方可以在合同中约定,尽管主债务没有到期,如果债务人已经破产或者出现了严重的支付不能,此时,抵押权人有权实现抵押权。增加此种抵押权实现的条件,有助于进一步充分实现当事人的意思自治,发挥当事

---

[1] 《民法通则》第88条第2款第2项规定:"履行期限不明确的,债务人可以随时向债权人履行义务,债权人也可以随时要求债务人履行义务,但应当给对方必要的准备时间。"《合同法》第62条第4项的规定与此相同。

人在抵押权实现过程中的主动性。

三、抵押权实现的方式

(一)协议实现抵押权

依据《物权法》第195条的规定,实现抵押权必须在抵押权人与抵押人之间达成协议,以抵押财产折价或者以拍卖、变卖该抵押财产所得的价款优先受偿。只有在未达成协议或者协议规定不明确的情况下才能请求人民法院拍卖、变卖抵押财产。由此可见,协议实现抵押权是抵押权人请求法院实现抵押权的一个必经程序。协议实现抵押权,当事人是就抵押权的实现达成的协议,如果协议涉及的是其他内容,就不属于此种情况。例如,如果涉及到抵押权实现顺位的问题,则无法直接实现抵押权。协议实现抵押权包括如下两种情况:

1. 协议折价,即双方协商确定抵押物的价格,折抵债务人所欠的债务。折价实际上是由双方协商订立折价合同,而不能由抵押权人单方面决定抵押物的价格。[1] 如果抵押权人单方面决定了某种价格以后,抵押人表示同意或未表示异议,可以根据具体情况认定为双方达成了折价协议。以抵押财产折价,要求双方参照市场价格,将抵押物折抵所欠的债务。如果双方协商折价以后,抵押物的价值大于债务总额的,抵押权人应当返还多余的价值给抵押人;如果不足以清偿债务的,债务人应当继续清偿,而抵押人不再承担担保责任。[2] 折价之后,抵押财产转归抵押权人所有,移转财产所有权依法应当办理登记的,当事人应当办理登记。如果不需要办理登记的(如动产抵押),抵押人必须交付抵押物。

折价协议不同于流押契约,表现在:一方面,从时间上来看,流押契约是在债务履行期届满以前订立的;而折价协议是在债务履行期届满以后订立的。根据《物权法》的有关规定,由于流押契约系在抵押权实现以前签订,且存在着损害债务人利益的可能,因此依法应被宣告无效。另一方面,从具体程序来看,流押契约根本不经过任何清算程序,使得抵押财产直接归抵押权人所有;而折价协议在实际中往往还是要经过估价清算等程序的,[3]其最后折算的价格往往与市场价格差距不会过大,因此,《物权法》第195条承认了折价协议的效力。

2. 协议拍卖和变卖。这就是说,双方协商采用拍卖和变卖的方式。协议拍卖和变卖与请求法院拍卖、变卖不同,表现在:在协议拍卖、变卖的情况下,当事人不需要通过法院来实施换价行为,而是自行协议确定拍卖和变卖的方式。当事人选择的拍卖机构,可以是法院指定的机构,也可以是非法院指定的机构。依据我国《拍卖法》的规定,拍卖必须由具有拍卖资格的专门的拍卖企业从事。但是,就变卖而言,是否允许当事人自行变卖?笔者认为,既然《物权法》允许当事人通过协商来确定拍卖和变卖的方式,就可以由抵押人、抵押权人或者双方委托的第三人来进行变卖。变卖的方式可以由当事人选择。

我国《物权法》第195条第3款规定:"抵押财产折价或者变卖的,应当参照市场价格。"所谓参照,就是指双方在协商时应当考虑市场价格,不能过分偏离市场价格。因此,当事人在折价或变卖时,应当尽可能考虑市场价格,以保证价格确定中的公平,避免损害抵押人、其他抵押权人和其他债权人的利益。需要指出的是,此处所说的是"参照市场价格",而并非与市场价格保持一致。因为在订立折价协议或者变卖时,市场价格本身处于变动之中,且折价毕竟是双方之间的协

---

[1] 徐武生:《担保法理论与实践》,工商出版社1999年版,第341页。
[2] 程啸:《物权法·担保物权》,中国法制出版社2005年版,第340页。
[3] 程啸:《物权法·担保物权》,中国法制出版社2005年版,第339页。

议,而不是公开竞争,所以,不必要求约定或者折算价完全与市场价格相同。但约定的价格比市场价格明显过低的,其他债权人有权主张撤销。

根据《物权法》第195条的规定,如果协议损害其他债权人利益的,其他债权人可以请求撤销。这就赋予了其他债权人以撤销权。此种撤销权,是指在抵押权人和抵押人之间订立的实现抵押权的协议,在内容上因损害其他债权人的利益,其他债权人有权请求法院予以撤销。我国《物权法》之所以赋予其他债权人以撤销权,是因为在协议实现抵押权的情况下,抵押财产的价值是由抵押人和抵押权人来确定和控制的,如果抵押人和抵押权人在确定抵押财产的价格时没有充分考虑了市场价格,就可能造成其他债权人的损害。

关于其他债权人的撤销权,应当包括如下内容:①请求权人是指因抵押权实现协议而遭受损害的债权人。通常,债权人必须是抵押人的债权人,因为只有抵押人的债权人才有可能在此过程中遭受损害。②必须是因该协议而遭受损害的债权人。所谓损害其他债权人的利益,是指以过分低于市场价格的价格折价,从而使得其他债权人的债权不能得到实现或者得到完全实现。所以,其他债权人首先必须举证证明市场的价格,而且还要证明协议的价格明显低于市场价格。是否损害其他债权人的利益,关键要看折价协议是否影响其他债权人债权的实现。因为在某些情况下,虽然折价过低,但也可能不影响其他债权人的债权的实现,此时没有必要赋予其他债权人以撤销权。③撤销的对象,是实现抵押权的协议。如果撤销权人要针对主债权或抵押合同本身进行撤销,则不属于该条的适用范围。④撤销权的行使必须通过诉讼的方式,也就是说,必须请求法院来宣告撤销,而不能通过一方意思表示来宣告撤销。⑤该撤销权的行使期限为一年。撤销权的行使期限是除斥期间,不得适用中止、中断等规定,在时间上,它从权利人知道或者应当知道其权利受到侵害时开始起算。[1]

（二）通过法院实现抵押权

依据《物权法》第195条第2款的规定:“抵押权人与抵押人未就抵押权实现方式达成协议的,抵押权人可以请求人民法院拍卖、变卖抵押财产。”由此可见,只有在抵押人和抵押权人双方未就抵押权实现方式达成协议的情况下,才能够请求法院来实现抵押权。所谓未就抵押权实现方式达成协议,是指债务人不履行到期债务或者发生当事人约定的实现抵押权的情形时,抵押人和抵押权人之间没有达成有关抵押权实现的协议。此时抵押权人就可以直接请求法院实现抵押权。所谓“请求人民法院拍卖、变卖抵押财产”,是指抵押权人请求法院通过裁定的方式直接实现抵押权,而无须通过诉讼程序进行实体判决来实现抵押权。这与《担保法》的规定是不同的,它有助于节约抵押权实现的成本,最大限度的发挥抵押权的担保功能。

因此,在当事人没有达成抵押权实现协议的情况下,抵押权人有权请求法院拍卖、变卖抵押财产。

四、抵押权人的优先受偿

所谓优先受偿权,就是指抵押权人可以就抵押财产卖得的价金优先分配,而不必与普通债权人或后位抵押权人按债权比例分配该抵押财产的价金。[2] 抵押权在性质上是价值权,抵押权人所支配的对象就是抵押物拍卖、变卖等之后的交换价值。从抵押财产换价的价款中优先受偿,是

---

〔1〕 全国人民代表大会常委会法制工作委员会民法室编:《中华人民共和国物权法条文说明、立法理由及相关规定》,北京大学出版社2007年版,第356页。

〔2〕 谢在全:《物权法论》(中),台湾地区作者印行2003年版,第578页。

抵押权设立的目的,也是抵押权作为"担保之王"能够用来担保债权的原因所在。所以,保障抵押权人的优先受偿权,不仅可以保障抵押权人的利益,而且可以有效保障债权的实现,保护交易安全和秩序。

抵押权人的优先受偿权,包括对内优先和对外优先两个方面:从对外的优先来看,抵押权人可以优先于普通债权人而受偿。此种权利表现在破产法中就是别除权。就对外的优先而言,在法律上是比较清楚的。从对内的优先来看,就是指如果同一财产之上设立了重复抵押,在先顺位的抵押权可以优先于在后顺位的抵押权。因为《物权法》明确承认抵押权是物权,因此其对外优先的效力不必规定,但是,对内的优先涉及抵押权之间的冲突,为了解决抵押权之间的冲突,保障抵押权的实现,我国《物权法》第199条规定了抵押权实现的规则。具体而言:

1. 抵押权已登记的,按照登记的先后顺序清偿;顺序相同的,按照债权比例清偿。从世界各国立法规定来看,基本上都按照物权的设立时间来确定其优先顺位。[1] 根据我国《物权法》的规定,抵押权除了法律特别规定以外,原则上都应当办理登记。按照"先来后到"的规则,可以确定抵押权的先后顺位。需要指出的是,此处所说的登记的先后,不是指登记申请的先后,而是指登记记载的先后。但是,抵押权也可能在同一天登记,此时,按照《担保法解释》第58条的规定,"当事人同一天在不同的法定登记部门办理抵押物登记的,视为顺序相同。因登记部门的原因致使抵押物进行连续登记的,抵押物第一次登记的日期,视为抵押登记的日期,并依此确定抵押权的顺序。"抵押权同时登记的应当视为同一顺位,从而应当按照债权比例平等受偿。

2. 抵押权已登记的先于未登记的受偿。一般来说,如果在不动产抵押中未办理登记的,显然不发生抵押权的效力,也就不会发生与已登记抵押权清偿顺序的冲突问题。但问题在于,动产抵押可以不办登记而设立抵押权,这就产生了一个问题,即如何理解《物权法》第199条第2款"抵押权已登记的先于未登记的受偿"这一规定? 笔者认为,此处所说的"未登记的抵押权"仅仅是指以登记为对抗要件的抵押权,不包括应当适用登记要件主义的抵押。因为在登记要件主义模式下,没有办理登记,抵押权都不能设立,不存在抵押权实现的冲突问题。对于动产抵押而言,因为我国法律规定未经登记也可以设立抵押权,对于此种抵押权,如果与已登记的抵押权(包括已登记的动产抵押和不动产抵押)发生冲突,则已登记的抵押权优先于未登记的抵押权。[2]

3. 抵押权未登记的,按照债权比例清偿。此处所说的未登记的抵押权,实际上指的是登记对抗模式下的抵押权,而不是指登记要件模式下的抵押权。因为就不动产抵押而言,按照登记要件主义,如果抵押权没有登记,抵押权并没有设立,权利人享有的就是一般债权,而单纯的合同关系实际上不属于物权法调整的范围。抵押权依法应当登记而没有登记,其不能发生物权设立的效果。但是,在登记对抗模式下,虽然没有办理登记,抵押权人仍然可以取得物权,只不过因为抵押没有登记,所以,各个抵押权人内部应当按照债权比例受偿。依照债权比例清偿,它不仅贯彻了登记对抗的精神,而且可以防止抵押人和抵押权人恶意串通,通过篡改抵押合同的日期,损害其他抵押权人的利益。[3]

五、抵押权实现的其他问题

1. 抵押财产不足以清偿债务时的情况。《物权法》第198条规定:"抵押财产折价或者拍卖、

---

[1] 王胜明主编:《中华人民共和国物权法解读》,中国法制出版社2007年版,第432页。

[2] 胡康生主编:《中华人民共和国物权法释义》,法律出版社2007年版,第436页。

[3] 王闯:"规则冲突与制度创新(上)——以物权法与担保法及其解释的比较为中心而展开",载《人民法院报》2007年6月20日,第6版。

变卖后,其价款超过债权数额的部分归抵押人所有,不足部分由债务人清偿。"如果债务人自己提供抵押财产的,抵押财产不足以清偿债务时,债务人应当以自己的责任财产来补充;如果抵押人是债务人以外的第三人,不足部分应由债务人清偿,抵押人不再承担责任。因为抵押人只是为债务人的特定债务负担担保责任。如果抵押财产不足以清偿债务,应当由债务人承担继续清偿的责任,而不能由抵押人承担继续清偿责任[1]。如果抵押财产清偿债务后有剩余的,其他债权人就其剩余部分接受清偿。如果其他债权人没有主张权利,剩余财产应当返还给抵押人。

2.关于新增财产。《物权法》第200条规定:"建设用地使用权抵押后,该土地上新增的建筑物不属于抵押财产。该建设用地使用权实现抵押权时,应当将该土地上新增的建筑物与建设用地使用权一并处分,但新增建筑物所得的价款,抵押权人无权优先受偿。"新增财产之所以不属于抵押财产,是因为在抵押时,建筑物尚未建造,所以应当认为,抵押后新增的建筑物是不包括在抵押财产的范围之内的,这也是符合当事人的意思的。但是,根据我国《物权法》上确立的"房随地走"、"地随房走"的原则,在实现抵押权时,应当一并处分。所谓一并处分,就是将建设用地使用权和新增建筑物一并转让,而不能分别转让给不同的民事主体。但是,在优先受偿时,抵押权人不能就新增建筑物的价值优先受偿[2]。

3.乡镇企业财产的抵押。《物权法》第201条规定:"依照本法第180条第1款第3项规定的土地承包经营权抵押的,或者依照本法第183条规定以乡镇、村企业的厂房等建筑物占用范围内的建设用地使用权一并抵押的,实现抵押权后,未经法定程序,不得改变土地所有权的性质和土地用途。"根据该条规定:①乡镇、村企业的厂房等建筑物可以抵押,但是,按照"房随地走"、"地随房走"的原则,厂房等建筑物不能单独抵押,必须与建筑物占用范围内的集体土地建设用地使用权一并抵押。②在实现抵押权时,不得改变土地所有权的性质和土地用途。事实上,乡镇、村企业的厂房等建筑物占用范围内的建设用地使用权移转,原本不涉及到土地所有权,法律作出此种规定是防止以抵押为名导致土地所有权的移转。另外,在实现抵押权之后,抵押财产的受让人不能改变土地的用途,这既是保护耕地政策的要求,也是物权法定原则的要求[3]。

第十一节　动产浮动抵押

一、动产浮动抵押的概念和特点

动产浮动抵押是我国物权法中一个独特的制度。《物权法》第181条规定:"经当事人书面协议,企业、个体工商户、农业生产经营者可以将现有的以及将有的生产设备、原材料、半成品、产品抵押,债务人不履行到期债务或者发生当事人约定的实现抵押权的情形,债权人有权就实现抵押权时的动产优先受偿。"这就在法律上确立了动产浮动抵押制度。

我国《物权法》第181条所规定的动产浮动抵押具有如下几个特点:

1.担保财产的集合性。法谚有云:"单独无用,集合有用(Quan non valeant singula, juncta ja-

---

〔1〕　郭明瑞主编:《中华人民共和国物权法释义》,中国法制出版社2007年版,第365页。

〔2〕　王胜明主编:《中华人民共和国物权法解读》,中国法制出版社2007年版,第434页。

〔3〕　高圣平:《物权法担保物权编》,中国人民大学出版社2007年版,第249页。

vant)",即一物不如多物配合更有效用。[1] 动产浮动抵押与财团抵押一样,都是以集合财产作担保,也就是说,是以整个企业的财产设定担保,既可以为抵押权人的利益进行经营,也可以将全部财产作为整体出售。[2] 动产浮动抵押的财产不仅包括现有财产,还包括将来的财产,就现有的财产而言,可以包括各种类型的财产,如机器设备、原材料、半成品、产品等。所有这些财产都作为一个整体的集合,共同作为抵押的标的。

2. 主体的特定性。按照《物权法》第 181 条的规定,动产浮动抵押的主体限于:企业、个体工商户和农业生产经营者。这三类主体都是最常见的经济主体。对于这些生产经营活动者,债权人是否愿意对其企业财产设定浮动抵押,应当交给当事人自己去评估风险、进行判断,法律应当尊重市场经济下的市场主体的意思自治,而不应作过多过严的限制。一方面,如果不对浮动抵押的主体进行任何限制,则浮动抵押的风险性会大大增加,对于债权可能会带来威胁,如果允许个人就其非生产性活动设立浮动抵押,则可能会为其带来严重的债务负担,威胁其基本生活条件。另一方面,如果将浮动抵押的主体仅仅限定为股份有限公司,这虽然有可能降低抵押权人的风险,但是如此一来,这将会导致广大的有限责任公司、个体工商户、农村生产经营者在急需资金时因无法提供浮动抵押而难以顺利融资获贷,这对于壮大中小企业、发展农村经济、甚至提高国家的整体经济实力都是很不利的,更何况公司本身也会不断发展变化。例如,一个小公司为项目融资设立了浮动抵押,公司在项目完成之前是小公司,但在项目完成之后却可能成长成一个大公司。[3] 因此,这要求我们必须以动态和发展的态度来看待问题。《物权法》的做法兼顾了融资便利与交易安全,是比较妥当的。

3. 担保的浮动性。所谓浮动性,是相对于固定性和特定性而言的,浮动性是指抵押财产的不特定性和变动性;一方面,所谓不特定性,是指抵押权的标的并未确定和特定化为某一具体财产。这也是许多大陆法国家无法接纳浮动抵押的根本原因,因此,从传统的大陆法理论出发,作为抵押标的的财产必须是特定的和现实存在的物。另一方面,所谓变动性,是指抵押财产的范围、价值等都处于变动的状态,随着正常的生产经营活动的继续而会发生增减变化,财产总体在每一时刻都可能具有不同的价值。也就是说,浮动抵押设定之后,财产总是处于不断变动之中,这是因为抵押人仍然享有对财产的处分权,在动产浮动抵押设定之后,担保人仍然可以将抵押的财产出售、设置抵押等,在作出处分时并不需要取得抵押权人的同意。除此之外,抵押人新增加的财产或者收益也不断成为抵押的财产,使其范围得以扩大。[4] 所以,抵押的财产有可能会减少,也有可能会增加,财产的增减变动,并不要求办理特别手续。当然,动产浮动抵押并不意味着财产将永久浮动,它只有在出现了特定的事由之后才会最终确定下来。在结晶之前,抵押人可以处分已抵押的财产,这和一般抵押中明确禁止抵押人转让抵押财产是不同的。

4. 浮动抵押的财产包括现在和将来的动产。如前所述,我国《物权法》将浮动抵押的范围限定为动产,从而将不动产排除在浮动抵押的适用范围之外。就动产而言,从《物权法》第 181 条来看,该条列举了生产设备、原材料、半成品、产品,且没有使用"等"字样,给人以似乎是"穷尽性

---

〔1〕 郑玉波:《法谚》(二),法律出版社 2007 年版,第 99 页。

〔2〕 任清:"论英国法上的浮动抵押",载 http://www.civillaw.com.cn。

〔3〕 石宏:"论物权法中的让与担保和浮动抵押制度",载《审判研究》2007 年第 2 期,法律出版社 2007 年版,第 30 ~ 31 页。

〔4〕 全国人民代表大会常委会法制工作委员会民法室编:《中华人民共和国物权法条文说明、立法理由及相关规定》,北京大学出版社 2007 年版,第 327 页。

（exhaustive）"列举的感觉；另外，前面的这些动产都是有形的财产。由此，似乎可以认为，该条所说的动产仅指有形的动产，不应扩张到无形财产。但是，该条中"现有的以及将有"的表述，实际上又使得动产的概念成为了一个广义的概念；它不仅包括有形的动产，还应当包括将来可能取得的动产和各种权利。例如，如果以未来取得的租赁收入作为担保，这是属于以未来取得财产所设定的担保，如果单纯以租赁收入作为担保，它在本质上还是债权担保，应当纳入应收账款抵押之中。但是，当其与其他财产结合在一起，成为集合担保的时候，其性质就难以简单的说成是纯粹的债权担保了。从操作层面来看，实践中也不可能将它与其他财产形式予以区分，分别设定担保；而只能将它们笼统的都称为动产浮动抵押。因此，此处所说的"将有的财产"主要限于有形财产，尤其是根据《物权法》第181条的规定"债权人有权就实现抵押权时的动产优先受偿"，这表明其主要是指的有形动产，但是在特殊情况下也会包括一些无形的财产权利。

动产浮动抵押与浮动担保是不同的。所谓浮动担保，是与特定担保或固定担保（specific or fixed charge）相对应的概念。在英国法中，所谓特定担保或固定担保，是指根据普通法在担保设定时而附着于某特定的财产之上的一种担保，实际上就是我们所谓的一般担保。[1] 而浮动担保在英国法上只是基于衡平法而由法官创设的一种担保形式，它与固定担保最大的区别在于，此类担保的财产在结晶（crystallistion）之前一直处于浮动状态，不仅其客体具有不确定性，而且客体的价值也具有不确定性。动产浮动抵押与浮动担保的区别主要表现在：一方面，从主体上看，根据《物权法》的规定，无论是债务人作为抵押人，还是第三人作为抵押人，抵押人均包括三类主体，即企业、个体工商户、农业生产经营者。可见，我国《物权法》上可以设立动产浮动抵押的主体范围比较宽泛。但在英国法中，只有公司才被允许设立浮动抵押。另一方面，从客体上看，我国《物权法》规定的浮动抵押主要是动产的浮动抵押。也就是说，抵押的财产主要限于动产。而英国法中的浮动担保的担保财产范围十分宽泛，不仅包括动产，还包括不动产，甚至包括各种权利。

二、动产浮动抵押的登记

（一）动产浮动抵押实行登记对抗

《物权法》第189条第1款规定："企业、个体工商户、农业生产经营者以本法第181条规定的动产抵押的，应当向抵押人住所地的工商行政管理部门办理登记。抵押权自抵押合同生效时设立；未经登记，不得对抗善意第三人。依照本法第181条的规定设定抵押的，不得对抗正常经营活动中已支付合理价款并取得抵押财产的买受人。"这就确立了动产浮动抵押实行登记对抗的模式。

1.动产浮动抵押，采取登记对抗主义。这就是说，法律对动产浮动抵押和一般抵押采取了不同的态度，并没有强制性地要求动产浮动抵押必须办理登记，因为法律上要强制动产浮动抵押的当事人办理登记，就会给当事人造成诸多不便，许多动产本身就难以登记，而作为集合物登记更为困难。所以，《物权法》规定，是否办理登记由当事人自愿选择。即使没有办理登记，只要当事人达成了书面协议，动产浮动抵押权就可以设立。合同中应当明确约定抵押财产的范围，如是以现有的全部动产抵押，还是仅以部分现有动产抵押，还是以将来的动产抵押等，都要明确作出约定。

2.不得对抗正常经营活动中已支付合理价款并取得抵押财产的买受人。因为设立了动产浮

〔1〕　徐冬根："论英国判例法对浮动担保发展的贡献"，载《法学》2003年第7期。

动抵押之后,抵押人仍然可以自由处分其抵押财产,这是动产浮动抵押的重要特点。所以,无论是否办理了登记,只要设立的是动产浮动抵押,抵押人都可以自由转让其抵押财产,抵押权人无法以其权利来对抗买受人。当然,此处所说的买受人应当具备如下三个条件:①必须是正常经营活动中的买受人。如何理解正常经营活动?从我国《物权法》第189条的条文表述来看,应当将正常的经营活动限于移转所有权或其他权利的买卖活动,因为该条规定的只是买受人,显然不包括抵押权人、留置权人等非买卖活动中的当事人。正常经营活动,应当是指各种合法的交易行为,各种违法的交易行为不属于此处所说的正常经营活动。②必须是已支付了合理价款的买受人。如果买受人仅仅与抵押人订立了买卖合同,但是尚未支付价款或者支付了极少的价款,那就没有保护这些买受人的必要。[1] ③买受人必须已经取得了抵押财产,即抵押人已经将抵押财产交付给了买受人。如果抵押人没有将抵押财产交付给买受人,那么买受人就没有取得该抵押财产的所有权,即便买受人已经支付了全部的价款,在法律上仍然只是债权人。[2] 此时的交付既包括现实交付,也包括简易交付,但占有改定和指示交付不应包括在内。《物权法》之所以规定对正常买受人的保护,主要是为了保障抵押人的正常经营活动,同时也是为了维护交易安全和秩序。

3. 未经登记,不得对抗善意第三人。此处所说的"善意第三人",是指在设定了动产浮动抵押之后,办理了登记的其他抵押权人。因为在设定了动产浮动抵押之后,抵押人还可能再设立一般的抵押,如将某台机器设备用于抵押。在此情况下,如果后一抵押已经办理了登记,且抵押权人是善意的,则浮动抵押权人就不能对抗在后的普通抵押权人。如果在先的浮动抵押已经办理了登记,则可以对抗后设立的普通抵押。因为我国法律没有承认普通抵押优先于浮动抵押的规则,有关抵押权的实现应当根据登记在先的规则处理。如果后位的抵押权办理了登记,而在先的抵押权未办理登记,这也符合"已登记的优先于未登记"的规则。

(二) 登记机关

按照《物权法》第189条的规定,动产浮动抵押的登记机关为抵押人住所地的工商行政管理部门。一般的抵押登记机关都是财产所在地的特定机关。而对于动产浮动抵押,法律特别限定,登记机关是抵押人住所地的工商行政管理部门。这主要是考虑到动产的流动性较大,而且动产分布在不同的地方,很难根据动产所在地来确定登记机关。所以,采用抵押人住所地的工商行政管理部门是比较妥当的。

三、动产浮动抵押的结晶(crystallistion)

在动产浮动抵押中,因为抵押财产是浮动的,所以,需要在特定事由发生以后,将抵押财产予以确定,这个过程就称为抵押财产的结晶。所谓结晶,就是指抵押财产因为法定或者约定事由发生而得以确定。在结晶之前,动产浮动抵押权人不能支配特定的财产,因而其效力处于休眠状态,学术上称为"效力休眠"。[3] 结晶以后,动产浮动抵押就停止浮动,转化为一般抵押。在一般抵押中,抵押权设定之后,如果未经抵押权人同意,抵押人不能转让财产,也不能对抵押权进行其他处分。但是,在动产浮动抵押中,抵押人用于抵押的动产是变动的、变化的。只有在结晶之后,抵押财产才能得以确定。根据《物权法》第196条的规定,动产浮动抵押中的抵押财产在如下情

---

〔1〕 梅夏英、高圣平:《物权法教程》,中国人民大学出版社2007年版,第436页。

〔2〕 程啸:"担保物权",载王利明等:《中国物权法教程》,人民法院出版社2007年版,第490页。

〔3〕 梅夏英、高圣平:《物权法教程》,中国人民大学出版社2007年版,第435页。

况下得以确定：

1. 债务履行期届满，债权未实现。这就是说，债务到期以后，无论债权人是否向债务人提出履行请求，只要债务人没有履行债务，自债务履行期届满之日起，抵押权人就有权要求确定抵押财产。[1]

2. 抵押人被宣告破产或者被撤销。所谓抵押人被撤销，就是指因为抵押人违法等原因，抵押人本身作为民事主体已经不复存在。在此情况下，表明抵押权人的权利已经受到重大的威胁。

3. 发生了当事人约定的实现抵押权的情形。动产浮动抵押的实现事由，完全可以由当事人自行约定。只要出现了当事人约定的事由，就可以确定抵押财产的范围。例如，抵押人从事关联交易或者低价转让其财产，或者抵押人违反约定拒绝抵押权人的监管等。[2] 此处所说的"约定"，究竟是指约定实现抵押权，还是指约定结晶的事由？笔者认为，虽然约定抵押权和约定结晶是不同的，约定结晶的事由不是实现抵押权的事由，结晶只是实现抵押权的步骤和前提，并非等同于抵押权的实现，但此处所说的"约定的实现抵押权的情形"，是指对抵押权实现的约定，同时也应当作为结晶的事由来看待，因为只有经过结晶才能使得抵押财产特定化，从而才能从抵押财产的拍卖、变卖的价款优先受偿。

4. 出现严重影响债权实现的其他情形。这些情况可以类推适用《合同法》第 68 条规定的合同当事人行使不安抗辩权的条件，具体包括：经营状况严重恶化；转移财产、抽逃资金，以逃避债务；丧失商业信誉；有丧失或者可能丧失履行债务能力的其他情形。这些情况都可以视为严重影响债权实现的其他情形。

动产浮动抵押在结晶之后，它就转化为普通的动产抵押。根据《物权法》第 181 条的规定，在出现了债务人不履行到期债务或者发生当事人约定的实现抵押权的情形后，就要按照普通抵押权实现的规则来处理。

第十二节 最高额抵押

一、最高额抵押的概念和特征

依据《物权法》第 203 条第 1 款的规定，最高额抵押，是指为担保债务的履行，债务人或者第三人对一定期间内将要连续发生的债权提供担保财产的，债务人不履行到期债务或者发生当事人约定的实现抵押权的情形，抵押权人有权在最高债权额限度内就该担保财产优先受偿。最高额抵押与一般抵押的区别在于：

1. 最高额抵押是为将来发生的债权作担保。一般抵押中，必须是先有债权，然后才能设定抵押权，即抵押权的设定是以债权的存在为前提的，抵押权是为担保已存在的债权而存在的，债权不存在，抵押权也不存在，这就是所谓抵押权在发生上的从属性。然而，最高额抵押权的设定，则不以债权的已经存在为前提，而是对将来发生的债权作担保，这就是《物权法》第 203 条所规定的为"将要"发生的债权作担保。由于这一特点，使最高额抵押已不具备抵押权在发生上的从属性。还需要指出的是，最高额抵押在决算以前，并不随被担保债权的转让而转让。如果发生了部

〔1〕 王胜明主编：《中华人民共和国物权法解读》，中国法制出版社 2007 年版，第 427 页。
〔2〕 梅夏英、高圣平：《物权法教程》，中国人民大学出版社 2007 年版，第 437 页。

分债权的转让,抵押权并不当然转让。

2. 担保债权具有不特定性。一般抵押所担保的债权都是特定的,这不仅表现为债权类型是特定的,而且债权的数额也是特定的。但最高额抵押所担保的未来债权则是不特定的,即将来的债权是否发生、债权类型是什么、债权额多少,均是不确定的。在最高额抵押的情况下,必须到决算期时,才能确定抵押权担保的实际债权数额。所以,一般抵押是通过一个具体的债权数额加以限定,而最高额抵押只是划定一个债权的最高限额,在该限额内都属于担保的范围。一般的抵押必须表明所担保的债权的种类,而最高额抵押所担保的债权必须是在一定的期限内连续发生的债权。[1] 最高额抵押仅对一定限额内连续发生的债权担保,在决算之前不从属于哪一笔具体的债权,也不因哪一笔具体债权的消灭而导致最高额抵押的消灭。即使在一定期限内发生的债权,因清偿、抵销等原因在一定时间内发生消灭,实际的债权额为零,最高额抵押也并不因此当然消灭。因为在决算期到来之前也可能发生新的债权,即使不发生新的债权,也必须等到决算期到来后通过决算才能确定债权的实际数额,并进一步确定最高额抵押担保的债权范围。

3. 最高额抵押担保的债权具有最高限额。对于一般抵押而言,因设定抵押时担保的债权已经确定,因此不存在最高或最低数额的限定。而最高额抵押则不同,由于在抵押设定时担保债权不确定,而抵押物是特定的,抵押物的价值是确定的,不能以价值有限的抵押物担保将来发生的无数的债务,否则将会给债权人造成极大的损害。正是由于这一原因,需要对抵押所担保的未来债权设定最高限额。所谓最高限额,是指抵押权人基于最高额抵押权所能够优先受偿的债权的最高限额。根据《物权法》第 203 条的规定,最高额抵押是"抵押权人有权在最高债权额限度内就该担保财产优先受偿"。最高额抵押的最高债权限额实际上也为抵押人设置了风险的限制,即抵押人仅在该最高限额内负担保责任,无论将来发生的债权数额有多少,抵押权人只能在最高债权额范围内对抵押财产享有优先受偿权,不能超出这个限额。当然,如果实际发生的债权额高于或低于最高限额,以实际发生的债权额为限对抵押物优先受偿。[2]

4. 对一定期限内连续发生的债权作担保。一般抵押权对已经存在的债权作担保,通常这些债权为一个独立的债权。而对最高额抵押而言,是对一定期限内连续发生的债权作担保,根据《物权法》第 203 条的规定,最高额抵押是对一定期间内将要连续发生的债权提供的担保。也就是说,最高额抵押是为将来债权作担保。它适用于连续发生的债权法律关系,而不适用于仅发生一个独立债权的情况。一般来说,最高额抵押合同要约定,其所担保的债权发生期限内发生的债权,都属于最高额抵押担保的范围。正是由于这一原因,一般抵押权应随着债权的移转而发生移转,但最高额抵押权在决算期未到来而主债权未确定时,是不能移转的。[3]

5. 由于最高额抵押是一种特殊的抵押,因此,当事人在抵押合同中对此应作特别的约定。如果当事人在抵押合同中仅规定了抵押,而并没有特别规定最高额抵押,只能认为其设立了一般抵押。虽然最高额抵押是一种特殊的抵押,但是在本质上仍然是抵押。除了在有关抵押权的设立、债权的转让、被担保的债权的确定等方面比较特殊以外,其他方面并没有改变抵押权的性质。[4] 例如,就从属性而言,《物权法》第 204 条允许在债权确定前,部分债权转让的,最高额抵押权不随

〔1〕 李国光主编:《担保法新释新解与适用》,新华出版社 2001 年版,第 816 页。
〔2〕 程啸:《中国抵押权制度的理论与实践》,法律出版社 2002 年版,第 448～449 页。
〔3〕 程啸:《中国抵押权制度的理论与实践》,法律出版社 2002 年版,第 448～449 页。
〔4〕 胡康生主编:《中华人民共和国物权法释义》,法律出版社 2007 年版,第 453 页。

之转让,这从表面上看,似乎改变了其从属性,但实际上只是在一定范围内修改了其从属性规则。因此,《物权法》第207条规定:"最高额抵押权除适用本节规定外,适用本章第一节一般抵押权的规定。"

最高额抵押不同于动产浮动抵押,具体表现为:①二者所担保的债权不同。在最高额抵押的情况下,该抵押权所担保的债权是未来的债权,所以,被担保的主债权在抵押权设定时是不特定的。而在动产浮动抵押中,抵押权设立时,其所担保的主债权是特定化的。②抵押财产是否特定或者固定不同。对动产浮动抵押来说,抵押财产在抵押权设立之后还处于不断变动之中,只有在特定事由出现之后,抵押财产被确定下来(即结晶),才能就被确定后的抵押财产拍卖、变卖,抵押权人有权从中优先受偿。而在最高额抵押中,设立抵押权时,抵押财产是特定的。③抵押财产的类型不同。在动产浮动抵押中,抵押财产仅限于动产,包括生产设备、原材料、半成品、产品。而在最高额抵押中,抵押财产不限于动产,也可以是不动产所有权或者用益物权。④担保的债权是否有最高限额不同。在动产浮动抵押中,所担保的债权额是特定化的,因此,并不存在最高债权限额的问题。而在最高额抵押中,当事人双方必须约定抵押权所担保的债权的最高限额。

二、最高额抵押权所担保的债权范围

(一)最高额抵押权所担保的债权范围

一般抵押都是对既定的债权的担保,设定一般抵押权需写明被担保的债权的范围,不必规定债权发生原因等。而设定最高额抵押时,双方不仅要明确规定担保债权的最高限额,而且要规定债权发生的原因等。也就是说,对未来的主债权应如何确定,双方应在合同中事先加以规定,如双方约定担保借款的最高限额为2000万元,并将担保债权仅限于借款的债务,不包括商品交易所产生的债务,如果无此约定,则极易发生纠纷。特别是担保商品交易发生的债权的,应当明确规定就何种商品进行连续交易发生的债权额进行担保。否则,应推定双方同意就各种商品交易发生的债权进行担保。

《物权法》第203条第2款规定:"最高额抵押权设立前已经存在的债权,经当事人同意,可以转入最高额抵押担保的债权范围。"根据这一规定,即使是最高额抵押权设定之前已经发生的债权,只要当事人同意,也可以作为最高额抵押担保的债权。第一,该条允许将最高额抵押设立前已经存在的债权纳入到最高额抵押担保的范围。因为在设立最高额抵押时,其所担保的债权就是不特定的,既然抵押人同意将先前已经存在的债权纳入其中,且没有违反最高额抵押的性质,只要最终发生的债权总额不超过最高限额,法律也应当允许。[1] 但是,将先前已经设立的债权纳入抵押担保的范围,只适用于最高额抵押,不适用于一般抵押。第二,必须经当事人同意。此处所说的"经过当事人同意",是指经过债权人和抵押人的同意。第三,先前的债务人和债权人与最高额抵押中的债权人和债务人必须同一。只有在先前的债权人和债务人与最高额抵押中的债权人和债务人是同一的,才能符合当事人设立最高额抵押的目的。如果二者并非同一,将最高额抵押权设立前的债权转入最高额抵押担保的债权范围,极易发生各种纠纷。例如,如果债权人并非同一主体,最高抵押权实现就会非常困难。第四,不得超过最高限额。最高额抵押在性质上都是一种限额抵押,无论当事人是否同意将先前的债权纳入最高额抵押担保的范围,抵押权人在优先受偿时,都不能超过最高限额。[2]

---

〔1〕 王胜明主编:《中华人民共和国物权法解读》,中国法制出版社2007年版,第440页。
〔2〕 胡康生主编:《中华人民共和国物权法释义》,法律出版社2007年版,第443页。

(二)最高额抵押担保的债权的转让

在一般抵押中,债权可以转让,抵押权具有从属性,故应随着主债权的转让而发生转让。但在最高额抵押中,由于未来发生的债权是不确定的,经常处于变化之中,如果在决算期尚未到来之前,债权人随意转让其债权,而抵押权亦随之而移转,特别是当债权人将多项债权分别转让给多人,抵押权的效力也要及于这些已转让的债权时,将会使法律关系混乱不清,而且极易给抵押人造成重大损害。我国《担保法》第61条规定:"最高额抵押的主合同债权不得转让。"《物权法》第204条修改了《担保法》的上述规定,该条规定:"最高额抵押担保的债权确定前,部分债权转让的,最高额抵押权不得转让,但当事人另有约定的除外。"我国《物权法》在转让的从属性方面采取了缓和的立场,这是为了鼓励交易、促进融资,借鉴了国际上的经验。

根据《物权法》第204条的规定:第一,转让部分债权必须发生在最高额抵押担保的债权确定前。最高额抵押是一种为将来债权的抵押,抵押设定之后,其所担保的债权在相当长的时间内不能确定。该债权一旦确定,最高额抵押就转变为普通抵押,就应当适用从属性规则。但是,在最高额抵押所担保的债权没有确定前,债权人可以转让部分债权。[1] 第二,部分债权转让的,最高额抵押权不得转让。此处所说的"部分债权"实际上是指在最高额抵押担保的债权确定以前所发生的债权。如果主债权都已经确定,则最高额抵押转变为普通抵押,就没有了该条适用的空间。《物权法》只是允许部分债权转让,因为毕竟主债权本身处于变化之中,所以,部分债权转让并没有改变从属性规则。在担保的债权最终确定前,已经发生的债权都可以转让。但是,在转让已经发生的债权时,并不能按照从属性规则使最高额抵押权一并移转,这也是最高额抵押并不完全适用从属性规则的体现。第三,当事人另有约定的除外。例如,当事人约定部分债权转让,最高额抵押全部随同转让;再如,当事人约定,部分债权转让,最高额抵押部分随同移转等。但当事人也可以在合同中特别约定禁止全部债权转让或者禁止部分债权转让。[2] 只要当事人有特别约定,就应当按照特别约定处理。

三、最高额抵押担保的债权的确定

所谓最高额抵押所担保的债权的确定,是指因法定的事由或约定的债权确定期限届满,而使最高额抵押权所担保的债权特定化。最高额抵押所担保的债权之所以要确定,一方面,是因为最高额抵押只是对一定时期内连续发生的债权所作的担保,在该期限范围内被担保的债权本身并没有特定化,如果不予确定,就无法实际确定被担保的债权范围,从而也无法确定抵押权实际支配的范围和抵押权人优先受偿的范围。[3] 另一方面,只有在最高额抵押所担保的债权确定以后,该最高额抵押权才能转化为一般抵押权,从而按照一般抵押权的实现规则来实现。《物权法》第206条规定,有下列情形之一的,抵押权人的债权确定:

1.约定的债权确定期间届满。所谓约定的债权确定期间,就是指决算期。决算期是最终确定最高额抵押所担保的债权的实际数额的日期,所以在最高额抵押合同中通常必须明确规定决算期。决算期与债权的清偿期不能等同。决算期届满只是使债权额得以确定,并不意味着债权就应当清偿。当事人在抵押合同中可以既规定决算期又规定清偿期,在决算期到来后,如果当事

---

〔1〕 梅夏英、高圣平:《物权法教程》,中国人民大学出版社2007年版,第448页。
〔2〕 姚红主编:《中华人民共和国物权法精解》,人民出版社2007年版,第357页。
〔3〕 王胜明主编:《中华人民共和国物权法解读》,中国法制出版社2007年版,第445页。

人约定的清偿期没有到来,则债权人仍然不能要求清偿。[1] 在决算期到来之前,清偿期已经届满,债权如果已受清偿的,则不属于最高额抵押担保的范围;如果未受清偿的,仍然属于最高额抵押担保的范围。如果当事人没有约定清偿期而约定有抵押权的存续期间的,应当以抵押权的存续期间届满为其清偿期的到来。如果既没有约定清偿期,也没有约定抵押权的存续期间,则应当以决算期为清偿期。

2. 没有约定债权确定期间或者约定不明确,抵押权人或者抵押人自最高额抵押权设立之日起满 2 年后请求确定债权。如果合同未约定决算期或者约定不明确,为了避免最高额抵押存续期间过长而影响抵押人和抵押权人的利益,因此,《物权法》特别规定,抵押权人或者抵押人自最高额抵押权设立之日起满 2 年后请求确定债权。当然,确定债权的期日,并非为满 2 年之日,而是抵押人或者抵押权人提出请求之日。2 年期限是一个固定期限,不适用中止、中断、延长的规定。[2]

3. 新的债权不可能发生。所谓新的债权不可能发生,就是指因当事人之间不存在交易关系等原因而不可能发生债权。例如,债务人与债权人长期从事电脑交易,后来因为债务人改变了经营范围,不再可能进行电脑交易,因此,就不可能因电脑交易而发生新的债权。新的债权不可能发生,应当由当事人双方提供证据,采用客观的标准进行判断。

4. 抵押财产被查封、扣押。最高额抵押权在存续期间,如果抵押物被人民法院采取了强制措施,就应当对最高额抵押实行决算。[3]

5. 债务人、抵押人被宣告破产或者被撤销。所谓被宣告破产,是指债务人或抵押人经过法定的破产程序而最终被宣告破产。所谓被撤销,是指债务人或抵押人依据法律的原因而被有关主管机关撤销。在债务人、抵押人被宣告破产或者被撤销的情况下,必须要进入清算程序。在此情况下,最高额抵押必须转变为一般抵押,从而满足清算程序的需要。

6. 法律规定债权确定的其他情形。这实际上属于兜底条款。例如,按照《物权法》第 197 条的规定,出现了当事人约定的实现抵押权的情形,抵押权人可以实现抵押权。这可以看作是法律规定债权确定的其他情形之一。[4]

四、最高额抵押的变更

最高额抵押合同在订立后,当事人可以对合同的内容进行变更。《物权法》第 205 条规定:"最高额抵押担保的债权确定前,抵押权人与抵押人可以通过协议变更债权确定的期间、债权范围以及最高债权额,但变更的内容不得对其他抵押权人产生不利影响。"根据该规定,抵押权人与抵押人可以通过协议来变更最高额抵押合同的内容。笔者理解,该条包括如下几个方面的内容:

1. 必须在最高额抵押担保的债权确定前才能变更。在债权确定以后,虽然当事人仍然可以变更,但是应当依据普通抵押权变更的规则,而不适用本条的规定。最高额抵押权合同是抵押人和债权人之间订立的,所以,变更该合同也应当由该双方当事人协商确定。如果抵押人是第三人,抵押人和抵押权人协议变更最高额抵押,是否应当取得债务人的同意?笔者认为,依据《物权法》上述规定,抵押人和债权人可以协议变更,如果抵押人违反了其与债务人之间的合同,则应当

---

〔1〕　郑玉波:《民法物权》,台湾三民书局 1963 年版,第 288 页。
〔2〕　梅夏英、高圣平:《物权法教程》,中国人民大学出版社 2007 年版,第 452 页。
〔3〕　胡康生主编:《中华人民共和国物权法释义》,法律出版社 2007 年版,第 450 页。
〔4〕　胡康生主编:《中华人民共和国物权法释义》,法律出版社 2007 年版,第 451 页。

由抵押人向债务人承担违约责任。

2.变更的内容包括债权确定的期间、债权范围以及最高债权额。所谓变更债权确定的期间，是指变更当事人约定的决算期。所谓变更债权范围，是指当事人约定扩大或减少债权的类型。所谓变更最高债权额，是指当事人约定变更最高额抵押担保的债权总额。所有这些内容都是最高额抵押合同的内容，且变更这些内容并不影响抵押合同的存在，所以应当允许当事人变更合同的内容。[1] 除此之外，当事人是否可以变更抵押合同的其他事项？例如，当事人之间能否协商变更抵押财产？笔者认为，只要不损害第三人的利益，应当允许当事人作出此种变更。但如果因变更导致第三人利益的损害，则第三人可以行使债权人撤销权。

3.变更的内容不得对其他抵押权人产生不利影响。如果同一财产之上设立了后位的抵押权，抵押权人和抵押人变更最高额抵押时（如提高了最高限额等），就可能对后位的抵押权人产生不利影响。在此情况下，如果没有取得后位的抵押权人的书面同意，此种变更就不能对抗后顺位的抵押权人。[2] 例如，甲公司向乙银行借款，甲以其价值1000万的建设用地使用权设立最高额抵押，担保最高500万元的债务，然后，甲向丙银行借款，又以该建设用地使用权抵押。如果甲和乙约定变更抵押担保的债权数额，则不能扩大该债权数额。再如，将决算期提前，使得第一个抵押权人能够获得优先受偿，而因此导致顺序在后的抵押权人的债权不能得到清偿，这就必然会损害顺序在后的抵押权人的利益。根据我国司法实践，增加最高限额的，对增加的部分，在先最高额抵押权人不能享有优先受偿权；决算期或清偿期变更的，则仍以未变更的决算期或清偿期为准。[3]

某物设定最高额抵押后，是否可以再为他人设定抵押？从理论上说，因债权有最高限额的限定，如果抵押物的价值高于债权最高限额，应当可以再设定第二顺序、第三顺序的抵押权，此时，抵押人实际上是设立重复抵押。既然我国《物权法》允许抵押人设立重复抵押，就没有理由禁止在设立最高额抵押以后，在同一抵押财产上再设立抵押权。

五、最高额抵押权的实现

对一般抵押来说，在债务履行期到来以后，债务人未清偿债务，则抵押权人有权实现抵押权。而对最高额抵押而言，要实现抵押权，必须具备两个条件：

1.抵押权担保的债权数额已确定。最高额抵押必须在变成普通抵押之后，才能实现抵押权，在没有确定被担保的债权数额以前是无法实现抵押权的。因为抵押权人是否可以优先受偿以及可以优先受偿的数额都无法确定。

2.债务人不履行到期债务或者发生当事人约定的实现抵押权的情形，抵押权人有权在最高债权额限度内就该担保财产优先受偿。首先，债务已到履行期但债务人没有履行债务。所以，当事人在抵押合同中除应规定决算期以外，还应当规定债务的履行期限。只有在决算期到来后，通过决算确定出了债权的实际数额，同时债务也已经到清偿期时，抵押权人才能实现其抵押权。[4] 如果抵押合同中未明确规定履行期限，一般认为，应根据当事人约定的抵押权的存续期间或决算期来确定。其次，发生了当事人约定的实现抵押权的情形。例如，当事人约定在债务人严重资不

〔1〕 全国人民代表大会常委会法制工作委员会民法室编：《中华人民共和国物权法条文说明、立法理由及相关规定》，北京大学出版社2007年版，第371页。

〔2〕 郭明瑞主编：《中华人民共和国物权法释义》，中国法制出版社2007年版，第378页。

〔3〕 程啸：《中国抵押权制度的理论与实践》，法律出版社2002年版，第458页。

〔4〕 郭明瑞、杨立新：《担保法新论》，吉林人民出版社1996年版，第186页。

抵债时,即使没有宣告破产,也可以实现抵押权。

　　在实现最高额抵押权时,抵押权人是否应出具有关债权证明? 对一般抵押而言,因债权早已存在,故不存在这一问题,但对最高额抵押权而言,因其设定时债权尚未存在,所以,抵押权人在行使抵押权时,如果当事人就担保的债权发生争议,抵押权人应提交有关证明,证明其债权的存在及数额。

第二十章 质 权

第一节 质权的概念和特征

一、质权的概念和特征

质权,又称为质押权,是指债务人或第三人将其财产移交给债权人占有,以其作为债权担保的担保物权,在债务人不履行债务时,债权人可以依法以其占有的债务人或第三人提供担保的财产变价优先受偿。[1]《物权法》第 208 条规定:"为担保债务的履行,债务人或者第三人将其动产出质给债权人占有的,债务人不履行到期债务或者发生当事人约定的实现质权的情形,债权人有权就该动产优先受偿。前款规定的债务人或者第三人为出质人,债权人为质权人,交付的动产为质押财产。"质押包括动产质押和权利质押。在质押中,权利人为质权人,提供财产担保的人为出质人,出质人可以是债务人自己,也可以是债务人以外的第三人。出质人为第三人时,在学理上称为物上担保人。出质人为债权担保所提供的财产称为质物。

由于质押是为担保债权而在担保物之上设定的,质权人对标的物的价值可予以支配并可以排除他人的干涉,因此,质押和抵押、留置一样都是担保物权。一方面,质权作为一种物权,具有物权的各种特征,包括法定性、支配性、优先性、排他性和追及性;另一方面,质权是为担保债的履行而设定的限制物权。质押起到担保的作用,其目的就是为了担保债的履行。正是因为它是一种担保物权,因此质权也具有从属性和不可分性,质权作为担保物权,质权人可享有优先受偿权。在有质押担保的债权与普通债权并存时,有质押担保的债权人应优先于普通债权人接受清偿。

质权尽管为一种担保物权,但也具有不同于抵押权、留置权等其他担保物权的特点,表现在:

1. 质权的标的是动产或权利。《物权法》中所说的质押财产,与《物权法》有关抵押和留置中所说的担保财产不同,质押财产不限于物,还包括权利。质权的标的在各国法律规定中是不一样的。例如,在法国法上,质权的标的包括动产和不动产,而财产权利被视为无体动产,权利质权包含在动产质权中。在德国法上,质权的标的包括动产和财产权利。在日本法上,质权的标的有动产、不动产、财产权利。根据我国《物权法》的规定,质权的标的包括动产和财产权利,其中财产权利又包括:票据权利、债权、证券权利、股权、知识产权、基金份额、应收账款等。除了不动产所有权和用益物权以外,其他的动产及其财产权利,都可以作为质押的客体,因此,质押的客体是非常广泛的。提供质押的财产既可以是债务人的财产,也可以是第三人的财产。

---

[1] 郭明瑞、杨立新:《担保法新论》,吉林人民出版社 1996 年版,第 186 页。此外,台湾地区谢在全先生、史尚宽先生、日本近江幸治先生等均作类似定义。参见谢在全:《民法物权论》,台湾地区作者印行 2003 年版,第 754 页;史尚宽:《物权法论》,中国政法大学出版社 2000 年版,第 338 页;[日]近江幸治:《担保物权法》,祝娅等译,法律出版社 2000 年版,第 65 页。

2. 从公示方法来看,在我国《物权法》中,因质押的类型不同,质权的公示方法主要有三种类型。一是移转占有。对于动产质押来说,必须要移转占有才能使债权人取得质权,并取得对抗第三人的效力。转移财产占有,这是质押区别于其他担保形式的本质特征。质权的设定之所以要移转占有,是因为"占有之移转,具有公示作用及间接强制债务人清偿债务之留置作用"[1]。二是登记。在我国《物权法》中,对于有价证券而言,如果没有权利凭证的,质权的设立必须在有关部门办理登记。而以基金份额、股权、知识产权和应收账款出质的,必须到有关部门办理登记。质权自办理登记时起设立[2]。三是交付权利凭证。依据《物权法》第224条的规定,以汇票、支票等有价证券出质的,如果这些有价证券具有权利凭证,质权应当自权利凭证交付给质权人时设立。在《物权法》中,此种公示方法,也可以视为特殊的移转占有方式。

3. 从权利人的权利内容来看,由于动产质权要移转占有,因而也决定了质权关系中当事人的权利义务内容与抵押关系中当事人的权利义务是不同的。以动产为例,如果担保人希望利用动产使用收益,其就不能设立质押,而只能设立抵押。而如果债权人希望占有担保财产,并实际控制该财产,则只能设立质权。当然,质权人也负有保管质物、在债务人适当履行债务后返还质物的义务。这些权利和义务,显然是抵押关系中当事人所不可能享有和承担的。需要指出的是,质权人对质物的占有是基于其与出质人之间的约定,并通过移转占有而形成的。如果双方事先未达成质押协议,则一方占有另一方的财产并不构成质押;如果债权人为促使债务人履行债务,擅自非法占有债务人的财产,将构成侵权行为,而非质押[3]。

4. 从权利的设定来看,由于质权的设定必须订立质押合同,因此它是一种意定的物权,不同于留置等法定物权。动产质权的设定必须采用交付的方式,有价证券的质押也必须交付权利凭证。虽然质权的设定必须要采取一定的公示方法,但这种公示方法又与抵押有所区别。因为质权从其功能上而言,具有留置的作用,标的物由质权人占有,从而有利于督促债务人履行债务。因此,质权的设定必须以权利人实际占有质押财产为前提[4]。

二、质押和抵押的联系与区别

质权与抵押权都是担保物权,尤其是不少权利质押都采取登记的公示方法,而抵押中也存在权利抵押,且采取登记的公示方法。据此,许多学者认为,权利质押和权利抵押具有相似性。由于两者具有许多共性,所以《民法通则》对此并没有作出区分,认为债务人或第三人只要提供一定的财产用作担保,不管是否移转占有或登记都可称为抵押。此种规定因为没有考虑到两者的区别,在实践中造成了许多问题,如抵押物是否应移转占有等很难确定[5]。至1995年《担保法》的颁布,才对此作出了区分,从而形成了较为科学的担保体系。我国《物权法》进一步严格区分了质押和抵押。在法律上,质押和抵押具有如下区别:

1. 标的不同。依据《物权法》第180条的规定,抵押物包括动产、不动产和用益物权,而并不限于不动产。在这一点上,我国《物权法》与许多大陆法系国家民法不同,抵押的财产具有广泛性,并没有将抵押财产限定于不动产。不过,从实践来看,抵押的财产主要是不动产和不动产物权,如房屋、建设用地使用权等。然而,质押的标的物则不包括不动产物权。我国《物权法》将质

〔1〕 杨与龄:《民法物权》,台湾五南图书出版公司1991年版,第213页。
〔2〕 《物权法》第224、226~228条。
〔3〕 徐武生:《担保法理论与实践》,工商出版社1999年版,第424页。
〔4〕 郑玉波:《民法物权》,台湾三民书局2003年版,第336页。
〔5〕 高言主编:《担保法理解适用》,人民法院出版社1996年版,第163页。

押分为动产质押和权利质押,因此,可以用于质押的财产是动产和除不动产物权以外的财产权利。

2. 公示方式不同。尽管抵押权和某些权利质权都需要登记,但其公示方法不完全相同。根据《物权法》的规定,抵押权的设定应采用登记的方法,并不要求移转抵押物的占有,而且对于不动产和用益物权的抵押采登记要件主义,即使是动产抵押也实行登记,只不过采登记对抗主义。而动产质权的设定则必须移转占有,部分没有权利凭证的有价证券必须交付权利凭证。质权的设定之所以要移转占有,是因为"占有之移转,具有公示作用及间接强制债务人清偿债务之留置作用。"[1]因为动产质权的设定要移转占有,而占有移转本身就是一种公示方法,所以,凡是不能登记的财产,虽难以设定抵押权,但可以通过移转占有的方式来设定质权。

我国《物权法》既承认动产(如船舶、机动车、机器设备等)之上可以设立抵押,又允许将动产质押。但是,法律对二者的公示方法规定不同,因此,当事人如果意欲在动产之上设立担保物权,则可以根据自己的需要选择其中的一种方式。如果当事人希望继续占有该物,就应当设立抵押;如果当事人愿意移转占有该物,就应当设立质押。

3. 权利内容不同。由于抵押权设定以后不移转占有,抵押物仍然由抵押人占有,抵押人可以继续对抵押物占有、使用、收益,抵押权人虽能享有对标的物的支配权,但并不能对标的物直接行使占有、使用、收益的权利。而在质押的情况下,质权人因质物移转占有,可直接对质物行使占有权,亦有权收取质物所生的孳息。因此,抵押权人和质权人对提供担保的物所享有的权利是各不相同的。

尽管抵押和质押存在着明显的区别,但两者之间仍然具有十分密切的联系。从担保物权发展的趋势来看,抵押和质押正呈现出一种相互融合的趋势。其表现在:①由于动产抵押的产生与发展,根据权利的客体是动产还是不动产来区分抵押和质押已经越来越困难。根据我国《物权法》的规定,动产既可以设立抵押,又可以设立质押,那这就打破了"动产质押、不动产抵押"的二分法格局。②由于许多权利质押并不需要移转占有,甚至不需要交付权利证书,其公示方法要采取登记的方式,因此以是否登记来区分抵押和质押也变得十分困难。例如,我国《物权法》规定的股权质押、知识产权质押等,并不转移占有甚至不需要交付权利证书,而只是采取登记方式,其在性质上类似于抵押,甚至可以说这些权利质押与抵押并无本质不同。由此使得质押与抵押的分类越来越模糊。

第二节　动产质押的概念和特征

一、动产质押的概念和特征

根据《物权法》第 208 条第 1 款的规定:"为担保债务的履行,债务人或者第三人将其动产出质给债权人占有的,债务人不履行到期债务或者发生当事人约定的实现质权的情形,债权人有权就该动产优先受偿。"动产质押,是指债务人或者第三人将其动产移交债权人占有,以该动产作为债的担保,在债务人不履行债务或者发生当事人约定的实现质权的条件时,债权人依法有权以该动产折价或者以拍卖、变卖该动产的价款优先受偿。质权最初是动产质权,后来逐渐扩展到权利

<hr>

〔1〕 杨与龄:《民法物权》,台湾五南图书出版公司 1991 年版,第 213 页。

质权和不动产质权,并在法律上出现了动产质权、不动产质权和权利质权的区分,我国《物权法》仅承认动产质权和权利质权两种类型。在这两种类型中,动产质权是一般形态,这主要是因为动产质权体现了质押的最本质特征,并表现出质押和抵押的区别所在。从质权制度的发展来看,质权的规则大多是在动产质押的基础上逐步建立起来的。所以,我国《物权法》第229条规定:"权利质权除适用本节规定外,适用本章第一节动产质权的规定。"由此可见,动产质权的规定,相对于权利质权来说属于一般规定,而权利质权的规则属于特殊规定。所以,在权利质押中没有规定的,应当适用动产质押的规则。

需要指出的是,我国《物权法》没有规定不动产质押形态,这主要是因为在我国,不动产以及不动产用益物权都实行严格的登记制度,且我国《物权法》规定这些权利采登记要件主义,目的就是要督促当事人办理登记,从而明晰产权解决纷争。如果不动产可以设立质押,这不仅与我国的登记制度不符,而且,在质权实现时,将会因为与登记要件主义相违背而产生物权的争议。另一方面,既然不动产之上可以设立抵押,当事人也没有必要选择低效率的不动产质押制度[1]事实上,日本的不动产质押在现代社会也趋于衰落。如果不动产也可以质押,就会使得抵押和质押的界限更加模糊。还要看到,我国《物权法》上的质权属于占有质权,不包括收益质权,质权人只能占有质押财产,不能进行使用、收益,这就可能使得不动产质押之下的财产难以实现物尽其用。因此,我国《物权法》不承认不动产质押是合理的。

动产质押与权利质押都属于质押的类型,但动产质押又与权利质押不同,其区别于权利质押的特点表现在:一方面,动产质押的标的是动产。此处所说的动产,不仅包括普通的动产,而且包括需要登记的动产。即使就需要登记的动产设立质押(如船舶质押),也必须采取交付的方式[2]至于有价证券,根据一些国家法律的规定,视为动产[3]但根据我国《物权法》的规定,它仍然属于权利质押的范畴。另一方面,动产质押必须移转动产的占有。所谓移转占有,就是将动产由出质人交付给质权人,并由质权人直接占有动产,动产质权的设定必须以动产占有的移转为要件。这就是说,动产质权的成立,必须以标的物的占有移转于质权人为前提,在占有未完成移转以前,质权并未成立[4]此处所说的占有移转仅限于直接占有的移转,间接占有如占有改定不能产生公示的效果,只能在当事人之间产生效力而不能对抗第三人。由于动产质权的设定必须采取直接占有的方式,所以质物由质权人占有以后,就不可能由他人直接占有,因此一物之上不能设立多项质权[5]此外,由于动产质押要移转占有,在占有移转以后,债务人未履行债务之前,质权人对质物享有留置的权利,也就是说,质权人可以直接控制质物,在债务未受清偿之前,也有权拒绝返还质物。不过,由于这种留置的功能不能充分发挥物的效用,所以其效力也正在逐渐减弱。

动产质押与动产抵押都以动产为担保的标的,但动产质押需要移转占有,而动产抵押并不需要移转占有。由于动产质押需要移转占有,常常会影响到对财产的有效地利用。动产质押在经

---

〔1〕 温世扬、廖焕国:《物权法通论》,人民法院出版社2005年版,第690页。

〔2〕 梅仲协:《民法要义》,中国政法大学出版社1998年版,第603页。

〔3〕 罗结珍译:《法国民法典》(上),法律出版社2005年版,第449页。

〔4〕 《民通意见》第112条:"没有书面合同,但有其他证据证明抵押物或者其权利证书已交给抵押权人的,可以认定抵押关系成立"。可见,即使不存在抵押合同,如确已发生质物的占有转移,亦可认定质押合同成立。

〔5〕 倪江表:《民法物权论》,台湾正中书局印行,第329页。转引自刘保玉:"论担保物权的竞存",载《中国法学》1999年第2期。

济效益上较低的原因在于:①由于大规模的动产,如机器设备等,移转占有本身是困难的,尤其是在动产移转以后,出质人不能再占有该动产,因此出质人不能对标的物进行使用、收益,有碍出质人的生产、经营。而债权人通常是银行等机构,其也不会利用该动产,从而使动产不能发挥应有的利用效率。②在移转占有以后,债权人还需要保管该动产。更何况,动产一旦经过一段时间不使用,其价值可能发生自然贬损,甚至变得毫无价值。

二、动产质押的标的

动产质押以动产为标的,土地、房屋、桥梁等建筑物以及建设用地使用权等属于不动产及其用益物权,不得出质。但是,涉及到不动产的收费权等,可以作为应收账款而纳入权利质押的客体。交通运输工具在性质上仍然属于动产,当然可以出质,但由于交通运输工具在设定质押时须移转占有,从而会影响对于该交通运输工具的利用效率,所以采用抵押的方式更有利于对交通运输工具的利用。尤其需要指出的是,即使对交通运输工具采取质押方式,也不能仅仅只是移转物的占有,还必须要同时交付车辆的权利凭证,以免在交通运输工具交付以后,权利人凭借交通运输工具的权利凭证而登记设定抵押。

尽管动产质押以动产为标的,但并不是说任何动产都可以成为质权的标的,作为质押的标的物应具备如下条件:

1. 动产质押的标的物须为特定物。质权具有物权的一般属性,物权的标的只限于特定物,在某物未特定化之前,权利人不能对其直接支配,也不能移转占有,所以也不能成为质权的标的。当然,特定化是一个相对的概念,该动产和自己的其他动产相区别即可。

2. 动产质押的标的物须为单一物。每一个单独的动产,成为一个质权的标的。我国《物权法》承认集合物可以抵押,但并没有明确规定集合物的质押。所以,用于质押的动产必须是特定的单一的动产。当然,如果当事人特别约定,以多个动产质押,可以形成共同质押。至于当事人能否以多个动产以及权利形成集合物设立质押,《物权法》对此并没有作出规定。笔者认为,应参照《物权法》第2条"法律规定权利作为物权客体的,依照其规定"。对此种集合财产的质押,应当由法律作出规定。在法律没有对集合物质押作出规定之前,当事人不能设立集合物质押。

3. 动产质押的标的物必须具有可让与性。《物权法》第209条规定:"法律、行政法规禁止转让的动产不得出质。"所谓可让与性,是指该财产依法可以移转。法律、行政法规规定不可让与的财产,如各种法律禁止流通的物,不能作为质押的标的。[1] 由于对动产转让的禁止性规定,涉及到对财产权限制的问题,所以必须要由法律和行政法规作出明确规定,但一些依法只能在特定民事主体之间流通的物(如某些具有重大科研价值的矿产品只能出售给国家),虽然其流通受到限制,但是,其转让并没有完全禁止,在法律上可以质押。有些限制流通的财产虽然可以质押,但是,在实现质权时,不得自由买卖,应当由国家有关部门收购或者按照法定的条件和程序流通。[2] 至于依法被扣押的财产,因为当事人已经丧失了处分权,所以,不能转让,也不能出质。

需要讨论的是,根据我国《物权法》第184条的规定,学校、幼儿园、医院等以公益为目的的事业单位、社会团体的教育设施、医疗卫生设施和其他社会公益设施等不能抵押,但是,这些财产是否可以设立质押?笔者认为,这些财产虽然不能简单地认定为都是不具有可让与性的财产,但是,从立法目的来看,以这些财产质押,在实现质权时,将使得财产被拍卖、变卖等,从而使得公益

〔1〕 王胜明:《中华人民共和国物权法解读》,中国法制出版社2007年版,第455页。
〔2〕 黄松有主编:《〈中华人民共和国物权法〉条文理解与适用》,人民法院出版社2007年版,第623页。

目的不能实现。甚至因为这些财产在设立质押时要移转占有,使得教育、医疗等公益事业无法继续进行。因此,既然我国法律已经确认其不能抵押,笔者认为,它们也应当不能被质押。[1] 当然,公益法人以其非公益性财产设定质权的,应当允许。

第三节 动产质押的设定

一、当事人必须订立书面的质押合同

动产质押的设定属于担保物权设定的典型形态,应当采取合同加公示的方式。《物权法》第210条第1款规定:"设立质权,当事人应当采取书面形式订立质权合同。"所谓质权合同,就是出质人和债权人之间订立的以设立质权为内容的合同。出质人既可以是债务人,也可以是第三人。质押合同属于合同的一种类型,在合同的订立、生效、违约责任等方面要适用《合同法》的规定。例如,质押合同的内容不得违反法律和公共道德,不得以法律行政法规禁止设立质押的财产来设立质押,否则,质押合同将被认定为无效。

依据《物权法》第210条第2款的规定,质押合同的内容一般包括如下条款:

1. 被担保债权的种类、数额。所谓被担保的主债权的种类,就是指质押所担保的债权的类型,如担保的是金钱债权还是劳务债权,是合同之债还是侵权损害赔偿之债。所谓被担保的主债权的数额,是指以金钱价值计算的具体债权额,如借贷关系中的借款数额。当事人在质押合同中,可以约定质押财产担保全部的债权,也可以约定担保部分的债权;可以约定担保现在的债权,也可以约定担保将来的债权。[2]

2. 债务人履行债务的期限。所谓债务履行期限,就是指合同所约定的债务人履行其债务的期限。由于债务履行期届满是质权实现的先决条件,因此,必须在质押合同中明确作出约定。

3. 质押财产的名称、数量、质量、状况。按照物权客体特定的原则,动产质押的客体应当特定化。为了实现这一目的,质押合同中必须详细规定质押财产的详细情况,具体包括如下四个方面:①必须明确规定质物的名称,如质押物是机动车,必须要指明是何种型号的机动车。②必须明确规定质押财产的数量。例如,以几部机动车提供质押,必须具体标明数量。③必须明确规定质押财产的质量。例如,以水泥提供质押,必须指明其产品等级,如一级水泥等。④必须明确规定质物的状况,这主要是指要规定质押财产的使用情况。例如,机动车究竟使用了多长时间,新旧成色怎样。《物权法》之所以要求当事人详细描述质押财产的状况,是因为质押财产要移转占有,在质权人占有财产期间,可能会擅自使用该财产,从而导致财产改变形态、价值减损等。因此,在质押合同中,明确指明质押财产的状况有助于减少各种不必要的纠纷。

4. 担保的范围。所谓担保的范围,也就是通常所说的质权的效力范围,它是指质押财产究竟担保哪些债务。一般说来,质权担保的债权范围包括主债权、保管质押物的费用、违约金、损害赔偿金、利息等。但是,当事人也可以自行约定质押担保的债权范围。例如,当事人可以约定仅担保主债权,甚至可以约定担保部分主债权。不过,如果质权合同没有规定担保的范围,则应当按照《物权法》第173条的规定,确定质权担保的范围包括主债权、利息、损害赔偿金、保管质物的费

---

〔1〕 黄松有主编:《〈中华人民共和国物权法〉条文理解与适用》,人民法院出版社2007年版,第624页。

〔2〕 高圣平:《物权法担保物权编》,中国人民大学出版社2007年版,第345页。

用、实现质权的费用。[1]

5. 质押财产交付的时间。质押财产交付的时间，是指出质人交付质物的时间。由于我国《物权法》第212条规定，"质权自出质人交付质押财产时设立"，因此，交付质物的时间，就是质权的设立时间。换言之，交付质物之后，债权人才享有物权。这也体现了《物权法》中的区分原则。正是因为这一原因，质物的交付时间，必须在质押合同中明确规定。

二、出质人必须交付质物、移转占有

《物权法》第212条规定："质权自出质人交付质押财产时设立。"动产质押的成立，必须将标的物的占有移转于质权人才能产生效力。移转质物的占有，才能导致质权的成立。交付质物、移转质物的占有包括三个方面：

1. 交付。所谓交付，就是指出质人必须依据质押合同规定的时间和地点将质押财产移转占有给质权人或者其他有受领权的人（如质权人的代理人）。交付是出质人依据质押合同所应当履行的主要义务。

2. 移转占有。交付是一个过程，而交付的结果是移转占有。如果出质人交付之后，并没有使质权人实际取得对该质物的占有，不能认为完成交付。所以，在质权设定中所说的移转占有，必须是由受让人实际接受占有。例如，交付一方将标的物置放于债权人控制的范围内，但未告知债权人，债权人也不知道其已经作出了交付，从而没有受领，则不能构成交付，出质人也未完成交付义务。我国《物权法》规定，交付是质权设定的公示方法，但实际上，动产质押是以占有为公示方法的，如果没有完成占有的移转，就没有完成法定的公示方法。"动产物权之外界征象，乃是占有"，[2]所以，只有移转占有才能使作为担保物权的质权产生。如果没有移转占有，并不影响质押合同的效力，但质押权不能设立。[3]

3. 占有的公示方法始终伴随着质权的始终。没有占有就没有质权，如果质权人占有质物以后，因质权人自身的原因发生了占有的中断，质权的存在是否受到影响？笔者认为，质权作为一种担保物权，其不同于一般债权之处在于，它必须要进行公示，这就是要移转质物的占有。占有是质权的外部象征。占有移转不仅是物权设定的要件，而且乃是质权人享有物权的标志。占有必须与质权的存在相伴随，一旦质权人因自身的原因不再占有质物，则质权将不复存在。所以，笔者认为，因为质权人自身的原因而导致对质物的占有丧失的，质权已经归于消灭，即使以后恢复占有，也不能因这一占有行为而恢复质权。

所谓动产质押的设立时间，就是指当事人取得动产质权的时间点。《物权法》第212条规定："质权自出质人交付质押财产时设立。"据此，动产质权的设立时间，应当从实际交付之日起为判断标准。质物未经出质人交付给质权人，质权不能产生。在这里交付是作为动产物权变动的生效要件的。

问题在于，交付可以采取多种方式，如现实交付、简易交付、占有改定。而当事人在移转占有以设定质权时，是否可以采取这些交付方式，值得探讨。笔者认为，设定质权所要求的占有移转不同于一般债务履行所要求的占有移转。在后一种情况下，标的物是否发生直接占有的移转，可由债权人和债务人之间协商决定。如果双方协商可在不移转直接占有的情况下而移转所有权，

---

[1] 王胜明主编：《中华人民共和国物权法解读》，中国法制出版社2007年版，第456页。

[2] 尹章华：《民法理论之比较与辩证》，台湾地区作者印行1992年版，第641页。

[3] 王胜明：《中华人民共和国物权法解读》，中国法制出版社2007年版，第460页。

因这主要涉及到当事人之间的利益,法律应认为此种关于交付的特别约定是有效的。但在设定质权时,应当采取直接占有的移转方式,因为在某项财产上设定质权必须要有一定的公示方法,足以使第三人知道,此种公示方法便是直接占有的转移。动产质权设定中的占有有如下问题值得探讨:

第一,占有改定能不能成为质权设定的公示方法? 所谓占有改定,是指当事人双方特别约定,由原占有人继续占有动产,而占有的受让人取得对标的物的间接占有,以代替标的物的交付。这就使得间接占有在所有权移转时可以产生与直接占有同样的效力。占有的公示作用也在一定程度上被削弱,但这种以所有权移转为目的的交付规则,不能完全适用于质权的设立。假如出质人与质权人之间特别约定,出质人以占有改定的方式代替交付,由出质人直接占有质物,此种方式能否作为质权设定的公示方法?《担保法解释》第 87 条第 1 款规定:"出质人代质权人占有质物的,质押合同不生效;质权人将质物返还于出质人后,以其质权对抗第三人的,人民法院不予支持。"该条已否定了占有改定作为质权设定的公示方法的可能。笔者认为,这一规定是合理的。这主要是因为在占有改定的情况下,质权人仅能间接占有质物,质物从外观上看来,仍由出质人占有,从而使质权的设定没有完成应有的公示方法。对于任何第三人来说,只能认为质物仍由出质人占有,因此不能通过占有公示质权的存在,在此情况下如认为质权已经产生,使债权人享有质权,必将损害第三人利益,影响交易安全。所以,占有改定的方式不适用于质权的设定。

动产质权等他物权的设定具有不同于所有权移转的特殊性。在所有权转移中,依据《物权法》第 27 条的规定,可以通过占有改定方式移转所有权,即所有人可以让渡占有权。尽管占有改定的公示作用较弱,但善意取得制度等其他制度,可以弥补此种公示方法的不足,这种方式显然不能作为动产质权的公示方法。因为在动产质权的设立中,只有在质权人现实占有出质物的情况下,其才能够有效地设定质押权并实现担保物权。尤其动产质权要产生一种留置的效力,此种效力以直接占有出质物为前提。在质权人丧失直接占有的前提下,无权通过自力救济的方式恢复留置的效力。动产质权等他物权的设立对公示具有强烈要求,因此以交付作为公示方法只能以实际占有的移转作为公示的要件,而不宜将占有改定等非直接占有移转的交付方式运用于动产质权的设定当中。[1] 质权人也无权让渡其占有权。由此可见,在动产质权的设定中不能采取占有改定的方式,因为此种方式一则导致了质权人丧失了实际占有的权能,二则将对交易安全构成威胁。[2]

第二,指示交付能否成为设定质权的公示方法? 所谓指示交付,是指当事人在转让或设定动产物权时,如果该动产已经由第三人占有,质权设定人可以将其对第三人享有的返还请求权转让给受让人,以代替物的现实交付。《担保法解释》第 88 条规定:"出质人以间接占有的财产出质的,质押合同自书面通知送达占有人时视为移交。占有人收到出质通知后,仍接受出质人的指示处分出质财产的,该行为无效。"这就确认了指示交付可以作为质权设定的公示方法。在指示交付的情况下,第三人的占有是作为辅助质权人占有的方式确立的。也就是说,第三人在辅助质权人为占有。较之于占有改定,指示交付可以产生一定的物权设定的公示效果,因为占有改定是原所有人占有,而指示交付是由第三人占有,至少从外观上看来,质物已经不是由出质人占有,这样在一定程度上可以使第三人知道该财产已经设定了质押,其公示效果比占有改定更为明显。但

---

〔1〕 姚瑞光:《民法物权论》,台湾地区作者印行 1988 年版,第 283 页。
〔2〕 郭明瑞:《担保法原理与实务》,中国方正出版社 1995 年版,第 247 页。

从实践来看,由于指示交付的方式设定动产质权可能会出现将来质权人实际上无法请求返还该质物的情形,因此实践中以这种方式设定动产质权的情形极为少见。[1] 在质权人没有直接占有的情况下,质权人一般不会轻易地接受此种担保方式。但如果当事人愿意采取指示交付的方式,也可以形成新的权利外观。[2] 值得注意的是,通过指示交付设定质权的,质权应当自质权人得到指示并且从第三人处取得实际占有时设立。

三、动产质权的善意取得

各国法律大都承认质权的善意取得。[3] 我国《物权法》第106条第3款规定:"当事人善意取得其他物权的,参照前两款规定。"由此表明,善意取得不仅仅适用于所有权,而且也适用于他物权,其中包括动产质权。如果在设立质权时,债权人是善意的,不知出质人无处分权,则质权的设定是有效的,所有人不能要求质权人返还财产,但可要求出质人赔偿损失。这就表明,我国《物权法》认可了质权的善意取得。

质权的善意取得必须符合一定的条件,具体表现在:①出质人对出质的动产并不享有处分权,但实施了出质行为。②出质人与质权人之间订立了设定质权的合同,质押合同合法有效。③质权人在移转动产占有时是善意的。此处所说的"善意",是指质权人不知且不应知道出质人无处分该质物的权利。善意是指质权人在设定质权时是善意的,如果质权人受让动产的占有时出于恶意,当然不能即时取得质权。至于在设定质权以后行使质权以前,是否知道出质人无权处分,则不予考虑。④根据《物权法》第106条第3款的规定,质权的善意取得必须要"交付"。因此,质权人必须依据质权合同占有了出质的动产。在符合善意取得的情况下,善意第三人可以取得质权。但是如果不符合善意取得的构成要件,债权人明知出质人无处分权而接受该财产作质物,该质押就是无效的。[4]

第四节 动产质押的效力

一、质权人的权利和义务

（一）质权人的权利

1.占有质物的权利。《物权法》第208条第1款规定:"为担保债务的履行,债务人或者第三人将其动产出质给债权人占有的,债务人不履行到期债务或者发生当事人约定的实现质权的情形,债权人有权就该动产优先受偿。"可见,在质权设定以后,质权人有权占有出质的财产。在主债务没有被清偿以前,质权人有权继续占有质物,此种占有实际上就是"留置"质物,即使质物的所有权已经由出质人转让给他人,质权人仍然享有占有权,并有权拒绝任何第三人提出的交付质物的请求。如果在质权人占有期间,质物被侵夺、遭受侵害或可能遭受侵害,质权并不因此而消灭。[5] 根据《物权法》关于物权请求权和占有保护请求权的规定,质权人可以请求返还原物、排除妨害、消除危险。

---

〔1〕 姚瑞光:《民法物权论》,台湾地区作者印行1988年版,第284页。
〔2〕 陈华彬:《物权法研究》,金桥文化出版(香港)有限公司2001年版,第86页。
〔3〕 《德国民法典》第1207条、《瑞士民法典》第884条。
〔4〕 程啸:"担保物权",载王利明等:《中国物权法教程》,人民法院出版社2007年版,第510页。
〔5〕 郭明瑞、杨立新:《担保法新论》,吉林人民出版社1996年版,第215页。

2.收取质物的孳息。质权人享有收取质押财产孳息的权利。《物权法》第213条规定:"质权人有权收取质押财产的孳息,但合同另有约定的除外。前款规定的孳息应当先充抵收取孳息的费用。"根据该条规定:第一,在质押期间,质权人有权收取质押财产的孳息。质权人既然占有了质物,则其应当有权收取质押财产的孳息,这样既可以降低收取孳息的成本,也有利于以孳息担保债权的实现。但按照孳息所有权归属于原物所有人的规则,质权人只是有权收取孳息,并将其作为质权的客体,而不能取得对孳息的所有权。但如果这些孳息是金钱,质权人可以直接将其用于清偿债务,如果是其他物,则必须要按照质权的实现程序来清偿。[1] 因此,质权人收取孳息以后,只能对其享有优先受偿权。第二,收取的孳息包括天然孳息和法定孳息。[2] 从《物权法》第213条的规定来看,该条既然没有限定孳息包括哪一种,依据文意解释,可以认为此处的"孳息"包括天然孳息和法定孳息。第三,合同另有约定的,依照合同约定。所谓合同另有约定,是指质押合同中明确约定,孳息只能由出质人收取的,则质权人无权收取孳息。如果质押合同中没有约定或者约定不明的,质权人就有权收取孳息。[3] 第四,质权人收取孳息之后,应当首先用于冲抵收取孳息的费用。例如,出质的奶牛所产牛奶,应当先冲抵挤奶的人工费,剩余部分才能用于实现主债权本身和其他费用。值得注意的是,质权人有权收取孳息,但并不意味着,该孳息归其所有,而是用其先冲抵费用。

3.转质权。在债权存续期间,质权人为了对自己的债务提供担保而将质物移转占有给第三人,并在该质物上设定新的质权,此种情况称为转质。转质包括承诺转质和责任转质两种情况。所谓承诺转质,是指经过出质人的同意,质权人将质物质押给第三人用以担保自己债务的履行。所谓责任转质,是指质权人未经出质人的同意,而以自己承担责任为条件将质物质押给第三人。[4] 根据我国《物权法》第217条的规定,"质权人在质权存续期间,未经出质人同意转质,造成质押财产毁损、灭失的,应当向出质人承担赔偿责任。"根据反对解释,《物权法》承认了承诺转质。而且对责任转质也没有严格禁止,只不过是在责任转质的情况下,造成质押财产毁损、灭失的,应当向出质人承担赔偿责任。

4.质权的处分权。质权在性质上属于一种可以移转的财产权利,质权人有权基于自己的意志和利益处分自己的权利。例如,质权人可以将质权随同主债权一起转让给他人。质权为从权利,一般不得与主债权分离而单独转让,但可以与主债权结合在一起共同转让。再如,质权人可以将质权抛弃。一旦质权人处分质权,通常将导致质权的消灭。

《物权法》第218条规定:"质权人可以放弃质权。债务人以自己的财产出质,质权人放弃该质权的,其他担保人在质权人丧失优先受偿权益的范围内免除担保责任,但其他担保人承诺仍然提供担保的除外。"根据该条规定:第一,质权人可以放弃质权。所谓放弃,就是指质权人抛弃质权。因为放弃质权是处分质权的行为,将导致质权的消灭,所以,质权人必须要作出明确的放弃质权的意思表示。第二,质权人放弃质权不得损害其他人的利益。例如,在债权是共有的情况下,某一质权人(债权人)抛弃质权,将损害其他债权人的利益,此时其不得抛弃质权。第三,如果债务人是以自己的财产出质,质权人放弃该质权的,其他担保人在质权人丧失优先受偿权益的

〔1〕 王胜明主编:《中华人民共和国物权法解读》,中国法制出版社2007年版,第461页。
〔2〕 梅仲协:《民法要义》,中国政法大学出版社1998年版,第603页。
〔3〕 全国人民代表大会常委会法制工作委员会民法室编:《中华人民共和国物权法条文说明、立法理由及相关规定》,北京大学出版社2007年版,第386页。
〔4〕 郭明瑞:《担保法原理与实务》,中国方正出版社1995年版,第260~261页。

范围内应被免除担保责任。例如,甲以其自己价值20万元的汽车出质,担保对乙的欠款50万元,同时,丙又以其价值100万元的房产为该债务设定抵押。因为乙放弃了对甲享有的质权,这样就必然导致丙的担保责任减轻。因此,丙只对剩余的30万元债务承担担保责任。这就是说,质权人放弃了债务人自己质物之上的质权,因为债务人本来就应当自己承担债务,其他担保人的责任就相应地减轻或免除,否则对其他担保人是不公平的。[1] 不过,质权本身作为一种财产权可以放弃,在放弃之后,其他担保人可以相应地被免责,但是,按照私法自治原则,此种免责的利益也是可以放弃的。在债务人以自己的财产出质的情况下,质权人抛弃该质权,而其他担保人仍然愿意提供担保的,不影响其担保责任的承担。

问题在于,如果是第三人出质,质权人抛弃质权,是否影响其他担保人的担保责任? 与前述抵押权人放弃抵押权相同,如果是债务人以外的第三人出质,则质权人放弃该质权,其他担保人也可以相应地免除担保责任。[2]

5. 质物价值恢复请求权。所谓质物价值恢复请求权,是指因不能归责于质权人的事由致使质物价值减少时,质权人享有的请求恢复质物价值的权利。质权本质上是一种价值权,质权人支配的是质物的交换价值,质物价值减少将直接导致质权人利益的损害,如使质权人的债权不能得到足额的担保,质权人的债权不能得到有效保障,法律为了保护债权人的利益,有必要设立价值恢复请求权。由此,我国《物权法》第216条规定:“因不能归责于质权人的事由可能使质押财产毁损或者价值明显减少,足以危害质权人权利的,质权人有权要求出质人提供相应的担保;出质人不提供的,质权人可以拍卖、变卖质押财产,并与出质人通过协议将拍卖、变卖所得的价款提前清偿债务或者提存。”这就在法律上确立了质物价值恢复请求权,但行使价值恢复请求权必须符合三项条件:

(1)因不能归责于质权人的事由导致质物价值减少。所谓不能归责,就是指质权人没有过错,即质押财产的价值减少是因为自然原因或第三人的过错引起的,在此情况下,质权人才能行使价值恢复请求权。例如,作为质物的机动车遭雷击以后起火,导致出质的机动车价值显著降低,这就属于不能归责于质权人的事由。由于质押财产处于质权人控制之下,因此,质权人对于其没有过错的情况负担举证责任。

(2)可能使质押财产毁损或者价值明显减少。如何理解《物权法》第216条所说的“可能”? 所谓“可能”,就是指危害尚未发生,还没有现实地造成损害,但通过一定事实可以判断该危险发生的概率很大。所谓“明显减少”,是指从一定的事实可以推断,价值的减少是显著的、较大的,而不是微不足道的。判断是否“明显减少”,应以社会一般人的标准来观察。例如,出质人以易于腐败的鲜活物品质押,经过一段时间后,价值将明显减少。[3] 需要指出的是,按照《物权法》第193条的规定,“抵押人的行为足以使抵押财产价值减少的,抵押权人有权要求抵押人停止其行为。抵押财产价值减少的,抵押权人有权要求恢复抵押财产的价值,或者提供与减少的价值相应的担保”。此处只要求抵押财产价值减少的,而并没有要求价值明显减少,在此情况下,抵押权人就可以要求增加担保。但是在质押中,按照《物权法》第216条的规定,只有在质押财产毁损或者价值明显减少时,质权人才可以要求出质人增加担保。《物权法》之所以对此作出不同的规

〔1〕 姚红主编:《中华人民共和国物权法精解》,人民出版社2007年版,第380页。
〔2〕 姚红主编:《中华人民共和国物权法精解》,人民出版社2007年版,第341页。
〔3〕 谢在全:《民法物权论》(下),台湾地区作者印行2003年版,第280页。

定,其原因在于:在抵押的情况下,抵押物处于抵押人占有之下,因此,抵押人负有妥善保管的义务,为了减少抵押权人的风险,只要抵押人的行为导致抵押物价值减少,不需要明显减少,抵押权人就可以要求增加担保。但在质权中,质押财产归质权人占有,所以,在质权人占有期间,如果非因质权人过错造成的轻微的价值减少,不会影响质权人的利益,也就无需要求出质人提供新的担保。[1] 这对当事人来说是公平合理的。

(3)足以危害质权人权利。所谓"足以危害质权人权利",就是指质权人的债权不能获得足额的担保。如果质押财产的价值虽然有减少的可能,但是,该财产价值减少以后,还足以担保债权的,质权人就不能享有价值恢复请求权。[2] 有人提出,只要价值减少造成质权人的损害,就应当要求出质人提供担保。笔者认为,《物权法》第216条不仅要求有明显的价值减少,而且要求足以危害质权人权利,这实际上是附加了比较严格的条件。毕竟要求出质人再次提供担保将会加重出质人的负担,所以,不能因为仅仅可能造成债权人的损害,就要求出质人提供担保。[3]

根据《物权法》第216条的规定,在符合上述条件的情况下,质权人就可以行使价值恢复请求权,此种权利主要是指请求增加担保的权利。如果质押财产价值明显减少,足以危害质权人权利的,质权人有权要求出质人提供相应的担保。所谓相应的担保,是指出质人提供的担保财产价值应当与质押财产价值减少的部分相当。[4] 只有在两者相当的情况下,才能既维护质权人的权利,又不会加重出质人的负担。有学者认为,此种担保是替代担保。笔者认为,此种担保并非替代性的,因为原有的担保仍然存在,只不过是因为担保财产的价值减少而需要相应地增加担保财产。如果出质人愿意提供人保,而质权人愿意接受的,也未尝不可。

《物权法》第216条还规定:"出质人不提供的,质权人可以拍卖、变卖质押财产,并与出质人通过协议将拍卖、变卖所得的价款提前清偿债务或者提存"。根据这一规定,如果出质人不提供相应的担保,质权人可以在债务没有到期也不符合约定的实现质权的情况下,直接拍卖、变卖质押财产。只有这样才能保证质权人的利益不因质押财产的价值减少而遭受损失。[5] 此时的拍卖、变卖与质权实现时质押财产的拍卖、变卖不同,因为质权实现的条件尚未具备,质权人不得直接受偿,此时,拍卖或变卖所得的价款只能代充质押财产。[6] 如果出质人不提供担保,质权人可以与出质人协商提存或协商提前清偿。所谓提存,就是指出质人将拍卖、变卖所得的价款在公证部门提存。在债务清偿期到来之后,再用该价款清偿债务。所谓提前清偿,就是指债务没有到期,但双方约定提前清偿债务。需要指出的是,在债务没有到期的情况下,质权人依据《物权法》第216条的规定,拍卖、变卖质押财产,或者与出质人达成协议以拍卖、变卖的价款提前清偿债务或提存,都是保全质物所担保的债权的行为,在性质上与价值恢复请求权有所不同。

6.优先受偿权。质权作为一种物权,具有优先于债权的效力,这种效力主要体现在质权人具有优先受偿权,即在债务人不履行债务时,质权人有权就质物拍卖、变卖所得的价金优先于其他一般债权人受偿,从而实现其债权。质权设立的目的是为了担保债权的实现,而质权中的优先受偿权正是这一担保功能的重要体现。如果没有优先受偿权的存在,质权就失去了担保的意义。

---

〔1〕 王胜明主编:《中华人民共和国物权法解读》,中国法制出版社2007年版,第465页。
〔2〕 郭明瑞主编:《中华人民共和国物权法释义》,中国法制出版社2007年版,第394页。
〔3〕 梅夏英、高圣平:《物权法教程》,中国人民大学出版社2007年版,第464页。
〔4〕 王胜明主编:《中华人民共和国物权法解读》,中国法制出版社2007年版,第465页。
〔5〕 梅夏英、高圣平:《物权法教程》,中国人民大学出版社2007年版,第464页。
〔6〕 梅夏英、高圣平:《物权法教程》,中国人民大学出版社2007年版,第464页。

（二）质权人的义务

1. 妥善保管质物的义务。《物权法》第 215 条第 1 款规定："质权人负有妥善保管质押财产的义务；因保管不善致使质押财产毁损、灭失的，应当承担赔偿责任。"该条确定了质权人的妥善保管义务。《物权法》之所以要求质权人负有妥善保管的义务，理由在于：一方面，质物是债权实现的保障，为了保障将来债权的实现，质权人应当妥善保管质物。另一方面，质物是出质人的财产，如果不妥善保管，将造成出质人的损害，这也可以看作是质权人应负担的合同法上的附随义务。此处所指的妥善保管，是指质权人应以善良管理人的注意保管质物。善良管理人的注意义务，就是指按照一般交易观念，以合理的、具有一定的经验和责任心的人来评价管理人是否尽到了管理义务。[1] 例如，质押的汽车，有可能在露天遭受雨淋生锈，质权人就应当将其遮盖好。如果质权人任由汽车遭受雨淋，就没有尽到善良管理人的注意义务。无论质押合同中是否规定了质权人的妥善保管义务，质权人都负有此种义务。如果质权人未尽此种注意义务，致出质人遭受损害，应负赔偿责任。在承担赔偿责任时，应当区分毁损灭失的不同情况而赔偿部分或全部的损失。[2]

《物权法》第 215 条第 2 款规定："质权人的行为可能使质押财产毁损、灭失的，出质人可以要求质权人将质押财产提存，或者要求提前清偿债务并返还质押财产。"根据该条规定：首先，必须是质权人的行为可能使质押财产毁损、灭失。例如，质权人将质押的油画至于阴冷潮湿的地下室，很可能使该油画受损，出质人可享有《物权法》第 215 条规定的请求质权人将质物提存等权利，但如果是因出质人的行为、第三人的行为或自然原因造成的，出质人则不享有该条规定的权利。其次，可能造成损害。所谓"可能"，就是说根据一定的事实，按照一般社会观念，质权人的行为很可能导致质押财产的毁损灭失。例如，质权人将质押的油画置于潮湿的地下室，按照一般的社会观念来判断，将很可能导致油画的毁损。因为质押之后，质押财产已经移转，即使质权人的行为可能导致质押财产的毁损灭失，出质人也不能要求质物的返还，但又有必要保护出质人的利益。[3]

《物权法》在质权人的行为可能导致质押财产毁损、灭失的情况下，为了保护出质人的利益，赋予出质人两项权利：一是可以要求质权人将质押财产提存。这就是说，出质人有权要求质权人向公证机关提存质物。此时是通过指示交付的方法设定了质权。此处尽管没有明确规定向公证机关提存，但是，应当理解为向公证机构提存，如果是向第三人提存，实际上是保管而非提存。[4]二是要求提前清偿债务并返还质押财产。在提前清偿债务的情况下，实际上是债务人不享有期限利益，这一般不会给债权人带来损害，但如果提前清偿损害了债权人的利益，则债权人可以拒绝提前清偿。[5] 例如，提前清偿将导致债权人支付较多的保管费用。因为债务已经提前清偿，债务归于消灭，此时质权也归于消灭。所以，出质人可以要求返还质押财产。在没有提前清偿债务的情况下，出质人并不能要求返还质押财产，而只能要求质权人提存该财产。

2. 不得擅自使用、处分质物的义务。如前所述，质权人并不当然享有对质物的使用和处分

---

〔1〕 郭明瑞主编：《中华人民共和国物权法释义》，中国法制出版社 2007 年版，第 393 页。

〔2〕 胡康生主编：《中华人民共和国物权法释义》，法律出版社 2007 年版，第 464 页。

〔3〕 王胜明主编：《中华人民共和国物权法解读》，中国法制出版社 2007 年版，第 464 页。

〔4〕 黄松有主编：《〈中华人民共和国物权法〉条文理解与适用》，人民法院出版社 2007 年版，第 636 页。

〔5〕 全国人民代表大会常委会法制工作委员会民法室编：《中华人民共和国物权法条文说明、立法理由及相关规定》，北京大学出版社 2007 年版，第 212 页。

权。《物权法》第 214 条规定:"质权人在质权存续期间,未经出质人同意,擅自使用、处分质押财产,给出质人造成损害的,应当承担赔偿责任。"根据这一规定,质权人在质押期间一般只享有占有权,而不能使用、收益和处分质物,否则构成对出质人权利的侵害。如果质权人擅自使用、处分质押财产,给出质人造成损害的,应当承担赔偿责任。问题在于,虽然质权人使用了质物而没有造成损害,是否构成不当得利? 笔者认为,因为质权人没有造成损害,所以,不应当适用损害赔偿的规定,但是质权性质上属于担保物权,而非用益物权,权利人无权对质物进行使用。如果质权人擅自使用出质人的财产,即使没有造成质物的损害,也很可能降低质物的价值,并使质权人从中获得不正当利益。[1] 在此情况下,出质人可以请求返还不当得利。另外,擅自使用也构成违约,因此出质人可要求质权人承担违约责任。

3. 返还质物的义务。《物权法》第 219 条第 1 款规定:"债务人履行债务或者出质人提前清偿所担保的债权的,质权人应当返还质押财产。"如果债务履行期届满债务人已履行债务的,或者出质人已提前清偿所担保的债权的,此时主债权已经消灭,按照从属性规则,质权也归于消灭。因此,质权人应当返还质物。不过,质权人返还质物时,应当向有受领权的人返还,包括出质人和出质人指定或委托的受领人。即使出质人不是所有人,质权人也有义务向其返还。[2]

需要探讨的是,在质权人拒不返还的情况下,出质人究竟应基于物权请求权请求返还,还是应基于质押合同,或者基于不当得利请求返还? 笔者认为,如果出质人是以自己的财产出质,其享有质物的所有权,则出质人可以依据物权请求权请求返还。如果出质人是以他人的财产出质,其虽不能基于物权请求权返还,但可以根据质押合同请求返还。如果出质人是以自己的财产出质,出质人也可以依据质押合同的规定,在质权消灭后请求债权人返还质物,在此情况下,构成请求权竞合,出质人可以自行选择请求返还的依据。

二、出质人的权利和义务

(一)出质人的权利

1. 对质物的处分权。出质人虽然将质物移转占有于质权人,但是,质权的设定并不移转质物的所有权,出质人毕竟还是质物的所有人,依然享有对质物的处分权。《物权法》第 214 条规定:"质权人在质权存续期间,未经出质人同意,擅自使用、处分质押财产,给出质人造成损害的,应当承担赔偿责任。"从反面解释来看,处分权仍然属于出质人。出质人对质物的处分权包括:出质人有权允许质权人处分质押财产,也可以设立动产质权之外的其他担保物权。但出质人行使对质物的处分权,不得影响质权的行使,质权人对处分的质物仍享有质权。至于在质权设定之后,出质人是否可以通过简易交付和指示交付的方式在质物之上再次设定质权,在理论上存在争议。不少学者赞成,出质人享有此种权利。[3] 笔者认为,以此种方式设立质权与质权的性质不符,在法律上不宜肯定。质权只能以实际占有为成立条件,不能采取间接占有的公示方法,所以一物之上只能设定一个动产质权,但权利人可以设立另一个动产抵押。

2. 除去侵害和返还质物的请求权。如果质权人不妥善保管质物,造成质物损害或有损害的可能时,出质人有权请求其除去侵害,也可以请求质权人提存质物,以排除侵害。至于提存的费用,一般认为应当由质权人承担。质权人未能妥善保管质物,出质人还可以请求提前清偿债务而

---

〔1〕 王胜明主编:《中华人民共和国物权法解读》,中国法制出版社 2007 年版,第 462 页。

〔2〕 郭明瑞:《担保法原理与实务》,中国方正出版社 1995 年版,第 271 页。

〔3〕 谢在全:《民法物权论》(下),台湾地区作者印行 2003 年版,第 267 页。

返还质物。《物权法》第215条第2款规定:"质权人的行为可能使质押财产毁损、灭失的,出质人可以要求质权人将质押财产提存,或者要求提前清偿债务并返还质押财产。"因为质权人不能妥善保管质物,可能导致质物灭失或者毁损,在此情况下,如果出质人不能要求质权人将质物提存,将可能致使损害进一步扩大,最终将导致出质人蒙受损害。所以在法律上规定提存是有必要的。

3. 请求及时行使质权的权利。《物权法》第220条规定:"出质人可以请求质权人在债务履行期届满后及时行使质权;质权人不行使的,出质人可以请求人民法院拍卖、变卖质押财产。出质人请求质权人及时行使质权,因质权人怠于行使权利造成损害的,由质权人承担赔偿责任。"在债务到期后,质物仍然处于质权人占有之下,并且由质权人继续收取孳息。如果质权人不及时行使质权,有可能使质物的价值降低,造成出质人的损失。例如,钢材的市场价格急剧波动,如果不及时拍卖、变卖钢材,将可能导致价格下跌造成出质人的损害。所以,在债务履行期届满以后,出质人可以请求质权人及时行使质权。如果质权人不行使质权,出质人可以享有如下权利:①请求人民法院拍卖、变卖质押财产。之所以必须请求法院拍卖、变卖,主要是因为质押财产处于质权人占有之下,如果允许出质人直接拍卖、变卖,则难免导致纠纷,也难以保障质权人的利益。②请求损害赔偿的权利。因质权人怠于行使权利造成损害的,应由质权人承担赔偿责任。此处所说的损害,是指在履行期届满以后,质权人怠于行使质权给出质人造成的损害,而不包括债务履行期届满以前的损害。[1]

4. 对主债务人的求偿权。如果出质人并不是主债务人而是第三人,当其代替主债务人清偿了债务以后,出质人对主债务人享有求偿权。[2] 我国《担保法》第72条规定,"为债务人质押担保的第三人,在质权人实现质权后,有权向债务人追偿。"出质人对主债务人享有求偿权,在出质人与主债务人之间发生了一种新的债权债务关系,第三人是债权人,主债务人是债务人。

5. 行使主债务人的抗辩,包括迟延履行的抗辩、消灭时效的抗辩等。如果主债务人抛弃其对主债权人的抗辩,出质人仍然可以行使对主债权人的抗辩。有一些学者认为,在质押合同无效或得撤销时,出质人可以享有抗辩权。[3] 笔者认为,如果质押合同具有无效或可撤销原因时,质权根本没有设定,所以就无所谓出质人的抗辩权。

(二)出质人的义务

1. 损害赔偿义务。质物本身可能具有瑕疵,从而造成质权人的损害。根据我国许多台湾学者的看法,瑕疵分为隐蔽瑕疵和表面瑕疵,因为隐蔽瑕疵造成质权人损害的赔偿,属于质权担保的范围。而表面瑕疵造成质权人的损害,则属于一般债权,不属于优先受偿的范围。[4] 我国《物权法》没有对此作出明确规定,但根据该法第173条的规定,担保物权担保的范围包括"损害赔偿金"。笔者认为,此处所说的"损害赔偿金"包括因质物隐蔽瑕疵而导致质权人损害的赔偿金,但表面瑕疵造成的损害并不包括在内。

2. 支付必要保管费用的义务。在设定质权后,质权人有义务保证质物的完好状态,以保障将来质权的实现和债务的履行,而质权人在占有质物期间因为保管质物所支付的必要费用,仍应当由出质人承担。一般认为,质权人可以请求返还的质物保管费用仅限于必要费用,即为保管质物

〔1〕 王胜明主编:《中华人民共和国物权法解读》,中国法制出版社2007年版,第472页。

〔2〕 谢在全:《民法物权论》(下),台湾地区作者印行2003年版,第296页。

〔3〕 李国光主编:《担保法新释新解与适用》,新华出版社2001年版,第874页。

〔4〕 谢在全:《民法物权论》(下),台湾地区作者印行2003年版,第269页。

而必须支出的费用。

关于交付质物的义务,是否为出质人的义务? 有一些学者认为,出质人的义务还包括交付质物。笔者认为,交付质物是质权设定的一种公示方法,没有交付则质权没有设定,因而,在没有交付之前,质权没有设立,出质人并非物权关系中的当事人,只能称为物权关系中的"拟出质人"。不过,根据质押合同,出质人应当负担此项义务,但这只是合同上的给付义务。

第五节 转质权

在质权存续期间,质权人为了对自己的债务提供担保,而将质物移转占有给第三人,从而在该质物上设定新的质权,此种情况称为转质。转质涉及到对质物的处分,它与担保物权设立的目的有所不同,因为担保物权是以确保债务的履行为目的而设立的,如果担保物权人要处分担保物,必须是在债务已届履行期,而且债权人未受清偿时,才能处分担保物。[1] 如果出质人明确同意转质,实际上是同意质权人作出处分,法律应当允许。《物权法》第 217 条规定:"质权人在质权存续期间,未经出质人同意转质,造成质押财产毁损、灭失的,应当向出质人承担赔偿责任。"由此可见,《物权法》已经承认了,在出质人同意的情况下,质权人可以转质。但在出质人未同意转质的情况下,质权人能否转质,值得研究。根据是否经过出质人同意,转质在法律上可分为两种,即承诺转质与责任转质。

一、承诺转质

承诺转质,是指质权人在征得出质人同意之后,为担保自己债务的履行,而将质物移转占有给第三人,并在质物上设立新质权的行为。质权人在转质时取得了出质人的同意,意味着出质人已将质物质押的相应处分权授予了原质权人。根据对《物权法》第 217 条的反对解释,只要经过出质人的同意,就可以进行转质。据此可见,我国《物权法》已经承认了承诺转质。

质权人实施承诺转质行为必须符合如下要件:①质权人取得出质人的同意。此处所说的同意,应当是指明示的同意,而不包括默示的同意。至于出质人的同意是否应当采取书面的形式,《物权法》并没有作出规定,应当理解为此种同意是非要式的。问题在于,如果质权人未取得出质人的同意,向第三人谎称自己是所有人或伪造出质人同意的证明,而将质物转质给他人,此时是否发生转质权的善意取得。对此,学者大多认为,依《物权法》第 106 条的规定,可以使转质权人取得质权。但在此情况下,从保护善意第三人的利益考虑,应当使转质权人取得的质权优先于原质权受偿。[2] 笔者赞成此种观点,通过善意取得制度的适用,而使转质权人取得质权,可以弥补质权人没有取得出质人同意的不足,转质权的法律效力应当等同于承诺转质。②质权人与第三人达成转质的协议。该协议又称为"转质约定",在转质约定生效以后,才能设立转质权。如果转质约定被宣告无效或者被撤销,转质权人不能取得质权。③质权人移转质物的占有给第三人。与原质权的设立相同,转质权的设立也必须交付质物,而且不能通过占有改定的方式交付质物。[3]

〔1〕 姚瑞光:《民法物权论》(下),台湾地区作者印行 1988 年版,第 293 页。
〔2〕 陈志力、焦莉莉:"责任转质的立法可行性",载《法律适用》2007 年第 9 期。
〔3〕 梅夏英、高圣平:《物权法教程》,中国人民大学出版社 2007 年版,第 466 页。

承诺转质以后,新设立的质权(转质权)与原质权及其被担保的债权是不同的,转质权不受原质权的限制。[1] 表现在:①转质权所担保的债权的清偿期和债权数额,可不受原质权所担保的债权范围的影响,即使超过原质权所担保的债权范围,也并非无效。②原质权因主债务人向原质权人清偿债务而归于消灭以后,转质权仍然存在,转质权人的权利并不因主债务人的清偿而受到影响。除非出质人或原质权人向转质权人全部清偿债务,才能使转质权人的质权消灭,并可能使出质人取回其质物。③转质权人在自己的债权已到清偿期时,不需考虑原质权人是否已具备实行质权的条件,就可以直接实行其转质权。[2]

根据《物权法》第 217 条的规定,在承诺转质的情况下,造成质押财产毁损、灭失的,质权人是否可以不向出质人承担赔偿责任? 笔者认为,从该条规定来看,难以得出肯定的结论。质权人在承诺转质的情况下,造成了出质人的损害的,质权人并非不承担责任,而是应当承担过错责任。

二、责任转质

责任转质,是指在质权存续期间,质权人未经出质人同意,而将质物转质给第三人,从而设立新的质权。《物权法》第 217 条规定:"质权人在质权存续期间,未经出质人同意转质,造成质押财产毁损、灭失的,应当向出质人承担赔偿责任。"该条规定是否允许责任转质? 对此学术界有两种不同的观点。一种观点认为,责任转质违反了担保物权设立的目的,允许质权人转质,实际上是允许其享有在质权存续期间随意处分他人质物的权利。这不仅违反了出质人的意愿,而且侵害了出质人所享有的对质物的所有权,因此《物权法》第 217 条的规定实际上禁止设立责任转质。另一种观点认为,《物权法》第 217 条规定并没有禁止责任转质,因为动产质权的标的物完全可以从市场中购得,因此,承认责任转质并不会损害质物所有人的利益,反而会有利于促进社会资金的流通。[3] 所以,许多学者认为,《物权法》上述规定并没有否认责任转质,[4] 只不过是在因责任转质造成质押财产损害的情况下,原质权人承担较重的赔偿责任。

笔者认为,根据《物权法》第 217 条的规定,在未经出质人同意转质的情况下,质权人不能转质。根据物权法定原则,他物权的各项权利应当由法律明确规定。既然我国《物权法》没有明确规定质权人享有责任转质的权利,因此,就应当理解为,质权人并不享有责任转质的权利。但是,在擅自转质的情况下,并非绝对不能转质,转质合同也并非当然无效。在法律上宣告所有的责任转质无效也未必妥当。一方面,虽未取得出质人的同意,转质之后不一定造成对出质人的损害。例如,转质之后,质权人及时清偿了债务,取回了质物,并未使出质人遭受损失。在质权存续期限,质物不能发挥任何效用,如能够允许债权人从事责任转质行为,只要不造成出质人的损害,无疑是一种发挥质物效用、促进物尽其用的方法。另一方面,允许责任转质有利于鼓励担保。从担保物权制度的目的来看,应当尽可能地鼓励而不是限制担保,只有存在着更多的担保,才能促进交易并保障交易的安全,使资金得以融通、市场得以繁荣、财富得以增长。而允许责任转质,实际上是允许质权人以质物为自己的债务作担保,从而可以起到鼓励担保的作用[5] 尤其应当看到,从《物权法》第 217 条的规定来看,并未禁止责任转质,只是规定造成质押财产毁损灭失的,才

〔1〕 郭明瑞、杨立新:《担保法新论》,吉林人民出版社 1996 年版,第 217 页。
〔2〕 姚瑞光:《民法物权论》,台湾地区作者印行 1988 年版,第 295 页。
〔3〕 郭明瑞、杨立新:《担保法新论》,吉林人民出版社 1996 年版,第 218 页。
〔4〕 梅夏英、高圣平:《物权法教程》,中国人民大学出版社 2007 年版,第 465 页。
〔5〕 刘保玉、赵军蒙:"权利质权争议问题的探讨与立法完善",载王利明主编:《物权法专题研究》(下),吉林人民出版社 2001 年版,第 1379 页。

应负赔偿责任。既然根据《物权法》第 217 条的规定,并没有确认凡是责任转质都一概无效,因此,在责任转质的情况下,可以根据具体情况确认责任转质有效。

根据《物权法》第 217 条的规定,责任转质的生效必须符合如下构成要件:①未经出质人同意。如果质权人已经取得了出质人的同意而转质则属于承诺转质。②质权人与第三人订立了转质合同且移转了质押财产的占有。[1] 但对于需要登记的权利(如股权、知识产权等),因以登记作为权利设定的依据,因此,这些权利不能实行责任转质。③质权人必须自己承担相应的法律后果。在责任转质的情况下,转质权所担保的债权额和清偿期不得超过原质权担保的债权额和清偿期。[2] 由于责任转质没有取得出质人的同意,所以,无论质权人是否具有过错,其都应当承担一切因责任转质导致的后果。④不得造成对出质人的损害。如果责任转质造成出质人的损害,出质人应当承担损害赔偿责任。⑤责任转质不能违反出质人和质权人的特别约定。例如,某些质物,如祖传的家俱、珍藏的金表等,出质人在出质时声明将要在清偿债务以后取回,则质权人不能实行责任转质,否则,将违反出质人的意愿,导致这些财产有可能无法返还给出质人,而这些财产在市场上又不可能购买到,因此将会使出质人蒙受很大损失。

根据《物权法》第 217 条的规定,未经出质人同意转质,造成质押财产毁损、灭失的,应当向出质人承担赔偿责任。责任转质必须由转质人自己承担转质责任,此种后果就是转质后的损害赔偿责任。如何理解此种赔偿责任? 对这种责任应当从如下方面理解:①在责任转质的情况下,原质权人承担的责任是严格责任,也就是说,无论其是否具有过错,只要造成了质押财产的毁损灭失都应当承担责任。转质人不仅对其因过失而造成的损害负责赔偿,而且也应承担质物因不可抗力所造成的毁损灭失的风险。[3] 通过严格责任的承担也有利于督促原质权人取得出质人的同意而转质。②造成质押财产的毁损灭失,不仅仅包括转质过程中实物形态的损害,而且包括因为转质权实现以后,导致出质人原所有权的消灭。例如,将汽车转质以后,转质权人因保管不善造成汽车严重损坏或因转质权的实现,而导致出质人丧失了对汽车的所有权。③转质人应对质物因此所发生的全部损害负赔偿责任。也就是说,因为未经出质人同意而转质,转质人应承担全部的风险,无论发生多少损害,转质人都应当承担损害赔偿责任。

在责任转质生效之后,质权人的质权仍然存在,但是,该质权的行使要受到限制。例如,不得擅自抛弃该质权、不得免除主债务人的债务、不得接受债务人的清偿导致原质权消灭,否则,将使得转质权人遭受损害。[4] 同时,转质权的行使也要受到原质权的限制,转质权人应当及时通知原来的主债务人,如果主债务人未经转质权人同意而清偿,对于转质权人不产生对抗效力。转质权的实现,也必须以原质权可以实现为前提。转质权的效力应当优先于原质权。[5]

〔1〕 梅夏英、高圣平:《物权法教程》,中国人民大学出版社 2007 年版,第 467 页。
〔2〕 陈志力、焦莉莉:"责任转质的立法可行性",载《法律适用》2007 年第 9 期。
〔3〕 学说上通常将其称为"加重责任",参见温世扬、廖焕国:《物权法通论》,人民法院出版社 2005 年版,第 708 页。
〔4〕 刘保玉:《物权法学》,中国法制出版社 2007 年版,第 356 页。
〔5〕 谢在全:《民法物权论》(下),台湾地区作者印行 2003 年版,第 275 页。

第六节 权利质押概述

一、权利质押的概念和特征

权利质押是指以可转让的权利为标的而设定的质权。我国《物权法》在"质权"一章中没有对"质权"统一作出定义，而仅仅规定了动产质权的定义，对权利质押的概念缺乏规定。学界对权利质押的标的存在不同的看法，主要有两种情况：一是认为权利质押的标的是所有权以外的财产权[1] 二是认为权利质押的标的是可转让的权利。"所谓权利质权，是指可让与之债权及其他权利，得为质权之标的物者，使其准用关于质权之规定，此种质权，称为权利质权。"[2] 笔者认为，权利质押是指依法可以质押且可以转让的权利之上设立的质押。动产所有权、不动产所有权、用益物权以外的可以让与的财产权，因具有交换价值，都可以作为权利质押的标的。权利质权与动产质权最根本的区别在于标的不同，前者为无形的权利，后者为有形的动产。因此，二者在质权的设定方式或公示方式、质权的保全与实行方式等方面也有不同。[3] 总体而言，两者的区别主要表现在如下几个方面：

1.权利客体不同。动产质权的客体是有形的动产，而权利质权的客体则为无形财产，即权利。根据我国《物权法》第223 条的规定，可以质押的权利包括：汇票、支票、本票；债券、存款单；仓单、提单；可以转让的基金份额、股权；依法可以转让的注册商标专用权、专利权、著作权等知识产权中的财产权；应收账款；法律、行政法规规定可以出质的其他财产权利。可以说，权利质权的标的包括了所有权、用益物权以外的可让与的财产权。[4] 权利毕竟不同于一般的物，以权利作为担保物权的客体，表明不仅物而且权利本身也可以作为交易的对象。以权利作为物权客体，使传统物权的客体仅限于有体物的规则得以逐渐改变，物权的客体范围也得以拓宽。动产质权形式上虽系以动产为标的物，实质上是以动产所有权为标的。诚如学者所言，"以物为权利客体时，该物之处分与权利之处分实属同义"[5] 由于两种质权的客体不同，也决定了它们在权利的设定方法、权利的实现方面存在着差异。

2.公示方法不同。动产质权的公示方法是移转占有，此种占有的移转是外在的、有形的，可导致权利人对质物的直接占有，但权利质押的公示方法并不采取移转占有的方式，而主要采取移转权利凭证的占有、办理出质登记的方式。由于权利质权不需要移转标的物的占有，因此，其具有动产质押所不具有的优点：一方面，在动产质权中，出质人丧失了对物的直接占有和使用收益的权利，而质权人又不能实际利用质物，从而使质物不能得到有效利用。权利质权则可以克服上述动产质权的缺陷。另一方面，动产质权人还必须对质物承担保管等义务，对其未免也是一种负担。尽管动产质权具有留置、公示等作用，但较之于权利质押，显然缺乏优越性。

根据我国《物权法》的规定，权利质押的公示方法具有多样性，有交付权利凭证、登记等多种方式，这些方式显然与动产质押的公示方式是不同的。笔者认为，考虑到权利作为客体的特殊

---

[1] 郭明瑞、杨立新：《担保法新论》，吉林人民出版社 1996 年版，第231 页。

[2] 辛学祥：《民法物权论》，台湾商务印书馆 1980 年版，第230 页。

[3] 陈华彬：《物权法原理》，国家行政学院出版社 1998 年版，第721 页。

[4] 徐武生：《担保法理论与实践》，工商出版社 1999 年版，第470 页。

[5] 谢在全：《民法物权论》（下），中国政法大学出版社 1999 年版，第802 页。

性,必须采取类型化的方法,根据不同权利的特点来确定公示的方法,法律上不宜规定单一的公示方法。

3. 对质押的限制不同。依据《物权法》第 209 条的规定,"法律、行政法规禁止转让的动产不得出质。"而《物权法》第 223 条第 7 项规定,"法律、行政法规规定可以出质的其他财产权利"才可以质押。一般来说,凡是法律、行政法规不禁止转让的动产都可以质押,因而,可以质押的动产的范围是非常宽泛的。但是,权利质押的客体必须由法律、行政法规明确列举承认。这就表明,权利质押的客体范围虽然较大,但仍然是受到比较严格的限制的。

4. 权利的实现方式不同。动产质权主要是通过拍卖、变卖、折价的方式实现,而权利质权除了上述的传统方式外,还包括质权人可以取代出质人的地位,向出质权利的义务人行使该出质权利。[1] 例如,在应收账款质押之后,质权人可以在债务人不履行债务时,取代债务人的地位,直接向出质人的债务人收取账款。

不过,权利作为质押客体与动产作为质押客体也有许多相同之处,如关于书面形式的要求、质押合同的主要内容、流质契约的禁止等都是大体相同的。正因如此,《物权法》将权利质押与动产质押共同规定在质押之中,仅就权利质权作了一些特殊规定,而并未就权利质押的一般问题作出特别规定。所以,凡是在权利质押中未作特殊规定的,应适用动产质押的规定。《物权法》第 229 条规定:"权利质权除适用本节规定外,适用本章第一节动产质权的规定。"根据这一规定,《物权法》关于动产质权的规定,不仅仅是针对一类特殊的质权的规定,该部分还包含了质权的一般规则。因为动产质权是质权的典型形态,动产质权的规则,可以理解为是质权的一般规则。而权利质权本身只是质权的一种特殊类型,所以,权利质权与动产质权的规则的关系,可以理解为是特别规则与一般规则的关系。如果权利质权中没有规定,可以适用动产质权的规则。[2]

权利质押和权利抵押都是以权利来设立担保,但是两者之间存在着一定的区别,主要表现在:①担保财产的范围不同。尽管依据我国《物权法》第 180 条的规定,权利抵押的财产主要是指建设用地使用权、"四荒"土地承包权等,只要法律、行政法规没有规定不得抵押的财产都可进行抵押,所以其权利范围较为广泛。但是根据《物权法》第 223 条的规定,权利质押担保财产的范围主要限于法律、行政法规明确规定可以出质的财产权利。尽管该条列举了一些权利质押的客体,但是权利质押的客体范围还是有严格限制的,除了法律、行政法规列举的权利以外,其他权利均不得出质。[3] ②权利抵押和权利质押的标的虽然都是财产性权利,但是权利抵押的标的都是不动产上的财产权利,而权利质押则一般是针对动产或其他无形财产所享有的权利。③从权利的生效要件来看,权利抵押应当办理登记,并且权利一般是从登记之时起才能设立。而权利质押一般是从交付权利凭证之时起就设立。例如,依据《物权法》第 224 条的规定:"以汇票、支票、本票、债券、存款单、仓单、提单出质的,当事人应当订立书面合同。质权自权利凭证交付质权人时设立;没有权利凭证的,质权自有关部门办理出质登记时设立。"④当事人的权利义务不同。权利设定抵押以后,权利人还可以继续行使该权利。但是权利设定质押之后,对权利的行使就要受到限制。例如,根据《物权法》第 227 条第 2 款的规定:"知识产权中的财产权出质后,出质人不得转

〔1〕 刘保玉等:"权利质权争议问题探讨与立法的完善",载王利明主编:《物权法专题研究》(下),吉林人民出版社 2001 年版,第 1352 页。

〔2〕 全国人民代表大会常委会法制工作委员会民法室编:《中华人民共和国物权法条文说明、立法理由及相关规定》,北京大学出版社 2007 年版,第 412 页。

〔3〕 王胜明主编:《中华人民共和国物权法解读》,中国法制出版社 2007 年版,第 477 页。

让或者许可他人使用,但经出质人与质权人协商同意的除外。出质人转让或者许可他人使用出质的知识产权中的财产权所得的价款,应当向质权人提前清偿债务或者提存。"

二、权利质权的标的

《物权法》第223条规定:"债务人或者第三人有权处分的下列权利可以出质:①汇票、支票、本票;②债券、存款单;③仓单、提单;④可以转让的基金份额、股权;⑤可以转让的注册商标专用权、专利权、著作权等知识产权中的财产权;⑥应收账款;⑦法律、行政法规规定可以出质的其他财产权利。"根据这一规定,权利质权的标的十分宽泛,它不仅包括了有价证券,而且包括了股权、知识产权等无形财产。尤其是《物权法》采用了应收账款的概念,而该概念作为会计学上的术语,其适用面很宽,因此,《物权法》上权利质押的客体范围得到较大的扩张。尽管如此,并非各种类型的民事权利都可以成为质权的标的。在承认权利质权的国家,大都对权利质权标的的构成要件做出了规定。能够作为质权标的的权利,必须是法律、行政法规规定可以出质的财产权,其主要是指除所有权和用益物权以外的财产权。具体来说,作为权利质权标的的权利,应当具有如下特点:

1. 必须是财产权。财产权以外的人身权因不具有确定的财产价值,且与人身不能完全分离,不能依法转让,故不能成为质押的标的。尽管某些人格权的权能(如肖像使用权等)也可以由他人使用,但其不能质押。值得注意的是,知识产权是由财产权和人身权组成的,因此,知识产权整体上不能作为质押的标的,但知识产权中的财产权可以质押,人身权不能质押。

2. 必须可以转让。许多国家的法律都规定,质权的标的必须具有可转让性。我国《物权法》虽然没有明确规定,权利质押的客体必须可以转让,但是,该法第223条中规定了"可以转让的基金份额、股权"、"可以转让的注册商标专用权、专利权、著作权等知识产权中的财产权",由此表明,《物权法》实际上要求出质的权利应当是可以转让的。因为质权作为担保物权,权利人支配的是标的物的交换价值,即使对权利质押来说,权利人也是对作为质押标的的权利的交换价值享有支配权。所以,在债务人不履行债务时,权利人将对作为质权标的的权利予以折价、拍卖、变卖,并从拍卖、变卖的价款中优先受偿。这就决定了作为质权的标的必须具有可转让性,否则是不可能形成交换价值的。

3. 必须是所有权和用益物权以外的其他财产权。依我国《物权法》第223条的规定,可以质押的权利范围较为广泛,但这些权利是无形财产,不包括对有形财产所享有的所有权。当事人如果要用有形财产所有权设立担保,则只能设立不动产抵押、动产抵押或者动产质押。

4. 必须是可以公示的权利。因为权利质权的设定也应以适当的方式公示,而不能以适当方式公示的权利,如企业的技术秘密、客户资源等,因为无法公示而不能成为权利质押的客体。[1]

5. 必须是法律、行政法规规定可以出质的财产。究竟哪些权利可以出质,各国立法采取了两种立法体例。第一种是以概括的方式加以规定,而不具体列举可以作为权利质权标的的财产权,德国、日本、瑞士等国的民法即采此种方式。例如,《德国民法典》第1273条规定"质权的标的也可以为权利",第1274条进一步将其限定为"可以转让的权利"。第二种立法例则是具体列举某些可以出质的权利,以《法国民法典》为代表。这两种方式都有一定的合理性。我国《物权法》采取了具体列举和兜底条款相结合的模式。《物权法》第223条第1~6项属于具体列举,而第7项属于兜底条款。

---

[1] 谢在全:《民法物权论》(下),中国政法大学出版社1999年版,第808页。

《物权法》具体列举权利质押的客体,是物权法定主义的必然要求,因为权利质权属于以权利为客体的物权,本身就是物权支配对象的例外,依据该法第 2 条的规定,权利质押应当由法律作特别规定。《物权法》列举各种权利质押的客体,实际上明确了各种典型的权利质押,这也为当事人设立权利质押提供了便利。之所以需要具体规定兜底条款,主要是因为权利质押的客体在法律上是不可列举穷尽的,[1]尤其是随着社会的发展,权利本身不断发展变化,可以出质的权利也日益增加,如果完全由法律来限定,就不能使一些财产权利得到有效利用。《物权法》第 223 条第 7 项规定,"法律、行政法规规定可以出质的其他财产权利"可以出质。根据这一规定,可以出质的其他财产权利必须是法律、行政法规具体规定的财产权利。例如,《保险法》规定,人寿保险的保险单可以质押,就属于法律的特别规定。需要指出的是,《物权法》第 2 条规定,权利作为物权客体仅限于"法律"的规定,而本条将其扩大到"法律、行政法规",这也可以认为是放宽了权利质押的限制。因为法律的制定程序比较严格、繁琐,因此,行政法规也可以规定可质押的权利。例如,关于特许经营权是否可以质押,笔者认为只要其具有一定的公示方法,并且经过法律或者行政法规的确认,就可以出质。

第七节 有价证券的质押

所谓有价证券,是指能够表彰一定的权利,权利人行使权利必须以持有证券为凭据的证券。[2] 有价证券属于证券的一种类型,其特点在于:第一,有价证券是一定财产权利的证券化形态。有价证券直接代表一定的财产权利,证券所记载的财产价值,就是证券本身的价值。第二,有价证券是权利与证券相结合的产物。它不是单纯的权利证明,其可以直接表彰一定的权利。有价证券表彰权利的享有与证券的持有是重合的,作为一种表示具有财产价值的民事权利的证券,权利的发生、移转和行使均以持有证券为必要。[3] 第三,有价证券所设定的权利的移转,也必须以证券的交付为要件;而有价证券所设定的债务,也是无条件给付券面所载明的财产的义务。[4] 由于有价证券本身可以作为一种财产进入流通,所以有价证券的权利作为一种可转让的财产权利,可以作为权利质押的标的。

根据我国《物权法》第 223 条的规定,可以作为质押标的的有价证券包括汇票、支票、本票、债券、存款单、仓单、提单。在上述各种证券中,票据、债券、存款单都是表彰金钱债权的证券,因此又称为"金钱证券";而仓单和提单则是表彰一定物品的交付请求权的证券,在学说上又称为"物品证券"。此类证券上所记载的物品所有权的移转以交付证券为必要,因而其证券的交付与物品

〔1〕 刘保玉:《物权法学》,中国法制出版社 2007 年版,第 365 页。

〔2〕 谢怀栻:《票据法概论》,法律出版社 1990 年版,第 3 页。有价证券的定义,最初由德国学者布伦纳(Brunner)于 19 世纪末期提出,他认为"有价证券乃表彰私权之证券,其利用——主要指权利之行使而言,但权利之移转亦包括之——以证券之持有为必要者也"。[转引自郑玉波:《民商法问题研究(四)》,台湾地区作者印行 1985 年版,第 144 页。]《瑞士民法典》第 5 编(《债务法》)965 条把有价证券规定为:"有价证券是一切与权利结合在一起的文书,离开文书即不能主张该项权利,也不能将之移转于他人",这是大陆法系国家的一个典型定义。

〔3〕 郑玉波:《民商法问题研究(四)》,台湾地区作者印行 1985 年版,第 144 页。

〔4〕 余能斌、马俊驹:《现代民法学》,武汉大学出版社 1995 年版,第 337 页。

的交付具有相同的效力。据此,学者也将其称为"交付证券"。[1]《物权法》第 224 条规定:"以汇票、支票、本票、债券、存款单、仓单、提单出质的,当事人应当订立书面合同。质权自权利凭证交付质权人时设立;没有权利凭证的,质权自有关部门办理出质登记时设立。"据此,有价证券的出质,都必须采取合同和交付的方式才能设立,质权原则上都从交付证券时起设立,但对于一些没有权利凭证的有价证券的质押(如记账式国库券的质押),当事人则应当到有关部门办理登记,质权自登记时起才能设立。[2]

有价证券的类型非常复杂,并不是所有的有价证券都可以出质。具体来说可以出质的主要有如下几种:

一、票据质押

(一)票据质押的概念

我国法律上的票据就是《票据法》中规定的汇票、本票和支票。汇票是指出票人委托他人于见票时或指定日期无条件支付一定金额给收款人或持票人的票据;本票是指出票人承诺于见票时无条件支付一定金额给收款人或持票人的票据;支票则是出票人委托银行或者其他法定金融机构于见票时无条件支付一定金额给收款人或持票人的票据。票据属于有价证券中的债权证券,可以依法转让,因此可以成为质权的标的。我国《物权法》第 223 条第 1 项规定,债务人或者第三人有权处分的汇票、支票、本票可以出质。

(二)票据质押的生效

票据质押的生效,应当具备如下条件:

1. 双方必须订立质押合同,明确质押的对象。根据《物权法》第 224 条的规定,票据质押合同必须订立书面合同。质押合同的订立虽然只在当事人之间产生债的关系,但它又是设立物权的依据。因此,不仅要求当事人达成合意,而且,该合同必须是书面的。尤其应当看到,票据质押是以交付票据作为质押设定的条件,因此,当事人之间通过书面形式订立质押合同,对于保障双方的权利非常重要。

2. 必须要交付票据。《物权法》第 224 条规定:"以汇票、支票、本票、债券、存款单、仓单、提单出质的,当事人应当订立书面合同。质权自权利凭证交付质权人时设立;没有权利凭证的,质权自有关部门办理出质登记时设立。"因为票据都是有权利凭证的,出质人应按照合同的约定将权利凭证交付给质权人,该权利凭证交付之时即为票据质权产生之时。有学者认为,交付权利凭证是质押合同的生效要件,因为质押合同本质上是要物合同。[3] 笔者认为,交付权利凭证并非票据质押合同的生效要件,而是作为物权的质押权的设立要件。只要当事人达成合意,质押合同就可以生效,而并非自权利凭证交付之日起生效。因为《物权法》将交付权利凭证作为公示方法,所以,质押权的设立以移转票据的占有为前提。

此处,需要探讨的是,以票据设定质权是否必须进行设质背书? 设质背书究竟是票据质权设立的生效要件还是对抗要件? 在《物权法》颁布之前,《担保法》及其司法解释与《票据法》及其司法解释对此的规定完全不同。前者将设质背书仅仅作为设立票据质权的对抗要件,而后者却作为生效要件,《票据法》第 35 条要求必须在票据上记载"质押"字样,而《担保法》并没有对此作出

――――――――――

〔1〕 郑玉波:《民商法问题研究(四)》,台湾地区作者印行 1985 年版,第 148 页。

〔2〕 姚红主编:《中华人民共和国物权法精解》,人民出版社 2007 年版,第 392 页。

〔3〕 李金生:"试论票据设质的要件",载《当代经济管理》2007 年第 4 期。

特别要求。现在该冲突已由《物权法》加以解决。依据《物权法》第224条的规定,当事人以汇票、支票、本票出质的,质权自权利凭证交付质权人时设立;没有权利凭证的,质权自有关部门办理出质登记时设立。由于票据是有权利凭证的,因此只需要将票据交给质权人,质权就可以设立。由此可见,《物权法》并未将设质背书作为设立票据质权的生效要件,也不要求在票据上记载"质押"字样才能设立质押。

二、债券、存款单质押

(一)债券质押

债券是指国家、金融机构或公司因向他人借款而签发的保证在一定期限内还本付息的有价证券,如国库券、金融债券、公司债券等。依据《物权法》第224条的规定,以债券出质的,当事人应当订立书面合同。质权自权利凭证交付质权人时设立;没有权利凭证的,质权自有关部门办理出质登记时设立。根据这一规定:第一,以债券出质的,当事人必须订立书面合同,该合同自合意达成时就生效。第二,如果有权利凭证的,则质权自交付权利凭证时起设立,因而权利凭证的交付是此种质权设立的公示方法。例如,普通的国库券都是有权利凭证的,必须交付该国库券,才能设立质押。第三,如果没有权利凭证,则必须要办理登记。例如,我国发行的记账式国债就不印制券面及凭证而是以记账形式记录债权,因此这些债券就是没有权利凭证的,其质押不必交付权利凭证,而必须要办理登记。[1] 依据《物权法》第223条的规定,应当到有关部门(即中央国债登记结算有限责任公司)办理出质登记。

(二)存款单质押

所谓存款单质押,就是指以在银行存款的凭证即存款单作为质押的标的。《物权法》第223条允许存款单质押。尽管存款单是存款凭证,但它本身也是一种有价证券。存款单质押不是一般的债权质押,而是一种以证券化的形式表现出来的债权的质押。存款单质押和账户质押在性质上也是不同的:存款人将存款交付后,该存款的占有发生了移转,按照货币的"占有与所有一致"原则,所有权已经移转于银行,存款人只是享有合同债权,即在合同规定的期限到来后请求银行支付本息。存款人以存款单质押实际上属于债权质押。但是,存款单是一种有价证券,作为一种特殊的动产具有物权的效力,所以,存款单的质押属于有价证券的质押。

依据《物权法》第224条的规定,以存款单设质时,首先要由当事人订立质押合同,并且出质人应当将存款单交付给质权人,在交付存款单之后,质权才可以设立。如果质权人不是银行,出质人和质权人应将存款单设质的情况通知银行,以防止出质人在以存款单出质以后到银行挂失,继而背着质权人将存款提走,使质权落空。[2] 如已经通知银行,银行不得允许出质人随意提款。《担保法解释》第100条规定,"以存款单出质的,签发银行核押后又受理挂失并造成存款流失的,应当承担民事责任。"

三、仓单、提单的质押

仓单是指仓库保管人在寄托人寄托物品以后向寄托人填发的记载有关保管事项的单据。提单是指用以证明海上货物运输合同和货物已经由承运人接受或者装船,以及承运人保证据以交付货物的单据。关于仓单、提单质押的性质,存在不同的看法。有学者认为,仓单、提单的质押并不是权利质押,而是动产质押。因为仓单、提单是物权证券,而不是债权证券。也有学者认为,仓

---

[1] 王胜明主编:《中华人民共和国物权法解读》,中国法制出版社2007年版,第485页。

[2] 高言主编:《担保法理解适用与案例评析》,人民法院出版社1996年版,第221页。

单、提单的质押实际上是债权质押,因为它是以请求权进行的质押。笔者认为,尽管仓单、提单是有价证券,但是,它不同于一般的动产,而仍然是一种权利凭证,因此,对于仓单、提单的出质,也须适用《物权法》关于权利质押的规定。

四、有价证券质权的实现

以有价证券设定质权以后,如果证券记载权利的清偿期与其所担保债权的清偿期一致,则在所担保的债权清偿期到来以后,债权人未获得清偿时,质权人可直接行使质权,收取证券上的给付。[1] 当然,质权人是就证券的价值优先受偿,而不是行使证券的权利。但如果两者的清偿期不同时,应如何处理? 在法律上值得探讨。具体有如下两种情况:

1. 有价证券的清偿期先于债务履行期。《物权法》第225条规定:"汇票、支票、本票、债券、存款单、仓单、提单的兑现日期或者提货日期先于主债权到期的,质权人可以兑现或者提货,并与出质人协议将兑现的价款或者提取的货物提前清偿债务或者提存。"例如,以本票设质,本票的到期日为5月1日,而其所担保的债权的清偿期为6月1日。在此情况下,应当如何实现质权? 根据《物权法》第225条的规定,质权人有权将票据兑现,但质权人应与出质人协商,是否将兑现的价款用于提前清偿质权所担保的债务。这主要是因为在履行期尚未到来之前,出质人享有债务未到期的抗辩,其期限利益仍然应当受到保护。如果出质人愿意提前清偿,则质权将因提前清偿而消灭。如果其不愿意提前清偿,则应向通过双方约定的第三人提存,质权将及于提存物,一旦债务到期而债务人不能履行债务,则质权人应以提存物优先受偿。

2. 有价证券的清偿期后于债务履行期。在此情况下,质权人能否直接向债务人请求给付? 我国《物权法》等法律对此没有作出规定。《担保法解释》第102条规定:"以载明兑现或者提货日期的汇票、支票、本票、债券、存款单、仓单、提单出质的,其兑现或者提货日期后于债务履行期的,质权人只能在兑现或者提货日期届满时兑现款项或者提取货物。"笔者认为,这一经验是值得继续保留的。在设定质权时,质权人已经知道证券上的清偿期后于债务履行期,而仍然同意以此证券设定质押,表明其已自愿承担了在被担保的债权到期后,不能立即行使质权的后果。在此情况下,其只能等到证券所记载的清偿期到来后才能实际行使质权。我国台湾地区立法也采取了此种做法。[2]

关于有价证券质权的实现问题,还应区分不同情况分别处理。如果证券的给付为金钱,而被担保的债权亦为金钱债权,在此情况下,质权人要实现其质权是较为容易的,其可以直接要求证券的债务人向自己作出给付,证券的债务人也必须向其作出履行。许多学者认为,不管证券票面金额是多少、被担保的债权是多少,质权人可请求证券债务人全部履行,在满足其债权以后有剩余的,可返还给出质人。此种观点确有一定的道理。如果证券的给付为金钱以外的物,被担保的债权为金钱债权(如以提单担保借款合同),则质权人领取证券债务人交付的货物以后,此时,是否存在物上代位? 学理上存在不同的看法。笔者认为,有价证券质押的客体原本是证券,质权人领取证券债务人交付的货物以后,应当适用物上代位的规则,使该质权的效力及于该货物,从而按照动产质权的实现方法处理。

---

〔1〕 梅仲协:《民法要义》,中国政法大学出版社1998年版,第610页。
〔2〕 我国台湾地区"民法"第906条规定,此时"质权人于其清偿期届满时,得直接向债务人请求给付"。

第八节 基金份额和股权的质押

一、可以转让的基金份额质押

所谓可以转让的基金份额,就是指基金公司公开发行的、表彰基金份额持有人权利的凭证。根据我国法律规定,基金就是指证券投资基金,即通过公开发售基金份额募集基金,由基金托管人托管,由基金管理人管理,为基金份额持有人的利益,以资产组合方式进行的证券投资活动。[1] 依据我国《物权法》第226条的规定,首先,以基金份额质押,应当订立书面合同。按照区分原则,只要双方达成合意,即使没有办理登记,基金份额质押合同也是有效的,可以在当事人之间产生合同债权。其次,质权自证券登记结算机构办理出质登记时发生效力。基金份额虽然不是股票,但是依据我国法律规定,必须要在证券登记结算机构进行交易和管理,因此,对此类权利的转让也应当在证券登记结算机构办理登记。如果没有办理登记,当事人之间不能产生作为物权的质权。

二、股权质押

股权就是指股东因向公司直接投资,依据法律和章程的规定所享有的各种权利。在我国,公司包括股份有限公司、有限责任公司等形式,其中,股份有限公司又可以分成上市公司和非上市的股份公司。依据《物权法》第226条第1款的规定,以股权出质的,当事人应当订立书面合同。以证券登记结算机构登记的股权出质的,质权自证券登记结算机构办理出质登记时设立;以其他股权出质的,质权自工商行政管理部门办理出质登记时设立。据此,可以设定质权的股权应当分为两种:

1. 以在证券登记结算机构登记的股权出质。此类股权主要是指上市公司的可流通股权。依据《证券法》第157条的规定,证券登记结算机构负责证券账户、结算账户的设立以及证券的存管和过户。所以,以在证券登记结算机构登记的股权设定质权的,应当在证券登记结算机构办理出质登记。此类股权也可以分为两类:一类是上市的流通股,另一类是上市的非流通股或者限售股。这两类股权都必须要在证券登记结算机构进行登记、存管或结算,但可以质押的主要是流通股,因为非流通股在转让上仍受到限制,因此不能作为质押的标的。

以在证券登记结算机构登记的股权质押,在设定质押时,应办理登记手续。《证券法》第40条规定:"证券在证券交易所上市交易,应当采用公开的集中交易方式或者国务院证券监督管理机构批准的其他方式。"其第41条规定:"证券交易当事人买卖的证券可以采用纸面形式或者国务院证券监督管理机构规定的其他形式。"根据这些规定,凡是证券在证券交易所上市交易的,各种证券的过户、结算、保管,都需要通过证券登记结算结构进行登记,并且要采取全国集中统一的电子化运营的方式。由于上市公司的股票流通在我国只能以记名方式集中在证券交易所内进行,采取无纸化的电子交易系统,一般不存在股东私下移转有体的纸面的股票的可能,所以上市公司的股票出质的公示方法是在证券登记结算机构办理出质登记,[2] 当事人虽无须实际交付股票或采取背书方式,但登记具有替代交付的功能。因此,以证券登记结算机构登记的股权出质

---

[1] 《证券投资基金法》第2条。

[2] 姚红主编:《中华人民共和国物权法精解》,人民出版社2007年版,第394页。

的,质权自证券登记结算机构办理出质登记时设立。

2. 以其他股权出质的。此类股权主要是指可以转让的有限责任公司的股权、非上市的股份有限公司的股权等。以其他股权质押的特点主要表现在:有限责任公司与非上市的股份公司都不属于公众公司,不具有公开性,且有限责任公司还兼具人合与资合的特点。因此,这类股权无法在证券登记结算机构办理质权登记。在《物权法》颁布之前,法律规定的公示方式是将质押登记记载在股东名册上,但是由于股东名册公示作用不强,且容易出现伪造篡改的现象,所以实践中备受争议。[1] 有鉴于此,《物权法》第 226 条规定,"以其他股权出质的,质权自工商行政管理部门办理出质登记时设立"。由此可见,以有限责任公司的股权、非上市股份有限公司的股份设定质权时,必须在工商行政管理部门办理出质登记,否则不发生设定质权的效力。笔者认为,《物权法》的这一规定是合理的,因为既然有限责任公司的设立是在工商行政管理部门登记的,那么关于股权的出质也应在该部门进行登记。在工商行政管理部门办理其他股权的质权登记能够更好的实现质权的公示要求,使第三人知道股份出质的情况。值得注意的是,《物权法》上可以质押的股权必须是可以转让的股权,不能转让的股权则不能出质。[2] 根据我国《公司法》的规定,发起人持有的本公司股份自公司设立之日起 1 年内不得转让。此处所说的"不能转让"应当是指质权实现时股份不得转让,如果在实现时股份已经可以转让,就应当可以质押。

根据《物权法》第 226 条第 2 款的规定,"基金份额和股权出质后,不得转让,但经出质人与质权人协商同意的除外。"这就是说,非经质权人同意,出质人不得转让其出质的基金份额和股权。因为在权利质权中,质权的客体是权利而非有体物,质权人无法如同对动产那样实际占有控制客体,控制力比较弱,所以应当限制出质人对质押标的物的处分权。当然,对于已出质的基金份额和股权,质权人也不能转让,虽然质权人享有支配权,但是,他并不享有处分权,如果其转让,将构成对基金份额持有人或股东的侵害。[3] 只有经过出质人和质权人的协商同意,出质人才可以将基金份额或股权转让,但是,转让之后,出质人转让基金份额和股权所得的价款,应当向质权人提前清偿债权或者提存。

根据《物权法》第 213 条的规定,"质权人有权收取质押财产的孳息",关于动产质押的规定亦可适用于权利质押。《担保法解释》第 104 条规定:"以依法可以转让的股份、股票出质的,质权的效力及于股份、股票的法定孳息。"就股权质权而言,所谓孳息,主要是指红利与配送股,至于股票在股市上价格上涨的溢价,由于这种增值不属于股票的孳息收入,故不能归质权人享有。在实现质权的条件出现时,质权人通过将股票变价,只能在担保的债权范围内优先受偿,溢价收入清偿债权后应当返还给出质人。值得注意的是,股权既包括经济性的权利也包括非经济性的权利。前者如分配红利、股息的权利,公司剩余财产分配权等;后者如出席股东大会的权利、投票权、选举权、被选举权、查阅公司账簿等权利。以股权质押仅仅是指以其中的经济性权利质押,而不包括非经济性权利,因此股东在将股权质押之后,依然享有出席股东大会、投票等参与公司经营管理的权利;而股票的质权人虽然占有股票,但其并不是股东,不能出席股东会议行使表决权。[4]

〔1〕 程啸:"担保物权",载王利明等:《中国物权法教程》,人民法院出版社 2007 年版,第 528 页。
〔2〕 王胜明主编:《中华人民共和国物权法解读》,中国法制出版社 2007 年版,第 480 页。
〔3〕 姚红主编:《中华人民共和国物权法精解》,人民出版社 2007 年版,第 394 页。
〔4〕 王文宇:《公司法论》,台湾元照图书出版有限公司 2006 年版,第 265 页。

当债务人不履行债务或者发生当事人约定的实现质权的情形时,质权人有权实现质权,即将已经设定质权的基金份额、股权折价或者拍卖、变卖,并就所得价款优先受偿。有学者认为,质权人有权决定是否将股权变价,因此出质人不能强求质权人变价。[1] 笔者认为,由于质权人不将质押财产变价就不能实现股票的交换价值,所以除非出质人与质权人就质权的实现方式达成协议,使质权人通过折价取得股权等质押财产,否则将使得股票的质押变成流质契约。因此,变价原则上是质权实现的必经程序。问题在于,股票的价格是不断波动的,如果在质权实现以前,股票价格有大幅度上涨或者持续下跌的可能时,出质人要求变价,质权人应当同意,但应当以变价所得提前清偿债务或用于提存。

第九节 知识产权的质押

一、知识产权质押的概念

所谓知识产权质押,是指当事人以注册商标专用权、专利权、著作权等知识产权中的财产权设定质权,当债务人届期不履行债务或者发生当事人约定的实现质权的事由时,质权人将已出质的知识产权中的财产权变价,并就所得价款优先受偿的一种担保物权。我国《物权法》第227条第1款规定:"以注册商标专用权、专利权、著作权等知识产权中的财产权出质的,当事人应当订立书面合同。质权自有关主管部门办理出质登记时设立。"随着现代社会科技的发展,知识产权中的财产性权利已经成为一项重要的财产权。但是,由于知识产权中财产权的价值的评估还存在很多问题,因此在我国担保实践中,知识产权质押尚不发达。尽管如此,《物权法》明确规定知识产权质押,为未来知识产权质押的发展奠定了坚实的法律基础。

依据我国现行法的规定,知识产权主要就是三种:商标权、专利权以及著作权。需要指出的是,知识产权质押的客体只限于可以转让的财产权,而不包括人身权,因为知识产权中的人身权,如署名权、发表权、修改权等只能专属于著作权人而不能让与,所以不能出质。除了上述三种权利之外,《物权法》第227条还使用了"等知识产权"的表述,这为未来新型知识产权的出现及其质押留下了足够的空间。

二、知识产权质押的设立

《物权法》第227条第1款规定:"以注册商标专用权、专利权、著作权等知识产权中的财产权出质的,当事人应当订立书面合同。质权自有关主管部门办理出质登记时设立。"依据这一规定,知识产权质押必须具备如下两个条件:

1. 必须订立书面合同。以知识产权设定质押的,出质人和质权人之间要订立书面质押合同,知识产权质押合同属于要式合同,当事人必须订立书面质押合同方可有效。质押合同应当明确约定,作为质押客体的知识产权、担保的债权范围等内容。

2. 依法办理登记。出质人和质权人必须向知识产权管理部门办理出质登记。由于知识产权是一种无形的财产,无法采取移转占有的方式来公示,因此知识产权设质需要办理登记。此外,为了防止出质人将知识产权质押以后擅自转让知识产权,应当要求出质人向质权人交付知识产权权利证书,如商标注册证、专利证书等。依据《物权法》第227条的规定,质权自办理登记时设

---

[1] 郭明瑞:《担保法原理与实务》,中国方正出版社1995年版,第305页。

立,这也就是说,仅仅只是订立了质押合同而没有办理登记还不能设立质权。质权只有在完成了公示方法之后,才能有效设立。知识产权质押的登记应当在主管部门办理,具体而言,专利权在国家知识产权局,著作权在国家版权局,商标权在国家工商行政管理总局下设的商标局办理质押登记。

知识产权在出质以后,出质人不能非法处分其财产权。我国《物权法》第 227 条第 2 款规定:"知识产权中的财产权出质后,出质人不得转让或者许可他人使用,但经出质人与质权人协商同意的除外。出质人转让或者许可他人使用出质的知识产权中的财产权所得的价款,应当向质权人提前清偿债务或者提存。"依据这一规定:①在知识产权出质后,出质人不得转让或者许可他人使用。法律限制出质人对设质的知识产权进行转让或许可他人使用,目的是为了保护质权人的利益。②如果出质人要转让或许可他人使用出质的权利,必须征得质权人同意。同意既可以采取书面形式,也可以采取口头形式。但必须通过明示的方式表达出来。③经过出质人和质权人协商,可以以转让或许可所获得的转让费或许可费于提前清偿债务人向债权人所欠的债务,质权存在于转让费、许可费上。如果出质人不愿意提前清偿,则可将转让费、许可费向其与质权人所约定的第三人提存,一旦债务履行期到来,债务人不能履行债务,质权人可以以该提存物优先受偿。[1]

需要指出的是,如果出质人和质权人没有协商一致,出质人就将已经设立质押的知识产权转让或许可他人使用,是否导致转让合同或许可使用合同无效? 笔者认为,《物权法》第 227 条的规定应当属于强行性规定,违反该规定的合同当然无效。《担保法解释》第 105 条规定:"以依法可以转让的商标专用权,专利权、著作权中的财产权出质的,出质人未经质权人同意而转让或者许可他人使用已出质权利的,应当认定为无效。因此给质权人或者第三人造成损失的,由出质人承担民事责任。"如果某人以知识产权出质以后,又将该知识产权转让或许可他人使用,在此情况下,知识产权本身并没有消灭,但是给质权人造成了重大损害,如果允许转让和许可协议有效,将使质押难以发挥其担保作用,且由于知识产权是无形财产,质权人很难行使物权的追及权,所以司法解释采用宣告无效的做法是有一定的道理的。

三、知识产权质权的实现

依据《物权法》第 229 条的规定:"权利质权除适用本节规定外,适用本章第一节动产质权的规定。"我国《物权法》并没有规定知识产权质权的实现,因此,应当适用动产质权实现的一般规则。具体而言,质权人可以与出质人协议以该质押财产折价,也可以就拍卖、变卖知识产权财产权所得的价款优先受偿。值得注意的是,在拍卖、变卖知识产权前,应当对知识产权进行评估,确定其价值。但出质人不愿进行评估,直接进入变价程序也并无不可。

第十节 应收账款的质押

一、应收账款质押的概念

应收账款是一个会计学上的概念,指权利人因提供一定的货物、服务或设施而获得的要求义

---

[1] 姚红主编:《中华人民共和国物权法精解》,人民出版社 2007 年版,第 396 页。

务人付款的权利,包括现有的和未来的金钱债权及其产生的收益,[1]但通常不包括因票据或其他有价证券而产生的付款请求权。[2] 可以作为质押客体的应收账款必须符合如下条件:

1. 应收账款必须具有可转让性。应收账款质押属于质押的一种,它应当符合质押的一般条件,在债务人不履行债务时,是可以强制执行的。对于不可转让的债务,如与人身联系密切或者不能强制执行的债权,不能质押。如果根据债权的性质不得转让(如劳务之债),也不得设定质押。因为在这些债权的合同中,当事人双方均存在一种特殊的信任关系,如果此类合同发生转让或质押,必然破坏了这种信赖关系。

2. 应收账款主要是指金钱债权。根据《应收账款质押登记办法》第 4 条规定,应收账款债权包括:①销售货物(包括供应水、电、气、暖,知识产权的许可使用等)所产生的债权;②出租产生的债权,包括出租动产或不动产;③提供服务产生的债权;④公路、桥梁、隧道、渡口等不动产收费权;⑤提供贷款或其他信用产生的债权。由此可见,应收账款主要是指金钱债权。但金钱债权产生的基础并不一定是借贷关系,它不包括租赁、劳务、商品买卖、承揽等基础合同关系。对于不涉及金钱给付的债权,如提供劳务等,既不能转让也不能质押。

3. 应收账款是没有证券化的债权。证券化的债权,从广义上说也可以属于应收账款,但我国《物权法》已经规定了证券质押,因此此类质押应当属于证券质押的范畴,而不应当包括在应收账款质押之中。[3]

二、应收账款的分类

1. 已到期的债权。在债权到期以后,债务人未清偿债权,债权人可以将其享有的债权设置质押。例如,因为销售商品或提供劳务以后,一方没有支付货款或费用。

2. 未到期的债权。未到期的债权,是将来取得的收益,债权本身已经产生,但是,其履行期限尚未届至,本身也具有财产价值,而且,在很多情况下,它的价值更大。因为一些已到期的债权没有履行,可能已变成呆坏帐,而未到期的债权其实现的可能更大。

未到期的债权中,还包括那些目前尚未订立合同,但是有合理理由可以期待的未来债权。例如,双方订立了长期的供货合同,以该合同债权质押,在这种合同中,债权人享有的债权尚未实际产生。也有人认为,现在的应收账款是特定与确定的,双方一般是订立了合同,一方交付了货物等凭证。笔者认为,未来的应收账款的情形比较复杂,如果双方尚未订立合同,债务的数额、期限等都是不确定的,则不能质押。但如果双方具有长期的供货合同关系,表明未来的债权也可能产生,且体现了一定的财产利益,例如,两个人之间的长期供货合同,一方预先支付了一定定金,其未来因此收取的货物赚取的利润,也应当是一种未来收益。因此,应当可以设定质押。

3. 收费权。收费权是一个范围非常宽泛的概念,但是,作为应收账款质押的收费权,主要是指经过有关部门的批准和许可,而享有的对公路、桥梁、隧道、渡口等基础设施的收费权。其特点在于:一方面,它是权利人对各种基础设施所可能产生的收益等享有的请求权,它大都是针对不特定人而不是针对特定的人请求支付费用的权利。另一方面,收费权通常是一种资格,它不是现实地支配某项财产的权利,而是在权利人为他人提供服务之后所享有的一种收取费用的资格。

---

〔1〕 中国人民银行 2007 年《应收账款质押登记办法》第 4 条。
〔2〕 美国法学会、美国统一州法委员会编,高圣平译:《美国〈统一商法典〉及其正式评述》,中国人民大学出版社 2006 年版,第 67～68 页。
〔3〕 高圣平:《物权法担保物权编》,中国人民大学出版社 2007 年版,第 390 页。

在收费权质押时,可能还没有形成具体的债权债务,但由于收费权本身也是以财产价值为内容的,而且行使收费权又会产生一定的收益,所以,收费权也是可以质押的。

需要指出的是,收费权质押和一般应收账款的质押是存在区别的。一方面,一般应收账款是在特定的债权债务人之间产生的,应收账款质押是以实际发生的债权质押。而收费权只是一种资格,债权债务关系尚未实际发生。在收费权质押中,出质的对象就是收费权。在债务人不履行债务的情况下,强制执行的只能是收费权本身而不能是因收费权而产生的债权。拍卖、变卖的对象也只能是收费的资格。另一方面,一般应收账款都具有可转让性,但许多收费权本身是经过政府特许的,权利人的资格受到较多的限制。此外,从质权的实现方式来看,收费权质押可以采取收费权拍卖、变卖或折价的方式,而应收账款质押一般不存在将应收账款拍卖、变卖的方式,大都采取由质权人向第三债务人直接收取债权的方式。因此,收费权质押不同于发生在当事人之间的一般应收账款的质押。

三、应收账款质押的设立

应收账款质押的设立,是指当事人依据法律规定的条件在应收账款之上设立质权的行为。这种特殊的质押形式,除了具有质押的一般特点之外,还需要满足法律所规定的特殊要件。依据《物权法》第 228 条的规定,应收账款的设立应当符合如下条件:

(一)必须订立书面合同

《物权法》第 228 条规定"以应收账款出质的,当事人应当订立书面合同"。因此,在设立应收账款质押时,出质人和债权人必须就出质人享有的账款设立质权,订立书面合同。质押合同的内容包括,质押的期限、应收账款的范围、应收账款的数额、债务人名称、被担保债权及其数额等。应收账款质押合同是办理登记的基础。应收账款质押合同应当采用书面形式,它可以是主债权合同的一部分,也可以是独立的合同。

(二)质权自办理出质登记时设立

《物权法》第 228 条规定以应收账款出质的,"质权自信贷征信机构办理出质登记时设立"。因此应收账款的质押,实行的是登记要件主义,这也就是说,在出质人和质权人订立应收账款质押合同以后尚不能设立质权,当事人还必须办理登记。具体来说:①质权自登记之日起才能生效。非经登记仅产生合同债权而不产生物权。②在登记之日起才能形成具有担保物权效力的质权,在没有办理登记之前双方之间只存在合同关系。③如果发生了应收账款质权和其他物权的冲突,应当以登记先后确立物权的优先顺位。例如,某人将其房产设立抵押之后,又将向房屋的承租人收取租金的应收账款设立质押,则抵押权人与质权人之间就可能产生冲突,这就需要根据抵押权和质权的登记顺序确定优先效力顺序。

在承认应收账款质押的国家,大多都规定以登记作为公示方法。例如,在美国,应收账款质押采用登记方式,只有进行有效的登记后,应收账款担保才能生效。荷兰、日本等部分大陆法系国家,也借鉴美国统一商法典的模式,采用登记作为应收账款质押的公示方式。通过登记的方式可以将应收账款质押的设定对外公开,有利于保护交易的安全。依据我国《物权法》第 228 条的规定,"质权自信贷征信机构办理出质登记时设立"。因此,应收账款质押必须到信贷征信机构(即中国人民银行征信中心)进行登记,这与一般的物权登记不同。[1] 我国的物权登记机构大多都是行政机构,但是征信机构只是事业机构。《物权法》将信贷征信机构规定为应收账款质押的

---

[1] 中国人民银行 2007 年《应收账款质押登记办法》第 2 条。

登记机构,这主要是考虑到,我国信贷征信机构已经在全国建立了信贷征信系统,该系统是目前国内联网最大的电子化信息系统,覆盖面很广,信息量大,也方便当事人查询。[1] 但是,在信贷征信系统进行登记也仍然存在一些需要解决的问题,因为信贷征信系统本身并非公权力机构,由于人民银行本身也常常是债权人,而征信机构又设在人民银行,其作为登记机构的独立性并不强,而且登记错误等问题难以得到有效解决。

根据《应收账款质押管理办法》第 10 条的规定,登记内容包括质权人和出质人的信息、应收账款的描述、登记期限。出质人或质权人为单位的,应填写单位的法定注册名称、注册地址、法定代表人或负责人姓名、组织机构代码或金融机构代码、工商注册码等。在登记中,一般要记载担保的主债权,但根据《应收账款质押管理办法》第 10 条的规定,质权人可以与出质人约定将主债权金额等项目作为登记内容。可见,除了上述规定的项目以外,质权人和出质人可以自由约定登记的具体内容。

根据我国《物权法》第 228 条的规定,应收账款质押自在信贷征信机构办理登记之日起设立。这就是说,只要双方订立质押合同之后,办理了登记手续,质权就有效设立,并不需要通知债务人。应收账款质押在登记之后,债权人就取得了质权,没有通知只是不能对抗债务人。也就是说,如果债务人因为不知道债权设定了质押而仍然向原债权人清偿,该清偿有效。应收账款质权人无权要求债务人继续向其清偿,或者请求清偿无效。但是,如果质权设立后,质权人通知了债务人,则债务人不得随意向原债权人履行。

四、应收账款质押的效力

(一)质权人的权利和义务

在应收账款质押生效之后,质权人对出质的债权享有质权,其权利的内容与一般权利质押的内容相同,但也有不同之处。例如,质权人在将质押已设定的情况通知第三债务人之后,就有权代债务人向第三债务人收取债权。在通知之后,第三债务人只能向质权人清偿,即向有受领权的人清偿,不能再向其债权人清偿。应收账款质押不同于一般的权利质押,在质押债权到期,且被质押的债权也到期的情况下,质权人有权直接请求债务人向自己作出给付。尽管我国《物权法》对此没有明确规定,但从法理上说,既然质权人享有质权,其就取得了债务受领人的法律地位,因此,可以代债务人请求第三债务人向自己作出给付。从国外物权法的经验来看,也大多采取此种方式。例如,《日本民法典》第 367 条第 1 款规定:"质权人可以直接收取作为质权标的的债权。"

质权人在质押设定之后,在债权尚未到期以前,不得提前要求清偿或擅自代为收取债权,也不得非法干预债务人或第三债务人的行为。

(二)出质的应收账款不得转让

《物权法》第 228 条第 2 款规定:"应收账款出质后,不得转让,但经出质人与质权人协商同意的除外。出质人转让应收账款所得的价款,应当向质权人提前清偿债务或者提存。"根据这一规定:第一,作为质押标的的应收账款不得转让。《物权法》之所以禁止应收账款的转让,是为了防止质押标的因转让而使担保的目的落空,从而危及所担保的主债权。由于质押的债权与一般的财产权不同,它以请求权为标的,而且只能针对特定人请求,为了保护质权人的利益、维护交易安全,必须要对出质人的处分权作严格限制。[2] 因此,《物权法》第 228 条虽然承认出质人对其设

---

[1] 胡康生主编:《中华人民共和国物权法释义》,法律出版社 2007 年版,第 490 页。

[2] 孙鹏、肖厚国:《担保法律制度研究》,法律出版社 1998 年版,第 245 页。

置质押的应收账款享有债权,但不得转让,否则将会形成双重处分,损害质权人的利益。第二,经出质人与质权人协商同意的,应收账款可以转让。毕竟,应收账款是一种财产权益,权利人可以处分;对出质人的处分权的限制主要是为了保护质权人的利益。如果质权人认为,应收账款转让也是符合其利益的,则法律许可此种情况下的转让也未尝不可,所以,如果出质人与质权人协商同意,出质人也可以将该债权予以转让。但是,转让后的收益必须用于清偿主债权或者予以提存。[1]

五、应收账款质权的实现

(一)应收账款质权的实现方法

所谓应收账款质权的实现,就是指质权人直接收取债权,并就其优先受偿的程序。应收账款质押不同于一般的权利质押的实现之处在于,应收账款是以债权质押,而非以其他权利质押。所以,在被质押的债权到期以后,本来应由债权人收取的债权,质权人可以以有受领权人的身份直接收取该债权。这与一般权利质押的实现不同,它并不需要经过变现程序。正是因为这一原因,应收账款的实现程序简便,成本低廉。当然,如果应收账款质押中的债权没有到期,质权人只能等待该债权到期。

(二)主债权与设质的应收账款质权清偿时间不一致的解决方法

从法律上看,质权人行使质权的前提是质权所担保的债权已届履行期,而债务人未作出清偿,因此质权人可实现其质权。但如果被担保的债权尚未到履行期,而作为质权标的的债权已届清偿期,该第三债务人如向其债权人作出履行,[2]将会使质权人的质权标的发生消灭,这便使质权人的利益难以得到维护;反之,第三债务人如向质权人履行,因出质人债务尚未到期,故亦不可行。那么,该如何协调三者之间的关系呢? 因此,必须要区分主债权与入质债权清偿期不一致的矛盾。具体来说,分为如下两种情况:

1. 入质应收账款债权先于主债权到期。笔者认为,我国《物权法》虽然没有对此作出明确规定,但应当类推适用《物权法》第225条的规定,[3]即出质人转让应收账款所得的价款,应当向质权人提前清偿债务或者提存。如果被担保的债权尚未到期,在收取之后,应当协议提前清偿或者提存。在此情况下,如果质权人或出质人均不同意第三债务人向对方作出清偿,则第三债务人有权请求将其清偿金额提存,以免除其清偿责任。质权人或出质人也有权请求第三债务人将清偿金额提存。[4] 不过,在提存时,应当记载质权人的姓名及有质权存在的事实。等到质权担保的债权已届清偿期以后,质权人可在债务人不履行债务时,领取提存金,从中优先受偿。

2. 入质应收账款债权后于主债权到期。例如,乙欠甲的10万元款项,清偿期是2000年10月1日,但甲因在银行丙处借款10万元,清偿期为2000年5月1日,并以甲对乙的债权作质押。当入质债权的履行期限后于主债权的履行期限时,质权人不能直接向出质人的债务人(即第三债务人)直接请求清偿。其主要原因在于,尽管出质人已经将债权设定质押,但并不意味着,已经质押的债权就可以加速到期,从而损害第三债务人的利益。第三人虽然负有履行债务的义务,但

---

[1] 梅夏英、高圣平:《物权法教程》,中国人民大学出版社2007年版,第498页。

[2] 所谓第三债务人,是指入质应收账款的债权关系中的债务人。

[3] 《物权法》第225条规定:"汇票、支票、本票、债券、存款单、仓单、提单的兑现日期或者提货日期先于主债权到期的,质权人可以兑现或者提货,并与出质人协议将兑现的价款或者提取的货物提前清偿债务或者提存。"

[4] 梅夏英、高圣平:《物权法教程》,中国人民大学出版社2007年版,第498页。

是,其期限利益必须受到保护〔1〕所以,如果质押的债权没有到期,质权人不能请求第三债务人提前给付。法谚有云:"任何人不因他人间所发生的事由而受损害。"前述规则是符合这一基本原理的。在上例中,甲对乙的债权到期以后,甲可以请求乙清偿债务,乙不履行债务,应承担违约责任,但丙(银行)不能在 2000 年 5 月 1 日以前,要求乙向其清偿债务。

第十一节 质权的实现

一、动产质权的实现

所谓动产质权的实现,是指质权人在债务人不履行到期债务或者发生当事人约定的实现质权的情形时,将质物加以折价、拍卖或变卖,并就所得的价款优先受偿。《物权法》第 219 条第 2款、第 3 款规定:"债务人不履行到期债务或者发生当事人约定的实现质权的情形,质权人可以与出质人协议以质押财产折价,也可以就拍卖、变卖质押财产所得的价款优先受偿。质押财产折价或者变卖的,应当参照市场价格。"根据该条规定,动产质权的实现,必须以债务人不履行到期债务或者发生当事人约定的实现质权的情形为前提。所谓债务人不履行到期债务,就是指债务履行期届满,而债务人没有履行或者没有适当履行债务。需要指出的是,《物权法》第 219 条规定的"债务人不履行到期债务",不包括在履行期限到来之前,债务人公开、明确地表明不履行债务,即使出现此种情况,质权人也不能实现质权。所谓发生当事人约定实现质权的情形,是指当事人在协议中约定的其他可以实现质权的情况。例如,双方在合同中约定,债务人资不抵债或者出质人拒绝对质押财产投保时,质权人可以实现质权。

在实现质权时,债权人必须享有质权,如果债权人丧失了占有或者抛弃了质权等而导致质权消灭,则债权人当然不能实现质权。〔2〕当债务履行期届满,债务人履行债务的,或者出质人提前清偿所担保的债权的,质权将发生消灭。债务人提出提前清偿,债权人无正当理由不得拒绝债务人的清偿,因为该债权已设定质权,债务人提前清偿可使其尽快取回质物,因此,质权人不能以其具有期限利益为由拒绝债务人的提前清偿。

根据《物权法》第 219 条的规定,动产质权的实现方式具有如下几种:

(一)质物的折价

在实现动产质权时,质权人首先应当与出质人协议以质押财产折价。所谓折价,就是指出质人与质权人协议按照质物的品质、参考市场价格将质物的所有权转归质权人,从而实现质权。〔3〕如果质物所折价的价格高于质权担保的债权数额,质权人必须向出质人返还差额;如果低于担保的债权数额,质权人仍有权请求债务人清偿差额部分。不过,因质权已接受质物的折价,因此,该差额部分将成为无担保的债权。

质权人可以与出质人协议约定质权实现的方法,此种约定是在实现质权时双方达成的协议,这和双方在质权实现之前订立流质契约是不同的。质物的折价是在实现质押权时达成的协议,

---

〔1〕 郭明瑞、杨立新:《担保法新论》,吉林人民出版社 1996 年版,第 244 页。
〔2〕 郭明瑞主编:《中华人民共和国物权法释义》,中国法制出版社 2007 年版,第 399 页。
〔3〕 全国人大常委会法制工作委员会民法室编:《中华人民共和国物权法条文说明、立法理由及相关规定》,北京大学出版社 2007 年版,第 396 页。

而流质契约是在质权实现之前达成的协议。如果当事人在债务履行期届满前,质权人未受清偿时,质物的所有权移转给质权人所有,将构成流质契约,应被宣告无效。[1] 折价协议一旦达成,就对双方具有拘束力,如果一方拒不履行折价协议,另一方可否请求法院强制执行折价协议,这在法律上值得进一步探讨。

根据《物权法》第 219 条的规定,只要出现债务人不履行到期债务或者发生当事人约定的实现质权的情形,质权人没有与出质人协议以质物折价的,则质权人可以自行将质押财产拍卖、变卖,并就所得价款优先受偿。质权的实现方式与抵押权的实现方式之间的区别主要表现为两点:①关于双方协商实现担保物权的问题。按照《物权法》第 195 条的规定,法律要求在抵押权实现的条件成就时,抵押权人应当和抵押人尽可能地达成实现抵押权的协议。只有在就抵押权实现方式不能达成协议的情况下,抵押权人才可以请求人民法院拍卖、变卖抵押财产。但是,在质押的情况下,法律并不要求质权人和出质人必须首先达成质权实现的协议。②关于担保物权人是否可以直接实现该项权利的问题。按照《物权法》第 195 条的规定,在不能达成协议的情况下,必要通过司法程序才能实现抵押权。但按照《物权法》第 219 条的规定,质权人可以直接实现质权,而不需通过司法程序。之所以形成这两项区别,是因为抵押权人通常并没有占有抵押物,无法直接就其拍卖、变卖;而质权人占有了标的物,所以,可以直接就质物拍卖、变卖。另外,设定抵押的财产一般价值都比较巨大,《物权法》也允许当事人在抵押物的价值范围内设定多个抵押权,因此对抵押物的处置涉及到众多担保债权人的利益,如果允许某一个抵押权人将抵押物自行进行拍卖、变卖,则极有可能会损害其他债权人的利益,引发纠纷。而质押的标的一般是普通动产,价值不会太大,并且要移转占有,在质物上不大可能设定多个担保,因此所涉及的其他债权人较少,法律关系较为简单,因此《物权法》允许质权人可以自行对质物进行拍卖、变卖而无须和出质人进行协议,一般不会发生诸多纠纷。

(二)拍卖

拍卖是指按照拍卖程序,以公开竞价的方式将质物卖给出价最高的叫价者的买卖方式。[2]此处所说的拍卖是指任意拍卖而非强制拍卖,拍卖属于一种特殊的商品流通方式,它不像一般的买卖那样是由双方订立买卖合同,并依合同的约定进行标的物的转让,而是以公开竞价的方式将标的物转卖给最高出价的竞买人,因此,拍卖的公开性、透明度高。

(三)变卖

变卖是指直接将质物定价卖出的行为。[3] 变卖是对标的物进行变现的一种较拍卖简易的方式,无须竞价,由当事人直接协商价格。在质物的变卖方面,应允许质权人依法选择合理的出卖方式、时间和地点。

《物权法》将拍卖方式规定在变卖方式之前,这是否意味着质权人必须首先选择拍卖的方式,只有在不能够采用拍卖方式的情况下才能进行变卖? 笔者认为,《物权法》将拍卖方式规定在变卖方式之前,这并非是指质权人必须先采取拍卖方式。只是因为拍卖是采取公开竞价的方式,更有利于充分实现质物的价值,保障双方当事人的利益。但这并不意味着拍卖是必须的首选

---

〔1〕 谢在全:《民法物权论》(下),台湾地区作者印行 2003 年版,第 291 页。

〔2〕 全国人民代表大会常委会法制工作委员会民法室编:《中华人民共和国物权法条文说明、立法理由及相关规定》,北京大学出版社 2007 年版,第 396 页。

〔3〕 王胜明主编:《中华人民共和国物权法解读》,中国法制出版社 2007 年版,第 470 页。

方式,因为在某些情况下,拍卖也不一定比变卖对出质人更有利。如果拍买人并非真正需要质物的人或者拍卖时质物市价下跌,拍卖的价格对出质人不一定是有利的。更何况,许多质押的动产不一定能够拍卖,如以文物、金银等质押,还必须交有关机构收购。所以不必要限定质权人必须首先采用拍卖方式。

需要指出的是,变卖的方式因为没有实现公开竞价,且变卖可能只是向一部分人进行出售,有可能不能够充分实现质物的价值,根据《物权法》第 219 条的规定,质权人在对质押财产进行变卖时,为了保障出质人的权益,质权人在变卖质物的过程中,应当参照市场价格进行,不得过于低于市价。

二、权利质权的实现

尽管我国《物权法》没有对权利质权的实现方式作特殊的规定,但是《物权法》第 229 条规定:"权利质权除适用本节规定外,适用本章第一节动产质权的规定。"据此可见,权利质权的实现方式应当适用《物权法》关于动产质权的实现方式的规定。《物权法》第 219 条第 2 款、第 3 款规定:"债务人不履行到期债务或者发生当事人约定的实现质权的情形,质权人可以与出质人协议以质押财产折价,也可以就拍卖、变卖质押财产所得的价款优先受偿。质押财产折价或者变卖的,应当参照市场价格。"也就是说,债务人不履行到期债务或者发生当事人约定的实现质权的情形时,权利质权人可以依据上述规定,不通过法院而与出质人协议以质押的权利折价,也可以就拍卖、变卖质押权利所得的价款优先受偿。

但是,权利质押的实现方式并不能完全套用动产质押的实现方式。有的权利质押的实现方式具有其特殊性。例如,对应收账款质押而言,质权人可以直接向第三债务人收取债务,而不需要采用拍卖、变卖的方式。因为在应收账款质押的情况下,第三债务人的给付标的是金钱,不需要经过变价程序。

三、出质人有权请求质权人及时行使质权

一般认为,实现质权是质权人的权利而并非义务。[1] 如何实现质权,质权人可在法定范围内作出选择,且质权人有权抛弃质权。但是由于质押物在质权人的占有之下,质押的财产又可能随着市场价格的变动而变化,如果因为市场价格变化的原因,可能会影响质押财产的价值,质权人不及时行使质权,就可能因质物价值下降而损害出质人的利益。因此,及时实现质权,也是质权人应承担的义务。《物权法》第 220 条规定:"出质人可以请求质权人在债务履行期届满后及时行使质权;质权人不行使的,出质人可以请求人民法院拍卖、变卖质押财产。出质人请求质权人及时行使质权,因质权人怠于行使权利造成损害的,由质权人承担赔偿责任。"

四、质权实现后的问题

《物权法》第 221 条规定:"质押财产折价或者拍卖、变卖后,其价款超过债权数额的部分归出质人所有,不足部分由债务人清偿。"这是因为质押财产在设立质押之后,质权人只是对其享有质权,而非享有所有权,所以,质权人只能就质押财产优先受偿。在优先受偿之后,质权人应当将剩余的价款,返还给出质人。如果质押财产的价款不足以清偿债务,则应当由债务人继续清偿。

---

〔1〕 郑玉波:《民商法问题研究》(三),台湾地区作者印行 1982 年版,第 120 页。

第二十一章 留置权

第一节 留置权的概念和特征

一、留置权的概念

所谓留置权,是指在债权债务关系中,债权人事先合法占有了债务人的动产,在债务人不履行到期债务时,债权人有权依法留置该财产,并可以将该留置的动产折价或者以拍卖、变卖所获得的价款优先受偿的权利。《物权法》第230条规定:"债务人不履行到期债务,债权人可以留置已经合法占有的债务人的动产,并有权就该动产优先受偿。前款规定的债权人为留置权人,占有的动产为留置财产。"留置他人财产的债权人是留置权人,而被留置财产的人,称为债务人,留置的财产称为留置物。

从我国《物权法》的规定来看,留置权首先是一种担保物权,一方面,《物权法》确认留置权是一种担保物权。《物权法》在"担保物权"部分专门规定了留置权,这已经表明了留置权在我国属于担保物权的一种类型,且要适用担保物权的一般规定。另一方面,留置权因具有担保物权所具有的优先受偿效力、从属性、不可分性和物上代位性,在债务人不履行到期债务时,留置权人有权从留置物的拍卖、变卖或折价所得的价款中优先受偿。因此留置权在性质上不同于抗辩权和自助行为。[1]

留置权不仅仅是一种担保物权,而且是一种法定的担保物权。留置权作为一种担保物权,又与抵押权、质权等担保物权不同,它不是基于法律行为而产生的,而是直接依据法律规定而产生的。也就是说,留置权与抵押权、质权相比较,具有更强的法定性,因为留置权不必由当事人订立担保合同即可成立,且留置权的设定、内容、适用范围和法律效力都必须由法律规定。留置权的法定性具体体现在如下方面:

1. 产生的法定性。由于留置权是非基于法律行为而设立的,所以,它不存在设立的问题,而只存在产生的问题。只有符合法律规定的设定条件,才能产生留置权,当事人不得通过约定来设定留置权。而抵押权、质权的设定还需要由当事人订立抵押、质押合同。当然,根据《物权法》第232条的规定,"法律规定或者当事人约定不得留置的动产,不得留置。"如果当事人约定在某种交易中不得留置某项财产,则意味着当事人已经通过合同排斥了留置权的设立。

2. 内容的法定性。既然留置权不是通过法律行为设立的,其内容无法通过合同来事先确立,而只能由法律明确规定。例如,留置权实现中的宽限期、留置权人的保管义务、留置权人收取孳息的权利等都是由法律明确规定的。留置权在内容上最彻底地体现了物权法定原则的内容。

3. 适用范围的法定性。留置权并不是要赋予当事人私力救济的权利,而是使当事人享有担

---

〔1〕 陈祥健主编:《担保物权研究》,中国检察出版社2004年版,第258页。

保物权,留置权可以看作是对私力救济的限制。因此,留置权的适用范围必须由法律明确规定,不能任由当事人约定。

4.效力的法定性。留置权作为担保物权,该物权的标的物、物权所担保的债权范围,都是由法律直接规定的。一般来说,留置权的效力范围只能由法律明确规定,不能由合同自由约定,在这一点上,它和抵押权、质权又有不同。留置权人享有优先受偿权,这也是法律明确规定的效力。在留置权与抵押权发生冲突的情况下,哪一项权利优先,通常也必须在法律上明确规定。留置权人对于其留置的物享有支配的权利并可以排斥他人干涉,留置权不仅可以对债务人主张,而且可以对抗留置标的物的受让人。

总之,留置权不同于其他担保物权的特点就在于,它是法定担保物权。由于留置权是直接依据法律规定产生的,《物权法》对此种物权的产生并没有要求一定的公示方法。有学者认为,留置权人占有留置物,占有就是其公示方法。但笔者认为,占有并非是留置权的公示方法,在法律上,留置权并不需要公示,理由在于:一方面,既然留置权是法定物权,而一般的法定物权通常都不需要登记。例如,国外的法定地役权和法定抵押权都不需要特别的公示。因此,留置权作为一种法定物权也不需要采用某种公示方法。另一方面,占有并非留置权的公示方式,因为留置权人非因自己原因而暂时丧失占有或者中断占有,留置权人可以请求返还,而不会导致留置权的消灭。还要看到,一般的担保物权都具有融资的功能,但留置权的功能只是担保债权的实现。这是因为留置权的发生具有法定性,当事人不能事先约定,因此当事人无法发挥利用财产主动寻找融资的功能。[1]

二、留置权的特征

留置权作为一种担保物权,它具有担保物权的共性,如优先效力、支配效力、物上代位、从属性等。但留置权作为一种法定的担保物权,又具有不同于一般的担保物权的特征,留置权除了具有法定性之外,其特征还表现为:

1.留置权以债权人占有动产为前提条件。根据《物权法》第230条的规定,只有在债权人可以留置已经合法占有的债务人的动产,才能产生留置权。也就是说,留置权的行使必须以已经占有的动产为对象。因为只有在事先占有债务人的动产的情况下,债权人才能在债务人不履行债务的情况下留置该动产。这种占有必须是直接地、实际地对物的占有。而且对该动产的占有通常都是依据债权人和债务人之间的合同而占有的,如果债权人已经丧失对动产的占有,则债权人不能实际控制占有物,当然也不可能对该物进行留置。留置权对债权的担保,就是通过对债务人动产的暂时扣留,剥夺其暂时利用权,以督促债务人清偿其债务。因此,占有债务人之动产,不仅为留置权之主要内容,而且也是留置权的成立与存续要件。[2]占有虽为留置权的成立要件,但并非其公示方法。

2.留置权原则上只适用于动产。在国外一些法律中,对留置权的范围规定得较为宽泛,如日本民法中,留置的范围既包括动产也包括不动产。但我国《物权法》第230条第1款的规定:"债务人不履行到期债务,债权人可以留置已经合法占有的债务人的动产,并有权就该动产优先受偿。"从该条规定来看,留置权仅适用于动产而不适用于不动产。一方面,不动产采用登记方式作为公示的手段,无论是否移转占有都不影响其权利归属;另一方面,不动产的价值较大,而留置通

---

[1] 费安玲:《比较担保法》,中国政法大学出版社2004年版,第434页。

[2] 谢在全:《民法物权论》(下),台湾地区作者印行2003年版,第380页。

常都是因修缮、保管等原因形成的,其债权价值远远低于不动产价值,如果允许就某些费用的偿付对不动产进行留置,将违反比例原则,导致权利滥用的发生。[1] 至于《合同法》第286条所规定的对不动产的留置,学者大多数认为不属于留置权,而属于法定优先权。需要指出的是,在我国《物权法》上留置权仅包括占有性的留置,而不包括收益性的留置,留置权人原则上不能通过出租等方式取得留置物的收益并就该收益优先受偿,因此,留置权的对象扩张到不动产,就可能导致不动产难以实现物尽其用。[2] 至于证券化的权利能否留置,笔者认为,可以通过特别法予以明确。

3. 留置权的实现必须要通过两次行为才能完成。第一次行为是留置的行为,它是指债权人在其债权没有得到实现时,有权留置债务人的财产,留置本身是第一次发生效力。第二次行为是留置权实现的行为,留置权人在留置债务人的财产以后,只是使留置权相应产生,但并不意味着留置权已经实现,在留置权人留置期间,债务人仍然可以履行债务或者另行提供担保,只有在债务人超过规定的期限仍不履行其债务或提供其他担保时,留置权人才可依法以留置物折价或拍卖、变卖的价款优先受偿,从而实现留置权。[3]

4. 留置权具有从属性和不可分性。所谓从属性,是指留置权作为一种担保物权是从属于主债权的,只有在主债权有效存在的情况下,才能设立留置权,如果主债权无效或被撤销,则留置权将相应地消灭。如果主债权因清偿、抛弃、抵销等原因而消灭,则留置权也应随之消灭。至于在主债权发生转让的情况下,留置权是否应当随之转让? 对此,我国立法虽然没有明确规定,但笔者认为,基于留置权作为担保物权及其从属性的特点,也应当随主债权发生转让。

留置权设立的目的在于使债权人支配和控制留置物的全部交换价值,防止债务人因对留置的财产继续行使物权而造成财产的毁损灭失或转让,以致不能以其财产的价值用于清偿债务,保障债权人的债权得以实现,这就决定了留置权应当具有不可分性,主要表现在:一方面,在债权没有获得全部清偿以前,留置权人有权留置全部的标的物,并可以对留置标的物的全部行使权利。债权的分割及部分清偿不影响留置权的效力。所以,只要债权未完全受到清偿,不管未清偿的债权有多少,都可以对整个留置物行使权利。即使债权部分被清偿、抛弃,或发生部分债权的转让和抵销,只要有部分债权未被清偿,就不应当影响债权人对债务人的财产进行留置。另一方面,留置物本身的变化也不应影响到留置权的存在。例如,留置物被分割、部分留置物发生毁损、灭失等,不应当影响到留置权的存在。《物权法》第233条规定:"留置财产为可分物的,留置财产的价值应当相当于债务的金额。"对此,有学者认为,"这种立法例弱化了留置权行使的不可分性",[4] 这种观点有一定道理。

5. 留置权具有物上代位性。对于这一点,在学理上存在着一些争论。赞成说认为,《物权法》第174条所规定的物上代位规则适用于各类担保物权,其中也包括留置权。反对说认为,该规则仅适用于约定的担保物权,而不适用于法定的担保物权,因此,留置权不具有物上代位性。笔者认为,从物上代位的本义来看,它是指权利人对物在事实上不存在或者法律上丧失所有权的情形下,是否对其变形物享有权利的问题。就留置权而言,如果留置物非因留置权人的意志,发

---

[1] 蒋新苗等:《留置权制度比较研究》,知识产权出版社2007年版,第71页。

[2] 蒋新苗等:《留置权制度比较研究》,知识产权出版社2007年版,第71页。

[3] 郭明瑞、杨立新:《担保法新论》,吉林人民出版社1996年版,第256页。

[4] 梁慧星主编:《中国物权法研究》(下),法律出版社1998年版,第1009页。

生意外毁损灭失,或者依法被征用,则留置权人对于相应的赔偿金、补偿金等,享有请求从中获得优先受偿的权利。从这个意义上说,留置权应当被认为具有物上代位性。

三、留置权的适用范围

留置权是为了担保债的实现而设立的。我国《担保法》第84条第1款为了防止当事人不适当地采用自助的方式来保障债权的实现,将留置权的适用范围仅仅限于几类合同之债,即因保管合同、运输合同、加工承揽合同等发生的债权。债权人占有债务人的动产也是因这些合同的约定而占有的。但是,我国《物权法》修改了上述规定,将留置权的适用范围进一步扩大到所有债的关系。一方面,《物权法》第230条规定,留置权适用于债权人先前已经合法占有的动产,而并没有对留置权适用的债权范围作严格限制。按照《物权法》第230条的规定,只要是合法占有的债务人的动产,不管是基于合同之债还是基于其他原因而产生的债,债务人都可以行使留置权。另一方面,《物权法》第232条规定,"法律规定或者当事人约定不得留置的动产,不得留置。"这就从反面限制了留置权的适用范围,也就是说,只要法律没有禁止或者当事人约定中没有禁止留置的,都可以留置。

第二节　留置权与相关概念的区别

一、留置权与同时履行抗辩权

所谓同时履行抗辩权,也称为履行合同的抗辩权,是指没有先后履行顺序的双务合同的当事人一方在他方未对待履行以前,有权拒绝自己的履行。留置权与同时履行抗辩权均来源于罗马法的恶意抗辩。根据罗马法,若债权人对债务人本身也负有债务,则在不偿还债务却请求履行自己的债权的情况下,被视为违反信义,债务人可以拒绝履行。这种恶意抗辩以后发展成两个制度,即双务合同关系中的同时履行抗辩权制度和留置权制度。[1] 留置权与同时履行抗辩权极为类似。因为留置权发生的前提要件是债权人的债权与债权人占有的财产之间具有牵连关系,留置权允许债权人在债务人不履行其债务时,可留置对方的财产以实现自己的债权。据此,在法国,也有学者认为,留置权性质上属于同时履行抗辩权。[2] 英国学者猜图(Treital)认为,留置权与同时履行抗辩制度一样都是为了保护已经履行的一方,使其不会在履行后不能得到对方履行,而留置权可以填补因同时履行抗辩适用范围的有限性所留下的空白,[3] 此种看法是有一定道理的。但是,这并不意味着因为留置权的存在,可以不必设立同时履行抗辩权。事实上,由于两者之间存在着明显的区别,因此它们不能相互替代。两者的区别表现在如下几点:

1. 目的不同。留置权是在约定期限届满以后债务人不履行债务时,债权人依法留置财产并以折价或变卖的款项优先受偿,其目的是担保合同债务履行;而同时履行抗辩权的发生和行使的主要目的不在于担保债务履行,而在于谋求双方同时履行,以维护利益的公平。[4]

〔1〕 [日]近江幸治:《担保物权法》,祝娅等译,法律出版社2000年版,第17页。
〔2〕 尹田:《法国物权法》,法律出版社1998年版,第451页。但许多法国学者也持有不同观点。例如,有学者指出,二者适用于不同的领域,同时履行抗辩适用于双务合同;留置权即便是适用于合同关系,也正好是适用于其他合同。参见 Laurent Aynès, Pierre Crocq, Les sûretés, La publicité foncière, 2ᵉ éd., Defrénois, 2006, p.174.
〔3〕 G. H. Treital, Remedies for Breach of Contract, A comparative Account, Clarendon Press, Oxford, 1988, p.290.
〔4〕 王家福主编:《民法债权》,法律出版社1991年版,第401页。

2. 性质不同。留置权是担保物权，是为担保债务人履行其合同债务而设立的，留置权人可以留置的债务人的财产的价值优先受偿；而同时履行抗辩权不具有物权性质，它在性质上只是债权，只能在合同当事人之间才能主张，享有同时履行抗辩权的一方只能对抗双务合同中对方当事人的请求权，拒绝履行自己的义务。

3. 根据不同。留置权必须在一方按照合同约定合法占有对方的财产，且占有的物与债权之间具有牵连关系时方能成立。而同时履行抗辩权的发生根据是双务合同在债务履行上的牵联性，即对方未履行给付义务时，才可行使抗辩权。我国《合同法》第 66 条规定："当事人互负债务，没有先后履行顺序的，应当同时履行。一方在对方履行之前有权拒绝其履行要求。一方在对方履行债务不符合约定时，有权拒绝其相应的履行要求。"通常在同时履行抗辩权发生时，一方并不占有对方的财产。

在国外的立法中，留置权适用范围较为宽泛，不仅可以适用于双务合同，也可以适用于合同外的债务，但同时履行抗辩权只能适用于双务合同。[1] 在我国，由于将留置权的适用范围不限于双务合同，还包括了合同之外的其他债权债务关系，所以在适用范围上还存在着明显的区别。

留置权与同时履行抗辩权的区别表明，不能因为有留置权制度而否定同时履行抗辩制度存在的必要性，也不可将法律关于留置权的规定简单地适用于同时履行抗辩的情形。

二、留置权与自助行为

所谓自助行为，是指权利人为保护自己的权利，在情事紧迫而又不能及时请求国家机关予以救助的情况下，对他人的财产或人身自由施加扣押、拘束或其他相应措施，而为法律或社会公德所认可的行为。例如，甲在乙的餐厅用完餐之后，不交付餐费，乙将甲的随身物品扣押。留置权与自助的关系是十分密切的，这主要是因为，留置本身具有自助的功能，留置权人在债务人不履行债务时直接扣押债务人的财产，以该财产的价值优先受偿，此种做法也可以属于广义的自助的范畴，至少在客观上达到了自助的效果。但严格说来，自助和留置是不同的，主要表现在：

1. 自助的适用范围大于留置的适用范围。在自助的情况下，占有的财产并不一定与债权有牵连关系，如在前例中，乙扣押甲的随身物品与用餐合同关系并无法律上的牵连关系。而留置的标的物必须与担保的债权有牵连关系，且其适用范围主要限于合同之债。

2. 自助的功能是暂时保全债权，其不能产生某种担保物权，也不能使自助行为人获得优先受偿的权利。[2] 按照《德国民法典》第 229、230 条规定，自助原则上只能是一种对请求权进行暂时保全的措施，请求权的实现最终还必须通过司法程序来进行。[3] 而留置则不同，在留置的情况下，债权人享有担保物权，可以就留置物优先受偿。

3. 在自助的情况下，债权人即使占有了债务人的财产，也只能对抗债务人，而不能对抗任何第三人。但是在行使留置权以后，债权人占有债务人的财产，可以有效地对抗第三人。

4. 从行为方式来看，自助通常是指，在不能及时获得公力救济，如果不及时处理则请求权无法实现或其行使会有困难时，为了自助而扣押、毁损他人之物，或限制有逃逸嫌疑的债务人的人身自由，行为人不承担民事责任。自助不仅仅包括对财产进行扣押，也包括限制行为人的人身自

---

〔1〕 [日]近江幸治：《担保物权法》，祝娅等译，法律出版社 2000 年版，第 17 页。

〔2〕 [德]迪特尔·梅迪库斯：《德国民法总论》，邵建东译，法律出版社 200 年版，第 133 页。

〔3〕 [德]卡尔·拉伦茨：《德国民法通论》（上），王晓晔等译，法律出版社 2003 年版，第 371 页。

由。[1] 但留置主要是拒不返还债务人的财产。

5.法律法规禁止留置的财产或者限制流通物,以及具有人身属性的物品,如证件等,不得留置;但是对于这些财产可以实行自助行为。例如,某人住宿于某旅馆,未支付住宿费用,旅馆可以扣押该旅客的证件,此种行为属于一种自助行为,而不发生留置权。

留置权和自助呈现出一种密切关系,如果留置权的适用范围扩张,自助的适用范围就缩小;反之亦然。笔者认为,不宜采用扩大自助范围的办法来保护债权人,其原因在于:①在私力救济与公力救济的关系上,各国大都要求尽可能采用公力救济而抑止私力救济。自助本质上是一种私力救济方式,它是在本人的权利受到侵害,来不及请求有关国家机关援助的情况下采取的措施。自助是一种不得已而采取的措施,在正常情况下,法律应鼓励当事人采取公力救济的方式,只是在时间紧迫、来不及请求国家机关予以保护和救济的情况下,才可能允许当事人实行自助行为。并且在实施自助时,其程度必须受到严格限制,如不能随意限制人身自由、不得对债务人财产造成毁损、灭失等。而采用留置权的方式,一般不会造成社会秩序、公共利益的损害,因此法律对留置权的行使并不施加过多的限制。通过行使留置权,能够有效的保障债权的实现,也不会对债务人造成过多的损失,从而较好的兼顾了双方当事人的合法权益,也能很好地避免上述利害冲突。②就各国法律规定而言,自助行为大多都是在侵权法中规定的,并且许多国家是通过判例来确立的,由于许多国家在法律上没有对自助的条件做出明确规定,所以其实施条件都比较模糊,其行为的判断标准往往是由法官在事后进行解释和判断的。而留置权作为一种法定物权,其实施的要件一般都规定得比较明确具体。所以能够适用留置权的,不应适用自助。③自助行为只是一种临时救济措施,在实施该行为之后,应当立即向有关机关申请援助,请求处理,行为人无故迟延移交有关机关的,应立即释放债务人或把扣押的财产归还给债务人。由此可见,采取自助行为之后,有可能仍然必须采取公力救济的方式,法律最终还是鼓励当事人采用一种公力救济的方式保护自身权利。[2] 但是对于留置权来说,在留置之后就不存在这一问题。总体来说,法律对自助行为应当做出比较严格的限制,而对留置权应当做出相当宽松的规定。凡是可以通过留置保障债权的,债权人不得采用自助的行为。只有在不能采用留置权的方式的情况下,才可以考虑实施自助行为。

三、留置权与质权

留置权与动产质权有很多相似之处,如两者都是以占有标的物为权利的成立要件、两者都以动产为标的物、两者均通过留置标的物使债务人产生压力从而迫使债务人履行债务等。但两者也存在着重大的区别:

1.性质和功能不同。留置权是法定的担保物权,而质权是约定的担保物权。留置权的功能仅仅在于担保债权的清偿,而质权不仅具有担保债权实现的功能,还具有融通资金的功能。

2.标的物不同。留置权的标的一般以债务人的财产为限,通常是动产;但在质权关系中,质权的标的不仅限于动产,还包括权利。

3.设立的要件不同。留置权的发生条件是由法律明确规定的,只要符合法定的条件,债权人就可以留置债务人的财产,从而产生留置权。而质权的发生是基于当事人双方之间订立的质押

---

〔1〕 按照德国民法的规定,如果义务人有可能逃跑,则可以将他扣押;如果义务人不接受他有义务接受的行为,则可以强制他接受。参见[德]卡尔·拉伦茨:《德国民法通论》(上),王晓晔等译,法律出版社2003年版,第372页。

〔2〕 史尚宽:《民法总论》,中国政法大学出版社2000年版,第763页。

合同,且必须移转标的物的占有。

4. 行使权利的程序不同。留置权在行使之前,留置权人必须要给债务人指定一个履行期限,且此期限不得少于法定的最短期限(即法定的催告期),经过此期限,债务人不履行债务,留置权人才能行使留置权。而质权的行使只要债务已届清偿期而债务人不履行债务已足,不必要给债务人确定一个催告期。

由于标的物由质权人占有,出质人不能对此使用、收益,从而有利于督促债务人履行债务,因此质权从其功能上而言具有留置的作用。从这一功能考虑,有一些学者认为,凡不适合留置的动产,便不得设定质权,如船舶,如果移转占有便不能使所有人充分发挥物的使用效益,故不适于留置,亦不得作为质权的标的物。[1] 笔者认为对此不能一概而论:一方面,某些物在移转占有以后,虽然影响到所有人对该物的使用,但并不一定意味着不能设定质权。因为所有人(出质人)自愿以其物质押,本身就是对于其物的一种使用方式。另一方面,在出质以后,出质人不能对物直接占有、使用和收益,这也是符合出质人的意志和利益的。因为出质人出质是为了担保主债权的履行,由于出质而导致主债权的成立,这对其更为有利,否则他是不会以质押担保的。因此,不能认为不适合留置的动产便不能设定质权。

四、留置权与抵销权

留置权和抵销权关系较为密切,两者的目的都在于避免债务履行中的不公平现象。如果双方就留置财产折价达成协议,似乎也与抵销的效果相同。两者都可以实现双方当事人利益的平衡。[2] 但是,二者之间存在较大的区别:第一,留置权是担保物权,具有担保功能,受物权法调整;而抵销权只是一种形成权,它是互负债务的两个债务人所享有的权利,因此它是债法的一项制度,受债法调整。第二,作为债权消灭的原因之一,抵销不必占有他人的动产,就可以由债权人行使抵销权而消灭债务,抵销权又被称为"终局的留置权";[3] 而留置并不是债权消灭的原因。第三,债务人不履行到期债务,经过法律规定的程序,留置权人可以将留置财产折价或者拍卖、变卖而优先受偿;而抵销权的行使则不同,抵销权人并不享有优先受偿的权利,只不过是在符合抵销的条件时将自己所负担的债务与自己对他人所享有的债权相互抵销。第四,就适用对象而言,抵销权仅适用于双方所负担的债务性质相同的情形,而留置权则往往适用于相互所负担的债务性质不同的情况。[4] 第五,从效果上来看,抵销权导致债务终极性地消灭,而留置权仅产生债务人暂时性地丧失对物的支配和利用的效果。[5]

第三节 留置权的成立条件

留置权作为法定的担保物权必须符合法定的条件才能成立。各国立法都针对留置权设定了明确的成立要件,许多国家的法律不仅规定了留置权的成立要件,也规定了不得留置的情况,因此,留置权的成立条件可以分为积极成立条件和消极成立条件。所谓积极成立条件,是指留置权

---

〔1〕 陈明晖:《动产质押》,台湾书泉出版社 1987 年版,第 17 页。

〔2〕 胡康生主编:《中华人民共和国物权法释义》,法律出版社 2007 年版,第 496~497 页。

〔3〕 史尚宽:《物权法论》,中国政法大学出版社 2000 年版,第 490 页。

〔4〕 史尚宽:《物权法论》,中国政法大学出版社 2000 年版,第 490 页。

〔5〕 Laurent Aynès, Pierre Crocq, *Les sûretés, La publicité foncière*, 2ᵉ éd. , Defrénois, 2006, p. 174.

成立应当具备的法定要件。所谓消极成立条件,是指法律规定的不得留置的情况。《物权法》第230~232条从积极要件和消极要件两个方面规定了留置权的成立要件。据此,留置权的成立要件包括:

一、留置权的主体必须是债权人

由于留置权仅适用于债的关系,且留置权是为了担保债权的实现而产生的,因此,只有债权人才能依据法律和合同的规定占有债务人的财产,并在债务人不履行债务的时候,依法留置债务人的财产。其他任何人留置债务人的财产,并不能因此享有留置权。由于我国《物权法》已经扩大了留置权的适用范围,所以,债权人不限于合同之债中的债权人,还包括其他债的关系中的债权人。

二、留置的对象是债权人所占有的债务人的动产

我国《物权法》第230条第1款规定:"债务人不履行到期债务,债权人可以留置已经合法占有的债务人的动产,并有权就该动产优先受偿。"根据这一规定,留置的对象是债务人提供的、但由债权人所占有的动产。

1. 债务人的动产是指债务人提供的财产,由债务人所提供的财产,并不一定属于债务人所有;它可能是债务人自己所有的财产,也可能是第三人所有的财产。关于《物权法》第230条规定所说的"债务人的动产"是否必须为债务人所有,存在着不同观点。笔者认为,债务人的动产可以是其提供的为他人所有的动产。其原因在于:①债务人将他人的财产交付给留置权人修理、保管等,即使不属于债务人所有,但如果债务人未支付修理费、保管费等费用,而债权人不能留置该物,则对于债权人极为不利。毕竟,债权人通过修理、投保等行为为这些财产的增值付出了相应的劳动。②如果不允许留置第三人所有的财产,则在留置权发生以后,债务人可能伪造证据,声称标的物属于第三人所有,以对抗债权人的留置。③从国外的有关立法经验来看,大多承认留置的对象也可以是他人所有的财产。例如,《日本民法典》第295条第1项规定,他人物的占有人,就该物产生债权时,于其债权受清偿前,可以留置该物。如果债务人将他人的财产移转给债权人占有,而因为不能支付保管费等费用被留置,并非不能设置留置权。[1] 这些经验是值得借鉴的。还要看到,《担保法解释》第108条规定,"债权人合法占有债务人交付的动产时,不知债务人无处分该动产的权利,债权人可以按照担保法第82条的规定行使留置权。"可见,我国司法实践也承认:即使不是债务人所有的财产,债权人也可以留置。这对于保护债权人的利益是具有积极意义的。

2. 债务人的财产必须是动产。此处所说的动产,应当作狭义理解,只包括除不动产之外的有体物,不包括各种无形财产。不动产不得适用留置,但有关证券化的权利是否可以留置? 笔者认为,原则上,证券化的权利不得适用留置,因为这些证券所代表的权利,与留置所担保的债权关系,很难成立牵连关系;即使它们之间存在某些联系,对这些证券的留置也可能构成留置权的滥用。例如,因为未支付保管有价证券的保管费用,而留置这些证券本身,显然不符合比例原则。如果债权人的确需要占有这些有价证券,可以根据民事自助制度的原理,予以留置。例如,甲欠乙的债,乙扣留了甲的票据,此时,乙一般不能取得留置权,而只能通过自助制度获得救济。[2]

需要指出的是,适用于留置的动产必须具有可转让性。从留置权的本质上考察,留置权在性

〔1〕 陈荣隆:"担保物权之新纪元与未来之展望",载《台湾法学》2007年第4期。
〔2〕 Philippe Simler, Philippe Delebeque, Droit civil, *Les sûretés*, *La publicité foncière*, 3ᵉ éd., Dalloz, 2000, p.440.

质上是变价受偿权,留置权人留置债务人的动产,并不能对之加以利用,而只能从中优先受偿。这就是说,留置权主要在于控制其具有的交换价值,致使债务人暂时无法使用其动产,从而促使债务人履行其债务,但在债务人不履行债务时,留置权人要通过对留置物的拍卖、变卖,从所得价款中优先受偿。[1] 因此,留置权与抵押、质押一样,其标的物都应当具有可让与性,如果根本不能转让,则留置权人无法拍卖、变卖,其留置权就会落空。因此,法律法规禁止流通的物,无法适用留置权。还有一些与人身有密切关系的证书,像毕业证、身份证、驾驶证等,也不能适用留置权的规定。有学者认为,即使对这些不能流转的财产,也可以留置,因为留置的主要作用在于通过留置迫使债务人清偿债务,而优先受偿只是次要的作用。[2] 笔者认为,如果留置物不能流通,则在债务人始终拒绝履行债务的情况下,无法通过在市场拍卖、变卖等手段实现其债权,所以不能产生留置权。但是,在债务人不履行债务时,债权人可以通过自助的方式来扣留这些证件。

3. 债权人必须合法地占有债务人提供的动产。所谓占有,是指由债权人对动产进行管领和控制。留置权人先前占有动产,以后因其自身原因导致占有丧失的,留置权也因丧失占有而终止。一方面,债权人的占有不一定是其亲自对动产进行管领和控制,其可以通过占有辅助人来占有。如果债权人行使留置权之后,因留置物不便管理而委托他人管理,此时,债权人并不丧失其留置权。另一方面,债权人的占有必须是合法占有。任何人非法占有他人的财产,不能形成留置权。例如,在债务发生之后,债权人从债务人那里强行拿走某物,则不能形成留置权。[3]

与留置的对象相联系的问题是关于留置权是否可以适用善意取得?对此学界存在着不同意见。笔者认为,留置权可以适用善意取得。其理由在于:一方面,在债务人非法占有的情况下,留置权人可能是善意无过失的,符合善意取得的构成要件,可以适用《物权法》第106条关于善意取得的规定。例如,某人将其拾得的摩托车长期占有后,交付给修理人修理,结果因未支付修理费用而导致摩托车被修理人扣留,此种情况下是否成立留置权?笔者认为,只要在该案中,留置权人占有动产的时候是善意无过失的,就应当适用善意取得,对该摩托车享有留置权。另一方面,如果债务人非法占有他人财产就不得适用善意取得,则在上述情况下,就极不利于对债权人的保护。因为债权人在接收债务人的财产进行修理加工等的时候,很难知道该动产是否属于债务人有权占有和处分的财产,债权人按照行业惯例一般不会要求债务人提供产权证明,所以只要债权人是善意无过失的,就可以取得留置权,否则既不利于保护债权,在实践中也会造成交易中有大量的动产因难以及时提供产权证明而得不到修理、保养等服务。

三、占有的动产必须与债权属于同一法律关系

《物权法》第231条规定占有的动产必须与债权属于同一法律关系,此处所说的"动产"应当包括动产的占有和动产占有的原因两个方面。一方面,债权人占有的动产必须与债权都是同一法律关系的内容。例如,基于运输合同而占有运输物,一方不支付运费,另一方留置所运输的货物。支付运费是基于运输合同而产生的,而占有运输的货物也是基于该运输合同所产生的。再如,在保管合同中,保管人占有保管物是基于保管合同而产生的,而支付保管费的义务也是基于该保管合同产生的。另一方面,债权人占有动产的原因必须与债权属于同一法律关系。债权人占有动产的原因可以是多种多样的。例如,甲踢足球撞碎了乙的玻璃,乙占有了该足球,此时,乙

〔1〕 蒋新苗等:《留置权制度比较研究》,知识产权出版社2007年版,第36页。
〔2〕 史尚宽:《民法物权》,中国政法大学出版社2000年版,第495页。
〔3〕 谢在全:《民法物权论》(下),台湾地区作者印行2003年版,第408页。

占有该足球的原因与债权就属于同一法律关系。

《物权法》要求的属于同一法律关系，不同于牵连关系。仅仅只是要求动产占有与债权的发生具有牵连关系，仍然不足以限定留置权的适用范围，因为实践中所谓的"牵连关系"非常复杂，可能导致留置权的适用过于宽泛。例如，旅客离开酒店拿走酒店财物，但遗留行李于客房，宾馆扣留行李，则不应适用留置权，而属于自助行为。如果以牵连关系来解释，也可能成立留置权。《物权法》第231条的规定，要求属于同一法律关系，实际上严格限制了留置权的适用范围。

《物权法》第231条强调，动产与债权属于同一法律关系，排除了纯粹的生活关系，而要求动产的占有与债权之间形成法律关系。所谓法律关系，是指受法律调整的，以权利义务为内容的社会关系。如果只是一种不产生权利义务的纯粹生活关系，则不应属于法律关系。但有时生活关系会转化为法律关系，如散会后两人错拿了对方的雨伞，按照郑玉波先生的看法，这只是形成了一种生活关系，[1]其实此时双方基于生活关系形成了一种法律关系，因为双方错取对方物品，在当事人之间形成了互相返还不当得利的法律关系。如果单纯的生活关系，情侣之间各自占有对方的信件，在双方断交之后能否就这些信件相互留置？笔者认为这属于纯粹的生活关系，不属于法律调整的范畴，所以不能适用留置。通常认为，在如下情况下可以认为属于同一法律关系：

1. 留置的财产是构成债权发生的事实之一，或者说，留置财产与债权都是基于同一法律关系而产生的。例如，甲在乙公司修理汽车，乙占有汽车与甲负担修理费，都是修理合同的内容。因为甲的汽车的价值得以恢复是因为乙修理的结果。又比如，甲拖欠乙运输费，乙扣留了其占有的甲的货物。

2. 留置的财产是构成债权发生的基础。[2] 例如，甲踢球撞碎乙的玻璃，此时，乙就可以留置该足球，因为踢球是侵权损害赔偿之债发生的基础。

3. 留置的财产与债权的发生之间具有相当因果关系。按照相当因果关系学说的创始人冯·克里斯的观点，在判断因果关系时，应当依据相当性概念来加以判断，法官应当以普通一般人或经过训练、具有正义感的法律人的看法，依据经验之启发及事件发生的正常经过来进行判断，以确定行为与结果之间是否具有因果联系。[3] 在留置权的适用中，同一法律关系的认定在很多情况下需要借助因果关系理论来判断。所谓相当因果关系，应当按照社会一般观念确定是否存在着留置的必要。[4] 例如，甲看到邻居乙的盆花可能被雨淋，请人搬到家中保存，如果乙拒不支付搬运工搬运的费用，则甲可以基于无因管理留置乙的财产。此种情况，可以认定甲对盆花的占有与无因管理之债的发生具有牵连关系。

4. 动产的返还义务与债权属于同一法律关系的内容。例如，保管人返还保管财产和委托人支付保管费，是基于保管合同关系而产生的。这就是说，返还动产的义务是基于特定法律关系产生的，履行债务也是基于该法律关系产生的。

5. 动产的返还义务与债权于性质上在同一法律关系框架内，可以认为有构成留置权适用的条件。例如，在一个连续性的运输行为中，托运人未支付前一次的运输费用，承运人对于此次运输的货物是否适用留置权？有学者认为，同一法律关系，应理解为同一个法律关系，即只能限定

〔1〕　郑玉波：《民法物权》，台湾三民书局2003年版，第382页。

〔2〕　胡康生主编：《中华人民共和国物权法释义》，法律出版社2007年版，第499页。

〔3〕　陈聪富："侵权行为法上之因果关系"，载《台大法学论丛》第29卷第2期。

〔4〕　胡康生主编：《中华人民共和国物权法释义》，法律出版社2007年版，第499页。

于连续行为中的一个行为。[1] 笔者认为,这种理解过于狭窄,同一法律关系可以理解为在同一法律关系的框架内都可以适用留置权。[2]

由此可见,"同一法律关系"与"牵连关系"相比范围较窄。前者必须是与产生的债权完全属于同一个法律关系,而后者只需要具有一定的牵连性即可。由于留置权的成立要求"属于同一法律关系",这就使得留置权的成立要件更为严格。我国《物权法》之所以将《担保法解释》中的"牵连关系"改为"属于同一法律关系",其主要目的在于:一方面,严格限制留置权的适用条件。因为留置毕竟是法律许可的救助方式,而且,它可以产生优先受偿的效力,如果其适用范围过宽,则可能对一般债权人不利。留置权的主要作用在于,留置债务人动产以迫使债务人清偿债务,从而使债权人的债权得以实现,但留置权人并不能任意留置债务人所有的财产。如果允许留置权人随意占有债务人的财产,则对其保护就未免过于宽泛,且对债务人也是极不公平的。因此,只有在留置的财产与未清偿的债务之间具有同一法律关系时,债权人才能予以留置。另一方面,牵连关系的概念比较模糊,理论上争议较大,很难给法官确定明确的裁判标准。而"属于同一法律关系"的标准相对明确,判断起来比较简单,有助于实现司法的统一和法的安定。[3]

尽管我国《物权法》第231条要求债权人留置的财产应当与债权属于同一法律关系。但是,对于企业之间的留置适用商事留置权的规则,不受同一法律关系的制约。由此可见,同一法律关系只是对一般留置权的规定,对商事留置权并不受此限制。有关这个问题,我们将在下文探讨。

四、债权须已届清偿期而债务人未按规定的期限履行义务

《物权法》第230条规定:"债务人不履行到期债务,债权人可以留置已经合法占有的债务人的动产,并有权就该动产优先受偿。"因此,债权须已届清偿期而债务人未按规定的期限履行义务,应为留置权设定的条件。

1. 留置权的成立须以债权已届清偿期为要件。如果债权人已占有债务人的动产,但其债权尚未到期而不能确定债务人是否构成违约,则债权人不能行使留置权。在债权未届清偿期时,尚不发生债务人不履行债务的问题。[4] 如果在此时允许债权人行使留置权,则意味着债权人可以随意扣留他人的财产,或者可以迟延履行其返还标的物的义务,这显然是不合法的。在债务未到期的情况下,即使债务人明确表示将不履行债务,债权人也不能主张留置权。

2. 债务人在债权到期以后不履行债务。根据《物权法》第230条的规定,在债务人不履行到期债务时,债权人才可能享有留置权。留置权设立的目的是为了保障债权的实现,如果在债务履行期届满以后,债务人并没有构成迟延或有其他违约行为,债权人的债权并没有受到侵害,则在法律上就没有必要允许债权人行使留置权。只有在因为债务人不履行债务,使债权人的债权受到侵害的时候,才有必要通过留置权来保障债权。同时,在留置权产生以后,将使债权人对留置财产享有物权,为了避免这种权利的行使损害债务人的利益,有必要进一步严格留置权的成立要件。[5]

五、留置不得违反法律规定或者当事人的明确约定

留置权不仅具有积极的成立要件,而且还具有消极的排除性要件。这就是说,在留置明显不

---

〔1〕 梅夏英、高圣平:《物权法教程》,中国人民大学出版社2007年版,第520页。

〔2〕 刘保玉:《物权法学》,中国法制出版社2007年版,第377页。

〔3〕 王胜明主编:《中华人民共和国物权法解读》,中国法制出版社2007年版,第497页。

〔4〕 郑玉波:《民法物权》,台湾三民书局2003年版,第380页。

〔5〕 陈本寒:《担保物权法比较研究》,武汉大学出版社2003年,第337页。

符合法律规定或者当事人约定的情况下,将排斥留置权的成立。

(一)留置不得违反当事人的约定

留置权虽然是法定担保物权,但是它不得与当事人的约定相抵触,也就是说,当事人可以通过约定排除留置权的适用。《物权法》第232条规定:"法律规定或者当事人约定不得留置的动产,不得留置。"这显然是承认当事人的约定可以排斥留置权的成立。毕竟,留置权作为民事权利,仍然有意思自治原则适用的余地。允许当事人通过约定来排斥留置权的适用,也更有利于实现双方利益的平衡。当事人的约定并非违反物权法定原则,相反这是对物权法定原则的补充。之所以允许当事人通过约定来排除留置权的适用,是因为法律关于留置权的规定并非是基于公共秩序等原因而是为了保护债权人的利益而设定的。既然债权人从其自身利益的角度考虑,同意放弃留置权或者接受特殊的限制条件,法律应当尊重其意志。[1]

不得违反约定主要包括:①如果当事人约定某些财产不能留置,则债权人不得留置这些财产。例如,双方在汽车修理合同中明确约定,修理人在任何情况下都不得留置该汽车,则即使发生未支付修理费的情形,修理人也不得对车辆进行留置。②如果当事人在合同中就留置权行使的特殊条件进行了明确约定,则只有在这些特殊条件成就以后,才能够行使留置权。[2] 例如,甲将汽车交给乙修理厂修理,并约定,乙修理完毕以后,如果甲没有付款乙也不得留置。但是,如果甲在修理完毕3个月内未前来取走车辆,则乙方可以留置。我国《物权法》对此虽然没有作出规定,但是,笔者认为,此种约定并未违反法律的强制性规定,应当认为是合法有效的。③如果当事人在合同中预先放弃了留置权,也不得留置。留置权作为一种民事权利,应当允许当事人预先放弃,只要是在这种权利发生之前当事人对其权利作出的处分,都是合法有效的。例如,当事人在合同中约定,即使债务人未支付修理等费用,债权人也不得行使留置权,则可以视为债权人预先放弃了其留置权。如果当事人笼统地约定该合同的标的物不得留置,没有具体指明哪一部分的动产不得留置,则推定当事人的意思是全部的标的物不得留置。但如果当事人在合同中特别指明了哪一部分标的物不得留置(如特别约定债务人个人的物品不得留置),则对于其他部分,仍然可以行使留置权。

(二)留置不得违反法律的强行性规定和公序良俗

留置权作为法定担保物权,法律对于其行使设定了一定的要件要求。《物权法》第232条规定:"法律规定或者当事人约定不得留置的动产,不得留置。"这就表明,法律禁止留置的财产不得适用留置。例如,在救灾期间,承运人不得因未支付运费而留置紧急救灾或者抢险物资。运输公司不得对救灾物资、战时的军用物资等进行留置。根据《物权法》第230条的规定,债权人可以留置已经合法占有的债务人的动产,因此如果是债权人非法占有债务人的财产,则不发生留置。例如,债务人未履行债务,债权人强行以抢夺方式占有了债务人的某项财产,对此种非法占有不能成立留置权。强调债权人必须是合法占有债务人财产,其主要原因在于留置权设置的目的是保护合法的债权和合法的占有,不得因为留置权的设立而妨害甚至破坏社会秩序和交易的安全,否则就会扰乱占有和财产归属秩序。

留置也不得违反公序良俗。因为"维护社会之公安公益与国民之健全道德观念,较之债权人

---

〔1〕　史尚宽:《物权法论》,中国政法大学出版社2003年版,第503页。

〔2〕　我国台湾地区"民法"第930条第2款规定,"其与债权人所承担之义务或与债务人交付动产前或交付动产时所为之指示相抵触者",不得留置。

个人利益之保护更为重要",〔1〕所以留置权的设定也不得违反公序良俗原则。例如,医院或者殡仪馆对遗体、骨灰不得留置;快递公司对债务人委托其运送的身份证、户口本、护照等视其使用的必要性不得留置;对债务人日常生活的必需用品以及残疾人的残疾用品等也不得留置。〔2〕

第四节　留置权担保的债权范围

一、留置权担保的债权范围

在一般的担保物权中,担保物权所担保的范围包括主债权、利息、违约金、损害赔偿金、保管担保财产和实现担保物权的费用,而且当事人可以对此自由约定。但对留置权而言,则不能由当事人约定留置权所担保的债权的具体范围。我国《物权法》虽然在留置权一章中没有具体规定留置权所担保的范围,但在担保物权的一般规定中,则规定了担保物权的担保范围,这一规定(《物权法》第 173 条)也同样适用于留置权。具体来说,留置权担保的债权范围包括:

1. 主债权。主债权是由主合同产生的,留置权设定的根本目的即是担保主债权的实现,因而主债权应当属于留置权的担保范围,如仓储保管费、运输费、材料费等。只要与留置的动产属于同一法律关系的债权,都应当属于留置权所担保的债权范围。如果主债权发生变更,变更后的债权仍为该留置权所担保。

2. 利息。利息是主债权所产生的法定孳息,由于留置权担保的主债权主要是费用的支付,所以,利息实际上指的是债务履行期间主债权的利息和债务履行期届满后的迟延利息。

3. 违约金和损害赔偿金。违约金是指当事人在合同中预先约定的、在一方当事人违约后应向对方给付的一定数量的金钱。各国立法关于留置权担保的损害赔偿金主要包括两种,一是由于债务人不履行债务而造成的债权人的损害,二是由于留置物本身的瑕疵而给债权人造成的损害。〔3〕但因留置物具有瑕疵造成留置权人损害,是否亦属于留置权担保的范围,有待探讨。笔者认为,对此种损害赔偿可以单独提起侵权损害赔偿之诉,而不应当作为留置权担保的范围。

4. 留置物保管的费用。留置权人在留置标的物的过程中,对于留置物的保管也要支付一定的费用。有人认为,留置权人保管留置物而发生的费用偿还请求权,系因保管行为而发生,与债权人与债务人订立的合同之债无关。所以,留置物的保管费用应受留置权的担保,是基于合同关系而生的留置权效力的体现。〔4〕笔者赞成这一看法,毕竟保管留置物是留置发生以后产生的,是留置权人行使留置权的结果。尤其是留置权的发生并非债权人主动追求的结果,而是债务人不履行债务的结果,因此,保管费用应当由债务人承担,应纳入留置权所担保的范围之内。

5. 留置权实现费用。债务清偿催告期届满,债务人仍不履行债务的,留置权人有权实行留置权,以保障其债权的清偿。在留置权实行过程中支出的一些费用,包括估价费、出卖费、拍卖费等,多数国家和地区均规定属于留置权担保的范围。〔5〕笔者认为,留置权人为了实现留置权,必然会支付一定的费用,而这些费用支出应当是债务人所预料到的,也是留置权担保债权所必须

---

〔1〕　谢在全:《民法物权论》,中国政法大学出版社 1999 年版,第 870 页。

〔2〕　谢在全:《民法物权论》,中国政法大学出版社 1999 年版,第 870 页。

〔3〕　蒋新苗等:《留置权制度比较研究》,知识产权出版社 2007 年版,第 105 页。

〔4〕　邹海林、常敏:《债权担保的方式和应用》,法律出版社 1998 年版,第 338 页。

〔5〕　蒋新苗等:《留置权制度比较研究》,知识产权出版社 2007 年版,第 106 页。

的,因而应当由债务人承担。

二、留置权的标的物范围

留置权的标的物范围首先包括留置财产本身。基于留置权不可分性的要求,留置权担保的是债权的全部,而不是部分。所以,留置权及于标的物的全部,而不是仅仅及于一部分。关于留置权的标的物范围,有如下问题值得探讨:

1. 从物。从物是否是留置权的标的物?对此,存在着不同的观点。一种观点认为,按照从随主的原则,留置权及于从物,即使留置权人没有占有从物也应当如此。另一种观点认为,留置权产生的前提是,债权人占有留置物,如果债权人没有占有从物,该从物就不属于留置权的标的物。笔者赞成第二种观点,因为留置权以取得对标的物的占有为成立要件,只有在从物也为债权人占有的情况下,留置权才及于该从物。[1] 从随主的原则只适用于标的物所有权转让的情况,而不适用于取得占有的情况。

2. 孳息。孳息包括天然孳息和法定孳息。根据《物权法》第235条规定:"留置权人有权收取留置财产的孳息。"所以,留置财产所产生的孳息属于留置权标的物的范围。但留置权人收取孳息,并不能享有所有权,而只能就其优先受偿。如果留置物足以清偿债务,债权人应当将孳息返还。

3. 代位物。代位物就是指在留置的动产发生毁损、灭失、被征收等情况下得到的赔偿金、补偿金和保险金等。如前所述,关于留置权是否具有物上代位性,学理上存在不同看法。笔者认为既然留置权是担保物权的一种,而物上代位又是担保物权的通性,因而其应当具有物上代位性。但需要指出的是,物上代位是指在留置之后发生的代位物,这些代位物可以作为留置权效力范围之内的物,但是留置尚未发生之前,标的物因第三人的原因而发生毁损、灭失的,即使产生代位物(如赔偿金等),也不能为留置权范围所及。[2]

三、留置物与担保债权之间的比例原则

根据《物权法》第233条的规定:"留置财产为可分物的,留置财产的价值应当相当于债务的金额。"该条款确立了留置物与担保债权之间的比例原则,这就对留置权的不可分性作出了缓和性规定。例如,甲修理乙的50台电脑,后来,乙拖欠修理费1万元,由于每台电脑价值5000元,则甲只能留置乙的2台电脑。按照担保物权的不可分性,担保物权以其担保物的全部价值担保全部债权,担保物权不因担保物的分割和部分灭失而受影响。但按照不可分性原则以全部的价值很高留置物担保价值较低的债权则对债务人过于不公。例如,上例中,如果留置2台电脑足以担保债权人的债权,则留置全部的50台电脑,显然对债务人不公平。因为留置权是一种法定担保物权,不是基于当事人的自愿产生的,当事人在事先一般不能就留置物与债权的价值进行考量,所以有必要由法律直接规定留置物与担保债权之间的比例原则。

我国《物权法》规定的比例原则,有利于债权人和债务人之间的利益关系,防止出现债权和担保物的价值畸轻畸重的情况,防止留置权的行使成为一种"野蛮的权利",[3]同时也有利于促进物尽其用。例如,甲开车撞了乙的篱笆,乙本可以留置甲车上的备用胎,但乙强行扣留甲的整部汽车,显然该种留置权的行使是不当的。

---

〔1〕 陈祥健主编:《担保物权研究》,中国检察出版社2004年版,第278页。

〔2〕 蒋新苗等:《留置权制度比较研究》,知识产权出版社2007年版,第102页。

〔3〕 Laurent Aynès, Pierre Crocq, *Les sûretés, La publicité foncière*, 2ᵉ éd., Défrénois, LGDJ, 2007, p.175.

根据《物权法》第233条的规定,比例原则的适用应当具备如下条件:首先,留置的财产必须是可分物,才能适用比例原则。所谓可分物,是指标的物是可以分开或者可以分割的,且分割后不损害其经济价值,如将2台电脑从50台电脑中分开。如果留置财产不可分,则只能全部占有留置的财产。债权人既可以留置与债权相当的财产,也可以留置数额比较高的财产,则应当优先留置价值相当的财产。其次,如果留置财产是可分物的,债权人在留置财产的时候,对于可分的财产,只能留置相当于债务金额的部分。如何判断"相当于债务金额"? 这应当根据留置权产生时留置财产的市场价值来判断。例如,2台电脑的价值与拖欠的修理费价值相当,即为相当于债务的全额。在留置权产生后,如果债权部分消灭或者债权发生变更,债权人不能坚持留置权的不可分性,而只能留置相当于变更后的债务金额的财产,其他财产应当返还给债务人。

第五节　留置权关系中当事人的权利义务

一、留置权人的权利和义务

(一)留置权人的权利

1. 对留置标的物的占有权。留置权在功能上就是通过暂时扣留债务人的财产,从而在一定期限内限制债务人对财产的使用。留置权具有双重效力,即留置效力和优先受偿效力;而这两重效力都是以占有债务人的动产为基础的。由此,占有是留置权人的核心权利。债权人在其债权未受清偿前,依法有权占有债务人的财产;[1]如所留置之物被第三人侵夺时,留置权人有权提起占有物返还之诉请求返还。《物权法》第233条规定:"留置财产为可分物的,留置财产的价值应当相当于债务的金额。"因此,留置权人在行使占有权时,如果标的物为不可分物时,债权人有权对整个标的物进行占有;如果留置物可以分割,原则上只能对与其债务相当的部分进行留置。

留置权人在占有债务人的动产之后,其对动产的占有权,可以对抗债务人以及第三人。例如,债务人将标的物转让给第三人,而第三人请求给付该标的物的,则留置权人可以留置权对抗第三人。留置物被强行扣押的,留置权人有权提出执行异议。

2. 留置物孳息收取权。《物权法》第235条规定:"留置权人有权收取留置财产的孳息。前款规定的孳息应当先充抵收取孳息的费用。"这就是说,留置权人在占有留置物期间内,有权收取留置物的孳息。留置权人可以收取的孳息,主要是指天然孳息,一般不能收取法定孳息。如果孳息是金钱,则可以直接以其充抵债务;如果孳息是其他财产,留置权人有权将其折价或变价,并优先受偿。留置权人对收取的孳息也应尽到善良管理人的注意义务。法律之所以规定留置权人享有孳息收取权,其原因在于:①留置物归留置权人占有,由留置权人收取比较便利,成本较低。②留置权人收取留置物的孳息,可以扩大留置权标的物的范围,从而有利于保障债权的实现。[2] 由于这些孳息仍然是用于担保债务的履行,所以,留置权人收取孳息,对债务人并无不利。

但是,留置权人并非对孳息享有所有权,而只是享有留置权。也就是说,留置权人对收取的孳息仍然作为担保财产,最终从孳息中优先受偿。一般来说,留置物的孳息在收取以后,首先应

---

[1]　蒋新苗等:《留置权制度比较研究》,知识产权出版社2007年版,第108页。
[2]　蒋新苗等:《留置权制度比较研究》,知识产权出版社2007年版,第109页。

当充抵留置物孳息的收取费用,然后用于充抵主债权的利息,最后是主债权。[1]

关于当事人是否可以通过合同约定,排除留置权人的孳息收取权?笔者认为,按照《物权法》第232条的规定,留置的财产的范围都可以由当事人通过约定排除,按照"举重以明轻"的解释方法,留置权人的孳息收取权也可以由当事人约定排除。

3. 必要使用权。留置权人原则上对留置物不享有使用权,但是在特殊情况下,出于保管留置物的需要,留置权人可适当地使用留置物。例如,为了防止留置的汽车生锈进行适度的使用。留置权人只能在具有保管上的必要时才能使用,而不能以获得收益为目的使用留置物,否则将构成侵权。经债务人的同意,留置权人也有权使用留置物。但留置权人必须要以合理的方法,并依动产的性质和用途对该动产进行使用,在使用中要尽到善良管理人的注意义务,如果滥用使用的权利或不按照动产的性质和用途使用标的物,造成对标的物的毁损、灭失的,应当承担损害赔偿责任。

4. 对留置物收取必要保管费用的权利。留置权人在保管留置物的过程中将对留置物的保管支付必要的保管费用,由于此种费用的支付是为了债务人的利益而支付的,所以该费用应当由债务人承担,留置权人有权请求债务人支付此项费用。但必要费用的求偿权必须符合如下要件:①必须由留置权人向债务人提出请求。如果债务人是将他人的财产提供给债权人之后被留置的,债权人也不能向物的真正所有人请求,而只能向债务人请求。②求偿的费用必须是为保管留置物所支出的必要费用。也就是说这种费用是为保存和保管留置物所必须支出的费用,但留置权人并没有义务增加留置物的价值,因而为增加留置物的价值而支出的有益费用,不得请求债务人支付。[2]

5. 变价权。就留置权的性质而言,其应当为一种"换价权",即通过占有留置财产而督促债务人及时清偿债务,如果债务人不及时清偿,经催告在一定期限内仍不履行的,债权人可以与债务人商议以留置物折价,也可以依法拍卖、变卖留置物。正是因为留置权人享有"换价权",所以,留置权人通常只能对可转让的财产行使留置权。

6. 优先受偿权。留置权人有权就留置物的价值优先受偿,这是保障留置权人债权实现的根本手段。留置权人享有的优先受偿权包括对内优先和对外优先两个方面。从对外优先来说,是指对一般债权人的优先,如果留置权人仅仅只能留置债务人的财产,而不享有对该财产进行变价,并对变价后的财产价值优先受偿的权利,留置权人的债权仍然不能实现。所以优先受偿权是留置权作为担保物权的主要特征。从对内优先来说,主要是指对其他担保物权的优先,只要留置权人始终占有留置物,即使在留置权设定之前,在该物上存在质权,留置权也应优先于质权。

(二)留置权人的义务

1. 妥善保管留置物的义务。《物权法》第234条规定:"留置权人负有妥善保管留置财产的义务;因保管不善致使留置财产毁损、灭失的,应当承担赔偿责任。"根据这一规定,留置权人在占有留置物其间,必须妥善保管留置的财产。如何理解"妥善保管"?通说认为,是指留置权人应当以善良管理人的注意义务来保管留置物。[3] 善良管理人的注意义务,就是指以一个合理的、具有保管能力的诚实的保管人的标准来保管。依一般交易上的观念,应为有相应知识经验及诚

[1] 高圣平:《担保法新问题与判解研究》,人民法院出版社2001年版,第663页。
[2] 陈祥健主编:《担保物权研究》,中国检察出版社2004年版,第283页。
[3] 我国台湾地区"民法"第933条规定,留置权人应当尽到善良管理人的注意义务。

意之人所应具有的一种注意,所以对是否已尽到此种注意义务,应当依抽象的标准来确定。[1] 但也有学者认为妥善保管义务与善良管理人的注意义务并不是同一标准,妥善保管义务没有准确概括保管人的注意义务程度,如果保管人保管标的物只尽到主观的注意而未尽到客观的注意,不能说明其未尽"妥善保管义务"。因此,善良管理人的注意义务比妥善保管义务更强调留置权人应当以客观的注意力来保管留置物,妥善保管义务较之于善良管理人的注意义务更为科学。[2]

2. 不得擅自使用和利用留置物的义务。留置权人在占有留置物期间,不得擅自使用和利用留置物,不得为获取收益而使用留置物,更不得非法处分留置物(如非法转让留置物)。需要探讨的是,留置权人是否有权将留置财产设定抵押或质押? 笔者认为,留置权人不享有对留置财产的处分权,如未经债务人的同意,将留置财产提供担保,构成无权处分。如果因为债务人履行债务等原因而导致留置权消灭的,留置权人应当及时返还留置物。

3. 依法实现留置权的义务。留置权人虽然占有了留置物,但是,在实现留置权时,必须要依据法律规定来实现留置权,而不得擅自处置留置物。例如,留置权人承运债务人的鸡鸭鱼等鲜活产品,因为债务人拒绝支付运输费而占有这些鲜活产品,在处分这些鲜活产品时,如果明知鲜活产品不及时处置就会导致债务人的重大损失,而拒不拍卖、变卖,导致鲜活产品腐烂变质,留置权人也应当承担相应的损失。

二、债务人(留置人)的权利和义务

1. 请求及时实现留置权的权利。在留置物被留置以后债务人并不丧失对留置物的所有权。《物权法》第237条规定:"债务人可以请求留置权人在债务履行期届满后行使留置权;留置权人不行使的,债务人可以请求人民法院拍卖、变卖留置财产。"这是债务人享有的一项重要权利,此种权利可以称为"请求实现留置权的权利"。此种权利的行使,必须在债务履行期届满后才能主张。如果留置权人不及时实现留置权,债务人为保护其利益,可以请求人民法院拍卖、变卖留置财产,使留置权人从中优先受偿。

2. 依法转让留置物的权利。债务人的动产被依法留置以后,债务人能否处分留置物、对留置物的权利进行流转? 笔者认为,债务人在其财产被债权人合法留置之后,其并不因此丧失对标的物的处分权。如果物为债务人所有,债务人对标的物仍然享有所有权,其有权将之转让给他人,他人如果愿意接受此种有瑕疵的权利,法律应当尊重当事人的选择,不宜过多干涉。由于在《物权法》第106条关于善意取得的规定中,要求"转让的动产已经交付给受让人",那么在标的物已经被留置的情况下,不可能进行交付,因此一般不会发生善意取得的情况。[3] 但买受人在购买留置物之后,可以向留置权人进行清偿,行使涤除权,然后取得对标的物的完整的权利。不过,如果债务人将标的物转让给第三人,并已经取得留置权人的同意,留置权人要主张保管费用请求权,就必须要向受让的第三人提出,而不能向债务人提出。[4]

3. 请求另行提供担保的权利。在债务人的财产被留置权人留置之后,债务人有权要求另行提供保证、质押等其他担保,而使留置权消灭。[5] 在当事人没有特别约定的情况下,债务人另行

---

[1] 谢在全:《民法物权论》,台湾地区作者印行2003年版,第295~296页。
[2] 蒋新苗等:《留置权制度比较研究》,知识产权出版社2007年版,第114页。
[3] 郑玉波:《民法物权》,台湾三民书局2003年版,第380页。
[4] 陈祥健主编:《担保物权研究》,中国检察出版社2004年版,第283页。
[5] 陈祥健主编:《担保物权研究》,中国检察出版社2004年版,第285页。

提供的担保财产的价值应当与原债权的数额相一致。

4.请求给予宽限期的权利。《物权法》第236条规定,"留置权人与债务人应当约定留置财产后的债务履行期间;没有约定或者约定不明确的,留置权人应当给债务人两个月以上履行债务的期间,但鲜活易腐等不易保管的动产除外"。根据这一规定,如果留置权人和债务人在成立留置权之后,没有就债务履行期限再次达成协议或者约定不明确的,债务人仍然享有请求给予宽限期的权利。也就是说,债务人可以要求给予其2个月以上的宽限期。留置权人不能在成立留置权之后立即行使留置权。

债务人的主要义务是及时清偿债务。在留置权发生后,不得干扰、阻碍留置权人行使留置权,并应偿付因留置物而支出的必要的费用。如果以留置财产折价或者拍卖、变卖后,其价款不足以清偿债务,不足部分仍然由债务人清偿。

第六节　商事留置权

《物权法》第231条规定:"债权人留置的动产,应当与债权属于同一法律关系,但企业之间留置的除外。"这实际上是承认了商事留置权。所谓商事留置权,就是指企业之间在从事商业往来中,因一方不履行到期债务,而另一方有权留置与其债权不属于同一法律关系的动产。从商事留置权的历史发展来看,其与民事留置权的起源和发展过程有所不同。民事留置权起源于罗马法上的恶意抗辩制度,该种抗辩只是诉讼上的一种人的抗辩,并不具有物权效力。而商事留置权则是萌芽于中世纪意大利都市的习惯法。[1] 在民商分离的国家,商事留置权都是由商法而不是民法规定的,如《日本商法典》就专门规定了商事留置权;[2] 在民商合一的国家和地区,一般是在民法典里对商事留置权作出规定,如我国台湾地区"民法"。[3] 我国虽然不采民商分立体制,没有承认商法的独立性,但承认商事领域中的一些特殊规则。《物权法》第231条规定了企业之间的留置无需要求被留置的动产与债权属于同一法律关系,这实际上就是对所谓的商事留置权的规定。例如,甲和乙长期进行商业往来,甲在第一笔交易中占有了乙的一批货物,后来,在第二笔交易中,乙因故没有偿还欠款,在此情况下,甲仍然可以留置乙的货物。这就是说,在企业之间因经营关系而占有的动产及其因经营关系所产生的债权,无论实际上是否存在牵连关系,只要该动产是因为经营行为而被债权人占有的,债权人就可以留置。

商事留置权必须适用于企业之间的经营活动。即使是企业之间的债权债务,如果是并非因经营活动而产生的债权债务,则不应当适用商事留置权。商事留置权的目的是为了保障企业正常经营活动,促进债务清偿的迅捷,确保交易的安全与稳定。[4] 所以,因企业之间的经营活动而生的债权债务,才能适用此种留置权。

商事留置权的成立不受同一法律关系的限制。其与民事留置权相比在牵连性方面的要求是不一样的。民事留置权通常要求有牵连性。但在企业之间为了保全商业行为而产生的债权,在

〔1〕　郑玉波:《民法物权》,台湾三民书局2003年版,第373页。

〔2〕　《日本商法典》第51、562、557条。

〔3〕　我国台湾地区"民法"第929条规定:"商人间因营业关系而占有之动产及其因营业关系所生之债权,视为有前条所定之牵连关系。"此种情况称为"牵连关系的拟制"。

〔4〕　汪琴:"论商事代理留置权",载《武汉科技大学学报》2006年第4期。

债务人不履行债务时,债权人可以留置债务人的与债权没有牵连性的财产。[1] 例如,甲公司将电脑交给乙公司修理之后,甲支付这次修理费,但以前尚有空调的修理费没有支付,则乙可以留置甲的电脑担保前次的空调修理费之债。由此可见,对于商事留置,即企业之间的留置,并不要求债权人留置的动产与债权属于同一法律关系。这表明,商事留置权的主要特点在于,它不受"同一法律关系"的限制。商事留置权的适用除了需要债权必须合法有效等条件外,还应当具备如下条件:

第一,企业之间留置,其占有必须是合法的。如果是通过非法的方式取得占有,也不能留置。例如,甲企业欠乙企业 10 万货款,甲委托丙企业运送一批货物给丁。但是,乙企业在途中擅自扣留该批货物,此时,乙企业对此是否可以享有留置权? 笔者认为,根据留置权的一般规定,所留置的标的必须是企业在正常经营活动中合法占有的财产,且留置的财产的价值必须与债权的数额相当。上例中,乙企业在途中擅自扣留该批货物,属于非法占有,当然不能适用留置权,且构成了侵权。此外,在行使商事留置权时,也必须遵循比例原则。例如,甲企业先前拖欠的乙企业保管费可能只有 10 万元,而另一批被乙所留置的货物则价值为 50 万元,此时债权人如留置全部货物对于债务人甲企业则过于苛刻,明显违反了《物权法》第 233 条所确定的比例原则。

第二,企业之间的留置,必须是基于营业关系而占有他人的动产。例如,甲拖欠乙的货款,而乙已经基于营业关系而占有了甲的动产。如果企业之间是通过营业关系以外的关系而取得动产(如基于一般生活关系或者实施违法行为而占有),就不能留置。例如,甲拖欠乙的费用,而甲建筑房屋采购了一批钢材,乙强行占有甲的钢材,请求对甲的钢材进行留置,乙的这种请求是不能成立的。从国外的规定来看,商事留置通常不必要求留置物与债权之间具有密切联系,甚至"留置物不必属于债务人所有。"[2] 在我国,商事留置权中,留置物是否必须属于债务人所有,《物权法》对此没有规定。笔者认为,留置权人占有的债务人的动产,不必是债务人所有的动产。

第三,商事留置权的主体必须是企业。从一些国外的立法规定来看,商事留置权可以适用于一切商人之间,但由于我国采取民商合一的立法体例,并没有"商人"的概念,因此商事留置权的主体并不是指商人。《物权法》第 231 条规定"但企业之间留置的除外",这就表明商事留置权的主体只能是企业。严格地讲,企业的概念比商人的概念在范围上要狭窄得多,由于在我国,商事留置权只能适用于依法成立的企业之间,因此自然人个人、个人合伙、个体工商户等不能适用商事留置权。

此外,商事留置权所担保的债权必须在诉讼时效期限内;企业如果不采取留置的方式就会导致债权可能再也无法实现或者其他相当紧迫的情形,在此情况下,才能行使商事留置权。

第七节　留置权的实现和消灭

一、留置权的实现

留置权的实现,是指留置权人依法将所留置的财产折价、拍卖或者变卖,从获得的价款中优先受偿,以使债权得到实现。如前所述,留置权具有两次效力,留置权的实现就是留置权第二次

---

[1] [日]近江幸治:《担保物权法》,祝娅等译,法律出版社 2000 年版,第 18 页。
[2] 何勤华、李秀清主编:《民国法学论文精萃》(第 3 卷),法律出版社 2004 年版,第 117 页。

效力的体现。留置权的实现首先应以留置权的合法存在为前提,也就是说,留置权的实现要具备留置权的成立要件,如果留置权人在实现留置权时,债务人已经对留置权的成立提出了异议,在此情况下则不能实现留置权[1]。如果符合留置权的成立要件,留置权人也必须按照留置权的实现条件来实现留置权。法律之所以要求留置权的实现必须要依据一定的程序,主要是为了保障正当行使留置权,保护当事人双方的合法权益。

二、留置权实现的条件

(一)留置权实现的条件

留置权的实现必须符合两个条件:

1. 留置权人必须持续地占有债务人的动产。留置权作为一种法定物权,以占有为构成要件,所以留置权人必须持续地合法地占有留置物。如果因为留置权人自身的原因而导致对留置物的占有丧失(如留置权人在留置标的物之后又允许债务人将标的物取回),则视为债权人已抛弃留置权,留置权也从此消灭。如果留置权人抛弃了留置权,或者因为留置物毁损灭失而导致留置权不复存在,留置权人也不可能再行使留置权。

2. 债务人经过催告在一定的期限内仍然没有履行债务。《物权法》第236条规定:"留置权人与债务人应当约定留置财产后的债务履行期间;没有约定或者约定不明确的,留置权人应当给债务人两个月以上履行债务的期间,但鲜活易腐等不易保管的动产除外。债务人逾期未履行的,留置权人可以与债务人协议以留置财产折价,也可以就拍卖、变卖留置财产所得的价款优先受偿。留置财产折价或者变卖的,应当参照市场价格。"据此,留置权的行使应当满足如下几个条件:

(1)通过约定确定宽限期。留置权人在行使留置权时,应当首先与债务人约定留置财产后的债务履行期限[2]。例如,甲修理乙的摩托车,乙不支付费用,本来债务已经到期,但债务人没有支付费用才留置。但在留置之后,留置权人应当再次与债务人约定债务履行期限,这实际上是就宽限期作出约定。法律之所以规定宽限期,主要是为了保护债务人的利益,因为债务人不履行债务,债权人留置财产,目的在于督促债务人履行债务,如果留置之后立即就实现留置权,则留置权就起不到担保的作用。尤其是留置财产的价值往往远远高于债务的价值,一旦没有宽限期而直接实现留置权,则可能给债务人造成较大的不利,所以在法律上有必要给债务人一定的宽限期,使其可以筹集资金、履行义务。但宽限期又不能过长,否则对债权人不利[3]。最好的办法是由当事人双方约定宽限期。

(2)依法确定宽限期。依据《物权法》第236条的规定,没有约定或者约定不明确的,留置权人应当给债务人2个月以上履行债务的期间,2个月以上的期间,实际上就是法律规定的宽限期的最短期限。一般认为,在没有约定的情况下,应从通知到达时开始起算。留置权是具有二次效力的权利,各国民法大多规定,在行使留置权时债权人应当尽到催告义务[4]。

催告程序是留置权实现的必经程序,也是留置权与其他担保物权在实现程序上的区别。一般的担保物权只需要通过拍卖、变卖即可实现,不需要经过催告,但留置权在行使之前必须要进

〔1〕 梁慧星主编:《中国物权法研究》(下),法律出版社1998年版,第1040页。

〔2〕 王胜明主编:《中华人民共和国物权法解读》,中国法制出版社2007年版,第504页。

〔3〕 王胜明主编:《中华人民共和国物权法解读》,中国法制出版社2007年版,第504页。

〔4〕 《瑞士民法典》第898条规定,"债务人不履行义务时,债权人经先通知债务人,可变卖留置物。"

行催告。在催告之后确定宽限期,然后才能行使留置权。《物权法》规定的 2 个月以上的宽限期,包含了 2 个月,它在性质上实际是不变期间。如果经过了该期限之后,债务人仍未履行债务,债权人可以依法拍卖、变卖留置物。[1]

(3)经过宽限期限,仍然不履行的,留置权人可以实现留置权。债权人未给予债务人宽限期,直接变价处分留置物的,构成对留置权的滥用,债权人应当承担损害赔偿责任。但经过了宽限期之后,债务人仍未履行的,留置权人可以实现留置权。《担保法解释》第 113 条规定,"债权人未按担保法第 87 条规定的期限通知债务人履行义务,直接变价处分留置物的,应当对此造成的损失承担赔偿责任。债权人与债务人按照担保法第 87 条的规定在合同中约定宽限期的,债权人可以不经通知,直接行使留置权。"

(4)对鲜活易腐等不易保管的动产除外。因为这些不易保管的鲜活易腐的财产,如果不及时拍卖、变卖,将导致其价值减损,损害债务人的利益,也可能使得留置权人的权利无法得到保障。更何况对这些产品进行保管,其费用将极为高昂。依据《物权法》第 236 条的规定,对此类产品可以不予以宽限期而直接处分,从处分获得的价款中优先受偿。

(二)留置权实现的方法

《物权法》第 236 条规定:"债务人逾期未履行的,留置权人可以与债务人协议以留置财产折价,也可以就拍卖、变卖留置财产所得的价款优先受偿。留置财产折价或者变卖的,应当参照市场价格。"根据这一规定,在给予宽限期之后,债务人仍然不履行债务的,留置权人可以处分留置财产。对留置物的变价方式主要有:①协商折价,即通过双方协商,确定留置物的价格,由留置权人取得留置物的所有权,从而使债的关系消灭。在协商折价的情况下,是双方订立了折价协议来执行留置的财产,但留置权人与债务人订立的折价协议不得损害其他债权人的利益。[2] ②自行拍卖和变卖。所谓拍卖,即当事人委托拍卖公司或人民法院依法拍卖留置物,从而使留置权人就其价款优先受偿。留置权人可以直接拍卖留置财产。所谓变卖,是指当事人依法将留置财产转让给第三人,留置权人从转让的价款中优先受偿。根据《物权法》第 236 条的规定,如果不能达成折价协议,留置权人不需要经过法院,可以直接拍卖、变卖留置物。与抵押权的实现不同的是,留置权人不需要通过法院来拍卖,而抵押权人必须通过法院来拍卖抵押财产。这种做法极大地减少了留置权实现的费用,也缩短了留置权实现的时间。法律之所以如此规定,主要是考虑到留置物的价值一般比较低,不必要经过繁琐的司法程序,而这种方法相对比较简单。[3] 但为了防止留置权人随意以较低的价格折价,变卖留置财产,损害债务人利益,《物权法》要求折价和变卖留置财产,应当参照市场价格,即与市场价格大体一致,如果变卖的价格明显低于市价,债务人有权主张撤销。

《物权法》第 238 条规定:"留置财产折价或者拍卖、变卖后,其价款超过债权数额的部分归债务人所有,不足部分由债务人清偿。"因为留置权本身是一种担保物权,留置权人只能就留置财产的价款优先受偿,而并不能直接归自己所有。所以,留置财产拍卖、变卖后,超过债权数额的价款,应当返还给债务人;如果仍不足以清偿债务,债务人应当继续清偿。如果留置权人没有将剩余财产返还给债务人,则债务人有权请求其返还。

[1] 蒋新苗等:《留置权制度比较研究》,知识产权出版社 2007 年版,第 124 页。
[2] 梁慧星主编:《中国物权法研究》(下),法律出版社 1998 年版,第 1052 页。
[3] 胡康生主编:《中华人民共和国物权法释义》,法律出版社 2007 年版,第 505 页。

三、留置权的消灭

（一）丧失占有

所谓丧失占有，是指留置权人丧失了对留置财产的控制。如果留置权人将留置财产委托他人保管，或者交给自己的员工管理，则不能认为其丧失占有。丧失占有是否导致留置权消灭，应当分为自愿丧失和非自愿丧失两种情况：

1. 自愿丧失占有。如果留置权人基于其自身的意愿，主动放弃对标的物的占有，将其交与第三人或债务人，或者抛弃留置物等，在此情况下，表明留置权人已经抛弃了留置权。如果因为留置权人保管不善，导致留置的财产灭失。在此情况下，留置权也不复存在。但是，在动产灭失以后，也可能出现代位物，如保险金和第三人的赔偿金，此时，留置权并不消灭，而将在代位物上继续存在。

2. 非自愿丧失占有。此种情况是指出于留置权人意愿以外的原因，导致留置权人丧失对于留置物的占有。这可能是由于第三人的侵夺，也可能是由于国家根据法定程序进行强制征收、征用，或者因司法强制执行等导致留置权人丧失占有。如果留置物是因为第三人的侵夺而丧失，留置权是否因此而消灭？笔者认为，如果留置权人非基于其自身意志而丧失对留置物的占有，便认为留置权就此消灭，对于留置权人显然有失公平，且剥夺了留置权所应有的对抗第三人的效力。既然留置权是一种物权，自然就具有物权的一般效力。如果留置物被第三人非法侵夺甚至导致物的毁损灭失，在此种情况下，留置权人可以通过行使物权请求权请求返还原物。如果认为留置权已经消灭，则留置权人也将因没有法律依据向第三人提出请求，从而不能受到物权请求权的保护。因此，在此种情形下，不应当认定留置权消灭。据此，笔者认为，《物权法》第240条所笼统提到的"丧失占有"导致失权后果，应从狭义上做限缩解释，仅限于自愿丧失占有的情形。[1]

（二）另行提供担保

《物权法》第240条规定："留置权人对留置财产丧失占有或者留置权人接受债务人另行提供担保的，留置权消灭。"因此，只要债务人另行提供了担保，债权人就应当接受，并因此导致留置权的消灭。因为从保障债权的目的来看，法律设立留置权的目的就是要实现债权，而不是确保债权人控制特定的财产。只要债务人通过提供其他的财产来设定担保，足以担保债权的实现，留置权人就没有必要再留置该物。[2] 此外，从促进物尽其用的目的来看，留置物本身可能对于债务人价值重大，甚至留置物的价值远远高于债务金额，尤其是留置物可能债务人来说具有生产经营上的特殊重要性，如果不允许债务人另行提供担保，就会给债务人造成重大损害，而且不利于实现物尽其用。例如，某台机器正在操作中发生故障，送去修理，如果被留置，将导致生产被迫停止。笔者认为，只要另行提供担保足以保障债权，债权人就应当接受，并因此产生留置权消灭的后果。

需要指出的是，债务人另行提供的物的担保，必须与所担保的债权数额大体相当。如果另行提供担保的财产的价值明显低于债权数额，债务人应当补充提供担保，当然，如果债权人愿意接受此种担保，则也无不可。[3] 如果债务人不能提供足额的担保，留置权人可以拒绝接受新的担保。

---

〔1〕 王胜明主编：《中华人民共和国物权法解读》，中国法制出版社2007年版，第511页。
〔2〕 徐武生：《担保法理论与实践》，工商出版社1999年版，第557页。
〔3〕 陈详健：《担保物权研究》，中国检察出版社2004年版，第291页。

第八节　留置权与其他担保物权的竞存

一、留置权与抵押权

留置权与抵押权虽然都是担保物权,但两者存在着明显的区别。抵押权是约定的物权,而留置权是法定的物权;抵押的标的主要是不动产,而留置的标的主要是动产;抵押权通过登记产生,而留置权不适用登记。然而,在同一标的物上有可能出现留置权和抵押权并存的现象。所谓留置权与抵押权的竞存,就是指留置权和抵押权同时存在于同一标的物之上。例如,甲由于向乙借款,而将其所有的一辆车抵押给乙,并已办理了登记手续。后来该车需要修理,甲便将该车交付给丙修理,因甲未向丙支付修理费而被留置。丙将该车留置,并要行使留置权,而乙则认为其已经对该车享有抵押权,应当优先行使该项物权,两项权利便产生了冲突,究竟应当优先保护哪一项物权? 值得研究。

在抵押权与留置权发生冲突的情况下,哪一种物权应当优先? 我国《物权法》第239条规定:"同一动产上已设立抵押权或者质权,该动产又被留置的,留置权人优先受偿。"因而如果留置权和抵押权发生冲突,则留置权人优先受偿,留质权人之所以要优先于抵押权人优先受偿,其理由在于:

1. 留置权是法定的物权,通说认为应当优先于抵押权这一约定的物权。严格地说,所有的物权都是法定的,物权法定主义要求物权的产生必须符合法律规定的要件和公示方法,但绝大多数物权都需要当事人订立物权设立合同才能产生,只在例外的情况下,法律直接规定符合一定的情况便可以直接产生物权,这主要是指留置权等情况。因为它是根据法律规定直接产生的,所以,使留置权具有优先于抵押权的效力也是符合立法者的意图的。[1]

2. 赋予留置权优先效力,有利于减少交易费用。留置权所担保的通常是加工承揽、货物运输、仓储保管等合同债权。在这些合同中,留置权人为了完成加工、运输和保管等义务,通常要为此提供一些劳务服务或者购买相应材料,由此而产生的费用通常都由留置权人预先支付。例如,在加工承揽合同中,留置权人作为承揽人,其在制作定作物的过程中,需要预付一笔金钱购买原材料,假如留置权人享有的留置权不能优先于抵押权,那么不仅不能实现其付出的劳动价值,而且有可能使其预付的费用也不能得到补偿。这就会迫使留置权人只能采取预防性措施保障自己的权利,如要求定做人预先支付价款,这样一来就会不合理地增加交易费用。

3. 赋予留置权优先效力,可以有效保障劳动工人工资债权的实现。根据我国民事诉讼法相关规定的精神,在执行债务人财产时应当优先支付工人的工资。更何况,留置权人提供劳务和材料,已将其价值增加到留置物和抵押物之中。例如,已经设立抵押的汽车在毁坏以后,如果不进行修理,可能毫无价值,但是在修理以后,即使扣除修理费,也可能还有剩余的价值,在一般情况下,汽车的价值会高于修理的费用,否则所有人不会将汽车送交修理。所以,留置权人所付出的劳动保存了抵押权人和抵押人的共同利益,理应在抵押权人的债权前获得清偿。[2] 即使优先行使留置权,也不一定会严重损害抵押权人的利益。

---

〔1〕　郭利军:"试论留置权优先于动产抵押权",载《新疆财经学院学报》2002年第2期。

〔2〕　许明月:《抵押权制度研究》,法律出版社1998年版,第304页。

4. 一般来说,留置权人行使留置权,主要是为了满足修理费、承揽费、运输费等,拍卖、变卖留置物以后所获得的价款,在扣除了上述费用以后常常也会有剩余,抵押权人还可以就这些剩余的价值受偿。相反,如果由抵押权人优先受偿,则抵押权人必然以整个财产的价值清偿债权,留置权人将会一无所得。如果不允许留置权人优先行使留置权,留置权人可以将增加的价值除去,使留置物恢复到原有的状态,导致留置物价值的极大贬损,这反而对抵押权人不利。而且考虑到抵押物处于留置权人占有之下,留置权人也不会放弃该留置物而由抵押权人优先受偿,由此也会发生一些不必要的纠纷。

5. 留置权人所承担的风险要大于抵押权人所承担的风险。在留置期间,留置物或者抵押物会发生毁损灭失以及被分割等危险,留置权人要承担所有的风险,而抵押权人的风险则是有限的,因为法律赋予抵押权以不可分性和物上代位性,所以其承担的风险是有限的,相比较而言,由于留置权风险成本大于动产抵押权风险成本,为弥补对留置权法律救济之不足,在两者并存时,理应赋予留置权优先地位。[1]

6. 留置权人已经占有了留置物,是合法的占有人;而抵押权人并不占有标的物。基于占有的事实对抗效力,应当承认留置权人具有优先效力。此外,如果要让抵押权人优先,留置权人很可能要提出恢复原状,这确实有可能造成财产的损失浪费。[2]

需要指出的是,债权人在留置债务人提供的财产之后,不得将该财产为自己的债务设定抵押,否则构成无权处分。但如果抵押权人基于善意取得制度取得抵押权,也将构成留置权与抵押权的冲突。在此情况下,应依具体情况处理。

二、留置权与质权

留置权和质权都属于担保物权,都是以动产作为担保财产,都需要对担保财产进行实际占有。这两种权利在实践中也可能发生一定的冲突,主要表现在以下两种情况:①某动产被质押后,质权人并没有亲自保管质物,而是将质物委托给他人保管。这种情况下,因为质权人没有向保管人支付保管费用,保管人对保管物进行留置,而产生留置权。②质权人将质物委托他人运输、修理等而没有支付相关费用,承运人、修理人对质物行使留置权,便与质权人的质权发生冲突。《物权法》第239条规定:"同一动产上已设立抵押权或者质权,该动产又被留置的,留置权人优先受偿。"根据这一规定,如果同一动产之上既存在留置权,又存在质权,则留置权具有优先效力,其理由主要在于:

1. 留置权一般是基于修理、保管或运输等行为而产生的,这些行为通常有益于增加、保全或者实现标的物的价值。而与留置权相比,质权则纯粹是为了担保债权的实现,质权的行使一般不会增加标的物的价值。留置权人不仅可能使标的物的价值得以保全,而且还可能使得标的物的价值因为修理等行为而得到增加,如果不允许留置权人优先受偿,则其可能提出要将标的物恢复原状,这就会造成财富的损失和浪费。[3]

2. 与质权相比,留置权担保的债权一般是修理费、保管费、运输费等小额的债权,而质权所担保的债权数额往往大大超过留置权所担保的债权数额。因此,在留置权实现之后,标的物的价值一般会有较多的剩余,有可能满足质权人的债权;而如果让质权先实现,则留置权人的权利,往往

〔1〕 王闯:"动产抵押论纲",载《法制与社会发展》1995年第1期。
〔2〕 兰桂杰:"论抵押与留置担保权的竞合条件及其效力",载《东北财经大学学报》2005年第1期。
〔3〕 郭明瑞主编:《中华人民共和国物权法释义》,中国法制出版社2007年版,第428页。

会因为标的物的价值所剩无几而落空。[1]

3.留置权的产生原因是基于法律规定的原因,属于法定担保物权,而质权的产生是基于当事人之间的自由协商,是意定担保物权,按照法定优先于意定的规则,留置权为了实现法律所特别考虑的政策原因,应当优先于质权得到实现。法定担保物权优先于约定担保物权,为公认的物权法原则。[2]

4.在留置权和质权发生冲突的情况下,留置权人通常已经占有了标的物,如果不允许留置权人优先受偿,留置权人就可能会从事一些毁损标的物的行为,这就可能在留置权人、质权人和债务人之间引发激烈的冲突。[3]

---

[1] 梅夏英、高圣平:《物权法教程》,中国人民大学出版社2007年版,第528页。

[2] 王胜明主编:《中华人民共和国物权法解读》,中国法制出版社2007年版,第509页。

[3] 郭明瑞主编:《中华人民共和国物权法释义》,中国法制出版社2007年版,第428页。

第六编　占　有

第二十二章　占　有

第一节　占有的概念和构成要件

一、占有的概念

关于占有的概念,首先涉及占有究竟是事实还是权利的问题。归纳起来,有如下两种观点:

1. 权利说。此种观点认为,占有是一种权利,而非事实状态。占有权是一种独立的权利。美国学者 Albert S. Thayer 经过考察认为,古代罗马法和日耳曼法都存在这样一种规则,即通过占有表现权利,而占有又是通过持有表现出来的,因此当我持有某物,使我获得占有,而我占有某物,也使我享有占有权。所以,占有是一种权利而非单纯的事实状态。[1] 日本也有学者认为占有是一种权利,日本民法典物权篇第二章未规定占有的概念,而是规定了占有权。根据学者解释,"占有权的内容并非像其他物权那样要确保对外界物资的使用,而是以事实的支配作为事实,认为其为暂且正当的一项权利,以便使之得出上述法律效果。"[2]

2. 事实说。此种观点认为,占有只是一种事实状态,而非权利。按大陆法系国家学者的主流解释,罗马法上的占有只是一种事实状态。它是"一种使人可以充分处分物的、同物的事实关系,它同时要求具备作为主人处分的实际意图。'占有'这个词的含义是指真正的掌握(*signoria*),一种对物的事实上的控制(*dominazione*)。"[3]所以,法国学界通说认为,占有是一种事实,而不是一种权利。[4] 尽管德国学界对于占有究竟是事实还是权利存在争论,但通说认为,占有是一种事实。虽然萨维尼和耶林就占有的概念发生过激烈的争论,但是在认为占有是一种事实的问题上

---

[1] Albert S. Thayer, "Possession and Ownership", *Law Quarterly Review*, 1907 Vol. 13. pp. 181～184.

[2] [日]我妻荣:《日本物权法》,有泉亨修订,李宜芬校订,台湾五南图书出版公司 1999 年版,第 420 页。

[3] [意]彼德罗·彭梵得:《罗马法教科书》,黄风译,中国政法大学出版社 1992 年版,第 270 页。

[4] François TERRE, Philippe SIMLER, *Droit civil, Les Biens*, 5ᵉ éd., 2000, p.117.

是没有分歧的。[1] 在普通法系,也有许多学者认为占有是一种事实状态。[2]

上述两种观点都有一定道理,但笔者更倾向于事实说,原因在于:

1. 如果认为占有是一种权利,就容易混淆占有行为本身和占有产生的法律后果,也混淆了事实上的占有和物权。占有是一种能产生诸多法律效果的法律事实。在许多情况下,占有是权利取得和存续的要件,丧失占有即会导致失权的后果(如质押、留置)。占有在许多情况下更多地体现为一种权能,难以成为独立的权利。[3] 例如,《物权法》对所有权的定义就包括了占有。如果认定占有是一种权利,就使得权利之中又包含了权利,容易混淆权利和权能的区别,造成解释上的困难。

2. 如果认为占有是一种权利,将无法解释大量的无权占有现象。合法的占有都是基于本权的占有,如承租人的占有就是基于租赁合同的占有、保管人的占有是基于保管合同的占有。在这些情况下,占有人都享有占有的本权。但是,这并不意味着所有的占有都是基于本权而发生的。事实上,大量的占有是没有本权的。如果占有是一种权利,将无法解释那些没有本权的占有,必然使占有的概念过于狭窄。

如果将占有限定为占有权,那么只能在确定是合法占有的前提下,法律才能够对占有提供保护。这样一来,就会导致善意的无权占有也不能得到法律的保护,这就使得对占有的保护范围过于狭窄。因为在现实生活中,存在大量产权尚不明的情况,但法律必须对占有提供保护。在权属明确的情况下,如果发生争议,往往可以通过《合同法》解决,而无须通过《物权法》来解决。所以,将对占有的保护限定在对合法、有权占有的保护范围内,将会使得很多占有无法获得法律保护。[4]

3. 确认占有是一种事实状态从而保护占有,有利于维护财产的秩序和社会的安宁。事实上,在现实生活中,许多占有的状态尽管还没有形成权利,但法律从维护社会秩序的稳定出发,需要对这些占有状态进行保护。例如,拾得遗失物和漂流物、发现埋藏物,依据法律规定,占有人应及时返还失主或上交国家,而不能据为己有,占有人也不能因其占有而获得占有权并长期占有这些物。但这是否意味着占有人的占有不受法律保护?显然不是。因为占有一旦形成,便应当受到法律保护,假如对上述占有人不予以保护,任何人都可以凭借暴力从占有人手中侵夺其占有物,则社会经济秩序和财产秩序将遭到严重破坏,法律秩序也将荡然无存。因此,为保护占有、维护秩序,需要扩大占有的概念,即使未形成权利的占有也能获得法律的保护。因此,在对占有的性质的认识上,应将占有理解为一种事实而非权利。[5]

4. 从对占有进行保护的原因来看,在相当程度上是出于对所有权的保护。因为占有保护被

---

[1] 例如,萨维尼认为,"根据占有的原初含义,占有在本质上就是一种单纯的事实。"耶林指出:"占有是所有权的实现。占有是事实,所有权是权利,占有是事实上行使某种请求,而所有权是在法律上确认、实现的权利。当物为我所有时,我对物的请求是通过明确表达在法律中的国家意志来表现的;当物为我占有时,我对物的请求是通过我自己的意志实现的。所有权是由法律作出保障的,占有是通过事实关系来保障的。如果可能的话,两种形式都应该处于安全的状态。"Rudolf von Jhering, *Ueber den Grund des Besitzschutzes*, p. 79.

[2] 霍尔姆斯认为,占有是客体以及外部世界的实际联系;而 Pollock 认为占有是一种事实上的占有(defacts possession);Tay 认为"占有是以某人的名义对物的实际的、排他的控制"。A. E. S. Tay, *The Concept of Possession in the Common Law*, Foundations for a New Approach.

[3] 郭明瑞主编:《中华人民共和国物权法释义》,中国法制出版社 2007 年版,第 435 页。

[4] 郭明瑞主编:《中华人民共和国物权法释义》,中国法制出版社 2007 年版,第 435 页。

[5] 梅夏英、高圣平:《物权法教程》,中国人民大学出版社 2007 年版,第 541 页。

视为是所有权保护的"前沿阵地"和"桥头堡"。因此,不能过分夸大占有保护的独立性价值和意义。如果将占有视为一项权利的话,法律对占有进行独立保护就是理所当然的事情,但从比较法的角度来看,大多数国家并不认为对占有的保护具有独立意义。[1]

如前所述,我国《物权法》关于占有的内涵采纳了事实状态说。此种制度设计扩大了对占有的保护范围,全面的体现了占有的功能,既有利于保护公民的各类财产,也有利于加强对交易安全的保护。总之,占有是一种事实状态,这种事实状态就是指民事主体对物的一种事实上的控制。

二、占有的构成要件

从占有的概念出发,构成占有,必须具备两个要件:

(一)主观要件

所谓占有的主观状态,指占有人意识到自己正在占有某物。占有必须具有主观状态,但这种状态不一定是基于据为己有的意思。如前所述,关于占有主观状态,历来存在如下两种学说,即占有主观说和占有客观说。两种学说的区别在于,占有的构成是否必须有据为己有的意思,即所谓主观要件(心素)。这两种学说对大陆法系的民法都产生了重大影响,但笔者认为,客观说更为合理。例如,承租人依法占有出租人的财产,保管人依法占有寄托人的财产,他们都不可能将该财产据为己有,甚至也不能具备据为己有的意图。这是否意味着他们的占有不能构成占有而不受法律保护呢? 显然并非如此。但是按照主观说,这些占有就不能受到占有的保护,这显然不利于保护承租人、保管人等的利益。[2]

尽管构成占有并不要求占有人具备据为己有的意图,但占有人应当具有一种占有的意思。所谓占有意思,是指意识到自己正在占有某物。因此,无意识地占有财物、占有辅助人的占有都不构成占有。无意识的占有在法律上不具有任何意义,如果行为人本身没有任何意识而进行控制,如将一件体积较小的物体踩在脚下良久而浑然不知,虽然其对该物有事实上的控制,但是该行为人对此却毫无意识,因而不能构成民法上的占有。

要求占有必须符合一定的主观要件,也使占有能够与占有辅助相区别。所谓占有辅助,就是指某人并没有占有的意图而只是辅助他人对物进行控制的状态,如雇员占有使用雇主的财产、仓库保管员对物的具体保管等。[3] 一般认为占有辅助人虽事实上占有某物,但由于其系为他人利益且依他人指示控制某物,故其并不因此而取得占有,只是因其控制某物而使他人(如雇主等)取得占有,如公司的仓库保管员接受了他人交付的财产,为公司取得财物的占有。由于占有辅助人不是占有人,其既不享有因占有而产生的权利,也不应承担因占有而产生的义务,故不应获得占有的保护,即使在其控制物的期间,占有主人强行取回其物,占有辅助人也不得主张自力救济或占有保护请求权。[4] 既然占有辅助并不使占有辅助人取得占有,那么在理解占有意思时,必须区分上述两种情况。也就是说,所谓占有意思,是指意识到自己正在占有某物,如果意识到或应当意识到是在为别人占有某物,则不具有占有意识。因此,占有辅助人的占有都不构成占有。

占有人应当具有占有的意图,但是并不要求占有人必须具有据为己有的意思,也并不意味着

---

〔1〕　Philippe Malaurie, Laurent Aynès, *Droit civil*, *Les biens*, 2003, Defrénois, p. 129.

〔2〕　Rudolf von Jhering, Ueber den Grund des Besitzschutzes, p. 79.

〔3〕　占有辅助人概念系德文 Besitzdiener 的翻译,为德国法学家 Bekker 所创设。

〔4〕　王泽鉴:《民法物权·占有》,台湾地区作者印行1995年版,第54页。

占有人应当具有为自己的利益而占有的意图。在绝大多数情况下,占有人通常是为自己利益而占有。但在某些情况下,占有人并不一定是为自己利益而占有,如拾得人拾得遗失物、漂流物后占有该物,拾得人希望尽快返还失主,因此很难说拾得人具有为自己利益占有该物的意图,但拾得人完全意识到自己在占有该物,拾得人仍然具有占有意图,因而仍然构成占有。

(二)客观要件

从客观上来讲,占有要求占有人事实上控制或管领了某物。这就是说,占有的取得要求以主体完成某种事实上的控制为要件。[1] 占有人事实上控制、管领某物是占有的客观外在表现,是占有的客观构成要件。[2] 所谓控制和管领,就是指对物的一种事实上的支配,表现了一种人与物之间的接触关系。

控制必须要依据社会的一般观念来判断。例如,某人将其捕获的一条大鱼放入公园大湖里,表明他已经失去了对该条鱼的控制;但如果将鱼放入自己的鱼塘中,表明他仍然没有放弃对该鱼的控制。[3] 由于占有作为一种社会现象,在现实生活中纷繁复杂,所以对物的控制状态往往需要根据特定的环境以及法律观念加以确认,通常要考虑如下因素:

1. 空间因素,即要考虑人和物在空间上的某种结合关系。通过人与物之间的接触,来判断某人是否对某物形成了事实上的控制。正如王泽鉴先生所指出,在认定对物的事实控制状态时,要考虑"人与物在场合上须有一定的结合关系,足认其物为某人事实上所管领"。[4] 例如,某人在耕田以后将农具暂放于田中而回家吃饭,建筑工人将建筑工具放于工地回家休息,不能认为他们已丧失了对某物的占有。因为在这些情况下,人与物在特定情况下具有密切的结合关系,故不能认为其丧失占有,但"遗失钱包于车站,离去后数小时发觉其事,因车站人潮来往,依社会观念,可认定丧失占有,钱包成为遗失物。反之,停放汽车于路旁,出国数日,仍不失其占有"。[5]

2. 时间因素,即要考虑人和物在时间上的结合关系,在时间上具有一定的持续性和连续性,如果某人对物的控制时间短暂,也可能不成立占有。例如,甲的牲畜进入乙的院内,随后又离开,因为牲畜进入乙的支配范围的时间较短,不宜认定乙已经占有了该牲畜。[6] 再如,某人暂时在他人家中逗留,其对他人房屋内财产也不成立占有。总之,占有人对物的事实上的控制状态要根据实际情况加以确定。

3. 法律关系因素,即要考虑人与物之间的结合关系是否已经形成了一种法律关系。[7] 因为在某些情况下,占有人并未在事实上实际占有该物,或者物脱离其占有是因其意志以外的原因所致,但是在法律上其仍然没有对该物失去占有,其仍然是法律上的占有人。[8] 例如,甲将其房屋出租给他人,虽不能直接占有该房屋,但在法律上他仍然是该房屋的占有人(间接占有人)。

总之,占有人对物的控制状态也需从客观环境来加以确定,只有确定占有人对物形成了一定

〔1〕 François Terre, Philippe Simler, *Droit civil*, *Les Biens*, 5e éd., 2000, p. 117.
〔2〕 史尚宽:《物权法论》,中国政法大学出版社 2000 年版,第 533 页。
〔3〕 [德]弗里德里希·卡尔·冯·萨维尼:《论占有》,朱虎、刘智慧译,法律出版社 2007 年版,第 279 页。
〔4〕 王泽鉴:《民法物权·占有》,台湾地区作者印行 1995 年版,第 14 页。
〔5〕 王泽鉴:《民法物权·占有》,台湾地区作者印行 1995 年版,第 14 页。
〔6〕 温世扬、廖焕国:《物权法通论》,人民法院出版社 2005 年版,第 882 页。
〔7〕 温世扬、廖焕国:《物权法通论》,人民法院出版社 2005 年版,第 882 页。
〔8〕 此种现象称为对物的"法律控制",这区别于单独对物的事实控制。参见[德]弗里德里希·卡尔·冯·萨维尼:《论占有》,朱虎、刘智慧译,法律出版社 2007 年版,第 279 页。

的控制状态,才能确定其符合占有的客观要件。

第二节 占有与相关概念的比较

一、占有与持有

持有(detentio；Innehabung；Gewahrsam),是指对于物的一种事实上的控制状态,即萨维尼所说的"握有"。关于占有和持有的区别,首先涉及占有主观说与纯客观说的争论。这两种学说都承认占有需要有主观状态,"其以占有无占有意思之必要者,则结局占有与持有在此点已无差异",[1]但区别在于究竟应该具有什么样的主观状态。主观说认为,占有必须具备体素与心素两个要件,构成占有不仅要求形成对物事实上的控制,还要求主观上有据为己有的意思。因此可以说,持有仅具有体素而无心素,与占有具有本质的不同,不具有据为己有的意思即为所持。依客观说认为,占有并不需要有据为己有的意思,只需要有占有的意思即可,没有占有的意思才能称为持有。大陆法系国家的民法大多采纳了客观说,[2]因此不具有占有意图的纯粹的对物的事实控制就称为持有。

"持有"一词在我国刑法上经常使用。例如,我国《刑法》第348条规定了非法持有毒品罪,根据学者的解释,持有是指实际占有、携有、藏有、保存或者其他方式的拥有。[3] 但我国《物权法》中并不存在持有的概念,从民法上来看,是否有必要区分占有和持有,值得探讨。所谓持有,就是指不具有占有意图的控制。持有只是单纯的对物的实际接触,并不以占有意思为要件。因此,主体对占有毫无意识,如将物遗留在某人房间,并未为房间主人意识到,房间主人对该物只是一种持有,而不构成占有。持有在现实生活中仍然存在,法律应当对其特别作出规定。

占有与持有的区别主要表现在如下几点:①是否具有占有的意思。持有并不要求主体对客体的控制具有占有的意思,但占有必须以占有意思的存在为前提。正是因为这一原因,占有辅助人对物的控制只是一种持有而非占有。无行为能力人对物的控制,如幼儿挂的项链等,常常只构成持有而非占有。②是否区分直接占有和间接占有。现代民法借鉴日耳曼法的经验,大多承认直接占有和间接占有的区分,从而构建了双重占有制度。例如,出租人将其物出租于承租人,承租人对物直接占有、使用,形成直接占有;出租人对物仍享有所有物返还请求权,成立间接占有,此两种占有都受到占有之诉的保护。对持有而言,由于它只是一种事实控制状态,其形态是单一化的,抽象的占有状态(即间接占有)不构成持有,法律上不可能形成双重持有。[4] ③是否可以移转。占有可以移转,但持有不能移转。例如,甲去世时,其某项财产由乙继承,但是由于乙正在国外旅游,对此并不知情,此时乙通过继承而取得了对该项财产的占有,但乙并未开始管领该项财产,所以其并未取得对该项财产的持有。[5] 占有可以通过现实交付、简易交付或占有改定等方式发生占有的让与;但持有作为一种单纯对物的控制状态,一旦持有人不能实际控制其物时,便丧失其持有,因此持有是不可能转让的。

---

〔1〕 史尚宽:《物权法论》,中国政法大学出版社2000年版,第483页。
〔2〕 史尚宽:《物权法论》,中国政法大学出版社2000年版,第483页。
〔3〕 高铭暄主编:《新编中国刑法学》(下),中国人民大学出版社1998年版,第915页。
〔4〕 温世扬、廖焕国:《物权法通论》,人民法院出版社2005年版,第891页。
〔5〕 温世扬、廖焕国:《物权法通论》,人民法院出版社2005年版,第891页。

二、占有与所有权

占有与所有是密切联系在一起的。许多民法学者在解释占有概念时,通常将其与所有权进行比较或联系起来考察。从发展历程来看,这两个概念也是具有密切联系的。从罗马法来看,由于所有权概念的确定,从而使所有和占有发生分离。[1] 占有常常是取得所有的重要条件,或者通过占有推定占有人享有所有权,这对确定财产归属起到了重要作用。耶林指出:"占有是所有的外部形式,占有使所有能够获得其表现。"[2]

在现代民法中,所有权与占有的联系表现在:①所有人占有其物时,所有权与占有是重合的,所有必须从占有开始,才能从客观权利变为主观权利,而且只有当占有回复到所有人手中,所有权才最终恢复其圆满状态。所以在许多情况下,所有与占有是重合的。此时,占有是作为所有权的一项权能存在的。②占有具有保障所有权的功能。学者常常将其称为"保护本权的机能"或者"保护所有权的第一道屏障"。[3] 对所有权的侵害,首先表现为对占有的侵害,因此,保护占有就是保护所有。例如,在非法侵夺他人财产的情况下,首先侵害的是他人的占有,物脱离所有人而为他人合法或非法占有,所有与占有便发生分离。③根据民法善意取得制度,善意受让人可以取得对受让物的所有权。在判断受让人是否为善意时,一方面,要求转让人在转让时必须占有该物,受让人从占有中产生了信赖;另一方面,受让人必须要实际占有转让人交付的财产,如果没有占有,也不能发生善意取得的效果。④当所有人的财产为他人侵夺或非法占有时,所有人既可以提起所有之诉,也可以提起占有之诉寻求保护。特别是在所有权本身发生争议的情况下,提起占有之诉对所有人更为有利。因为此时他不必证明其享有所有权,而只须证明他曾占有该物即可。所有人在基于所有权请求返还遇到困难时,可以仅行使占有返还请求权,省去前者繁重的举证负担。正是因为这一原因,耶林曾将占有之诉称为所有权的"外围工事",[4] 这不无道理。⑤在承认时效取得的国家,长期、持续、公开、和平地占有将导致时效的适用,占有人根据时效取得所有权。总之,所有与占有在法律及现实生活中的联系十分密切,考察它们之间的关系亦不无意义。

三、占有与占有权

所谓占有权,就是指占有人基于法律、合同的规定而占有某项财产的权利。罗马法主张占有是一种事实状态,因此与权利是相区别的,而古代日耳曼法对此并没有作出区分。现代大陆法系国家物权法大多区分了占有和占有权的概念。笔者认为,首先,应当承认,占有和占有权是密切联系的两个概念。一方面,所有权权能中包含了占有,这种权能也可以解释为一种权利;另一方面,对于有权占有而言,占有人往往都是基于一定的权利而进行的占有,此时的占有可以看成是占有权。尤其应当看到,很多国家物权法确立了占有的权利推定规则,只要有占有的事实就推定占有人是基于一定的本权而进行的占有。从这个意义上说,一些学者将占有等同于占有权,并非没有道理。[5]

但是,在物权法中,占有和占有权是两个不同的概念。占有是一种事实状态,它是主体基于占有的意思而对物所形成的实际控制。占有是占有权形成的基础和前提,如果主体不能占有某物,当然不可能享有占有权。但占有本身不能等同于占有权,二者的区别表现在:

---

〔1〕 王泽鉴:《民法物权·占有》,台湾地区作者印行 1995 年版,第 2 页。

〔2〕 A. E. S. Tay, *The Concept of Possession in the Common Law*, Foundations for a New Approach.

〔3〕 Rudolf Jehring, Jahrsbuch 9, 1868, Band I, 52.

〔4〕 Rudolf von Jhering, *Ueber den Grund des Besitzschutzes*, p. 79.

〔5〕 苏永钦:"侵害占有的侵权责任",载《台大法学论丛》1987 年特刊,第 113 页。

1. 法律性质不同。占有的类型非常复杂，不仅仅限于有权占有，还包括无权占有。因为对物的实际控制状态是多种多样的，有的占有是合法的，由此能够形成法律上的权利；有的占有则是非法的，法律显然不能确认占有人享有占有权[1] 因此将"占有"等同于"占有权"，从而不能保护无权占有，显然大大限制了占有保护的范围。

2. 适用的法律不同。占有通常只适用《物权法》关于占有的规定，但占有权不一定都由《物权法》调整，有可能适用《合同法》和其他法律，因为合法占有人占有的基础可能是物权，也可能是债权。占有人基于合同进行的占有（如行为人依据保管合同、仓储合同、租赁合同、运输合同、承揽合同等合同而对他人财产进行的占有），此时应受《合同法》调整。根据《物权法》第241条的规定，基于合同的占有，双方当事人必须先依照合同的约定来确定当事人之间对物的使用、收益等具体的权利义务，而不能直接依据《物权法》中关于占有制度的规定来确定。这是因为，一方面，基于合同所取得的占有，此种占有来源于合同的规定，而不是直接来源于法律的规定，占有人取得占有实际上是合同履行的一部分，如承租人取得对租赁物的占有，是租赁合同的基本内容；另一方面，此种占有常常伴随着使用、收益等利用方式，而不是单纯的控制标的物，这些权能都要根据合同来具体确定，尤其是，如果发生当事人违反合同的情形，首先就应当适用合同中关于违约责任的规定。只有在合同对此没有约定或者约定不明的情况下，才能适用《物权法》中关于占有的相关具体规定[2] 当然，合法占有人的占有也可能是基于所有权、他物权等物权的占有，此时，占有人还可以受到《物权法》的保护，依法享有物权请求权。

3. 与所有权的关系不同。即使是就所有权中的占有而言，也只能称之为占有，其是一种权能，一般不称为占有权。因为权能只是权利的组成部分，在权能分离之前，它不能被称为一项独立的权利。权能只有在与权利分离之后，才可能称为一种权利。

4. 主体资格的要求不同。占有权是基于合法的原因产生，通常要求行为人具有行为能力才能缔结合同并取得占有权。但对于占有而言，它是一种事实状态而非权利，所以，法律上对主体行为能力的要求并没有那么严格[3]

5. 权利规则不同。占有权可以区分为主权利和从权利，而占有并没有此种区分。另外，法律上对权利有禁止滥用等方面的要求，但这些并不适用于占有。权利和权利之间可以发生混同，而占有不能发生混同。权利必须要具有特定的标的物，而占有不一定有此要求[4]

四、占有与准占有

所谓准占有，是指对于不因物的占有而成立的财产权为事实上的行使时，法律予以占有同样的保护。换言之，即是以财产权为客体的占有，占有人称为准占有人[5] 例如，无记名有价证券的持有人对证券的持有就构成准占有。准占有，实际上是指并不直接占有某项动产或者不动产，但占有提单、仓单等权利凭证，需要准用物权的占有规定。

准占有与占有的区别表现在：①权利客体不同，占有的客体主要是动产和不动产等有形财产，而准占有则是对财产权利的占有。例如，仓单持有人对权利的占有，要准用物权法关于占有的规定。②是否以占有物为成立要件。占有的构成必须要在客观上实际占有一定的物，而准占

〔1〕 温世扬、廖焕国：《物权法通论》，人民法院出版社2005年版，第891页。
〔2〕 胡康生主编：《中华人民共和国物权法释义》，法律出版社2007年版，第513页。
〔3〕 温世扬、廖焕国：《物权法通论》，人民法院出版社2005年版，第891页。
〔4〕 谢在全：《民法物权论》（下），台湾地区作者印行2003年版（修），第515页。
〔5〕 王泽鉴：《用益物权·占有》，台湾地区作者印行2001年版（修），第391页。

有并不需要对物的实际占有。当行使某项财产权涉及到占有时,才可能适用占有的规定。[1]

第三节　占有制度的功能

一、维护秩序功能

维护秩序的功能也称为"维持功能"。这就是说,通过对占有的保护,防止私人滥用暴力,随意抢夺或妨害占有人的占有,从而维护社会财产秩序和社会安全。无论对有权占有还是无权占有,在法律上进行保护,其实质都是为了维护社会的秩序,实现社会的和谐。但是,占有的维护秩序功能主要是为了防止权利人随意的、不经正当程序而对无权占有人加以侵害的局面的出现,因为占有人虽然是无权占有,但是其持续性的占有会形成一种"事实力",[2]这种事实力可以相应地形成稳定的利益格局,体现的是一种社会的安全利益。所以,维持占有的秩序就是维护社会的秩序,保障社会的安定。正如德国学者柯拉(Kohlet)所言,"占有者非法律秩序之制度而是和平秩序之制度也。"[3]

关于无权占有是否应当受到保护,一直是存在争议的。反对说认为,无权占有不应当受到保护,因为无权占有本来就是应当取消的现象,如果对其进行保护,则相当于是承认了非法的状态,这是违反法秩序的,所以对于无权占有不应保护。肯定说认为,即使是无权占有也应当受到法律的保护,在第三人侵害占有的时候,即使该占有是非法的,也应当赋予非法占有人占有保护请求权,使其得以向侵害人主张占有返还,否则,任由他人随意侵害他人的非法占有,也会对社会秩序造成极大的危害。笔者认为,即使是无权占有,也可以受到占有制度的保护,尤其是在拾得遗失物、发现埋藏物、修建人占有违章建筑等情况下的无权占有,应当受到法律保护,理由在于:

1. 建立法治社会的需要。现代法治社会要求,任何纷争最终都应当经过法律程序加以解决,任何人不得非法凭借其私力改变占有的现状,即便所有权人或者其他物权人也不能自行从无权占有人手中抢夺其物。如果允许私人执法,随意使用暴力,则整个社会秩序将严重混乱,甚至形成弱肉强食的丛林社会。因此,在物权法上建立占有制度就是为了维护社会秩序,禁止私人执法或采取非法自助的方式来保护占有。在某人的财产被他人非法占有之后,所有人不得通过非法的私力救济手段来保护占有。[4]

2. 确立正当程序观念的需要。正当程序的观念就是法治的观念。在现代法治社会中,即使是针对无权占有,也必须经过正当的、合法的程序才能剥夺占有人的占有。对于无权占有的财产,除了有关国家机关依法可以剥夺占有人的占有之外,任何人不得没收、强占占有人占有的标的物,否则占有人有权行使占有保护请求权。保护无权占有的实质是在于强调只有经过正当的程序才能剥夺无权占有。例如,某人未经批准建造的违章建筑,只能由法定的机关依据合法的程序予以拆除和没收,其他任何单位和个人不得非法强占、拆除和没收。即使国家行政机关在针对无权占有人采取相应的行政强制行为时,也应当严格按照法律程序进行,否则也构成对占有人的

---

〔1〕 程啸:"占有",载王利明等:《中国物权法教程》,人民法院出版社 2007 年版,第 562 页。

〔2〕 [德]鲍尔、施蒂尔纳:《德国物权法》(上),张双根译,法律出版社 2004 年版,第 107 页。

〔3〕 转引自刘得宽:《民法诸问题与新展望》,台湾三民书局 1980 年版,第 315 页。

〔4〕 陈卫佐:《德国民法典》,法律出版社 2004 年版,第 277 页。

侵权行为。当然,保护无权占有并非要使非法占有的事实长期化、合法化,如果需要尽快中止非法占有的,也应当通过法定程序尽快中止非法的占有。

3.维护社会成员安全的需要。占有制度体现的是一种社会的安全利益。无权占有人对物也会形成一定的支配状态,如果允许任何人对无权占有进行暴力侵害和抢夺,则会严重威胁社会公众的安全。"无论在占有人之自力防御权中,还是在其占有保护请求权中,禁止之私力这个概念均有重要意义。只有存在禁止之私力时,占有之保护功能才会显现。"[1]

二、保护功能

所谓占有的保护功能,就是指当占有受到侵害或妨害时,无论占有人的占有是有权占有还是无权占有,法律均应对占有人加以保护。尽管占有不是物权,甚至不是一种权利,但占有这一事实体现了一种利益。法律对占有的保护是为了维护社会秩序的稳定,防止个人随意使用暴力,破坏社会秩序。换言之,占有一旦产生,就应当受到保护,任何人不得以私力改变占有的现状。即使是非法占有,也应当受到法律的保护。占有的保护功能是物权请求权的保护功能所不能替代的。例如,甲将其动产出租给乙使用,乙是依据租赁合同而占有该动产的,属于有权占有。但是,在占有期间该动产被丙抢走,此时由于乙只是债权人,如果没有占有制度,则他能否请求第三人返还是存在疑问的。在《物权法》规定占有之后,作为有权占有人的乙当然就可以基于其占有而享有请求非法侵夺其占有的人返还占有物。由此可见,占有制度对于保护有权占有人的利益是非常必要的。在所有人不能行使物权请求权时,占有人行使占有保护请求权就十分必要。例如,甲将房屋出租给乙,乙在合法占有期间,被丙强行驱逐,而甲因身处国外难以主张权利,乙可以依据占有保护请求权请求法律的保护。所以,《物权法》中有必要规定占有制度。

根据保护的功能,占有一旦存在,就应当受到保护,对占有的保护不仅可以通过占有制度加以提供,而且也可以通过合同关系以及物权关系对合法占有人给与保护。此外,《物权法》的其他制度也对占有提供保护。例如,拾得人对拾得财产的占有、埋藏物和隐藏物的发现人对所发现财产的占有等,虽然在法律上拾得人、发现人都有义务将这些财产返还给真正权利人,但是他人不得以拾得人或发现人无权将这些财产据为己有为理由,而径自强占这些财产。即使是非法财产,也应当受到占有的保护。除了有关国家机关依据法律规定的权限和程序可以剥夺占有人的占有之外,任何人不得没收、强占占有人占有的标的物,否则占有人有权行使占有保护请求权。

保护功能和维持秩序功能实际上都在起着维护社会的功能,但是前者更注重的是为占有人提供更多的救济手段,后者更注重强调要遵循法定程序来剥夺占有,这对于有权占有人和无权占有人都是非常重要的。而正是因为存在维护秩序功能才使得非法占有人也能获得法律的保护。所以这两项功能之间是既有联系又各有侧重。

三、公示功能

公示的功能是指表彰本权的功能。为了维护交易安全和社会秩序,对动产物权的设定和变动必须通过一定的公示方法展示于外,这种公示方法就是交付移转占有。虽然交付是一个动态的过程,但交付的目的是要发生占有的移转,从而使物权的变动得以公示和表彰。因为动产原则上不能通过登记来公示,在法律上也不能找出一种比占有更加有效的公示方法,所以占有是动产物权变动最合适的公示方法。[2] 例如,判断动产是否发生了所有权的移转、质权是否已经设立

---

〔1〕 〔德〕鲍尔、施蒂尔纳:《德国物权法》(上),张双根译,法律出版社2004年版,第155页。

〔2〕 叶金强:《公信力的法律构造》,北京大学出版社2004年版,第90页。

等,就需要判断占有是否发生了移转。占有甚至始终伴随着某种物权的存在。例如,就动产质权而言,质权人一旦因自身原因丧失占有,则其质权就不复存在。动产的占有、交付和不动产的登记构成了完整的公示制度,是物权法上独立的公示制度。

四、权利推定功能

所谓占有的权利推定功能,就是指占有某项动产之人,法律依此事实推定其对该动产享有某种权利。关于占有的权利推定中究竟推定的是何种权利,有不同的观点。有人认为,推定的应当是所有权,即动产的占有人原则上推定其为动产的所有人。[1] 笔者认为,原则上应当推定动产的占有人享有合法的权利,其占有本身属于有权占有。

就动产而言,占有具有公信力,其具体制度表现就是善意取得制度,即某人占有他人的财产,并将该财产转让给他人,受让人在受让该财产时基于转让人对该财产的占有而相信其享有所有权,主观上是善意无过失的,受让人的这种信赖利益应当受到法律的保护,因为占有原本就是动产所有权的公示方法,所以可以产生一定的公信力。"法律交易上动的安全的维护有赖于建立信赖保护原则,而此需以具有一定的权利表征作为基础,如何落实于具体制度,则涉及到利益衡量和公示的问题。"[2]例如,某人无权处分他人的财产,受让人在受让该物品时很难详细查明该物品的真实来源,因此只能信赖行为人占有该物品的事实,并由此推定行为人是真正权利人。当然,与登记的公信力相比较,占有的公信力相对较弱,但是这种公信力是客观存在的,也是应当受到保护的。

第四节   占有的分类

一、有权占有和无权占有

根据占有人是否有权占有某物,可分为有权占有和无权占有。

有权占有是指基于法律或合同的规定而享有对某物进行占有的权利。有权占有必须具有合法的原因或根据,此种依据在学说上称为权源或本权。[3]《物权法》第 241 条规定:"基于合同关系等产生的占有,有关不动产或者动产的使用、收益、违约责任等,按照合同约定;合同没有约定或者约定不明确的,依照有关法律规定。"依据这一规定,有权占有来源于两种情况:一是法律规定,如用益物权人依法占有他人的财产、留置权人依法占有留置的财产;二是合同约定,基于有效的合同,占有人有权占有他人的财产,这就是《物权法》第 241 条规定的"基于合同关系等产生的占有",如保管人基于保管合同占有被保管的财产、承租人基于租赁合同占有租赁物。在有权占有的情况下,占有背后通常有本权的存在。占有和本权的关系表现在:一方面,占有具有表彰本权的作用。如果占有受到侵害,则本权受到侵害,而保护占有则具有保护本权的作用。另一方面,本权也可以强化占有,保护本权当然可以维护占有人对物的合法占有。总之,在有本权的情况下的占有,才称为有权占有,亦称正权源占有。[4]

〔1〕 程啸、尹飞:"物权法中占有的权利推定规则",载《法律科学》2006 年第 6 期。
〔2〕 王泽鉴:《用益物权·占有》,台湾地区作者印行 2001 年版(修),第 242 页。
〔3〕 谢在全:《民法物权论》(下),台湾地区作者印行 2003 年版,第 529 页。
〔4〕 王泽鉴:《用益物权·占有》,台湾地区作者印行 2001 年版(修),第 176 页。

所谓无权占有,是指无本权的占有。例如,窃贼对赃物的占有,某人无合法依据侵夺他人的财产,由此所取得的占有。无权占有具体表现在:①占有从一开始就没有法律依据。[1] 例如,非法侵占他人的财产。②先前的占有是有合法依据的,但是后来此种合法依据丧失。例如,拾得人在拾得物之后占有该物是合法的,但是拾得人不及时将拾得物交还失主或有关机关,则其占有就从合法占有转变成为非法占有了。[2] 再如,承租人依据租赁合同对租赁物的占有,属于有权占有,但合同规定的租赁期限届满以后,占有就变成为无权占有;合同被撤销之前,当事人的占有是有权占有,但在合同被宣告无效或撤销后,占有就变成无权占有。区分有权占有和无权占有的意义在于:

1. 如果有权占有是基于合同而产生的,则有关占有的权利和违约责任等事项就应当首先依据合同来确定,只有在合同没有约定或约定不明的情况下才适用《物权法》中关于占有制度的规定。因为有权占有除受到占有制度的保护外,还受到合同法等法律制度的保护。[3] 在合同没有约定或者约定不明的情况下,《物权法》第241条对占有人的具体权限并没有明确规定。但通过文意解释,有权占有人应当对占有物享有合法占有权。这就是说,有权占有人在占有期间对占有物享有合法的管领和控制权。未经占有人同意,占有人的占有不得被剥夺。

至于占有人是否享有使用、收益的权利,这需要根据合同等基础关系的约定以及法律的规定来确定。如果占有的本权包括使用的权能,如租赁权,则占有人可以使用该物,即使租赁合同没有明确约定,但是依据法律规定和合同的性质,承租人有权利用房屋供自己居住。这里所说的使用,是指按照物的本来性质对物进行利用,而不得采用不正当的方法对占有物进行使用。而如果占有的基础关系是保管合同,则占有人并没有使用该物的权利。再如,留置权人虽有权占有留置财产,但其不得使用留置物。由于无权占有本身就没有法律和合同的依据,所以就不存在着依据合同来确定权利义务的问题。[4]

2. 是否可以请求返还占有。对于有权占有而言,权利人可以享有占有返还请求权,而无权占有人则不能行使此种权利。《物权法》第243条规定:"不动产或者动产被占有人占有的,权利人可以请求返还原物及其孳息,但应当支付善意占有人因维护该不动产或者动产支出的必要费用。"《物权法》第243条规定的权利人实际上就是指一切有权占有人,这里所说的"权利人"和物权请求权中的"权利人"是有区别的。在物权请求权中的权利人是指物权人,而占有物返还请求权中的权利人不一定享有物权,但应当享有占有权。只要是有权占有人,就可以请求无权占有人返还占有物和孳息。[5]

3. 在能否产生留置权方面不同。就留置权的产生而言,其往往不能因无权占有而产生。留置权产生的一个消极要件,就是债权人不得基于侵权行为而占有该物。我国台湾地区"民法"第928条第3款规定:"动产须非因侵权行为而占有者,债权人始得留置之。"债权人如果是通过侵权行为对标的物进行无权占有,则不能取得留置权。因为留置权制度的创设目的就在于维护公平,如果允许行为人以侵权行为取得的占有而主张留置权,乃是纵容不法行为,所以法律不允许

---

〔1〕 史尚宽:《物权法论》,中国政法大学出版社2000年版,第539页。

〔2〕 王泽鉴:《用益物权·占有》,台湾地区作者印行2001年版(修),第176页。

〔3〕 梅夏英、高圣平:《物权法教程》,中国人民大学出版社2007年版,第541页。

〔4〕 姚红主编:《中华人民共和国物权法精解》,人民出版社2007年版,第417页。

〔5〕 梅夏英、高圣平:《物权法教程》,中国人民大学出版社2007年版,第541页。

债权人基于侵权行为的无权占有而取得留置权。[1]

4. 损害赔偿责任方面不同。有权占有人只要不是出于故意或者重大过失而侵害占有物,一般不会产生赔偿的问题,因为有权占有人不仅有权占有,而且一般也享有对标的物的使用权等,在占有过程中,只要是按照正常目的和用途进行的使用,即使造成了损耗或一定程度的损害,也是合法的,不构成侵权。例如,承租人在使用租赁物的过程中,难免造成租赁物一定的损耗,但承租人并不需赔偿。而无权占有人如果造成他人财产的毁损灭失,则就应当承担损害赔偿责任。[2]

需要指出的是,基于有权占有而产生的占有权虽然不是物权,但是否可以产生对抗债权的效力,值得研究。例如,甲将其房屋一物数卖,先后卖给了乙和丙,两个买受人都支付了价款。甲和乙、丙都没有办理过户手续。但是,甲将房屋交付给了丙。现在,乙和丙都要求房屋的产权。乙认为,其房屋买卖合同订立在先,而且交付了价款。丙提出,其也支付了价款,并且已经占有了房屋,还进行了装修。在此情况下,究竟应当将房屋确定归谁所有? 对此,存在着不同的意见。一种观点认为,债权具有平等性,债权人是否占有标的物并不影响债权的平等性,而且,占有并非一种物权,所以,占有标的物的债权人并不能享有优先的权利。另一种观点认为,债权虽然具有平等性,但是,占有作为一种可以让世人知晓的事实,占有人应当可以对抗普通的债权人。笔者认为,原则上不能简单地说占有权具有对抗债权的效力,但是在法律上要保护占有,因此可以使占有具有优先于一般债权人而受到保护的效力。如果占有人与其他权利人发生权利冲突,占有人优先。诚如法谚所云,"如任何人均无证据证明其权利,占有人优先(*in pari causa melior est causa possidentis*)"。在本案中,尽管丙没有取得所有权,但其享有占有权,所以,可以优先获得对该物的占有的权利,此种权利显然应该优先于一般债权人受到保护。但是,如果丙没有支付价款,则甲可以以违约为由,要求丙返还房屋。

二、善意占有和恶意占有

根据占有人是否有权占有某物,可将占有分为有权占有和无权占有。其中无权占有又可以根据占有人的主观状态分为二类:即善意占有与恶意占有。所谓善意占有,是指无权占有人在占有财产的时候,不知或不应当知道其不具有占有的权利而仍然占有该财产。例如,不知道他人在市场上出售的财产是其无权处分的财产,而以合理的价格购买了该财产并对该财产进行了占有,占有人占有该财产主观上是善意的。善意占有人不知自己的占有有瑕疵,通常源于占有人的占有事实或法律错误,但自合同被宣告无效或被撤销之日起,占有人便应当知道其占有是有瑕疵的。通常,如果某人占有该物时有正当的理由相信其占有有合法的依据,而占有该物,也可以称为是善意占有。[3] 所谓恶意占有,是指无权占有人在占有他人财产时明明知道或者应当知道其占有行为属于非法但仍然继续占有。例如,拾得人在失主找来以后,拒绝交付拾得物,而将拾得物据为己有。再如,小偷占有赃物等。如果占有人明知其无占有的权利而占有该物,显然应为恶意占有。

善意占有与恶意占有区别的意义在于:

1. 关于善意取得的适用。如果占有人在购买由他人无权处分的财产时,主观上是善意的,其

［1］ 谢在全:《民法物权论》(下),台湾地区作者印行 2003 年版,第 408 页。

［2］ 梅夏英、高圣平:《物权法教程》,中国人民大学出版社 2007 年版,第 542 页。

［3］ ［德］弗里德里希·卡尔·冯·萨维尼:《论占有》,朱虎、刘智慧译,法律出版社 2007 年版,第 73 页。

占有该财产也是善意的,这样便可以依善意取得制度而取得对该财产的所有权,我国《物权法》第106条关于善意取得的规定,明确要求受让人在取得财产的时候必须是善意的。但恶意占有人则不能依善意取得制度获得对财产的所有权。

2. 关于占有财产期间物的损害。一般来说,在有权占有的情况下,有权占有人正当使用财产而致物的损害并不承担赔偿责任。即使是在无权占有的情况,如果占有人主观上是善意的,只要占有人是依据物的性质正常利用占有物,原则上也不应当承担责任。因为当占有人是善意时,其完全是将自己放在物的所有人的地位,来对物进行使用收益的,此时如果要求其就物的损害承担责任显然是不妥当的。但是,恶意占有人从一开始就应知道自己是无权占有人,不应当对物进行任何使用或处分,因此恶意占有人在占有期间导致占有物损害的,应当承担赔偿责任。正因如此,《物权法》第242条规定:"占有人因使用占有的不动产或者动产,致使该不动产或者动产受到损害的,恶意占有人应当承担赔偿责任。"关于恶意占有人的赔偿范围,应当采用全部赔偿原则,即损害多少赔偿多少,其中包括所受损害(即占有物本身的价值损失)和所失利益(即因占有物本身的损失而造成的间接损失)。[1]

根据《物权法》第242条和第244条的规定,要区分是因为自己的原因还是第三人的原因所造成的毁损灭失,因为自己的原因造成物的毁损灭失的,善意占有人不承担赔偿责任,恶意占有人承担赔偿责任。恶意占有人应承担的赔偿责任应当是一种无过错责任。如果因为第三人的原因而造成物的毁损灭失,善意占有人和恶意占有人都应当返还第三人给付的赔偿利益,如果赔偿利益不足以弥补损失,善意占有人就不必再承担赔偿责任,而恶意占有人还应当赔偿损失。法律之所以作出此种区分,其目的就是要加重恶意占有人的责任,从而有效的遏制非法占有他人财产的行为。[2]

3. 关于孳息的返还。从各国的立法规定来看,大多区分了善意和恶意占有,以决定孳息的收取。恶意占有人无权收取孳息,其必须将其占有期间的孳息返还给有权受领人。因此,恶意占有人不应当享有对占有物的收益权,恶意占有人在返还原物时,应当同时返还孳息。而善意占有人在占有期间是可以收取孳息的,在返还时以现存的孳息为限。[3] 但我国《物权法》采取了不同的规则,该法第243条规定:"不动产或者动产被占有人占有的,权利人可以请求返还原物及其孳息,但应当支付善意占有人因维护该不动产或者动产支出的必要费用。"据此可见,我国物权法实际上比大陆法系其他国家采取了更为严格的返还责任,即使是善意占有人,也必须返还占有期间所收取的孳息;这也就是说,善意占有人不能享有收益权。所以,在返还原物的时候,都必须返还孳息,无论该孳息是否存在。换言之,即使孳息因为各种原因已经灭失或者部分灭失,占有人也应当返还孳息或者孳息的价值。

4. 关于必要费用的返还。善意占有人与恶意占有人在返还必要费用方面的区别在于,前者可以请求返还必要的费用。对于必要费用,善意占有人有权请求权利人返还,对非必要费用,只能认为善意占有人是为自己的利益而支付的费用,不能请求权利人返还。[4]《物权法》第243条规定的"必要费用"必须是为了维护占有财产的状态和价值所支付的必要费用。换言之,它是指

---

〔1〕 郭明瑞主编:《中华人民共和国物权法释义》,中国法制出版社2007年版,第436页。

〔2〕 程啸:"占有",载王利明等:《中国物权法教程》,人民法院出版社2007年版,第558页。

〔3〕 Philippe Malaurie, Laurent Aynès, *Droit Civil*, Les biens, op. cit, p.145.

〔4〕 温世扬、廖焕国:《物权法通论》,人民法院出版社2005年版,第912页。另参见《德国民法典》994条、《日本民法典》第196条。

为了保存占有物的价值或者保持占有物的效用而支付的必要费用,如为保管、保存占有物所支付的费用。至于使占有物价值增加的费用即有益费用,从《物权法》第243条的规定来看,显然是没有被包括进去的。如果善意占有人对占有物支出了有益费用,使占有物的价值实际增加,善意占有人应当可以根据不当得利的规定请求返还此种费用。

三、直接占有与间接占有

以占有人是否直接占有其标的物为标准,可以将占有区分为直接占有和间接占有两种。[1]所谓直接占有,是指直接对物进行事实上的管领和控制。与直接占有相对的是间接占有,它是指并不直接占有某物,但可以依据一定的法律关系而对于直接占有某物的人享有占有返还请求权,因而对于该物形成间接的控制和管理。例如,甲将某物出租给乙以后,乙作为承租人直接占有该物,成为直接占有人,但甲依租赁关系仍可请求乙在租赁期届满后返还该物,因而甲为该物的间接占有人。

直接占有是指基于一定的占有意图而对物进行事实上的控制和支配,直接占有不管是一种事实状态(如遗失物的拾得人对拾得物的占有),还是基于一定的权利而对物的占有(如承租人基于租赁权而对物的占有),都须具有对物进行控制的客观状态,因此直接占有都具有一定的外在表现。同时,直接占有人对于物的占有在观念上不能将其据为己有。"在占有媒介关系上,直接占有其物者须有为他人占有的意思。"[2]直接占有人对于其占有的物并不享有所有权,因而在一定的法律关系消灭后仍负有返还占有物的义务,从而使得间接占有据此而产生。

然而,在间接占有的情况下,占有状态相对于直接占有更为复杂。间接占有并不是对物直接控制的占有而是基于一定的法律关系而对直接占有人享有物的返还请求权,是对物实行间接占有。此种法律关系通常发生在运送、信托、承揽、租赁等关系以及依法律规定而产生的财产管理关系(如监护人管理被监护人的财产),这种关系在学说上又被称为"占有媒介关系"。根据此种法律关系,直接占有人从间接占有人处取得对物的事实控制,但由于财产仍然归属于间接占有人,因而直接占有人不能以所有人的意思而占有物。在上述法律关系终止后直接占有人应负有向间接占有人返还财产的义务,而间接占有人则对占有物享有返还请求权,有权请求直接占有人在法律关系终止后对占有物予以返还。正是从这个意义上说,间接占有人对物仍有一种间接的控制力,此种控制力不是体现在对物的直接控制上,而是体现在对物可以要求返还的权利上。

区分直接占有和间接占有的主要意义在于,承认了间接占有人也可构成一种占有,并可以享有占有保护请求权。由于间接占有是不以对物进行实际控制为要件的占有,故其为一种观念上的占有,由于承认其为占有,从而使间接占有人也可以获得占有的保护。值得注意的是,由于直接占有人和间接占有人之间本身存在着某种法律关系,基于此关系,间接占有人对直接占有人在该法律关系终止后享有返还原物的请求,而在此关系存续期间,间接占有人并不能享有此种请求权。如果直接占有人逾期不返还占有物或在占有期间内非法出卖占有物,间接占有人均可以根据其与直接占有人之间的法律关系提出请求,而不必以占有为根据请求保护。因此,间接占有的保护请求权的行使仅限于第三人侵夺直接占有人占有物的情况。在此情况下,不仅直接占有人,而且间接占有人也可以请求非法占有人返还占有物,排斥其对占有的侵夺。

由于间接占有是根据一定的法律关系而不是根据对物实际的控制而产生的,因而在某些情

---

[1] 谢在全:《民法物权论》(下),台湾地区作者印行2003年版,第533页。
[2] 王泽鉴:《民法物权·占有》,台湾地区作者印行1995年版,第45页。

况下,对同一物可发生多层次的间接占有。例如,甲将房屋出租给乙,乙又将房屋转租给丙,则丙为该房的直接占有人。乙对该房屋虽不享有所有权,但其根据租赁合同有权占有该物,不过其并没有实际占有该物,而只是间接占有了该物,所以属于间接占有人。而甲作为所有人,有权要求乙在租赁期届满后返还房屋,故也属于间接占有人。学说上,通常将乙作为第一层次的间接占有人,而将甲作为第二层次的间接占有人,他们均可以获得占有保护请求权。

大陆法系一些国家的民法规定了间接占有,从而使间接占有人也可获得占有之诉的保护,同时对间接占有也可适用取得时效。但我国《物权法》并没有规定间接占有,不过区分直接占有和间接占有,对于全面理解占有的概念,强化对占有的保护,仍然具有一定的意义。

四、自己占有和占有辅助

根据占有人是否亲自占有,可以将占有区分为自己占有和占有辅助两种。[1] 所谓自己占有,是指占有人自己对物进行事实上的管领和控制。所谓占有辅助,是针对自己占有而言的,指受占有人的指示而事实上控制某物。例如,甲雇乙操作某台机器,乙完全按甲的指示而占有机器,对该机器的占有而言,甲为自己占有人,而乙为占有辅助人。

占有人与占有辅助人之间通常存在着某种关系,此种关系不像直接占有人与间接占有人之间的法律关系那样,是一种请求权与债务的关系,而是某种从属关系。占有人有权指示占有辅助人从事某种占有物的行为,而辅助人对物的占有完全是依据占有人的意志进行的。据此可见,辅助人并不具有独立的占有意志,其不仅不具有将某物据为己有的意思,而且也不具备独立地占有某物的意思,换言之,其对某物的占有不是基于自己的意思而是根据他人的意思而发生的。因而一旦占有辅助人对于某物进行了事实上的管领和控制,则应由其主人取得占有。例如,顾客将其财物交给某旅店的员工管理时,应视为旅店而非员工占有,员工的占有只是一种占有辅助。

由于占有辅助人虽有控制某物的事实而并非取得占有,因而当占有人从占有辅助人那里依占有人的意思而占有某物时,辅助人不得基于占有保护请求权而要求获得保护。如果占有人侵夺他人的财物而交给辅助人保管,则权利人原则上只能请求占有人返还原物或行使占有保护请求权,而不能向占有辅助人提出请求。

区分自主占有和占有辅助的主要意义在于确定谁是真正的占有人。占有辅助人虽然事实上控制和管领了某物,但并不因此而取得占有,而是以他人为占有人。占有辅助人因不是占有人,自然不享有或承担基于占有而产生的权利和义务。由于占有辅助制度的建立,"占有客观说"难以成立,占有的概念也逐渐完善。这就是说,占有不是一种单纯的事实状态,而需要具备占有的观念。如果某人事实上控制某物,但不是基于自己的意志而是基于他人的意志占有该物的,则不具备占有的观念,因而不构成占有。

在占有辅助的情况下,占有人是通过占有辅助人对物的控制而占有物的。在某些情况下,占有辅助具有代理的效果,但由于代理主要适用于具有法律意义的行为,而辅助占有作为事实行为,不能等同于代理。例如,甲雇佣乙扫地和捕鱼,扫地和捕鱼均为事实行为,不能代理,但可以成立占有辅助关系。

五、自主占有和他主占有

根据占有人是否具有将占有物据为己有的意思,可将占有区分为自主占有和他主占有。所谓自主占有,是指占有人以将占有物据为己有的意思而对该物进行占有。也就是说,具有德国学

---

[1] 谢在全:《民法物权论》(下),台湾地区作者印行 2003 年版,第 535 页。

者萨维尼所称的占有"心素"。[1] 具有据为己有的意思的人并不限于所有人,非所有人占有他人的财产(如拾得人占有拾得的财物)具有此种意思,亦属于自主占有。所谓他主占有,是指占有人非以所有人的意思而进行占有。凡根据债权或他物权而对物进行占有的人,如承租人、保管人、质权人、土地使用权人等,均不具有将物据为己有的意思,其占有应为他主占有。

他主占有人也可能发生意思的变更。也就是说,他主占有人在占有某物时,主观上不具有将该物据为己有的意思,但经过一段时间以后,向财产的所有人表达了将该物据为己有的意思,则属于占有意思的变更。他主占有亦随之变更为自主占有。

自主占有与他主占有的区分,并不在于确定谁是真正的占有人,不在于采用所谓"心素"标准认定占有,而在于是否可依占有时效而取得所有权。占有人只有具有将财产据为己有的意思,才可依占有时效而取得所有权。由于我国《物权法》没有规定占有时效,所以在立法上没有必要规定自主占有与他主占有的概念。

第五节　占有的效力

一、占有的权利推定规则

推定意指"假定"、"假设",是指基于一定的法律规则,从原则性、常态性生活事实和经验出发,对于法律现象所作的一种假定和预设。这种假定和预设并非终极性的,如果有相反的事实或证据,是可以被推翻的。推定的功能主要在于免除一方的举证负担,从而节省诉讼成本。所谓占有的权利推定规则,就是指动产的占有人在法律上被推定为动产的权利人,"占有人于占有物上行使之权利,推定其适法有此权利"。[2] 但此种推定是可以辩驳的,只要存在相反的证据,是可以推翻此种推定的。我国《物权法》虽然没有对占有的权利推定规则作出明确规定,但从该法保护占有的相关规则来看,《物权法》实际上包含了这一规则的内容。占有的权利推定规则的内容包括如下几点:

1. 占有的权利推定规则适用于动产和未登记的不动产。一般而言,占有权利推定规则中的占有,是指动产占有,即使是对于船舶、飞行器和机动车,虽然可以用登记的方法进行公示,但根据《物权法》第24条的规定,实行登记对抗,因而在没有登记的情况下,也可以通过占有推定占有人享有权利。

不动产采用登记的公示方法,我国学者也大多认为,不动产原则上不适用占有的权利推定规则。根据《物权法》第16条的规定,"不动产登记簿是物权归属和内容的根据。"该规定就是对不动产登记推定力规则的确立,所以,登记记载的权利人就推定其是法律上的权利人。在登记的权利没有更改之前,任何人信赖登记而与登记权利人发生交易,其信赖利益应当受到保护。正因为不动产适用登记公信力规则,所以,其原则上没有适用占有权利推定规则的必要。

2. 任何人占有某项财产,在法律上都推定其享有权利。推定占有人享有权利,实际上就是推定占有人的占有是合法占有,但此处所推定的权利究竟是何种权利,法律并没有作出明确的规定。笔者认为,依据占有事实状态推定占有人享有所有权并不妥当,这会使得占有推定规则的效

〔1〕 ［德］弗里德里希·卡尔·冯·萨维尼:《论占有》,朱虎、刘智慧译,法律出版社2007年版,第190页。

〔2〕 姚瑞光:《民法物权论》,台湾地区作者印行1988年版,第403页。

力过于强大,在很多情况下反而不利于维护财产秩序,甚至可能与《物权法》的规则发生冲突和矛盾。因为占有只是一种事实状态,法律上推定为合法占有,主要是从维护和平秩序考虑,如果将事实状态推定为所有权,可能会使临时的占有或者基于债权性质的占有都上升为具有所有权性质的占有,反而导致一些新的纠纷。推定的权利包括可能发生有权占有的各种本权,如所有权、他物权,甚至债权。例如,当事人双方在签订土地承包经营权合同之后,并未办理登记手续,但已交付了土地,受让人的占有应当推定为基于物权的占有。

二、占有的事实推定

所谓占有的事实推定,是指法律根据一定的规则,对于占有的性质所作的一种原则性假设;如果有事实证据支撑例外的结论,则这种原则性假设可以被推翻。这主要包括如下几种情形:

1. 在无法确定是自主占有还是他主占有的情况下,法律通常推定为自主占有。这是由于占有作为一种事实状态,能够产生"权利证书"的效果,尤其对于动产,占有与所有的权利主体通常归于同一人。[1] 因此,《法国民法典》第2279条规定:"对于动产,占有视为所有权的证书。"这就是说,占有人通常可以被认为是为自己意思的占有。这一经验值得借鉴。

2. 在无法确定是善意占有还是恶意占有的情况下,通常推定为善意占有。按照占有的权利推定规则,在占有人无权占有某物的情况下,如果没有相反的证据,就应当推定占有人的占有是善意的。法谚有云:"法律不推定恶意。"因此,如果某人主张占有人是恶意的,该人必须承担举证责任。根据日本判例及学者意见,任何人就占有人有无过失之事实,应负举证之责任。[2] 我国《物权法》对此没有作出规定,笔者认为,采纳此种规则是十分必要的,这是因为一方面,善意是一般情形而恶意是例外情形,法律推定只能建立于一般性和常态性的事实基础之上。另一方面,从举证的难度来看,要证明自己是出于善意,十分困难;而要证明他人的恶意,则相对容易。占有人是否以善意而为占有,因系其个人内心的情事,难于举证证明,故推定其为善意占有。[3]在无权占有的情况下,要由占有人证明自己是善意的,是非常困难的。在侵害占有的情况下,应当由主张恶意占有的人负担举证责任,而不能由现实占有人自己举证证明自己的占有是非恶意的。

3. 在无法确定是持续性占有还是间断性占有的情况下,应推定为持续占有。法谚有云:"占有两端者,视为占有中间","今昔为占有者,常为占有者"。因此,如果能举证证明占有的开始和结束的时间,则推定为在此时间段之内为连续性占有。[4] 因为持续占有是占有的常态和原则,间断性占有是一种例外。如利害关系方主张相反的例外性事实,则应举出相反证据,推翻此种推定。

三、占有人的义务和责任

(一)占有人自身的原因导致物毁损、灭失的赔偿责任

我国《物权法》第242条规定:"占有人因使用占有的不动产或者动产,致使该不动产或者动产受到损害的,恶意占有人应当承担赔偿责任。"该条实际上规定了占有人因正常、合理的使用而导致占有物损害的责任。具体来说,包括如下几个方面的含义:

〔1〕 程啸:"占有",载王利明等:《中国物权法教程》,人民法院出版社2007年版,第556页。
〔2〕 姚瑞光:《民法物权论》,台湾地区作者印行1988年版,第405页。
〔3〕 姚瑞光:《民法物权论》,台湾地区作者印行1988年版,第405页。
〔4〕 温世扬、廖焕国:《物权法通论》,人民法院出版社2005年版,第892页。

1. 必须区分善意占有与恶意占有。在因占有人自身原因造成占有物毁损、灭失的情况下,要区分善意占有和恶意占有而分别确定占有人的赔偿责任。对于善意占有人而言,因占有人自身原因造成标的物毁损、灭失的,一些国家和地区的法律采取了限制善意占有人责任的做法。例如,《日本民法典》第191条规定:"占有物因归责于占有人的事由而灭失或毁损时,对回复者,恶意占有人负赔偿其全部损害义务;善意占有人以其灭失或毁损后尚存的实际利益为限,负赔偿义务。但没有所有意思的占有人,即使其为善意,亦必须赔偿全部损害。"由此可见,如果是因可归责于占有人的事由造成的毁损、灭失,善意占有人只以物毁损、灭失以后尚存的实际利益为赔偿限度。但我国《物权法》第242条没有完全采纳此种模式。根据《物权法》的上述规定,应当区分善意占有和恶意占有,从而确定损害赔偿责任。恶意占有人在使用占有物的过程中造成物的损害的,应承担赔偿责任。

2. 善意占有人在使用物的过程中造成物的损害不负责任。所谓"使用占有的动产和不动产",是指占有人根据物的性质和通常用途对物进行的利用。所谓"致使该不动产或者动产受到损害的",是指因使用占有的物导致物的毁损或者价值降低。例如,在使用中导致物变形、磨损、外形损害等。如果是占有人以外的原因造成物的损害,则要适用其他规则。根据《物权法》第242条的规定,依反对解释,善意占有人不应承担损害赔偿责任。此处所说的"损害",不包括占有物遭受灭失的情况。如果善意占有人导致占有物的灭失,此时,也应当承担责任。[1]

根据我国《物权法》第242条的规定,善意占有人在使用占有物的过程中造成物的损害,不应当承担赔偿责任。即使是在故意和重大过失的情况下,善意占有人也不应当承担赔偿责任,这主要是考虑到:一方面,按照举证责任的一般规则,如果要让善意占有人承担赔偿责任,赔偿请求权人就要对善意占有人的故意和重大过失承担举证责任。而善意占有人是自主占有,要证明其主观上对"自己的财产"有故意或者重大过失是很困难的。另一方面,如果要求善意占有人承担过重的责任,就不利于促使其尽心尽力保管占有物。[2] 善意占有人本来就误以为物归自己所有,因此,对该物在正常的使用过程中,一般也会尽到必要的注意义务,而且,通常所有人都不会对自己的物进行恶意的破坏性的利用。所以,法律不需要规定,善意占有人在故意和重大过失造成占有物损害的情况下要承担赔偿责任。[3]

3. 恶意占有人在使用占有物的过程中造成物的损害,应当承担赔偿责任。《物权法》第244条规定,"恶意占有人还应当赔偿损失"。因此,恶意占有人在使用占有物的过程中造成物的损害,应当承担赔偿责任。恶意占有人占有他人财产是无权占有,而且占有人明知其没有本权,其占有不仅缺乏法律上的依据,也缺乏道德上的正当性,在法律上并无予以保护的必要。[4] 因此,恶意占有人的责任显然应当重于善意占有人的责任。恶意占有人造成占有物毁损、灭失的情况下,其应当对全部损失承担赔偿责任,除了应当返还现存的实际利益之外,其还应当就其他损失承担赔偿责任,此种赔偿责任应当适用完全赔偿原则。也就是说,恶意占有人赔偿的范围不仅包括所受损害,而且包括所失利益。例如,甲恶意占有乙的财产,后来又被丙恶意毁损,导致乙的经营收入丧失,此时,甲也应当赔偿该收入损失。需要指出的是,恶意占有人的赔偿责任应当是严

〔1〕 黄松有主编:《〈中华人民共和国物权法〉条文理解与适用》,人民法院出版社2007年版,第703页。
〔2〕 温世扬、廖焕国:《物权法通论》,人民法院出版社2005年版,第912页。
〔3〕 王胜明主编:《中华人民共和国物权法解读》,中国法制出版社2007年版,第514页。
〔4〕 梁慧星:《中国物权法草案建议稿》,社会科学文献出版社2000年版,第813页。

格责任,即无论是否可归责于恶意占有人,其都应当承担损害赔偿责任。

(二)占有人以外的原因导致物毁损、灭失的赔偿责任

《物权法》第244条规定:"占有的不动产或者动产毁损、灭失,该不动产或者动产的权利人请求赔偿的,占有人应当将因毁损、灭失取得的保险金、赔偿金或者补偿金等返还给权利人;权利人的损害未得到足够弥补的,恶意占有人还应当赔偿损失。"该条规定了因占有人以外的原因导致占有物的毁损灭失所产生的责任,适用该条应当符合如下条件:

1.必须是因占有人以外的原因导致占有物的毁损、灭失。占有人在占有不动产或者动产期间,占有的不动产或者动产毁损、灭失的原因主要有两种:一是因为占有人自身的原因造成物的毁损、灭失;二是因为占有人以外的原因导致物的毁损、灭失。《物权法》第242条和第244条的区别在于:第242条规范的是因占有人的原因而导致占有物的损害及其责任;而第244条规范的是因占有人以外的原因而导致占有物的损害及其责任。占有人以外的原因包括了第三人的侵害、不可抗力、意外事故等。[1]

2.占有人必须已经获得保险金、赔偿金或者补偿金等替代物。因为占有人以外的原因致使物毁损、灭失的,占有人可能因为参加保险等获得其他价值,从而获得替代物。[2] 替代物的具体形态包括如下几种:①占有人已经获得的保险金。占有人因不可抗力、意外事故、第三人侵害等原因导致占有物的损害的,如果占有物已经投保,则占有人可能从保险公司处获得保险金。②占有人已经获得的赔偿金。在第三人实施侵害或妨害的情况下,造成占有物的毁损、灭失的,占有人有权请求第三人赔偿,从而获得赔偿金。③占有人已经获得的补偿金。此处所说的"补偿金",主要是指因征收征用而给付的补偿金。因为政府行使征收权,将导致占有物的所有权移转。此时,占有人有权取得补偿金。[3] 通常情况下,只有有本权的占有人才能获得补偿金,无权占有人是不能获得补偿金的。④占有人已经获得的其他财产。例如,第三人造成占有财产毁损、灭失后,以实物的方式进行补偿,如给付一定的股票等。

3.必须是权利人向占有人请求赔偿。权利人请求损害赔偿,必须向占有人提出请求。例如,出租人要求承租人就出租车辆的损害赔偿损失。当然,这种请求可以是通过意思表示的方式直接向占有人作出的,也可以是通过诉讼的方式提出的。在权利人没有提出请求的情况下,占有人在主动向权利人交付了替代物之后,就无权请求权利人返还。

在符合上述条件的情况下,占有人应当将所获得的替代物返还给权利人。此处所说的权利人,既包括所有权人,也包括其他物权人和合法占有人,如将承租的财产借给他人使用的承租人等。根据《物权法》第244条的规定,只要是因为不可抗力等占有人以外的原因引起的占有物的损害,占有人在获得了替代物后,都应当将其返还给权利人。但在返还了保险金等之后,可能并不足以弥补权利人的实际损失。例如,车辆毁损后,保险公司只赔偿了车辆实际价值的80%,其他20%的损害如何赔偿?《物权法》第244条规定,"权利人的损害未得到足够弥补的,恶意占有人还应当赔偿损失"。据此,必须要区分占有人的善意与恶意,如果占有人是善意的,善意占有人仅仅负有返还现存的保险金、赔偿金或者补偿金等的义务,对不足的部分不承担补充赔偿责任。如果占有人是恶意的,其除了负有向权利人返还替代物的责任外,还应当对尚未获得足额赔偿的

---

〔1〕 黄松有主编:《〈中华人民共和国物权法〉条文理解与适用》,人民法院出版社2007年版,第707页。

〔2〕 王胜明主编:《中华人民共和国物权法解读》,中国法制出版社2007年版,第519页。

〔3〕 胡康生主编:《中华人民共和国物权法释义》,法律出版社2007年版,第518页。

部分承担损害赔偿责任。[1] 因此,恶意占有人的赔偿责任从性质上讲是一种严格责任,其赔偿的范围是没有得到弥补的损害。这也就是说,在造成物的毁损、灭失之后,无论第三人支付了多少赔偿金或者补偿金,只要这些赔偿或补偿不足以弥补损失,剩余的差额部分,都应当由恶意占有人予以赔偿,而不论恶意占有人对损害的发生是否具有过错。[2]

第六节　占有保护请求权

一、占有保护概述

物权法对占有的保护具有如下特点:

1. 物权法对占有的保护主要是通过占有保护请求权的方式进行。我国《物权法》规定了占有保护请求权,对占有受到侵害或妨害通过占有保护请求权给予特别的保护。

2. 物权法对占有的保护,不仅保护有权占有,而且保护无权占有。基于合同关系和他物权关系之外的占有,物权法都给予保护。所以,物权法对占有的保护范围是非常宽泛的。严格地说,对占有的保护,并不考虑占有的本权问题,因为占有的保护,主要是为了维护现有的占有秩序。

3. 物权法上对占有的保护,是为了保护占有人的利益,维持对物的事实上的支配状态。物权法保护占有的目的在于,维护社会的财产秩序和社会的安定,以贯彻占有制度所体现的"任何人不得以私力改变占有的现状"的原则。占有作为一种事实状态体现了财产秩序,占有的现状也构成一种社会生活秩序。法律之所以要保护占有,并不一定是为了实现对真正权利人的保护,而是为了维护稳定的社会财产秩序和生活秩序。正如周枏先生所指出的,"占有在罗马法上受令状的保护,其真正目的在于制止暴行,维持秩序,占有具有特殊地位不过是间接'沾了光'。如果真的以保护占有为目的,则占有令状早该成为对物诉讼,不可以对任何持有物件的人提起了。"[3]

4. 物权法对占有的保护,还注重对可能的妨害的救济。民法上许多制度对占有的保护都是对已经造成损害的救济,属于事后的救济;而物权法对占有的保护还及于可能的妨害,这属于事前的救济,从而可以防患于未然。

除了规定占有保护请求权之外,《物权法》还规定了侵害占有的赔偿责任。我国《物权法》第245条规定,"因侵占或者妨害造成损害的,占有人有权请求损害赔偿"。这就规定了占有人的损害赔偿请求权。这也就是说,因侵占或者妨害占有人的占有,造成占有人损害的,占有人有权要求行为人承担损害赔偿责任。在侵害占有的情况下,侵害人应当对占有人因此遭受的全部损失承担赔偿责任。具体来说,全部损失包括:①恢复占有物原状的费用损失,如修理费等;②使用收益的损失,如强占他人车位停车而给他人造成的损失;③可得利益的损失,如租用他人房屋营业,房屋被他人非法占有后所致的利润损失。

二、占有保护请求权

(一)占有保护请求权概述

占有保护请求权又称为占有人的物上请求权、占有人的请求权、占有物上请求权、基于占有

---

[1] 郭明瑞主编:《中华人民共和国物权法释义》,中国法制出版社2007年版,第438页。

[2] 胡康生主编:《中华人民共和国物权法释义》,法律出版社2007年版,第518页。

[3] 周枏:《罗马法原论》(上),商务印书馆1994年版,第408页。

而发生的请求权,[1]它是指占有人基于占有的事实而享有的、在占有受到侵夺或妨害的情况下享有的请求权。占有保护请求权和物权请求权都是物权法上特有的权利保护方法,两者共同构成广义上的物权请求权。

关于占有保护请求权的性质,笔者认为,占有保护请求权的主要目的是要维护法律秩序、保护占有人的利益,尽管该制度也具有保护本权和债权的利用权人的作用,但是,本权和债权的利用权可以受到其他制度的保护(如物权请求权),法律并非仅仅为了本权人和债权的利用权人而设立该制度。《物权法》设立占有保护请求权对于维护社会秩序、保护占有人利益十分重要。

占有保护请求权与物权请求权不同,其特点在于:

1. 它是专门为保护占有而设定的请求权。占有可能基于本权,也可能非基于本权,即使是无权占有,它虽然不是一种权利,但仍是一种利益,而且是一种财产利益,应当受到保护。[2] 占有保护请求权的主体是占有人,无论占有人是否享有物权,其都享有此项权利。

2. 占有保护请求权适用于三种情形,即侵夺占有、妨害占有、妨害占有的可能。具体指如下情形:一是侵夺占有。所谓侵夺是指违反占有人的意思,将占有物的全部或一部移转至自己控制,并使占有人全部或部分地丧失占有,如抢夺和盗窃他人财物、霸占他人房产等。在学理上,通常认为采取毁损他人占有物的方式进行占有的,也属于侵夺占有。[3] 二是妨害占有。所谓妨害是指以侵夺占有以外的非法手段妨碍占有人占有其物,致使占有人不能正常地占有其物,[4]如在他人车库入口处停车,妨害他人进入车库使用停车位。妨害占有与侵夺占有的区别表现为:该行为并未使占有人失去占有,但却使占有人不能正常占有。一般认为,妨害占有人对占有物进行使用和收益,亦应属于侵夺占有。因为占有人依据占有的权利,可在法定或约定的范围内对占有物进行使用、收益,侵害他人占有致使占有人不能进行正当的使用和收益,应负侵害占有的责任。[5]

3. 占有保护请求权具体包括三种形式,即占有物返还请求权、占有妨害停止请求权、占有妨害防止请求权。各国民法大多规定了占有保护请求权,例如,《德国民法典》第861规定了侵夺占有而发生的请求权,第862条规定了因占有妨害而发生的请求权,第867条规定了占有人的追寻权。《日本民法典》规定了占有保持之诉、占有保全之诉和占有回复之诉。[6] 我国《物权法》第245条规定了占有返还请求权、占有妨害停止请求权和占有妨害防止请求权三种形式。

(二)占有保护请求权人

占有保护请求权人是指占有受到侵夺或妨害的一切占有人,包括动产占有人和不动产占有人。具体包括如下两种类型:一是有权占有人。占有保护请求权特别适用于那些依据合同已经占有另一方的财产,但仅享有合同债权的权利人的保护。例如,承租人的租赁权受到第三人侵害,虽不能根据租赁权排除第三人的侵害,但可以通过行使占有保护请求权而对第三人提出请求和提起诉讼。如果占有人的本权不是物权而是债权,在其占有受到第三人侵害以后,因债权不具有对抗第三人的效力,则占有人基于其债权难以排除第三人的侵害,其必须通过占有保护请求权

---

〔1〕 姚瑞光:《民法物权论》,台湾地区作者印行 1988 年版,第 424 页。

〔2〕 王泽鉴:《民法物权·占有》,台湾地区作者印行 1995 年版,第 258 页。

〔3〕 王泽鉴:《民法物权·占有》,台湾地区作者印行 1995 年版,第 219 页。

〔4〕 孙宪忠:《德国当代物权法》,法律出版社 1997 年版,第 123 页。

〔5〕 宁红丽:《物权法占有编》,中国人民大学出版社 2007 年版,第 186 页。

〔6〕 《日本民法典》第 197～199 条。

对其占有进行保护。二是无权占有人。无权占有人包括善意占有人和恶意占有人。对无权占有人保护的原因,是为了保护占有形成的事实秩序,也是为了维护正当程序。当然,法律对善意占有人和恶意占有人的保护程度是不同的。从比较法的角度来看,大多承认无权占有人享有占有保护请求权。〔1〕而我国《物权法》关于占有保护请求权的规定,并没有限于有权占有人,从体系解释的角度来看,无权占有人也可以行使此项权利。

(三)占有保护请求权的相对人

占有保护请求权的相对人是指一切侵夺或妨害他人占有的人。所谓侵夺,是指通过各种方法使原占有人丧失占有。所谓妨害,是指从事侵夺以外的妨害占有人占有的行为。在此有必要区分,对占有的侵夺、妨害与对占有的侵害。对于占有的侵害,通常要通过侵权请求权来救济,而对于侵夺和妨害,则通过占有保护请求权来救济。

(四)占有保护请求权与物权请求权

占有保护请求权和物权请求权的区别主要表现在如下几点:

1. 主体不同。物权请求权的行使主体必须是物权人,而占有保护请求权人是占有人。所以,在权利人提起诉讼之后,对于物权请求权的行使,法院应当审查权利人是否享有物权,而对于占有保护请求权的行使,不必审查权利人是否享有物权,而只需要审查其是否是占有人。〔2〕

2. 功能不同。占有保护请求权的功能主要在于维护社会占有秩序,而物权请求权的功能在于保护物权的圆满支配状态。行使物权请求权具有终局性和确定性,而占有保护请求权只是使占有人回复占有,并没有确定权利归属的功能。〔3〕占有保护请求权设立的目的在于迅速解决纷争,其具有迅速解决纠纷、恢复占有的功能。〔4〕

3. 举证责任不同。物权人行使物权请求权,必须证明其享有相应的实体权利,即物权;而占有人行使占有保护请求权,只需要证明其占有的事实即可,不需要证明其占有是否具有合法的本权。

4. 适用时效不同。根据我国《物权法》第245条第2款的规定,占有物返还请求权适用一年的诉讼时效。而物权请求权是否适用诉讼时效,法律并没有作出明确规定,一般认为,排除妨害、消除危险的请求权不应当受到时效的限制。

在物权人的物权受到侵害的情况下,物权人是否只能行使一种请求权,还是可以同时行使两种请求权?对此,学理上存在不同的见解。通说认为,物权人可以选择行使其中一项请求权。〔5〕笔者认为,在物权遭受侵害的情况下,为了保护物权人的利益,应当允许其选择其中的一种请求权,至于占有权人则只能行使占有保护请求权。〔6〕物权人在其权利受到侵害的情况下,一般应当行使物权请求权,而不能行使占有保护请求权,但如果权利人对其是否享有物权难以举证,也不妨行使占有保护请求权。此时两种请求权发生竞合,当事人只能选择一种请求权加以行使,因此,如果一种请求权不能得到支持,请求权人则不能再行使另一种请求权,更不能同时行使两种

---

〔1〕 例如,《法国民法典》第2282条规定:"不论占有的实体如何,占有均受保护使之不受干扰与威胁的侵害。"

〔2〕 谢在全:《民法物权论》(下),台湾地区作者印行2003年版,第658页。

〔3〕 喻文莉、屠世超:"占有保护请求权若干问题探讨",载《河北法学》2004年第9期。

〔4〕 [日]我妻荣:《日本物权法》,台湾五南图书出版公司1999年版,第468页。

〔5〕 谢在全:《民法物权论》(下),中国政法大学出版社1999年版,第1025页。

〔6〕 在学理上有一种观点认为占有之诉和本权之诉得同时提起或分别提起,某一请求权败诉之后,仍然可以提起其他之诉。参见王泽鉴:《民法物权·占有》,台湾地区作者印行1995年版,第367页。

请求权。

三、占有保护请求权的类型

（一）占有返还请求权

1. 占有返还请求权的概念和构成要件。所谓占有返还请求权，是指占有人在其占有物被他人侵夺以后，可依法请求侵夺人返还占有物的权利。我国《物权法》第 245 条规定："占有的不动产或者动产被侵占的，占有人有权请求返还原物"。该条就确认了占有返还请求权，其构成要件是：

（1）必须存在侵夺占有的事实。占有被侵夺，就是指占有人对物的管领和控制被他人剥夺，使其无法继续管领和控制。如果占有不是被他人采用非法手段，而是基于自己的意思而交付的（如被欺诈等），也不能认定具有占有侵夺的事实。[1]

（2）请求权人必须为占有人。此处所说的占有人包括直接占有人和间接占有人，他们都可以请求无权占有人返还。但占有辅助人一般不得行使该请求权，因为占有辅助人只是辅助他人占有，本身不能享有占有返还请求权。

（3）必须针对侵夺占有的行为人提出该项请求。占有返还请求权人通常应对现在的占有人提出返还请求，以恢复其对占有物的占有。如果占有已经移转，也应对实际占有人提出请求，而对侵害占有的人可以基于侵权提出损害赔偿的请求。

（4）占有物仍然存在。如果占有物已经灭失，返还占有客观上已经不可能，占有人就只能要求赔偿损失，而不能要求返还原物。如果占有物已经转化为赔偿金等替代物，则只能请求返还替代物。

2. 关于返还原物和孳息，我国《物权法》第 243 条规定："不动产或者动产被占有人占有的，权利人可以请求返还原物及其孳息，但应当支付善意占有人因维护该不动产或者动产支出的必要费用。"据此可见，无论是善意占有，还是恶意占有，占有人都需要返还原物以及孳息，只不过善意占有人可请求所有人补偿对所有物的保管和改良所支付的必要费用，而在恶意占有的情况下，占有人无权请求所有人补偿其支付的费用。[2]

3. 在返还原物时有权取走原物上的自有物。无论是善意占有人还是恶意占有人，在返还原物时都有权取走自己的财产。因为取走自有物是符合物权的基本规则的。例如，返还义务人在返还房屋时，有权搬走房屋中存放的自己的家具；返还家具时，有权搬走家具中存放的自己的衣物。如果自有物不能与返还物分离或者分开有损原物价值的，善意占有人在返还原物时不得取走原物上的自有物，但有权请求返还请求权人给予适当补偿，不过，恶意占有人是无权请求补偿的。

4. 承担必要费用的义务。所谓必要费用，是指为保存占有物、管理占有物和维持占有物的现状而支出的费用，包括占有物的饲养费、维护费、修缮费和税捐等。[3] 除此之外，返还原物的费用，也应当属于必要费用的范围。

5. 赔偿损失。占有人在返还原物时，应当保持物的原有状态，如果因其故意或过失造成物的损失的，应当承担损害赔偿责任。占有人的赔偿责任，应当适用《物权法》第 244 条的规定。

［1］ 姚瑞光：《民法物权论》，台湾地区作者印行 1988 年版，第 422 页。
［2］ 王胜明主编：《中华人民共和国物权法解读》，中国法制出版社 2007 年版，第 517 页。
［3］ 梁慧星、陈华彬：《物权法》（第 4 版），法律出版社 2007 年版，第 409 页。

（二）排除占有妨害请求权

所谓排除占有妨害的请求权，是指占有人在其占有受到他人妨害时，有权请求他人除去妨害。《物权法》第 245 条规定，"对妨害占有的行为，占有人有权请求排除妨害或者消除危险"。根据这一规定，排除占有妨害请求权的构成要件是：

1. 必须存在妨害行为。妨害是指采用侵夺以外的方法而妨碍占有人对占有物的管领和控制，如在他人门前堆放垃圾、在他人车库前停车等。这就是说，妨害必须是侵夺占有以外的方法，此时，占有人的占有并没有被剥夺，而只是受到了不当的妨害。通常妨害行为都发生于不动产之上。妨害行为必须正在持续，而没有结束，如果妨害行为已经结束，就不可能再行使占有妨害排除请求权，而只能行使侵害占有的损害赔偿请求权。

2. 请求权人必须是占有人。但占有人必须是现在的占有人，如果是曾经的占有人，因为其已经不能再占有，就无法行使此种权利。

3. 必须向妨害人提出请求。不管是对直接实施妨害行为的人，还是对间接造成他人占有妨害的人，占有人均可以向其提出请求。即使是所有人也可能构成对占有的妨害。例如，出租人将房屋出租以后，没有征得承租人的同意擅自进入承租人的房屋，也构成对承租人占有的妨害。

（三）消除占有危险请求权

所谓消除占有危险请求权，是指占有人的占有有可能遭受他人妨害时，占有人有权请求他人采取一定的措施以防止发生妨害占有的危险后果。《物权法》第 245 条规定，"对妨害占有的行为，占有人有权请求排除妨害或者消除危险"。当然，占有人可否行使该项请求权，必须根据一般社会观念和当时周围环境加以判断，而不能根据占有人的主观臆断决定。例如，在他人房屋边挖掘地窖确有可能危及他人房屋，如果该地窖距离他人房屋较远，一般不会形成妨害的危险，占有人就不能请求消除危险。再如，邻人的围墙有可能被大风吹倒，此时则可以形成妨害占有的危险。当然，危险是否存在，应当根据具体情况来认定。

四、一年诉讼时效的适用

占有被侵害以后，也可能会形成一定的财产状态和秩序，如果经过了很长时间，占有人仍然可以行使占有保护请求权，则不利于稳定社会秩序，也不符合占有制度设立的宗旨[1]。据此，《物权法》第 245 条第 2 款规定："占有人返还原物的请求权，自侵占发生之日起一年内未行使的，该请求权消灭。"该条确定了占有物返还请求权所适用的期间。但是，该条并没有明确，一年的期间究竟是诉讼时效，还是除斥期间？

笔者认为，《物权法》第 245 条规定的一年期限，应当理解为诉讼时效，理由在于：①从比较法的角度来看，这一期限在许多国家被认为是诉讼时效，而不是除斥期间，对此应当可以适用中止、中断等制度[2]。②除斥期间仅仅适用于形成权，而诉讼时效适用于请求权。占有返还请求权就其本质而言，与其他请求权无异，因此，该一年期间属于诉讼时效的范畴。③占有人在其占有被侵夺以后，可能根本不知道占有物被侵夺，而一年的期限又比较短，如果再不允许其中止、中断、延长，就会导致许多占有人无法主张此种权利，这对于占有人的保护显然是不利的[3]。

为什么对于占有返还请求权规定了较短的诉讼时效期间？笔者认为，其原因主要在于：①占

---

[1] 郑云瑞：《民法物权论》，北京大学出版社 2006 年版，第 436 页。

[2] Philippe Malaurie, Laurent Aynès, *Droit civil, Les biens*, Defrénois, 2003, p.141.

[3] 王泽鉴：《民法总则》（增订版），中国政法大学出版社 2001 年版，第 523 页。

有毕竟只是一种事实而不是权利,所以,法律对其的保护力度还是要小于对物权的保护。②占有的保护要突出其迅捷性,因此,占有保护的时效应当较短。在相当程度上,占有保护具有临时性和过渡性的特点,占有保护请求权设立的目的在于迅速解决纷争,故而要脱离应有状态之审理来实现现实状态之复原。〔1〕③如果规定了较长的诉讼时效期间,而占有保护请求权的行使又比物权请求权的行使容易,这将使得物权请求权制度被占有保护请求权实际性地取代,难以发挥其制度功能。

根据《物权法》的规定,占有人行使占有物返还请求权要适用一年诉讼期间。虽然有学者建议,该时效应当扩大适用到占有保护请求权中的其他请求权,〔2〕但笔者认为,《物权法》上述规定仅适用于占有返还请求权,而不适用于占有妨害排除请求权和占有妨害防止请求权,理由在于:一方面,妨害和可能的妨害都是持续性的行为,无法确定时效的起算点;另一方面,如果占有人经过一段时间而不能行使占有保护请求权,就实际上使得妨害行为不能得到制裁和纠正。

在学理上,关于占有保护请求权期间的计算,通说认为应当区分各种不同的占有保护请求权而确定。例如,强行占有他人房屋,就从房屋被占有之日起计算占有返还请求权的诉讼期间。排除妨害请求权应当从妨害占有行为实施之日起计算;消除危险请求权从危险发生之日起计算。〔3〕但我国《物权法》第245条第2款规定的占有保护请求权仅适用于返还原物的请求权。占有返还请求权应从占有被侵夺之日起开始计算。如果经过一年占有人不行使该项请求权,该项权利归于消灭。如何理解《物权法》第245条第2款规定的"该请求权消灭"?笔者认为,在一年诉讼时效经过之后,占有人仍有权提出请求权,返还义务人可以自愿返还,占有人也可以受领该返还,但经过一年之后,占有人请求返还的,不受人民法院保护。亦即占有人返还原物的请求权,自侵占发生之日起一年内未行使的,该占有人丧失胜诉权。〔4〕

---

〔1〕　[日]我妻荣:《日本物权法》,有泉享修订,李宜芬校订,台湾五南图书出版有限公司1999年版,第468页。

〔2〕　张双根:"占有的基本问题",载《中外法学》2006年第1期。

〔3〕　史尚宽:《物权法论》,中国政法大学出版社2000年版,第596页。

〔4〕　我国台湾地区"民法"第963条规定:"请求权,自侵夺或妨害占有,或危险发生后一年间不行使而消减。"其立法理由认为该一年的期限为诉讼时效。参见王泽鉴:《用益物权·占有》,台湾地区作者印行2001年版(修),第366页。

参考书目

一、中文部分

1. 胡康生主编:《中华人民共和国物权法释义》,法律出版社 2007 年版。

2. 全国人民代表大会常委会法制工作委员会民法室编:《中华人民共和国物权法条文说明、立法理由及相关规定》,北京大学出版社 2007 年版。

3. 黄松有主编:《〈中华人民共和国物权法〉条文理解与适用》,人民法院出版社 2007 年版。

4. 王利明、尹飞、程啸:《中国物权法教程》,人民法院出版社 2007 年版。

5. 梁慧星主编:《中国物权法建议稿》,社会科学文献出版社 2000 年版。

6. 梁慧星主编:《中国物权法研究》,法律出版社 1998 年版。

7. 陈华彬:《物权法原理》,国家行政学院出版社 1998 年版。

8. 高富平:《物权法原论》,中国法制出版社 2001 年版。

9. 王轶:《物权变动论》,中国人民大学出版社 2001 年版。

10. 刘保玉:《物权体系论》,人民法院出版社 2005 年版。

11. 崔建远主编:《我国物权立法难点问题研究》,清华大学出版社 2005 年版。

12. 屈茂辉:《物权法·总则》,中国法制出版社 2005 年版。

13. 温世扬、寥焕国:《物权法通论》,人民法院出版社 2005 年版。

14. 姚红主编:《中华人民共和国物权法精解》,人民出版社 2007 年版。

15. 尹飞:《物权法·用益物权》,中国法制出版社 2005 年版。

16. 王胜明主编:《中华人民共和国物权法解读》,中国法制出版社 2007 年版。

17. 郭明瑞主编:《中华人民共和国物权法释义》,中国法制出版社 2007 年版。

18. 梅夏英、高圣平:《物权法教程》,中国人民大学出版社 2007 年版。

19. 蒋新苗等:《留置权制度比较研究》,知识产权出版社 2007 年版。

20. 陈祥健主编:《担保物权研究》,中国检察出版社 2004 年版。

21. 杨明刚:《担保物权适用解说与典型案例评析》,法律出版社 2007 年版。

22. 房绍坤:《物权法用益物权编》,中国人民大学出版社 2007 年版。

23. 马特:《物权变动》,中国法制出版社 2007 年版。

24. 梅夏英:《物权法·所有权》,中国法制出版社 2005 年版。

25. 马栩生:《登记公信力研究》,人民法院出版社 2006 年版。

26. 程啸:《物权法·担保物权》,中国法制出版社 2005 年版。

27. 常鹏翱:《物权法的展开与反思》,法律出版社 2007 年版。

28. 郑云瑞:《民法物权论》,北京大学出版社 2006 年版。

29. 高圣平:《物权法担保物权编》,中国人民大学出版社 2007 年版。

30. 高圣平:《物权法原理·规则·案例》,清华大学出版社 2007 年版。

31. 宁红丽:《物权法占有编》,中国人民大学出版社 2007 年版。

32. 于海涌:《法国不动产担保物权研究——兼论法国的物权变动模式》,法律出版社 2004 年版。

33. 韩松、姜战军、张翔:《物权法所有权编》,中国人民大学出版社 2007 年版。

34. 江平主编:《中华人民共和国物权法精解》,中国政法大学出版社 2007 年版。

35. 许明月:《抵押权制度研究》,法律出版社 1998 年版。

36. 陈本寒主编:《担保法通论》,武汉大学出版社 1998 年版。

37. 孙鹏、肖厚国:《担保法律制度研究》,法律出版社 1998 年版。

38. 徐武生:《担保法理论与实践》,工商出版社 1999 年版。

39. 王闯:《让与担保法律制度研究》,法律出版社 2000 年版。

40. 史尚宽:《物权法论》,中国政法大学出版社 2000 年版。

41. 王泽鉴:《民法物权·占有》,台湾地区作者印行 1995 年版。

42. 王泽鉴:《民法物权·通则·所有权》,台湾地区作者印行 1992 年版。

43. 王泽鉴:《不当得利》,台湾三民书局 1990 年版。

44. 王泽鉴:《民法物权》(第 2 册),台湾地区作者印行 2001 年版。

45. 谢在全:《民法物权论》,台湾地区作者印行 2003 年版。

46. 郑玉波:《民法物权》,台湾地区作者印行 1986 年版。

47. [德]鲍尔、施蒂尔纳:《德国物权法》(上),张双根译,法律出版社 2004 年版。

48. [德]曼弗雷德·沃尔夫:《物权法》,吴越、李大雪译,法律出版社 2002 年版。

49. [德]M. 沃尔夫:《物权法》,吴越、李大雪译,法律出版社 2004 年版。

50. [德]弗里德里希·卡尔·冯·萨维尼:《论占有》,朱虎、刘智慧译,法律出版社 2007 年版。

51. [日]近江幸治:《担保物权法》,祝娅、王卫军、房兆融译,法律出版社 2000 年版。

52. [日]我妻荣:《日本物权法》,台湾五南图书出版公司 1999 年版。

二、外文部分

1. Cheshire and Burn's, *Modern Law of Real Property*,13th. ed. by E. H. Burn,Butterworths,1982.

2. Andrew Reeve, *Property*, Macmilan Education Ltd. ,1986.

3. Vinding Kruse, *The Right of Property*, Oxford University Press,1953.

4. Gyorgy Diosdi, *Ownership in Ancient and Preclassical Roman Law*, Akodomiai Kiado. Budapast 1970.

5. Roger Bernhardt, *Real Property*, West Publishing Co. ,1975.

6. Olin Browder, *Basic Property Law*, West Publishing Company, 1989.

7. Renner, *The Institutions of Private Law and Their Social Functions*, London, 1949.

8. J. H. Beekhuis, F. H. Lawson, *International Encyclopedia of Comparative Law*, *Property and Trust*, *Structural Variations in Property Law*: C. B. Mohr [paul Siebeck], Paris 1972.

9. Samuel. L. Blumenfedk, *Property in a Humane Economy*, Ilinois, 1974.

10. Christian LARROUMET, *Droit civil*, *Tome II*;*Les bien*, *Droit réels principaux*, 4e éd. , Economica, 2004.

11. Philippe MALAURIE, Laurent AYNES, *Les biens*, Defrénois, 2004.

12. Jean – Philippe Lévy, André Castaldo, *Histoire du droit civil*, 1*ère* *éd.* , *Précis – Droit privé*, Dalloz, 2002.

13. Alastair Hudson: *New Perspectives on Property Law*, *Obligations and Restution*, London: Cavendish Publishing Limited.

14. Jean – Louis Bergel, Marc Bruschi, Sylvie Cimamonti, *Droit civil*, *Les Biens*, LGDJ, 2000.

15. Harvey M. Jocobs, *Private Property in the 21th Century*: Edward Elgar Publishing Limited, 2004.

16. Barlow Burke and Joseph A. Snoe, *Property*, Aspen law & Business, 2001.

17. Sandra H. Johnson, *Property Law*, West Group, ST. PAUL, MINN, 1998.

18. Gyorgy Diosdi, *Qwnership in Ancient and Preclassical Roman Law*, Akademiai Kiado, Budapast, 1970.

19. Jon W. Bruce & James W. Ely, Jr. , *Cases and Materials on Modern Property Law* (4th ed. 1999).

20. Joseph William Singer, *Property Law*: *Rules*, *Policies*, *and Practices* (2d ed. 1997).

21. A. James Casner & W. Barton Leach, *Cases and Text on Property*(4th ed. 2000).

22. Jacques Mestre, Emmanuel Putman et Marc Billiau (sous la dir. de Jacques Ghestin), *Traité de Droit civil*, *Droit spécial des Sûretés réelles*, LGDJ, 1996.

23. Jacques Mestre, Emmanuel Putman et Marc Billiau, *ibid*.

24. Reinhard Dammann, La réforme des sûretés mobilières: une occasion manquée, *in Recueil Dalloz*, 2006, n°19, 11/05/2006.

25. Jacques Mestre, Emmanuel Putman et Marc Billiau, *Droit spécial des Sûretés réelles*, *op. cit.*

26. Ronald C. C. Cuming, "The Internationalization of Secured Financing Law: the Spreading Influence of the Concepts UCC, Article 9 and its Progeny", in Ross Cranston(ed.), *Making Commercial Law*, *Essays in Honour of Roy Goode* (Oxford: Clarendon Press, 1997).

27. A. L. Diamond, *A Review of Security Interests in Property* (*DTI HMSO* 1980).

28. Laurent Aynès, Pierre Crocq, Les sûretés, La publicité foncière, 2e éd. , Defrénois, 2006.

图书在版编目（CIP）数据

物权法论（修订二版）/ 王利明著．—北京：中国政法大学出版社，1998.4

ISBN 978-7-5620-1595-6

Ⅰ.物... Ⅱ.王... Ⅲ.物权法－理论－中国　　Ⅳ.D923.24

中国版本图书馆CIP数据核字(98)第22937号

书　　名	物权法论（修订二版）	
出版发行	中国政法大学出版社(北京市海淀区西土城路25号)	
	北京 100088 信箱 8034 分箱　　邮政编码100088	
	zf5620@263.net	
	http://www.cuplpress.com　　（网络实名：中国政法大学出版社）	
	(010)58908325（发行部）　58908285(总编室)　　58908334(邮购部)	
承　　印	固安华明印业有限公司	
规　　格	787×1092mm　　16 开本　　31.25印张　　785 千字	
版　　本	2008 年 6 月修订 2 版　　2018 年 8 月第 3 次印刷	
书　　号	ISBN 978-7-5620-1595-6/D·1560	
定　　价	56.00 元